德江年鉴 2017

DEIJIANG NIANJIAN

《德江年鉴》编辑部 编

方志出版社

图书在版编目(CIP)数据

德江年鉴. 2017 /《德江年鉴》编辑部编. —北京：方志出版社，2017. 10

ISBN 978—7—5144—2614—4

Ⅰ. ①德… Ⅱ. ①德… Ⅲ. ①德江县—2017—年鉴 Ⅳ. ①Z527. 34

中国版本图书馆CIP数据核字(2017)第260952号

德江年鉴(2017)

编　　者：《德江年鉴》编辑部

责任编辑：冯　松

出 版 人：冀祥德

出 版 者：方志出版社

地址　北京市朝阳区潘家园东里9号(国家方志馆4层)

邮编　100021

网址　http://www.fzph.org

发　　行：方志出版社图书经销中心

电话　(010) 67110500

经　　销：各地新华书店

印　　刷：重庆佳忆彩印刷有限公司

开　　本：889mm×1194mm　　1/16

印　　张：32.25

字　　数：785千字

版　　次：2017年10月第1版　　2017年10月第1次印刷

印　　数：001—600册

ISBN　978—7—5144—2614—4　　定价：280.00元

《德江年鉴》编辑委员会

《德江年鉴》编辑部

编辑说明

一、《德江年鉴》是以马克思列宁主义、毛泽东思想、邓小平理论、“三个代表”重要思想、科学发展观、习近平新时代中国特色社会主义思想为指导，坚持辨证唯物主义和历史唯物主义观点、方法，坚持为县域经济社会发展服务。

二、《德江年鉴》创刊于2013年，2017卷《德江年鉴》为第5卷，本卷严格遵循“立足全县、记录昨天”的原则，坚持“资政、存史、教化”的辑录方针，全面、准确、系统、翔实地记录2016年全县国民经济和社会发展的状况及其新成就、新经验，以及出现的新问题，是社会各界深入了解、研究德江的基本地情资料，同时也为今后编修地方史志储存资料。

三、《德江年鉴》本着从实际出发、框架结构相对稳定、个别调整和增强实用性的原则，本卷的纲目设置在2016年卷的基础上进行了部分调整。本卷共设25个部类：包括图片专辑、特载、大事记、县概况、机构·名录、中共德江县委、县人民代表大会常务委员会、县人民政府、政协德江县委员会、地方军事、民主党派·社会团体、法治、综合经济管理与监督、财政·税务、金融·保险、农业、工业·商贸、交通·邮政·通信、城建·环保、教育·科技、卫生·计生、文体·广电·旅游、社会事业、乡镇街道概况、附录。

四、本卷所用资料，均由县直各部门（单位）指定专人撰写提供，并经单位领导审阅签字、盖章。对部门资料特别是数据部分，一般不作改动、删减。部门数据与统计数据不符，以县统计年鉴数据为准。全书除按原文登载的报告及个别行业外，均使用国家法定计量单位。

县委书记商友江作大会工作报告

10月24日至26日，中国共产党德江县第十二次代表大会在在县教育局礼堂召开。大会主题：高举中国特色社会主义伟大旗帜，坚持以马克思列宁主义、毛泽东思想、邓小平理论、“三个代表”重要思想、科学发展观为指导，深入贯彻落实习近平总书记系列重要讲话，特别是视察贵州讲话精神，紧紧围绕“五位一体”总体布局和"四个全面"战略布局，紧紧围绕新发展理念，紧紧围绕省委省政府“守底线走新路奔小康”工作总纲和市委市政府“着力打造乌江生态经济走廊重要节点”发展要求，紧紧围绕“四大支撑”工程发展思路，决战脱贫攻坚，决胜全面小康，在新阶段加快建成黔东北交通枢纽和区域性中心城市。商友江代表中共德江县第十一届委员会向大会作题为《决战脱贫攻坚，决胜全面小康，在新阶段加快建成黔东北交通枢纽和区域性中心城市》的报告，大会选出县委委员44名、候补委员8名。大会举手表决通过关于中共德江县第十一届委员会报告的决议,会议以投票方式，选举商友江、秦智坤、陈廷相、钱刚、周骥、宋斌、杨洪波、唐虹、李兵、吴飞为中共德江县第十二届委员会常务委员会委员；选举商友江为中共德江县第十二届委员会书记，选举秦智坤、陈廷相为副书记。

大会现场

12月16日上午，德江县第十七届人民代表大会第一次会议在县教育局礼堂开幕。会议由大会执行主席何先美主持，县人民政府县长秦智坤代表县人民政府向大会作《政府工作报告》。《报告》分为三大部分：一、过去五年政府工作回顾；二、今后五年政府主要工作；三、全面建设人民满意政府。五年累计完成地方生产总值365.2亿元，年均增长15.3%；固定资产投资428.2亿元，年均增长31.9%；财政总收入37.5亿元，年均增长21.6%，一般公共预算收入21.3亿元，年均增长12%；社会消费品零售总额67.4亿元，年均增长15%。三次产业比例由36.7：18.7：44.6调整为26.2：20.8：53，第三产业增加值从17.78亿元增加到50.9亿元，年均增长19.3%。2016年，全县金融机构存贷款余额全口径统计分别达100亿元、104亿元，是2011年的3.1倍、5.5倍；城镇居民、农村居民人均可支配收入分别达24265元、7460元，是2011年的2.0倍、2.2倍，年均增长15%、16.3%。

县人民政府县长秦智坤作政府工作报告

图为会场一角

县人大常委会主任何先美作县人大常委会工作报告

12月16日至18日，德江县第十七届人民代表大会第一次会议在县教育局礼堂召开。会议听取和审议县人民政府工作报告、县人大常委会工作报告、县人民法院工作报告、县人民检察院工作报告，表决通过《德江县人民政府工作报告》《德江县2016年计划执行情况及2017年计划草案报告》《德江县2016年财政预算执行情况和2017年财政预算草案的报告》《德江县人大常委会工作报告》《德江县人民法院工作报告》《德江县人民检察院工作报告》的决议。选举产生县第十七届人大常委会主任、副主任、委员，县人民政府县长、副县长，县人民法院院长，县人民检察院检察长；选举产生德江县出席铜仁市第二届人民代表大会代表43名。何先美当选为县人大常委会主任，陈明光、王治桢（女）、郑国文、陈旭东、李映红、叶华当选为县人大常委会副主任；选举秦智坤为县人民政府县长，选举钱刚、张静霞（女）、张进、张文、彭豪、张清霜（女）为县人民政府副县长；毛明生当选为德江县人民法院院长，陈毓瑞当选为德江县人民检察院检察长。

大会现场

12月15日至17日，中国人民政治协商会议第九届德江县委员会第一次会议在县政府礼堂召开。县委书记商友江出席会议并讲话，市委指导组副组长雷国平到会指导，县委副书记、县长秦智坤，县人大常委会主任何先美，八届县政协主席陈健出席会议。受政协第八届德江县委员会常务委员会的委托，陈健作《政协第八届德江县委员会常务委员会工作报告》，吴应仕作《政协第八届德江县委员会常务委员会关于八届一次会议以来提案工作情况的报告》，《常委会工作报告》围绕强化学习增共识、围绕发展建真言、推进改革献良策、关注民生倾真情、团结民主聚合力、探索创新激活力、固本强基提能力等方面内容回顾了政协过去五年所取得的成绩。会议期间，协商通过了《政协第九届德江县委员会第一次会议决议》《政协第九届德江县委员会第一次会议提案审查情况的报告》《政协第九届德江县委员会第一次会议选举办法》，通报表彰了2016年度优秀提案、提案办理先进单位；列席县十七届人大一次会议，听取协商了《政府工作报告》及其他工作报告。会议选举产生了德江县新一届政协领导班子。鲁文俊当选为政协德江县第九届委员会主席，赵贡良、吴应仕、张观安、胡国仁、陈琳、王玲海当选为副主席，吴乡中当选为秘书长。

新当选九届县政协主席鲁文俊讲话

大会现场

3月29日，全国政协文史和学习委员会副主任卞晋平（左五）一行在省、市、县政协领导陪同下对枫香溪红色文化进行调研

9月26日，省委常委、省委宣传部部长张广智（左二）在桶井乡场坝村了解贫困户家庭情况

6月21日，副省长黄家培（前台中）一行到德江召开座谈会

5月5日，省政协党组副书记、副主席陈海峰（前排左五）调研桶井乡脱贫攻坚工作

8月28日，省政协副主席、民进省委主委左定超（左四）在贵州伟才实验学校调研

9月19日，市委书记陈昌旭（左二）在稳坪镇花椒基地调研

3月6日，市委副书记、市长陈晏（右二）在黔北德江机场调研

10月9日，市人大常委会主任陈达新（前左二）在稳坪镇花椒产业基地调研

9月28日，市政协主席陈康在洋山河生物科技有限公司调研

4月29日，县委书记商友江（右二）在长堡镇调研精准扶贫工作

5月6日，县委副书记、县长秦智坤（右三）在县城黎家堡片区拆迁办调研

10月10日，县人大常委会主任何先美（右二）在煎茶食用菌基地调研

图为县政协党组书记、政协主席鲁文俊（左二）组织召开群众会

11月5日，县委副书记陈廷相（右三）在共和镇转角村召开脱贫攻坚及村寨平安建设院坝会

10月2日，县委常委、县政府党组副书记钱刚（右三）调研烤烟收购情况

2月4日，县委常委、常务副县长周骥（右一）到平原镇走访慰问困难群众

3月3日，县委常委、县委宣传部长杨洪波（右一）在县广播电视台调研

县委常委、组织部部长、统战部部长唐虹（中）在枫香溪镇调研党建扶贫工作

县委常委、副县长李兵在德江经济开发区调研

新当选德江县地方国家机关领导人员在县十七届人大一次会上向宪法宣誓

7月1日，德江县召开庆祝建党95周年暨“七一”表彰大会

9月11日，德江县第二届旅游产业发展大会在高家湾高效农业旅游景区召开

11月4日，德江县召开大扶贫战略推进会现场

11月18日，全省核桃产业暨农村电商精准脱贫现场观摩会在德江召开

12月9日，贵州黔北（德江）机场预可研报告评估会召开

6月26日，铜仁市纪念红军长征胜利80周年暨黔东区红色文化传承与发展研讨会在德江召开

12月28日,德江供电局转铜仁供电局管理交接仪式签订现场

煎茶镇黑木耳基地一角

德江县畜牧业实现产业化发展

潮砥镇果农对脐橙进行后期管理

龙泉乡返乡农民工创办的葡萄园获丰收

复兴镇菊花产业一角

龙泉乡蔬菜就地配送进校园成为群众增收新支点

稳坪镇花椒产业园一角

合兴镇朝阳村茶农采茶现场

硕果累累——枫香溪镇核桃产业

沙溪乡板栗富民

平原镇油菜示范基地一角

泉口镇万亩草场——草场放牧

荆角乡青球村绿色养鸡场一角

德江枢纽互通道--德江站（县城城北）

1月6日，德江县城南客运总站建成使用

沙沱水电站德江库区潮砥集镇新貌

沙沱水电站德江库区长堡集镇一角

易地扶贫搬迁移民楠木园安置点

德江县第四幼儿园

贵州伟才实验学校一角

6月1日，新修建的德江县档案馆投入使用

德江县体育馆全景

修建中的城北互通工程

德江至沿河高速公路——官林大桥

德江县观音滩水库大坝完成指定高程

德江县城南玉溪河堤防工程

8月29日，全县第三批重点项目集中开工仪式在城北井堡池片区举行

5月21日,贵州德江楠杆自然保护区综合科学考察启动仪式

1月8日，县人武部组织干部职工参加稳坪镇金庄村经果林植树活动

1月27日，德江大学生“家乡情·春晖行”义写赠送春联在潮砥镇拉开序幕，现场书写春联赠送给父老乡亲，赠春联送祝福，增添年味

2月1日，德江县党外代表人士迎春座谈会召开

8月3日,德江县工商联精准帮扶桶井乡捐助现场

2月19日，县城80余支龙灯队伍在城南多维国际举行“出龙”仪式

2月，铜仁市2016年“文化走基层欢乐乡村行”文艺演出活动走进德江

3月3日，全县统战工作暨民营企业“千企帮千村”精准扶贫行动动员会召开

3月，德江县妇联在县城步行街举行反家暴宣传活动

5月，德江县第三届中小学生乒乓球比赛现场

6月，全市校园足球三级联赛小学初中总决赛在德江举行

7月8日，德江县举行“社会主义核心价值观暨安全知识丛书进校园”活动图书捐赠启动仪式在县第六小学举行

7月9日（农历六月初六），县内“六月六”水龙节在德江县城主城区举行

7月26日，全市广场舞大赛在德江县堰塘乡高家湾广场举行

7月27日，县委副书记、县人民政府县长秦智坤（左二）、人武部政委李志军（左三）参加征兵宣传活动

8月13日，德江县“七五”普法暨法治文艺下乡巡回演出在沙溪乡新集镇广场举行

9月26日，德江县政协组织的“送医送科技进山村”活动在沙溪乡章坝村举行

9月，德江县第十二届“园丁杯”篮球赛现场

9月30日在城北举办万名职工长跑活动,图为开幕式现场

10月9日（农历九月九日），德江县“九九重阳节·浓浓敬老情”慰问演出在煎茶镇敬老院举行

2016首届多彩贵州文化艺术节非遗展示篇—“大美德江周末聚”活动于11月26日在多彩贵州文化创意园隆重举行。图为活动现场

12月20日，2017年全国文化科技卫生“三下乡”集中示范活动暨启动仪式在德江县青龙街道广场举行。图为启动仪式现场

德江县档案局举办“6·9”国际档案日宣传展

3月27日，长丰乡场湾村成立乡贤参事会，图为会议现场

目 录

特 载

大事记

德江概况

机 构·名 录

中共德江县委

县人大常委会

县人民政府

政协德江县委员会

地方军事

民主党派·群众团体

法　　治

综合经济管理与监督

财 政·税 务

金 融·保 险

农　业

工　业·商　贸

交通·邮电·通信

城 建·环 保

教 育·科 技

卫 生·计 生

文体·广电·旅游

社会事业

乡镇街道概况

附 录

特　　　　　载

在中国共产党德江县第十二次代表大会上的报告

（摘 要）

（2016年10月25日）

商友江

这次大会的主要任务是：回顾总结县第十一次党代会以来的工作，研究部署今后五年我县经济社会发展和党的建设目标任务，选举产生中共德江县第十二届委员会和纪律检查委员会，团结带领全县各级党组织和广大党员干部决战脱贫攻坚，决胜全面小康，不忘初心，继续前进，为在新阶段加快建成黔东北交通枢纽和区域性中心城市而努力奋斗！

一、过去五年工作回顾

县第十一次党代会以来的五年，是加快建设黔东北铁路交通枢纽和区域性中心城市取得阶段性胜利的五年。我们在省委、市委的坚强领导下，沿着党的十八大精神的战略指引，乘着全省主基调主战略的部署东风，按照全市“四化同步一业振兴”发展要求，紧扣建设黔东北铁路交通枢纽和区域性中心城市发展主题，自觉践行新发展理念，积极适应经济新常态，圆满完成了县第十一次党代会提出的各项目标任务，为同步全面建成小康社会奠定了坚实基础。

这五年，综合实力不断提升。全县经济发展主要指标呈现“八个倍增”：初步统计测算，2016年全县地方生产总值达到96亿元，比2011年增长1.4倍；全社会固定资产投资达到126.22亿元，比2011年增长3倍；财政总收入达到10亿元，比2011年增长2.1倍；工业总产值达到62.1亿元，比2011年增长3.07倍；社会消费品零售总额达到17.8亿元，比2011年增长1.9倍；金融机构存贷款余额分别达到97.71亿元、69.17亿元，比2011年分别增长2.1倍、3.1倍；城镇居民人均可支配收入达到23972元，比2011年增长1.01倍；农民人均纯收入达到7283元，比2011年增长1.2倍。三次产业结构从2011年的36.7:18.7:44.6调整为26.2:20.8:53。2015年我县在非经济强县增比进位中，全省排第23位、全市排第2位。加快推进现代山地特色高效农业发展，先后建成省级农业园区5个、市级县级农业园区14个；加快推进城北工业园区建设，成功升格为省级经济开发区；加快推进园区景区化、农旅一体化建设，建成四星级农业园区1个、三星级园区2个、AAA级景区1个，旅游收入年均增长19.33%；加快推进电子商务产业发展，成功申报全国电子商务进农村综合示范县。

这五年，发展基础更加夯实。在交通建设上，建成杭瑞、沿德高速公路，加快推进德务高速、县城至共和二级路建设，建成乌江共和港500万吨级码头一期工程；争取黔北机场落户德江，黔北机场露青场址获国家民航总局批复；过境我县的昭黔铁路、涪柳铁路已列入国家发展规划；提级改造道路1453千米，全面实现“乡乡通油路、村村通公路”目标。在水利建设上，先后建成2座中型水库、1座小（一）型水库，除险加固10座小型水库，完成各类水利项目315个（处），治理水土流失面积52平方千米，完成中小河流治理工程6处，新增解决农村20万人饮水安全。在城镇建设上，开发建设城南新区，积极拓展城北新区，城区面积新增14平方千米，城镇化率达到45%，省人民政府已将我县撤县设市上报国家民政部。同时，扎实推进小康六项行动计划，美丽乡村建设加快推进，建成35千伏以上变电站3座，广播电视和通讯网络实现全覆盖。

这五年，民生事业持续改善。坚定把脱贫攻坚作为最大发展机遇、最大民生工程来抓，按照“六个精准”和“五个一批”要求，全县出列贫困村45个，出列贫困人口2.3万人，顺利实现13个贫困乡镇和整县“减贫摘帽”目标，贫困发生率下降5.99个百分点，全面小康实现程度达88.5%。成功创建省级文明县城。全国民族团结进步示范县顺利通过国家民委验收。建成贵州工程职业学院和乌江学院，德江成为全省唯一拥有两所高校的区县；完成德江一中和县职校整体搬迁，启动了德江二中整体搬迁工作；德江一中成功创建省级二类示范性高中，德江职校创建为省级示范职校；基本普及高中阶段教育；全面推进山村幼儿园建设。建成县人民医院外科综合大楼，完成县民族中医院和县妇保院整体搬迁；县人民医院成功创建三级综合医院，县民族中医院和县妇保院成功创建二甲医院；成功创建国家级计划生育优质服务先进县和国家级妇幼健康优质服务示范县；全县新农合参合率达100%，扎实推进了公共卫生建设。公共文化服务体系不断完善，群众文化活动丰富多彩。成功举办中国·德江首届乌江石文化节、第三届全国天麻产业发展高峰论坛，德江首部电影《喋血神兵》在央视上映。城乡低保和社会养老基本实现全覆盖，殡葬改革顺利推进，社会保障体系不断健全。乌江沙沱水电站德江库区移民搬迁工作顺利完成。实施各类保障性住房32740套。城镇登记失业率控制在4.2%以内。

依法治县全面推进，社会治安综合治理全面加强，人民群众安全感和满意度大幅提升。

这五年，改革活力竞相迸发。全县承担国家级改革试点2项，省级和市级改革试点4项。紧贴鲜活的实践探索，我县城市建设经营管理模式入选“全国新型城镇化十大范例”，农村“三权抵押”贷款德江模式在全国推行，企业“三品三表”多元化融资模式成为全省改革样板。特别是我县“三金”农民合作社助农增收做法，被中央《改革情况交流》刊载，入选2015年全省20个优秀改革案例。这些经验和做法，彰显了德江敢闯敢试的改革创新精神，激发了德江创新发展动力，增强了德江后发赶超的激情！

这五年，党的建设全面加强。扎实开展党的群众路线教育实践活动、“三严三实”专题教育，群众观点更加牢固，干部作风更加务实。扎实开展“两学一做”学习教育，政治意识、大局意识、核心意识、看齐意识得到增强。高度重视和虚心接受省委巡视组巡视工作，立行立改、一改到底。强化意识形态阵地建设，完善网络舆情监测和新媒体运行机制。推行党建“派遣单”机制，深入推进同步小康驻村帮扶工作。加大优秀干部培养选拔和不适宜担任现职干部调整力度，圆满完成了乡镇党委换届工作。坚决贯彻落实中央“八项规定”和省委市委“十项规定”精神，严格落实党风廉政建设“两个责任”，铁腕正风肃纪，立案查处党员干部606件，党政纪处分614人，移送司法机关37人，做到了有腐必惩、有贪必肃。进一步坚持和完善人民代表大会制度、中国共产党领导的多党合作和政治协商制度，全力支持人大依法进行监督、政协依照章程进行民主监督，积极支持人民法院、人民检察院依法履行职能。加强了民主党派组织建设，巩固了爱国统一战线，认真落实民族宗教政策，深入推进军民融合发展，老干、关工委、工会、共青团、妇联、科协、残联、红十字会、计生协、老年慈善等人民团体的桥梁纽带作用得到充分发挥。

这五年，值得骄傲的是：我们不断丰富和完善德江加快建成黔东北交通枢纽和区域性中心城市的发展定位，获得了各方面的肯定、认可和支持，在此基础上取得了持续的发展和进步，已列入国家住建部城市发展规划，成功升格为全省发展战略，成为了全县人民的共同意志。值得自豪的是：我们通过多年努力，高速公路修到了家门口，两所大学办在了家门口，机场落户到了家门口，铁路枢纽站规划建设定在了家门口，成功迎来高速时代，即将迎来航空时代和高铁时代，初步构建了黔东北教育中心、医疗中心、物流中心骨架雏形。值得铭记的是：不管发展形势多么严峻，不管发展任务何其艰巨，全县各级干部群众都敢于跳起来摘桃子，用拼命三郎的勇气干成了很多大事难事，拼出了德江速度，拼出了德江形象，拼出了德江发展成果。

这五年所有成绩的取得，离不开省委省政府、市委市政府的坚强领导和省直市直部门的鼎力支持，离不开各位老领导、老同志的关心帮助，离不开驻德部队、武警官兵、公安干警的无私奉献，离不开各人民团体、社会各界人士的大力支持。在此，我代表十一届县委向全县党员干部群众、离退休老同志、驻德部队、民主党派、工商联以及所有关心支持德江发展的各级领导和社会各界人士，表示崇高的敬意和衷心的感谢！

这五年，我们深切体会到：

——*必须始终坚持明确的发展定位*。在省委、省政府和市委、市政府的领导讲话、会议文件以及发展规划中，明确地支持和要求我们加快建成黔东北交通枢纽和区域性中心城市。这五年，我们始终在攻坚克难中着力，在开拓创新中发力，不断开创新局面，不断迈出新步伐，赢得了全县干部群众的理解、信任和点赞。实践证明，加速建成黔东北交通枢纽和区域性中心城市符合德江实际，符合群众期待，顺应了新阶段德江经济社会发展的内在规律。

——*必须始终坚持加快的发展势头*。不发展没有出路，低水平发展没有明天，发展是解决德江一切问题的关键。这五年，我们始终突出发展第一要务，以比快、比好、比强、比美的追求，不断增强发展实力，不断塑造发展形象，用加快发展的实绩提振全县人民不断超越的锐气和斗志。实践证明，只有抓住一切机遇、克服各种困难，拼抢赶逼，才能不断开创新局面！

——*必须始终坚持民生的发展目的*。坚持发展为了人民，发展依靠人民，发展成果由人民共享，把解决人民群众最关心、最直接、最现实的利益问题作为执政行政的出发点和落脚点。这五年，我们始终把不断保障和改善民生放在心中，持续加大投入，扎实办好实事，创新社会治理，促使发展更有"温度"，努力让人民群众有更多的获得感。实践证明，民生连着民心，民心凝聚民力，只要党群一心干群一体，就一定能够谱写同心共创的新篇章。

——*必须始终坚持汇聚的发展合力*。团结才有力量，团结才能齐心，团结才可进步。这五年，我们以团结凝聚合力，以实干应对挑战，形成了风雨同舟、和衷共济的良好局面，兴起了凝心聚力谋发展、埋头实干求突破的强大正能量。五年来，我们以实干创实绩、实干出实效、实干增实力的作风，营造了求真务实、锐意进取的浓烈氛围；我们秉持改革出动力，开放促活力的理念，积极探索改革试点工作，建立健全高效的组织推进机制，提高了对外开放水平。实践证明，只有团结和实干、只有深化改革和扩大开放，才能创造幸福美好的明天。

——*必须始终坚持党建的发展保证*。治县必须管党，管党务必从严。这五年，我们始终坚持党要管党、从严治党，加强了党的思想、组织、作风、制度和反腐倡廉建设，形成了心齐气顺、风正劲足的良好氛围；我们注重发挥人大、政府、政协和各方的共谋共济作用、各级基层党组织的战斗堡垒作用、广大党员和干部的先锋骨干作用，为加快发展提供了坚强的政治保证。实践证明，只有全面从严治党，才能保证经济社会更好更快发展。

各位代表，同志们，在成绩和经验面前，我们自豪而不自满、自信而不自负。必须清醒地看到，全县经济社会发展和党的建设还有不少困难和问题：经济总量小，贫困人口多，脱贫攻坚、全面建成小康社会任务依然艰巨；产业发展规划不足，农业基础不强，工业支撑力薄，文化旅游卖点贫乏，推动产业发展、壮大经济实力任务依然艰巨；城市的规划建设管理有待加强，支持城市核心竞争力和彰显城市特色的要素尚未突显，建成区域性中心城市任务依然艰巨；区域发展竞争日益激烈，争取走前列的压力不断增大，理念、创新、人才、机制保障等方面有待加强，发挥聚集和辐射作用依然艰巨；部分干部与信息时代新形势、脱贫攻坚新任务、反腐败斗争新要求不相适应，基层基础还需夯实，加强干部队伍建设的任务依然艰巨。对此，我们必须高度重视，采取有效措施加以解决。

二、今后五年的主要目标

今后五年全县工作的指导思想：高举中国特色社会主义伟大旗帜，坚持以马克思列宁主义、毛泽东思想、邓小平理论、“三个代表”重要思想、科学发展观为指导，深入贯彻党的十八大和十八届三中、四中、五中、六中全会精神，深入贯彻落实习近平总书记系列重要讲话特别是视察贵州讲话精神，紧紧围绕“五位一体”总体布局和“四个全面”战略布局，紧紧围绕创新、协调、绿色、开放、共享的发展理念，紧紧围绕省委省政府“守底线走新路奔小康”工作总纲和市委市政府“着力打造乌江生态经济走廊重要节点”发展要求，紧紧围绕“四大支撑”工程发展思路，以脱贫攻坚统领经济社会发展全局，决战脱贫攻坚，决胜全面小康，在新阶段加快建成黔东北交通枢纽和区域性中心城市。

今后五年全县发展的主要目标是：

——*脱贫攻坚方面*：强力推进各项扶贫政策措施落地落实，实施易地扶贫搬迁5100户22938人，解决建档立卡贫困人口76300人的脱贫问题，全面消除区域性整体贫困，坚决消除贫困村，确保不让一户在脱贫攻坚中掉队，坚决不让一人在脱贫行军中掉队。

——*全面小康方面*：实现经济又好又快发展，促进地方生产总值再倍增，人均GDP达3000美元以上；更好保障人民权益和社会公平正义，法治政府建设取得新成效；明显提高全民文明素质，教育体系更加完善；实现城乡居民社会保障体系全覆盖，社会管理体系更加健全；厚植绿色屏障，生态环境质量明显改善；小康程度达到100%。

——*区域中心方面*：基本构建水陆空通道网络综合体系，开工建设2条铁路，全面建成黔北机场，开工建设过境德江的万（盛）秀（山）高速，全面夯实区域中心发展基础。完善区域性中心城市功能配套，再建1所高校，再建2座中型水库，城镇供水保障率达到100%，建设“智慧城市”、“智慧乡镇”和“大数据”传输干线网，实现撤县建市，初步形成具有一定辐射和凝聚能力的区域中心城市。

今后五年全县工作的主要目标是：

——地方生产总值年均增长13%左右；

——规模以上工业增加值年均增长16%；

——全社会固定资产投资年均增长25%；

——社会消费品零售总额年均增长14%；

——财政预算收入年均增长12%；

——旅游总收入年均增长40%；

——城镇居民、农民人均可支配收入年均分别增长10%、13%；

——城镇新增就业2万人以上，城镇登记失业率控制在4.2%以内；服务业比重提高到55%，民营经济增加值比重提高到70%以上；

——城镇化率达到53%，县城区建成面积30平方千米以上，人口近30万人；

——森林覆盖率达到65%，节能减排降碳指标控制在国家下达计划范围内。

功崇惟志，业广惟勤。新阶段，要加快建成黔东北交通枢纽和区域性中心城市，必须清醒认识和理性分析面临的机遇和挑战。一方面，我们过去工作还有许多短板，不适应经济新常态的状况亟待改进；当前经济进入深度调整期，经济下行压力加大的问题比较突出。另一方面，我们有城市定位和规划上部省市文件的顶层政策机遇，我们有省委省政府、市委市政府对德江经济发展新要求的动能机遇，特别是对我县脱贫攻坚定点包干定点帮扶的特殊机遇，我们还有处在乌江生态经济走廊重要节点、推动内陆开放型经济试验区的区位优势，这些都为加快发展提供了可贵保障。同时，必须保持坚定的信心和必胜的决心，牢牢把握加快发展主题，牢牢把握深化改革开放发展动力，牢牢把握安民富民发展目的，牢牢把握全面从严治党要求，始终坚持鲜明的发展导向。

三、今后五年的重点工作

今后五年，是我县脱贫攻坚最后堡垒攻克阶段，是我县全面建成小康社会的决胜阶段，是我县加快建成黔东北交通枢纽和区域性中心城市的全新阶段。我们只要顺应新趋势、把握新常态、寻求新突破，就一定能够把德江各项事业不断推向前进，就一定更有希望更有前程！

（一）紧紧围绕创新发展的动力要求，不断构建加快发展新路径。抓发展就要抓创新，谋未来就要谋创新。新阶段，我们必须把创新发展摆在核心位置，大力推进经济社会各领域工作改革创新。

——*着力抓好产业富民工程*。以增加农民收入为目标，推进现代农业规模化、标准化、组织化、市场化发展，打造现代农业大县。一是大力发展现代山地特色高效农业。围绕优化产业结构和创新生产组织方式，大力推进“三金”促“三变”改革，积极培育大批新型农业经营主体、新型职业农民。壮大天麻、茶叶（油茶）、核桃、果蔬、花椒、畜牧六大特色产业，着力打造乌江沿线经果林产业带、环县城周边无公害蔬菜产业带、以高山沙溪为重点的中药材（天麻）产业带、以合兴为龙头的生态茶产业带、以枫香溪为示范的核桃产业带、以稳坪为核心的花椒产业带、以复兴平原建成黔东北畜牧综合体为引领的畜牧产业带。发展绿色经济，争创省级园区10个，市级园区15个，县级园区全域覆盖。二是推进园区经济加快发展。围绕“双培育双退出”行动计划，大力发展新型工业产业，培育孵化科技创新型企业100家以上，带动生成中小微型企业1000家以上。壮大贵州德江（省级）经济开发区，加快推进城北产业园基础设施建设，努力实现园区与高速公路匝道、铁路、货场及机场互联互通，创建示范省级经济开发区。加快推进煎茶绿色产品加工园、共和海运物流园建设，完成供水供电供气、网络、环保等基础设施建设。

——*着力抓好项目建设工程*。项目是发展的引擎，基础设施是发展的保障。一是切实加强重大项目谋划。高标准编制一批成长性好、带动力强、绿色环保的产业项目，力争在引进工业生产性项目、重大项目以及全国500强企业方面实现突破。项目拉动经济年均增长20%以上，引进资金总额累计达700亿元以上。二是切实加强水利基础设施建设。加快构建现代水利体系，推进沙滩、共和中型水库建设，完善长丰、观音滩、大木尧为主的骨干水源供水建设，实现区域供水互联互通。大力实施提灌及农田水利工程，努力提高农村集中供水普及率和水资源综合利用率。三是切实加强电力基础设施建设。大力实施电网改造升级，优化电力供应结构，加快推进高中低压三级配电改造，开工建设2座110KV、2座35KV输变电项目，力争实施500KV输变电项目建设；切实提高电网环网率、站间联络率、线路可转供电率及供电可靠性指标，努力建成黔东北电力保障中心。四是切实加强管网设施建设。抓住省市管道建设机遇，优化区域管道网络，统筹地下综合管廊，提升供气供油供电能力，努力形成黔东北管道供给中心。

——*着力抓好新兴产业工程*。以发展现代产业为突破口，充分发挥现代产业在助推经济快速发展中的引领作用。一是大力发展新型产业。加快推进“互联网+”行动。建设大数据产业园、呼叫服务中心等数据平台，实现骨干网络优化、城区网络覆盖。积极推进三网融合，扩大4G覆盖面，实现WiFi在城区和主要干道全覆盖。加快农村信息化工程建设，实现农村信息网络全覆盖。大力发展电子商务、3D打印、无人机、人工智能产业。二是大力发展现代旅游业。坚持全域旅游理念，规划建设“一城一廊五园两区”，创建国家AAAA级景区2家以上，积极申报承办2018年全市第七届旅发大会，加大文化旅游产业品牌的打造、包装、宣传力度，着力打造现代旅游网络综合体系，实现旅游井喷式增长。三是大力实施健康环保产业。大力发展以天麻精深加工为主的绿色产业，积极发展大健康产业，着力培育医药、地热、康体产业，努力建成集养生养心养眼养老为一体的健康产业城。开发利用天然气、页岩气、核能、太阳能等清洁能源和可再生能源为主的能源产业。四是大力实施现代服务业。加快推进以服务汽车、航空和道路为主的交通配套产业。推进物流、金融、信息等生产性服务体系建设。推进现代商贸物流新业态，加快居民服务、房地产等优质公共配套设施建设，提升商贸服务和消费服务水平。推进社区养老设施建设，发展影视文化创意产业，不断满足人民群众的精神服务需求。

（二）紧紧围绕协调发展的内在要求，不断推进加快发展新突破。新阶段，我们要坚持以人为本，以提高城市化水平为重点，高起点规划、高标准建设、高效能管理，诠释城市让生活更美好的内在精神。

——着力抓好城市引领工程。围绕区域中心的凝聚力和影响力，切实打造“三品”城市。一是聚焦规划引领打造品位城市。突出城市规划建设灵魂灵气和城市现代风貌，实现城乡、产城和人文高度融合。强化对内具有宜居性，对外具有影响力，构建城在林中、水在城中、家在园中的美丽家园。大力挖掘历史的、民族的、传统的、特色的文化精髓，促进城市内涵式发展。二是聚焦功能完善打造品质城市。完善城市路网改造、棚户区改造、城市停车场、城北农贸市场等城市功能提升工程，推进大犀山体育运动公园、大龙阡傩文化主体公园、城北生态公园、人民公园二期建设。实施玉溪河综合治理，加快“海绵城市”建设，创建国家山水园林城市。三是聚焦经营管理打造品牌城市。围绕生态型、智能型、文明型城市建设，实施城区绿化美化亮化工程。强化城市经营管理理念，着力提升城市精细化、智能化和社会化水平。加快建设“智慧城市”，形成人才聚集、功能多元、生态宜居的品牌城市。

——着力抓好交通枢纽工程。抢抓全省内陆开放型经济试验区建设机遇，推动交通枢纽网络体系实现重大跨越。一是着力构筑对外开放大通道。启动建设德江火车站，争取涪柳铁路立项批复，加快建设德务高速，打通重庆中线南下广州大通道；争取开工建设昭黔铁路，积极推进德江至遵义连接贵阳的城际快铁，完善连通渝湘、杭瑞、沪昆高速的重要节点建设，构建滇北、黔北东进渝东南大通道；加快完成共和港口二期工程建设，贯通乌江连接长江大通道；加快黔北机场建设，尽快开通空中口岸，建成直达北京、上海、广州、深圳等大城市的空中大通道。二是构建区域中心辐射路网。全面推进352国道和303省道提级改造，争取德江至铜仁高铁和德江至思南、印江城际快速干道等开工建设，提前谋划德江至沿河、凤冈、务川城际快速大道，全面形成黔东北区域县域1小时经济圈。三是全面构织乡村通畅路网。加快实施乡村发展路网工程，全力推动通乡快速干道、乌江沿岸观光大道建设，实现通乡公路提级改造全覆盖。继续争取世行贷款，加大农村公路、通村油路、通组公路建设，实现村村通沥青路（水泥路），组组通车，村村寨寨互联互通，形成县城到乡镇半小时经济圈。

（三）紧紧围绕绿色发展的底线要求，不断厚植加快发展新优势。新阶段，坚持绿色发展理念，坚守生态底线思维，下更大的决心、想更多的办法、用更严的措施，打赢环境保护和污染治理持久战。

——着力抓好生态功能区布局。以建设国家生态文明试验县为契机，抓住“两区一走廊”产业规划布局，念好山字经，做好水文章，打好生态牌，着力打造乌江生态经济走廊重要节点。大力推进“绿色德江”三年行动计划，借助造林绿化、退耕还林政策，稳步推进通道绿化、城镇园林靓化、旅游村寨美化，确保到2020年全县造林绿化达30万亩，加强林地管护和执法整治力度，禁止乱砍乱伐。加快建设白果坨国家湿地公园，着力建设长堡、潮砥、稳坪、桶井乌江流域生态主体功能保护区，加快申报楠杆国家自然保护区，加快推进高山、煎茶、沙溪森林公园水源涵养保护屏障建设，切实构建科学合理的生态安全格局。

——着力加大生态修复和环境保护。统筹实施乌江两岸防护林、天然林保护和建设，留住青山绿水，继续实施石漠化和水土流失治理、湿地保护与生态恢复工程，全面实施易地搬迁，大力推进地质治理和矿山修复，加强污水垃圾收集处理，注重饮用水源地保护，增强自然生态系统稳定性，提升生态服务功能。遵循“减量化、再利用、资源化”优先原则，优先发展高效、节能环保公共交通，推广使用风能太阳能复合公共照明系统。确保煎茶垃圾焚烧发电项目2017年建成投运。推动工业固体废弃物和农林废弃物资源再利用，推进企业循环式生产、产业耦合式发展。

——着力完善责任机制和保障体系。着力构建社会多元化环保投融资机制，运用经济手段推进污染治理市场化进程。逐步建立绿色发展指标体系，推进生态文明建设目标评价考核办法，推行绿色消费。健全环境司法保护体系，强化生态红线责任意识，依法依规严肃整治各种破坏生态环境的行为。建立生态保护责任制，全面实行资源利用总量控制、供需双向调节管理，推进国土空间开发与保护。全面推行节能减排制度，健全节能降耗激励和协调办法，逐步形成以政府为主导、企业为主体、全社会共同推进节能减排工作的强大合力。

（四）紧紧围绕开放发展的必然要求，不断形成加快发展新格局。主动顺应经济深度融合的大趋势，坚持对内对外开放并举、引进来走出去并重，在扩大开放中拓展发展新空间。

——着力推进全方位开放。以构建内陆开放型试验县为契机，抢抓全市设立航空口岸政策机遇，坚持开放引领，用开放搭建发展平台，聚合发展资源。以融入长江经济带、成渝经济圈、黔中经济圈、武陵山扶贫开发协作区为重点，构建大开放经济发展格局。探索建立县县合作机制，围绕区域资源共同开发、生态环境共同保护等领域，协同开展规划、信息、服务等合作。利用与重庆的地缘优势，加强与重庆多层面、全方位的深度合作，借助重庆市对外交流平台，加强与东部发达地区、台湾地区交流合作。借助中冶集团、江苏省吴中区和如皋市对口帮扶平台，加强扶贫区域合作。加快推进金融开放创新，鼓励社会资本在德江依法设立金融机构。积极引导民间资本参与扶贫开发，鼓励外地企业来德江组建公司，发展总部经济。深入推进大众创业、万众创新，加快培育经济发展新动能，充分释放改革开放红利。

——着力营造优质投资环境。全面完善土地、财税、金融政策，着力改进政务、市场、环境服务。加大招商引资项目、体系、平台、制度等建设，依法清理、精简和下放行政审批事项，优化行政审批流程，完善政务和公共资源平台建设，建立完善网上审批和电子实时监察系统，提高政务服务效率。建立企业信用担保和社会家庭成员诚信档案机制，扎实推进信用县建设。以诚招商，以利惠商，以法护商，以情留商，积极探索有利于投资的新政策新举措。完善招商引资工作考核机制，健全后续监管机制，进一步培育行业和社会中介机构，推进管理与监督规范化。

——着力全面推进深化改革。以供给侧结构性改革为主线，推进结构调整，扩大有效供给，推动全要素生产率。一是全面深化重点领域改革。全面推进医疗、户籍、人事、司法等体制改革。创新政府与社会资本合作模式，深化财税金融、供销综合、集体经济、非公经济、农村产权等体制机制改革。大力推广“三金”农业、“三品三表”等创新经验。建立和完善信用考评机制，推进农村“三社合一”改革。创新农村土地流转方式，建立土地“异地有偿调剂”机制。加快集体林权制度改革，推行林地经营权属转让机制。二是全面探索县域微改革。建立全县微改革体制机制，扎实推进“党建派遣单”“政府购买社会服务”“干部驻村调驻”“接待自助餐”和“厕所革命”等微改革，激发智慧，关注细节，构建全方位、宽领域、小空间微改革格局。

（五）紧紧围绕共享发展的客观要求，不断实现加快发展新保障。始终坚持发展经济与改善民生的有机统一，扎实推进普惠性、基础性、兜底性民生建设。

——着力抓好脱贫攻坚工程。以全省极贫乡镇定点包干脱贫攻坚为契机，全面打好脱贫攻坚战，集中火力抓好桶井极贫乡脱贫攻坚，确保到2018年全面消除绝对贫困，2019年实现所有贫困人口脱贫、贫困村出列。一是聚力发挥组织领导作用。切实抓好六个到村到户、小康六项行动计划。强化任务链体系和责任制落实，完善脱贫攻坚考核评价机制，对包保干部和驻村干部实行“一票否决”，为推进脱贫攻坚提供有力保障。二是聚力发挥群众主体作用。坚持政府引导、群众主体的扶贫项目实施原则，充分利用一事一议、以工代赈等措施，夯实脱贫基础。培育扶贫“造血”功能，探索以村级集体经济组织、农民专业合作社等为主体的多元化脱贫模式，激发群众内生动力，最大限度发挥群众的主观能动性积极性创造性。三是聚力发挥社会帮扶作用。充分发挥各地区各部门帮扶德江双联行动，积极发挥驻村帮扶工作队联络作用，充分协调省市双联单位落实帮扶事项，继续实施春晖扶贫行动，深化“百企帮百村”社会帮扶联动机制，凝聚精准扶贫强大合力，形成多方力量共同参与的社会“大扶贫”格局。

——着力抓好民生保障工程。以抓好民生事业为根本，切实构建黔东北“五大中心”。一是倾力建设黔东北教育中心。按照政府主导、社会参与、公办民办并举的办学方式，有效推进贵州工程职业学院达标建设和规范化运行，建成乌江学院独立本科学院，创建黔东北医学院。建成第三、第四高中，完成二中整体搬迁并创建省级示范性高中，抓实“新两基”和“普十五”工作，巩固提高义务教育发展水平。大力发展学前教育和特殊教育。加快职业教育发展，切实提高职校办学质量和水平，让职业教育成为斩断代际贫困的扶贫工程。二是倾力建设黔东北医疗中心。加强县级“龙头”医院能力建设，实现县医院三甲、中医院和妇保院三乙创建目标，建成县第二人民医院，完成中医院二期工程，实现疾控中心整体搬迁，建成多家特色专科医院和区域性食品药品质量检验检测中心。不断完善乡镇医疗卫生设施建设，全面完成乡镇卫生服务中心和卫生院改扩建工程，充实基层医疗卫生人员，大力提升行政村卫生室服务功能。建立完善医疗卫生、公共卫生和医疗保障服务体系，探索推广上级医院托管模式，实现城乡居民医疗保障覆盖率100%。改革完善计划生育服务体系，严格控制政策外多孩生育，促进人口长期均衡发展。三是倾力建设黔东北物流中心。加快推进物流平台建设，规划建设黔北机场航空物流基地、钱家铁路物流基地、共和港海运物流中心、煎茶货运物流中心，形成规模化、专业化、网络化的现代物流体系。积极申报省级、市级重点物流园项目，积极引进国内大型物流公司，争取2家以上百强物流企业落户德江。四是倾力建成黔东北金融中心。积极培育金融市场，推进金融主体建设，全力引银入德，鼓励政策性银行、商业性银行在德江设立分支机构。支持发展村镇银行，加大利用企业债券、短期融资券、资产证券化、基金和信托产品等形式，扩大直接融资领域。支持小额贷款公司和担保公司加快发展。规划建设金融服务中心，做大金融总量。五是倾力建设黔东北文化中心。积极申报国家级、省级非物质文化遗产项目，积极创建全国文明城市、国家级卫生县城、全国环境保护模范城市、省级园林县城，承办好2018年铜仁市第四届体育运动会，促进市民素质提升。挖掘和保护民族民间文化，积极推进傩文化馆、龙文化馆、非物质文化遗产展示馆、天麻文化馆等项目建设；加大对枫香溪会议会址、黔北特委、扶阳古城、安化文庙、龙泉土司故都等开发保护力度；新建方志馆、戏剧院、影视基地，建成老年文化体育活动中心。大力实施县城大型文化广场、乡镇文体广场、村级文化活动室等项目，挖掘文化内涵，提升城市的文化软实力。加强德江文化的精神内核研究与宣传，增强区域中心文化自信。

四、大力加强党的建设，为完成新阶段目标任务提供坚强保障

新阶段，推动新发展，开创新局面，核心在党的领导，关键在党员干部。我们要紧紧抓住提高党的执政能力、保持党的先进性和纯洁性这条主线，认真落实“不忘初心强信念、不负重托敢担当、不遗余力惠民生、不失原则增合力、不碰底线保本色”的要求，大力加强党的建设，更好地肩负起新阶段时代重任。

（一）扎实加强思想政治建设。思想政治建设是党的根本性建设，一刻也不能放松。要进一步加强和改进意识形态工作，全面落实党管意识形态工作责任制。加强理想信念教育，把理想信念教育作为思想政治建设的战略任务，以推进学习型党组织建设为抓手，实现“两学一做”常态化，引导党员干部深入学习马克思主义基本原理和中国特色社会主义理论体系，深入学习党章党规、习近平总书记系列重要讲话精神，补足精神之钙、筑牢信仰之基、把稳思想之舵，始终做到忠诚、干净、担当。推动党员干部增强党的观念、强化党员意识、提升党性修养，自觉尊崇党章、遵守党章、维护党章，切实做到心中有党、心中有民、心中有责、心中有戒。深入开展社会主义核心价值观体系的学习教育，加强青少年思想道德建设和公民道德素质建设。积极开展“道德讲堂”活动，全面提高党管舆论的能力和水平。选优配强思想政治教育工作队伍，加强干部人才队伍教育培训，加强县委党校建设，持续改善教育学习环境。积极创新思想建设的方式方法，注重网络、微信等现代传媒的运用，提高干部学网、懂网、用网能力。

（二）扎实加强组织建设。强化全县各级党组织特别是党组织主要负责人抓党建的主体意识和主动精神，牢固树立抓基层打基础的鲜明导向。坚持“科学管用有效”原则，切实抓好村级组织制度建设，健全民主评议党员、村干部质询、“党建派遣单”等制度，推动联系服务群众的桥梁支撑。全面加强“三支队伍”建设，培养“领头雁”，锤炼领富带富的“排头兵”。按照好干部“二十字”标准选优配强各级领导班子，全面落实干部能上能下制度，畅通干部能进能出通道，加强干部岗位职责管理，健全干部考核机制，努力营造“让干的人干得起来，让混的人混不下去”的良好环境。要大力实施干事创业激励机制、问责机制和容错机制，旗帜鲜明地支持和保护爱护那些作风正派、敢作敢为、锐意进取的干部，推动干部勇于负责、敢于担当。精心推进新兴领域党建工作，切实加强贵州工程职业学院、乌江学院以及各类园区党建工作，打造一批非公企业和社会组织党建先进单位。全面提升组织活动场所服务功能，建立健全“干群连心室”、便民利民服务中心，逐步规范提高村（居）干部报酬。全面发展村级集体经济，全面落实“四议两公开”等制度。优化党组织“1+N”模式，全力推进区域化和集团化党建格局。关爱帮扶生活困难党员，改进对流动党员的管理服务，从严教育管理监督党员，积极稳妥及时处置不合格党员，促进党员更好发挥先锋模范作用。

（三）扎实加强作风建设。毫不松懈地贯彻落实好中央“八项规定”和省委、市委、县委“十项规定”精神，用铁的纪律整治各种顶风违纪行为。严打“四风”问题的隐形变异，防止反弹回潮。把严格党内生活、“三会一课”作为重要抓手，定期督查督导，引导党员干部在组织约束中锤炼作风。把“十六字”原则具体化程序化，积极探索权责清单制，自觉按照民主集中制履职尽责。开展“走进群众家里、走进群众心里”活动，把走群众路线贯穿脱贫攻坚全过程。深入推进“严抓党风、严改政风、严治社风、严督家风”建设，继续加大违规办酒风、赌博风、吃喝风、考试作弊风整治力度，促进社会风气实现根本性转变。要求全县各级领导干部身体力行、率先垂范，带头抓作风转作风改作风，带头重家教立家规正家风，形成层层示范带动效应。全体党员要倍加珍惜干事创业机会，对定下的目标坚决贯彻，对布置的任务快速推进，对协调的事项抓紧落实，始终保证核心竞争力。要时刻不忘初心，永远信守入党誓言，永保对人民的赤子之心，传承密切联系群众、求真务实、艰苦朴素的优良作风，确保始终赢得人民的信任和拥护。

（四）扎实加强民主法制建设。党内民主是党的生命。要坚持民主集中制，健全党内民主制度体系，以党内民主带动人民民主。保障党员主体地位，健全党员民主权利保障制度，开展批评和自我批评，落实党员知情权、参与权、选举权、监督权。完善党的代表大会制度和党内选举制度。扩大党内基层民主，推行党员旁听基层党委会议、党代会代表列席同级党委有关会议等做法。加强党内监督、人大依法监督、政协民主监督、社会舆论监督制度建设。坚持以法治思维和法治方式加强县域治理，全面推进依法治县，强化社会治安综合治理能力，健全信访维稳工作责任机制，推进安全生产和平安建设，切实维护社会和谐稳定。深入推进司法体制改革，健全阳光司法机制，切实维护公正司法。全力支持法院、检察院依法独立公正行使职权，为全县经济社会发展营造良好环境。

（五）实加强廉政建设。党风廉政建设和反腐败斗争是党的建设的重大任务。全县各级党组织要切实担负主体责任，强化主责就是首责、守土必须尽责的责任意识，加强纪律建设，把“全面从严治党”的要求落实到党风廉政建设和反腐败工作全过程。从严把纪律和规矩挺在前面，引导党员干部切实增强“四种意识”，自觉做到“四个服从”，始终在思想上政治上行动上与以习近平为总书记的党中央保持高度一致，坚决维护党中央权威，认真贯彻落实“一准则两条例”，严格遵守党的政治纪律、组织纪律、廉洁纪律、群众纪律、工作纪律和生活纪律。从严加强廉政教育，严格执行“五不准”纪律要求，定期开展纪律巡察，创新监督方式，以民生监督为重点，加强各领域各行业各层面的监督，加快形成不敢腐不能腐不想腐的有效机制。从严运用“四种形态”，抓好“四个约谈”，加强和改进纪律审查，坚持“零容忍”的态度，严肃查处各种违纪违法行为，保持惩治腐败的高压态势。加大预防腐败工作力度，加强反腐倡廉教育，健全完善权力运行制约和监督体系，构建“亲”“清”的新型政商关系，进一步营造风清气正的政治生态和干事创业的良好环境。纪检监察机关要严格以章办事、依规行事。全县各级干部要牢固树立正确权力观，敬畏人民、敬畏组织、敬畏法纪，始终做到公正用权、依法用权、为民用权、廉洁用权。

（六）扎实加强县委班子自身建设。县委要充分发挥总揽全局、协调各方的领导核心作用，既要发挥带领作用，更要发挥带头作用。一是始终坚定政治方向。县委在思想上政治上行动上要始终与党中央和省委、市委保持高度一致，坚决贯彻落实党的大政方针和决策部署，集中精力把方向抓大事出思路，提高科学执政、民主执政、依法执政的水平。要发挥在同级人大、政府、政协和法院、检察院以及人民团体等各类组织中的领导核心作用，全力支持各党组织各司其职开展工作。二是始终坚持理论武装。县委要加强对意识形态工作的领导，会用善用网络微信新媒体，提高辩证思维能力、系统思维能力、战略思维能力、法治思维能力、底线思维能力和精准思维能力。要弘扬求真务实学风，筑牢党性之魂、点亮信念之光，真正把学习成果转化为提升党性修养和思想境界的强大动力，转化为指导和推动各项工作前进的实际成效。三是始终坚持班子团结。县委要始终做到对党忠诚、听党指挥、为党尽责。班子成员要把团结共事作为自觉坚守，不说不利于团结的话，不做不利于团结的事，切实做到有胸襟、有气量、有境界。四是始终坚持制度建设。规范县委全会工作规则，强化全会决策和监督作用，完善常委会议事规则和决策程序，完善县委讨论决定重大问题和任用重要干部票决制，有效推进县委决策科学化、民主化和制度化。五是始终坚持廉洁自律。教育引导全县各级党组织深刻认识中央关于全面从严治党的决心和信心，带头把“主体责任”扛起来，切实增强党性原则和党纪意识。县委委员尤其是县委常委必须以更高标准和更严要求规范自我、提高自我、完善自我，要求别人做到的，自己首先做到，要求别人不做的，自己坚决不做，以志存高远的思想境界、人格魅力、实干精神、清廉行为树立党员领导干部的光辉形象，带头营造风清气正、政通人和的良好政治生态。

德江县人大常委会工作报告（摘要）

——在德江县第十七届人民代表大会第一次会议上

（2016年12月17日）

何先美

五年的主要工作

五年来，我县在加快建成黔东北交通枢纽和区域性中心城市阶段性征程上不断取得了新的成绩。同时，我们在县委的坚强领导和市人大常委会的具体指导下，始终坚持以邓小平理论、“三个代表”重要思想、科学发展观为指导，全面贯彻落实党的十八大和十八届三中、四中、五中、六中全会精神，深入学习领会习总书记系列重要讲话精神，紧紧围绕加快建成黔东北交通枢纽和区域性中心城市发展主题，紧紧围绕在历届常委会工作基础上“巩固好稳步走、接着干有作为”工作要求，依法履行各项职责，全面完成了县十六届人大一次会议以来确定的各项目标任务，为加快建成黔东北交通枢纽和区域性中心城市作出了积极贡献。

五年来，我们紧紧围绕加强领导，坚定地落实县委决策，在服务大局上彰显新作为。始终在思想上政治上行动上与以习近平同志为核心的党中央保持高度一致，在县委的坚强领导下，把人大工作摆在大局中思考、定位和履职，牢牢把握了人大工作坚定的政治方向。

——坚持把服从服务中心贯穿始终，认真行使重大事项决定权。根据县委的决策部署，健全完善了重大事项决定制度，不断增强重大事项决定的科学性和时效性。五年来，先后对城乡规划、基础设施、重点工程、撤县设市、民主法治等重大事项，依法及时作出决议决定54项，保障了全县经济社会发展顺利推进。一是适时决定经济社会发展重大事项，审议批准了“十三五”规划以及其它规划调整。二是有效决定区域规划重大事项。加快城乡统筹发展，推动撤县设市进程，依法批准了县城总体规划修编工作；作出了复兴、合兴等7个撤乡建镇工作决议，撤销青龙镇建制设立青龙和玉水街道的决议。三是审慎决定政府融资建设重大事项。在把握规模、利率以及项目合理的基础上，大力支持县人民政府拓宽渠道、加大力度，推动融资落地落实。作出了关于同意一中、二中、人民医院、民族中医院等整体搬迁项目贷款列入财政预算等25个决议；同意将农村基础设施建设、生态移民搬迁、城市供水、污水处理等8个项目资金纳入政府融资范畴，共批准贷款规模92.37亿元。四是全面决定依法治县工作重大事项。审议批准了《德江县殡葬管理暂行办法》等2个规范性文件，作出了关于进一步加强法制宣传教育的决议，督促县人民政府及其部门认真实施“六五”普法规划，开展了宪法日活动，初步形成了全社会遵法学法守法用法的良好风尚。

——坚持把党管干部原则贯穿始终，依法履行选举和任免职责。坚持党管干部和依法行使人事任免权的高度统一，健全完善干部任免和任后监督制度，建立落实党组会议通报并统一思想制度，规范任前法律知识考试、法律职务资格审查、任前供职发言、颁发任命书、向宪法宣誓等程序，增强被任命干部法治观念、责任意识和公仆意识。五年来，选举任免国家机关工作人员244人次，并切实加强了对这些选举任命干部的任后监督工作。五年中，选举了2任县人大常委会主任、3任县长，圆满实现了组织意图和人民意愿的高度统一。在充分运用过去开展部门评议和述职评议成功经验的基础上，根据人大代表的意见，邀请纪委、组织等有关部门参加，采取召开座谈会、听取述职报告、开展民意测评和个别谈话、走访群众等方式，分别对国土局、水务局开展了历时四个月的工作评议，对住建局、统计局、民政局、教育局、林业局、农牧科技局、财政局等12个部门主要负责人开展了述职评议，在肯定其履职业绩的同时，认真地指出了问题和不足，并提出了整改要求。

——坚持把守纪律讲规矩贯穿始终，扎实开展了县乡人大换届工作。在换届工作中，我们贯彻落实了中央、省委、市委和县委关于做好县乡人大换届选举的工作要求和会议精神，按照“党委领导、人大组织、部门配合、全民动员”的工作机制，深刻汲取辽宁拉票贿选案、湖南衡阳破坏选举案和四川南充拉票贿选案的教训，坚持把纪律和规矩挺在前面，全面落实“九严禁”要求，采取强化政策和法律学习培训、广泛动员选民登记、着力开展舆论引导、分段统筹推进、分片开展督导、实行负面清单等措施，在确保身份真实、确保程序合法、确保结构合理的基础上，依法选举产生了县十七届人大代表208名、新一届乡镇人大代表1055名。在全面从严治党新形势下，达到了全面宣传人民代表大会制度和营造人大换届选举工作良好氛围的目的，实现了选民登记全覆盖、参选率达92%的目标。

五年来，我们紧紧围绕加快发展，扎实地推进监督工作，在推动发展上取得新成效。在经济新常态的新形势下，我们紧扣推动发展的要求，结合不同时段、不同对象、不同目标的实际，分别运用了调研视察、执法检查、专题询问、工作评议、述职评议等监督方式，共召开了37次人大常委会会议，听取审议“一府两院”工作报告76个，进一步增强了监督工作的针对性有效性。

——注重加强对重点工作的监督。围绕建成黔东北交通枢纽和区域性中心城市主题，督促落实大交通大产业大教育大环境四大支撑工程要求，坚持把交通枢纽、撤县设市以及相关工作作为监督重点，听取和审议了18个政府专项工作报告，推动了经济社会又好又快发展。一是围绕夯实发展基础，每年选择水务、交通方面的侧重点，听取和审议了政府相关报告6个，督促解决了发展中的一批重点难点问题。二是围绕推进产业发展要求，分别听取和审议茶产业发展、畜牧产业建设、农业园区建设、烤烟生产、春耕生产等19个重点议题，分别提出整合资金、加大投入、加强管理、强化技术服务体系和市场体系建设等意见，努力促进农业增效农民增收。

三是围绕社会治理能力建设，听取和审议社会治安管理、禁毒工作等7个专项报告，提出增加警力、加强严打的要求，有效遏制涉毒犯罪，强化网吧综合治理，创造和谐稳定社会环境等意见。四是围绕抓实人口计生工作，提出加强监管，健全网络，确保实现增比升位和“双降”目标等审议意见。五是围绕发展工业经济，提出把握好发展方向，掌握好发展动态，优化好发展环境，扎实推进工业强县战略等意见。六是围绕招商引资工作，提出招商选商安商相协调，招商项目、产业导向与城镇规划相衔接，发展速度、资源开发与环境承载相匹配等意见。七是围绕推进相关工作，组织部分市县人大代表开展高速公路建设、卫生与秩序等专项视察活动8次，提出改善基础设施、加强部门联动、强化监督管理等建议意见。

——注重加强对经济运行的监督。高度关注经济运行情况，始终把扩大规模和增加总量摆在重要位置，坚持年中听取和审议县人民政府关于国民经济和社会发展计划执行情况报告。通过对工业经济发展、工业园区建设、招商引资工作、农村电商发展开展4次专题调研，以及对“十二五”规划开展中期评估，对计划执行中存在的问题进行深入分析，提出有针对性和可操作性的建议。在财政预算、决算方面，实行主任会议会审、人大常委会集中审查制度，确保财政预决算审查的规范性和科学性。在对每年上半年预算执行情况的集中审议中，提出要加大政府全口径预算管理，将地方政府性债务收支和部门所有收支纳入年度预算，增强预算编制公正公开的建议意见；在对每年审计报告的审议中，针对审计查出的问题，建议建立健全整改督办、跟踪反馈和问责机制，倒逼预算管理、审批制度、决策机制等改革创新，坚决制止只审不改、屡审屡犯等行为。

——注重加强对民生改善的监督。民生是大局、是大事，也是大势。坚持把民生问题摆在突出位置，常抓不懈、常督见效，确保民生政策落地生根、落到实处。围绕推进社会事业发展，继续加强对教育卫生、人口计生、就业创业等工作监督。对教育事业发展，坚持把监督视角覆盖各个方面，分别听取审议了营养改善、体系规模、内涵质量等5个工作报告，依法督促在教育体系、教育规模、教育质量上下功夫，大力发展高等教育，加快了黔东北教育中心建设步伐；对扶贫开发工作，在听取和审议工作的基础上，首次开展了专题询问，提出了因地制宜、分类指导、抓住重点等建议意见，同时组织了驻德省市人大代表和部分县人大代表开展易地扶贫搬迁专题视察活动2次；对乌江沙沱水电站德江库区移民后续管理工作组织代表开展2次视察活动，有效解决了人畜饮水安全、基础设施完善、河堤边坡治理以及移民致富困难等后续问题；对城区及集镇用水保障工作，督促科学编制“十三五”供水保障项目，清理整治水源地污染源，推进了保障群众饮水工作。听取和审议了县人民政府关于农业园区建设、职工权益保护、农村电子商务、文化旅游产业、大健康产业、城市十大提升工程等14个工作报告，分别提出了建议意见和审议意见。

——注重加强对热点问题的监督。始终关注社会热点难点问题，坚持把热点问题摆在显目位置，急事急办，热事重督，推动问题的解决和落实。对林业工作中存在的问题，建议要抓好林业队伍建设，调处各种林权纠纷，制定全县经果林管理办法，积极争取符合我县实际的新一轮退耕还林政策；对气象工作中存在的问题，建议要积极向上争取解决气象人员紧缺问题，将人工增雨、防灾减灾等经费列入财政预算，努力加强气象现代化建设；对农村信用合作联社服务“三农”问题，提出了要积极主动抓好信用村、信用乡（镇）、信用县创建工作，抓好农民和企业信贷工作，建立农村金融服务组织体系等建议。

五年来，我们紧紧围绕依法治县，不断地开展法律监督，在推进稳定上实现新突破。认真贯彻落实全面依法治国方略，不断改进监督方式，有力促进了依法行政、公正司法。

——不断地开展执法检查工作。十分重视执法检查工作，每年分别对新修订的、新颁布的、涉及公众生产生活的法律法规开展执法检查。先后组织开展对食品安全法、大气污染防治法、环境保护法、行政诉讼法、治安管理处罚法等26部法律法规实施情况的执法检查。不断改进方式方法，不断拓展执法检查的广度和深度，采取全面检查和重点检查相结合、自查自纠和全面整改相结合、会议审议和专题询问相结合，找准法律法规贯彻实施中存在的突出问题，督促法律实施机关认真解决，切实增强执法检查实效。配合省市人大常委会开展了消防法、红十字会法等13部法律法规实施情况的执法检查，以及民用建筑与绿色建筑发展条例、食品安全条例、大数据发展应用条例、大扶贫条例等18部法规的立法调研和征求意见工作，对道路交通安全法等8部法律法规开展执法调研，有效促进了我县贯彻实施相关法律法规工作。

——不断地加强执法监督工作。切实推进司法公正，维护社会公平正义，先后听取和审议县人民法院关于行政审判、执行工作、减刑假释、暂予监外执行等5个工作报告，督促始终坚持以人为本、司法为民理念，推进案件有效执结，推进审判工作改革创新，进一步加强宣传教育和队伍建设工作。

先后听取和审议了县人民检察院监所检察工作和生态环境保护检察工作情况的报告，依法督促夯实工作基础，加强队伍建设，全面推进执法规范化建设。加强备案审查工作，专门成立了规范性文件备案审查工作领导小组，制定并施行《关于规范性文件备案审查暂行办法》，坚持常规审查与专项审查相结合，认真总结备案审查工作，不断完善工作制度和工作程序，逐步实现了制度化和常态化。目前，收到报送备案规范性文件28件，备案28件，涉及德务高速公路、黎家堡棚户区改造的安置补偿等。同时向市人大常委会报送12件，均予备案。通过规范性文件备案审查工作，加强了对县人民政府依法行政和乡镇人民代表大会依法所作出决议、决定的监督工作。

——*不断地做好信访维稳工作*。坚持“两个纳入”信访工作思路，推行人大常委会领导信访接待制度，加强信访综合分析，加强督查督办工作，切实理顺群众情绪，推动信访问题的解决。五年共受理群众来信来访631批（件）、2052人（次），咨询241批（次），转交有关单位办理390批（件），办结390件，办理并回复省市人大常委会转办的信访件25件。同时班子成员按照要求认真落实了重点信访包案责任制以及县级领导定期接访制度，接访251批645人次，包案化解81件107人，维护了人民群众的合法权益。

五年来，我们紧紧围绕代表主体，用心地培育工作品牌，在创新求实上迈出新步伐。充分发挥代表主体作用，积极创新和探索代表工作方式，逐步形成并培育代表工作品牌，不断增强了代表履职意识、不断提高了代表履职能力、不断凸显了代表履职成效。

——*多途径加强代表工作*。坚持人大代表参与人大常委会重大活动制度，全面推行县人大代表列席县人大常委会会议和参加县人大常委会视察、调研、执法检查制度，确保每位代表参加县人大常委会会议和活动2次以上。坚持遍访人大代表制度，遍访代表420人（次）。班子成员深入村寨、走进家中，收集各类意见和建议72件，起到了宣传政策、帮助履职、支持发展、了解实情的良好作用。坚持代表履职管理制度，依法暂停7名县人大代表职务，补选9名县人大代表。坚持联系人大代表制度，出台《关于建立联系县人大代表制度的工作意见》，推行四家班子领导干部及县人大常委会委员联系代表工作，为人大代表依法履职创造了良好条件。

——*多形式开展代表活动*。一是扎实推进代表进驻“干群连心室”活动。全县1011名省市县乡人大代表进驻“干群连心室”，结合驻村工作的安排，人大代表走进田间、贴近群众，察民情、听民意、解民忧，召开座谈会、法律法规宣讲活动936场（次），走访群众1.8万人（次），征集意见1459条，协调解决困难和问题1239个，现场处理矛盾纠纷563起；二是扎实推进代表开展“五带头四个一”活动。在决战脱贫攻坚、促进经济发展、建设民主法治、维护社会稳定等方面，发挥了“桥梁人、带头人、监督者、参与者”的积极作用；三是扎实开展代表小组联组活动。按照“工作联动，活动联抓，资源联享，发展联推”的总体思路，紧紧围绕中心任务目标，准确定位活动主题，片区乡镇年度轮流组织，开展了35场（次）联组活动，协调解决发展项目198个，解决群众普遍关心的热点难点问题236个，为推动片区经济社会协调发展作出了积极贡献。我县代表小组联组活动创新了闭会期间代表履职工作，在省市均产生了较大的影响。

——*多措施督促办理代表建议*。积极探索推行代表建议办理督办新机制，坚持常委会领导领衔、各相关工委跟踪督办制度，组织部分代表或代表小组督办代表建议办理工作。选择一些涉及民生的代表建议，实行重点督办，促进建议办理由“答复型”向“落实型”转变。每年筛选21件事关长远发展和人民群众切身利益的重点建议，由常委会领导分工负责，牵头督办。五年共提出建议、批评和意见776件，已办结296件，正在办理的279件，列入“十三五”规划的145件，因政策因素不能办理的56件，代表对办理情况满意率和基本满意率达98%以上。

五年来，我们紧紧围绕增强能力，全面地加强自身建设，在发挥作用上开创新局面。面对新形势、新任务和新要求，我们全面加强了自身建设,与时俱进、改革创新，努力提高了依法履职能力和水平。

——加强学习培训，增强履职能力。深入开展党的群众路线教育实践活动、“三严三实”专题教育和“两学一做”学习教育，引导县人大常委会组成人员、人大代表、人大干部适应新常态、认识新事物，运用新规律、开创新局面。五年累计主办和参加各类培训班36期，参加人员达1086人（次）。一是始终坚持制度建设抓学习强素质。坚持周二集中学习制度，开展了248次集中学习，涉及政治理论、法律法规和文件会议等748项；坚持党组中心组学习制度，强调纪律和规矩意识，具体研讨109个专题；坚持在县人大常委会会议上“评谁谁讲”要求，推行所评局长开展依法行政讲座制度，已作8个专题法律讲座。二是始终坚持领导带头抓学习强素质。紧跟时代脉搏，紧扣发展大局，带头讲法律、带头上党课、带头抓自学，相继开展了人民代表大会制度、大数据、3D打印、互联网+、生态文明、南海形势、海洋经济等80个专题学习。三是始终坚持注重实效抓学习强素质。及时传达学习党的十八大和十八届三中、四中、五中、六中全会精神，及时传达学习中央、省委、市委、县委会议和文件精神，及时组织学习“两条例一准则”，不断增强从严治党和依法履职的意识。

——加强制度建设，提高工作效能。根据形势发展需要，制定和完善了系列工作制度和管理办法。一是建立完善党务制度。建立完善了党组中心组学习制度、机关周二学习制度、党员目标管理责任制、廉政建设制度等5个制度。二是建立完善人大工作制度。建立完善了县人大常委会议事规则、主任会议制度、人大常委会人事任免办法、联系人大代表制度、监督工作等15个制度。三是建立完善机关管理制度3个。同时建立奖惩机制，对模范遵守规章的大力表彰，对违反规定的严肃处理。

——加强廉政建设，塑造人大形象。坚持党要管党、从严治党的要求，认真落实主体责任，充分发挥了党组在人大各项工作中的领导作用。一是严格教育。以深入落实中央八项规定和省市县十项规定精神，以防范“四风”反弹为突破口，对人大机关干部进行革命传统教育、党的宗旨教育和党纪国法教育，增强了事业心和责任感。正面引导，反面警示，用身边的典型启发和促使人大机关干部牢固树立正确的世界观、人生观和价值观。二是严格管理。用严格的管理制度约束，不为金钱所动，不为物欲所惑，时刻保持人大机关干部蓬勃向上、积极进取的精神风貌。三是严格自律。坚持“持廉守正、端行亮节”的要求，清清白白做人，堂堂正正做事，通过自我教育、自我约束、自我修养、自我监督，不断规范了言行，树立了为民务实清廉的良好形象。

——加强统筹兼顾，营造良好氛围。加强对外交往与交流，积极参加渝黔湘鄂四省市边区人大工作联席会、长江流域部分县市人大工作联席会，借鉴发展经验，推动我县工作。同时班子成员讲政治顾大局守纪律，替大局着想、为大局分忧、行大局所为，分别参与了教育卫生计生集团工作、发展农业园区和茶叶生产、城市征地拆迁安置和商贸园区建设、经开区组建和城北新区开发、争取铁路项目落地、重点水库建设、撤县建市、易地扶贫搬迁等工作，严格要求、务求实效，形成了团结共事的良好局面。始终把老干部工作放在更加重要的位置，积极探索新形势下做好老干部工作的方法和思路，带着深厚的情感和历史的责任为老干部们搞好服务，让老干部组织观念常存、工作生活常乐、为民之心常在。按照打造平台、建好队伍、拓宽渠道的思路，扎实推进宣传信息工作，为开创人大工作新局面营造良好的氛围。

五年来，我们始终把坚持和完善人民代表大会制度作为光荣使命，把依法有效行使各项职权作为神圣职责，人大各项工作取得了新进展。这是县委坚强领导的结果，是全体人大代表、常委会组成人员和人大机关工作人员辛勤工作的结果，是“一府两院”和各乡（镇、街道）、各部门紧密配合的结果，是全县56万各族干部群众大力支持的结果，是历届人大常委会打下坚实基础的结果。在此，我代表德江县十六届人大常委会，向全体人大代表和全县各族人民表示崇高的敬意！向关心、支持人大工作的各位领导和同志们表示衷心的感谢！

五年来，这些生动实践使我们对坚持和完善人民代表大会制度、开创人大工作新局面有了更加深刻的体会：一是必须坚持党的领导，使人大工作始终保持正确的政治方向。五年来，我们始终围绕县委不同时期不同方面的各项要求，通过依法履职促进了县委重大决策部署的落实，保证县委意图的实现；同时进一步加强人大常委会及其机关党的建设，充分发挥了主体责任作用，形成了同心同向同步同力的局面。二是必须坚持依法履职，使人大工作始终尊崇法治发扬民主。五年来，我们围绕树立法治思维、强化法治理念的要求，始终按照法律赋予的职权、法律规定的程序，履职尽责，敢言善行，开展了对“一府两院”的有力监督，有效保证了宪法和法律的实施，促进了依法行政和公正司法。三是必须坚持围绕大局，使人大工作始终合乎民意顺应发展。五年来，我们把改善民生福祉作为履职重点，把加快建成黔东北交通枢纽和区域性中心城市作为监督重点，监督推进重大项目重要领域重点环节，使地方国家机关各项工作更好地体现了人民群众的意愿和要求。四是必须坚持开拓创新，使人大工作始终充满生机焕发活力。五年来，按照总结、继承、完善和提高的原则，在历届工作的基础上，推进了改革创新，创新落实了宪法宣誓、分管县长按议题报告工作、规范性文件备案审查、运用专题询问方式等15项工作，使人大各项工作充满了新的时代感。始终把握按本分做人、按角色做事的要求，更加注重团结、珍惜团结，营造了良好的工作环境。

同时，我们也清醒地看到在工作中还存在许多不足，主要是：监督工作重形式轻实效问题尚未有效转变，监督议题全面性、针对性、有效性结合不够；对财政预决算实施全口径监督方法和途径还需探索；对代表建议的办理和代表主体作用的发挥需要进一步加强，代表履职激励机制还需完善，运用信息手段在畅通民意表达上还有差距;对充分发挥街道人大工委作用需要探索，自身建设需要进一步提高；扩大开放、对外联系不强，营造氛围、宣传力度不大，各项制度建立和落实都有不足，奋发精神和刻苦作风尚需发扬等问题。这些，我们将在今后的工作中引起重视，认真解决。

今后五年工作的总体安排

今后五年是我县脱贫攻坚攻克最后堡垒的决战阶段，是我县建成全面小康社会的决胜阶段，是我县加快建成黔东北交通枢纽和区域性中心城市的全新阶段。我们要在县委的坚强领导下，学习贯彻落实县第十二次党代会精神，把智慧和力量凝聚到县委提出的各项任务上来，以更加奋发有为的精神状态做好人大工作，努力把德江各项事业不断推向前进！

今后五年全县人大工作的指导思想：高举中国特色社会主义伟大旗帜，坚持以马列主义、毛泽东思想、邓小平理论、“三个代表”重要思想、科学发展观为指导，全面贯彻落实党的十八大和十八届三中四中五中六中全会精神，深入贯彻落实习总书记系列重要讲话特别是视察贵州讲话精神，学习贯彻省委十一届八次全会、市委一届十一次全会和县第十二次党代会精神，紧紧围绕“五位一体”总体布局和“四个全面”战略布局，紧紧围绕新发展理念，紧紧围绕省委省政府“守底线走新路奔小康”工作总纲和市委市政府“着力打造乌江生态经济走廊重要节点”发展要求，紧紧围绕“四大支撑”工程发展思路，忠实履行宪法和法律赋予的职责，为决战脱贫攻坚，决胜全面小康，在新阶段努力加快建成黔东北交通枢纽和区域性中心城市作出新的贡献！

——进一步加强党的领导，在把握方向服务发展上有新境界。坚持党的领导，是人民代表大会制度不断发展和完善的基本前提，是社会主义民主政治和法治体系的必然选择，是做好人大工作的根本保证。深入学习贯彻党的十八大和十八届三中四中五中全会以及习总书记系列重要讲话精神，牢固树立政治意识、大局意识、核心意识、看齐意识。全面贯彻落实党的十八届六中全会精神，坚决维护和拥戴以习近平同志为核心的党中央，在思想上衷心拥护核心、在政治上坚决维护核心、在组织上自觉服从核心、在行动上主动看齐核心，全力营造全县良好的政治生态。认真落实“不忘初心强信念、不负重托敢担当、不遗余力惠民生、不失原则增合力、不碰底线保本色”要求，更好地肩负起在新阶段的时代重任。严守政治纪律和政治规矩，自觉地把各项人大工作置于县委的领导之下，将县委决策部署贯彻于人大工作各层面和全过程，自觉做到县委有决策、有部署、有目标，人大工作就有行动、有反应、有计划，确保人大工作始终保持正确的政治方向。

——进一步加强责任担当，在依法履职加快发展上有新成效。敢于担当和善于担当，是开展工作完成目标的必然要求，是我县新阶段新任务对人大工作的时代责任。深刻领会、准确把握并贯彻落实县第十二次党代会精神、这次人代会精神，扎实做好全县人大工作，为推动经济社会又好又快发展作出新贡献。切实强化政治担当，在依法履行各项职权时，始终把坚持党的领导、人民当家作主和依法治县有机统一起来，把对党负责和对人民负责有机结合起来，从制度上、程序上保证县委意图的实现，保证决定权、行政权、司法权、监督权协同一致，共同推动加快发展。切实强化民生担当，牢记全心全意为人民服务的宗旨，深入践行党的群众路线，大力推动民生问题的解决，推动改革发展成果更多惠及人民群众，加大对做好普惠性、基础性、兜底性民生建设的监督与支持力度，扎实推动加快建成黔东北教育中心、医疗中心、物流中心、金融中心、文体中心，不断提高公共服务共建能力和共享水平。切实强化职责担当，在保障法律法规在本区域内的正确贯彻执行上下力、在监督“一府两院”落实人代会通过的事项上下力、在保障和支持代表发挥作用上下力、在学习了解上情下情内情外情的条件下适时依法作出决议决定上下力、在围绕中心倾情倾力开展帮扶和联系工作上下力，努力推动全县经济社会加快发展。

——进一步加强监督工作，在增强实效推动发展上有新作为。依法监督是人大及其常委会依法履职最广泛使用的工作，是人大及其常委会依法履职最经常运用的工作，不仅要敢于监督也要善于监督，不仅要有方法也要有成效，不仅要讲制约也要讲支持，不仅对事也要对执事的人，不断推动我县人大工作制度创新发展，不仅有法律监督也有工作监督，不断推动我县经济社会又好又快发展。紧紧围绕积极推动乌江生态经济走廊重要节点、内陆开放型经济试验区等发展要求，紧紧围绕决战脱贫攻坚、决胜全面小康的工作要求，紧紧围绕在新阶段努力加快建成黔东北交通枢纽和区域性中心城市发展主题，紧紧围绕这次人代会审议通过的各项目标任务，切实加强调研工作，着力加大监督力度，努力展示在新形势下的新作为。根据不同阶段、不同内容、不同要求选择不同的监督方式，重点在推动抓好脱贫攻坚、民生保障和全面小康上下硬功，重点在推动提高城市化水平、发展新兴产业和交通枢纽工程上下实功，重点在推动抓好生态文明、环境保护和营造优质环境上下真功，重点在推动加快发展建平台、抓保障和见成效上下细功，为新阶段加快发展提供新保障。

——进一步加强代表工作，在发挥作用促进发展上有新特色。人大代表是国家权力机关的组成人员，代表工作是人大及其常委会基础性和关键性的工作。人大代表主体作用的发挥，直接影响着人大作为国家权力机关的质量和成效，直接影响着人大及其常委会各项职能的展示和实现，直接影响着人大工作的生机和活力。继续深化和拓展代表工作，不断创新代表工作机制，坚持和巩固具有我县特色的代表小组联组活动制度，扎实提高代表工作水平。全面实施代表初任培训及日常培训工作，不断完善代表履职保障机制，为人大代表依法履职创造良好条件。坚持和完善代表列席县人大常委会会议、参加专题调研、集中视察、执法检查，以及县人大常委会组成人员和“一府两院”联系代表等制度，拓宽代表知情知政渠道。认真办理代表在每年每次人代会上提出的批评、建议和意见，逐步从文来文往到人来人往、答复满意向结果满意转变，逐年提高办件落实率，积极回应新常态下人民群众的新关切。根据代表法和选举法有关规定，加强对人大代表教育和管理工作，切实规范约束代表履职行为。

——进一步加强自身建设，在展示形象谋求发展上有新突破。持之以恒地抓好自身建设，为人大及其常委会依法履职筑牢坚实的工作基础。不断加强理论学习，自觉运用科学理论武装头脑、指导实践、推动工作。认真开展系列法制讲座，引领县人大常委会组成人员和人大机关干部牢固树立法律意识和法治观念，不断提高运用法治思维、法治方式解决问题的能力和水平。必须把思想和行动统一到中央的决策和省委、市委、县委的部署上来，始终把纪律规矩挺在前面，全面落实从严治党主体责任。扎实开展“走进群众家里、走进群众心里”活动，严格执行“四严五不准”要求，驰而不息地严防“四风”隐形变异和反弹回潮。围绕县人大常委会工作职能和目标任务，坚持高起点定位、高标准推进、高效率落实的要求，把借鉴与创新结合起来，自觉地把先进的思想观念、工作标准融入机关建设之中。健全完善与上下级人大联系机制、与“一府两院”及政府部门对接工作制度，加强信息沟通，密切事务协同，实现双向互动，形成推进各项工作整体合力。建立健全工作激励关怀机制，关心关注人大干部，激发人大干部干事创业的信心和决心。以深厚的情感尊重老干部、以真诚的行动服务老干部，推动和开展人大老干部工作。加强来信来访、人大宣传以及对外联系等各项工作，全面开创人大工作新局面。

政府工作报告（摘要）

——在德江县第十七届人民代表大会第一次会议上

（2016年12月16日）

秦智坤

过去五年政府工作回顾

县十六届人大一次会议以来，县政府全面贯彻党的十八大和十八届三中、四中、五中、六中全会精神，坚决维护以习近平同志为核心的党中央，深入贯彻落实习近平总书记系列重要讲话特别是视察贵州讲话精神，在市委、市政府和县委的坚强领导下,在县人大的依法监督和县政协的民主监督下，团结带领全县广大干部群众，积极应对新挑战，客观顺应新常态，主动适应新发展，统筹做好稳增长、调结构、惠民生、防风险各项工作，全面完成了县十六届人大历次会议确定的目标任务，为决战脱贫攻坚、全面建成小康社会，加快建设黔东北交通枢纽和区域性中心城市奠定了坚实基础。五年来：

我们凝心聚力抓发展，综合实力快速增长。坚定实施全省主基调主战略，着力抓机遇、抓主动、抓落实，全县发展形势持续向好，发展速度持续向好，发展质量持续向好。五年累计完成地方生产总值365.2亿元，年均增长15.3%；固定资产投资428.2亿元，年均增长31.9%；财政总收入37.5亿元，年均增长21.6%，一般公共预算收入21.3亿元，年均增长12%；社会消费品零售总额67.4亿元，年均增长15%。三次产业比例由36.7：18.7:44.6调整为26.2：20.8：53，第三产业增加值从17.78亿元增加到50.9亿元，年均增长19.3%。2016年，全县金融机构存贷款余额分别达97.71亿元、69.17亿元，是2011年的2.1倍、3.1倍；城镇居民、农村居民人均可支配收入分别达23972元、7283元，是2011年的2.0倍、2.2倍，年均增长15%、16.3%。

我们群策群力抓项目，发展基础明显夯实。紧扣黔东北交通枢纽和区域性中心城市定位，统筹推进以交通水利为重点的基础设施建设，累计实施项目1014个，完成投资337亿元，是前五年的5.5倍。全力推进交通建设。杭瑞、沿德高速建成通车，德务高速快速推进，全县高速公路里程达94千米。投入11.8亿元改造326国道和原303省道，启动实施352国道县城至共和港口段改扩建工程；提级改造道路1453千米，硬化通村通组公路2478千米，全县通车里程达3500千米；建成城南客车站、10个乡镇客运站、285个农村客运站台，行政村通客车率达86%。过境我县的昭黔铁路、涪柳铁路列入国家中长期铁路网和贵州内陆开放型经济试验区规划，初步完成遵义经德江至黔江铁路预可研设计，德江至遵义接贵阳城际快铁纳入全省快速铁路网规划。成功争取黔北机场落户德江，露青场址已获国家民航总局批复，机场预可研报告通过国家民航总局评审。建成乌江共和港500万吨级码头一期工程，乌江航道500吨级水运顺利开通。全力推进水利建设。完成水利投资13.75亿元，建成长丰、观音滩2座中型水库和大木尧小（一）型水库，除险加固10座小型水库，开工建设朝溪水库；新增解决农村20万人口饮水安全；完成沙沱水电站德江库区移民搬迁安置。全力推进电力通讯建设。完成电力投资6.33亿元，建成35千伏变电站4座。完成通讯投资4.76亿元，建设机站2100个，4G网络实现乡镇全覆盖，农村通广播电视、通电话、通宽带率达92.6%，全面完成多彩贵州“广电云”村村通工程。通过五年拼搏，我们构建了黔东北交通枢纽的基本骨架，确立了黔东北交通枢纽的德江位置，正式迎来了高速时代，即将进入空港时代和高铁时代，黔东北交通枢纽初具雏形。

我们悉心给力抓城镇，中心城市初具规模。立足区域区位空间布局，高起点谋划德江城市发展，成功将德江区域性中心城市上升为全省战略并列入住建部城市发展规划，撤县设市经省政府上报国务院批转民政部审核。实施城市提升工程，修订完善县城区总体规划，投资150亿元建成城南新区、城北新区，城市建成区面积拓展到20平方千米，城区人口达20万，城镇化率达45.12%。实施城市配套工程，修建了武陵大道、乌江大道、环城大道，打造了德江大学城、乌江奇石城、温州商贸城，建成人民公园、大犀山森林公园、高家湾农业公园，引资建成世纪明珠、多维国际、水岸豪庭等城市综合体。实施城镇创建工程，成功创建省级文明县城、省级卫生县城，荣获全国民族团结进步示范县、科普示范县称号，城市经营模式入选国家新型城镇化“十大范例”。

我们精准发力抓产业，结构调整不断优化。大力发展现代山地特色高效农业。建成生态茶园16万亩、经果林28万亩、中药材19万亩，烤烟种植年均稳定在6万亩以上，粮食产量年均稳定在15万吨以上，生态畜牧渔业产值达11.5亿元，农业总产值达40.5亿元，年均增长7.4%，粮经比34.2:65.8。坚持农业园区化、园区景区化、景区产业化，建成省级农业园区5个、市级园区10个、县级园区6个，创建星级农业园区3个，引进培育省市级龙头企业10个，培育农民专业合作社675个、村级集体经济组织212个。举办第三届全国天麻大会暨中国德江天麻产业发展国际高峰论坛、全省核桃产业暨农村电商精准脱贫现场观摩会，荣获全国天麻之乡、绿色生态天麻十强县称号，德江天麻地理标志产品保护示范区通过省级验收。大力发展新型工业。深入实施“百企引进千企改造”工程和“双培育双退出”行动计划，推进关口汽贸产业园建设，建成微企一条街，城北工业园区成功升格为省级经济开发区，园区完成投资134.7亿元，全县工业总产值从15.3亿元增加到62亿元，年均增长29.9%。大力发展旅游产业。建成开放高家湾3A级旅游景区，开发建设洋山河景区，加快推进煎茶水乡旅游项目，开工建设白果坨国家级湿地公园和陶缘居农旅综合体项目，新建乡村旅游点5个，成功举办两届旅发大会，旅游总收入达31.3亿元，年均增长19.33%。大力发展电商产业。建成城北电商产业园，成功申报全国电子商务进农村综合示范县，引进阿里巴巴农村淘宝、邮乐购、贵农网、云智科贸等电商平台，培育傩城、布谷、中通、顺风等电商企业和快递物流29家，发展电商服务网点275个，电商交易额达2.8亿元。

我们齐心协力抓治理，生态环境持续向好。绿色是多彩贵州的主色调，生态德江的最底色。这些年来，我们像爱护眼睛一样精心呵护我们的生态环境，坚定实施“绿色德江”和环境污染治理三年行动计划，坚定落实植树造林、封山育林、退耕还林政策，新增造林面积48万亩，治理石漠化面积52平方千米，实施土地开发整治7万亩，建成高标准农田1155公顷，河流断面水质达标率达87%，森林覆盖率达53%。启动实施引水入城工程，建成生活污水处理厂4个，县城集中饮用水源水质达标率100%，全县主要污染物排放总量控制在国家计划指标范围内。引资建设垃圾焚烧发电项目，积极实施PM2.5大气污染治理，淘汰落后产能企业4家，实现县城空气质量自动监测和乡村保洁员全覆盖，县城空气环境质量保持在国家二级标准。投资20亿元实施“四在农家·美丽乡村”六项行动计划项目276个，农村人居环境明显改善。

我们尽心尽力抓改革，创新活力全面激发。抢抓中央全面深化改革机遇，大力推进供给侧结构性改革，认真落实“三去一降一补”改革任务，完成6项国家级、省级、市级试点改革工作。成功探索推出经验做法43个，其中农村“三权抵押”贷款模式在全国推行，企业“三品三表”多元化融资模式成为全省改革样板，“三金”农民合作社助推农民增收做法入选2015年全省20个优秀改革案例。财政工作获全国财政系统先进表彰。成功引入3家银行，组建6家国有独资公司，实现融资100亿元。引进培育实体企业20家，培育市场主体1.2万户，注册资本达到100亿元。累计签约招商项目369个，引资到位资金386.41亿元，年均增长35%。

我们不遗余力抓民生，社会发展更加和谐。坚持普惠性、保基本、均等化，财政投入民生和社会发展资金118.4亿元，占公共财政支出的83%以上。坚持把脱贫攻坚作为第一民生工程，整合资金17.64亿元，实施扶贫项目3469个，产业脱贫90620人、易地扶贫搬迁8248人、生态补偿脱贫764人、医疗救助108627人次、教育扶贫23.3万人次，实现13个贫困乡镇和整县“减贫摘帽”，贫困人口减少到60453人，贫困发生率从50.4%降到16.02%，全面小康实现程度达88.5%。完成农村危房改造17245户，建成保障性住房34649套。启动民政园区规划建设，新（改）建乡镇敬老院13所。各类参保达30万人次，发放城乡低保金7.5亿元，城乡居民养老保险实现全覆盖。率先在全市实现医疗大病县乡统筹，新农合参合率达100%。新增城镇就业30391人次，转移农村劳动力48347人，城镇登记失业率控制在4.2%以内。投资40.42亿元实施教育项目167个，整体搬迁德江一中、德江职校，分别创建省级二类示范性高中、省级示范职校，二中整体搬迁加快推进，建成实验中学、思源实验学校，新（改）建小学（园）44所，山村幼儿园实现全覆盖；九年义务教育巩固率达94.4%，普十二教育目标顺利完成，普十五教育工作有序推进，教育“9+3”计划连续两年考核排名全省第一，高考成绩连续三年获全市第三，顺利通过省级“两项教育督导”评估验收；引资建成伟才实验学校一期工程并实现开班办学；建成贵州工程职业学院、乌江学院，在校大学生达5000人，乌江学院留学生40人。完成县人民医院外科综合大楼建设，整体搬迁县中医院、妇幼保健院，引资建成康复精神病医院，新（改）建13个乡镇中心卫生院。成功创建国家级妇幼健康优质服务示范县和县人民医院三级乙等综合医院，启动县中医院三级乙等医院创建工作，医疗服务质量和管理水平明显提升。全面实施两孩政策，成功创建国家级计划生育优质服务先进县，人口出生率从11.31‰降到9.12‰。成功申报土家舞龙炸龙省级非物质文化遗产，成功举办首届乌江石文化节、德江土家摆手舞大型赛事活动，德江被文化部命名为中国民间文化艺术之乡。电影《喋血神兵》全景县内拍摄并在央视上演。中科院老专家技术中心德江工作站挂牌成立。发放“户户通”2.29万套，建成农家书屋316个、农民体育健身场地152个。依法治县全面实施，“六五”普法圆满完成，社会矛盾纠纷有效化解，信访维稳机制不断健全，人民群众安全感和满意度持续提升。认真落实“党政同责、一岗双责、齐抓共管、失职追责”责任制，强化安全生产监督管理，安全生产形势稳定。统计、物价、邮政、保险、公积金、编制、档案、气象、消防工作全面推进，民族宗教、外事侨务、国防教育、人民防空、防震减灾、双拥共建工作有序开展，红十字会、工会、关心下一代、妇女儿童、青少年、老年人、残疾人事业取得新的进步。

在各项工作推进中，我们坚定贯彻落实县委决策部署，扎实开展党的群众路线教育实践活动、“三严三实”专题教育和“两学一做”学习教育，广大干部职工更加敢于担当，作风更加务实高效，全县上下想干事、会干事、敢干事、干成事的环境逐步形成。坚持依宪施政、依法行政，自觉接受人大法律监督和政协民主监督，办理人大代表建议776件、政协委员提案435件，民生实事50件253项，办结率均达98%以上。全面推进党风廉政建设，依法开展行政监察和审计监督，把牢法纪红线、政策底线、职责界线和安全防线，厉行勤俭节约，“三公”经费较2011年下降22.6%，勤政廉政建设取得明显成效。

过去五年是德江战略抓得最准、机遇抓得最好、工作抓得最实的五年，我们谱写了加快发展、后发赶超的崭新篇章，开启了快步迈进高速时代、城市时代的崭新历程。所有成绩的取得，是市委市政府正确领导、深切关怀的结果，是县委总揽全局、协调各方的结果，是县人大、县政协高效监督、鼎力支持的结果，是各位老领导、老同志长期关心、大力帮助的结果，是全县人民同心同德、团结拼搏的结果。在此，我代表县人民政府，向全县各族干部群众，向人大代表、政协委员，向各民主党派、工商联、无党派人士、各人民团体、离退休老领导、老同志和各界人士，向驻德单位、驻德部队、武警官兵和政法干警，向来德投资者和劳动者，向所有关心支持德江经济社会发展的同志们、朋友们，表示最崇高的敬意和最衷心的感谢！

五年的发展历程，让我们深切体会到：无论形势怎样变化，我们都必须把脱贫攻坚、加快发展作为政府工作的主旋律，扭住经济建设不放松，以更快的发展速度、更好的发展质量实现同步小康、后发赶超。无论环境多么复杂，我们都必须把扩大投资、做大总量作为加快发展的主抓手，千方百计上项目、引企业、培实体、增投入，切实把资源优势转化为经济优势、发展优势，以更多的项目建设扩大社会投资，以更强的实体经济壮大综合实力。无论前进困难多大，我们都必须把改革创新、破解难题作为开创政府工作新局面的主动力，善于危中求机，勇于逆中求进，用改革激发活力，用创新推动发展，打破加快经济社会发展的瓶颈制约。无论处在什么时候，我们都必须把改善民生、增进福祉作为经济社会发展的主目标，用实实在在的举措，让德江发展更有“质感”、群众幸福更有“温度”。

在肯定成绩的同时，我们要清醒地认识到发展中存在的突出问题。一是脱贫攻坚与全面小康进程还不相适应。我县贫困发生率高于全省全市平均水平，至今还有贫困村158个贫困人口60453人，贫困面大、贫困程度深的问题尤其突出，群众致贫因素多，脱贫攻坚难度大，全面建成小康社会任务艰巨。二是基础设施配套与交通枢纽建设还不相适应。近年来，我们在高速公路建设上取得了较大突破，但机场还没有实质性开工，铁路建设还没有取得突破，对外大通道和交通内循环问题还没有从根本上解决，交通枢纽建设任重道远。三是发展实力与区域性中心城市建设还不相适应。我县实体经济弱，产业培育滞后，项目突破艰难，没有大产业、大企业、大项目支撑，加快发展的支撑性要素缺乏。城镇辐射带动弱，支撑城市发展的核心竞争力不强，彰显城市特色的要素不突显，区域性中心城市建设任重道远。四是公共服务与群众需求还不相适应。城乡基础性、普惠性民生不够，教育卫生资源不均衡，公共服务、社会治理、安全保障、生态治理亟待加强。五是行政效能与改革创新还不相适应。面对经济发展新常态、脱贫攻坚新任务、廉政建设新要求，少数部门和干部思想不解放、作风不过硬、执行力不强，缺乏主动超前谋事干事、依法依规办事做事的干劲拼劲韧劲。这些问题，我们必须高度重视，逐项研判，弥补不足，更加有效地破解发展难题，更加自觉地决战脱贫攻坚，更加坚定地实现全面小康，决不辜负人民的重托和期盼。

今后五年政府主要工作

按照县第十二次党代会战略部署，今后五年政府工作总体要求是：高举中国特色社会主义伟大旗帜，坚持以马克思列宁主义、毛泽东思想、邓小平理论、“三个代表”重要思想、科学发展观为指导，深入贯彻党的十八大和十八届三中、四中、五中、六中全会精神，深入贯彻落实习近平总书记系列重要讲话特别是视察贵州讲话精神，紧紧围绕“五位一体”总体布局和“四个全面”战略布局，紧紧围绕创新、协调、绿色、开放、共享的发展理念，紧紧围绕省委省政府“守底线走新路奔小康”工作总纲，紧紧围绕市委市政府创建绿色发展先行示范区和“着力打造乌江生态经济走廊重要节点”发展要求，紧紧围绕“四大支撑”工程发展思路，以脱贫攻坚统领经济社会发展全局，决战脱贫攻坚，决胜全面小康，在新阶段加快建成黔东北交通枢纽和区域性中心城市！

今后五年全县经济社会发展主要预期目标是：地方生产总值年均增长13%；规模以上工业增加值年均增长16%；固定资产投资年均增长25%；社会消费品零售总额年均增长14%；一般公共预算收入年均增长12%以上；旅游收入年均增长40%以上；城镇居民、农村居民人均可支配收入年均分别增长10%和13%以上；城镇新增就业2万人以上、城镇登记失业率控制在4.2%以内；服务业比重提高到55%，民营经济增加值比重提高到70%以上；城镇化率达53%，城区建成面积达30平方千米以上，人口近30万人；森林覆盖率达到65%，节能减排降碳指标控制在国家下达计划范围内。

决战脱贫攻坚，决胜全面小康，在新阶段加快建成黔东北交通枢纽和区域性中心城市，必须应势而谋、因势而动、顺势而为、稳中求进。应势而谋：就是要紧扣“两个一百年”奋斗目标和全面建成小康社会、加快推进社会主义现代化的宏伟蓝图，深入贯彻稳中求进的基本原则，以决战脱贫攻坚为统揽，全面贯彻落实上级脱贫攻坚各项决策部署，推动形成各项政策向脱贫攻坚汇聚、各项资源向脱贫攻坚融合、各类资金向脱贫攻坚注入、各种力量向脱贫攻坚汇集，努力在“战斗”中寻找“战斗”的办法，坚决打赢这场输不起的攻坚战。因势而动：就是要坚定不移贯彻五大发展理念，坚定不移落实全省主基调主战略，抓牢用好全省建设生态文明试验区、大数据综合试验区、内陆开放型经济试验区机遇，全面贯彻省委常委会听取铜仁工作汇报精神，念好山字经、做好水文章、打好生态牌，努力建设活力迸发的经济生态、和谐稳定的社会生态、山清水秀的自然生态、多彩繁荣的文化生态、风清气正的政治生态，推动打造绿色发展高地、内陆开放要地、文化旅游胜地、安居乐业福地、风清气正净地，奋力创建绿色发展先行示范县，让德江这个乌江生态经济走廊重要节点生机勃勃、熠熠生辉。顺势而为：就是要顺应国家建设“一带一路”和长江经济带战略，全面落实县委关于县域区域空间发展布局，以投资、项目、实体为抓手，以绿色、生态、健康为主线，规划建设煎茶复兴合兴堰塘农旅融合示范区、高山泉口长丰全域旅游示范区、平原楠杆沙溪生态养生体验区、共和长堡潮砥枫香溪沿江物流聚集区、稳坪桶井荆角民俗民间文化体验区，统筹推进县城和煎茶堰塘钱家龙泉同城化发展，加快建设功能多元、生态宜居，具有一定辐射和凝聚能力的区域性中心城市！

（一）决战脱贫攻坚，坚决打赢脱贫攻坚硬仗。扶贫攻坚是输不起的战役。坚定不移把脱贫攻坚作为首要任务、头等大事，牢牢把握精准扶贫、精准脱贫基本方略，按照“五个一批、六个精准”要求，倾注真情实意、投入真金白银、着力真抓实干，动员全社会力量决战决胜脱贫攻坚这场硬仗，坚决不让1户贫困户和1个贫困人口在脱贫攻坚中掉队，确保2018年全面消除绝对贫困，2020年与全国全省同步全面建成小康社会。一是决战决胜基础设施。全面启动贫困村基础设施建设，多渠道争取整合60亿元实施通村通组公路、农村安全饮水、农村电网改造、农村环境整治、农村通讯网络建设“五大”工程，确保实现农村路网内外联通、寨寨互通，让广大群众出行更方便、饮水更安全、网络更顺畅、灌溉有水源、用电有保障，让农村环境整洁干净，村庄美丽自然，庭院绿色环保。二是决战决胜产业发展。充分发挥农村集体经济、农民合作组织、龙头企业等市场主体作用，建立健全产业到户到人精准扶持机制，确保每个乡镇建成一批脱贫带动能力强的特色产业，每个贫困村形成特色拳头产品，每个贫困户经营性和财产性收入稳定增加。制定农村特色产业发展规划，实施贫困村“一村一品”产业推进行动。实施山地高效农业、生态畜牧产业、农村电商产业、食药特色产业、农特产品加工、乡村旅游发展“六大产业扶贫”工程，扶持建设20个特色农业园区，全面撑起产业扶贫大伞，畅通产业脱贫通道，让贫困户收入源源不断，实现贫困人口产业全覆盖。探索“村级合作社+贫困户+产业”脱贫路径，增强村级集体经济内生动力和造血功能。三是决战决胜易地扶贫搬迁。坚持把易地扶贫搬迁作为挪出穷窝、拔除穷根的有效途径，让贫困户一步住进新房子，快步过上好日子。全面启动易地扶贫搬迁三年行动计划，积极引导贫困人口跨区县搬迁，向县城区、产业园区、景点景区搬迁，推动贫困自然村寨整体搬迁，实现易地扶贫搬迁脱贫4万人以上，跨县搬到大龙开发区安置2.3万人以上。四是决战决胜公共服务保障。织密织牢社会“安全网”，建立健全教育扶持、医疗救助、生态补偿、对口帮扶、社会兜底“五大保障”体系，彻底解决因学致贫、因病致（返）贫、因灾返贫问题，实现生态补偿21554人、教育医疗扶贫37266人、社会保障兜底9062人。五是决战决胜桶井脱贫攻坚。抢抓全省极贫乡镇定点包干脱贫机遇，发挥前线指挥部帮扶示范引领作用，举全县之力夯实桶井发展基础，拔除桶井贫困穷根，创新桶井脱贫路径，把桶井打造成德江的脱贫示范。紧扣《桶井极贫乡定点包干脱贫攻坚实施方案》，投资26亿元实施824个扶贫项目，确保2020年顺利出列。决战决胜脱贫攻坚是政治任务、发展所需、民心所盼，全县各级组织和领导干部都是前线指挥部，都是前线作战员。我们要坚定战斗意志，鼓足作战士气，全力冲锋，攻坚克难，做到完不成任务绝不收兵、攻不下堡垒坚决问责，做到不摘贫困帽就摘官帽子。

（二）狠抓项目带动，全面夯实交通枢纽基础。牢固树立投资拉动经济、交通引领发展、项目带来资金的理念，精准把握国家政策投向，紧紧围绕交通水利电讯等基础设施建设，精心谋划项目，科学编制项目，积极争引项目，全力推进项目，编制项目1200个，规划总投资4900亿元，拉动经济年均增长20%以上。

全面夯实交通基础。铁路和机场是全县人民最注目的大事、最热点的话题、最紧要的民声。我们要抢抓全省建设内陆开放型经济试验区机遇，加快构建“一场一港四纵横”交通枢纽大格局，着力打通四大战略通道，奠定德江黔东北交通枢纽位置。把铁路建设作为重中之重来推进，力争昭黔铁路、涪柳铁路立项批复并开工建设，积极推进铜仁经德江至遵义连接贵阳城际快铁，力争开工建设德江段高铁，推动德江尽快驶入高铁时代，打通德江南下广州大通道。加快建设德务高速，争取万秀高速过境德江，规划建设荆角至泉口、新合朋至机场高速公路，加快连接渝湘、杭瑞、沪昆高速重要节点，打通滇北、黔北东进渝东南大通道。规划建设黔东北临空经济区，建成并通航黔北（德江）机场，加快建立黔东北航空口岸，打通直达北京、上海、广州等大城市的空中大通道。启动德江水运口岸和贸易港建设，完成共和港口二期工程，积极实施乌江航道按1000吨级三级航道标准改造提升工程，打通乌江连接长江水上大通道。加快区域中心城市路网建设，全面提级改造境内国道省道，建成县城至机场、县城至龙泉、钱家至沙溪城际快速干道；规划建设乌江经济走廊通道，提前谋划德江至沿河、凤冈、务川城际快速大道，争取开工建设德江至思南、德江至印江城际快速干道，全力推进县乡道提级改造工程，构建黔东北1小时经济圈、城乡半小时经济圈。

全面筑牢水利基础。抓牢用好全省水利三年大会战机遇，加强重点骨干水源工程建设，建成共和、沙滩、煎茶、塘坝河中型水库，朝溪、万坝、五谷溪、上寨小（一）型水库，完善长丰、观音滩、大木尧水库后续工程，新增灌溉面积6.5万亩以上。建成观音滩、大木尧、梅子坝、朱家沟城市供水工程，解决城区30万人供水需求。实施农田水利灌溉、农村饮水提质、防洪减灾、城镇给排水、污水处理工程，到2021年全县水资源综合利用率达86%以上，农村集中供水率达95%以上，自来水普及率达80%以上，全面解决人畜饮水安全问题。

全面提升电讯基础。加快推进高压、中压和低压配电网建设，完成农村电网改造升级，规划建设500千伏输变电项目，建成龙泉220千伏、荆角及堰塘110千伏和3个35千伏输变电项目，完成电力投资30亿元以上，实现供电可靠性达99.83%。大力实施骨干网络优化、城区网络覆盖工程，全面推进三网融合发展，有效扩大4G覆盖面。推进“无线城市”建设，实现WIFI城区主干道、集镇所在地、重要景区景点全覆盖。加快农村信息化建设，推进城乡广电网络、互联网信息化工程，实现自然村100%通宽带，乡镇数字化广电网络、农村信息网络和农村无线广播电视全覆盖。

（三）突出结构调整，做大区域性中心城市经济总量。深入推进供给侧结构性改革，加快促进产业转型升级，增强经济可持续增长能力。持之以恒把发展产业作为经济工作的重中之重来抓，巩固发展传统产业，培育发展新兴产业，全面做足长板、补齐短板，努力让经济总量大起来、产业结构优起来、实体经济强起来。

加快发展现代山地特色高效农业。巩固提升粮油、烤烟等优势产业，不断壮大产业规模，提高单产效益。按照规模化、标准化、组织化要求，着力打造“七大高效农业产业带”，大力发展“六大特色产业”，新增茶园面积4万亩、中药材11万亩，种植蔬菜30万亩，发展精品水果25万亩，实现农业总产值60亿元以上，畜牧渔业产值20亿元以上。大力推进现代农业园区建设，争创省级园区10个、市级园区15个，县级园区实现乡镇全覆盖，确保园区产值占农业总产值比重达80%以上。强化农业科技支撑，加强院县合作，引进设立科研单位，实现产学研一体化。用足用活农村土地政策，加大农村土地流转力度，支持引导农户入股，培育发展新型农业经营主体、新型职业农民，推进村级集体经济组织全覆盖；积极培育壮大村级专业合作社、劳务合作组织，促进村级合作组织企业化运行、实体化运作、专业化发展，到2021年培育省级示范合作社5家、市级示范合作社20家、家庭农场200家以上。

加快发展新型工业。坚持抓产业与抓大项目并举，抓平台建设与抓总量扩大同步，努力推动德江工业步入快车道，迈上新台阶。到2021年全县规模以上企业达100家，实现工业总产值150亿元以上，工业增加值占GDP比重达17.5%以上。深入实施“百千万”工程和“双培育双退出”行动计划，培育孵化科技创新型企业100家以上，带动生成中小微型企业1000家以上。培育壮大贵州德江省级经济开发区，加快推进产业园区基础设施建设，努力实现园区道路与高速公路、铁路、港口、机场及货场的互联互通，力争创建省级示范经济开发区。加快推进煎茶农特产品加工园、共和物流加工制造园建设，力争入园企业达到120家以上。做精做深绿色食品产业，延长农产品深加工链条，培育一批龙头企业和特色农产品品牌。加快德江天麻国家级地理标志产品保护、国家级有机产品认证、省级知名品牌“三个示范区”建设，启动德江国家级出口天麻质量安全创建工作，推进天麻产业健康发展。推进食品药品检测、工业产品检测、质量检验体系建设，建成黔东北食品药品产品质量计量检验检测中心。推进市场主体集聚集群发展，培育市场主体1.75万户，实现产值27亿元以上，形成大众创业、万众创新的创业局面。

加快发展现代旅游业。按照“全域旅游”发展思路，以特色景区为重点、乡村旅游为补充、重大项目为抓手，全力打造旅游目的地，努力实现德江旅游量的扩张、质的提升，把旅游产业培育成有规模、有品位、可持续发展的支柱产业。启动全域旅游发展规划，规划建设宜居宜游城市、田园乡愁村庄、农旅融合园区、独特多彩景点，推进旅游业与农业、工业、商贸等产业深度融合，让城乡处处是风景。加快宜居宜游城市建设，重点打造玉溪河沿岸景观、城市周边绿色屏障景观和提升城区人文景观，全面配套旅游设施，完善城市旅游功能，展现“城在林中、水在城中、人在景中”的生态城市特色，彰显“大德若水·大美如江”的独特魅力。启动乡村旅游发展规划，加大对传统村落的保护开发。坚持园区景区化、农旅一体化，依托农村绿水青山、田园风光、乡土文化等资源，快速推进煎茶陶缘居、新合朋农旅示范园区建设，全面提升煎茶水乡、高家湾农业园区品质内涵。统筹推进白果坨国家级湿地公园、洋山河国家级地质公园建设，加快建设万亩草场、扶阳古城、龙泉峡谷等景区景点，积极申报承办全市旅发大会。力争2021年建成1个5A级国家农业公园，创建3个国家4A级景区，新建10个休闲农业园区，实现旅游收入年均增长40%以上。

加快发展现代服务业。依托电商产业园，规划建设大数据呼叫中心、快递分拨中心、县级营运中心、物流仓储中心和农村淘宝创业园，打通快递物流最后一千米。深入实施阿里巴巴集团“千县万村”计划，深化“德江购”与“贵农网”电商平台战略合作，推动农批、农超、农品、农民等网上购销对接常态化，实现电商销售产值年均达1.2亿元以上。深入实施贵州大数据云“互联网+政务服务”行动，推进民生领域大数据应用，建成黔东北区域互联网公共服务平台，实现“数据多跑路、百姓少跑腿”。规划建设大健康产业园，大力发展温泉养生、健康运动、健康药食材等产业。打造现代商贸物流新业态，重点发展金融、物流等总部经济。加快推进流通市场规范建设，规划建设城南商业中心，建成农产品交易市场2个、农产品批发市场2个。加快推进关口汽贸产业园建设，引进汽车4S店3家以上，着力打造黔东北汽车销售服务中心。

（四）统筹城乡联动，加快区域性中心城市建设。坚持“以人为中心”的发展思路，用区域眼光定位城市，战略思维规划城市，市场规律经营城市，绿色理念引领城市。按照“产城一体、景城融合、教城一体”要求，突出区域格局、生态宜居、功能多元，更加注重城市内涵式发展，全面提升城市品位，塑造城市品质，打造城市品牌。

提升城市规划。按照精品、休闲、宜居理念规划城市，做好总规修编，启动智慧城市、海绵城市规划，重点打造好生态绿色线、山体分水线、沿河景观线、建筑天际线，形成层次分明、错落有致的城市空间。推动城市发展从单一集中向多功能组团式发展，全面拉开城市建设框架，着力打造城南行政商务中心、城北文化创意新城、钱家铁路运输和物流集散新区、龙泉健康休闲新区、共和现代工业新区、煎茶堰塘农旅示范区，建成城区面积达30平方千米、城市人口近30万的区域性中心城市。撤县设市是全县人民的共同心声，是区域性中心城市的重要标志。我们要坚定发展信心，加大申报力度，多方协作配合，确保实现撤县设市目标。

完善城市功能。规划建成德江南站匝道至迎宾大道、思源实验学校至民俗风情街、德江站匝道至城北工业园区、德江站匝道至环西路、伟才实验学校至钱家、厦阡至良家坝、德江职校至德江一中至城北外环、县人武部至官庄“八条”城市骨干道路，织密城南新区、城北新区路网，改造老城区破损道路和人行步道，畅通城区交通“大循环”和“微循环”，让城市更通畅，出行更方便。规划建成县图书馆、文化馆、博物馆、城建规划展览馆、档案馆和迎宾广场、玉龙湖广场、城南广场、城北广场，以及体育中心、广播电视中心、会议服务中心、国防教育中心、青少年活动中心、老年活动中心、工人文化中心、民政康体中心等“五馆四场八中心”，让城市居民学习有阵地、运动有场地、休闲有静地。沿玉溪河两岸规划布局总部经济、商务会展、金融服务、电商物流、众创空间等服务性产业，建成印象客家、亲水河道、公共绿廊等一批“城市会客厅”。推进地下综合管廊（沟）建设，加快完善城市客运站、停车场、农贸市场、专业市场等公共配套，建成四星级以上酒店3家以上，规划建设一批乡村精品民俗酒店，不断完善城市基础功能、消费功能、服务功能，推动形成功能多元、宜居宜业的品质城市。

美化城市环境。实施绿色城市三年行动计划，推进城市屋顶绿色，大力建设绿色通道、绿色步道、绿色小区和绿色院落，构建城市绿色生态空间。加快推进城南文化公园、大犀山山地体育公园、大洞沟湿地公园、马鞍山景观公园、城北休闲公园建设。实施老城区改造、街道“白改黑”及建筑立面整治，加强背街小巷、城乡结合部治理。开展城市生态修补修复工作，创建国家山水园林城市。建成县城二期供水、二期污水处理工程，推进玉溪河综合治理，实施长丰水库、闸水岩水源管网补水工程，还水于玉溪河，让玉溪河水活起来。建立城市管理长效机制，推进城市管理重心下移，加强城市管理综合执法，下硬手整治城市脏乱差问题和“两违”建设，让城市更整洁更宜居，让居民生活更方便更舒心。

统筹城乡发展。突出民本思想，切实维护居民利益，按照“先安置后拆迁”、“边拆迁边安置”的原则，积极稳妥推进城市棚户区改造。加快推进江与城、温州商贸城、惠田三期、时代上层等项目建设，规划实施水岸豪庭片区、老公安局片区、大市坝片区、老电影院片区、楠木园片区等旧城棚户区改造。规划建设城区易地扶贫搬迁安置小区、棚户区改造安置回购房、经济适用房等，进一步完善城市居民住房保障体系建设，使市民住房保障、住房安全、住房舒适。立足各乡镇区位特点、自然禀赋、资源特色，按照差异发展、错位发展思路，加快推进煎茶、合兴省级示范小城镇、长堡市级示范小城镇，以及复兴、高山、楠杆、泉口、枫香溪、桶井等特色小城镇建设。深入推动乡镇规划委员会实体化运作，科学设计人居环境、景观风貌和建筑色调，让山水风光、民族风情、地方特色与小城镇融为一体。完善乡镇集镇基础设施，推进乡镇扩容、人口聚集和产业培育，实现要素流动转换联动，基本实现城镇公共服务全覆盖，努力统筹城乡一体化发展，确保2021年城镇化率提高到53%。

（五）推进绿色发展，构建区域性中心城市绿色屏障。坚持绿色发展理念，坚守生态底线思维，下更大的决心、想更多的办法、用更严的措施，推动生态系统休养生息、环境污染有效治理，筑牢绿色屏障，推动绿色发展，努力实现绿满德江。

筑牢生态绿色屏障。坚决落实全市创建绿色发展先行示范区各项部署，抓住“两区一走廊”产业规划布局，深入推进绿色生态修复、绿色城乡建设、绿色产业发展、绿色校园建设、环境污染治理、城乡垃圾处理、绿色功能分区、绿色制度体系建设“八大”工程，加快创建绿色发展先行示范县，着力打造乌江生态经济走廊重要节点。大力推进“绿色德江”三年行动计划，用好造林绿化、退耕还林政策，稳步推进通道绿化、城镇园林靓化、旅游村寨美化，重点保护好县城周边绿色屏障、楠杆沙溪高山水源涵养屏障、乌江沿线生态护养屏障，积极申报楠杆国家级自然保护区，不断扩大绿色生态空间，打造生态安全屏障。全面推进高速公路两侧、城镇周边、重要河流两岸造林绿化，统筹实施乌江两岸防护林、天然林保护建设，完成营造林2.66万公顷、退耕还林1.66万公顷。严格水资源“三条红线”控制管理，大力发展饮用水、温泉养生等水产业，努力打造黔东北优质饮用水生产基地。

强化生态绿色治理。牢守山青、天蓝、水清、地洁四条生态底线，启动实施全域绿化，打好“六绿”攻坚战，到2021年全县石漠化综合治理50平方千米，森林覆盖率达65%以上。加快推进企业、产业、园区绿色发展、循环发展、耦合发展，严格监管重点能耗企业，加快淘汰落后产能，推动工业固体废弃物、农林废弃物、生活垃圾资源再利用。深入实施大气、水、土壤三大污染防治行动计划，严守耕地、林地、森林三条红线，加快推进城乡污水标准化处理和垃圾治理工程，增强自然生态系统稳定性，确保县城空气质量优良率达90%、生活污水标准化处理率达90%、垃圾无害化处理率达95%以上，让德江的山更绿、天更蓝、水更清、土更净。遵循“减量化、再利用、资源化”优先原则，优先发展高效、节能环保公共交通，推广使用风能太阳能复合公共照明系统。确保煎茶垃圾焚烧发电项目2017年建成投运。

建设生态绿色家园。加快推进城镇绿色发展，规划建设一批体现山水风光、民族风情、特色风物的绿色小镇，让居民望得见山、看得见水、记得住乡愁。加强生态文化宣传教育，增强全民绿色意识，积极创建国家环保模范城市。深入实施“四在农家?美丽乡村”六项行动计划，强化山水林田路综合治理，支持农村环境集中连片整治，全面提升乡村生产效益、生活品质、生态价值，重点建设102个示范村和344个小康寨，打造美丽乡村升级版，做绿做美宜居新农村。

建立绿色考评机制。制定出台《德江县玉溪河流域保护办法》。全面推行河长制，建立重点流域环境保护长效机制，加快推进城市和园区污水处理系统建设。建立绿色发展指标考核体系，实行领导干部生态环境保护“一票否决制”。编制全县自然资源、水资源、土地资源、森林资源资产负债表，对领导干部实行自然资源资产离任审计。建立生态环境损害责任终身追究制，实行党委和政府领导绿色发展、生态文明建设“一岗双责制”，逐步形成以政府为主导、企业为主体、全社会共同推进绿色发展节能减排工作的强大合力。

(六）深化改革创新，增强区域性中心城市内生动力。主动顺应经济深度融合的大趋势，坚持对内对外开放并举、引进来走出去并重，在扩大开放中拓展发展新空间。

构建对外开放格局。认真落实全省内陆开放型经济试验区建设各项部署，抢抓全市设立航空口岸政策机遇，坚持开放引领，用开放搭建发展平台，聚合发展资源。以融入长江经济带、成渝经济圈、黔中经济圈、武陵山扶贫开发协作区为重点，构建大开放经济发展格局。围绕区域资源共同开发、生态环境共同保护，探索建立县县合作机制，协同开展规划、信息、服务等合作。利用地缘优势，加强与重庆多层面、全方位的深度合作。借助中冶集团、江苏省吴中区对口帮扶平台，加强产业、信息、教育卫生、人才和劳务等区域合作。积极引导民间资本参与扶贫开发，鼓励外地企业来德组建实体，发展总部经济。加快培育经济发展新动能，充分释放改革开放红利。

营造优质投资环境。加快政府职能转变，推进审管分离，依法清理、精简和下放行政审批事项，优化审批流程，建立完善网上审批和电子实时监察系统，健全行政投诉机制，完善政务和公共资源平台建设，提高办事服务效率。加快完善信用体系建设，建立企业信用担保和社会家庭成员诚信档案机制，培育行业和社会中介组织，推进管理与监督规范化，提高全社会诚信水平。用足用活土地、财税、金融政策，着力改进政务、市场、环境服务。全面完善招商引资项目、体系、平台、制度等建设，深度谋划和包装一批链接国家政策、产业链长、争取成功率高的重点项目，提高招商引资实效。大力推进产业链招商、园区招商、以商招商，力争引进全国500强企业、央企、上市公司等10家以上，实现引资到位资金750亿元以上，年均增长20%以上。

推进全面深化改革。以供给侧结构性改革为主线，深入推进“三去一降一补”，加快结构调整，扩大有效供给，推动全要素生产率。全面推进医疗、户籍、人事、司法等体制改革。创新政府与社会资本合作模式，深化财税金融、供销综合、集体经济、非公经济、农村产权等体制机制改革。大力推广“三金”农业、“三社合一”、“三品三表”等创新经验。建立全县微改革体制机制，扎实推进政府购买服务、干部驻村调驻、接待自助餐、厕所革命等微改革。

（七）注重民生事业，推动发展成果全民共享。紧紧围绕共享发展的客观要求，坚持发展经济与改善民生有机统一，围绕“五大中心”建设，扎实推进普惠性、基础性、兜底性民生，不断提高公共服务共建能力和共享水平。

加快建设黔东北教育中心。推进山村幼儿园标准化建设，新建城区幼儿园15所、乡村幼儿园22所，改扩建幼儿园33所，创建省级示范幼儿园10所，学前教育入园率达95%以上，“三残”儿童少年入学率达95%以上。抓实抓好“新两基”工作，新建城区小学5所，改扩建义务教育学校152所，基本实现义务教育均衡发展。推进德江一中创建省级一类示范性高中，完成二中整体搬迁，建成第六中学，确保全县高中入学率达95%以上。创建国家级示范性中等职业学校，实现中职就业率达98%以上。推进贵州工程职业学院达标建设，争取筹建乌江学院独立本科院校和武陵医学院，到2021年实现在校大学生达15000人以上。高标准办好各类民办学校，推动伟才实验学校创建省级示范性高中。办好老年大学，实现党校整体搬迁。

加快建设黔东北医疗中心。实施基层医疗卫生服务能力三年提升计划，完成县人民医院、县疾控中心整体搬迁和县中医院医养一体项目，建成县第二人民医院、第三人民医院，建设肿瘤医院、骨科医院、康复医院、妇女儿童医院等专科医院，力争实现县人民医院创建三级甲等综合医院、县中医院创建三级甲等中医院、县妇幼保健院创建三级乙等妇幼保健院目标。实施基层医疗卫生机构达标提质工程和专业公共卫生机构标准化建设工程，完成11个中医馆和80个卫生计生室（站）标准化建设，不断提升乡村卫生计生服务能力。深入推进公立医院改革，加快推进新农合支付改革，优化卫生人才资源配置，全面提升医疗卫生、公共卫生和医疗保障服务水平。改革完善计划生育服务管理体制机制，深入实施全面两孩政策，人口自然增长率控制在6‰以内，促进人口长期均衡发展。

加快建设黔东北物流中心。围绕构建“一园两中心”物流新格局，依托发展乌江经济区、临空经济区、通道经济区，加快推进以沿江物流为重点的物流平台建设，规划建设黔北（德江）机场航空物流枢纽、钱家铁路物流枢纽和物流仓储中心，形成规模化、专业化、网络化的现代综合物流体系。大力发展高端供应链物流，开展仓储、多式联运、城市配送、流通加工、信息服务、物流咨询等物流服务，形成快捷、高效、方便、经济合理的区域物流服务体系，实现物流产业产值5亿元以上。

加快建设黔东北金融中心。大力实施“引银入德”工程，加快推进金融一条街建设。鼓励政策性银行、商业性银行在德江设立分支机构，允许具备条件的民间资本依法发起设立中小型银行，支持发展村镇银行，支持小额贷款公司和担保公司转型发展，新增金融机构5家以上，实现县城区重要街道、重点场所、企业商铺金融服务点覆盖率达60%以上。创新投融资体制机制，利用企业债券、短期融资券、资产证券、信托产品和私募债等形式扩大直接融资领域，实现有效融资500亿元以上。支持金融保险业开发扶贫产品，加大民营经济扶持力度，鼓励企业拓展融资渠道，实现金融服务和实体经济对接、融资需求和融资供给对接、政银企社会金融服务和金融监测对接全覆盖。

加快建设黔东北文化中心。深入挖掘和保护傩文化、红色文化、土家文化，加快推进傩文化馆、天麻文化馆建设，着力打造本土文化品牌。积极开发保护枫香溪会议会址、黔北特委、安化文庙、扶阳古城、龙泉土司、黔中砥柱、田氏庄园等遗址，新建方志馆、戏剧院、影视基地、傩文化主题公园，着力打造历史文化品牌。大力发展数字影视、微电影、动漫、创意等文化产业，培育发展文化产业基地，着力打造现代休闲文化品牌。组建文工团，大力搞好文化艺术创作，着力打造本土艺术文化品牌。积极申报国家级、省级非物质文化遗产项目。扎实推进全国公共文化服务体系示范县创建工作，积极开展全民健身运动，全力办好全市第四届体育运动会和全县少数民族传统体育运动会。

与此同时，我们不断建立健全“五大社会保险”、“八大社会救助”体系，加快推进公平取向、覆盖全民、保障适度、权责清晰、运行高效、可持续的新型社会保障体系建设。加大就业保障力度，多渠道提供就业岗位，城镇登记失业率控制在4.2%以内。全面推进依法治县，深化平安德江建设，健全立体化社会治安防控体系，不断提高社会治理精细化和法治化水平，持续提升人民群众安全感和满意度。牢固树立安全发展理念，全面落实安全生产主体责任、监管责任、领导责任，切实加强安全生产行业领域监管，有效预防和遏制生产安全事故发生，切实保障人民群众生命财产安全。严厉打击各类违法犯罪活动，加大突发事件应急处置力度，强化矛盾纠纷排查调处机制和信访维稳机制建设，促进社会和谐稳定。

全面建设人民满意政府

新常态、新形势、新任务对政府工作提出了新的更高要求，我们必须忠实履行宪法和法律赋予的神圣职责，加快建设“五型”政府，树好“五个新”形象，始终对人民负责，受人民监督，让人民满意。

推进团结政府建设，树立高效协作新形象。牢固树立核心意识，坚定政治方向，坚定理想信念，更加坚定维护以习近平同志为核心的党中央权威，自觉在思想上政治上行动上与习近平同志为核心的党中央保持高度一致。牢固树立看齐意识，自觉向党中央看齐，向党的理论和路线方针看齐，坚决维护县委权威，坚决落实县委各项决策部署，自觉维护团结、增进团结，以团结凝聚合力、以实干应对挑战，加快发展，务求实效，全面、快速、高效推进各项工作落地生根、开花结果。

推进法治政府建设，树立依法行政新形象。推进依宪施政、依法行政，建立健全依法行政体制机制，把政府工作全面纳入法治轨道，决不以言代法、以权压法、徇私枉法，加快建成职能科学、权责法定、执法严明、公开公正、廉洁高效、守法诚信的法治政府。坚持简政放权、放管结合，实行合法行政、合理行政，做到有权必有责、用权必担当、侵权必赔偿、滥权必追究。夯实政府法治建设基础，扎实推进“七五”普法，实现县乡两级政府法律顾问全覆盖，不断提升政府依法行政水平。

推进阳光政府建设，树立亲民为民新形象。自觉服从县委领导，主动接受县人大的法律监督和工作监督，自觉接受县政协的民主监督，全面接受社会各界的舆论监督。扎实开展“走进群众家里、走进群众心里”活动，把走群众路线贯穿政府工作全过程。认真办理人大代表建议和政协委员提案，广泛听取各方意见建议。进一步完善政府议事规则，加强政务公开、决策听证、公示公告，有效推进决策科学化、民主化和制度化。深入推进政务公开，建立完善政府交流平台，加强电子政务建设，推行网络问政，畅通群众信访诉求渠道，认真办理群众来信来访和网上信访工作，提高政府服务透明化水平。

推进高效政府建设，树立真抓实干新形象。围绕精准、精细、精品要求，深入实施政府工作“精品工程”，加强对重要决策、重点项目、重大事项落实情况的督查督办，旗帜鲜明地反对“慵懒散慢浮贪”，坚持以“钉钉子”精神推进各项工作项目化、指标化、实物化、责任化。严格执行行政问责，坚决向不作为、慢作为、乱作为开刀，有效解决不想干、不愿干的问题，让干的人干得起来、混的人混不下去，确保各项工作落地落实。积极运用大数据平台，加快建立办事高效、运转协调、行为规范的行政管理体制，着力提高办事效率和为民服务水平，促进政府工作效能提升、高效运转。

推进廉洁政府建设，树立公正廉洁新形象。把严明政治纪律和政治规矩摆在首要位置，认真贯彻落实“一准则两条例”，严格遵守党的各项政治纪律，自觉承担全面从严理政主体责任，切实履行“一岗双责”。严格执行中央“八项规定”和省委、市委“十项规定”，严格落实县委“四严五不准”要求，切实转变作风。从严加强反腐倡廉教育，健全完善权力运行制约和监督体系，加强重点领域和重点环节的监督，严肃查处各种违法违纪行为，保持惩治腐败的高压态势，加快形成不敢腐不能腐不想腐的有效机制，不断营造风清气正的政治生态和干事创业的良好环境。

政协德江县委员会工作报告（摘要）

——在政协第九届德江县委员会第一次会议上

（2016年12月15日）

陈　健

回望五年，我们尽职尽责

政协第八届德江县委员会任期的五年，是德江经济社会发生巨大变化的五年，也是我县人民政协事业深入发展的五年。五年来，在县委的坚强领导下，县政协常委会高举爱国主义和社会主义伟大旗帜，以邓小平理论、“三个代表”重要思想和科学发展观为指导，全面贯彻党的十八大和十八届三中、四中、五中、六中全会精神，深入学习贯彻习近平总书记系列重要讲话精神，统筹推进“五位一体”总体布局和协调推进“四个全面”战略布局，牢牢把握团结和民主两大主题，紧紧围绕县委“加快建成黔东北交通枢纽和区域性中心城市”目标，认真履行政治协商、民主监督、参政议政职能，为全面完成县“十二五”规划各项目标任务，开创德江政协事业发展的新局面做出了积极贡献。

一、强化学习增共识，把坚持人民政协事业正确政治方向摆在首位

——用科学理论武装头脑。我们坚决响应党中央号召，自觉维护以习近平同志为核心的党中央权威，自觉执行省、市、县委的决策部署，积极开展党的群众路线教育、“三严三实”和“两学一做”学习教育，坚持问题导向，紧扣教育主题，聚焦对党忠诚、干净、担当，认真整改问题。积极参加县委中心组学习，及时传达县委重要指示精神和主要领导讲话精神，深刻领会县委、政府重大决策，切实做到思想同心，目标同向，行动同步，同声共气，和谐共事，奠定了人民政协良好的思想基础。

——用共同梦想凝聚人心。我们笃信“我们信仰的主义，乃是宇宙的真理”，自觉利用人民政协的政治优势、组织优势、智力优势，深化中国特色社会主义学习教育，深化中国梦学习教育，增进人民群众对中央、省委、市委和县委重大决策部署的理解，用“中国梦”凝聚人心、汇聚力量，点燃干部群众的干事创业激情，调动干部群众奋进拼搏的力量，形成全员参与、全民支持的良好氛围，共同谱写“中国梦”的德江篇章。

——用宣传引导增进共识。我们坚持加强和改进宣传思想工作，主动与各级新闻媒体协作。五年来，在各类媒体刊播稿件973篇，其中在《人民政协报》、《贵州政协报》、《铜仁政协》等国家、省、市媒体刊播稿件319篇。举行了庆祝人民政协成立65周年暨德江政协成立30周年系列活动，承办了省政协书画院来德江开展“下基层、送文化、促发展”活动，开展了“同心同德共圆德江中国梦·同向同行凝心聚力奔小康”2015元宵书画展。编辑出版了《德江政协志（1984—2016）》、《大美德

江》、《德江歌曲集》等一批文史资料，发挥了存史资政、团结育人作用。

二、围绕发展建真言，把向党委政府建言献策作为一种责任担当

——围绕全委会工作协商建言。每年全委会期间，委员们围绕政协常委会工作报告、提案工作情况报告、政府工作报告等，认真开展协商讨论，为县委、县政府科学民主决策提供广泛的民意基础和智力支持。先后5次组织37名委员就民生改善、产业调整、文化旅游、教育金融、医疗卫生、新型“智库”等主题举行大会发言，提出意见建议129条。围绕法治德江、城市管理、帮乡扶贫、生态文明、美丽乡村等社会关注的热点难点，65名常委、委员专题发言，提出93条意见建议，得到了县委、县政府主要领导的高度重视，有关部门的认真落实。

——围绕建成区域性中心城市建言。五年来，选择加快建成黔东北交通枢纽和区域性中心城市发展主题密切相关的水源、金融、物流、市政、交通等课题开展视察调研，为建成黔东北区域性中心城市学与研、鼓与呼、闯与干。向全国政协提交了《黔东北老区人民盼铁路》等社情民意信息；向省政协提交了《关于把昭黔铁路作为重点铁路项目争取的建议》等报告；借助“市委书记与政协委员座谈会”、“市长与政协委员座谈会”平台，向市委、市政府、市政协提交了《关于实施德江、思南、印江、沿河同城化发展的建议》、《关于支持德江建设黔东北交通枢纽和区域性中心城市的建议》等，向县委政府提交了《关于德江一中新校区建设情况及整体搬迁工作的视察报告》、《关于德江县民族中医院创“二甲”中医院和整体搬迁工作的视察报告》、《德江县城市市容环境卫生管理情况的调研报告》等。提出的意见建议得到省、市、县领导的重视，为推动我县各项工作发挥了积极作用。

三、推进改革献良策，把促进科学发展作为履行政协职能第一要务

——为编制县“十三五”规划做好考察调研。为科学做好县“十三五”规划编制，组织相关委员和部门业务人员到周边13个区县进行实地考察，撰写了《增强周边区县耦合度，提升德江核心竞争力——德江及其周边区县经济社会发展考察报告》。同时，召开常委会议专题协商县“十三五”规划，形成了《关于科学编制德江“十三五”规划的建议案》，为德江发挥在印江、思南、沿河特色城镇带中的主导作用，发挥在务川、正安、道真中的协调作用，摸情况、建真言、谋良策、出实招。

——为打造乌江经济走廊节点城市出谋划策。2015年底，向省政协提交了《关于支持建设乌江生态经济走廊，助推乌江流域脱贫攻坚的建议》，被省政协定为2016年度主席会议督办提案。提案中部分内容被采纳进全国政协委员、省政协主席王富玉在全国政协十二届四次会议上的发言中；省政协副主席陈海峰、市人大主任陈达新、市政协主席陈康，多次前往潮砥、长堡、共和、桶井等乌江沿线乡镇调研；围绕“着力打造乌江生态经济走廊重要节点城市”主题，参加了由省政协办公厅、省电视台合作开办的《政协委员话贵州》系列访谈节目。五年来，先后配合省、市政协围绕乌江经济走廊建设开展7次调研视察，提出打造“生态乌江、实力乌江、通达乌江、文化乌江”，扮演好乌江经济走廊主角。

四、关注民生倾真情，把服务民生作为开展工作的着力点和落脚点

——广泛开展以民生为重点的调查研究。我们坚持关注热点察民情，聚焦难点议民生，先后围绕移民搬迁、农村留守家庭、村级集体经济、电子商务发展等事关民生福祉的重要问题开展调研视察。向省、市提交了《楠杆乡2.5万群众迫切希望德务高速公路过境楠杆并开设匝道口》、《乌江沙坨电站德江库区移民搬迁后续工程亟待完善》等信息，获得省、市领导重视，推动了问题落实。《龙泉乡居池坝村民盼望学习葡萄种植技术》的信息报送后，市政协及时联系铜仁职业技术学院、市农委专家教授到村开展了农业技术培训。

——深入开展精准扶贫为群众办实事好事。我们在工作中扩大团结面，增强包容性，融汇各方智慧，集成各界资源，推动和谐社会建设。筹资为长丰乡洞庭、桐油坝、新光3个行政村修建通村、通组路，打通长丰至务川出境通道，实施新光村新农村建设。完善了高山镇中和村电网升级改造工程，结束了全县“最后的油灯人家”的历史，修通了该村中溪组道路，帮助洞庭村、鹿溪村维修办公楼、添置办公设备。围绕住点扶贫村“村出列、户脱贫”的目标，挂图作战、因户施策，注重产业扶贫，进一步提高了脱贫攻坚精准度。

——积极开展智力支边助推农村发展。五年来，先后11次组织科技、法律、医疗卫生界别委员和单位在全县19个乡镇开展了“送医、送法、送科技”系列活动，筹资扶持高山镇阡丰天麻种植基地、安家渡村空心李子基地等智力支边联系点建设，大力支持长丰乡、高山镇、枫香溪镇教育事业发展，承办了全市智力支边工作培训会。五年来，累计协助开展农业实用技术培训239期13570人，畜牧养殖技术培训167期27787人，卫生技术、应急救护培训20219人，为贫困落后地区教育帮扶400余万元，为改变农村贫困落后面貌、促进经济社会健康持续发展作出了积极贡献。

五、团结民主聚合力，把凝聚发展正能量作为履职尽责的重要体现

——搭建公民有序政治参与平台。五年来，先后5次专题听取全县经济运行情况通报，深入知情明政，推动工作落实。坚持问政于民、问需于民、问计于民，开展多种形式的“民主聚会”，举行不同形式的“多方会谈”，充分发挥“政协元素”的功效，先后就长丰水库建设、城北征地拆迁、易地扶贫搬迁、精准扶贫脱贫等工作召开了政府部门负责人、政协委员、群众代表参加的座谈会，零距离沟通、面对面协商，群众知情权、参与权、表达权、监督权得到有效保障。

——搭建党派团体合作平台。经县委研究同意，2013年来，相继成立了“民革德江支部”、“农工党德江支部”，“民进德江支部”。县政协领导班子定期走访各党派团体、工商联、无党派人士，及时沟通情况、统一思想，邀请民主党派、工商联、社会各界人士、人民团体负责人列席县政协常委会议，听取他们的意见建议。定期开展委员走访活动，加强与委员所在部门单位的联系，增进相互了解和支持。通过召开茶话会、情况通报会、座谈会，有计划地邀请民主党派、工商联、社会各界人士参与调研、视察，更好地发挥其在参政议政中的作用。民革德江支部，积极争取钱家乡黄土村后头沟“四在农家·美丽乡村”建设示范点建设项目，作为民革省委支持建设的重点项目，项目计划投资2800万元，已到位资金1060万元。是德江县“四在农家·美丽乡村”建设的重点示范工程。为石打头村争取资金180万元，硬化进村公路4公里。农工党支部多次组织开展“送健康、送温暖、送祝福”活动，先后募集资金13.58万元，资助贫困学生和困难群众。民进支部资助高山中学价值13800元打印一体机一台。

——搭建对外联谊交往平台。通过参加全国、省、市政协的有关会议、培训活动，邀请并积极争取全国、省、市政协领导来德考察和指导。五年来，全国政协文史和学习委员会副主任卞晋平一行、省政协离退休干部修养团、省政协副主席黄康生、陈海峰、班程农、左定超、李汉宇等，住铜省政协委员视察团、市政协主席会议视察团先后来德视察调研，指导工作，配合省、市政协开展调研视察72次。组织参加了湘鄂黔渝边区县（市区）政协工作联席会、乌江流域部分县(市)政协工作协作会，先后有75个区县政协来我县考察学习，促进了与周边县（市区）之间的密切交往。

六、探索创新激活力，把开拓创新作为激发工作新活力的有效途径

——探索开展协商民主。围绕县委、政府中心工作以及社会关注、群众关心的热点、难点、焦点问题，通过请县委政府点题、向党派界别和委员征题、政协常委会审议定题等方式，精心筛选协商课题，为开展协商活动把关定调，做到不偏离中心、不脱离实际。坚持民主讨论、平等待人，坚持求同存异、体谅包容，坚持“有事好商量，遇事多商量”，通过问卷调查、走访座谈，听取社会各界对经济社会发展和政协工作的意见建议，不断扩大协商议政的参与范围。不断扩大提案征集的渠道和途径，通过电话、报刊、网络等多种媒介面向社会公开征集提案线索373条。精心制定年度协商工作计划，报县委常委会批准实施。

——创新提案跟踪督办。创新开展县委常委领衔督办提案制度，在全市率先构建了县委、县政府、县政协领导共同领衔督办政协重点提案的提案办理协商新格局。坚持做到与委员互动、与提案线索提供者互动、与提案办理部门互动，为群众反映的实际问题寻求解答。多次组织委员开展带案视察，提办双方现场办案，促进了问题的有效解决，提高了提案办理质量。五年来，委员们累计提出了497件提案，立案435件，通过强化提案办理、改进重点提案督办、狠抓“不满意件”复办、开展提案办理“回头看”等措施，提案办复率达100%，提案反映的大部分问题已得到解决或基本解决，为推动民生事业发展作出了积极贡献。

——发挥委员主体作用。建立政协委员联线“五个一”、“干群连心室”、“三抓三包三联”机制，组织发动委员深入基层察民情、知不足、受教育，在联系服务群众中展示履职成果。五年来，政协委员在项目工程建设、招商引资、就业安置、上交国家税收等方面都作出了突出贡献，一大批委员日益成为当地乃至县域经济发展的主力军，先后有39名政协委员分别获得市、县优秀中国特色社会主义事业建设者、诚实守信道德模范、劳动模范、杰出青年等荣誉称号。

七、固本强基提能力，把提升履职能力水平作为自身建设的硬要求

——扎实开展教育实践。县政协机关先后开展了学习习近平总书记系列重要讲话精神，党的群众路线教育、社会主义核心价值观教育、“三严三实”专题教育、“两学一做”学习教育等。在这些教育活动中，政协党组及机关党员干部善始善终、善做善成，学做结合、知行合一，内化于心、外化于行，进一步增强了政治意识、大局意识、核心意识、看齐意识，使政协机关干部政治立场更加坚定，工作作风更加务实，精神面貌焕然一新，进一步彰显了团结进取、敬业奉献、风清气正的良好风貌。

——狠抓队伍作风建设。我们坚持把纪律和规矩挺在前面,注重将成功经验上升为制度性规定，为履行职能提供保障。从细微处着手，结合调研视察、会务会风、接待联谊、机关管理等工作，制定出台了《机关工作管理制度汇编》，并将各项制度落实到工作中。健全主席、副主席联系乡镇（街道）政协联络组、界别、委员制度，机关委室联系委员制度，对委员参加政协会议、活动，撰写提案，建言献策和反映社情民意等作出了量化的具体规定，政协工作呈现风清气正的良好局面。

——强化机制体制建设。协助县委制定出台了《关于进一步加强和改进人民政协工作的实施意见》、《关于进一步加强人民政协提案办理工作的实施意见》、《关于推进人民政协协商民主工作的实施意见》、《关于加强乡镇（街道）政协工作联络组建设的实施意见》，讨论修订了《德江县政协委员管理办法》、《政协全体会议工作细则》等规则，使政协工作有规可依、有章可循。对条件成熟的16个乡（镇、街道）配备了专职联络组主任，有效解决了政协组织联系服务群众“最后一公里”问题。构建起了以政协常委会为龙头、以专委会为基础、以界别联组和乡镇（街道）政协工作联络组为骨架、以委员为主体的基层政协组织体系。

回顾五年，县政协取得的所有成绩和进步，是县委正确领导和县人大、县政府及各级各部门大力支持的结果，是全县政协组织、广大政协委员共同努力的结果。在此，我谨代表八届县政协常委会，向全县各级党政组织，广大政协委员和各界人士表示衷心的感谢！

在肯定成绩的同时，也应看到，我们工作中还存在一些不足和薄弱环节。主要是：政治协商的内容、形式、程序有待进一步完善；民主监督的有效途径和方式有待在实践中进一步探索；发挥政协界别优势、委员主体作用和专委会基础作用的机制需要进一步健全；政协理论与实践研究还需要进一步深化。这些都要在今后的工作中努力加以改进。

感悟五年，我们受益匪浅

过去五年的工作，我们有很多难忘的画面和回忆，也有很多值得总结的经验和体会，为我们不忘初心、继续前进提供了重要启示：

一是始终不渝把坚持中国共产党的领导，作为政协事业继续前进的根本保证。中国共产党是中国特色社会主义的领导核心，是爱国统一战线的领导核心。做好人民政协工作，推动人民政协事业发展进步，最根本的是坚持党的领导，这是政治规矩。在政协工作中切实发挥政协党组的领导作用，增强党的意识、政治意识、责任意识，准确把握人民政协性质、地位、职能和作用，坚定不移走中国特色社会主义道路，自觉贯彻落实中央、省委、市委和县委决策部署，服从服务于县委中心工作，不忘初心、继续前进，才能不断谱写政协事业发展的新篇章。

二是始终不渝把增进共识、凝聚力量作为人民政协思想政治建设的根本任务。人民政协建立的根本基础是政治共识，发展的重要经验是增进共识。实践充分证明，中国特色社会主义是引领发展进步的旗帜，是人民政协各党派团体和各族各界人士最大的政治共识。我们必须坚持用中国特色社会主义增进共识、凝聚力量，不断增强道路自信、理论自信、制度自信、文化自信，切实引导各党派团体、广大政协委员和各族各界人士，同以习近平同志为核心的党中央保持高度一致，做到认识上一致、思想上统一、政治上同心、情感上认同、行动上同步，只有这样，才能确保人民政协正确的政治方向。

三是始终不渝把增进团结、发扬民主作为人民政协工作的永恒主题。人民政协的实质是增进大团结、促成大联合、实现大目标，在中国共产党的领导下增进团结、发扬民主，是人民政协性质的集中体现。我们必须始终坚持团结民主两大主题，把增进团结和发扬民主紧密结合，不断扩大团结面、增强包容性，把人民群众中蕴藏的积极性和创造性充分调动起来，把各方面的智慧和力量最大限度地凝聚起来，以坚强的团结保证民主健康有序，以充分的民主保证团结坚实有力，只有这样，才能永葆人民政协事业的生机与活力。

四是始终不渝把围绕中心、服务大局作为人民政协履行职能的重要原则。人民政协作为中国特色社会主义事业的重要组成部分，只有围绕党政工作中心、服务发展大局，才能找准位置、体现价值。我们必须始终把围绕中心、服务大局作为履行职能的重要原则，自觉坚持推动科学发展这个第一要务，充分发挥人才智力密集、社会联系广泛、政治渠道畅通的独特优势，紧紧围绕促进经济社会又好又快发展献计出力，切实做到县委的工作部署到哪里，人民政协的工作就跟进到哪里，力量就汇聚到哪里，只有这样，才能在全县大局中发挥作用。

五是始终不渝把关注民生、服务人民作为人民政协义不容辞的光荣使命。人民对美好生活的向往，就是我们工作的目标。人民政协必须始终坚持关注民生、服务人民，紧紧抓住人民群众最关心最直接最现实的利益问题，多建顺民意之言、多献遂民愿之策、多办合民心之事。政协委员是各族各界群众的代表，必须牢固树立群众观念，切实做到与人民群众手拉手、心连心，只有这样，才能为人民政协事业发展增添不竭的力量源泉。

六是始终不渝把解放思想、改革创新作为推动政协工作的强大动力。人民政协要适应推进国家治理体系和治理能力现代化的要求，必须坚持改革创新精神，推进人民政协理论创新、制度创新、工作创新。必须大力推进理论创新，以理论创新指导和推动实践创新。必须大力推进制度创新，认真梳理工作思路和举措，形成系统完备、科学规范、运行有效的制度体系。必须大力倡导工作创新，着眼新的实践和发展，把我县政协事业不断推向前进。

这些启示和体会，体现了八届县政协广大委员对经济社会发展规律的深入思考，凝结了同志们的智慧和心血，来之不易，十分宝贵，我们要倍加珍惜。

展望五年，我们信心满怀

未来五年，是全面建成小康社会的决战决胜时期。中共德江县委第十二次代表大会，提出了今后五年工作的指导思想：高举中国特色社会主义伟大旗帜，坚持以马克思列宁主义、毛泽东思想、邓小平理论、“三个代表”重要思想、科学发展观为指导，深入贯彻落实习近平总书记系列重要讲话特别是视察贵州讲话精神，紧紧围绕“五位一体”总体布局和“四个全面”战略布局，紧紧围绕新发展理念，紧紧围绕省委省政府“守底线走新路奔小康”工作总纲和市委市政府“奋力创建绿色发展新型示范区”，“着力打造乌江生态经济走廊重要节点”发展要求，紧紧围绕“四大支撑”工程发展思路，决战脱贫攻坚，决胜全面小康，在新阶段加快建成黔东北交通枢纽和区域性中心城市。新形势、新任务，为新一届县政协履行职能提出了新的要求，提供了更加广阔的舞台。为此，我们向政协第九届德江县委员会建议：

坚持一个核心，明确履职发展新定位。始终坚持中国共产党的领导核心地位，自觉同以习近平同志为核心的党中央保持高度一致，贯彻落实习近平总书记提出的“懂政协、会协商、善议政”要求，牢固树立政治意识、大局意识、核心意识、看齐意识，做到思想上围绕核心，政治上维护核心，工作上对标核心，实践上彰显核心。深入贯彻落实县委重大决策部署，立足于党政所需、群众所盼、政协所能，履行好政治协商、民主监督、参政议政职能，引导全县各民主党派、工商联、人民团体和各界人士不断深化认识，在思想上形成共识，行动上保持自觉，工作上步调一致，为德江改革发展凝聚正能量。加强政协党的建设，发挥政协党组在把方向、管大局、保落实的重要作用，严格执行《党章》、《新形势下党内政治生活若干准则》、《廉洁自律准则》、《监督条例》、《纪律处分条例》、《问责条例》、《党组工作条例（试行）》和中央“八项规定”精神，扎实开展“两学一做”学习教育，始终以“三严三实”的标准加强思想、组织、制度、作风、反腐倡廉建设。落实全面从严治党责任，严格政协党员干部的监督管理，充分发挥中共党员委员在政协组织中的先锋模范作用，带头遵守政协章程和有关规定，带头履行委员义务，树立忠诚干净担当的形象，着力营造良好政治生态。

把握两大主题，发挥凝心聚力新优势。进一步深化团结联谊。坚持完善中国共产党领导的多党合作和政治协商制度，积极探索新形势下团结联谊工作的有效方法，开展走访慰问、调研座谈、联谊交流等活动；密切与党外知识分子、少数民族人士、宗教界人士、港澳台同胞和海外侨胞的联系；增进与非公有制经济人士、新的社会阶层人士等各界人士的沟通。坚定中国特色社会主义道路自信、理论自信、制度自信、文化自信，把县委意图、政府决策转化为社会共识，做好增进共识、加强团结、议政建言、服务大局的工作。进一步促进合作共事。坚持完善县政协与各民主党派、工商联、人民团体和无党派人士联系制度，充分发扬求同存异、体谅包容的优良传统，定期沟通情况，交流思想，帮助反映和解决实际问题。贯彻民主协商、平等议事的工作原则，联合开展调研视察、专题协商建言、督办提案、民主评议等活动，广泛听取各界意见，同舟共济，携手前行。进一步扩大开放交流。围绕“着力打造乌江生态经济走廊重要节点”，善交朋友，广交朋友，深交朋友，与各兄弟县政协、有关团体开展特色联谊活动，为宣传推介德江、开展招商引资引智工作提供帮助。积极参与湘鄂黔渝边区县（市区）政协工作联席会、乌江流域部分县(市)政协工作协作会、黔东北文化旅游精品长廊联动协作会，为德江发展汲取更多的经验，为德江发展获取更多支持和理解。发挥政协文史资政作用，积极挖掘史料，传承发展傩文化、传统文化、红色文化，提升文化软实力，构建有德江特色的人文圈。加强同国内外德江籍人士的联络与沟通，采取灵活多样的方式，引导他们关注德江、支持德江、参与德江的发展，吸纳更多的人流、物流、信息流、项目流等各类要素融入德江发展体系之中。

发挥三大优势，书写参政议政新篇章。充分发挥政协人才荟萃优势建言献策。始终坚持把促进发展作为履行职能的第一要务，紧紧围绕经济建设这个中心，想发展、议发展、促发展，引领广大政协委员增强加快发展的紧迫感、责任感和“主人翁”意识，敢于担当、大胆作为，满怀激情、豪情和感情，积极围绕脱贫攻坚、小康社会、区域中心建设建由衷之言、献务实之策，发挥“智囊”作用，提供智力支持。充分发挥政协位置特殊的优势开展民主监督。主动围绕全县发展大局，积极探索新时期人民政协发挥职能作用的新途径、新办法，把参与、支持、服务与监督有机地结合起来，把握出发点，找准切入点，创造性地开展工作，不断开创政协工作的新局面。要立足于群众利益和德江长远发展需要，通过委员提案、组织视察、开展评议等方式和途径，敢于触及，敢于反映，敢于揭露，弘扬正气，鞭挞歪风。加强对重点项目建设、优化发展环境、转变干部作风等方面的民主监督，当好“诤友”。充分发挥政协联系广泛的优势促进安定团结。要始终高举团结、民主旗帜，不断增进各界别、各团体、各阶层的大团结、大联合、大和谐，协助各级党委政府做好释疑解惑、理顺情绪、协调关系、化解矛盾工作。要当好群众的“代言人”，高度关注民生，抓住群众最关心、最现实、最直接的问题，真实反映群众的意愿和要求。架好党委政府与群众之间的“连心桥”，主动向群众宣传党的方针政策，把全县上下思富求变的愿望和热情引导到加快发展上来，减少阻力、增强动力、形成合力，为维护安定团结的政治局面、营造加快发展的浓厚氛围做出积极贡献。

聚焦四大领域，发挥政协组织新作用。聚焦全面深化改革献计出力。把协商作为共事之源、协力作为共事之要，主动向县委请示，与政府联系，与党政部门沟通，关注供给侧改革、产业转型升级、大众创业万众创新、文化保护传承发展等重要领域，关注行政审批、土地管理制度、城乡统筹发展等重点改革，共同制定实施年度协商计划，当好县委、县政府的“智囊团”。进一步丰富专题协商、对口协商、界别协商、提案办理协商的方式，高起点建言，深层次立论，精准性献策，把改革热点问题谈深议透，广开言路，广集众智，广求良策，为深化改革减阻力、添活力、增合力。聚焦“十三五”规划实施献计出力。清醒认识我县“十三五”发展面临的重大机遇和挑战，把服务“十三五”发展作为履行职能的主线，做到建言在需要时、议政到点子上、监督在关键处。围绕“十三五”时期重要指标、重大项目推进情况进行监督，提建议、转作风、促落实。开展联动协商，策划推动一批提案成为省、市政协重点提案，形成“上下联动、优势互补、成果共享”的大协商格局，使事关德江长远发展的重大议题得到省、市层面的重视支持，促进“十三五”规划的有效实施。聚焦脱贫攻坚献计出力。切实把脱贫攻坚作为当前和今后一个时期政协工作的中心任务，全力以赴打赢脱贫攻坚硬仗。切实抓好联系镇乡、村组、结对贫困户的帮扶工作，确保如期脱贫；充分发挥政协人才荟萃、智力密集优势，继续在委员中开展“三抓三包三联”活动，组织委员投身脱贫攻坚；切实履行民主监督职能，及时针对脱贫攻坚工作中存在的问题，务实建言，促进“六个精准”、“五个一批”等政策措施落到实处；发挥政协大团结、大联合的优势，广泛动员社会各界人士参与脱贫攻坚，助推决战决胜。聚焦区域中心献计出力。县第十二次党代会，提出了在新阶段加快建成黔东北交通枢纽和区域性中心城市的新任务。要围绕县委提出的目标任务及全县重点工作，深入调查研究，积极协商议政，建睿智之言、献务实之策。要紧扣教育、就业、收入分配、社会保障、医疗卫生、住房、食品安全等群众最关切的现实问题，通过视察、提案、反映社情民意等履职形式，广集民智、广纳良策，为社会各界群众提供参政议政平台，为县委、县政府解决重要民生问题提供参考。

围绕五大理念，展现服务大局新作为。要围绕创新发展，在思想认识上有新提升。创新是历史进步的动力、时代发展的关键、发展力量的不竭源泉。要主动适应经济发展新常态，自觉把推进创新发展作为履职第一要务，坚持把履职重点放到县委、政府的工作全局中去把握谋划，围绕产业富民、项目建设、新兴产业等地方经济社会发展中的重大问题、突出矛盾，深入调研，主动建言，力争拿出一批既有深度又有可操作性的调研成果供县委、政府决策参考。要围绕协调发展，在加快发展上有新办法。协调是经济社会持续健康发展的内在要求，也是人民政协协商民主的基本精神。要靠牢固树立协调理念，增强大局意识和全局观念，形成最大公约数，追求社会的全面进步。要根据全局发展需要，登高望远锁定目标，围绕城市引领、交通枢纽工程等开展调研视察，提出具有前瞻性、创造性、建设性的提案和建议案，为县委、县政府民主科学决策提供依据。要围绕绿色发展，在促进和谐上有新举措。绿色是生命的象征、大自然的底色。代表了人民群众对美好生活的希望和期盼。要在履职尽责的各项活动中，认真配合县委政府念好山字经，做深水文章，打好生态牌，奋力创建绿色发展先行示范区。实现“既要金山银山，又要绿水青山”的目标，达到人与自然和谐相处。要围绕开放发展，在改革开放中有新作为。开放发展的核心是要解决发展内外联动问题，目标是提高对外开放质量、发展更高层次的开放型经济。要立足本地，放眼全局，建言并协助县委、政府抢抓内陆开放型经济试验区建设新机遇，从投资软环境、招商引资、深化改革等方面入手，积极融入，主动对接，精准发力，催生县域改革内在动力，促进全县经济社会更好更快发展。要围绕共享发展，在民生福祉上有新建树。要重点在城乡基本公共服务、城乡教育资源均衡配置、精准扶贫精准脱贫等民生保障工程方面多向县委、政府建言献策，协助县委、政府实施民生幸福工程，扎实办好民生实事，让人民群众在发展中有更多获得感，共同享受全面建成小康社会带来的丰硕成果。

提升六项能力，激发科学履职新活力。提升政治把握能力。政治定方向，信念是支撑。人民政协必须坚持坚定的政治立场，始终把坚持和发展中国特色社会主义作为巩固共同思想政治基础的主轴，坚定理想信念，增进政治认同，增强把握全局的能力。要把深入学习十八大和十八届三中、四中、五中、六中全会精神和习近平总书记系列重要讲话，省十一届六次、七次全会精神，中央和省市经济工作会议精神，作为最重要、最紧迫的任务，精心部署、扎实推进，学而信、学而用、学而行。依托县委党校和调研视察、会议培训，开展形式多样的学习活动，全面提高委员的理论素养和知识修养，建设学习型政协。提升联系群众能力。办法在基层、智慧在群众。提高人民政协履职能力，必须加强同人民群众的血肉联系。要坚持让政协走近群众，请群众走进政协，构建上下贯通的联系网络，切实做好政策引导、趋势研判、解疑释惑等工作。要严格落实委员重要事项报告制度，建立委员述职制度，锤炼道德品行，练好履职硬功，建设活力型政协。提升调查研究能力。调查研究是谋事之基、成事之道，人民政协的远见卓识来自于充分的调查研究。要坚持问题导向选课题，务必使调研更加契合党政决策需求和群众期盼，增强对策建议的前瞻性、针对性和可操作性，以深入调研促有效协商，力求说得清、说得对、说得好。要整合智力资源，强化资政服务，深度挖掘蕴藏在专家学者中、一线群众中、各界人士中的智慧力量，建设智慧型政协。提升合作共事能力。团结聚力量，合作出效能。人民政协必须注重同各方面人士合作共事。坚持民主协商、平等议事、求同存异、体谅包容，营造既畅所欲言、各抒己见，又理性有度、合法依章的好氛围。把凝聚共识和力量融入各项工作中，提倡积极正面的观点交锋和思想交流，有事多商量，遇事好商量，画好同心圆，增添正能量，建设开放型政协。提升干事创业能力。有为才有位、有位更要有为。要切实抓好提案、调研、视察、协商会议、反映社情民意等具体工作，营造谋事、干事、成事的良好氛围，体现政治协商有方、民主监督有力、参政议政有效。要引导发动委员，协调相关部门，服务全县工作大局，同心协力攻坚克难，协力推动招商引资和重大项目建设，协力推进一批农村基础设施建设，协力解决一批群众关注的热点难点问题，积极开展“文化、科技、卫生”三下乡服务，促进农业增效、农民增收、农村发展，助力打赢脱贫攻坚战，建设有为型政协。提升担当尽责能力。委员有担当，政协有力量。要深入开展“两学一做”学习教育，引导机关广大党员进一步坚定理想信念，强化宗旨观念，提高党性觉悟，严守纪律规矩，努力打造一支信念坚定、勤政务实、敢于担当、清正廉洁的高素质政协干部队伍。要进一步加强专委会建设，不断加强与对口部门、界别小组以及各方面的交流与协作，积极开展形式多样的履职活动，努力增强政协工作活力。要进一步加强乡（镇、街道）政协工作联络组建设，推动政协工作向基层拓展延伸。广大政协委员要认真学习领会习近平总书记对人民政协提出的“懂政协”、“会协商”、“善议政”新要求，严守宪法、法律、政协章程和各项纪律规矩，切实增强委员意识，着力提升能力素质，激发履职使命意识、责任意识、担当意识，以开阔的胸襟乐于担当，以创新的胆识勇于担当，以过硬的本领能够担当，以履职的佳绩展示担当，建设担当型政协。

大 事 记

1月

1月3日，县委副书记、县长商友江在县政府常务会议室主持召开县人民政府2016年第1次常务会议，传达学习中央、省、市经济工作会议精神，传达学习中央国务院《关于完善审计制度若干重大问题的框架意见》《关于实行审计全覆盖的实施意见》《关于省以下地方审计机关人财物管理改革试点方案》《关于推进国家审计职业化建设的指导意见》等文件精神，传达学习深化国税地税征管体制改革文件精神、省委巡视工作实施办法文件精神。

1月6日，德江县香树客运站、东风街老客车站整体搬迁至城南大道客运总站（易辉财富广场）运营，原德江县香树园客运站及东风街老客站停营。

是日，德江县召开发展村级集体经济座谈会，贯彻落实财政部关于印发《扶持村级集体经济发展试点的指导意见》文件精神和省委要求，研究部署村级集体经济试点工作。

1月7日，全县大扶贫工作推进会在县政府礼堂召开。县委书记张珍强，县委副书记黄继荣，县委常委、常务副县长周骥，县政协副主席胡国仁出席会议。

1月8日，德江县十六届人大常委会第二十七次会议在县人大四楼会议室召开。会议审议通过《县人大常委会关于召开县十六届人大六次会议时间及议程的决定（草案）》《德江县第十六届人民代表大会代表变动情况报告》，听取和审议《德江县国民经济和社会发展第十三个五年规划纲要（征求稿）》等。会议表决通过县人民政府提请的李鹏、朱建国为副县长和县人民法院提请的人事任免。

1月11日，德江县政协主席陈健，县委常委、人武部政委李志军，市政协常委、合兴镇镇长张清霜等12名（应到14人，因病因事请假2人）市政协委员出席中国人民政治协商会议第一届铜仁市委员会第五次会议。

1月12日，以县委书记张珍强为团长，县委副书记、县长商友江和县人大常委会主任何先美为副团长的德江县代表团40名代表（应到45名，因病因事请假5名）出席铜仁市第一届人民代表大会第五次会议。

1月14日，全县电子营业执照发放启动仪式在县政务服务大厅举行，县内第一份电子营业执照颁发，标志着全县深化商事制度改革工作向前迈进。

1月17日，张珍强不再担任德江县委书记，商友江任德江县委书记。

1月17日至21日，县首届农特产品网商“年货节”暨武陵生活馆开馆仪式在城北电子商务产业园举行。活动期间，实现交易总额226余万元。

1月17日至23日，2016贵州年货节暨贵州特色商品（北京）展示交易会在北京市朝阳区亚运村新奥购物中心举行，德江县5家企业8件商品赴京上架，受到与会人员青睐。

1月18日，德江傩面具赴京参加贵州首届年货节，仅两天成交119单，销售金额近4万元。

1月20日至21日，省政协党组副书记、副主席陈海峰到德江慰问贫困群众和开展经济社会发展调研活动，并指导全县脱贫攻坚工作。

1月25日，德江县2015年度基层党（工）委书记抓党建工作述职评议会在县交通局大楼会议室举行。市委派出市委组织部组织二科科长朱跳跃到会指导。县委书记、县长、县委党建工作领导小组组长商友江出席会议，并对每位述职对象作点评。

1月27日，举行德江县长丰水库下闸蓄水仪式，县内第一座中型水库投入运行。

是日，贵福肥业公司副总廖之锦率公司关工委和思南五盛肥业公司负责人一行，到德江县煎茶镇开展贫困学生资助活动，贵福肥业公司发放资助金2.7万元，煎茶中学、煎茶希望小学、煎茶镇中心完小11名贫困中小学生每人分别获得3000元、2000元的资助。

2月

2月1日，县委书记、县长商友江率县四大班子主要领导及双拥领导小组成员到县人武部春节慰问。

2月2日，县林业局、县白果坨国家湿地公园管理局等部门在县城步行街集中开展第二十个“世界湿地日”宣传活动，向群众宣传湿地保护的基本知识及德江白果坨国家湿地公园建设情况。

是日，县卫计局组织县疾控中心、县人民医院、县民族中医院以及青龙、玉水社区卫生服务中心等部门利用县城赶集日在步行街开展第63届“世界防治麻风病日”宣传活动。

2月7日，农历除夕，县委书记、县长、人武部第一书记商友江代表县四大班子与驻军官兵亲切座谈，共吃团圆饭，向驻军官兵致以新春祝福，表达县委、县政府对全体官兵的关心和期待。

2月14日，县四家班子率全县干部群众开展义务植树活动，并参加全省造林绿化推进电视电话会。

2月15日，由铜仁市文体广电新闻出版局主办，市文化馆、梵净山歌舞团、德江县文体广电新闻出版旅游局承办的2016年梵天净土桃源铜仁群众文化系列活动之“春潮涌动”“文化走基层，乡村欢乐行”文艺演出在德江县城人民公园举行。

2月19日1时28分，县城80余支龙灯队伍在城南多维国际举行“出龙”仪式。

是日，县内潮砥镇潮砥社区、枫香溪镇枫溪村成立乡贤参事会。

2月24日，中国共产党德江县第十一届代表大会第七次会议在县教育局礼堂举行。会议的主要任务是，全面贯彻党的十八大和十八届三中、四中、五中全会以及省委十一届六次全会、市委一届九次全会精神，回顾“十二五”时期工作，安排“十三五”时期经济社会发展和2016年工作，动员全县广大干部群众在决战决胜脱贫攻坚的新起点上，坚定信心、保持清醒，加足马力、加快发展，朝着建成黔东北铁路交通枢纽和区域性中心城市目标迈进。

2月24日下午，中国共产党德江县第十一届纪律检查委员会第六次全体会议召开，县委书记、县长商友江出席并讲话。会上，鲁文俊代表十一届县纪委常委会向大会作工作报告；龙泉乡、平原镇、县卫计局、县农牧科技局作述责述廉报告，县纪委委员就其履行党风廉政建设主体责任情况进行民主评议；表决通过《中国共产党德江县第十一届纪律检查委员会第六次全体会议决议(草案)》。

2月26日，全县扶贫开发工作推进会在县政府礼堂召开，会议贯彻落实中央、省、市扶贫开发工作会议精神，安排部署当前和今后一个时期德江县精准扶贫工作。县委书记、县长商友江，县委常委、常务副县长周骥出席会议并讲话。

2月，德江洋山河生物科技有限公司工会委员会被中华全国总工会授予2015年度“全国模范职工之家”荣誉称号。

2月，县内复兴镇、堰塘乡高家湾村被列入贵州省同步小康创建最佳示范镇、村候选名单。

3月

3月2日，铜仁市委常委、铜仁军分区司令员欧阳青莅临德江县宣布人武部党委第一书记任职命令。商友江任县人武部党委第一书记。

3月3日，位于县内堰塘乡露青村的德江（黔北）民用机场场址获国家民航局批复。

3月3日，全县统战工作暨民营企业“千企帮千村”精准扶贫行动动员会议在县政府礼堂召开。总结2015年全县统战工作，研究部署2016年工作。

3月5日，全县领导干部大会在县政府礼堂召开，市委宣布对德江县领导班子调整的决定。市委决定：秦智坤任中共德江县委委员、常委、副书记，中共贵州德江经济开发区工作委员会委员、书记。市委组织部常务副部长熊放鸣出席会议并讲话。县委书记、县长商友江主持会议并讲话。

3月6日，铜仁市委副书记、市长陈晏深入德江县调研精准脱贫工作。县委书记、县长商友江，县委副书记、德江经开区党工委书记秦智坤，县委常委、常务副县长周骥随同调研并参加汇报会。

3月9日至10日，中国人民政治协商会议第八届德江县委员会第六次会议在县政府礼堂召开。会议应出席委员166人（因病因事请假23人），实到143人。商友江作重要讲话，陈健作县政协常委会工作报告，史天龙作政协八届五次会议以来提案工作情况报告。大会表决通过《中国人民政治协商会议第八届德江县委员会第六次会议决议》《政协德江县委员会提案委员会关于第八届六次会议提案审查情况的报告》《政协委员推进大扶贫战略行动倡议书》。

3月10日至12日，德江县第十六届人民代表大会第六次会议在德江县教育局礼堂召开。大会应到代表199名，实到代表188名，会议选举秦智坤为德江县人民政府县长。

3月12日，由德江县人民政府主办的“3·15”大型宣传活动在县城区步行街举行。活动以“新消费 我做主”为主题，县公安、卫生、烟草等21家单位和26家企业参加活动。活动中，发放宣传资料3000份，悬挂宣传标语26幅，制作宣传展板18个，接受现场咨询80余人次。销毁农资产品、药品、食品、冷冻食品和酒类等不合格商品价值33.5万元。

3月13日，2016年县委政法暨群众（信访）工作会议在县政府礼堂召开，县委书记商友江出席会议并讲话，县委副书记黄继荣主持会议，县委常委、常务副县长周骥部署群众（信访）工作，县委常委、政法委书记陈廷相部署政法工作。

3月17日，县妇女儿童工作委员会组织县妇联、县司法局、县人民法院等成员单位在步行街开展“三八”妇女维权周活动。活动通过挂横幅、发放资料、展展板、设立咨询台等方式，向群众宣传反家庭暴力法、婚姻法、妇女权益保障法、未成年人保护法和禁毒、农村妇女土地权益保障等方面内容，发放资料2000余份，咨询100余人次。

3月18日，市政协副主席时晓军深入楠杆调研精准扶贫工作。

3月22日，贵阳银行铜仁市分行行长杨炯一行到德江调研贵阳银行德江支行开业筹备工作情况，并在县人政府常务会议室召开座谈会。县委副书记、县长秦智坤出席会议，县委常委、常务副县长周骥对贵阳银行德江支行开业工作作安排部署。

3月25日，德江县2016年宣传组织工作会议在县政府礼堂召开。会议贯彻落实中央、省、市关于宣传、组织工作会议精神，回顾总结2015年全县宣传、组织工作，对2016年工作进行全面安排部署。县委书记商友江出席会议并讲话。

是日，贵州省机场集团有限公司董事长申振东一行4人到德江调研黔北（德江）机场工作推进情况，指导市、县两级做好相关工作。市人民政府副市长夏虹，县委书记商友江，县委副书记、县长秦智坤等随同调研。

3月28日，德江高家湾看春暨张家界市、铜仁市老年大学文艺交流联谊活动在高家湾广场举行。

3月29日，全国政协文史和学习委员会副主任卞晋平一行17人，到德江对枫香溪红色文化进行调研，市政协主席陈康、副主席龙海，德江政协主席陈健等人随同调研。

3月31日，贵阳银行德江支行开业暨政银合作座谈会在县交警大队四楼会议室召开。县委书记商友江主持会议并讲话，人行铜仁市中心支行副行长郑敏，铜仁银监分局副局长何天佳，贵阳银行铜仁分行行长杨炯，县政协主席陈健，县委常委、常务副县长周骥，县人大常委会副主任陈旭东、县政协副主席、县工商联主席陈琳出席会议。

4月

4月1日，德江县人武部、武警中队、消防大队、民政局和部分干部群众及师生在德江县煎茶镇革命烈士陵园开展以“缅怀革命先烈、继承革命传统”为主题的祭扫革命先烈活动，县委常委、县人武部政委李志军出席并讲话。

4月6日，德江县“文明在行动·满意在德江”暨创建国家卫生县城工作会在县政府礼堂召开。会议贯彻落实全国城市工作会议精神、省市“文明在行动·满意在贵州”活动精神，总结回顾前阶段“五城联创”暨整脏治乱工作情况，就相关工作进行安排部署。

4月7日至8日，以铜仁市人大常委会副主任王开禄为组长的调研组到德江开展因病因学致贫情况调研。县人大常委会主任何先美、副主任陈旭东，副县长梅彬随同调研或参加座谈会。

4月9日，全县在县教育局礼堂举行“老师你好·我的好老师”主题演讲比赛。来自全县各中小学的56名学生代表参加比赛。经角逐，来自桶井完小的安星逸获比赛小学组一等奖、县一中的吴美琳获得中学组一等奖。

4月12日，铜仁市县级领导干部培训班40余名学员到德江就小城镇建设、文化教育、医疗卫生、电子商务、城市基础设施建设及农业经济发展情况进行参观考察。

4月13日，德江县人民政府全会暨廉政建设工作会议在县人民政府礼堂召开。会议贯彻落实国务院和省政府、市政府廉政建设工作会议精神，总结分析一季度工作情况，并就下一步全县重点工作进行安排部署。

4月14日，铜仁军分区政委费光明带机关工作组到德江县检查考核联考联评备战情况。

是日，由省教育厅民办教育处处长宋黔萍为组长的专家组一行到德江县，对贵州工程职业学院2015年度工作进行检查。并宣读省政府对成立贵州工程职业学院的批复文件。

4月15日，《铜仁日报》2016年通联工作会议在德江召开。会上对2015年度通联工作先进集体和优秀通讯员进行表彰。德江县获2015年度先进集体一等奖。

是日，凤冈县政协主席袁云勤一行到德江考察全民健身场所建设工作，县政协主席陈健，副主席史天龙、吴应仕等陪同考察。

4月18日，铜仁市2016年农村思想建设“六进村”慰问演出和集中服务活动在煎茶镇举行。

4月20日至24日，应中国国际文化艺术发展协会、中国中老年文化艺术交流中心、北京盛世夕阳红组委会的邀请，德江县民族艺术团（夕阳红艺术团）16名团员赴韩国元州参加“盛世夕阳红”第十届国际文化艺术交流巡演，并获银奖。

4月21日，贵州省气象局党组书记、局长赵广忠到德江调研指导汛期气象服务工作。铜仁市气象局党组书记、局长李勇，德江县委书记商友江随同调研。

4月22日，德江县工商联第九届五次执委会在县政协五楼会议室召开。会议审议通过县工商联第九届五次执委会工作报告，选举县工商联副主席（副会长）2名和执行委员1名。

是日，全县政务服务标准化建设工作现场会在长堡镇召开，会议安排部署全县2016年政务服务标准化建设工作，要求全面推进乡级政务服务中心建设和村级便民服务站点建设，优化发展环境，推进政府职能转变，切实规范政务服务办事程序，打通政务服务群众“最后一千米”，推动政务服务工作再上新台阶。市政务服务中心副主任石容芬，县委常委、常务副县长周骥出席会议，会议由县委常委、副县长池成主持。

4月25日，德江县爱卫办、总工会、团县委、县人民医院等24家单位联合组成宣传队伍，在县城步行街举办以“灭虫防病、健康你我”为主题的爱国卫生月宣传活动。

4月26日至27日，铜仁市政协副主席、农工党市委主委王能军率督导组一行到德江开展民主监督活动，考察县城污水处理厂建设运行情况。县政协主席陈健，副县长杨绪鹏，县政协副主席史天龙、胡国仁及部分住德市政协委员随同考察。

4月28日，德江县2016年“五一”职工歌咏比赛开幕式在青龙广场举行。县委书记商友江，县政协主席陈健等县领导出席开幕式并观看比赛。来自全县各条战线的25支代表队参加比赛。

4月29日，中共铜仁市委常委会议讨论决定：黄继荣任中共铜仁市委副秘书长，不再担任中共德江县委副书记、常委、委员职务。

4月，由台湾茶协会、韩国红茶协会、马来西亚茶业商会、澳大利亚茶叶大师协会、中国农业国际合作促进会茶产业委员会、中国国际茶业及茶艺博览会组委会联合组办的第二届亚泰茶茗大奖赛评优结果揭晓，德江茶叶摘“三金三银”，其中德江桃源茶业有限公司的桃源白茶，德江鸿泰茶业有限公司的梵净山泰碧露、梵净山鸿泰春葵获金奖；德江桃源茶业有限公司的桃源毛尖、桃源翠芽和德江鸿泰茶业有限公司梵净山鸿泰金豪获银奖 。

5月

5月3日，德江县2016年城市重点项目建设工作会议在县政协五楼会议室召开。会议听取城市重点项目建设工作组及相关部门承担的2016年重点项目建设情况汇报，研究项目推进措施，安排部署和责任落实，督促项目加快建设。

5月5日，省政协副主席、党组副书记陈海峰率省政协提案委、人资环委联合调研组，到德江开展以“大力推进乌江生态走廊建设，积极助力沿江区域全面小康”为课题的脱贫攻坚工作专题调研。市政协副主席、党组副书记时晓军，县委书记商友江，县政协主席陈健等随同调研。

5月7日1时30分至7日上午11时，县内遭受特大瞬风及暴雨袭击，出现100毫米以上的大暴雨乡镇5个(分别是稳坪镇、钱家乡、荆角乡、县城区、桶井)，最大雨量142.5毫米(稳坪镇)，县城区106.3毫米。截至5月8日，全县有105875人受灾，农作物受灾面积达5483公顷，其中：成灾面积3512公顷，绝收面积1536公顷，耕地面积毁坏27公顷，大牲畜因灾死亡7头，羊因灾死亡66只，房屋倒塌137间66户，严重损坏539间256户，一般损坏1254间534户。直接造成经济损失8821万元，其中：农业损失2063万元，工矿企业损失232万元，基础设施损失3315万元，公益设施损失2704万元，家庭财产损失420万元。灾情发生后，县委、县政府高度重视，立即成立救灾救助应急工作小组和召开专题会议研究部署，县委书记商友江，县委副书记、县长秦智坤等县四家班子领导赶赴受灾一线，组织干部群众到受灾现场开展救灾救助工作。全县参与抢险救灾人数达8万人次以上，紧急转移安置198人，过渡性救助人口110人。

5月8日，全县在政府礼堂召开“红十字博爱活动周”启动工作会，会议通报红十字会工作情况，部署下步工作，同时宣读全县2016年红十字博爱周活动实施方案、全县2016年“博爱一日捐”活动方案及倡议书。会上，爱心企业代表、受助学生代表发言，出席领导为贵州九通医药有限公司等爱心企业颁发荣誉证书，为贫困群众和特困学生代表发放救助金。在举行“博爱一日捐”现场捐赠时，参会领导及各乡（镇、街道）、县直相关部门、企业负责人参加捐赠。

5月10日，省人大代表、原省人大农委主任委员吴坤凤带领调研组到德江开展精准扶贫工作情况调研。市人大常委会副主任叶德恩，县委常委、常务副县长周骥，县人大常委会副主任王治桢随同调研。

5月11日，市政协副主席周建英率队到德江调研山地旅游特色化发展。县政协主席陈健，副县长赵贡良，政协副主席吴应仕、张观安随同调研。

5月12日，省委政法委常务副书记彭德全一行到德江调研社会治安综合治理工作。市委常委、市委政法委书记张涛，县委书记商友江，县委常委、副县长李兵随同调研。

5月12日，铜仁军分区司令员欧阳青率司令部参谋汤昊莅临德江县人武部检查指导联考联评工作，部长赵利虎、政委李志军陪同。

5月13日至15日，全县第三届中小学生乒乓球比赛在德江一中体育馆举行。来自全县中小学校58支代表队364名运动员参赛，比赛分男子团体和女子团体、男子单打和女子单打、男子双打和女子双打、男女双打7个项目。

5月21日，贵州德江楠杆自然保护区大型科学综合考察培训交流会在德江县金平大酒店七楼会议室召开。来自中国科学院北京植物研究所、贵州大学等省外、省内19家单位100多名科考专家、学者参加培训交流会。

5月24日，全县2016年“科技活动周”在复兴中学正式启动。本次活动以“创新引领、共享发展”为主题，通过展示科技成果和科普产品、专题讲座，普及科学知识，吸引公众参与科普活动，参观科普场馆、科普教育基地等丰富多彩的形式开展宣传活动，促进科技成果普及，增强公众科技意识。

是日，在县教育局礼堂举办全县中小学生“童心向党”歌咏暨“经典童谣”诵读大赛。经角逐，平原中学、复兴中学、德江职校和袁场小学、德江一小、煎茶希望小学分别荣获歌咏类中学组和小学组一、二、三等奖，德江四中、县实验中学、思源实验学校和德江五小、德江二小、钱家完小分别荣获诵读类中学组和小学组一、二、三等奖，共和中学和稳坪完小荣获组织奖。

5月25日，贵州德江（楠杆）自然保护区大型科考队植物组进入楠杆境内考察，发现冬虫夏草、棒瑚菌、南方红豆杉、楠木、剑叶狭脊兰等珍贵物种。

5月25日至26日，省委教育工委书记，省教育厅党组书记、厅长王凤友率省教育厅相关负责人到德江调研2016年高考考前准备及教育发展工作情况。铜仁市人民政府副市长张明，市教育局党组书记、局长龙丽红，德江县委书记商友江，县人大常委会主任何先美等随同调研。

5月27日，中国地理学会理事、中国地质大学地球科学学院原副院长、地质专家曾克峰教授一行到德江考察，并在交通局会议室召开德江县地质公园建设与旅游产业发展座谈会，就德江旅游资源定位、打造、发展等问题作讨论交流。县委书记商友江，县委副书记、县长秦智坤，县政协主席陈健等县领导出席会议并发言。

5月27日，省气象局局长赵广忠到德江作《应急与灾难管理》专题讲座，宣讲“防灾减灾，气象先行”。县委、人大、政府、政协四家班子领导、县直部门领导、乡镇主要负责人听讲。

5月30日，县委召开全县乡镇领导班子换届工作会议，全面贯彻落实中央、省委、市委换届工作会议精神，安排部署全县乡镇领导班子换届工作任务。县委书记、县乡换届工作领导小组组长商友江出席会议并讲话。

5月，在开展“铜城仁者”2015年度人物候选人网上投票中，县内合兴镇派出所协警冯兵、合兴镇人民政府干部陈旭芳、县供电局职工张奇、县高速公路指挥部干部赵健涛、枫香溪镇上坝村村民冉启华等5人入选“铜城仁者”2015年度人物候选人。

是月，在第八届“中绿杯”中国名优绿茶评比中，德江县荣获金奖1个、银奖3个。其中，德江县鸿泰茶业有限责任公司山人水牌“梵净山鸿泰茗珠”荣获金奖，该公司生产的“梵净山鸿泰春葵”“梵净山鸿泰雪蕊”“白珠茶”分别荣获银奖。

6月

6月1日至2日，省级示范中职学校评估专家一组到德江，对县中等职业学校申报省级示范性中职学校进行第二次评估验收。铜仁市教育局党组成员、副局长黄国刚，德江县委书记商友江，县政协主席陈健，县人大常委会副主任陈旭东，副县长梅彬，县政协副主席张观安出席反馈会。

6月2日，德江县贵农网农村电商营运公司成立，由江苏如皋市来打造贵农网平台建设。

6月4日，贵州德江（楠杆）省级自然保护区集中科学考察外业调查小结会议召开。省林业厅野生动植物管理站站长冉景丞，贵州大学生命科学学院院长喻理飞，德江县人大常委会主任何先美，副县长杨绪鹏，县直相关部门主要负责人，21个乡（镇、街道）党政主要领导等参加会议。科考团一致认为该保护区有国内植株密度最大、分布最北纬的野生硬叶兜兰种群和南方红豆杉、楠木、鸳鸯、黑叶猴等多种国家一二级重点保护野生动植物以及寒兰、天麻等多种其他珍贵物种，有相对集中的楠木古树群，极具保护价值。

6月7日11时58分，由中共德江县委、德江县人民政府和中国电影股份有限公司北京电影制片分公司、贵州省中共党史学会等单位联合摄制，国家广电总局电影频道节目制作中心出品的电影《喋血神兵》（原名黔东烽火）在中央电视台电影频道CCTV-6首播，全县各级各部门及社会各界收视收看播出情况，社会反响良好。

6月8日，德江县“整脏治乱”暨“文明在行动·满意在德江”工作推进会在县政府礼堂召开。

6月9日至10日，第四届全国天麻会议暨中国（大方）天麻产业发展高峰论坛在贵州毕节市大方县召开。县政府、经开区、县农科技局、高山镇、沙溪乡等部门和乡镇负责人参会。德江康奇药植、洋山河生物科技、德天生物科技、天德农产品开发、绿通天麻、易盛科技、土家人天麻等10余家企业参会，并参加签约或展出产品。天德农产品开发公司和绿通天麻公司分别被大会组委会授予“全国天麻生产先进单位”。

6月11日，贵州省扶贫基金会“置业补贴专项基金走进德江”扶贫公益项目在县内温州商贸城启动。由主办方贵州省扶贫基金会走进德江，携手贵州德江瑞泰置业有限公司，指定德江温州商贸城为“公益爱心”项目，实现德江人民“我想有个家、我想创业”的购房和创业梦。

6月13日，全县“学党规 明党纪 作表率”知识竞答赛决赛在县教育局礼堂举行。来自各乡（镇、街道）27支队伍，经初赛和复赛角逐，党群部门代表队荣获一等奖，泉口镇、文教系统、稳坪镇荣获二等奖，平原镇、财税系统、长丰乡、煎茶镇、桶井乡荣获三等奖。

6月13日至14日，中国科学院旅游研究与规划设计中心主任助理、中科博道旅游发展机构首席架构师、博士齐晓波率队到德江考察旅游建设工作。县委副书记、县长秦智坤，县委常委、宣传部长杨洪波，县政协副主席、工商联主席陈琳出席座谈会。

6月15日，铜仁市军分区政委费光明率工作组一行，对德江县联考联评备考连进行模拟考核。县委书记商友江、人武部部长赵利虎、政委李志军陪同。

6月16日，德江县第十五个“安全生产月”暨安全生产万人承诺大会在县教育局广场召开。县委副书记、县长秦智坤出席会议并讲话。

是日，《中国日报》、《香港商报》、《贵州日报》、《当代贵州》、《贵州商报》、《贵阳晚报》、《铜仁日报》、铜仁网站、铜仁电视台等10家媒体，走进县内枫香溪镇开展“追寻红军足迹”采访活动。各媒体记者先后就革命老区的基础设施建设、教育、产业发展成效及红色故事进行集中采访，参观枫香溪镇“八一爱民学校”、枫香溪会议会址、纪念碑、陈列馆、杨柳井等。

6月16日至18日，江苏省如皋市政府副市长杜永红率相关部门、部分企业负责同志组成考察团到德江，对德江县农业产业、城市建设、旅游资源、投资环境等经济社会发展情况进行考察。

6月18日，德江县作家协会第二次会员代表大会在县政协五楼会议室召开。市文联副主席刘照进应邀出席会议，会议选举张贤春为德江县第二届作协主席。

6月21日，省人民政府副省长黄家培率省国土资源厅、省住房城乡建设厅、省环监局等部门到德江调研国土资源、环境保护和住房城乡建设等工作。

是日，市委常委、组织部长陈代军到县内堰塘乡茶窝坨村部分贫困老党员家中开展走访慰问暨送党章党徽活动。

6月25日，德江县2016年“6·26”国际禁毒日集中宣传活动在青龙街道广场举行。县委副书记、县长、县禁毒委主任秦智坤等县领导亲临活动现场。

6月26日，铜仁市纪念红军长征胜利80周年暨黔东苏区红色文化传承与发展研讨会在德江举行。市委常委、市委宣传部部长刘婕，中国军事科学院战争部研究室原主任、博士生导师吴如嵩，县委书记商友江，省委党史研究室决策咨询处处长余福仁出席。

6月27日至7月2日，由铜仁市教育局、德江县人民政府主办的2016年全市校园足球三级联赛小学、初中总决赛在德江一中足球场举行。

6月28日，全县2016年城镇建设工作大会在县教育局礼堂召开，会议主要贯彻落实中央、省、市城市建设工作会议精神，部署全县城镇建设工作。县委书记商友江出席会议并讲话。县委副书记、县长秦智坤，县政协主席陈健，县委常委鲁文俊、陈廷相、杨洪波、唐虹、李兵、池成等县四家班子在家领导出席会议。

是日，全县“纪念建党95周年暨红军长征胜利80周年唱红歌和演讲比赛活动”在县老干部活动中心隆重举行。

是日，德江县2016年大数据产业发展在县教育局礼堂召开，会议主要贯彻落实中央、省、市大数据工作会议精神，部署全县大数据工作。县委书记商友江出席会议并讲话，县长秦智坤主持会议。

6月29日，第三军医大学新桥医院对口帮扶德江县人民医院责任书签订仪式暨第一轮帮扶工作启动仪式在县人民医院门诊五楼会议举行。第三军医大学新桥医院院长、大校任家顺，县委副书记、县长秦智坤，县人武部部长赵利虎出席启动仪式，副县长朱建国主持启动仪式。

6月，全县有8632名学生参加中考，参考人数比2015年多434人。其中省级示范性高中2977人、普高4873人、中职650人、五年制大专132人。德江考区设一中、二中、四中、县实验中学、县民族中学、煎茶中学6个考点291个考场。

7月

7月1日，德江县庆祝中国共产党成立95周年暨“七一”表彰大会在县教育局礼堂举行。县委书记商友江出席大会并讲话，县委副书记、县长秦智坤主持大会，县人大常委会主任何先美，县政协主席陈健，以及县四家班子在家领导出席大会。会上，全体与会人员重温入党誓词。会议对钱家土家族乡党委等30个先进基层党组织、余春芬等50名优秀党务工作者、陈永波等100名优秀共产党员予以表彰，县四家班子主要领导为受表彰的单位和个人代表颁奖，获奖代表作发言。

7月6日，受省委、省政府委托，省国土资源厅副厅长肖才忠率队到德江就地质灾害防治工作进行督查指导。铜仁市国土资源局党组书记余大权，县委常委、副县长李兵随同督查。

7月7日，全省妇幼健康体系建设现场推进会在德江召开。会议贯彻落实全国妇幼健康工作会议精神，交流研讨妇幼健康服务机构规范化建设措施，研究部署下一阶段工作。

7月8日，德江县“社会主义核心价值观暨安全知识丛书进校园”图书捐赠启动仪式在县第六小学举行。

是日，德江农村土地承包经营权确权登记颁证暨“三变”改革工作推进会在县政府礼堂召开，会议主要贯彻落实省、市、县主要领导同志重要批示及全省、全市农村土地承包经营权确权登记颁证工作推进会议精神，部署全县下步农村土地承包经营权确权登记颁证暨“三变”改革工作。

7月9日，德江县召开学习贯彻《中国共产党党组工作条例（试行）》培训会。县委书记商友江到会作专题培训，县人大常委会主任何先美，县政协主席陈健出席会议，县委常委、县政法委书记、县公安局局长陈廷相主持会议。

是日（农历六月初六），县内“六月六”水龙节在德江县城主城区举行。本届水龙节有15支小区队伍、28条草龙沿主城区舞动，接受市民群众泼水狂欢，全县近5万市民、游客共同参与泼水狂欢，共享爽爽夏日清凉。

7月12日，仁怀市副市长谢小滔率市政府办、组织部、编委办、人社局、财政局、卫计局、人民医院、中医院、妇保院等部门组成的考察团到德江县考察医疗卫生工作。

7月13日，全县2016年农村集中建房、农危房、保障性住房建设工作推进会在县城管局会议室召开，县委常委、副县长李兵出席会议并就推进建设工作提出要求。自2009年以来，全县实施“三房”建设32920户（套），其中2016年农村危房改造工程改造任务涉及19个乡镇5393户，补助资金6454.5万元；农村集中建房涉钱家观音滩等10个集中建房点1064户，涉及资金63472万元；棚户区改造5000户，包括2580户的货币安置户。

7月14日，德江县第七次无偿献血表彰大会在县政府礼堂召开。会议贯彻落实《中华人民共和国献血法》《贵州省献血管理条例》等法律法规要求，表彰先进，宣传发动，弘扬无私奉献、互助互爱的无偿献血精神。会上，县政协副主席张霞宣读《关于表彰2014—2016年度无偿献血先进集体和先进个人的决定》，县卫计局有关负责人作工作报告，受表彰的先进集体、先进家庭和先进个人代表发言；与会领导为部分受表彰的先进集体、先进家庭和先进个人颁奖。

是日，省委督查室副主任施建中率领省委全面深化改革和依法治县督察组到德江检查全面深化改革和依法治县工作推进情况。

7月18日，全县基本公共文化服务体系建设工作会议在县政府礼堂召开。会议传达学习中央及省市开展公共文化服务工作的文件精神，部署全县“十三五”及2016年公共文化服务建设工作。

7月18日，贵州省中科院天然产物实验室与德江易盛农业科技发展有限公司签订技术合作合同，成立德江罗汉果产业协会。

7月19日，德江县股金服务社在梵蒂广场开业，县委组织部将29个村的村集体资金2500万放入德江供销社股金服务社。

7月19日，德江县供销“三社合一”综合改革暨股金服务社开业授牌仪式在城南多维国际梵蒂广场举行，市供销社副主任黄隆武、机关党委书记宋益平出席会议。

7月19日至20日，民进贵州省委专职副主委郭子仪一行到德江考察调研，并开展座谈、帮教、入户走访等活动。

7月20日，铜仁市食品药品行政执法培训会在德江温州大酒店八楼会议室召开。市食品药品监督管理局党组书记、局长王大洪出席会议并讲话，德江县委副书记、县长秦智坤出席会议并致辞，副县长赵贡良出席会议。

7月21日，以铜仁市人大常委会副主任熊光奎为组长的市人大调研组到德江调研生态环境保护检察工作，并在县环保局会议室召开座谈会，县人大常委会副主任李映红随同调研。

是日，省农委农技总站副站长金明、省知名水稻专家（农业研究员）熊玉堂一行在铜仁市农委副主任宋建华等人陪同下到德指导调研水稻、玉米作物绿色增产增效技术示范推广项目实施情况。

7月22日，县委书记商友江率团到遵义专程考察新蒲新区“樱花谷”生态农旅一体化示范景区项目，与苗夫控股集团就“德江县煎茶镇‘桃花源’农旅综合体项目”有关事宜进行洽谈，并达成投资意向。

7月24日，全县在县教育局礼堂举行机关（参公）单位公务用车制度改革处置车辆专场拍卖会，80辆公务车全部拍卖，起拍总价91万元，成交总价169万元。此次拍卖会分2场进行，拍卖车有雅阁、蒙迪欧、五菱、猎豹、帕萨特、桑塔纳、长安、东风、尼桑、奇瑞、丰田、捷达、华泰特拉卡、桑塔纳、北京现代、福克斯、江淮、长城、别克等车型，有120人参加竞拍，现场气氛激烈，其中一辆大众轿车以最高价6.4万拍出。

7月25日，德江县夏季第二届“足协杯”足球赛在贵州工程职业技术学院落下帷幕。此次比赛有12支队伍286名球员参赛，最小年龄18岁，最大年龄46岁。经角逐，焦点队夺得本届比赛冠军。

7月26日上午，铜仁市“博大旅行杯”暨第二届“梵天净土·桃源铜仁”群众文化系列活动之“激情仲夏·大美德江”广场舞大赛开幕式在德江县高家湾广场举行。市文化广电新闻出版局党组书记、局长蒙胜思，德江县委书记商友江等领导出席开幕式。来自铜仁、德江、思南、印江、江口等地的34支队伍参加比赛。

7月26日，《德江县人民政府贵农网农村电子商务合作协议》在县政府常务会议室举行。副县长杨绪鹏、贵州贵农网络科技有限公司市场营销部经理曾雄亚出席并在协议书上签字，标志着全县迈进电商时代。

7月27日至28日，铜仁市人大常委会副主任叶德恩率队到德江调研精准扶贫工作。县委常委、副县长李兵，县人大常委会副主任王治桢随同调研。

7月28日，中共德江县委、德江县人民政府在城南龙盘山举行唐山地震因公殉职人员纪念碑搬迁揭碑仪式。县委书记商友江出席仪式并与因公殉职亲属代表张玉广、张观涛、张海涛等为纪念碑揭碑，县政协主席陈健出席。

7月29日，德江县四家班子领导率县双拥工作领导小组成员单位组成慰问团，看望慰问驻德官兵。慰问团先后前往武警铜仁支队二大队、武警德江中队、消防大队、县人武部，走访看望官兵的学习、工作和生活环境，为他们送去慰问金和慰问品，并在县人武部会议室召开军地双拥座谈会。

7月，由中央文明办主办的“我推荐、我评议身边好人”活动中，德江县枫香溪镇枫香溪村个体经营户张瑜入选“中国好人榜”。

是月，县人民政府征兵办公室被省人民政府征兵办公室评为2016年度征兵先进单位。

8月

8月1日，贵州省摄影家协会在省文联综合大楼四楼会议室召开会议，组织专家对“点赞德江”摄影大赛近2000件作品进行评审，最终评出135件优秀摄影作品。

8月3日至4日，在县城区、326国道、杭瑞高速和沿德高速德江段等路段，开展户外广告集中排查整治工作，拆除各类违规户外广告100余处共计5000余平方米。累计清理软体条幅50余条、移动灯箱30个、各类小广告2000个，拆除LED灯箱30个，大型户外广告40个。

8月4日，铜仁市人行行长任向阳、市农发行行长姚茂勋一行到德江调研金融助推脱贫攻坚工作。县委书记商友江，县委副书记、县长秦智坤，县委常委、常务副县长周骥，县人大常委会副主任李映红，县政协副主席陈琳随同调研或参会。

8月5日，铜仁市国税系统绩效管理工作现场会在德江县国税局五楼会议室召开。会议传达学习全省国税系统绩效管理工作会议精神，分析总结全市2016年上半年绩效管理工作，就下半年工作进行部署。市国税局党组书记、局长刘辉出席会议并讲话，德江县委常委、常务副县长周骥出席会议并致辞，市国税局党组成员、副局长何闽全主持会议，省国税局绩效办负责人到会指导。

8月6日至28日，县人武部组织42名教官对德江一中、德江二中、煎茶中学、德江县中等职业学校2016级新生进行学生军训，参训人数5500名。

8月7日，国家科协农技中心副主任杨利军携农技中心农技协发展处彭立颖到德江调研农技协转型升级等相关工作。省科协党组成员、副主席钱斌，省科协科普部部长廖京生，市科协主席周厚吉，副县长杨绪鹏等随同调研。

8月7日，中国井冈山干部学院常务副院长梅黎明率学院办公厅、学院教务部一行9人到德江调研红色革命历史，实地考察枫香溪会议会址、枫香溪会议陈列馆、纪念碑和红三军医院。

8月8日，市政协副主席、民革铜仁市委主委杨晓敏一行到德江考察公共法律服务体系建设。县委常委、副县长池成，政协副主席史天龙参会或随同考察活动。

8月10日至11日，铜仁市人大常委会主任陈达新，副主任熊光奎、叶德恩带领市人大常委会各委科室、市直相关部门负责人及部分市人大代表到德江易地扶贫搬迁在建项目点考察，实地了解德江易地扶贫搬迁项目建设情况。县委书记商友江，县人大常委会主任何先美，县委常委、常务副县长周骥，县人大常委会副主任陈明光、郑国文随同考察。

8月13日，德江县"七五"普法暨法治文艺下乡巡回演出在沙溪乡新集镇广场举行。由德江县法治文艺宣传队及沙溪乡干部群众自编自演的诵读、小品、舞蹈、独唱等12个喜闻乐见的文艺节目，内容丰富，气氛热烈，深受广大观众喜爱。

8月18日，贵州省人民政府督学杨波到县内合兴镇就薄弱学校全面改造、"两项"教育督导、普及十五年教育等相关工作进行调研。

8月18日至23日，铜仁市第三届体育运动会在印江自治县举行，德江县代表团夺得13块金牌、9块银牌、13块铜牌，团体获得体育道德风尚奖。8月23日，县委副书记、县长秦智坤代表德江县接回2018年市体育运动会会旗，标志着铜仁市第四届体育运动会将于2018年在德江县举行。

8月24日，县委常委、副县长李兵到深圳参加"第43届中国(深圳)国际房地产业博览会暨第11届中国(深圳)城市土地展"，会上与重庆双全房地产开发有限公司签订合作框架协议，

8月25日，由贵州省文化厅、六盘水市人民政府主办的"多彩贵州、激情广场、金彩盘县"全省第三届广场舞大赛在六盘水市盘县举行，大赛设金秋奖、银杏奖、凉都奖，论文奖、组织奖5个奖项，来自全省分别代表9个地州市、贵安新区和省文化馆24支队参加角逐，德江县代表队荣获"凉都奖"。

8月25日，全县第十二届"园丁杯"篮球赛开幕。来自全县30支男队、7支女队展开130场的激烈角逐。

8月26日，全市免疫规划工作交流会在德江召开，市卫计委副主任段绍华，市疾控中心主任王亚西，德江县副县长赵贡良出席会议。

8月28日，泛武陵山区尿结石高峰论坛在德江县民族中医院学术报告厅举行。省政协副主席、民进贵州省委主委左定超出席开幕式并讲话，广州市第一人民医院二级教授、博士生导师钟惟德，铜仁市委副书记阳向东，市政协副主席、农工党铜仁市委主委王能军，民进贵州省委专职副主委郭子仪，贵州省人民医院党委委员、副院长陈辉，德江县委书记商友江，副县长赵贡良、朱建国出席论坛。

是日，省政协副主席、民进贵州省委主委左定超到德江调研医疗卫生教育事业。铜仁市委副书记阳向东，市政协副主席、农工党铜仁市委主委王能军，民进贵州省委专职副主委郭子仪，德江县委书记商友江，县政协主席陈健，铜仁市委副秘书长黄继荣，县委常委、组织部长、统战部长唐虹，副县长赵贡良随同调研。

8月29日，德江县2016年第三批重点项目集中开工仪式在城北井堡池片区举行。铜仁市委常委、市委组织部部长陈代军出席仪式并宣布开工，市人民政府副市长夏虹出席并作讲话，市发改委主任李云德、市交通运输局局长李世凡、市投资促进局局长曾红、市住建局副局长夏兴江、市统计局副局长高文出席开工仪式。县委书记商友江主持开工仪式并讲话。县委副书记、县长秦智坤，县政协主席陈健，及县四家班子在家领导出席开工仪式。本次集中开工的德江县人民医院整体搬迁项目、世行贷款农村公路（一期）项目、德江县煎茶水乡项目、德江县城北棚户区改造建设项目、德江县城至

马鹿岩大道工程、德江二中整体搬迁建设项目、德江县黔东北区域性养老服务中心等20个重点项目，投资总额达43亿元，按投资规模分：亿元以上项目11个、5000万至亿元以下项目3个、500万元至5000万元以下项目6个。按投资类别分：基础设施类项目10个、产业发展类项目3个、民生工程类项目7个。

8月，第一批3条32千米世行贷款农村公路建设项目（明溪至东泉、长丰至堕坪、下坝至压老山）开工建设。

9月

9月1日，“国酒茅台·国之栋梁”2016铜仁希望工程圆梦行动助学金发放暨“春晖使者”礼聘仪式在德江一中举行。团市委书记张勇，团市委副书记王颖，副县长赵贡良出席会议。德江有100名大学生获资助，资助金5000元/人。

9月4日，铜仁市委常委、副市长杜元虎到楠杆乡调研乡村旅游和教育工作。

9月5日，北京大学李明伟教授一行到德江调研合兴农旅产业扶贫示范区项目建设规划工作并召开座谈会。县委副书记、县长秦智坤，县委常委、常务副县长周骥，副县长杨绪鹏出席座谈会。

9月6日，全县在县教育局礼堂举行庆祝全国第32个教师节表彰大会暨《甘守三尺讲台•争做“四有”教师》文艺汇演，县委书记商友江出席晚会并致辞，县委副书记、县长秦智坤，县人大常委会主任何先美，县政协主席陈健，县委常委、纪委书记鲁文俊，县委常委、县委政法委书记、县公安局局长陈廷相，县人大常委会副主任陈旭东，县政府党组成员梅彬，县政协副主席张观安出席晚会，为优秀教师和先进集体颁奖。此次表彰评选出先进集体24个，优秀教师76名，优秀教育工作者37名，优秀班主任59名，优秀山村教师15名。来自全县各中小学校的师生代表为晚会献上文艺表演，玉龙中学的歌舞《卓玛》、煎茶镇完小的表演《老师妈妈，妈妈老师》、稳坪镇完小傩戏表演《傩韵》、县特殊学校舞蹈表演《土家女儿会》等节目赢得在场观众的阵阵掌声，展示出德江教育工作者的风采。

9月7日，德江县首届“县管专家”命名大会暨在职职工住院医疗互助活动启动大会在县政府礼堂举行。县委书记商友江出席并讲话，县委副书记、县长秦智坤主持大会。县人大常委会主任何先美，县政协主席陈健，县委常委、组织部部长、统战部部长、党校校长唐虹，县人大常委会副主任郑国文出席会议。会上，唐虹宣读命名决定，集中命名来自各行各业、各领域的优秀人才63名，被命名的代表作发言，郑国文宣读《德江县在职职工住院医疗互助活动管理办法（试行）》，安排部署职工住院医疗互助活动工作。

是日，全市红十字会2016年“世界急救日”宣传活动观摩会在德江召开。市红十字会常务副会长张武、副会长王贵军出席会议作指导，县委常委、宣传部部长杨洪波，县人民政府副县长赵贡良，县政协副主席张观安出席观摩会。

9月8日，2016“多彩贵州·桃源铜仁·神奇松桃”旅游文创产品设计大赛参赛作品终审在多彩贵州文创园举行。其中，德江县傩缘文化产品研发公司总经理冉勇设计的作品“开路将军（傩面具挂饰）”获金奖，德江县煎茶中学教师旷丽设计的作品“蛋雕（傩面具）”、非物质文化传承人、傩面具雕刻师王国华设计的作品“先锋小姐（傩面具）”“开山莽将（傩面具）”、城北工业园区家宜美工艺品雕刻厂张俊设计的作品“傩面具笔筒”获入围奖。

9月9日，德江县召开工商业联合会第十届会员代表大会。市委统战部副部长、市工商联党组书记王继承出席会议。大会应到人数128名，实到人数112名，会议选举胡国仁为德江县工商联（总商会）第十届执行委员会主席（会长），选举副主席12名、副会长11名、秘书长1名。听取德江县工商联（商会）九届执委会工作报告；审议通过第九届执委会工作报告的决议、《德江县工商联（总商会）会费收支管理办法》。

9月10日至11日，德江县举办第二届旅游产业发展大会暨中国·德江乡村旅游发展峰会。会议期间，成功签约招商引资项目10个，总投资26.8亿元。市政协副主席周建英出席会议，市委宣传部、市旅发委相关人员参会。

9月11日，以“欢乐乡村行·美丽高家湾”为主题的德江县第二届旅游产业发展大会在高家湾高效农业旅游景区召开。市政协副主席周建英出席大会并讲话。旅发大会期间，到景点、景区、主会场等游客人数5万余人，辐射带动城区餐饮、住宿、农特产品展销等旅游收入2000余万元。

9月13日，铜仁市人大常委会副主任王开禄带领部分市人大常委会委员和市教育局相关负责人到德江调研山村幼儿园建设工作。

9月13日，德江县100余名非公有制经济代表人士欢聚中国“三金”农业发源地高家湾，举行“中秋话发展、脱贫齐攻坚”茶话会。县委书记商友江出席并讲话，县政协主席陈健主持会议，县委、县人大、县政府、县政协班子在家领导，人武部、经开区、县委党校、乌江农林经济学院负责人出席会议，县政协副主席、县工商联主席、总商会会长胡国仁通报全县非公经济发展情况。

9月14日，以贵州省人民医院副院长田晓滨为组长、省卫计委医政管理处及省医部分评审专家组成的专家组到德江调研指导县人民医院“三乙”创建工作。铜仁市卫计委主任苏天前，县委书记商友江，县委副书记、县长秦智坤，县人大常委会主任何先美，县政协主席陈健，副县长赵贡良、朱建国参加调研。

9月19日，李宁（中国）体育用品有限公司原全国运营总监安云虎到德江开展“爱心助学、助困”捐赠活动，并在思源实验学校举行发放仪式。当天发放价值312万元爱心物资。

9月20日，省委、省政府为确保全面打赢脱贫攻坚战，在全省贫困乡镇中，将德江县桶井乡作为全省20个脱贫难度最大的极贫乡镇之一，同时成立由省委宣传部部长张广智任指挥长，省文化厅厅长徐静任常务副指挥长，市委书记陈昌旭任副指挥长，省文化厅副厅长姜刚杰任前线工作队队长的脱贫攻坚指挥部，按照每名贫困人员匹配10万元的项目资金测算，桶井乡共获得10.481亿元项目资金。

9月20日，铜仁市委书记陈昌旭在德江县桶井乡调研脱贫攻坚工作时强调：要认真贯彻中央和省委、省政府重大决策部署，全面落实全省极贫乡镇定点包干脱贫攻坚启动部署会议精神，牢牢抓住桶井乡被列为全省极贫乡镇定点包干脱贫攻坚机遇，进一步提高认识、强化责任，练好内功，集中火力，奋力攻坚，坚决打赢极贫乡镇脱贫攻坚这场硬仗。省文化厅副厅长、桶井乡脱贫攻坚指挥部办公室主任、前线工作队队长姜刚杰出席座谈会。

9月21日，以“创新放飞梦想，科技引领未来”为主题的德江县2016年全国科普日活动启动仪式在沙溪乡举行。县政协副主席陈琳，县科协主席王太彩，沙溪乡人大主席任军明出席启动仪式。

9月22日至9月25日，以县委书记商友江为组长的招商工作组，赴重庆市开展招商引资活动，实地考察重庆市中小企业局及其管辖的相关企业，举办招商引资推介会。县人大常委会副主任、经开区常务副主任郑国文，经开区纪工委书记王毅昭随同招商考察。

9月25日，原铜仁市政协工委主任、省土家学研究会常务副会长邓应明率省土家学研究会相关成员到德江调研精准扶贫，实地察看扶贫产业发展，召开座谈会。县政协主席陈健，副县长赵贡良，县政协副主席吴应仕随同或参会。

9月26日，国家住建部城建司调研员曹燕进、海南省政府督查室副主任王慧仙代表国务院第三次大督查第十六督查组到德江督查指导保障性住房工作。铜仁市人民政府副市长夏虹，德江县委副书记、县长秦智坤，县委常委、副县长李兵，省、市住建部门相关负责同志随同或出席座谈会。

是日，省委常委、省委宣传部部长张广智到德江县桶井乡调研极贫乡镇脱贫攻坚工作时强调，要认真贯彻中央和省委、省政府重大决策部署，全面落实全省极贫乡镇定点包干脱贫攻坚启动部署会议精神，以硬碰硬的信心决心，超常规的力度办法，精准施策，强势攻坚，务求实效，坚决打赢极贫乡镇脱贫攻坚战。

9月27日至28日，由县委、县政府主办，县离退局、县老年人体育协会、县文体广电新闻出版旅游局承办的德江县2016年第十届老年人体育运动会在县老干局举行，有35支队伍700余名运动员参加门球、台球、乒乓球、气排球、中国象棋和傩韵操共六个项目角逐，各奖项分别设置一、二、三等奖。

9月28日，德江县民间文艺家协会第二届换届选举工作会在县政府礼堂召开。县委常委、县委宣传部部长杨洪波出席会议。会议选举产生新一届主席、副主席、秘书长和常务理事等名单。徐万江当选为第二届主席，并作表态发言。

9月27日至30日，德江县在中国·思南舞龙节暨第三届舞龙舞狮大赛中荣获“传统龙展演一等奖”。

9月29日，德江县组织县公安、武警、消防及全县反恐成员单位在城南新区汽车站举行反恐防爆应急处置演练，县委副书记、县委政法委书记、县公安局局长、县反恐工作领导小组组长陈廷相出席并宣布活动启动，县政协副主席史天龙出席。

9月29日，德江县2016年“话发展·助扶贫·迎国庆”文艺晚会在青龙广场举行。县政协主席陈健，县委常委钱刚、周骥、杨洪波，县人大常委会、县政府、县政协四家班子在家领导，县人武部、法院、检察院、经开区、党校、乌江农林经济学院、贵州工程职业学院负责人出席晚会，县直部门负责人及部分干部群众近5000人欢聚一堂，共同庆祝伟大祖国67周年华诞。

是日，德江县农村青年致富带头人协会成立暨第一次会员大会在温州酒店八楼会议室召开。县委副书记、县委政法委书记陈廷相出席会议，并作讲话。会议选举产生第一届会长、副会长、秘书长和理事。贵州德江铭仁食品有限公司董事长黄立当选为第一届会长。会上，陈廷相等为协会揭牌，并授予协会组织青年脱贫攻坚突击队旗帜。

9月30日，由中共德江县委、德江县人民政府举办的2016年国庆节万名职工长跑活动在县城城北大道举行，经角逐，杨昌飞等10名干部职工获得男子青年组一等奖，晏雄等10名干部职工获得男子中老年组一等奖，吕娟等10名干部职工获得女子青年组一等奖，高琴等10名干部职工获得女子中老年组一等奖等。

9月，免除高中困难学生学杂费。其中，县内省级二类示范性高中生1255人每人每学期900元，公民办普通高中生1682人每人每学期380元。第一批补助资金共176.87万元，惠及普通高中贫困生2937人。

9月，县委统战部沟通对接省市统战部门，为县内争取116名贫困大学生资助名额，获得“泛海助学行动”资金58万元。

10月

10月8日，德江县“五证合一、一证一码”登记制度改革颁照仪式在县行政服务中心大厅举行。副县长赵贡良为德江星园农业开发有限公司颁发全县首张“五证合一”证照，标志着德江深化商事制度改革工作取得阶段性、实质性成效。

10月9日（农历九月九日），德江县“九九重阳节·浓浓敬老情”慰问演出在煎茶镇敬老院举行，为该院100余名院民及老龄人送去节日的问候和祝福。

10月9日至11日，受县委书记商友江委托，由县委副书记、县委政法委书记陈廷相，县委常委、桶井乡党委书记吴飞率队，组织桶井乡干部、党员、群众代表80余人到碧江区、大龙经济开发区考察易地扶贫搬迁。

10月10日，省人大代表到德江集中考察旅游产业。省人大常委会原副主任、党组书记肖永安，市人大常委会主任陈达新等参加考察。县委副书记、县长秦智坤随同并作工作汇报，县人大常委会主任何先美，县人大常委会副主任陈旭东及县直有关部门负责人和堰塘、煎茶党政主要负责人随同。

10月10日至11日，铜仁市文史专家考察组先后实地考察龙泉乡龙泉坪元思州宣慰司遗址和潮砥镇官宅村唐费州遗址。10日，考察组在德江县龙泉乡龙泉坪考察中，发现大量古石磉磴、古砖及古遗迹等文物，通过多方论证认定：德江龙泉坪曾是管辖大半个贵州的土司古都。

10月11日至12日，县委副书记、县长秦智坤带队赴安徽桐城考察招商。北京中科通用能源环保有限责任公司董事长、安徽盛运环保（集团）股份有限公司总裁王仕民出席座谈会。副县长赵贡良，县政协副主席陈琳随同考察。

10月12日，铜仁市政协副主席王能军一行到德江调研智力支边工作。县政协副主席张霞、张观安随同调研或参会。

10月13日，全市远程老年教育经验交流会在德江召开，市委组织部副部长龚仆出席并讲话，县委副书记、县政法委书记陈廷相出席并致辞，市老年大学校长张安华，县政协副主席史天龙出席会议。

10月13日至14日，县委副书记、县长秦智坤带队赴内蒙古自治区鄂尔多斯市考察招商。内蒙古新维投资控股集团董事长、北京水木圣城文化旅游股份有限公司董事长孙平，内蒙古郡铭实业有限公司董事长、北京水木圣城文化旅游股份有限公司总经理李军陪同考察。副县长赵贡良，县政协副主席陈琳随同考察。

10月17日，德江县2016年“扶贫日”现场募捐会议在县政府礼堂召开。县委副书记、县政法委书记陈廷相，县委常委、常务副县长周骥，县人大常委会副主任王治桢，副县长张静霞，县政协副主席史天龙出席。会议由张静霞主持。会上宣读《2016年“扶贫日”倡议书》和《德江县关于表彰2016年度社会扶贫先进集体、扶贫龙头企业和个人的决定》，举行现场募捐活动和颁奖仪式等。当天，现场募捐筹得善款26.95万元，展出脱贫攻坚活动展板30余张。

10月18日，省文化厅党组书记、厅长徐静到德江调研桶井极贫乡定点包干脱贫攻坚实施方案编制情况。

是日，人民日报社贵州分社、新华通讯社贵州分社、光明日报贵州记者站、中新社贵州记者站，《贵州日报》、贵州广播电视台,《铜仁日报》、铜仁电视台和铜仁网等中央、省、市21家主流媒体的记者走进德江，实地采访德江山村幼儿园建设管理、办学方式和所取得的成效，宣传德江教育发展变化。

是日，县委副书记、县委政法委书记陈廷相率县投资促进局、农业局、工业贸易局等相关部门组成的招商组，参加由国务院台湾事务办公室和重庆市人民政府共同主办的第八届“重庆·台湾周”活动。招商组与部分台商负责人进行点对点的洽谈，就高效农业、精致农业、生物科技、文化旅游等领域作深入交流，并在高效农业与文化旅游、高效农业与文化教育等项目初步达成投资意向。

10月16日至20日，德江县征兵办公室组织新兵回访团赴甘肃敦煌陆军后勤部慰问铜仁籍50名新战士，县人民政府副县长池成率队。

10月19日，县委副书记、县委政法委书记陈廷相率相关部门组成的招商组，赴四川省成都市开展招商引资活动，实地考察四川省核源实业（集团）有限公司和杨森乳业，并就有关项目达成合作意向。

10月21日，由德江县人民政府主办，县文明办、团县委、县旅产办承办的“百城万众厕所文明宣传大行动”启动仪式在德江城南人民公园举行，副县长赵贡良出席活动，县文明办、团县委、县旅产办等部门主要负责人及市民、学生代表参加活动。

10月22日，中国共产党德江县第十一届委员会第三次全体会议在县交通局六楼会议室举行。县委书记商友江受县委常委会委托主持会议并讲话。县人大常委会主任何先美，县政协主席陈健，县政协党组书记鲁文俊，县委副书记、县委政法委书记陈廷相，县委常委钱刚、李志军、宋斌、杨洪波、唐虹、李兵、池成出席会议。全会审议免去中共德江县第十一届委员会部分县委委员，审议中共德江县第十一届委员会县委候补委员递补为县委委员有关事宜；报告中国共产党德江县第十二次代表大会筹备情况，并对拟提请大会审议的《党委工作报告》《纪委工作报告》起草情况进行说明。全会就中共德江县第十二届县委委员、候补委员、纪委委员人选和中共德江县第十二次代表大会有关会议环节情况进行说明，并进行表决。

10月23日，铜仁市委书记陈昌旭在德江县桶井乡调研时强调，要认真贯彻中央和省委、省政府决策部署，全面落实全省极贫乡镇定点包干脱贫攻坚启动部署会议精神以及省委常委、省委宣传部长张广智来德江调研时的讲话要求，进一步坚定信心、把握机遇、狠抓落实，聚焦“硬骨头”，攻克“决战点”，坚决打赢极贫乡定点包干脱贫攻坚战。

10月24日至26日，国务院组建脱贫攻坚督查巡查组到德江县开展督查巡查工作，督查巡查组抽查县内的稳坪镇（铁坑村）、荆角乡（水溪村）、合兴镇（船山沟村）脱贫攻坚工作开展情况，分别对县委常委、宣传部部长杨洪波(联系合兴镇领导)、分管脱贫攻坚工作张静霞副县长以及县扶贫办主任朱黔中三位同志进行问询。通过督查巡查，对全县扶贫攻坚工作的做法，政策的落实及成效多次给予高度肯定。对全县探索的“三金”模式增加群众收入；驻村模式的改革，促进干部用心驻村；劳务专业合作社的建立，让贫困村、贫困户增收，切实改变贫困村、贫困农户现状这些典型经验督查组将加以推广。

10月24日至26日，中国共产党德江县第十二次代表大会在县教育局礼堂召开。大会应到代表为235名，实到225名，符合规定人数。市委常委、市委组织部部长、市委指导组组长陈代军到会指导并讲话，商友江代表中国共产党德江县第十一届委员会向大会作题为《决战脱贫攻坚，决胜全面小康，在新阶段加快建成黔东北交通枢纽和区域性中心城市》的报告，宋斌代表中国共产党德江县第十一届纪律检查委员会作工作报告。大会选出县委委员44名、候补委员8名，县纪委委员25名。大会举手表决通过关于中共德江县第十一届委员会报告的决议和关于中共德江县第十一届纪律检查委员会工作报告的决议。

10月26日，中国共产党德江县第十二届委员会第一次全体会议在县教育局三楼会议室召开。会议以投票方式选举商友江、秦智坤、陈廷相、钱刚、周骥、宋斌、杨洪波、唐虹、李兵、吴飞为中共德江县第十二届委员会常务委员会委员，选举商友江为中国共产党德江县第十二届委员会书记，选举秦智坤、陈廷相为副书记；通过中国共产党德江县第十二届纪律检查委员会第一次全体会议选举结果。

是日，由福建省卫计委医政医管处调研员魏国志为组长的2016年国家血液安全技术核查组专家到德江县人民医院核查指导输血安全工作。专家们认真对照2016年全国血液安全技术核查标准深入输血科进行核查指导，并提出意见和建议。

是日，民进江门市委主委、广东省人大代表、江门市政协常委、江门市经济和信息化局副局长费伟东一行8人到德江调研民办教育、学前教育工作。县委统战部、县教育局、民进德江直属支部相关人员陪同调研。

10月29日，县委书记商友江主持召开十二届县委常委会第1次会议，传达贯彻中国共产党十八届六中全会精神。县委副书记、县长秦智坤，县人大常委会主任何先美，县政协主席陈健，县委副书记、县委政法委书记陈廷相，县委常委钱刚、周骥、宋斌、杨洪波、唐虹、吴飞参加会议。

是日，德江县第四批重点项目集中开工仪式在煎茶镇举行。此次集中开工的15个重点项目，覆盖产业发展、城市建设、交通运输等重点领域，总投资20.2亿元。

10月，全县39个村被列入全国乡村旅游扶贫重点村。39个村分别是：合兴镇东元村、龙溪村、合朋村、丰林村、朝阳村、板坪村，钱家乡黄土村、平安村、观音滩村、树坝村，平原镇上竹村、上堰村、台头村、杉园社区，共和镇胜利村、楠杆乡兴隆社区、楼房村，煎茶镇李子村、和平村、新场村、川岩村、石板塘村，高山镇梨子水村、鸟溪村、旋溪村，泉口镇水塘村、大湾村、猪场村、先坝村、新塘村、先联村、天池村、马喇村、大土村，荆角乡杉树村，复兴镇七星社区，枫香溪镇枫溪村，堰塘乡高家湾村、茶窝坨村。

11月

11月1日，关口至县城、关口至南互通提级改造工程开工。

11月1日至2日，省委常委、宣传部部长张广智到德江县桶井乡、枫香溪镇调研，要求德江县委、县政府要念好山字经、做好水文章、打好生态牌，奋力创建绿色发展先行示范区，按照基础先行、重在产业、民生优先的思路，主动作为，勇于担当，不辱使命，奋力决战脱贫攻坚，决胜同步小康。

11月2日，贵州省军区政治部主任魏文波到德江县检查指导人武部工作。铜仁军分区政委费光明，德江县委副书记、县长秦智坤，县人武部部长赵利虎，县人武部政委李志军随同检查。

是日，省老教办副主任、贵州老年大学副校长陈祖云一行到德江调研老年教育工作。铜仁市老教办主任、铜仁老年大学校长张安华等随同调研。

是日，中国人民银行贵阳中心支行货币信贷管理处副处长蒋东利一行到德江，调研农村承包经营权抵押贷款试点工作。在政府常务会议室召开座谈会，县委常委、常务副县长钱刚出席会议。据悉，德江县作为全国农村“土地承包经营权”抵押贷款试点县被列入名单，成为全市唯一一个国家级农村“土地承包经营权”抵押贷款试验区县。自2012年9月启动农村土地承包经营权抵押贷款试点以来，全县实现农村土地流转22.7万亩，土地流转率23.3%。截至10月，全县各乡镇（街道办事处）均开展农村土地确权工作，完成农村土地确权调查5.35万户40.86万亩，完成测算面积58.21万亩。

11月2日至3日，铜仁市委常委、市委组织部部长陈代军到德江县枫香溪镇枫铺村定点帮扶村蹲点调研脱贫攻坚工作。

11月4日，德江县大扶贫战略行动推进大会在县体育馆举行。会议贯彻落实习近平总书记系列重要讲话精神，中央、省关于脱贫攻坚的重要决策部署，省委常委、省委宣传部部长张广智和市委书记陈昌旭到德江调研脱贫攻坚时的讲话精神和全市大扶贫战略行动推进大会精神，对全县脱贫攻坚工作进行再部署，进一步统一思想，理清工作思路，确保脱贫攻坚各项目标任务全面完成，实现与全国同步全面小康。全县定点包干负责同志，各乡（镇、街道）副科级以上同志，174个贫困村“第一书记”和驻村工作组组长，170个非贫困村包村负责同志，全县各村（社区）党支部书记和村委会主任，县直各部门主要负责同志，共1400多人参加会议。

11月9日，德江县桶井极贫乡决战脱贫攻坚工作誓师大会在桶井乡举行。会议传达省扶贫开发领导小组第十二次会议精神，以及省委常委、省委宣传部部长张广智，市委书记陈昌旭到桶井调研的指示精神和全市、全县大扶贫战略行动推进大会精神，对桶井乡脱贫攻坚工作作战前动员部署。省文化厅副厅长、德江县桶井乡定点包干脱贫攻坚工作指挥部办公室主任、驻桶井乡前线工作队队长姜刚杰出席会议并讲话，同时下达作战命令，县委书记商友江出席会议并讲话。

11月9日，县委副书记、县长秦智坤率团赴江苏省苏州市吴中区考察招商。县政协党组书记鲁文俊，县委常委、县委组织部部长、县委统战部部长唐虹，县人大常委会副主任王治桢，经开区管委会副主任邹桂萍参加考察。

11月10日，“德江县招商引资工作座谈会”在苏州市吴中经济开发区举行。吴中区委副书记、区长唐晓东，区政协主席薛明仁，区委常委、区委组织部部长、区委统战部部长潘国强，区人大常委会副主任唐龙生，副区长王卫星，以及区直有关部门、企业负责同志参加座谈会。

11月10日至11日，省国家三类城市语言文字工作评估组到县内党政机关、学校、新闻媒体、公共服务行业4个重点领域对全县语言文字工作进行评估考核，认为全县语言文字工作具有“保障有力、推进有序、扎实有效”等特点，符合国家三类城市语言文字工作评估要求，通过评估验收。德江县第二小学、沙溪完小成功申创省第十四批语言文字示范校。

11月12日，民进贵州省委到德江开展讲学捐助活动，活动启动仪式在德江一中会议室举行。省政协常委、民进省委会专职副主委郭子仪，贵州民进企业家联谊会副会长、贵州黔元鼎泰商贸有限公司董事长郭翔，贵州三合信息技术有限公司董事长严鹏，贵州师范大学附中副校长王晓祥出席活动；县委常委、纪委书记宋斌出席并致辞。此次讲学捐助活动，为县一中、二中、煎茶中学部分高三师生1000余名开高考全科辅导，并捐赠价值14万元的足球1500个和价值10万元的爱心图书室2个约8000册。

11月18日，全省核桃产业暨农村电商精准脱贫现场观摩会在德江召开。省扶贫办党组书记、主任叶韬出席会议并讲话，市委书记陈昌旭参加观摩考察。副市长张珍强参加会议并致辞，省扶贫办党组副书记、副主任王贵，省扶贫办党组成员、纪检组长韦苇，省扶贫办党组成员、副主任覃儒方，省扶贫办副巡视员罗有铭，省扶贫办有关负责人，全省各市州及区县扶贫办主任和相关负责人参加会议。

11月22日，十八届中央候补委员、中国老区建设促进会会长王健率队到德江调研脱贫攻坚工作。中国老区建设促进会副秘书长徐强国、宋红蕾，中国老区建设画报社副社长胡佳，妇工委办公室主任王郑海，省老促会副会长许正维，秘书长姚锺伍，市人大常委会副主任陈建萍随同调研。

11月24日，省卫计委评审专家组，对县人民医院创建三级乙等综合医院工作进行现场检查评审。市卫计委党组书记、主任杨维权，市卫计委党组成员、副主任熊明，遵医附院副院长舒涛，县人大常委会主任何先美，县政协党组书记鲁文俊，县委副书记、政法委书记陈廷相，副县长赵贡良、朱建出席评审反馈会。

11月24日至27日，国家发改委稽查办特派员牛建国率稽查组到德江，对2016年易地扶贫搬迁工程进行专项稽查。

11月26日至27日，“大美德江”文化周末聚活动在多彩贵州文化创意园(贵阳龙洞堡机场)举行。此次周末聚活动包括“大美德江”非遗展示展演、地方特色产品展、非遗周末课堂、地方文化旅游推介、地方特色小吃展、文创产品集市等内容。

11月27日，在2016首届多彩贵州（贵阳）文化艺术节上，县内非遗展示篇——“大美德江周末聚”，获组织奖。

11月，2016年国家水土保持重点建设工程《德江县下寨小流域综合治理项目》开工建设。该工程总投资约394.45万元，涉及复兴镇的七星社区、喻家桥村、明溪村、河堡村、堰盆村和中山村6个行政村及平原镇的杉园社区、台头村、水车村和四合村4个行政村。建设内容为蓄水池13口，沉沙池13口，截排水沟3869米，机耕道7450米，生产便道4229米，工程碑1座。建设工期为6个月。

12月

12月1日，德江县人民医院新区整体迁建项目破土动工。

12月7日至9日，省人民政府对德江县“两项教育督导”和“普十五”工作进行评估考核，认定德江县“普十五”工作合格。

12月8日至9日，以设计大师蒋作舟为组长的评估专家组一行到德江开展贵州黔北（德江）机场预可研报告评估。认为贵州黔北（德江）机场项目预可研报告符合《全国民用机场布局规划》，并宣布该项目预可研报告通过专家组评估。

12月11日，在县政府礼堂召开中国共产党德江县代表会议。主要任务是深入学习贯彻党的十八届六中全会和省委十一届八次全会、市委一届十一次全会精神，选举产生德江县出席中国共产党铜仁市第二次代表大会代表37名。其中市委提名3名，德江县各级领导干部21名，生产和工作一线代表

13名。

是日，德江县潮溪水库在泉口镇大湾村破土动工，该工程建设工期为24个月、总投资12540.68万元、总库容219万立方米、总供水267万立方米，是以人蓄饮水、田土灌溉、防洪为工程任务的小（1）型综合利用水利基础设施项目，建成后可解决高山、长丰12015万亩（烟地11808万亩）灌溉和1.25万人、1.04万头大牲畜饮水等。

12月13日，德江乌江学院迎来首批柬埔寨留学生40名。

12月14日，中国共产党德江县第十二届委员会第四次全体会议在县教育局礼堂举行。全会深入学习贯彻党的十八届六中全会、省委十一届七次、八次全会、省委常委会专题听取铜仁工作汇报会精神和市委一届十一次全会精神，听取和讨论县委书记商友江关于县委常委会工作的报告和讲话，审议通过《中共德江县委德江县人民政府关于全面推进绿色发展的实施意见》。全会在四个（在坚决维护习近平总书记核心地位上，在扎实推进全面从严治党上，在切实贯彻落实《条例》《准则》上，在全面推进绿色发展上）方面统一思想，形成共识，坚定信心。

12月14日至15日，德江县7条“四好农村路”全部通过省级验收。至此，德江县成为铜仁市首批通过省级“四好农村路”示范县创建验收单位。

12月15日至17日，中国人民政治协商会议第九届德江县委员会第一次会议在县政府礼堂召开，大会选举鲁文俊为政协德江县第九届委员会主席，赵贡良、吴应仕、张观安、胡国仁、陈琳、王玲海为副主席，吴乡中为秘书长，文渔等25人当选为常务委员。

12月16日至18日，德江县第十七届人民代表大会第一次会议在县教育局礼堂召开。大会选举何先美为县人大常委会主任，陈明光、王治桢（女）、郑国文、陈旭东、李映红、叶华为县人大常委会副主任；选举秦智坤为县人民政府县长，选举钱刚、张静霞（女）、张进、张文、彭豪、张清霜（女）为县人民政府副县长；毛明生为德江县人民法院院长，陈毓瑞为德江县人民检察院检察长。

12月20日，2017年全国文化科技卫生“三下乡”集中示范活动暨启动仪式在德江县青龙街道广场举行。

12月20日，省中医药管理局医政处处长杨惠率队，以贵阳中医一附院副院长、教授袁维真为组长的评审专家组一行，对县民族中医院创建三级乙等中医院进行评审，并在县中医院六楼会议室召开评审工作汇报会。

12月21日至25日，德江县37名党代表出席中共铜仁市第二次代表大会，由陈达新、陈代军、时晓军3名市委下选代表和21名德江县各级领导干部代表及13名生产和工作一线代表组成。会议主要任务是听取和审查第一届市委工作报告、审查第一届市纪委工作报告；选举产生第二届市委、市纪委领导班子和出席省第十二次党代会代表。

12月22日至23日，由德江县人民医院主办的贵州省基层医院心脏介入论坛在德江县卫生计生局举行。贵州省人民医院心血管病医院副院长杨天和、县政协副主席赵贡良等有关领导、专家出席。

12月25日，在中国共产党铜仁市第二次代表大会上，通过大会选举，德江县商友江、秦智坤当选为中国共产党铜仁市第二届委员会委员；宋斌当选为中国共产党铜仁市第二届纪律检查委员会委员。商友江、吴飞、冯军修3位当选为中共贵州省第十二次代表大会代表。

是日，县委书记商友江在县政府礼堂主持召开全县扶贫开发成效督查专题工作会，贯彻落实全国和省、市扶贫开发工作会议精神，安排部署当前脱贫攻坚相关工作。

12月26日，由中共德江县委、德江县人民政府主办，德江县委宣传部、德江县文广局承办的全县2017年元旦文艺晚会在县体育馆举行，晚会以“推动绿色发展、决战脱贫攻坚、决胜全面小康”为主题。

12月28日，德江供电局管理关系交接仪式在县供电局新大楼二楼会议室举行，从2017年1月1

日起，德江供电局的管理关系将由遵义供电局正式移交到铜仁供电局。县委副书记、县长秦智坤，遵义供电局局长王筑，铜仁供电局局长方珂，县委副书记、县委政法委书记陈廷相，副县长张进等出席交接仪式。交接仪式由遵义供电局纪委书记廖勇主持。

12月29日，以铜仁市政协副主席、民革铜仁市主委杨晓敏为组长，市委宣传部副部长、市文明办主任陈丽萍为副组长的市绩效目标考核组到德江考核2016年度绩效目标工作，并在县电商办三楼会议室召开工作汇报会。

是日，受铜仁市委邀请，省文化旅游资源专家黄湘率考察组到德江县考察潮砥镇官宅费州遗址、乌江流域等历史人文旅游资源。县委常委、县委宣传部长杨洪波随同。考察组先后考察潮砥镇官宅费州遗址、明代文豪田秋手笔“黔中砥柱”石刻、乌江纤夫古栈道、德江白果坨国家湿地公园等地。

德江概况

行政建置

【地名由来】元至元十二年（1275年）十二月，置水特姜长官司于今德江县龙泉乡境内，至正十七年（1357年）司治移驻秀水（今复兴镇）。明洪武五年（1372年）六月思南宣慰司水特姜长官司由四川改隶湖广，水特姜长官司治移驻思南，因思南宣慰司境内乌江段名德江而改水特姜长官司为水德江长官司。万历三十三年（1605年）九月二十一日，贵州巡抚郭子章奏请朝廷批准改土归流，撤水德长官司建安化县，治思南府附廓，清光绪八年（1882年）移治今地。中华民国3年（1914年）1月30日,因贵州省安化县与湖南省安化县、甘肃省安化县、广西省安化县等同名，更名德江县，以境内德江河（乌江）为名。

（夏国清）

【地理位置】德江县位于北纬28°00′00" ~ 28°38′00",东经107°46′00" ~ 108°25′00"之间。地处贵州省东北部，铜仁市西部，娄山山系与武陵山山系交汇处。东与印江土家族苗族自治县接壤，南与思南县为邻，西南接凤冈县，西依务川仡佬族苗族自治县，北部插入沿河土家族自治县、务川仡佬族苗族自治县之间，东北与沿河土家族自治县毗邻。杭瑞高速、326国道、303省道穿越其境。县人民政府驻玉水街道办事处红旗路109号，距省会贵阳342千米。辖区东西最大距离63.68千米，南北最大距离78.88千米，总面积2071.92平方千米。其中陆地2060.88平方千米，占99.47%；水域11.04平方千米，占0.53%。

（夏国清）

【建置沿革】德江，禹贡时期属荆梁二州南徼外地鬼方地域，荒裔。春秋战国属楚，为黔中地。秦立郡县制，属黔中郡。汉代，先属武陵郡酉阳县地，后属巴郡涪陵县；东汉属武陵郡永宁县地。三国时期，初属蜀南中郡，随改属涪陵郡万宁县地。晋因之。南朝刘宋时，属武陵郡舞阳县地，隶郢州。北周时，先属涪陵、奉州、费州地，后属黔州地。隋朝先属黔州涪川县地（治在今潮砥镇官宅村），后属巴东郡扶阳县地。唐朝初属巴东之涪川、扶阳县地，改属务州、思州地，后属费州之涪川、扶阳县地。五代属费州地，隶蜀道。北宋，费州为黔州领内化外州地，南宋并入思州为婺川县地。元至元十四年（1277年）将思州治从婺川都濡（今泥水）徙境龙泉坪（今龙泉乡），随置龙泉坪长官司，属龙泉坪长官司地；十五年（1278年），境地置水特姜、安化上中下蛮、洪安等处、化剂长官司，隶思州宣抚司。水特姜长官司附郭。属水特姜长官司地，隶思州。明洪武五年(1372年)八月，水特姜从思州拨属思南宣慰司，改曰水德江，隶湖广。明万历三十三年(1605年)九月二十一日，水德江长官司改置为安化县，属思南府附郭。清光绪八年（公元

1882年）安化县从思南迁移至今德江县城。民国2年（1913年）5月贵州置黔东道，观察使驻镇远县（亦称镇远道），德江属之。3年1月30日，内务部报大总统袁世凯批准，将安化县（因与湖南“安化”同名）改名德江县。12年（1923年）废道，德江直隶省。24年（1935年）6月，全省划定为11个督察区，第六行政督察区驻思南，辖德江县。25年（1936年）3月，全省11督察区缩并为8个区，第六行政督察区公署驻铜仁，辖德江县。26年（1937年）11月10日，德江划入第五行政督察区（专员公署驻今遵义市）。32年（1943年）3月2日，全省改设6个行政督察区。第六区行政督察区专员公署驻铜仁，辖德江县。1950年1月，设铜仁专区，德江属铜仁专区；2月4日，德江县人民政府成立，仍属铜仁专区。1970年1月,铜仁专区改为铜仁地区，德江属铜仁地区；2011年10月，撤销铜仁地区设立铜仁市，德江属铜仁市。

（李飞）

【行政区划】2016年，全县辖街道2个（青龙、玉水）、镇11个（煎茶、潮砥、枫香溪、稳坪、合兴、复兴、共和、平原、长堡、高山、泉口）、土家族乡8个（堰塘、龙泉、钱家、沙溪、楠杆、桶井、荆角、长丰），344个村（社区），2926个村（居）民小组。

（李飞）

【人口 民族】 2016年末全县总户数170705户，总人口550586人（其中城镇户籍人口183456人、乡村户籍人口367130人），比2015年末增加4478人。总人口中，男性287636人，占52.24%；女性262950人，占47.76%；17岁以下151948人，占27.59%；18~34岁153490人，占27.87%；35~59岁176523人，占32.06%；60岁以上68625人，占12.46%(全县有80岁以上老人6112人。其中80至89岁5663人；90至99岁443人；100岁以上老人6人)。在总人口中，有少数民族463538人，占84.19%；有土家、汉、苗、仡佬、侗、布依、壮、回、满、蒙古、彝、傈僳、黎、瑶、白、普米、羌等18个民族，其中：土家族447731人，占总人口的81.31%，土家族占少数民族人口96.59%；汉族87048人，占总人口的15.81%；苗族13709人，占全县总人口的2.49%；仡佬族1066人，占少数民族人口的0.23%。2016年全年出生4921人，出生率9.29‰。死亡人口2807人，死亡率5.29‰。人口自然增长率6.02‰。

（李飞）

自然地理

【地质地貌】德江县地处云贵高原东北部阶梯状斜缓坡面上的娄山山系与武陵山山系交汇处，乌江以东为武陵山系，乌江以西为娄山山系。整体地势为西北部高、中部较缓、东部稍低的波状起伏斜面。最高为沙溪乡万山村夏家山羊角脑山峰（又名“二台山”），海拔1534米；最低为桶井乡望牌村乌江出境口，海拔319米，相对高差1215米。乌江水从思南流入县境，经潮砥、长堡、共和、稳坪、桶井5个乡镇，在望牌出县境入沿河，于涪陵铜柱滩入长江。出露地层有古生界的寒武系、奥陶系、志留系、二迭系、缺失泥盆系和石炭系，尚有中生界的三迭系及新生界的第四系，其中以古生界的各系地层分布最广，背斜核部多分布寒武系、奥陶系地层；向斜轴部为中上志留系—-下三迭地层。岩石均为沉积岩，多为碳酸盐岩，以石灰岩、白云岩为主；次为碎屑岩，以砂岩、页岩、黏土岩等。岩层总厚度3500米以上，其中可溶性岩石露出占66.2%。地表有溶痕、溶沟、漏斗、洼地、干谷、峡谷、溶盆、石芽、穿洞和瀑布等，地下有溶洞、暗河、伏流等。多数喀斯特地区（岩溶）土层浅薄、石灰性较强、易受干旱。

一、地质构造：为扬子淮地台八面山褶皱带武陵凹陷皱束中，属新华夏系及华夏式构造。自西向东有煎茶溪向斜、下滚坪背斜、沙溪向斜、平原向斜、土地坳至境内复式背斜、谯家至枫香溪向斜和红坳向斜等。由于构造线多为北东或北偏东方向，故山地与河流呈北东向排列。从东南到西北依次为枫香溪山脉、乌江河谷、羊子岭山脉、马蹄河谷、沙溪山脉、丰乐河谷。乌江流域南高北低，沿江石灰岩陡壁常有巨石崩裂，堵断江面形成急流险滩，其中最著名的有潮砥滩和新滩。东部枫香溪一带属低中山槽谷区；中部乌江及支流沿岸属低山河谷区；西南煎茶一带属中低山原丘陵地区；西北沙溪、长丰一带属低中山区。

二、地表自然形态：境内地面坡度分级面积6度以下占16.19%，6度至15度占42.27%，15度至25度占27.43%，25度至35度占12.16%，35度以上占1.95%。平均坡度14.84度，15度以下缓坡占总面积58.46%。

三、山地、丘陵、山间平坝面积及比重：境内山地面积（地面坡度25度以上，相对高差大于200米，包括低山、低中山、中山、高中山）1237.5平方千米，占总面积的59.7%；丘陵面积（地面坡度6度至25度，相对高差60至200米，包括深丘、浅丘、低丘、高丘、溶蚀丘陵）683.1平方千米，占总面积的33.0%；山间平坝面积（地面坡度0度至6度，相对高差60米以内，包括河谷平坝、山间盆地、台地、较平坦的宽谷及洼地）151.3平方千米，占总面积的7.3%。

喀斯特区和非喀斯特区面积：喀斯特（岩溶）区面积1372.0平方千米，占国土总面积的66.2%，其中：溶蚀区面积739.0平方千米、溶蚀—侵蚀区面积633.0平方千米。非喀斯特区面积699.9平方千米，占国土总面积的33.8%，其中：侵蚀—溶蚀区面积647.9平方千米、侵蚀区面积52.0平方千米。

（夏国清）

【气候特征】 德江属中亚热带季风性湿润气候，季风气候明显，夏季（6月—8月）盛行东南风，冬季（12月至次年2月）盛行西北风，春季（3月—5月）和秋季（9月—11月）东南和西北风交替出现。固有气候温和，热量资源丰富，降雨量充沛，水热同季，冬无严寒，夏无酷暑之特点。年均气温16.1℃。1月平均气温5.2℃，极端最低气温-6.8℃（1977年1月30日）；7月平均气温26.2℃，极端最高气温39.5℃（1971年7月27日）。最低月平均气温1.5℃（1977年1月），最高月平均气温27.4℃（1978年7月）。平均气温年较差1.6℃，最大日较差21.2℃（1988年3月14日）。生长期年均243天，无霜期年均298天。年均日照时数1045小时，最多年（1962年）1292小时，最少年（1976年）907小时。年总辐射80千卡/平方厘米。0℃以上持续期298天（一般2月14日至12月10日）。年均降水量1230.7毫米，年均降雨日数165天,日最强降水量185毫米（1989年8月27日）。极端年最大雨量1747.3毫米（1967年），极端年最少雨量824.5毫米（1960年）。降雨量集中在每年4月—9月。

（夏国清）

【水文条件】境内河道属长江流域乌江水系。主要河流有乌江、马蹄河、川岩河、冷水河、丰乐河、马儿河。马蹄河流域面积761.5平方千米，占全县流域面积的36.7%；川岩河流域面积467.5平方千米，占全县流域面积的22.5%；冷水河流域面积98.4平方千米，占全县流域面积的4.7%；马儿河流域面积70.88平方千米，占全县流域面积的3.4%；丰乐河流域面积250.9平方千米，占全县流域面积的12.2%。另有野猫河、宿鸡河、岩门河、牛渡河、板桥河、双叉河、海溪河、后溪河、长丰河、羊山河、稳坪河、杉树河、关庄河、洗马滩河、小溪沟河、涝溪沟河、马玉溪河、塘坝河、板桥沟河等172条沟河，总长794.3千米。全县河流总长度1069.2千米，河网密度0.516千米/平方千米，径流总量6.5亿立方米，年排涝量7.5亿立方米，年最大排涝量11.2亿立方米。境内最大河流乌江，从黄家坨流经潮砥镇、共和乡、长堡乡、稳坪镇、桶井乡至望牌出境，长45千米，流域面积427.8平方千米，年均流量9.02立方米/秒，主要支流有埋鞋溪、小溪河、牛渡河、闭溪河、后溪河、海溪河、马蹄河等。

【土壤状况】境内形成土壤的成土母质主要有碳酸

盐岩、碎屑岩风化物、第四纪红色黏土和近代河流冲积物等，据2012年德江耕地地力评价报告，全县土壤分5个类（即黄壤占全县土壤总面积78.7%、潮土占0.1%、石灰土占11.1%、紫色土占0.9%、水稻土占9.3%）15个亚类27个土属58个土种。黄壤分为生土和黄泥土；石灰土分黄色石灰土和大土泥土；紫色土分酸性紫色土和钙质紫色土。水稻土分淹育型水稻土、潴育型水稻土、潜育型水稻土、沼泽型水稻土、漂洗型水稻土和矿毒型水稻土。青龙、龙泉、煎茶、复兴、平原、楠杆等乡镇属于黄泥土、大土泥，占全县耕地面积的38.2%（按2005年常用耕地面积计算，下同），是粮油主产区；区内土壤黏重、缺磷，有机质含量不高，中低产田土面积大，在地势低洼排水不良的地方，分布有较大面积的冷、烂泥田，水冷泥烂、土温低。乌江沿岸的潮砥、楠木、长堡、下坪、文化、曾家坝、木叶及川岩河上游的大河、龙溪等片区属于扁沙泥土潮泥土区，耕地面积3579公顷，占全县耕地面积的16.6%；区内坡耕地面积大，水土流失严重，土层浅薄，肥力不高，抗旱能力不强。枫香溪、张家湾、袁场、桶井、杉树、荆角、露青、上中坝、共和、朱家沟、堰塘等片区属大泥土、火石子土区，耕地面积5478公顷，占全县耕地面积的25.35%；区内植被稀疏，水土流失严重，土层薄、露岩多、地下岩溶发育，地表水缺乏，故土多田少，石旮旯多，火石子田土面积大，耕作困难。沙溪、黄坝、偏岩、分水、石板、长丰、泉口、彦坪、高山、冷溪等片区属黄沙泥土、扁沙泥土区，耕地面积4287.6公顷，占全县耕地面积的19.85%；区内地势较高寒，气候温凉，地面切割破碎，阴山狭沟光照不足，作物生长期短，耕作较粗放，土壤肥力不高。

全县耕地土壤耕层质地类型有12种，其中：壤土类6种，分别为粉砂质壤土、粉砂质黏壤土、壤土、砂质壤土、砂质黏壤土、黏壤土；黏土类4种，分别为黏土、重黏土、粉砂质黏土、壤质黏土、砂质黏土；砂土类2种，分别为砂土，壤质砂土。境内以黏壤土、黏土、砂质壤土、粉砂质黏壤土、壤土5种质地耕地面积比例高，分别占全部耕地面积的32.68%、20.20%、16.99%、13.63%和7.18%。

（夏国清）

【植被类型】境内属亚热带叶林带，森林、药材、牧草资源丰富。植被类型主要有针叶林、阔叶林、竹类、经济林四大类。针叶树种主要有马尾松、华山松、罗汉松、铁坚松、杉树、柏树等；阔叶树种主要有香樟、楠木、云南樟、枫香、青冈等；竹类有楠竹、斑竹、金竹、淡竹、黑竹、罗汉竹等；传统的经济树种主要有银杏、梨、柑橘、生漆、油桐、乌桕等，自2005年以来随着林业项目的增加，品种呈多样化趋势。

（李飞）

【自然灾害】主要自然灾害有滑坡、崩塌、泥石流、地面塌陷、不稳定斜坡、倒春寒、春旱、夏旱、暴雨、冰雹、大风、秋绵雨、雷暴等。倒春寒年均发生3次，3月出现频率达77%，4月出现频率23%，4月中旬以后出现机率较少。倒春寒天气一般持续3～5天，最多可达8～10天；最早发生日期为3月7日（1959年），最迟发生日期为4月14日（1987年）。日温最大差22.6℃，日际变化差10.8℃，常造成烂种烂秧。春旱从3月开始，每4年出现1次，发生频率25%。主要影响油菜、小麦扬花结实和犁田出种，常使水源条件差的地区秧苗栽下去就缺水，直至影响水稻分蘖，造成减产。夏旱发生频繁，小旱出现频率17%，中旱出现频率26%，大旱出现频率30%。6月夏旱，对水稻分蘖影响较大，这一时期出现频率为8%；7月中旬—8月中旬，夏旱频率达90%，其中大旱占30%。夏旱持续时间最长达45天（1961年），最早出现在6月6日（1981年），最迟出现在8月12日（1962年）。夏旱常造成人畜饮水困难，农作物大幅度减产。暴雨年均4次，大暴雨2～3年发生1次。特大暴雨是1989年8月27日，降雨185毫米，最大降雨强度为每小时106.8毫米。暴雨一般发生在4—10

月，5—7月占全年出现次数的67%。北部、西部相对较多，东部相对较少。暴雨最严重的一次发生在1996年6月28—29日，损坏房屋5590间，房屋倒塌压死12人，洪水冲走致死10人、受伤322人，其中重伤64人；农作物受灾31.5万亩。冰雹主要出现在春季和初秋，早春和晚秋偶见，年最多达3～4次，一般1～2次，3—5月发生冰雹的频率占75%。冰雹有明显日变化，主要集中在午后至傍晚时段，其峰值为16～18时。直径一般10～20毫米，最大直径30～40毫米。常造成建筑物、树木、农作物损坏和人畜伤亡。大风主要出现在4—8月,尤以7月、8月较多。一天中，主要出现在午后至傍晚时段，夜间也有出现。大风年际变化较大，年均1次。常造成建筑物、树木、农作物严重损坏。秋绵雨主要发生在9月上旬—10月上旬，频率84%，其中9月上中旬出现频率较少，轻级占6%，中级占8%，重级占10%；最多是10月上旬，轻级占2%，中级占4%，重级占38%。持续时间最长是1967年9月11—26日，共16天。秋绵雨对秋收秋种影响较大，尤其是对高海拔地区晚稻灌浆成熟影响更大。雷暴主要发生在3—8月，尤以7—8月出现次数最多。年均雷暴日46天，年均雷暴期273天。雷暴常引发火灾或人畜伤亡、电器损坏等。

（夏国清）

自然资源

【土地资源】 2016年，全县拥有国土总面积207192公顷，其中:年末耕地总资源面积62272公顷（其中：常用面积23519公顷）。

按土壤土体结构、理化现状、立地条件等综合评价，全县耕地地力合理划分为六个等级，分别为二等地、三等地、四等地、五等地、六等地及七等地。其中，以五等地的面积最大，占全县耕地总面积的44.23%；其次为四等地，占全县耕地总面积的24.76 %；再次为六等地占全县耕地总面积的16.99%；而二等、三等地及七等地面积较小，比例低。

2016年，全年建设用地供应总量310.3公顷 。其中商业住宅用地31.4公顷，基础设施用地279.9公顷。

（李飞）

【矿产资源】 境内探明储量的矿种有：煤、铁、硫铁、铅、锌、锑、汞、萤石、重晶石、电石灰岩、石灰岩、白云岩、硅石、大理石、方解石、黏土、陶土、高岭土等，各类矿床（点）100余处，以煤、铁、硫等为大宗。

煤矿是县内优势矿产资源之一，探明储量9742万吨，可开采量5161.4万吨，集中分布在枫香溪、高山、沙溪、桶井等乡镇，占全县的98.5%。硫铁矿的蕴藏量约19180万吨，主要分布在乌江沿岸的共和、枫香溪（袁场）、桶井（文化）、高山等乡镇，储矿面积约400平方千米，含有效硫12.3%～34.5%，矿层较稳定，厚度1米左右，易开采。铁矿主要分布在枫香溪、桶井、高山、楠杆等乡镇，蕴藏量约4425万吨。萤石矿主要分布在10个乡镇，以泉口镇大元村、荆角乡杉树村、楠杆乡天井管理区为主。硅石主要分布在共和乡茶坨村沙仁坳，储量58.5万吨。汞矿主要分布在泉口乡大元村后洞一带，储量679.8吨。特级石灰岩主要分布在桶井至共和、枫溪至袁场一带，藏量1216.6万吨。装饰大理石主要分布在县城北部及东南部的荆角、青龙、共和等乡镇，出土品种有黑面玉、花刚玉、玉龙甲3种，质地坚硬，结构紧密，花色和光泽度较好，蕴藏量770万立方米。

（李飞）

【水资源】 境内河道属长江流域乌江水系。除乌江外，全县大小河流178条，流域总面积2072平方千米，河长总计1069.20千米，河流年平均流量47.1 / 立方米秒（不含客水），其中河长大于或等于10千米、流域面积20平方千米计31条，长489.6千米；河网密度0.516049千米/平方千米，列贵州省第38位。主要河流有乌江、马蹄河、川岩河、冷水河、马儿河、丰乐河。马蹄河，流域面积761.5平方千米，占全县流域面积的36.7%；川岩河流域面积467.5平方千米，占全县流域面积的22.5%；冷水河流域面积98.4平方千米，占全县流域面积的4.7%；马儿河流域面积70.88平方千米，占全县流域面积的3.4%；丰乐河流域面积250.9平方千米，占全县流域面积的12.2%。另有野猫河、宿鸡河、岩门河、牛渡河、板桥河、双叉河、海溪河、后溪河、长丰河、洋山河、稳坪河、杉树河、关庄河、洗马滩河、小溪沟河、涝溪沟河、马玉溪河、塘坝河、板桥沟河等172条沟河，总长794.3千米。河流总长度1069.2千米，河网密度0.516千米/平方千米，径流总量6.5亿立方米，年排涝量7.5亿立方米，年最大排涝量11.2亿立方米。境内最大河流乌江，从黄家坨流经潮砥镇、共和镇、长堡镇、稳坪镇、桶井乡至望牌出境，长45千米，流域面积427.8平方千米，年均流量9.02立方米/秒，主要支流有埋鞋溪、小溪河、牛渡河、闭溪河、后溪河、海溪河、马蹄河等。

2016年县内可利用水资源总量4.86亿立方米。年降水量1225.5毫米。年内总供水量10282万吨，其中生活用水2383万吨，农业灌溉供水7001万吨，工业生产供水796万吨，生态环境供水61万吨。年末各类水库供水7334万立方米。全县自来水供水综合生产能力4.3万吨/日。

城市污水处理厂日处理能力1.352万吨，污水处理率80%。城市垃圾处理量121342吨，日处理能力330吨，垃圾处理率80%。

（李飞）

【动物资源】 境内动物资源主要有畜禽品种、水生动物、野生动物3大类。畜禽品种。家畜主要以猪、羊、牛、犬为主，有少量马、骡、猫、兔等饲养。家禽主要以鸡、鸭、鹅为主，也有少量的鸽子、鹌鹑、珍珠鸡等饲养；野生禽类主要有山鸡、竹鸡、白鹤、野鸭。

境内水生动物以鱼类最广，主要有草鱼、鲤鱼、鲢鱼、黄鳝、泥鳅等。

野生动物主要有猴、香獐子、岩羊（野山羊）、野猪、刺猬、果子狸（弯狗）、狐狸、狸（山猫）、水獭（水猫）、野兔、松鼠、黄鼠狼、山鼠。近年来，由于森林面积增大境内的野猪存量增多，造成部分地方农作物受损。省级重点保护野生动物：啄木鸟、大山雀、蛇、蛙类、杜鹃、灰雁、小麂。国家级重点保护野生动物：金雕、蟒、穿山甲、丛林猫、斑羚、斑头鸺、鹞、雕鸮、红腹锦鸡、大鲵、山瑞鳖、虎纹蛙，数量较少。昆虫类：蜜蜂、蚕。特种经济动物主要有龟、鳖、青蛙、蛤蟆、虾、蟹、螺、蚌、蜗牛、地鳖等。

（夏国清）

【植物资源】 境内植物资源主要有森林、农作物品种、草丛、药用植物和经果植物5大类。国家级重点保护野生植物有银杏、罗汉松、紫薇、红豆杉、榉树等，省级重点保护野生植物有掌叶木、毛红椿、紫茎、紫楠、铁坚杉、三尖杉、木瓜红、檫木、天麻、硬叶蔸兰等。

一、农作物类： 境内有农作物品种97类344个，其中水稻73个、玉米18个、小麦20个、大豆12个、杂豆10个、蚕豆5个、小谷（粟）3个、高粱2个、油菜24个、薯类16个、花生2个、向日葵5个、芝麻2个、酥麻1个、荞麦2个、烟叶12个、蔬菜76个、绿肥3个、水果54个、茶叶3个、桑12个、苎麻2个、中药材13个（栽种品种）、其他品种14个。主要粮食作物：水稻（籼稻、糯稻）、玉米（杂交品种、本地品种）、小麦、黄豆、绿豆、蚕豆、杂豆、胡豆、豌豆、红苕、洋芋、高粱、荞麦、小谷（粟）等。主要经济作物：烤烟、土烟、油菜、花生、茶叶、向日葵。主要蔬菜类作物：白菜、萝卜、芹菜、韭菜、牛皮菜、莴笋、花菜、包心白菜、青菜、番茄、南瓜、冬瓜、丝瓜、黄瓜、茄子、辣椒、刀豆、豇豆、四季豆、大蒜、葱等。

二、草丛类： 境内主要有禾本科、豆科、菊科、莎草科、木贼科、泊叶草科等。引进的牧草主要有：紫云英、多年生黑麦草、水白菜、水花生、水浮莲、苕子、芭蕉芋等。

三、药用植物类：主要有菌类植物、地衣类植物、苔藓类、蕨类植物、裸子植物、被子植物等。

四、经果植物类：主要有梨树、桃树、花椒、板栗、柑橘、乌桕、油桐、银杏、李、柚、橙、柿、枣、草莓、西瓜等。

五、森林资源：境内森林资源主要有林木类植物和竹木类植物。境内有林木植物110科319属886种，其中主要用材树种种质资源57科126属259种。有古、大、珍稀、名木2504种，野生木本观赏植物种类424种88科196属；引进栽培树种约65种35科47属。有贵州之最的古树——贵州蓝果树王、贵州楠木王、贵州多脉榆王、贵州华桑王、贵州枫香树王；国家一级保护植物南方红豆杉和国家二级保护植物楠木、柔毛油杉、黄杉、香果树、香樟、命花木等和省级保护植物树种。竹木类植物主要有慈竹、楠竹、斑竹、箭竹、淡竹、金竹、苦竹、洋山竹、黄井竹、毛竹等。

2016年，全年完成造林面积4700公顷，减少568公顷。其中人工造林3758公顷，减少890公顷；无林地和疏林地新封942公顷，增加322公顷。年末实有封山育林面积5765公顷，减少3845公顷。森林覆盖率52.05%。

（李飞）

【旅游资源】境内旅游资源以风景名胜为主，分78个景点、3个风景区、1条风景线和2个独立景群。大龙阡片区景源有古遗址、名山等；枫香溪片区景源以红三军旧址、古村寨、古墓群为代表；梅林寺、洋山河、泉口司片区景源以石林、溶洞、自然风光、田园风光、古建筑风情为代表；乌江风景线以古纤道、险滩、峡谷为景源；柳杨河和旋厂景源以古遗址、古树、古桥、古村寨、土家风情为主。

（李飞）

2016年德江县各乡（镇、街道）行政区划

青龙街道社区、村及居民组设置情况

序号	村(社区)名 称	组　　名	村址
1	方林社区	方林组、晒谷坝组、史家组、东司道组、黑面岩组、川阡组、洋司道组、风背上组	方林
2	黎家堡社区	毛庄头组、偏龙阡组、堡上组、砣底组、黎家堡组、下寨组、店子堡组	黎家堡
3	石打头村	喻家山组、游家组、石打头组、扒船坝组、蔡家溪组、姜家坨组、下坪组、金家沟组	扒船坝
4	光辉社区	老院子组、龙塘坝组、文家堡组、大协场组、田家寨组	龙塘坝
5	桥头社区	居民一组、居民二组、居民三组、居民四组、居民五组、居民六组、居民七组、香树组、钟环小区组、瓦里头巷组	周家湾
6	五星社区	小山组、马鹿岩组、罗家寨一组、罗家寨二组、居民一组、居民二组、居民三组、茶子山组、玉溪组	快车道
7	柏杨社区	居民一组、居民二组、居民三组、居民四组、居民五组、潮砥路组、东方组	未定
8	向阳社区	竹圆组、周家组、解家渡组、高家组、赵家组、水鸭组、付家组、关田坝组	解家渡
合计	8个村（社区）	62个村民组	

玉水办街道社区、村及居民组设置情况

序号	村(社区)名 称	组 名	村址
1	中华社区	居民一组、居民二组、居民三组、居民四组、居民五组、居民六组、居民七组、居民八组、居民九组	六角榨
2	场口社区	居民一组、居民二组、居民三组、居民四组、居民五组、居民六组、居民七组、居民八组	黑沙坝
3	四坪社区	居民一组、居民二组、居民三组、居民四组、居民五组、居民六组、居民七组、居民八组	环西路
4	新寨社区	汪家组、下赵泥溪组、上赵泥溪组、下新寨组、上新寨组、水余坝组、香树园组、安老阡组、高洞组	新寨
5	厦阡社区	黄河溪组、上厦阡组、下厦阡组、上景堡池组、下景堡池组	上厦阡
6	楠木园社区	一组、二组、三组、四组、五组、六组、七组	楠木园
7	团结社区	关庄组、楠木丫组、岩门口组、大河坎组、沟里头组	南木丫
8	安家渡村	大院子组、下龙门组、上龙门组、下三会组、上三会组、窝坨组、大顶上组、砣里组、伏林坝组、楼上组、麻砣组	大院子
9	水车坝村	骆家坡组、大泉口组、铺子岭组、水车坝组、大水井组、龙溪嘴组、七麻丫组、昌堡池组、河对门组	大水井
10	建设坡村	两合面组、凉水井组、上建设坡组、下建设坡组、湾里组、石马头组、高梁山组	两合面
11	四季岩村	何家坡组、铁厂堡组、大冒顶组、四季岩组、王家坨组、岩底组	何家坡
12	大丫口村	坟林组、猫盖山组、马尿水组、交连界组、沙子溪组、大坪上组、砣里组、草鞋丫组	马尿水
13	大岩角村	大原子组、道场堡组、黎家坡组、叶家坪组、长五间组、朱家组	大原子
合计	13个村(社区)	98个村民组	

煎茶镇社区、村及居民组设置情况

序号	村(社区)名 称	组 名	村 址
1	龙盘村	毛家宅组、李家寨组、瓦厂坪组、土城坝组、压老山组、上坝上组、上坝下组、青球树组、下坝组、大巷子组、肖家弯组、代家山组、关林坪组、冯家组、永红组、安家组、鱼塘湾组、罗家坝组、东方红组、皂角丫组	青球树
2	和平村	阴家坡组、梅子坝组、燕子阡组、冷溪组、向家山组、马家堡组、付家湾组、杨家湾组、楼房组、丰岩组、唐家山组、岩底下组、三大湾上组、三大湾中组、三大湾下组、侯家坪组、阴家山组、熊家山组、小鱼塘组、椒子坪组	冷溪
3	新场村	通台组、火石台组、龙塘坝组、沟底下组、院子组、王家湾组、陈家组、何家土组、申家组、大水沟组、新上组、新下组、车后头组、新中组、烂洞组、方上组、方下组、大坡组、曹家组、杉树林组、金上组、金下组、桂花组、黄家嘴组、蒋家沟组、五星组、大园子组、银厂坡组	新场街上
4	李子村	大屋组、四塘头组、石头坡组、沙子溪组、上坡路组、田家沟组、邱家山组、岩上组、申基湾组、大水沟组、李子窝组、上老寨组、下老寨组	干洞

续表

序号	村(社区)名 称	组　　名	村 址
5	大路村	上老鹰山组、下老鹰山组、黎家榜组、大路沟组、彦板丫组、老屋组、张家组、上何家组、下何家组、观音山组、上刘家组、下刘家组	大路沟
6	付家村	交溪组、新房组、付家组、方园组、天井组、窝圆组	窝园
7	中伙村	一组、二组、三组、四组、五组、六组、七组	二组
8	大河村	小河边组、杨家组、葫芦水组、柏扬组、青年组、竹林组、长路组、坨里组、关厅组、下坝组、新田组、白果组、天池组、小林组、十二台组、六塘组、马坪组、大坪组	小河边
9	小溪村	苏家角组、黄泥塘组、余家组、周家组、小庄组、老房子组、桂花组	苏家角
10	毛田坝村	干龙塘组、旧安坝组、毛田坝组、占溪口组、梅家寨组、坝上组、长窝坨组	毛田坝
11	松溪村	堰坎组、杨家组、松溪组、李家组、斑竹林组、吴家组、侯家组、南克组、新龙坡组、大桥组、桃子坳组	李家
12	川岩村	前进组、红旗组、邓家组、跃进组、曾家组、大堰头组、堰塘湾组、水塘组、新坝组、红星组、大山组、新山组	老公社
13	石板塘村	火石丫组、樱桃水组、红岩子组、石板溪组、水当坝组、核桃窝组、山背后组	红岩子
14	偏岩村	吓麻洞组、高家岩组、换香林组、后浪溪组、石板溪组、童家弯组、泥池坝组、杜一组、杜二组、杨家组、皂角台组、大石窖组、李家沟组、茶岭沟组、上街组、下街组、罗家湾组	偏岩
15	重华村	长岗岭组、黄金坪组、川金坪组、岩上组、瓦厂组、李家寨组、桑树坪组、王家组、白果坪组、大坪组、石丛界组、向家组、许家山组、徐家湾组、磨子岩组、吴家湾组	重华寺
16	潮溪村	下潮溪组、徐家湾组、白茨坝组、岩透组、上寨组、青瓦池组、旋厂坝组、覃家寨组、楼房组	覃家寨
17	尖台村	彭棋坝组、梨子台组、山尖帽组、黄坝溪组	梨子台
18	高竹村	大树湾组、白马井组、中寨组、青龙组、潘家组、火焰土组、皂角兜组、后溪沟组、卜家山组、高山田组、黄家沟组	青龙
19	滚坪村	卜基井组、下竹园组、黄冈组、六溪组、上滚坪组、埃山组、马口组、马家河组、下滚坪组、青杠组、徐家组	水青林
20	煎茶社区	居民一组、二组、三组、四组、五组、六组、七组、八组、九组、十组、十一组、十二组、十三组、十四组、十五组、十六组、十七组	毛尖山
21	金山角社区	居民一组、二组、三组、四组、五组、六组	
合计	21个村(社区)	259个村民组	

潮砥镇社区、村及居民组设置情况

序号	村(社区)名 称	组　　名	村址
1	潮砥社区	河一组、河二组、湾一组、湾二组、坳上组、天房子组、大院子组、水井湾组、上街组、中街组、下街组	潮砥社区
2	陈袁村	丰一组、丰二组、上新寨组、下新寨组、埋鞋溪组、袁江组、上寨组、下寨组、长坝组、黄家坨组	陈袁
3	腾溪村	埃岩组、围岗组、王坡组、沟下组、中寨组、腾中组、大沟组、顶上组、坡上组、瓦厂组、袁山组、枫背组、白杨坪组	腾溪
4	新华社区	枫香坪组、上栗组、下栗组、溪沟组、彭坝组、彭寨组、杨家坝组、新房子组、上高组、下高组、玉河坝组、下笔组、上笔组、后溪组、堡上组	新华
5	安坝村	坨一组、坨二组、马鬃岭组、长房子组、南坳田组、天池坳组、擦耳岩组、永红组	安坝
6	小溪村	白沙组、红星组、团结组、岩脚组、河边组、小寨组、上中组、下中组、大寨组、寨上组、湾里组、王岗组、竹园组、沟里组、桃坡组、下水组、上水组、安家组、上胡组、下胡组、上何组、下何组、沟下组	小溪
7	青草村	青一(1)组、青一(2)组、青二(1)组、青二(2)组、蔡家湾组、鹅一组、鹅二组、干田榜组、前锋一组、前锋二组、前锋三组、板竹林组、堡堡上组、赵家坝组	青草
8	果园村	果园组、腊子湾组、袁山组、上山奉组、桐子园组、坨田组	果园
9	岩坝村	安一组、安二组、大沟组、桶井组、高家岭组、张家岭组、当门坝组、上寨组、玉和田组	岩坝
10	青龙村	汪家组、小石组、坪上组、官井组、安家组、张家组、上新庄组、下新庄组、田湾组、华庄组、楠木组、仓房组	楠木
11	营盘村	新坪组、水井湾组、酸枣组、马黄田组、桐子坡组、大田坳组、桃坪组、干田组、沙坡组、双洋组、小沟组	营盘
12	阡门村	南门阡组、寺坪组、蒋家寨组、上桃坪组、下桃坪组、上斑组、下斑组、河嘴组、核桃坪组、小窝组、堰塘组、青杠林组、水井湾组	阡门
13	石板村	姜家组、狮立坪组、安家组、杨婆溪组、茅坝头组、张家组、黄家组	石板
14	官宅村	上寨组、坨田组、下寨组、中寨组、皂角堆组、枫香坪组	官宅
15	联盟村	上寨组、下寨组、高堆组、蒙子堆组、栗子园组、梁家寨组、印合坝组、拖板坳组	联盟
16	牌坊村	梁家组、长田组、河沟组、沙沟组、石房组、李家组、强家组、岩门组、凉桥组、牌坊组、黄家组、宋家湾组、大庄组、余家组、瓦窑槽组、水源头组、小石窖组、桐子堡组、院子组、陈家组、邓井组	牌坊
合计	16个村(社区)	187个村民组	

枫香溪镇社区、村及居民组设置情况

序号	村(社区)名称	组名	村址
1	新坪村	瓦尔顶组、岩门组、新坪组、鱼塘组、池塘组	新坪
2	保安村	上大塘组、下大塘组、林里组、坨里组、寨上组、保安组、保家组、王家组、刘家湾组	大塘
3	庄严村	上长咀组、下长咀组、石坝组、水井坝组、蜂桶坡组、熊家湾组、潘家湾组、大寨组	烟草站
4	细沙村	张家组、关庄组、李家坪组、马尿水组、半山组、赵九组、赵八组、麻坨组、毛狗洞组	学校
5	水吞牛村	大湾组、沟里组、大坡组、香树组、偏岩组	大田丫
6	寨上村	柏香岩组、师立坨组、上蔡组、下蔡组、上宋组、下宋组、上寨组、中寨组、下寨组	倒流水
7	袁场社区	一组、二组、三组、四组、五组、上长滩组、下长滩组	电影院
8	兴界村	上石溪组、下石溪组、中石溪组、流水塘组、堰湾组、张家湾组、仕坪组	堰湾
9	坪湾村	上林组、下林组、何坪组、红湾组、何家湾组、汤家湾组、冉家组、新场组、立冲组、长坪组、塘塘组、铜古组、下寨组	原学校
10	双坝村	定坪组、李家寨组、生基坪组、大柏树组、水井岩组、冉家组、下坝组、寨上组、上院子组、下院子组、叶元组、阁老组	烟草站
11	上坝村	下寨组、关路组、大元组、窝坨组、上坝组、上寨组、中寨组、吴家寨组、坨里组、木桥沟组、长田组	上坝
12	先联村	班竹林组、田坝组、罗家组、双坑组、半山组、上先龙组、中先龙组、下先龙组、上金盆组、下金盆组、小溪沟组、上张家湾组、下张家湾组、火石林组、沙沟组、永乐组、白家坨组	原管理区
13	长征村	新寨组、新峰组、上关坪组、下关坪组、红星组、小槽组、吕家组、周家堡组、田湾组、关井组、光华组、大龙门组	对门
14	龙坝村	杨家坝组、石坝组、大院子组、对门组、联盟组、周家园组、桃子坪组	对门
15	龙泉村	上龙圈组、下龙圈组、岸山组、上斗泉组、下斗泉组、龙门组	桥头
16	丝毛坝村	二朗岩组、冉家坝组、丝毛坝组、上青树组、下青树组	原学校
17	枫溪村	上黄家组、下黄家组、老街组、土桥组、洞阡组、坨里组、新街组、牌坊组	原管理区
18	软坳村	上软坳组、下软坳组、杨家寨组、炸古溪组、上旦白树组、下旦白树组、中元组、仓坨组、上对香组、下对香组、小湾组	烟草站
19	枫铺村	天井组、当门组、龙门组、院子组、坳上组、上寨组、砖墙组、横路组	原学校
20	洞湾村	上洞沟组、下洞沟组、洞沟组、黄家组、上大湾组、下大湾组、大湾组、塘家湾组、丁家湾组	原学校
合计	20个村(社区)	178个村民组	

稳坪镇社区、村及居民组设置情况

序号	村(社区)名称	组名	村址
1	稳坪社区	稳进组、白果组、苦竹组、甘田组、香坪组、场口组、稳坪组、新街组、新场组、何家组、长征组、天池组、冯家组、田家组	苦竹坝
2	铁坑村	小龙湾组、水井坎组、杉树坨组、柜子岩组、新房子组、大院子组、青年沟组、坟山坝组、堆堡组、二房组、毛岗组、瓦房组、上寨组、油榨房组、毛坝头组、岩阡洞组、老木丫组、关林洞组	毛山堆
3	木叶村	下坝组、倒流水组、二分塘组、麻纳池组	下坝唐窝
4	甘溪村	映山红组、上寨组、下寨组、青桥组	甘溪
5	对香村	对香组、竹林角组	阁上
6	枫香村	枫香坝组、青杠园组、大元坝组、青岗岭组、马兰底组、柏香组	马兰底
7	盖坪村	方家山组、盖坪组、石门坎组、对塘坝组	方家山
8	金庄村	金庄坝组、流水坨组、通坨组、王家山组、大湾组、柏树坨组、岭岗组、水井湾组	金庄坝
9	游庄村	塘儿组、立冲组、桶井水组、屋基坪组、安家组、洞口组、野牛组、青年组、罗家组、展溪组	野牛坝
10	长兴村	柏杨湾组、李子坎组、长兴上寨组、长兴下寨组、尧前洞组、黄土上寨组、黄土下寨组	魏家寨
11	三层村	下黄土组、田坝组、龙门组、楠木组	楠木
12	坪顶村	余家组、李家组、龙门组、坪顶组、花坪组、大坪组、桃子组	坪顶坝
13	花园村	徐家组、大元组、尖峰组、上寨组、中寨组、下寨组	花园
14	国家村	马家溪组、上寨组、下寨组	国家寨
15	深溪村	新房子组、上寨组、中寨组、下寨组	深溪
16	同心村	杨家坪组、大湾组、毛台组、瓦房组	同心
17	坨底村	坨底组、瓦尧组、炎麻溪组、大田堡组	坨底
18	三角村	打垂丫组、白杨边组、后头院子组、中寨组	三角
19	鲊鱼村	黄林组、徐家组、土坨凉组、水井组	土坨
合计	19个村(社区)	117个村民组	

共和镇社区、村及居民组设置情况

序号	村(社区)名称	组名	村(居)址
1	街上社区	上街组、下街组、三里场组、松树坝组、矮子坪组、石槽水组、水井坝组	街上
2	和平社区	湾上组、湾下组、上场组、乌溪组、李子坳组、湾里头组、余家组、覃家组、花莲盖组、甘溪组、夏家组	覃家湾
3	白果社区	半坡组、上寨组、中寨组、下角组、小院坝组、杨家坪组、大沟组	中寨
4	茶坨村	茶坨组、谢家塘组、当坝组、转山组、柏村组、当潮组、田坝组、坳上组、王家沟组	茶坨

续表

序号	村(社区)名 称	组 名	村(居)址
5	塘坝村	铜岩组、柏杨组、塘池组、谭家组、中坝组、毛家湾组	铜岩
6	横石梁	四应坪组、老寨组、坝上组、顺水坨组	老寨
7	盐井	盐井组、龙洞组、六井组、响水洞组、几子岭组、岩门组、桐坡组、田沟组、田堡组、何家组、鱼塘组、大湾组、老鹰岩组	黄泥堆
8	姜家渡	盖坪上组、打蛇溪组、水田沟组、夏家寨组、芹菜池组、尹家寨组、四合头组、生基坪组、朗水沟组、下寨组、仁洞组、大坡组、水沟组、寨上组	四合头
9	神溪村	大土组、沟门青组、寨上组、班竹林组、湾里组、上干田组、中干田组、下干田组	土地坳
10	胜利村	青龙组、坨里组、大山岭组、对门组、湾底下组、沟底下组、水巴岩组、白果坪组、栗子坪组、板栗坪组	栗子坪
11	青杠堡村	铜盆山组、尹家组、毛家组、塘池坝组、罗家寨组、木盆水组、梨树坪组、梨子台组、屋基坝组、上中坝组、下中坝组、赵家组、三角土组、姜家堡组	沙坝
12	上坪村	上坪组、坨坨组、大竹林组、水井组、中寨组、核桃湾组、葫芦坡组、当潮组、苦菜坪组、岩门组、张仙界组、长溪组、下坪组、长寿坪组	上坪
13	新黔村	毛岗组、对门组、厂上组、桃子坪组	撕栗坝
14	三联村	瓦厂坳组、大坪上组、白岩店组、夏家组、半边街组、小水井组、凉水井组 、新庄组	瓦厂坳
15	银丝村	周家山组、上寨组、白果组、岩底组、老房子组、新房子组	喻家坪
16	焕河村	上焕组、下焕组、羊耳塘组、河底下组、黄泥田组、马鞍山组	草棚坳
17	转角村	拖船丫组、杉木岩组、转角组、毛坪组、小堰塘组	拖船丫
18	曾家坝村	曾家坝组、田坝组、板长坡组、解匠坨组、白泥池组	曾家坝
19	乌鸦村	吴家坳组、香树园组、王氏组、屋基组	香树园
20	打磨丫村	打末丫组、马尿水组、安家组、上寨组、下寨组、新房子组、水井湾组、底下坡组	打磨丫
合计	20个村(社区)	163个村民小组	

平原镇社区、村及居民组设置情况

序号	村(社区)名 称	组 名	村址
1	杉园社区	街上一组、街上二组、农科组、白羊岗组、下盐井组、甘家组、楠木树组、大房子组、寨底下组、岩口场组	白银岗
2	上坝村	洋善头组、上寨组、下寨组、坡上组	下 寨
3	上堰村	龙洞湾组、老房子组、罗家组、安家潮组、丰江组	老房子
4	台头村	上水车坝组、下水车坝组、台头组、丫子头组、麻池组、黄家沟组、苦草窝组	下水车坝
5	坳田村	高阶阳组、龙门井组、车田窝组、坳田组、喻家坨组	车田窝
6	水车村	竹园坝组、水车头组、当坝组、高席子组、六溪组、张家湾组、水田坎组、毛祖坪组、桃子窝组	竹园坝

续表

序号	村(社区)名 称	组　　名	村址
7	四合村	堰消水组、王家山组、四合头组、桃子坪组、老屋基组、楠木树组、高家山组	桃子坪
8	南坪村	关坝组、大坪组、长岭组、同心组、水洞组	长 岭
9	红旗村	大院坝组、县基坪组、大层基组、香树林组、大关组、龙塘组、大坪组、大夕场组	县基坪
10	河石村	对香林组、老寨组、河石坝组、大清湾组、打柴丫组、石人组、岩门组	老 寨
11	东风村	关河溪组、任家坡组、范石印组、坟坪组、丫口组、花椒组、老厂组	范石印
12	十字村	牟家盖组、十字组、马鞍山组、叶家盖组、香树园组	十 字
13	龙塘村	甘溪组、大坳组、大树组、龙塘组、坨里组	龙 塘
14	上竹村	罗家寨组、永红组、靳家湾组、四合头组、瓦厂组	罗家湾
15	下竹村	杨清沟组、河对门组、吴家寨组、岩上组、大院坝组、齐丰岩组、当潮组	吴家寨
合计	15个村(社区)	96个村民组	

复兴镇社区、村及居民组设置情况

序号	村(社区)名 称	组　　名	村址
1	七星社区	大龙门组、郭家寨组、街上二组、街上三组、街上四组、街上一组、老场组、马岭组、彭家组、青丝塘组、田村组、中河组	七星街上
2	河堡村	对门堡组、枫香湾组、冯家组、大院坝组、河堡组、覃家湾组、桃子坳组、下坝组、许家湾组、中寨组	冯家
3	堰盆村	板桥组、胡家坝组、胡家组、雷冲坝组、盆溪口组、青杠坡组、沙子坡组、申家组、下寨组、鸭子头组、堰塘组、洋南坝组、后溪组	雷冲坝
4	南溪村	大坝组、还品组、坨里组、中岭组、覃家组、田坝组、王家组、余家组	覃家
5	共和村	白鹤组、黎家沟组、马堡塘组、碾房组、三共组、吴家组、小坝子组、杨家组	三共
6	东泉村	茨沟组、大坪组、竹林堡组、范阳沟组、花家湾组、梨树坡组、罗二台组、狮梨嘴组、天仙桥组、王家林组、王家组、卫家沟组、下寨组、阴家山组、张家组、中寨组	王家
7	棋坝山村	陈家组、洞庭组、方丘组、关子坡组、贵阳窝组、红花组、冉家组、上寨组、狮子坪组、天井坝组、袁家组	陈家
8	蒲村村	陈家组、核桃组、猴梨组、金竹林组、老屋基组、邵家组、田家组、张家组、中寨组	张家
9	山峰村	大树坪组、洞青树组、丰岩组、割柴头组、红房子组、林池界组、石龙门组、唐家山组、弯丘田组、万家山组、新房子组	石龙门
10	稳子溪村	范家湾组、水井湾组、上坝组、石灰窑组、四坪组、覃家坪组、小沟组、严凤组、大坪组、大土组、桂花组、倪家沟组、梭罗组	上坝
11	联合村	茶坝组、大坡组、洞头岩组、杉树堡组、唐家坝组、岩角沟组	洞头岩
12	敖家村	敖家组、南丫头组、石家林组、王家林组、肖家林组、胥家山组、周家组	王家林

续表

序号	村(社区)名 称	组　　名	村址
13	明溪村	核桃组、毛竹组、明溪组、桥岩组、昔家组、院子组	明溪
14	中山村	道欠湾组、水井湾组、王家湾组、中寨组	道欠湾
15	喻家桥村	安家组、横旦山组、老寨子组、马家沟组、冉家寨组、湾里组、兴农组、徐家林组、尧山沟组、永红组、喻家桥组	冉家寨
16	客店村	长杆子组、长尚窝组、陈家沟组、打磨溪组、大学堂组、黄从岩组、客店组、李家湾组、闹沟泉组、青杠湾组、沙子坡组、上山组、上岩门组、水打塘组、四合组、宋家屋基组、汤家湾组、下山组、下岩门组、张家坪组、邹家组	客店
17	贾村	柏杨林组、斑竹杆组、大顶组、大河坪组,大鱼泉组、花院子组、龙塘坝组、罗通坝组、申家组、下坎土组、寨上组	柏杨林
18	梅子村	茶园组、街上组、泡桐堡组、青杠岭组、沙子坳组、上梅子坪组、湾里组、下梅子坪组、岩上组、赵都坝组、竹林湾组	竹林湾
19	土井村	斑鸠井组、程家组、甘家组、黄家组、雀丫组、上大池组、上院子组、田坝组、土井组、文家组、下大池组、下院子组、新田沟组	甘家
20	楠木村	柴井溪组、大长溪组、大龙洞组、大坪组、大竹园组、堪水台组、马屎坡组、闹竹坪组、泡木窝组、深水塘组、天仙桥组、万家山组、小屋基组	大长溪
合计	20个村(社区)	214个村民组	

合兴镇社区、村及居民组设置情况

序号	村(社区)名 称	组　　名	村址
1	大兴社区	保下组、牛市坨组、中街组、下街组、桥湾组、湾里头组、瓦子坪组、保上组、胡家坝组、塘家山组、徐家坡组、老街组、上街组、界上组、龙塘坝组	中街
2	中寨村	中寨组、何家湾组、长杆子组、施坪组、大坪组、丰岩组、青杠元组、关庄组、老水溪组、下竹元组、上竹元组、黄家湾组	老水溪
3	板坪村	老寨组、王家林组、万山组、沙坝组、板坪组、院子组、上坝组、下坝组、朱家寨组	老寨
4	茶园村	合兴组、廖家山组、下茶元组、下山岗组、坨田组、罗银水组、卢坑湾组、三界洞组、联合组、上茶元组、上山岗组	茶园
5	青龙岗村	河坎组、水井坝组、余家组、冯家组、张家组	水井坝
6	合朋村	老房子组、新街组、马家沟组、青杠堡组、柏杨坪组、老院子组、青球树组、细塘坪组	新街
7	清明村	国家寨组、李家组、侯家组、张家湾组、高阶阳组、谭家山组、五星组	胡家
8	船山沟村	新房子组、沟底组、田坎组、大湾组、下谭家组、范家组、栗子嘴组、皂斯洞组、花连界组、顺凤坨组、上谭家组、四平顶组、龚家组	栗子嘴
9	东元村	金家槽组、三车转组、关山组、高院子组、香树湾组、吴家组、明家湾组、堆上组、党家坝组、营寨坝组、干田组、马家溪组、牌坊组、新桥组	关山

续表

序号	村(社区)名 称	组　　名	村址
10	白果村	代家组、中心组、跃进组、沟里组、茶元组、晏家组、乱石窖组、后头坝组、细林组、杜家组	中心
11	长线村	瓦窑坎组、水井湾组、小湾坝组、营盘组、坡上组、大窝坨组、沙岗头组、大木尧组	水井湾
12	乌坪村	私坪组、浦山组、四合组、中元组、大元组、燕山组、新山组、尖峰组、群山组、塘家组、湾里组、青杠组、团校组、石盘组、彭家组、桠峰组、花桥组、堰塘组、项子组、细林组、陈家组、下坝组、团山组、思林组、洞湾组、龙塘组	四合
13	龙溪村	尖山组、高丰组、楠木组、凤凰组、花园组、花土组、岩头坝组、南山组、唐山组、岩底组、云峰组、洞青组、赵家山组、高家寨组、锦坪寨组、熊家组、湄窝组、鱼塘组、张家组、毛坪组、泥先组	龙溪
14	朝阳村	艾坪组、泥坪组、长岗组、领岗组、高山组、香林组、上元组、青林组、中元组、下元组、朝阳组、登科组、洞沟组、大坪组	旋厂
15	丰林村	竹洪组、水洪组、丰林组、茶元组	团山堡
合计	15个村(社区)	177个村民组	

长堡镇社区、村及居民组设置情况

序号	村(社区)名 称	组　　名	村址
1	三角社区	屋基坝组、长伍间组、硐湾组、岭上组、湾里组、水井湾组、水沟组、井子丫组、大坡组	黄泥丫
2	长堡社区	长青组、官家湾组、前进组、胜利组、阳溪组、吴家厂组、沙堡堡组、大沙坝组、炉山组、李家坳组、阳落台组、李家寨组、石家井组、岩窝组、昌门塘组	街上
3	桥溪村	何家寨组、川岩组、石坝组、桥溪上组、桥溪下组、天桥上组、天桥下组、安家组、朱市溪组、大树子一组、大树子二组	石坝
4	硐溪村	狮子头组、下硐组、上硐组、何家坝组、小岩窝组、四合组、长元子组、天井坝组、水井湾组、炉家湾组、卷子坪组	水井湾
5	灯塔村	水塘上组、水塘下组、金塘一组、金塘二组、小坳组、内子头组、岗岭组、大毛坡组、灯塔组、大园子组	小坳
6	绿化村	岩门一组、岩门二组、岩门三组、大溪沟组、新房子上组、新房子下组、大坪上组、罗丝井组、天井坝组、六井田组、大土坪组、冉家组	岩门
7	高家村	麻竹元组、火石坝组、高家寨组	火石坝
8	土溪村	土溪一组、土溪二组、土溪三组	土溪
9	熊坝村	熊坝一组、熊坝二组、熊坝三组、熊坝四组、熊坝五组、熊坝六组、熊坝七组、熊坝八组	熊坝
10	杨河村	岩窝组、河沟组、老寨组、大土上组、大土下组、李家池上组、李家池下组	大土
11	马家溪村	天井坝组、中寨组、老寨上组、老寨下组、寺田坝组、阁老腾组、小浩沟组、打子青组、林口组、脚板岩组、昔场组、岩阡头组	老寨
12	行溪村	生基坪组、小浩组、中坝组、野头沟组、后头坪组、石坝组、高阶阳组、青杠坪组、水沟组、石达溪组、半坡组、大坪组	石坝

续表

序号	村(社区)名 称	组　　名	村址
13	杨井坪村	万溪组、潘家山组、将家山组、杨景坪下组、杨景坪上组	杨景坪
14	新民村	白坪组、客店组、杨家山上组、杨家山下组	杨家山
15	徐家岩村	干田组、田坝组、湾里组、沙坝组、冉家组、老寨组、坨里组	湾里
16	东山村	老寨组、对门组、冬老林组、巴蕉溪组、水井坎组、关田组、新房子组、彭家寨组、石坝组、伍硐组	水井坎
17	大宅头村	张家湾组、寺坡组、下盐井组、坨里组、石砍组、小溪组、端公坪组、湾里组、堡上组、楼下组、水井坡组、塘坝组、对门组	塘坝
18	上堡村	木丫水组、坡上组、白果组、水井组、上堡上组、上堡下组、柏杨溪组、甘溪上组、甘溪下组、山家田组	柏杨溪
19	坝上村	东风组、李家湾组、梯子田组、高坎组、李家组、熊家组、丫子口组、塘头湾组、庙坡组、红坳组、新房子组、大元子组	高坎
合计	19个村（社区）	174个村民组	

高山镇社区、村及居民组设置情况

序号	村(社区)名 称	组　　名	村址
1	梨子水村	大寨组、河家湾组、陈家村组	梨子水
2	方家村	德胜组、下塘组、彭家组、朱石组、香树组、方家寨组、桶井组	方家
3	谭家村	堡上组、张家湾组、周家寨组、盖后组、尖山朝组、红房子组、核桃坪组、新房子组、高上寨组	大顶坝
4	铁汞坝社区	蒿芝坪组、高街组、王家组、龙桥坝组、新房子组、长河坝组、朱石坡组、马家窝组	长江水
5	河下村	龙井组、湾里组、上寨沟组、漆树坪组、玉家坪组、野猫塘组	湾里
6	高桥村	桥上组、对香组、细枣组、大丫组、塘池组、坝坪组、雪花界组	桥上
7	旋溪村	杨家组、茶园组、湾里组、上河家组、下河家组、庙沟组、刘家寨组、河对门组、王中坝组、朱老阡组、土地堂组、学堂堡组、龙崩组、蜂桶坪组、火烧岗组	大河坝
8	阡丰村	龙洞湾组、冉家界组、化果坪组、上马家组、下马家组、祝家渡组、桥上组、上奋阡组、下奋阡组、帅家朝组	马家
9	鹿溪村	先田组、小园组、坨田组、大坪组、塘坪组、堡上组、对田组	北星庄
10	中和村	胜坝组、碾房组、中溪组、黄泥坪组、吴家宅组、塘坑组、七锅庄组	中溪
11	冷溪村	院子组、岩门组、龙洞组、方林组、林湾组、山后组、寨上组、沙田组、香湾组、邓田组、长单组、上冷组	院子
12	堰塘村	赵家组、中寨组、八角组、堰塘坎组、下石坎组、黄家坪组、天子平组	堰塘
13	乌溪村	大李组、小李组、麻池组、楼房组	小李
合计	13个村（社区）	102个村民组	

泉口镇社区、村及居民组设置情况

序号	村(社区)名 称	组　　名	村址
1	泉口社区	上南客组、下南客组、上寨组、干溪沟组、青树子组,白果组、杨家湾组、院子组、石花组,上街组、下街组、中街组、场口组、泉边组、洋岩组、高堆组、磨子岩组	泉口街上
2	杨田村	杨南山组、大田组、雪花界组、龙塘口组,田子宅组、洋井头组	杨田村
3	先瓦村	关田坝组、茶园组、岸家村组,台子上组、厢房组、坨田组,瓦屋组、甲子头组、石坟坝组、沙坝组、桶井头组,吕家组、毛坝头组、青杠桥组、坡上组、罗家坝组,先舍头组、小基坪组	先瓦村
4	银甲村	天井坝组、新房子组、湾里组、大龙门组、三家庭组、屋后头组,上碾房组、下碾房组、方立园组、河对门组,桥岩头组、土地坑组、院子组、银项组	银甲村
5	马喇村	上项组、长五干组、田家丫组、大园铺组,庙坝组,石坝子组,红房子组、学堂头组、青杠丫组、红路溪组、桃李树坝组、土地堂组	马喇村
6	三合村	河透组、茶兄组、岩上组、塘池组、塘坎组、打足组,林边组、水井组、三合组、流水组、四合组	三合村
7	大土村	上周家组、下周家组、黄家门前组、青泥池组、当门坨组,廖岩底组、麻布头组、当门堡组、李子虫组	大土村
8	先联村	观音堂组、山竹丫组、庄上组,上扎组、下扎组、衙宅组、关村组	先联村
9	先坝村	水车坝组、火烧岭组、湾里组、堡上组、尧盆水组	先坝村
10	猪场村	竹林湾组、大房子组、以头沟组、沙保组、怀池组	猪场村
11	盆水村	关口坨组、道角级组、小丰背组、春齐丫组、小岩底组	盆水村
12	岩门村	岩门口组、红春湾组、黄土溪组、土溪组,小岩底组、黄柏树组	岩门村
13	大元村	毛香坡组、野茶坝组、战字岩组、黄泥坡组、后洞组、桥下组、和尚岩组	大元村
14	新塘村	上兰丫组、中兰丫组、下兰丫组、岩后组、后朝组,木瓜组、板栗组、毛坪组,皮丫组、龙洞组、艾岗组、先庄组,黄泥堡组、杨家组、三合组、河对门组	先塘村
15	先田村	潮元组、川阡组、四合组、大土组,通元组、下坝组、龙洞组,中华田组、三家庭组、干田组	先田村
16	何家村	何家组、马兰组、上寨组、下寨组、尖山组、联合组	何家村
17	先洋村	猫上组、湾里组、堡上组、寨头坡组,山阳岩组、小水井组、东居丫组、子房沟组	先洋村
18	大湾村	出头岩组、砂子湾组,土地堂组、申家组、小儿溪组	大湾村
19	天池村	安坪组、大土组、大坨组,水沟组、水口组、天池组、豆干井组、岩上组、坟坝组、长五干组、赵泥溪组、水源组、水井组	天池村
20	樱桃村	对门组、园子组、红房子组、坝上组、大园子组、大树子组	樱桃村
21	水塘村	菜坨组、老屋基组、三元组、杨家庄组、高院子组,梅家组、长单组、柏子柏组、水泥塘组	水塘村
合计	21个村(社区)	195个村民组	

堰塘土家族乡社区、村及居民组设置情况

序号	村(社区)名称	组名	村址
1	露青村	团山堡组、寺坝组、寺坪组、东风组、清塘头组、小湾组、石桥组、沙坝组、高石坎组、新龙门组、花土坎组、坨坨组、小坨组、老寨组、红星组、上对门组、下对门组、龙门宅组、石柱丫组	老寨组
2	清水塘村	上长沟组、下长沟组、老瓦槽组、上寨组、卫红组、梁子组、上街组、下街组	下街组
3	新春村	坝坪组、前进组、红岩组、梨树坪组、苦竹园组、新春组、永红组、大坨组、刘家组	坝坪组
4	先锋村	角水组、竹林坪组、屋基坎组、三丘田组、徐家组、水泥池组、赵家山组、井头坝组、刘家山组	水泥池组
5	堰塘村	中寨组、黄泥塘组、胡家沟组、火石坝组、国家沟组	待定
6	水平社区	梅子坝组、大路湾组、斑竹园组、柴家坝组、毛家坝组、郑家组、代家组、盐盏水组	梅子坝组
7	民主村	上晏组、下晏组、上游组、下游组、渣家沟组、高家组、上陈组、下陈组、上李组、下李组	高家组
8	苏庄村	大寨组、黑桃湾组、安家沟组、黄家组、老田沟组	黑桃湾组
9	关口村	马家组、毛大湾组、院墙组、张家组、官家屋基组、水井湾组、关口组、杜家组、岩子头组	原关口村委会
10	茶窝坨村	石板坳组、格耳坡组、小青林组、上新寨组、下新寨组、尖角土组、楼房组、湾里组	尖角土组
11	高家湾村	前进组、丰产坝组、陶家山组、丁家山组、方里头组、东风组	前进组
12	七里溪村	七里溪组、大坪银组、家界组	七里溪组
13	杉树坝村	牛老溪组、桃湾组、对门组、杉树坝组、龙塘组、石板溪组、鸭老嘴组、上寨组	杉树坝组
14	牛耳塘村	甘家山组、宝山组、桂花组、朱家沟组、牛耳塘组	朱家沟组
合计	14个村(社区)	112个村民组	

龙泉土家族乡社区、村及居民组设置情况

序号	村(社区)名称	组名	村址
1	文新社区	敖家组、场上组、三房寨组、下房组、沟里头组、小寨组	场上
2	良家坝	板桥沟组、关林组、付家组、黄家组、石坝子组、岩家组、施家组、水清林组、龙泉坪组、牛老溪组	良家坝小学
3	居池坝	唐家坳组、居池坝组、罗家屋基组	唐家坳
4	岸山	三家田组、竹林坪组、高石砍组、中寨组、瓦房组	中寨
5	前进	尖山组、岩坪组、岩透组、小溪组	小溪
6	大石板	池坝组、先坝组、余家组、李家组、大石板组、岩透组、先锋组	大石板
7	塘坝	李家屋基组、汪家组、桂花组、雷家组、马家湾组、中岗岭组、太合组、三八组、通树组	郊溪
8	闹水	闹水组、黄金丫组、中寨组、坝沟组、沟里组	三汇塘

续表

序号	村(社区)名 称	组　　名	村址
9	邓家	邓家组、屋基组、麻杆组、构林组、陈家组	邓家小学
10	桃园	沙砍组、上寨组、下寨组、代家山组	上寨
11	国家山	黄泥坪组、大丫口组、邹家组、何家组、国家山组	国家山小学
12	牧羊岭	白羊台组、桐子坪组、东风组、大方土组、星秀岩组、草山坝组、白果树组、八升田组、八升田组	大方土
13	黄泥溪	周家坝组、中寨组、青口组、佃坪组、高井组	黄泥溪小学
合计	13个村(社区)	77个村民小组	

钱家土家族乡社区、村及居民组设置情况

序号	村(社区)名 称	组　　名	村 址
1	沙坝社区	杨家林组、罗家沟组、三丘田组、上肖家组、下肖家组、郑家组、岭岗组、石家组、铜盆水组、瓦以头组、银碗溪组、洋塘组、李家组、陈家组	鹅旦渠
2	观音滩村	观音滩组、陈家组、烂泥池组、赵家沟组、新家坡组、大举头组	烂泥池
3	朗溪村	上寨组、中寨组、下寨组	老 寨
4	平安村	常家组、梅家组、大竹园组、桃子坪组	常 家
5	钱家岩村	上寨组、坳口组、下寨组、月树组	沙 园
6	九岭村	田坝组、下寨组、土尖坝组、大岭组	散家屋基
7	大坪村	上大坪组、下大坪组、上梅子组、下梅子组、喻家沟组、庙坝组	大 坪
8	青龙坪村	上黄龙坪组、下黄龙坪组、斜岩组、卜头青组	三王庙
9	黄土村	染房组、店子组、六家湾组、吕家组、下竹园组、田坝组、岩透组、曾家组、后头沟组、芭蕉水组	田 坝
10	下层村	双尖子组、上打鼓岩组、藤溪沟组、上岩门组、下岩门组、上春风组、下春风组、上下层组、下下层组、石厂坝组、下打鼓岩组	下 层
11	树坝村	黄腊池组、漆树坝组、车家坪组、枣子坪组、大屋基组、简家组、白石洞组、班庄岭组、青岗堡组	黄腊池
12	田坝村	大坪组、楼透一组组、申基坪组、分水丫组、水田坝组、施立坡组、团结组、楼透二组	水田坝
13	曹家村	石坝子组、上寨组、下寨组、贺家组、崔家组、座阡组、乌家宅组	曹 家
14	梅家村	马蹄溪组、喻家组、马胡林组、杨家组、梅家山组、水井坪组	马胡林
合计	14个村(社区)	96个村民组	

沙溪土家族乡社区、村及居民组设置情况

序号	村(社区)名 称	组　　名	村址
1	万坝社区	上街组、中街组、下街组、上场口组、下场口组、李家寨组、苏麻田组、李家院子组、花院子组、上明溪组、中明溪组、下明溪组、袁家坡组、团结组	李家院子组
2	空山村	河坝组、空山组、冉家组、漆树坨组、三合组、刘家组、余家组	余家组
3	大寨村	何家组、岩上组、大寨组、华叶组、建屋基组、长安组、土布组、塘里组	大寨组
4	舒家村	石院墙组、黑龙池组、上舒家组、下舒家组、堡上组、上汪家组、下汪家组、黄泥溪组、小沟组	白太元组
5	四堡村	上罗家组、下罗家组、曹家组、上大屋组、下大屋组、四堡组	四堡组
6	石龙村	川洞组、坟湾组、石龙岗组、大土组、杉树组、田家组	县煤厂组
7	龙坝村	龙坝组、联合组、塘家溪组	联合
8	申家村	田家沟组、春树湾组、上从界组、岩上组、官家组、新房子组、老房子组	上从界组
9	黄坝村	一组、二组、三组、土地塘组、旧乡组	三组
10	覃坝村	上寨组、下寨组、夏家山组、岩门组、仁坝组、覃坝组、木坝组	木坝组
11	桥岩村	桥岩组、杉树坳组、火石坝组、垮上组、杨家组、王家组(6个)	杉树坳口组
12	后坝村	上坝组、下坝组、五从溪组、皂角坝组	上坝组
13	庞家村	安徐家组、肖家组、庞家组、申家组、上冉克组、下冉克组、代街坪组、马罗坝组	代街坪组
14	八仙村	朝阳组、大树林组、酸枣岩组、上消水组、下消水组	酸枣岩组
15	大泉村	龙头组、山后头组、上大泉组、下大泉组	上大泉组
合计	15个村(社区)	99个村民组	

楠柑土家族乡社区、村及居民组设置情况

序号	村(社区)名 称	组　　名	村址
1	金盆村	仁家山组、荆竹园组、高角兰组、宋家沟组、桐子园组、月台组、桥湾组、河坝组、杨柳池组、银盘组、师子岩组、金平窝组、田坝组、伍家湾组	金盆小学
2	楼房村	上寨组、下寨组、中寨组、上白岩脚组、下白岩脚组、柒树坪组、大土组、大石板组、石潮水组、楼房组、岩窝组、天井坝组、汪家屋基组、叶家坝组、田坝组、三角石组、水斯溪组、双河组、毛家组	寺平上
3	火石村	杨家组、鱼泉口组、规尖湾组、川田坝组、木厂溪组、苏家山组、火石坡组、何家寨组、龙塘坎组、谭家组、水洪丫组、坟岗上组、付家沟组、竹林湾组	火石小学
4	大龙村	土湾组、大龙塘组、天子丫组、白岩脚组、伍家岩组、石门丫组、毛鸡井组、大坡组	毛鸡井
5	兴隆(社区)	上天平组、下天平组、水巷子组、兴隆组、上坝组、塘池组、龙阡组	楠杆车站

续表

序号	村(社区)名 称	组　　名	村址
6	小寨村	大院子组、小寨组、水井湾组、十字组、大坝组、西山组	小寨
7	龙寨村	冉家湾组、冯家沟组、桂花组、龙寨组、杨槐组、上寨组、中寨组、下寨组	桂花
8	长远村	刘家山组、坨里组、沙子清组、火石坪组、长平组、会家山组、仁神度组、梁子上组	石巷子
9	大土湾村	吊宝湾组、榔树坪组、杜家屋基组、大土湾组、沙溪组、仙神洞组	杜家屋基
10	六一村	南超坝组、麻盘岭组、六一组、郎水组、洋乐坝组、安家坪组、水田坝组、贵竹坝组	罗果坝
11	申溪村	黑岩丫组、龙塘沟组、井山溪组、光辉组、申溪组、大湾组、龙洞湾组	井山溪
12	沙坝村	何家组、关门岩组、瓦厂坝组、大石板组、泡桐湾组	洋乐小学
13	五龙村	山后头组、丰水丫组、柳杨组、上寨组、下寨组、蒋家坪组、五龙口组	石良坝
14	中坝村	石门组、下坝组、刘家组、中坝组、上坝组、水潮头组	中坝
合计	14个村(社区)	123个村民组	

桶井土家族乡社区、村及居民组设置情况

序号	村(社区)名 称	组　　名	村址
1	同心社区	大坨组、十字组、洞门矸组、关坟组、椿树组、洞毛组	同心街上
2	郑家村	羊耳岩组、凤窝组、算子台组、郑家坳组、干田坳组、上马台组	凤窝
3	场坝村	楠木园组、刘家寨组、沙坡组,杨家坝组、游家渡组、台上组、板桶水组、岭岗组、坨底组、中寨组、上寨组	台上
4	高井村	高矸组、过桥沟组、付家组、太阳口组、黄石坡组、桶井塘组、坝底组	桶井塘
5	玉竹村	王井丫组、老鹰石组、蔡家窝组、毛田坝组、苦竹岭组、湾里组、玉石堡组	蔡家窝
6	黎明村	楼房组、新井组、潮上组、大龙门组、龙门底组、四合头组、刘家组、堰塘组	刘家
7	二友村	上龙井组、下龙井组、簸箕岩组、三房寨组、古坟田组	簸箕岩
8	竹园村	水井坝组、火石坝组、小河组	水井坝
9	芭蕉村	上寨组、中寨心组、下寨组、中心组	中心
10	金朝村	坟堡组、板栗岩组、田坝组、青球组、岩底下组、柏果树组	大风门
11	望牌村	龙石头组、下街组、上街组、中街组、院子坨组、堡上组、坝上组	中街
12	沿江村	构江坝组、黄泥田组、楠木树湾组、涡池组、杨侍坡组、富家坡组	构江坝
13	春塘村	瓦尧坝组、高阶杨组、坨里组,水沟组	高阶阳
14	鱼塘	鱼塘湾组、坨底组、春岭岗组,窝坨组	鱼塘湾
15	毛岭村	水井湾组、斑竹林组、板栗树组、上毛岭组、瓦厂坡组、南克寨组、黄石矸组、小林池组	南客寨
16	木朗村	谭家屋基组、底下寨组、坡上组、大水井组、当门坎组、新房子组、瓦厂湾组、深溪坨组、黄林树组、白洋咀组、水抡组	新房子

续表

序号	村(社区)名 称	组　　名	村址
17	青云村	晏湾组、杜家组、安付组、胡家组	晏湾
18	凤凰村	榨园组、屋基坪组、斑竹园组、黄泥堡组	斑竹园
19	七里村	大洋坡组、新寨组、大寨组、石灰窑组、沙岗上组、火石坝组	大寨
20	金盆村	苏家屋基组、杨昌路组、尖山组，半边坨组、苦竹园组	杨昌路
21	新滩村	街上组、坨角组、滩里头组	街上
22	下坪村	院子组、黎家组、塘坎组、中寨组，学堂组、大屋基组、伍家坡组、上坪组、彭家土组、桂花组、姚家组、堰塘组、李家组、陈家组	学堂
23	长江村	石坎子组、漆树角组、西流水组，石院坝组、树林角组、坡上组、土地塘组、坟山组、水碧组、田坝组、马尔坨组、大面坡组、丁家坡组、龙洞沟组、甘田坳组、黑溪组、新房子组、香树湾组、神渡子组、大土坎组、大湾组	西流水
合计	23个村(社区)	160个村民组	

荆角土家族乡社区、村及居民组设置情况

序号	村(社区)名 称	组　　名	村址
1	荆角社区	郭坪组、沙坡组、三尖窝组、秦家组、冉家组	青茶坝
2	茶寨村	水桶口组、丫口组、坑边组、小屋基组、周家组、湾边组、岭岗组	水桶口
3	茶山村	王家山组、张家湾组、高家组、上庄子组、下庄子组、火炮顶组、安家组、野头山组	安家
4	柏杨村	庄子组、庄元组、杨氏坟组、柏杨台组	柏杨台
5	牛角村	洗华溪组、马家湾组、牛角水组、高阶阳组、广山组、丰阡组	牛角水
6	白果村	小丰阡组、关店组、碾房组、白果坝组、酸枣组、白告组、岩上组	关店
7	杉树村	杨家组、付家组、黄金组、上寨组、中寨组、水源组、应子组、大寨组、龙门组、生溪堡组、街上组、老寨组、罗家坝组、黄家组、公坟组、王大沟组	街上
8	尖山村	坨底组、后头坪组、石岭坳组	尖山
9	训山村	堡上组、田坝组、院坝组、边界组	训山
10	岩砥村	黄龙泉组、勾家组、洋井沟组、瓦以头组、冉家坝组、大面坡组、红房子组、大田坎组、岩砥组、洞子头组	大面坡
11	青球村	青球坝组、付家组、毛坝头组、大房子组、彭家组、水井坎组	水井坎
12	燕子村	大竹园组、燕子岩组、水井湾组、石层坝组、毛家寨组	燕子岩
13	角口村	小溪沟组、卢家沟组、姚家台组、罗家组、龙塘坝组、小尖山组、鹰嘴岩组、上赵家组、下赵家组、上东门组、下东门组、徐家组、街上组、高井溪组	下赵家
14	官林村	下宅坝组、下店组、王家组、中寨组、干子透组、湾里组、新寨组、香树坪组、火铺子组、茶林沟组、马蹄溪组	湾里
15	新坑村	楠木园组、黄家组、余家组、老寨组、梨子滩组、上坝组、谢家组	梨子滩

续表

序号	村(社区)名 称	组　　名	村址
16	水溪村	苦竹坪组、洋洼组、安家宅组、新房子组、刘家组、香树园组、白家山组、王家湾组	刘家
合计	16个村(社区)	121个村民组	

长丰土家族乡社区、村及居民组设置情况

序号	村(社区)名 称	组　　名	村址
1	长丰社区	上安组、下安组、老寨组、刘家组、上坝组、任家寨组、上街组、下街组、杏香岩组、水甲溪组、四堰塘组、大坨组、廖家庄组、炮通坪组	任家寨
2	先进村	彭家寨组、上汪组、下汪组、陈家寨组、大元坝组、大石板组	汪家坝
3	胜坝村	古坟坝组、李家组、杨家组、王家坨组、杜家组、陈家组	杨 家
4	鱼泉村	马家宅组、下鱼泉组、上鱼泉组、五家坡组	马家宅
5	小坪村	荞子溪组、计家坡组、洞门阡组、石板桥组、羊角顶组、小坨组、上寨组、黄瓜坨组	青杠坪
6	洞庭村	洪家湾组、三家田组、肖家湾组、上楠木组、下楠木组	肖家湾
7	场湾村	甘溪组、上冯组、下冯组、田坝组、敖家组、李家湾组	葫芦洞
8	石板村	上石板组、下石板组、河透组、六井坝组、斑鸠井组、尧家坡组、帽子岩组	下石板
9	大田村	枫香坪组、中断组、杨家组、范家沟组、堡上组、大田湾组、堰塘湾组、神堂坳组	神堂坳
10	出水村	山脚沟组、上王组、下王组、大田坎组、柒树湾组、左家坝组、老木洞组、梅子坡组、向家寨组、旧屋基组	向家寨
11	桐坝村	沃家沟组、赶家坪组、桐坝组、肖家坝组、李家湾组、毛家屋基组、桐坡组	杨家岭
12	新光村	红石堡组、大坪组、下寨组、杨桥组、岩透组、中寨组、沙坝组、慕家组、杨家组、李家组	杨 家
13	农晨村	一组、二组、欧家组、插纳坪组、符家组、毛丫组	农 晨
14	中庄村	中庄组、后水组、岩上组、桃园组	中 庄
15	堕坪村	张家组、杨家组、肖家组、塘池组、西照组、场上组、大坝头组、大园组、腾园组、堡上组、龙洞组、晏家田组、陈家组、竹园组、赵家组、布塘组、天井组、树坝组	鸭脚堡
合计	15个村(社区)	117个村民组	

2016年国民经济和社会发展

2016年,全县各级各部门在县委、县政府的带领下，贯彻落实习近平总书记系列重要讲话特别是视察贵州讲话精神，围绕“五位一体”总体布局和“四个全面”战略布局，围绕创新、协调、绿色、开放、共享的发展理念，围绕省委省政府“守底线走新路奔小康”工作总纲和市委市政府“着力打造乌江生态经济走廊重要节点”发展要求，以脱贫攻坚统领经济社会发展全局，各项任务目标完成较好，发展质量不断提高，民生事业持续改善，城镇建设初具规模，实现经济社会持续稳定发展。

【综合经济】2016年，全县国内生产总值实现931284万元，按可比价格计算比上年增长13.1%。其中：第一产业增加值234910万元，增长5.8%；第二产业增加值190381万元，增长13.6%；第三产业增加值505993万元，增长16.5%。一、二、三产结构比为25.2:20.4:54.3。全年城镇新增就业5680人,增长9.9%。其中城镇下岗失业再就业人员1043人,增长0.2%。年末城镇登记失业率3.28%。农业劳动力转移就业11124人，增长17.3%。全年财政总收入100023万元，增长8.4%。公共财政预算收入52110万元，增长3.9%，其中：税收收入38655万元，下降3.7%。公共财政预算支出364300万元，增长13.9%。

【农业】2016年农林牧渔业总产值398979万元，增长5.5%。其中：农业产值230854万元，增长1.1%。林业产值19240万元，增长9.5%。牧业产值109076万元，增长6.9%。渔业产值15604万元，增长14.7%。农林牧渔服务业产值24205万元，增长45.7%。

全年粮食种植面积49209公顷，比上年增加344公顷；谷物种植面积22183公顷，比上年增加236公顷；油料种植面积11062公顷，增加200公顷；烟叶种植面积3044公顷，减少1848公顷。

全年粮食产量177705吨，增产1.5%。其中，夏粮产量59475吨，增产0.8%。秋粮产量118230吨，增产1.9%。其中，主要粮食产量中，稻谷产量54534吨，减产0.3%。小麦产量8539吨，减产1.8%。玉米产量42495吨，增产5.7%。薯类产量61399吨，增产1.2%。豆类产量9208吨，增产0.8%。

经济作物中油料产量18824吨，增产5.5%。烤烟产量5235吨，下降22.7%。药材产量3015吨，增产71.5%。蔬菜产量184466吨，增产17.7%。茶叶产量3552吨，增产85.9%。水果产量22837吨，增产237.2%。

全年肉类总产量27591吨，比上年下降3.5%。其中，猪肉产量20105吨，下降6.4%；牛肉产量2799吨，增长10.7%；羊肉产量3595吨，增长2.3%。禽肉产量914吨，增长3.9%。年末生猪存栏188165头，下降9.2%；牛存栏69182头，下降4.4%；羊存栏190294只，增长0.3%。生猪出栏228471头，与上年同期下降6.1%；牛出栏23408头，增长10.6%，羊出栏187192只，增长1%。禽蛋产量2365吨，增长10.2%。

全年水产品产量4922吨，比上年下降2.2%。

全年木材产量41140立方米，比上年增长3.2%。主要林产品产量生漆130吨，下降0.76%;乌桕子177吨,增长2.9%。

全年有效灌溉面积18428公顷。

【工业和建筑业】2016年工业总产值621005万元，增长17.2%。规模工业产值585026万元，增长19.4%。

规模工业增加值141935万元，增长12.4%。其中轻工业增加值80951万元，增长12%，重工业增加值61616万元，增长12.1%。

国有企业增加值7206万元，增长6.5%；股份制企业增加值115490万元，增长18.3%；其他经济类型增加值19871万元，增长23.7%。

分行业看，非金属矿采选业增加值14837万元，增长12.1%。农副食品加工业增加值15963万元，增长6.5%。食品制造业增加值3839万元，增长11.3%。皮革、毛皮、羽毛制品和制鞋业增加值4748万元，增长11.4%。医药制造业增加值9279万元，增长12.7%。非金属矿物制品业23559万元，增长20.3%。金属制品业增加值5904万元，增长15.4%。

主要工业产品产量大米3.49万吨，增长0.6%。软饮料14351吨，增长7.1%。精制茶247吨，增长34.5%。水泥74万吨，增长2%。玻璃78.5万平方米，增长19.2%。产品产销率96%。

全年规模类企业主营业务收入571969万元，增长20.8%。全年工业企业实际完成税收20401万元，增长36.3%。

全年建筑业增加值73966万元，增长14.5%。房地产业增加值40302万元，增长5.9%。

【固定资产投资】2016年全社会固定资产投资完成107.5亿元，同比增长12%。其中限额以上固定资产投资完成671998万元，增长22.5%。限额以上固定资产投资中农林牧渔业完成投资36685万元，工业投资143237万元，交通运输业投资347042万元，房地产业投资101948万元，水利、公共设施管理业投资148844万元，教育投资72944万元，卫生和社会工作投资23728万元，租赁和商务服务业投资26200万元。

【交通、邮电和旅游】2016年货物运输量3812万吨,比上年增长26%；货物周转量179799万吨千米，增长35.5%；完成客运量10167万人次,增长34%；旅客周转量186433万人千米，增长33%。

年末汽车保有量25002辆，比上年末增长28.6%。小型汽车保有量20206辆,增长34.7%。其中私人轿车保有量19518辆,增长36.2%；出租车163辆，增长8.6%。货车保有量3606辆，与上年同期持平。

全年邮政业务总量1993万元，下降5.2%；电信业务总量3149万元，增长30.5%；移动业务总量12853万元，增长6.2%；年末有固定电话16595部，下降40%。宽带用户32145户，增长26.2%。移动电话用户333430户，增长2.4%。

年内接待旅游人数223.51万人次，同比增长45%。旅游收入10.45亿元，增长50.1%。入境游客1646人次，增长17.9%。

【国内贸易】2016年商品销售总额920590万元，同比增长16.3%。其中批发业530754万元，增长14.3%；零售业360367万元，增长19.0%；餐饮业23991万元，增长20.7%。全年社会消费品零售额178019万元，同比增长13.0%。

【金融保险】2016年，年末金融机构各项存款余额977136万元,比年初增加304611万元。其中住户存款513230万元，增加68040万元。各项贷款余额691789万元，增加89575万元。其中住户贷款407579万元,增加67699万元。消费贷款149920万元，增加13089万元。非金融企业及机关团体贷款284209万元，增加21878万元。

全年保费收入9136万元，增长21.1%，其中：财产险保费收入4496万元，增长8.3%；人寿险保费收入3453万元，增长50.8%。总支出3444万元，下降16.5%。其中：财产险赔付支出1800万元,增长43.3%；人寿险赔付支出1920万元，下降36.1%。

【教育】2016年，全县有高级中学2所，完全中学3所（其中民办完全中学2所），初级中学24所(其中民办学校2所)，九年一贯制学校5所(其中民办学校2所)。

高中招生4488人，在校生12764人，毕业生3440人，专任教师744人，占地面积471765平方米，校舍建筑面积265965平方米，教室436间，计算机1831台，图书377341册。

初中招生数9578人，在校生29165人，毕业生8965人，专任教师2170人，占地面积867784平方米，校舍建筑面积277427平方米，教室763间，计算机3215台，图书940696册。

小学102所（教学点75个），招生数7012人，在校生45097人，毕业生9110人，专任教师2972人，占地1255095平方米，校舍建筑面积382098平方米，教室1794间，计算机3647台，图书1134817册。

中等职业学校1所，招生2546人，在校生6137人，毕业生2057人，专用教师179人，占地面积222310平方米，校舍建筑面积88517平方米，教室160间，计算机850台，图书168239册。

幼儿园57所，在园幼儿20234人，离园7875人，专任教师1051人，占地面积173291，校舍建筑面积93305平方米，图书132128册。

特殊教育学校1所，招生数76人，在校生258人，毕业生29人，专任教师24人，占地面积7000平方米，校舍建筑面积5000平方米，图书2000册。

【文化广播】 2016年，全县有公共图书馆1个；文化馆1个；有线数字电视用户35443户，同比增长7.3%。高清用户13088户，高清用户覆盖率37%。宽带用户6441户，宽带用户覆盖率18%。

继续推进公共文化服务体系建设。截至2016年底累计建成图书室（图书架）730个，建立文艺骨干人才库600余人，开展各类文化活动100余场次，创作各类文艺作品200余部，播放红色电影378场次，培养社会体育辅导员354名。

围绕节庆文化、传统文化、民间文化开展丰富多彩的主题活动，相继举办“激情新春、大美德江”文艺系列活动、“九九重阳节·浓浓敬老情”慰问演出、“话发展·助扶贫·迎国庆”文艺晚会，德江县十二届“园丁杯”篮球赛、第十届老年人体育运动会、国庆节万名职工长跑比赛、第二届旅发大会非遗展示和土家纺织比赛等。对外，文化方面，参加“首届多彩贵州文化艺术节非遗展示篇——大美德江周末聚”、“中国广西环江傩面大汇”展示和演出、第十一届中国（北京）国际文博会，并在第三届舞龙舞狮大赛传统舞龙展演中获一等奖、在全市“金秋武陵”首届小戏小品比赛中获得一个一等奖，一个三等奖；体育方面，在全省广场舞大赛中获凉都奖，在铜仁市第三届体育运动会中，县内283名运动员参加14个大项目的角逐，赢得13金9银13铜，团体获得体育道德风尚奖，成功申办2018年铜仁市第四届运动会。

【卫生】 2016年年末，全县有卫生机构409个。医院9个，含县直医院3个，民营医院6个。基层医疗卫生机构445个，含乡镇卫生院19个，社区服务中心2个，社区服务站13个，村卫生室321个，学校医务室32个，诊所58个。公共卫生机构3个，含疾控中心1个，卫生监督所1个、单采血浆站1个。各级医疗机构有卫生技术人员1906人。其中：执业医师510人，注册护士831人。有床位2640张。

【社会服务】 2016年末，全县有敬老院14所，其中乡镇敬老院12所，社会福利院1所，救助站1个。全年发放城镇居民最低生活保障金2479万元，比上年增加460万元，惠及3041户，6212人；发放农村居民最低生活保障金1.32亿元，涉及22801户，受益62584人。为1523名农村特困人员提供社会救助，其中集中供养729人，提供资金427万元。孤儿供养258人，发放基本生活费187万元。发放医疗救助资金1070万元，其中资助参保资金73.5万元，资助6679人参与基本医疗保险。

【人口、人民生活与社会保障】 2016年年末，户籍人口总数550586人，增加4778人。年末常住半年以上人口数37.26万人，增长0.6%，其中城镇常住人口16.8万人，增长7.6%。据计生年报全年出生4921人，死亡人口2801人。

全年农民人均纯收入7283元，增长10.4%。城镇居民人均可支配收入23972元，增长9.9%。

年末城镇基本医疗保险的人数55950人，增加660人。其中:城镇职工医疗保险参保17470人，比上年增加580人；城镇居民医疗保险参保38480人，比上年增加80人。参加基本养老保险人数为9670人,增加1610人。参加新型农村社会养老保险

195490人，增长2.8%。失业保险参保人数10950人，比去年增加220人。工伤保险参保人数18060人，比上年增加350人。生育保险参保人数17200人，比上年增加660人。

年末参加新型农村合作医疗人数470666人，增加3629人，参合率100.98%。

【资源、环境与安全生产】2016年，县内可利用水资源总量4.86亿立方米。年降水量1225.5毫米。年内总供水量10282万吨，其中生活用水2383万吨，农业灌溉供水7001万吨，工业生产供水796万吨，生态环境供水61万吨。年末各类水库供水7334万立方米。全县自来水供水综合生产能力4.3万吨/日。全年建设用地供应总量310.3公顷。其中商业住宅用地31.4公顷，基础设施用地279.9公顷。

全年完成造林面积4700公顷，减少568公顷。其中人工造林3758公顷，减少890公顷；无林地和疏林地新封942公顷，增加322公顷。年末实有封山育林面积5765公顷，减少3845公顷。森林覆盖率52.05%。

城市污水处理厂日处理能力1.352万吨，污水处理率80%。城市垃圾处理量121342吨，日处理能力330吨，垃圾处理率80%。

全年各类事故死亡人数14人。其中：工矿商贸安全事故死亡3人；道路交通安全事故死亡11人。亿元GDP事故死亡率0.15。

注：（1）本公报所列各项数据为年度初步统计数据。

（2）生产总值、各产业增加值、总产值绝对数按现价计算，增长速度按可比价格计算。

（3）人口出生率、死亡率、自然增长率由县计生局提供。

（4）户籍人口为市公安年报数，城镇常住人口为统计局根据上级往年反馈常住人口数据推算。

（县统计局）

机构·名录

中国共产党德江县委员会

书　　记　张珍强（土家族。1月离任）
　　　　　商友江（1月任）
副 书 记　商友江（1月离任）
　　　　　黄继荣（5月离任）
　　　　　秦智坤（仡佬族，3月任）
　　　　　陈廷相（苗族，9月任）
常　　委　周　骥（土家族）
　　　　　李志军（10月离任）
　　　　　鲁文俊（10月离任）
　　　　　钱　刚（土家族，9月任）
　　　　　池　成（挂职）
　　　　　罗仕跃（土家族，3月离任）
　　　　　杨洪波（土家族）
　　　　　宋　斌（9月任）
　　　　　唐　虹（女，土家族）
　　　　　李　兵（土家族）
　　　　　吴　飞（土家族，10月任）
　　　　　张少华（挂职）

德江县人大常委会

党组书记、主任　何先美（土家族）
副书记、副主任　陈明光（苗族）
副 主 任　王治桢（女，土家族）
　　　　　郑国文（土家族）
　　　　　陈旭东（土家族）
　　　　　李映红（土家族）
　　　　　叶　华（土家族）
县人大办公室主任　覃虎跃（土家族）
县人大办公室副主任　邓宪江（土家族）
　　　　　　　　　　覃永梅（女，土家族）
县人大机关党委书记　彭林（土家族，8月离任）
信访科科长　安碧珍（女，土家族，2月任）
信访科副科长　张玉艾（女，土家族）
选举委主任　张金学（土家族）
法制民族委主任　邓守清
财经委主任　蒋忠勇
财经委副主任　靳跃强
教科文卫委主任　王治勇（土家族）
环境与资源保护委主任　王时荣（土家族）
专职纪检员　　黎启海（女，土家族）

德江县人民政府

党组书记、县长　商友江（3月离任）
　　　　　　　　秦智坤（3月任）
常务副县长　周　骥（土家族）
　　　　　　钱　刚（土家族，9月任）
副 县 长　梅　彬（土家族，12月离任）
　　　　　杨绪鹏（土家族，12月离任）
　　　　　李　兵（土家族）
　　　　　池　成（挂职）

赵贡良（土家族）
朱建国（挂职）
张静霞（女，土家族，10月任）
张　进（土家族，12月任）
张　文（土家族，12月任）
彭　豪（土家族，12月任）
张清霜（女，土家族，12月任）
宋　劼（挂职）

政协德江县委员会

主　　席　陈　健（12月离任）
鲁文俊（12月任）
副 主 席　史天龙（土家族，12月离任）
张 霞（女，12月离任）
赵贡良（土家族，12月任）
吴应仕（土家族）
张观安（土家族）
胡国仁（土家族）
陈　琳（女，土家族）
王玲海（土家族，12月任）

政协机关及专门委员会领导名录

秘书长、办公室主任　冯国涛（女，8月离任）
吴乡中（8月任）
副　主　任　吴昌珲、王通奇
环资委主任　张金宁（8月离任）
黎忠孝（8月任）
经科委主任　罗会智（8月离任）
张奠国（8月任）
提案委主任　罗洪杰
文史委主任　宋　波
副　主　任　党世奇
支边办主任　黎　静
副　主　任　熊丽娜
机关工委书记　黄　海

中共德江县委工作部门

中共德江县委办公室

主　　任　张　进（10月离任）
李　兵（土家族，10月任）
常务副主任　熊　刚（10月离任）
何秀刚（10月任）
副　主　任　何秀刚（8月任，10月离任）
黄朝强　郭　政　田景猛
杨　森（10月任）
副主任、县委机要局局长　郑朝军
县委办机关党委书记　吴　华（3月离任）
县委办专职纪检员　梅　成
县委机要局副局长　周　锦（5月任）
县委政研室主任　金平汉（3月离任）
冉惠山（5月任）
县绩效办主任　苏　鲲
县国家保密局局长　杨　英（女，7月任）
县委督查室主任　王晓东（8月离任）
龚尚用（8月任）

中共德江县纪律检查委员会

县委常委、县纪委书记　鲁文俊（9月离任）
宋　斌（9月任）
县纪委常委、副书记、县监察局局长
叶支辉（土家族，8月离任）
县纪委常委、副书记　陈能敏（土家族）
潘　斌（土家族，10月任）
县监察局副局长　潘　斌（土家族，10月离任）
马　静（女，土家族，8月离任）
纪委常委、办公室副主任　覃文军（10月任）
县纪委常委、第一纪检监察室主任
杨兴超（土家族，10月任）
县纪委常委、信访室主任　杨建红（女，10月任）
县纪委常委、宣教室主任　安正所（土家族）
干部室主任　何　锋（土家族）
干部监督室主任　何　兵（土家族）

党风政风室主任　文　俊（土家族）
案件审理室主任　梅　芳
第二纪检监察室主任　张羽茂（土家族）
第三纪检监察室主任　田　烨（土家族）
第四纪检监察室主任　王　红（土家族，12月任）
案件管理室主任　史天舜（土家族）
第一纪工委副书记　张　明（土家族）
第三纪工委综合办主任　王　红
（土家族，12月离任）
第三纪工委副书记　覃　军（土家族）
第四纪工委书记　张　波（土家族）
第五纪工委副书记　陈　立（土家族）
县行政投诉中心副主任　张玉阶（土家族）
第一纪工委综合办主任　肖德强
第二纪工委监察分局综合办公室主任
杨爱军（10月任）
第三纪工委监察分局综合办公室主任
杨旭琴（10月任）
第四纪工委综合办主任　李　进（土家族）
第五纪工委综合办主任　覃文军
（土家族，10月离任）
县非公经济中心主任　陈　颖
（女，仡佬族，6月任）

中共德江县委组织部

县委常委、组织部部长　唐　虹（女，土家族）
常务副部长　黎兴权（土家族，8月离任）
杨绪刚（11月任）
副　部　长　窦先科（土家族，8月离任）
何开阳（土家族，8月离任）
郎　彪（土家族，8月离任）
杨绪刚（8月任，11月离任）
叶支辉（8月任）
柳仁强（8月离任）
朱黔中（10月任）
张健慧（11月任）
杨　波（土家族）
非公委员会书记　郎　彪（8月离任）

党代会常任制办公室主任　陈启芳
（土家族，12月离任）
远程教育中心主任　赵　凯（土家族）
干部监督室主任　丁应友（土家族）
县委党建办主任　杨　森（土家族）

中共德江县委宣传部

县委常委、宣传部部长　张　勇（土家族，1月离任）
杨洪波（1月任）
常务副部长　吴乡中（傈僳族，8月离任）
副　部　长　冯建洪（土家族）
县精神文明建设指导委员会办公室主任
张怀强（土家族，3月任）
县对外宣传办公室专职副主任　李建华（5月任）
德江网站站长　崔　松（土家族，8月离任）
德江县通讯中心总编　张著盖
德江县通讯中心副总编　崔　杰　周晓波

中共德江县委统战部

县委常委、统战部部长　杨洪波（土家族，1月离任）
唐　虹（女，土家族，1月任）
常务副部长　肖　刚（土家族）
副部长、县台办主任　李　毅（土家族，8月离任）
专职纪检员（副科级）　杨晓松（土家族，8月离任）
郑　洲（土家族，10月任）

中共德江县委党校

县委常委、县委党校校长　唐　虹（女，土家族）
常务副校长　张清平
副　校　长　杨明康　冯宣华
纪委书记　李　毅（8月任）
专职纪检员　全太碧
办公室主任　张　铭（8月任）
学员管理处主任　吴江红（女，10月任）
科研处主任　李连国（10月任）

中共德江县直属机关工作委员会

书　记　安庶民

常务副书记　陈启芳
县直机关纪工委书记　王昭茂

中共德江县委群众工作部（县信访局）
部　　长　黄继荣（县委副书记兼，5月离任）
　　　　　陈廷相（11月任）
常务副部长（局长）　田景猛（土家族）
副部长（副局长）　黄彦宇（土家族）
县群众工作中心主任　陈　江（土家族）

中共德江县委离退休干部工作局
局　　长　何开阳（8月离任）
　　　　　柳仁强（8月任）
副 局 长　李　超　赵德英（8月任）

县机构编制委员会办公室
主　　任　冯胜学（土家族）
副 主 任　陈士武（土家族）
　　　　　彭　勇（土家族，2月任）
县机构编制政务信息局局长　向　乾（土家族）
县事业单位登记管理局局长　陈士武（土家族，兼任）
事业单位登记管理局副局长　张胜利（女，土家族）

县老年大学
校　　长　舒大荣（土家族，8月离任）
　　　　　何　兵（8月任）
副 校 长　何露娟（女，土家族，8月离任）
　　　　　程　香（女，8月任）

中共德江县委党史研究室
主　　任　冉光电（8月离任）
　　　　　罗仕进（8月任）
副 主 任　张玉泉（土家族）军事机构

军事机构

县人民武装部
第一书记　张珍强（土家族，2月离任）
　　　　　商友江（3月任）
书记、政委　李志军
部　　长　赵利虎
副 部 长　张连奎（3月离任）
军事科长　张连奎（兼，3月离任）
政工科长　车才兵
后勤科长　钟正军（3月离任）
　　　　　王　超（7月任）

武警德江县中队
中 队 长　龙德伟（8月离任）
　　　　　林中鹏（8月任）
政治指导员　周　同
排　　长　张超伟

县公安消防中队
党委书记、政治教导员　陈　锐（11月离任）
　　　　　　　　　　　罗　强（11月任）
大 队 长　伍贵川（11月离任）
　　　　　张天盛（11月任）

政法系统

中共德江县委政法委员会
县委常委、县政法委书记　陈廷相（苗族）
常务副书记　杨通军（土家族）
副 书 记　蔡文献（土家族）
政工科科长　晏　雄（土家族）
县综治办主任　王开贵（土家族）
县维稳办副主任　敖　强（土家族）
县国家安全科科长　杨正斌（土家族）
办公室主任　王晖权（土家族，3月离任）
县委610办专职副主任　张玉江（土家族，4月任）
执法监督科（涉法涉诉信访科）科长
　　　　　　　　王守明（土家族，4月任）
纪检室专职纪检员　尹显智

县人民法院

党组书记、院　长　杨政森（侗族，9月离任）
毛明生（仡佬族，9月任）
党组成员、常务副院长　安　俊（土家族）
党组成员、副院长　何平娥（女，土家族）
党组成员、纪检组长　安宗进（土家族）
党组成员、机关党委书记　樊建江（土家族）
党组成员、执行工作局局长　张金钱（土家族）
党组成员、政工科科长　安祥能（土家族）
办公室主任　杜　江（土家族）
研究室主任　陈　健（土家族）
技术办主任　田　广
执行工作局副局长　杨秀海（土家族）
高腾超（土家族）
专职审委会委员　何露华（土家族）
立案一庭庭长　申修文（土家族）
立案二庭庭长　靳　蔚（1月任）
审判委员会办公室主任　黎　明（土家族）
行政庭庭长　何　飞（土家族，5月任）
刑庭庭长　牟　华（土家族）
少年庭庭长　田　宏（土家族）
监察室主任　王治荣（土家族）
道交庭庭长　陈良文（土家族）
民二庭庭长　张月明（土家族）
民二庭副庭长　曹志强（土家族）
审监庭庭长　卢　虔（土家族）
审管办主任　赵广慧（土家族）
法警队队长　欧　平（土家族）
法警队副队长　霍加勇（土家族）
青龙法庭庭长　杜执文（土家族）
煎茶法庭庭长　明臣强（土家族）
平原法庭庭长　钟正林（土家族）
龙泉法庭庭长　张旭东（土家族）
共和法庭庭长　赵德文（土家族）
枫溪法庭庭长　文　渔（土家族）
长丰法庭庭长　罗　蛟（土家族）
稳坪法庭庭长　郑冬冉

县人民检察院

党组书记、检察长　罗　勇（9月离任）
党组书记、代理检察长　陈毓瑞（侗族，9月任）
党组成员、副检察长　曹永安（土家族）
杨　飞（土家族）
郑清跃（土家族，8月任）
党组成员、政工科长　徐安敏（侗族）
党组成员、纪检组长　黄佐周（土家族）
党组成员、反渎局局长　沈祖波（土家族）
反贪局副局长　任　毅（土家族，主持工作）
马良超（土家族）
专职检委会委员、侦监科科长　苏畅光（土家族）
专职检委会委员、民行科科长　李先赋（土家族）
反渎局副局长　黎华强（土家族）
预防局局长　田茂渊（土家族）
办公室主任　文玉杰（土家族）
控申科科长　黄文君（侗族）
执检局局长　严天金（土家族）
纪检监察室主任　陈　东（土家族）
侦监科科长　张金银
公诉科科长、未成年检察办公室主任　孙　翔
案件管理办公室主任　张志伟（土家族）

县公安局

党委书记、局长　陈廷相（苗族，兼，12月离任）
符建康（12月任）
县人民政府公安机关督察长
陈廷相（苗族，兼，12月离任）
符建康（12月任）
党委副书记、政委　符建康（12月离任）
石　强（12月任）
党委委员、副局长　杨　进（土家族）
曹永华（土家族）
李　进（土家族）
张　旭（土家族）
王治军（土家族）
党委委员、纪委书记（兼纪检监察室主任）
唐诗勇（土家族）
党委委员、政工室主任　邓守明（土家族）

党委委员、治安大队长　郑国川（土家族）
党委委员、督察大队长　游万洋（土家族）
党委委员、指挥中心（办公室）主任
　　梁中瑜（1月任）
党委委员、刑事侦查大队大队长
　　安云鸿（1月任）
党委委员、特巡警大队大队长　文　海（1月任）
党委委员、交警大队大队长　王　江（土家族）
党委委员、消防大队 教导员　彭　勇

县公安局交通警察大队

大 队 长　王江（土家族）
教 导 员　秦亿洲（土家族）
副大队长　安　民（土家族）
　　姜　勇（土家族）

县司法局

党组书记、局长　张　劲（土家族）
副　局　长　王松江（苗族）
　　陈　勇
　　覃永权
　　冉隆清（8月任）
政工科科长　许　忠
纪 检 组 长　安　轩
依法治理办公室专职副主任　杨　强（3月任）

民主党派·群众组织

民革铜仁市直属德江县支部

主 任 委 员　胡国仁
副主任委员　陈　琴（女）
委　　　员　党世奇

农工党铜仁市委德江县党支部

主 任 委 员　张观安
副主任委员　张文娥（女）
委　　　员　张金刚

民进贵州省委德江县党支部

副主任委员　安　全（主持工作）
委　　员　苏　俊　刘　兰（女）

县总工会

主　　席　郑国文（土家族，兼）
党组书记、副主席　黎忠孝（土家族，8月离任）
　　文玉清（8月任）
党组成员、副主席　李　剑（土家族）
　　田　荣（8月任）

共青团德江县委员会

书　　记　张　琴（女，苗族，6月离任）
　　殷修杰（6月任）
副 书 记　李治璞（8月离任）

县妇女联合会

主　　席　胡志容（女，土家族）
副 主 席　黎俸伶（女，土家族）

县工商业联合会（商会）

党组书记　肖　刚（土家族）
主　　席　陈　琳（女，土家族，9月离任）
　　胡国仁（土家族，9月任）
副书记、副主席　安　琼（女，8月离任）
　　陶明富（土家族，8月任）
秘 书 长　张　万（土家族，9月任）

县文学艺术界联合会

主　　席　田宏忠（5月任）
副 主 席　李建华（土家族，5月离任）
　　张运典（5月任）

县残疾人联合会

理 事 长　冯　桦（土家族）
副理事长　熊爱凌（土家族）

县红十字会

会　　长　赵贡良（兼）
副 会 长　张文娥（女，土家族）
　　　　　杨万琴（女）

县科学技术协会

主　　席　何　斌（土家族，8月离任）
　　　　　王太彩（8月任）
副 主 席　张　鸣（土家族）

县计划生育协会（执行副会长为法人代表、正科级）

会　　长　唐诗雄（土家族，兼）
执行副会长　吴安怀（土家族）
秘 书 长　何　强（土家族）

德江县关工委

名誉主任　郭静梅
主　　任　陈泽芳
副 主 任　谭正文　田应植　邢湘柚
　　　　　冉隆明　何开阳（8月离任）
秘 书 长　张　杰

德江县老年体协

名誉主席　李家伦（12月任）
名誉副主席　田应植（12月任）李家伦（12月离）
主　　席　张羽龙
副 主 席　赵武章　　田应植
　　　　　何开阳（8月离任）　董仕华
秘 书 长　李　华

县人民政府各工作部门

县人民政府办公室

党组书记、主任　王玲海（9月离任）
　　　　　　　　杨晓军（9月任）
常务副主任　彭　娅（女，10月离任）
副　主　任　舒小平
　　　　　　王雄远（土家族）
　　　　　　田宏忠（土家族）
　　　　　　许　可（土家族）
　　　　　　杨晓松
　　　　　　杨绪刚（土家族，8月离任）
　　　　　　王　标（5月任）
　　　　　　王晖权（3月任）
机关党委书记　郭　斌（土家族）
纪检组长　吴高升
国教办主任　郭少美（3月）
法制办主任　何　彪（土家族）
人防办主任　黎启洋
外事侨务办主任　沈　微（女，土家族）
应急办副主任　周芝廷
国防办副主任　夏应奎（土家族，11月离任）
电子政务信息管理办主任　胡加余
金融办主任　舒小平（土家族）
金融办副主任　江才进（4月任）
督查室主任　胡茂辉（8月离任）
　　　　　　胡茂华（8月任）
县烤烟生产办公室主任　杨正涛
县烤烟生产办公室副主任　卢应周

县发展和改革局

党组书记、局长　李贵泽（土家族，8月离任）
　　　　　　　　张清雄（8月任）
常务副局长　周国刚（土家族，8月任）
副　局　长　郝志强（土家族）
　　　　　　周国刚（土家族，8月离任）
　　　　　　王章辉（苗族）
局党组成员　肖　斌（土家族）
　　　　　　肖　立（土家族）
县交通枢纽办主任　谢应豪（土家族）
副　主　任　陈　杰（土家族，12月任）
局机关党委书记　何　军（土家族）
纪检组长　田跃龙（土家族，7月任）
副科级纪检员　李　明（土家族）
县重大项目办主任　王家烈（土家族）
节能减排办监察办公室主任　杨维（土家族）

县教育局

党组书记、局长　郑　刚
党组副书记、纪检组长　姜国标
党组成员、副局长、县人民政府正科级督学
　王贵川
党组成员、副局长　冉红琼（女）
党组成员、县招生考试委员会主任　贺　飞
党组成员、机关党委书记　彭占朝
副　局　长　袁　忠
县人民政府正科级督学　胡安明
党 组 成 员　王　强　陈小波

县民政局

党组书记、局长　周　民（土家族）
党组成员、纪检组长　张　毅
党组成员、副局长　赵武宣（土家族）
　魏　忠（土家族）
　覃进东（土家族）
党组成员、纪检员　朱文友
县社会救助局局长　覃进东（兼）
县殡葬执法大队队长　魏　忠（兼）
党组成员、县老龄工作委员会办公室主任
　董世平（土家族）
县老龄工作委员会办公室副主任
　田光强（土家族，5月任）
　何露娟（女，土家族，7月任）

县财政局

党组书记、局长　覃　伟
党组成员、常务副局长　牟长进
副　局　长　张清高
　王安常（3月任）
党组成员、纪检组长　许明生
党组成员、机关党委书记　冉景仁
党组成员、非税收入管理局局长
　李庆生（10月离任）
　徐　洲（10月任）
农发办（基财局）主任（局长）　叶智明（5月任）
国库集中支付局局长　蒋可芳

县国土资源局

党组书记、局长　陈献国（土家族）
常务副局长　逄雪莉（女，土家族）
局党组成员　杨如海（土家族）
副　局　长　付启昌（土家族）
　冉茂梁（土家族）
纪 检 组 长　安永文（土家族，11月离任）
　任　毅（11月任）
局机关党委书记　冉光先（土家族）
地开发整理中心主任　袁　洋

县卫生和计划生育局

党组书记、局长　张羽初
副书记、副局长　赵连武
党组成员、副局长　余伦深　张月分
　安　剑（8月任）
党组成员、纪检组长　安永福（8月离任）
　姜　勇（8月任）
党组成员、局机关党委书记　郑　洲（10月离任）
党组成员、副科纪检员　文　江
党 组 成 员　吴安怀　张永红　邓应高
　王雪琴（女）
县新型农村合作医疗管理局局长
　王雪琴（女，土家族）
县人口和计划生育执法大队队长　覃信红
县流动人口管理办公室主任　刘　勇

县市场监督管理局

党组书记、局长　尹良周（土家族）
副书记、副局长　郑劲松（土家族）
党组成员、副局长　冯丽川（土家族）
　张　强（土家族）
　庹江松（土家族）
党组成员、纪检组长　邓明慧（土家族）
党组成员、纪检员　邓应刚（土家族）
综合执法大队大队长　胡　军（土家族）

县产品质量管理服务办公室主任
鲁加明（土家族）
青龙分局局长　刘廷勇（土家族）
玉水分局局长　何俐桦（女、土家族）
煎茶分局局长　张　坤（土家族）
长堡分局局长　彭　军（土家族）
高山分局局长　田茂胜（土家族）
稳坪分局局长　李　军（土家族）

县审计局

党组书记　熊　江（土家族）
局　　长　苏畅游（土家族）
副 局 长　王　康（土家族）
冯政修（土家族）
党组成员、纪检组长　杨　东（土家族）
党组成员、副科级纪检员　罗　勇（土家族）
县经济责任审计联席会议办公室主任
宁红萍（土家族）
县固定资产投资审计评审中心主任
覃晓峰（土家族）

县统计局

党组书记、局长　熊文强（土家族）
副　局　长　梁祖平（苗族）
杨　清（土家族）
乡镇统计管理办公室主任　刘时元（苗族）
乡镇统计管理办公室副任主　胥　慧（女，土家族）
纪 检 组 长　沈亚军（土家族）
纪　检　员　万利和（女，土家族）
县统计执法大队大队长　张翊峰（土家族）

县工业和商务局

党组书记、局长　吴　强
党组成员、常务副局长　张翔安（8月任）
党组成员、副局长　刘　英（女）
樊鋆智
王信丰
党组成员、纪检组长　罗时庆
党组成员、正科纪检员　袁仕雄
党组成员、机关党委书记　王　勋

县交通运输局

党组书记、局长　彭　豪（8月任）
党组副书记、纪检组长　王安常（土家族，7月离任）
党组成员、副局长　张翔安
王昭义（土家族）
吴茂平（土家族）
党组成员、副局长、道路运输局局长　邓邵彬
党组成员、公路管理所所长　代泽容
党组成员、纪检组组长　丁　远（7月任）
党组成员、海事航务管理处处长
张玉泉（土家族）
党组成员、机关党委书记　张　方（土家族）
党组成员、副科级纪检员　何世康（土家族）

县水务局

党组书记、局长　陈　东
党组副书记、纪检组长　牟钦佑
党组成员、县重点水源工程建设管理局局长
全　伟
党组成员、长丰水库管理局局长　李桂刚
副　局　长　唐金刘江
机关党委书记　安高智
水政监察执法大队大队长　文　杰

县住房和城乡建设局（县规划局）

党组书记、局长　张奠国（土家族，8月离任）
曹碧瑜（8月任）
党组副书记、副局长　周林（土家族，4月离任）
党组成员、纪检组长　王显江（土家族）
党组成员、常务副局长　苏　彤（土家族）
党组成员、副局长　安　武（4月任）
王时斌（4月任）
副　局　长　左应高（8月离任）
机关党委书记　安红梅（女，土家族）

县环境保护局

党组书记、局长　黎　明（8月离任）

王　高（8月任）

党组成员、副局长　陈　畅（女）

张　文（3月离任）

李　武（7月任）

杨　飞

县环境监察大队大队长　冯　喜

县农牧科技局

党组书记、局长　周应龙（土家族）

党组副书记、副局长　杨小刚（土家族，9月离任）

党组成员、副局长、县畜牧业发展中心主任

唐永刚（土家族）

党组副书记、局纪检组长　张　波（土家族）

党组成员、副局长　张　黔（土家族）

党组成员、县科学技术服务中心主任

曹永直（土家族）

党组成员、正科级纪检员　李　旭（土家族）

党组成员、县茶叶产业发展办公室主任

李前方（土家族）

县畜牧业发展中心副主任　赵武林（土家族）

舒大华（土家族）

县农业产业发展办公室主任　姜　明（土家族）

县农业机械服务中心主任　覃安德（土家族）

县科学技术服务中心副主任　彭成江（土家族）

张运典（土家族，5月离任）

县农业资源区划研究中心主任　张玉生（土家族）

县动物疫病防控中心主任　陈洪强（土家族）

县动物卫生监督所所长　陈启伟（土家族）

县科技管理办公室主任（副科级）

覃　芳（女、土家族，7月任）

县科技服务中心副主任

杨晓红（女，土家族，8月任）

林业局

局　　长　罗兴伦（3月离任）

潘　辉（3月任）

副 局 长　潘俊峰　安　基

纪检组长　谢真来（4月任）

县文体广电新闻出版旅游局（县版权局）

（2016年7月，县广播电视台完成体制改革，从县文体广电新闻出版旅游局分离出来，升级为正科级事业机构，其宣传业务归口县委宣传部管理，县文体广电新闻出版旅游局实行行业管理）

党组书记、局长　罗仕进（8月离任）

冯国涛（女，8月任）

党组成员、副局长　曹永阳（土家族）

郎兴进（土家族，8月离任）

郑舟芬（女，土家族，8月离任）

张艳想（女，8月任）

局机关党委书记　沈应雄（土家族，8月离任）

党组成员、纪检组长　秦朝文（12月任职）

党组成员、文化市场综合执法大队队长

何先波（土家族）

县文物局局长　冯　猛（土家族）

县广播电视台　2016年7月，县广播电视台完成体制改革，从县文体广电新闻出版旅游局分离出来，升级为正科级事业机构，其宣传业务归口县委宣传部管理，县文体广电新闻出版旅游局实行行业管理。办公地点从县文体广电新闻出版旅游局搬迁至钟山路原粮食局办公楼办公，由原台长赵尚勇（副科级）主持工作，配备副台长1名。全台有职工35人，其中正式在编人员18人，下设新闻部、栏目部、总编室、办公室、广告部，

台　　长　（空缺）

副 台 长　赵尚勇（主持工作）

陈　俊（7月任）

县旅游产业发展办公室

主　　任　郎兴进（8月离任）

王伟时（10月任）

副 主 任　郑舟芬（女，2月离任）

李陈涓（女，5月任）

县安全生产监督管理局

党组书记　田　龙（土家族，8月离任）
　　　　　张羽飞（8月任）
局　　长　田　龙（土家族，8月离任）
　　　　　马　静（女，8月任）
党组成员、副局长　王　强（土家族，8月离任）
　　　　　　　　　安祥谦
　　　　　　　　　余毅刚（土家族）
　　　　　　　　　杨再进（8月任）
党组成员、纪检组长　张连江（土家族）
党组成员、副科级纪检员　张少锋（土家族）
执法监察大队长　田　湖（5月任）

县人力资源和社会保障

党组书记、局长　窦先科（土家族，8月离任）
　　　　　　　　叶支辉（8月任）
党组成员、副局长　张金怀（土家族）
　　　　　　　　　杜方胜（土家族）
党组成员、副科级纪检员　唐桂英（女，土家族）
党组成员、就业局局长　郑劲松
党组成员、社保局局长　田光强（土家族，4月离任）
　　　　　　　　　　　曹川涛（4月任）
党组成员、劳动保障监察大队大队长
　　　　　　　　　　　黄佳强（土家族）
党组成员、劳动人事争议仲裁院院长
　　　　　　　　　　　杜方胜（土家族）
劳动人事争议仲裁院院长　杨正权
纪检组组长　吴　杰

县民族和宗教事务局

党组书记、局长　安　康（土家族，8月离任）
　　　　　　　　王伟时（8月任）
党组成员、副局长　陈晓东（土家族）
党组成员、纪检组长　任　毅
　　　　　　　　（女，土家族，11月离任）
纪　检　员　安知明（土家族）

县城市管理局

党组书记、局长　曹　峰（3离任）
　　　　　　　　李剑锋（3月任）
党组成员、副局长　丁　远（8月离任）
　　　　　　　　　周国志（3月任）
　　　　　　　　　覃壮军（8月任）

县扶贫开发办公室

党组书记、主任　朱黔中（土家族）
党组成员、副主任　杨晓江（土家族）
　　　　　　　　　王亚东（土家族）
党组成员、纪检组长　高腾彪（土家族）
外资项目管理中心主任　袁　毅（土家族，1月任）
特色产业发展办公室主任　汪世强（土家族）

县档案局（方志办、档案馆）

党组书记　周　伟（土家族）
局　　长（主任、馆长）
　　　　　周　伟（土家族，10月离任）
　　　　　彭　娅（女，土家族，10月任）
副局长（副主任、副馆长）
　　　　　简茂英（女，土家族）
　　　　　黄　敏（女，土家族）
纪检组长　何东乾（土家族）
纪 检 员　袁　海（土家族）

县水库和生态移民局

党组书记、局长　熊羽张（土家族）
党组成员、副局长　李应飞（土家族）
　　　　　　　　　余廷安（土家族）
　　　　　　　　　刘　坤
党组成员、纪检组长　赵光仙（女、土家族）
党组成员、纪检员　杨祖江（土家族）

县供销合作社联合社

党组书记、主任　陈社强（土家族）
副 主 任　安世新（土家族）
县供销社机关党委书记　牟新强（土家族）
纪检组长　杨通奎（土家族）

县长丰水库管理局

局　　长　李桂刚（土家族）
副 局 长　陈德彪（土家族）
　　　　　龚　盛（苗族）

县投资促进局

党组书记、局长　赵　云（8月任）
副 局 长　胡胜强（土家族）
　　　　　杜典辉（土家族）
　　　　　冉江林（土家族）
　　　　　李　虹（女，土家族）
　　　　　史天成（土家族）
纪检组长　安智芬（女，土家族）

县白果坨国家湿地公园管理局

局　　长　何正江（土家族）
副 局 长　安江怀
　　　　　何　标（土家族，5月任）
　　　　　全太军（土家族，5月任）
专职纪检员　覃丽娟（女，土家族）

县人民政府政务服务中心

主　　任　徐　玺
副 主 任　韩山猛
　　　　　胡逸风（8月离任）
专职纪检员　安　爱

县公共资源交易中心（县产权交易中心）

党组书记、主任　黎　潜
党组成员、副主任　邹　杨　吴正波
党组成员、纪检组长　王　江

县机关事务管理局

党组书记　黄永红（女，土家族）
局　　长　杜秋成（女，土家族）
副 局 长　冉光辉
　　　　　李绍森
　　　　　田江龙（4月至8月）
纪检组长　简黔东

县第一中学

县政协副主席、校长　张观安（土家族，2月离任）
校　　长　陈小波（3月任）
副 校 长　汪小华（土家族，2月离任）
　　　　　罗君飞（土家族）
　　　　　李　波（土家族，3月任）
　　　　　张红月（土家族，6月任）
机关党委书记　周　婧（女，苗族，5月离任）
纪检监察员　周绍丽（女，6月任）

县第二中学

校　　长　杨战娇
副 校 长　扶仕能（6月离任）
　　　　　张赤金、李波（3月离任）
　　　　　周　婧（女，苗族，5月任）
　　　　　史晓峰（5月任）

县民族中学

校　　长　张连武（5月离任）
　　　　　张　黔（5月任）
副 校 长　吴　斌（5月离任）
　　　　　张　黔（5月离任）
　　　　　宋天芬（女）
　　　　　熊　进（5月任）
机关党委书记　熊　进
专职纪检员　谭　军（5月任）

县煎茶中学

校　　长　杨　飞（土家族，9月离任）
　　　　　冉光跃（土家族，9月任）
副 校 长　王永塘（土家族）
　　　　　刘凤珍（土家族，5月离任）
　　　　　李旭光（土家族，5月任）
　　　　　张羽江（土家族，5月任）
机关党委书记　高应瑜（土家族）
专职纪检监察员　樊永军（汉族，5月任）

县实验中学

校　　长　陈小波（土家族，5月离任）

　　　　　刘　君（土家族，5月任）

副 校 长　刘　君（土家族，5月离任）

　　　　　苏克强（土家族）

　　　　　张金桥（土家族，5月离任）

专职纪检监察员　申修飞（5月任）

县思源实验学校

校　　长　安　全

副 校 长　张月臣　冉龙修　田茂会

县中等职业学校

校　　长　王　强（土家族）

副 校 长　杨建宣（土家族）

　　　　　王明标（土家族）

　　　　　杨　飞（土家族，9月任）

专职纪检员　田剑波（土家族，3月任）

县卫生监督局

局（所）长　何承东（土家族）

副局（所）长　尹　玲（女，土家族）

　　　　　　　安　剑（8月离任）

县人民医院

院　　长　张永红

副 院 长　覃礼忠　赵国兵

　　　　　苏　俊　肖　雪

机关党委书记　代　江

县民族中医院

院　　长　田永松

副 院 长　向中毫（7月离任）　张惠鹏

　　　　　杨殿忠　曾凡勇（7月任）

专职纪检员　张观刚

县疾病预防控制中心

主　　任　邓应高（土家族）

副 主 任　田剑波（土家族，3月离任）

　　　　　张小飞（土家族）

　　　　　陈　锐（5月任）

县计划生育技术服务指导中心（县妇幼保健院）

主　　任（院长）　陈　琴（女，土家族）

副 主 任（副院长）　张　波（土家族）

　　　　　　　　　　张　妮（女，彝族）

　　　　　　　　　　张　莉（女，6月任）

贵州德江经济开发区党工委、管委会

2016年，贵州德江经济开发区设党工委、管委会机构名称未变。党工委书记、管委会主任仍由县长兼任；设常务副主任1名（副县长级、同时担任党工委副书记）；副主任1名（副县长级）纪工委书记1名（副县长级）。8月，对贵州德江经济开发区内设机构进行调整，将经济发展局更名为经济发展办公室，将规划建设局、国土资源局合并组建规划建设与国土资源局，另设招商引资中心、环境保护和安全监督局、社会事务办公室；设总工会。

党工委书记、主任　商友江（兼，3月离任）

　　　　　　　　　秦智坤（兼，3月任）

副书记、常务副主任　郑国文（兼，10月离任）

副书记、副主任　周　骥（10月任）

党工委委员、副主任　邹桂萍（女）

党工委委员、纪工委书记　王毅昭（1月任）

党政办公室主任　田　华（8月离任）

　　　　　　　　熊　刚（10月任）

党政办公室副主任　张　青（8月任）

纪工委监察室主任　田　光

经济发展办公室　（空缺）

规划建设与国土资源局局长　安　武（10月任）

规划建设与国土资源局副局长　刘能武

招商引资中心　（空缺）

环境保护和安全监督局　（空缺）

社会事务办公室副主任　郑舟芬（8月任）

总工会主席　郑国文
经开区经济发展局局长　周国刚（8月离任）
经开区规划建设局局长　苏　彤（土家族，8月离任）
经开区国土资源局局长　逄雪莉（女，8月离任）
国土资源局副局长　刘能武（8月离任）
贵州强德实业投资有限责任公司总经理　杜尚奎

驻县垂直管理单位

县国家税务局

党组书记、局长　曾　广
党组成员、副局长　杜典山（土家族，10月离任）
　　　　　　　　　牟　华（土家族）
　　　　　　　　　代　林（土家族）
　　　　　　　　　杨　强（土家族）
纪检组长　池雪琴（女，土家族，11月离任）
　　　　　邹书友（11任）
县国家税务局稽查局局长　李少华
青龙税务分局局长　张　强（3月任）
长堡税务分局局长　张金祥
煎茶税务分局局长　李正军（3月任）

县地方税务局

党组书记、局长　吴胜强（侗族）
党组成员、副局长　唐　飞（土家族）
　　　　　　　　　田学进（土家族）
纪 检 组 长　罗君山（土家族，9月离任）
县地方税务局一分局局长　杨红霞（女）
县地方税务局二分局局长　黄会江（土家族）
县地方税务局三分局局长　冯万清（土家族）
县地方税务局四分局局长　张云江（土家族）
县地方税务局五分局局长　王文清（土家族）

县气象局

局　长　李晓龙（12月任）
副局长　邓天强（土家族）
县防灾减灾中心主任　陈　震
县气象台台长　贺　东

德江公路管理段

段　　长　黄　健（土家族）
段工会主席　贺富强（土家族）

县烟草专卖局（分公司）

党组书记、局长（经理）　熊承飞（侗族）
党组成员、副经理　刘永俊（侗族）
　　　　　　　　　马云飞（1月任）
党组成员、副局长　何　涛（1月任）
党组成员、副局长、纪检组长　陈楚越（土家族）

德江供电局

局　　长　张玉贤（土家族）
党总支书记　田景江（土家族）
副 局 长　胡茂鸿（土家族）　郑守强
　　　　　陈　泉（土家族）

德江银监办事处

主　　任　邬谱章

中国人民银行德江县支行

党组书记、行长　田　野
副 行 长　杨翎军　周正和
纪检组长　杨翎军

中国农业银行股份有限公司德江县支行

党委书记、行长　赵汝常（7月离任）
　　　　　　　　鲁光授（土家族，7月任）
党委委员、副行长　张进红（7月离任）
　　　　　　　　　王江华（土家族）
　　　　　　　　　詹　思（女，土家族，3月任）
纪委书记　张毓辉（3月离任）
　　　　　詹　思（女，土家族，3月任）

中国工商银行股份有限公司德江支行

行　　长　杨　超
副 行 长　曾昭红　史红卫（女）
行长助理　段建秋（女）

中国农业发展银行德江县支行

行　　长　陈　龙（穿青族人，7月离任）

副 行 长　田　朗

贵州银行德江支行

行　　长　谢麒麟（10月离任）

　　　　　黄仁珺（10月任）

副 行 长　张　黔

贵阳银行德江支行

3月31日正式开业。内设营业部、综合管理部、市场金融部、零售金融部、农村金融部

行　　长　张进红

副 行 长　张毓飞

中国邮政储蓄银行德江县支行

行　　长　周　涛

县农村信用合作联社

党委书记、理事长　李腾飞

联社主任　黄永禄

纪委书记、监事长　周忠灿

党委委员、副主任　叶德绪

　　　　　　　　　廖顺涛（2月任）

　　　　　　　　　董泽江（7月任）

　　　　　　　　　覃礼军（7月离任）

联社风险总监　陈　波

中国人寿保险股份有限公司德江支公司

公司经理　孟　伟

中国人民财产保险股份有限公司德江支公司

经　　理　杨正权（8月离任）

副 经 理　龙智银（8月任）

理赔部经理　陈文兰（女）

业务部经理　王太刚

中国人寿财产保险股份有限公司

（简称“中国人寿财险”）

经　　理　黄　超

经理助理　姚祖霞

住房公积金德江管理部

主　　任　殷德奎（土家族）

副 主 任　张艾琳（女，土家族）

　　　　　刘鹏飞

中国邮政集团公司贵州省德江县分公司

局　　长　林　丽（女）

副 局 长　杨勇军

中国电信股份有限公司德江分公司

经　　理　李正隆

副 经 理　高江华　宋顺执

中国移动德江分公司

经　　理　石松江（苗族）

副 经 理　龙佑敏（女，苗族）

中国联通德江分公司

经　　理　曾纪瑜（苗族）

贵州省广电网络德江县分公司

经　　理　文崇辉

副 经 理　陈德文　何联联

县盐业公司

执行董事、经理　徐海波

副 经 理　沈小华

办公室主任　田　江

德江石油分公司

经　　理　邹　海

经理助理　张亚军

贵州工程职业学院

校　　长　戴　伟
党委书记、常务副校长　田一平（女，兼）
副 校 长　黄贻培　李　雷　万　兵
办公室主任　周之兰（女）

乌江农林经济学院

党总支书记　邓崇权
副 院 长　赵成刚（主持工作）
　　　　　王红兵　郑　刚

乡、镇、街道

青龙街道

党工委书记　张观光（土家族，8月离任）
　　　　　龚世朝（苗族，8月任）
副书记、主任　曹川涛（土家族，4月离任）
　　　　　张　文（土家族，4月任）
人大工委主任　金汉平（3月任）
政协工作联络组主任　吴　彪（苗族，2月任）
党工委副书记　吴　彪（苗族，2月离任）
纪工委书记　安仁民（土家族，2月任）
政法书记　郑伯银（土家族，8月离）
武装部长　张　鑫（土家族）
组织委员、统战委员　吴海飙（土家族，8离任）
宣传委员　逯　玮（女，汉族，8月离任）
　　　　　安　琼（女，土家族，8月任）
副 主 任　史天涛（土家族，8月离任）
　　　　　李　武（土家族，8月离任）
　　　　　姚　慧（女，8月任）
　　　　　陈　伦（土家族，8月任）
　　　　　李　俊（土家族，8月任）
党建综合部部长　杜国峰（土家族）
群众工作部部长　刘　标（土家族）
农村服务部部长　王　斌（土家族）
计生协会专职副会长　李振宇（土家族）
综治办专职副主任　王　华（土家族）
社会事务部部长　先余琴（土家族，5月任）
派出所所长　吕　彪（土家族）
城市服务部部长　杨贵生（土家族，5月任）

玉水街道

书　　记　彭　豪（6月离任）
　　　　　伍建华（6月任）
副书记、主任　伍建华（6月离任）
　　　　　梁祖斌（8月任）
人大工委主任　安正荣
政协工作联络组主任　邓　平（1月任）
副 书 记　李剑锋（3月离任）
　　　　　吴海飙（8月任）
政法委书记　梁祖斌（8月离任）
　　　　　胡茂波（8月任）
纪工委书记　罗　成（8月离任）
武装部长　高黔海
组织委员、统战委员　彭　震
办事处副主任　文　权
　　　　　牟真琴（8月任）
　　　　　曹　勇（8月任）
党工委委员　彭明亮
计生协会专职副会长　杨晓红（8月离任）
财政分局局长　田　锋
党建综合部部长　罗　君
农村服务部部长　宋治平（女）
城市服务部部长　黄　春（8月离任）
社会事务部部长　王　骏
群众工作部部长　陈　勇

煎茶镇

书　　记　冉茂邦（土家族，8月离任）
　　　　　吴　飞（土家族，8月任，11月离任）
　　　　　罗　军（土家族，11月任）
副书记、镇长　何　松（土家族）
人大主席　安宗强（土家族，8月离任）
　　　　　庹江林（土家族，8月任）
政协工作联络组主任　吴高云
党委副书记　胡茂波（土家族，8月离任）

陈　颖（仡佬族，8月任）
政法委书记　胡茂波（土家族，8月离任）
陈　颖（仡佬族，8月任）
纪委书记　周　宁（土家族，8月离任）
肖　勇（土家族，8月任）
武装部长　李　进（土家族）
组织委员　王　标（土家族，5月离任）
冯胜强（土家族，8月任）
副 镇 长　李　进（土家族）
樊　波（土家族）
董　剑（土家族，8月离任）
刘　波（8月离任）
张玉军（8月任）
张树立（8月任）
谭雪松（土家族，8月任）
人大副主席　龚敏娜（苗族，10月任）

稳坪镇

书　　记　龚世朝（8月离任）
陈　彪（8月任）
副书记、镇长　黄朝强
人大主席　曹永才（8月离任）
李　海（8月任）
政协工作联络组主任　杨维平（兼任）
副书记、纪委书记　杨维平（8月离任）
副书记、政法书记　杨维平（8月任）
副 书 记　张玉常（挂职）
组织委员　张健慧（8月离任）
王　杰（8月任）
武装部长　安　懿（8月离任）
樊　波（8月任）
纪委书记　张贵权（8月任）
政法书记　王　杰（8月离任）
人大副主席　黄剑锋（11月任）
副 镇 长　樊　波
肖高信（8月任）
黎　杰（8月任）

潮砥镇

书　　记　张　文（8月离任）
姚青松（苗族，8月任）
副书记、镇长　黄丽洪（女，土家族）。
人大主席　龚尚用（苗族，8月离任）
张金宁（土家族，8月任）
政协联络组主任　张洪（土家族，8月离任）
张晓林（8月兼任）
副书记、纪委书记　龚志龙（苗族，8月离任）
副书记、政法委书记　张晓林（土家族，8月任）
副 书 记　田　荣（土家族，5月挂职）
纪委书记　陈南方（土家族，8月任）
政法委书记　李　海（土家族，8月离任）
武装部长　霍毅龙（3月任，8月离任）
安　懿（土家族，8月任）
组织、宣传、统战委员
杨　嶙（土家族，8月离任）
霍毅龙（8月任）
人大副主席　黄建学（土家族，11月任）
副 镇 长　黎　杰（土家族，8月离任）
张红飞（土家族，8月离任）
安　懿（土家族，11月任）
刘志强（土家族，11月任）
镇长助理　安　勇（土家族）
高　锐（土家族，5月任）
海事所所长　袁才富（土家族）。
社会工作服务中心主任　安义亮（土家族）
农业服务中心主任　安　财（土家族）
财政分局局长　王时坤（土家族）
计生协会专职副会长　黄建学（土家族，8月离任）

枫香溪镇

书　　记　杨晓军（8月离任）
王苏州（8月任）
副书记、镇长　王苏州（8月离任）
田　华（2016年8月任）
人大主席　张治江（8月离任）
史天涛（8月任）

政协工作联络组主任

程　香（1月任，8月离任）

吴仲爱（8月兼任）

副 书 记　吴仲爱

王苏州（8月离任）

邓天江（挂任）

政法委书记　陈南方（8月离任）

吴仲爱（8月任）

纪委书记　吴仲爱（8月离任）

王时江（8月任）

组织、宣传、统战委员　赵　忠（8月离任）

熊怡涓（8月任）

副 镇 长　何能军（6月离任）

王双贵（8月离任）

夏应奎（11月任）

王光明（11月任）

李祖铭（11月任）

武装部长　陈南方（3月离任）

李祖铭（3月任）

复兴镇

书　　记　阳　进

副书记、镇长　安　强（8月离任）

蔡乾宇（8月任）

人大主席　胡茂华（8月离任）

曹永才（8月任）

政协工委主任　彭昭徽（8月任）

副 书 记　彭昭徽（1月任，8月离任）

田江龙（8月任）

纪委书记　彭昭徽（1月任，8月离任）

胡兴奎（8月任）

政法委书记　黄　琪（3月任，8月离任）

田江龙（8月任）

副 镇 长　冉秀英

赵　忠（8月任）

陈　伦（1月任，8月离任）

赵贡胡（1月任，8月离任）

余洪芳（8月任）

组织委员　旷中贵

武装部长　胡兴奎（1月任，8月离任）

赵　忠（8月任）

合兴镇

书　　记　吴　飞（土家族，8月离任）

熊　飞（土家族，8月任，11月离任）

田旭飞（土家族，11月任）

镇　　长　张清霜（女，土家族，8月离任）

何中泉（土家族，11月任）

人大主席　王　涛（苗族）

政协工作联络组主任　余世凯（土家族）

副 书 记　田茂会（土家族，8月离任）

罗　成（苗族，8月任）

纪委书记　田茂会（土家族，8月离任）

吴　华（8月任）

组织委员　袁志利（土家族，8月任）

武装部长　张著勇（土家族，8月离任）

计　刚（土家族，8月任）

副 镇 长　曹　勇（土家族，8月离任）

杨光超（土家族，8月离任）

陈永波（土家族，11月任）

邓和虎（土家族，11月任）

计　刚（土家族，11月任）

刘　梅（女，汉族，11月任）

人大副主席　安　松（土家族，11月任）

社会工作服务中心主任　余墩祥（土家族）

计生协会专职副会长　田三丘（土家族）

农业服务中心主任　陈旭芳（女，土家族）

财政局合兴分局局长　曹　兵（土家族）

综治办专职副主任　郑治权（土家族）

长堡镇

书　　记　文玉清（3月离任）

曹　峰（4月任）

副书记、镇长　覃礼贵

人大主席　赵德英（8月离任）

张治江（8月任）

政协工委主任　田保安
副书记　逯　玮（8月任）
纪委书记　张红飞（8月任）
政法委书记　王时江（8月离任）
逯　玮（8月任）
武装部长　黄天财
组织委员　李禄庆（8月离任）
安明月（8月任）
副 镇 长　解文剑（8月离任）
袁志利（8月离任）
郑　静（11月离任）
杨光超
周　文
黄天财（8月任）
罗　江（8月任）
人大副主席　郑　静（11月任）
社会工作服务中心主任　董　波
农业服务中心主任　唐　娥

泉口镇

书　　记　王伟时（8月离任）
熊　鹤（8月任）
副书记、乡长　熊　鹤（8月离任）
胡茂辉（8月任）
人大主席　冉龙清（8月离任）
彭　林（8月任）
政协工作联络组主任　任军明（8月离任）
先登海（8月兼任）
副 书 记　付　波（8月离任）
先登海（8月任）
纪委书记　唐　轩
政法委书记　先登海（8月任）
武装部长　唐　轩（8月离任）
田青峰（8月任）
副 镇 长　谢江鸿（8月离任）
先登海（8月离任）
陈小丽（8月任）
田青峰（8月任）
文　丁（8月任）
组织委员　杨　嶙（8月任）
人大副主席　文　战（11月任）

高山镇

书　　记　周　文（5月离任）
田　文（8月任）
副书记、镇长　柳仁强（7月离任）
郑伯银（8月任）
人大主席　罗倬飞
政协工作联络组主任　姜　明（兼任）
副 书 记　周小棚（8月离任）
姜　明（8月任）
黄　海（3月挂任）
纪委书记　周小棚（8月离任）
牟永仲（8月任）
政法委书记　蔡乾宇（2月离任）
姜　明（8月任）
武装部长　赵晓宇
副 镇 长　罗　江（8月离任）
周万玲
罗　海
赵晓宇（8月任）
张　龙（11月任）
组织委员　孙　勇（8月任）
人大副主席　张国强（11月任）
人社中心主任　张　红
农业服务中心主任　田世全
财政分局局长　唐正红

平原镇

书　　记　潘　辉（土家族，3月离任）
张　琴（女，苗族，6月任）
副书记、镇长　杨　芬（女，土家族，8月离任）
陈　用（土家族，11月任）
人大主席　郑礼军（苗族，8离任）
余朝轩（土家族，11月任）
政协工作联络组主任

陈　用（土家族，11月离任）
张　杰（土家族，11月任）
副 书 记　陈　用（土家族）
冉光天（土家族，8月离任）
张　杰（土家族，8月任）
政法委书记　冉光天（土家族，8月离任）
张　杰（土家族，8月兼任）
纪委书记　陈　用（土家族，8月离任）
曾　明（土家族，8月任）
组织委员　刘　明（土家族，4月离任）
牟连权（土家族，8月任）
副 镇 长　牟真琴（女，土家族，8月离任）
覃　岭（土家族，8月离任）
余朝轩（土家族，11月离任）
冉光天（土家族，11月任）
张　兵（土家族，11月任）
武装部长　牟永仲（土家族，8月离任）
张　兵（土家族，8月任兼）
人大副主席　游邦升（仡佬族，11月任）
农业服务中心主任　牟亚东（土家族）
计生协会专职副会长　牟嗣江（土家族）
综治办专职副主任　吴　来（土家族）
人社中心主任　先克刚（土家族）

共和镇

书　　记　姚青松（苗族，8月离任）
黎兴权（土家族，8月任）
副书记、镇长　全太刚（土家族）
人大主席　杨昌波（土家族，11月离任）
汪世红（11月任）
政协工作联络组主任　甘云芬（女，土家族）
副 书 记　王晓东（8月任）
覃壮军（12月任）
覃丽娟（女，土家族，6月挂职）
纪委书记　覃壮军（12月任）
王卓恒（土家族，11月任）
政法委书记　王晓东（8月任）
组织委员　李　江
覃信洪（土家族）
武装部长　赵德刚
副 镇 长　汪世红（11月离任）
吴　华
赵德刚（11月任）
李　辛（11月任）
杨再斌（11月任）
人大副主席　李　江（11月任）
人社中心主任　覃信洪
农业服务中心主任　罗　明（土家族）
计生协会副会长　晏仁平（土家族）
县财政局共和分局局长　文　丰（土家族）
综治维稳专职副主任　张太文（土家族）

龙泉土家族乡

书　　记　王　高（8月离任）
安　强（8月任）
副书记、乡长　张羽飞（8月离任）
徐　军（8月任）
副 书 记　史天成（6月任，挂职）
董　剑（8月任）
人大主席　王太彩（女，8月离任）
罗时灿（11月任）
政协工作联络组主任　罗时灿（9月离任）
安　露（9月任）
纪委书记　覃　军（9月任）
政法委书记　安　松（8月离任）
董　剑（9月任，兼）
组织、宣传、统战委员　周　锦（4月离任）
组织委员　杨　飞（8月任）
宣传委员　杨　飞（9月任）
武装部长　李进杰（8月离任）
谢江鸿（8月任）
人大副主席　田　超（11月任）
副 乡 长　谢江鸿（9月任）
任　慧（9月任）
社会工作服务中心主任　冉光辉（土家族）
农业服务中心主任　王卓恒（土家族，8月离任）

综治（维稳）办专职副主任　沈义伦（土家族）
计生协会专职副主任　董　江（土家族，12月任）
财政分局局长　黄　萍（女，土家族，12月任）

堰塘土家族乡

书　　记　黎克海（土家族，8月离任）
　　　　　杨　芬（女，土家族，8月任）
乡　　长　陈　彪（土家族，8月离任）
　　　　　田　江（土家族，8月任）
人大主席　田　江（土家族，8月离任）
　　　　　杨　敏（土家族，8月任）
政协工作联络组主任
　　　　　何　艳（女，土家族，1月任）
副书记、纪委书记　蔡　华（土家族，8月离任）
副 书 记　龚志龙（苗族，8月任）
政法委书记　杨　敏（土家族，8月离任）
　　　　　　龚志龙（苗族，8月任）
纪委书记　张玉平（土家族，8月任）
组织、宣传、统战委员　张艳想（女，8月离任）
组织委员　胡云涛（土家族，8月任）
副 乡 长　吴高云（土家族，1月离任）
　　　　　蔡世权（土家族）
　　　　　黄富成（土家族）
　　　　　郑治洪（土家族，挂职）
武装部长　李文跃（土家族，8月离任）
　　　　　胡逸风（8月任）
社会工作服务中心主任　付　剑（土家族）
县财政局堰塘分局局长　杨　伟（土家族）
综治办专职副主任　冉光必（土家族）
计生协会专职副会长　张玉平（土家族，8月离任）

钱家土家族乡

书　　记　曾秀容（女）
副书记、乡长　牟　勇
人大主席　王时斌（3月离任）
　　　　　刘　军（8月任）
政协工作联络组主任　安　斌（1月任）
副 书 记　徐　军（8月离任）
　　　　　黄　琪（8月任）
　　　　　邓应刚（4月挂职）
政法委书记　刘　军（11月离任）
　　　　　　黄　琪（8月兼任）
副 乡 长　安　斌（1月离任）
　　　　　何承会（8月任）
副 乡 长　田茂铭（11月任）
　　　　　吴聪智（11月任）
纪委书记　徐　军（8月离任）
　　　　　张丹丹（8月任）
组织委员　李　辛（8月离任）
　　　　　全庚发（8月任）
武装部长　何承会（3月任）
乡长助理　田超虎（4月任）

荆角土家族乡

书　　记　张清雄（10月离任）
　　　　　王江洪（10月任）
副书记、乡长　王江洪（10月离任）
　　　　　　　杨昌波（10月任）
人大主席　冉惠山（6月离任）
　　　　　李　奎（11月任）
政协工作联络组主任　李　奎（11月离任）
　　　　　　　　　　周　宁（11月任）
副 书 记　张晓林（4月离任）
　　　　　周　宁（8月任）
　　　　　陈　立（挂职）
纪委书记　张晓林（4月离任）
　　　　　安云辉（8月任）
武装部长　张玉和（10月离任）
　　　　　崔　松（8月任）
副 乡 长　殷修杰（8月离任）
　　　　　方　娟（女，8月任）
　　　　　崔　松（8月任）
组织委员　刘　威
乡长助理　李　禹

沙溪土家族乡

书　　记　罗　军（8月离任）
王雄远（8月任）
副书记、乡长　田　文（8月离任）
安宗强（8月任）
大 主 席　郑伯州（8月离任）
任军明（8月任）
政协工作联络组主任　张　洪（8月任）
党委副书记　唐桂英（女，挂职）
蔡　华（8月任）
纪委书记　何秀刚（8月离任）
田　伟（8月任）
政法委书记　郑伯道（8月离任）
蔡　华（8月兼任）
武装部长　田　伟（8月离任）
郑伯道（8月任）
组织委员　文　波
副 乡 长　涂文学（8月离任）
任　慧（8月离任）
郑伯道（8月任）
姜　洪（8月任）

长丰土家族乡

党委书记　曹碧瑜（土家族，8月离任）
尚　红（土家族，8月任）
副书记、乡长　尚　红（土家族，8月离任）
郎　彪（土家族，8月任）
人大主席　杨绪超（土家族）
政协工作联络组主任　付　波（8月任）
副 书 记　何中泉（土家族，8月离任）
付　波（土家族，8月任）
纪委书记　何中泉（土家族，8月离任）
徐　霜（土家族，8月任）
组织委员　姜　浩（土家族，8月任）
政法委书记　张　铭（土家族，8月离任）
付　波（土家族，8月兼任）
副 乡 长　张玉军（土家族，8月离任）
王淑仙（女，土家族，8月任）
张月其（土家族，8月任）
武装部长　姜洪刚（土家族，2月离任）
徐　霜（3月至8月）
张月其（土家族，8月兼任）
社会工作服务中心主任
肖高信（土家族，8月离任）
计生协会专职副会长　卢仁福（土家族）
县财政局长丰分局局长　李魁政（土家族）
综治办专职副主任　田　权（土家族）
农业服务中心主任　田　斌（土嫁族）

桶井土家族乡

书　　记　田旭飞（11月离任）
吴　飞（11月任）
副书记、乡长　熊　飞（1月离任）
张健慧（8月–10月）
人大主席　张玉和（8月任）
政协联络组主任　张伟松（1月任）
副书记、纪委书记　张　青
人大副主席　冯　波
计生协会专职副会长　冯　波（11离月）
纪委书记　李文跃
党委副书记、政法委书　李治璞（8月任）
副 乡 长　黎　飞
涂文学
李　俊（1月任）
丁　南（8月任）
组织、统战委员　吴高鹏（8月任）
武装部长　张丹丹（8月离任）
丁　南（8月任）
农业服务中心主任　冯胜和
财政分局局长　杨　勇

楠杆土家族乡

书　　记　张太波
副书记、乡长　杜执丹（8月离任）
周小棚（8月任）
人大主席　杨再进（8月离任）
王玉忠（11月任）

政协工作联络组主任　何正东
副 书 记　李禄庆（8月任）
政法委书记　张　杰（8月离任）
　　李禄庆（8月兼任）
纪委书记　简牟华（8月任）
组织、宣传、统战委员　全庚发（8月离任）
组织委员　张著成（8月任）
副 乡 长　杨再斌（8月离任）
　　简牟华（8月离任）
　　王玉忠（8月离任）
　　曾庆红（8月任）
　　周　民（8月任）
　　黄　春（8月任）
武装部长　叶长江（8月离任）
　　黄　春（8月兼任）
人大副主席　叶长江（8月离任）
乡长助理　刘　芮（5月任）
　　吕　聪（5月任）

中共德江县委

主要工作

【概况】 2016年，中共德江县委紧扣建成黔东北交通枢纽和区域性中心城市主线，围绕决战脱贫攻坚、决胜全面小康目标，以打造乌江经济走廊重要节点为抓手，始终团结带领全县干部群众，以开局即是决战，起步就是冲刺的拼劲，聚焦硬骨头，决战攻坚点，奋力拼搏，开拓创新，求真务实，不断推进全县经济社会健康快速发展，全县呈现出政治生态好、经济生态活、社会生态优、自然生态美、文化生态富的良好局面。

始终坚持把学习贯彻党的十八届六中全会和习近平总书记系列重要讲话精神、省委十一届七次、八次全会精神和省委常委会专题听取铜仁工作汇报会精神以及市委一届十一次全会、市第二次党代会精神作为首要政治任务，以召开县委常委会会议、县委常委扩大会会议、领导干部大会、举办专题培训班、组建宣讲团、开通“微德江”和“微组工”学习平台等方式进行深度学习，真正做到真学真懂、学深悟透、融会贯通，切实把思想和行动统一到讲话精神和省委、市委的部署要求上来。全年开展集中学习18次，发布理论学习专题14余期，举办专题培训班10期，开展各类宣讲活动340余场次。通过深入学习，全县干部群众一致认为，党的十八届六中全会确立习近平总书记在全党、党中央的核心地位，是众望所归、实至名归，是党心所向、民心所向。全县上下一致表示，将始终牢固树立政治意识、核心意识、大局意识、看齐意识，始终坚持在思想上衷心拥护核心、政治上坚决维护核心、组织上自觉服从核心、行动上主动看齐核心，做到任何时候任何情况都以党的方向为方向、以党的旗帜为旗帜、以党的意志为意志，坚决维护以习近平同志为核心的党中央权威。

全年实现地方生产总值96亿元，增长13.1%；全社会固定资产投资达126.22亿元，增长12%；财政总收入达10亿元，增长8.4%；工业总产值达到62亿元，增长17.2%；社会消费品零售总额达17.8亿元，增长13%；金融机构存贷款余额分别达97.71亿元、69.17亿元；城镇居民人均可支配收入23972元，增长9.9%；农民人均可支配收入7283元，增长13%。

【脱贫攻坚】坚持以脱贫攻坚统揽经济社会发展全局，围绕“四个切实”“五个一批”“六个精准”，深入推进“33668”扶贫攻坚行动计划，贫困群众获得感明显增强。一是全力推进产业扶贫。围绕省“十大扶贫产业”，深入实施“三个万元”工程和“双百”工程，大力发展村级集体经济，加快推进扶贫产业园区建设，创新实施“特惠贷”工程。二是全力推进易地扶贫搬迁。围绕“怎么搬”和“搬出来以后怎么办”等重点问题，精准识别搬迁对象，因地制宜选择安置点，因户施策解决搬迁问题，因势利导用好搬迁政策，全力推进跨县搬迁至大龙的安置工作。三是全力推进教育医疗脱贫。建立健全资助体系，发放资助金2800余万元，资助学生2万多人次；建档立卡贫困人口参合实现全覆盖，累计住院补偿7200余人次2100多万元。四是全力推进社会兜底脱贫。稳步推进“双线合一·减量提标”工作，强化最低生活保障与特困人员供养、医疗救助、临时救助等社会制度之间的衔接工作。五是全力推进生态脱贫。围绕实施绿色德江三年行动计划，深入开展退耕还林还草，大力发展山上经济和林下经济。

【基础设施建设】抢抓国家和省市编制“十三五”规划机遇，加快推进交通、水利等基础设施建设。一是推进交通基础设施建设。德务高速、县城至关口快速大道、县城至桶井二级路提级改造等工程建设加快推进，326国道改造工程德江段和县城至共和港口二级路年底通车，德务高速钱家互通通车。建成通村油（水泥）路117千米，全年建设世行贷款农村公路311千米。规划建设乌江共和港口二期500万吨级码头。争取昭黔铁路、涪柳铁路列入国家中长期铁路规划网。二是推进水利基础设施建设。深入实施水利建设“三大会战”，长丰水库蓄水至682米高程，观音滩水库、大木尧水库即将下闸蓄水，沙滩水库可研报告编制完成，朝溪水库开工建设。推进“小康水”行动计划，解决4.5万人农村居民饮水安全问题。三是推进能源基础设施建设。建成投产35千伏变电站4座，完成35千伏变电站二期扩建工程2座，220千伏龙泉、110千伏钱家输变电项目加快推进，完成电网建设投资1.91亿元。四是推进信息基础设施建设。建成3G基站231个、通村数字电视120个，光纤到户覆盖5.13万户，城市公共WiFi加快推进。完成“小康讯”投资1300万元，实现乡镇60%行政村通宽带和光纤网络覆盖。

【结构调整】全面推进供给侧结构性改革，大力发展大旅游、现代山地特色高效农业、新型工业等绿色产业，发展质量得到新提高。一是新型工业发展壮大。深入实施工业“百千万”工程，大力发展民营经济，加快推进德源科技、德利板业等企业技术改造。全年完成规模工业总产值58.5亿元，规模以上工业增加值完成14.19亿元。深入开展企业“双服务”活动，着力构建“亲”和“清”的新型政商关系。二是现代农业迅速崛起。扎实推进农业园区提质升级，建成省级园区5个、市级园区10个、县级园区6个，完成投资15.38亿元。大力发展生态茶、生态畜牧业、精品水果、无公害蔬菜等特色产业，全年完成农业产值39.89亿元。培育新型农业产业化经营组织650个，农产品质量安全检验检测“双认证”建设顺利通过。三是旅游产业跨越发展。全面完成旅游资源大普查，成功举办德江第二届旅游产业发展大会暨2016年中国·德江乡村旅游发展峰会，完成楠杆申报省级自然保护区科考活动，加快高家湾至煎茶国家级现代高效农业园区、洋山河至泉口石林景区作为世界地质公园等项目申报工作。全年接待游客128.7万人次，同比增长37%，实现旅游总收入8.57亿元，同比增长43.3%。四是创新产业突飞猛进。依托云上贵州大数据平台，加快推进“智慧德江数据交换平台”“智慧德江大数据融合及服务平台”“智慧德江大数据应用展示平台”等建设，成功引进傩城、为米科技等16家电商企业。大力培育电子商务市场主体，建成电商服务网点（网店）275个，全县电商交易额达2.8亿元。

【城市建设】坚持走山地特色的新型城镇化路子，实现山水、田园、城镇、乡村各美其美，美美与共。一是打造宜居宜游宜业的山水城市。按照“建新城、疏老城”思路，深入实施“十大城市功能提升”工程，启动城北新区、城北公园、一场两馆两中心等规划，大力实施城区及县城周边的绿化、亮化、美化工程,城市环境得到明显改善。建成区面积扩大到20平方千米，城镇化率提升到45.1%，承载力显著提升，充分彰显地域特点、传统文化、民族风情，着力营造宜居宜游宜业的山水城市。二是打造更加快捷方便的智慧城市。坚定不移实施大数据战略行动，大力发展电子商务、智慧医疗、智慧交通、网上政务服务等，把大数据服务平台应用到城市管理、政务服务等方面，让广大群众的生活更加快捷、方便。三是打造具有浓厚乡愁的美丽乡村。依托乡村山水脉络的独特风光，把传统文化、民族文化、红色文化、农耕文化等文化元素与美丽乡村建设融合，加快基础设施向农村延伸、公共服务向农村覆盖。积极争取示范小城镇和传统村落建设项目，全面推进农村环境综合整治，美丽乡村呈现的乡愁越具浓厚。

【改革开放】坚持以自我革新的精神推进改革，不断优化发展环境，千方百计让市场主体不断涌现，让一切创造社会财富的源泉充分涌流。一是坚决落实中央省委市委改革部署。紧跟中央、省委、市委全面深化改革工作部署，召开全面深化改革领导小组会议7次，审议改革文件13个，承担国家级、省级改革试点3个，县级自选33项。二是推进重点领域和关键环节改革。牢牢抓住重点领域和关键环节改革，深入推进36项重点改革任务，全面深化改革呈现出全面发力、精准给力、多层推进、多点突破的良好态势。三是深化对外开放平台。借助中冶集团、江苏吴中区对口帮扶机遇，积极引导社会资本参与基础设施、公共服务等领域建设，签约招商项目79个，签约资金110.5亿元，引资到位资金70.26亿元。

【生态建设】坚守发展和生态两条底线，形成生态优势更加凸显、环境质量更加改善、生态制度更加健全的良好态势。一是生态优势更加凸显。借助造林绿化、退耕还林政策，大力推进绿色德江三年行动计划，自然生态系统稳定性和生态服务功能全面增强。二是环境质量明显改善。强化环境专项治理，严格建设项目管理，加强生态环境保护，拓展农村环境保护，扎实开展环境保护大检查和执法专项行动，有效解决危害群众健康和影响可持续发展的突出环境问题。三是制度建设更加健全。严格执行“六个严禁”和生态红线保护制度，深入推进林业跨区域执法机制改革，形成环境保护与司法机构联合联动执法，法制化水平全面提升。

【社会事业】坚持以人为本，着力抓好民生实事，人民群众福祉全面增进。一是综合教育体系初步形成。加快普及十五年教育工作，深入实施山村幼儿园提质升级，扎实推进“4+2”教育突破工程，全力加快德江二中整体搬迁，积极推进贵州工程职业学院达标建设。成功举办全市校园足球三级联赛小学初中总决赛，煎茶中学、德江职校被教育部认定为全国青少年校园足球特色学校。德江职校被省教育厅评定为省级示范性中职学校，贵州伟才实验学校开班办学。国家三类城市语言文字工作评估验收顺利通过。二是医疗卫生服务体系日益凸显。深入实施全面医疗卫生服务提升三年行动计划，加快推进县人民医院城北新区、县民族中医院二期、县疾控中心综合大楼和美沙酮门诊等工程建设。成功举办泛武陵山区尿结石高峰论坛、全省妇幼健康体系建设现场观摩等系列重要活动，加快推进县民族中医院、县妇幼保健院三级医院创建工作，县人民医院三级乙等综合医院顺利通过评审，成功创建首批国家级妇幼健康优质服务示范县。三是公共文化服务体系不断完善。加快推进多彩贵州“广电云”村村通工程建设，傩缘旅游文化公司获第四批省级文化产业示范基地称号，完成第一次全国可移动文物普查工作。成功申办铜仁市第四届运动会，县体育馆建成投用。弘扬社会主义核心价值观，开展“道德讲堂”3000余场次，建成“积德榜”550余个，上榜人数5000余人。深入开展“明礼知耻·崇德向善”主题实践活动，3人荣登“贵州好人榜”，电影《喋血神兵》在中央电视台电影频道首播。创新开设《以案说法》专栏，社会反响好。四是社会保障体系更加健全。扎实推进医疗保险制度、机关事业单位养老保险制度改革，城乡居民养老保险、新农合实现全覆盖。统筹推进城乡就业创业工作，城镇登记失业率控制在3.24%以内。深入实施“雁归工程”，引导和扶持3600余人返乡创业就业，创办企业和个体工商户560余家。

【平安建设】牢固树立底线思维和法治思维，认真落实稳定第一责任，创新社会治理，持续巩固和谐稳定的发展局面。一是风险管控水平实现提升。设立矛盾纠纷调处中心，持续开展重大突出矛盾和信访问题“百日攻坚战”，有效化解矛盾信访案件。二是社会治安持续向好。全面推进“无邪教创建”。深入开展“夏季严打”、命案侦防、非法集资等专项攻坚战，精准打击各类违法犯罪活动，全县未发生重特大交通事故和较大以上火灾事故。三是群众幸福指数大幅提升。扎实推进“天网工程”向村级延伸，建立部门帮扶“零发案”小区创建工作制度，大力开展特殊人群服务管理，人民群众的满意度、幸福感和安全感大幅提升。

【民主法制建设】始终坚持党的领导、人民当家做主和依法治国的有机统一，以法治建设保障人民民主，不断凝聚全县脱贫攻坚、全面小康的智慧力量。一是全面加快法治化进程。深入推进“七五”普法工作，创新推动法治宣传教育与精神文明创建相结合，实现普法和道德教育相辅相成、相得益彰。二是全力支持人大、政协依法履职。坚持和完善人民代表大会制度和多党合作政治协商制度，积极支持人大、政府、政协依法履职，协调一致地开展工作。三是民主党派效能逐步彰显。坚持党管武装，军地联考联评活动扎实开展，全面推动军民深度融合发展。动员统一战线聚力脱贫攻坚，深化“同心”品牌，支持工会、共青团、妇联、县关工委等群团组织依照法律和章程开展工作，充分调动社会各方面的积极性，凝聚加快发展的强大合力。突出抓好留守儿童、困境儿童结对帮扶，有序推进关心下一代工作，促进社会和谐，维护社会稳定。

【党的建设】始终坚持全面从严治党，严肃党内政治生活，扎实推进党的建设，加大反腐倡廉工作力度，努力营造风清气正的良好政治生态，为脱贫攻坚、全面小康提供坚强政治保障。一是党的领导加强。充分发挥统揽全局、协调各方的领导作用，注重把握方向、谋划全局，提出战略、制定政策、解决问题，不断提高领导全县改革发展的能力和水平。县委常委同志经常深入乡镇了解工作开展情况，对经济运行、重大项目、脱贫攻坚等重要工作明察暗访，对问题盯紧盯准盯牢，积极督查督促督办、落细落小落实，推动全县上下比学赶超、竞相发展。二是基层组织建设进一步夯实。认真部署第十届村（居）“两委”换届工作。以党组织集中组建“百日攻坚”行动为载体，全面提升非公企业和社会组织党建工作水平。强化党建扶贫，深入实施“民心党建”工程，探索推行“党建派遣单”工作模式，基层组织服务脱贫攻坚的合力凝聚。三是干部队伍形象提升。贯彻落实中央、省委关于换届工作的有关要求，把加强党的领导贯穿换届工作全过程，规范换届选举程序，严肃换届选举纪律，着力选出忠诚干净担当的好干部，配出结构优功能强的好班子，换出心齐气顺劲足的好面貌。县委提出“四严五不准”纪律要求，科学设置各有侧重、各有特色的考核指标体系，建立与之相适应的绩效标准和考核重点，强化过程管控，实施精准管理，全面激发干部职工干事创业的干劲和活力。四是反腐败斗争深入。落实“两个责任”，全面推进干部约谈常态化，积极探索实践“四种形态”，严格落实“一案双查”，深化开展“三个开刀”专项整治，保证风清气正的政治生态。（冯桂宝）

重要会议

【中共德江县第十二次代表大会】10月24日至26日，中国共产党德江县第十二次代表大会在县教育局礼堂召开。大会应到代表为235名，实到225名，符合规定人数。市委常委、市委组织部部长、市委指导组组长陈代军到会指导并讲话，市委指导组雷国平等到会指导。大会主题：高举中国特色社会主义伟大旗帜，坚持以马克思列宁主义、毛泽东思想、邓小平理论、“三个代表”重要思想、科学发展观为指导，深入贯彻落实习近平总书记系列重

代表大会会议现场

要讲话特别是视察贵州讲话精神，紧紧围绕“五位一体”总体布局和“四个全面”战略布局，紧紧围绕新发展理念，紧紧围绕省委省政府“守底线走新路奔小康”工作总纲和市委市政府“着力打造乌江生态经济走廊重要节点”发展要求，紧紧围绕“四大支撑”工程发展思路，决战脱贫攻坚，决胜全面小康，在新阶段加快建成黔东北交通枢纽和区域性中心城市。商友江代表中国共产党德江县第十一届委员会向大会作题为《决战脱贫攻坚，决胜全面小康，在新阶段加快建成黔东北交通枢纽和区域性中心城市》的报告，宋斌代表中国共产党德江县第十一届纪律检查委员会作工作报告。大会选出县委委员44名、候补委员8名，县纪委委员25名。大会举手表决通过关于中共德江县第十一届委员会报告的决议和关于中共德江县第十一届纪律检查委员会工作报告的决议。10月26日，中国共产党德江县第十二届委员会第一次全体会议在县教育局三楼会议室召开。会议以投票方式，选举商友江为中国共产党德江县第十二届委员会书记，选举秦智坤、陈廷相为副书记；选举钱刚、周骥、宋斌、杨洪波、唐虹（女）、李兵、吴飞为常委；会议通过中国共产党德江县第十二届纪律检查委员会第一次全体会议选举结果。（李飞）

【县委常委会议】第4次县委常委会议：2016年2月29日，县委书记、县长商友江在县委常委会议室主持召开2016年第4次县委常委会议。议定事项：一、研究有关人事问题。二、传达贯彻省、市政法、宣传、组织、统战工作会议精神。会议议定：1.同意近期召开政法、宣传、组织、统战工作会议和“千企帮千村”精准扶贫行动动员会，由县委办、县委政法委、县委宣传部、县委组织部、县委统战部负责做好相关会务工作。2.同意2016年继续按照租赁模式实施第四期“天网工程”200个视频探头、10套卡口建设安装任务。3.同意在全县各村（居）配备1名专职警务助理，由各村（居）综治工作站站长兼任，工资总额按照每人每月800元核算，其中600元作为基本工资每月发放，200元作为绩效工资，由县综治办、县公安局、各乡镇（街道）共同研究拿出考核方案负责考核，按照考核情况发放绩效工资。4.同意根据县编委会《关于设立中共德江县委“610”办公室的批复》（德机编〔2015〕11号）精神，设立中共德江县委“610”办公室，设在县委政法委，副科级建制，核定行政编制1名，配备主任1名（由县委政法委副书记兼任），专职副主任1名（副科级），由县委组织部按程序办理。5.同意从车改车辆中先行调剂解决县武警中队1台运兵车，待政策下来后再实质配备。6.同意抽调3名工作人员到县综治办专职抓平安创建工作，由县委组织部、县委政法委按程序办理。7.同意分别按照12人标准（含现有人员），以公开招聘的方式配齐县检察院、县法院协警，上划部分经费由县检察院、县法院自筹解决，其余部分由县财政按照每人每年30000元标准解决。8.由贵州强德实业投资有限责任公司按照统一标准设置广告牌，作为公司资产运作管理。9.由县委宣传部牵头，相关部门参与，认真统筹抓好全县县歌征集、第二届土家歌王大赛、第二届“最美德江人”评选、首届政府文艺奖评选、“激情广场”等文化活动，所需经费由县财政据实拨付。10.同意县电视台购置一体化设备，所需经费从广告收入中解决。统一解决开展整脏治乱工作所需经费，由县委宣传部统筹，县财政据实拨付。11.由鲁文俊、杨洪波牵头，认真总结提炼全县整治违规办酒的经验做法，形成材料送审后上报省委宣传部和省社科联，争取在全省推广。12.由杨洪波负责，力争在3月底前完成县电视台和县旅产办的独立运营工作。13.由县委组织部负责，抓紧草拟驻村干部和“第一书记”实施方案，按程序送审实施。14.由县委督查室、县委统战部牵头，按照“四个纳入”要求对各级各部门贯彻落实情况进行专项督查检查。三、学习贯彻市委全面深化改革领导小组第二十次会议精神。会议议定：1.由县委改革办负责，对照中央、省、市改革工作要点，结合我县工作实际，抓紧草拟全县2016年改革工作要点，按程序送审后行文实施。2.由唐虹负责，抓好县委改革办所需编制的调配工作。3.同意近期召开一次县委改革工作领导小组会议，由县委办公室牵头，县委改革办负责做好会务及相关工作。四、审定《县人民政府党组关于德江县人民医院PPP项目工作实施方案的请示》《县人民政府党组关于德江县人民医院创建三级乙等综合医院有关事宜的请示》《县人民政府党组关于启动县民族中医院创建三级中医医院的请示》。会议议定：1.原则同意《县人民政府党组关于德江县人民医院PPP项目工作实施方案》，由县人民政府按程序组织实施。由县人民政府牵头，统筹召开县人民医院创建三级乙等综合医院和县民族中医院创建三级中医医院动员大会，并有序推进有关工作。2.同意县城投公司、市梵投公司与贵阳银行铜仁分行共同出资设立SPV公司。3.同意启动县人民医院创建三级乙等综合医院和县民族中医院创建三级中医医院工作，解决县人民医院创建工作经费200万元、县民族中医院创建工作经费500万元，由县财政局、县人民医院、县民族中医院按程序办理。五、审定《县人民政府党组关于组建贵州黔北（德江）机场有限责任公司有关事宜的请示》。会议议定：1.同意成立贵州黔北（德江）机场有限责任公司，公司按正科级事业单位进行管理，公司内设总经理（法人代表）1名，副总经理2名，执行监事1名；设置规划建设部（6人）、综合管理部（4人）、资产财务部（3人）3个部门。2.同意贵州黔北（德江）机场有限责任公司所需人员由公司自行招考。3.同意贵州黔北（德江）机场有限责任公司注册资本金5000万元，由县财政解决。六、审定《县人民政府党组关于德江县2016年还本付息有关事宜的请示》。会议议定：1.同意县财政按预期进行还本付息，其中本金44643.40万元、利息17576.81万元，最终数据以与银行实际发生额为准。2.同意县财政对建设专项债券按预期进行还本付息，其中本金0元、利息193.152万元，还本付息最终数据以与银行实际发生额为准。3.同意2016年春节前县人民医院融资租赁方案和县中医院融资租赁方案的融资成本，将两家医院转借给县财政的资金纳入县财政还本付息。4.同意县惠民公司采用银行承兑汇票方式向贵阳银行融资，融资项目为2015年棚户区改造项目，县财政筹资6500万元作为保证金，开1.3亿元的银行兑汇票，融资金额6500万元，限期半年，成本利率11.74%。

第5次县委常委会议：2016年3月7日，县委书记、县长商友江在县委常委会议室主持召开2016年第5次县委常委会议。议定事项：一、审定《县人大常委会党组关于召开德江县第十六届人民代表大会第六次会议的请示》《县人大常委会党组关于成立德江县第十六届人民代表大会第六次会议临时党委和党支部的请示》《县人大常委会党组关于德江县第十六届人民代表大会常务委员会工作报告的请示》。会议议定：1.原则同意成立德江县第十六届人民代表大会第六次会议临时党委和党支部，由县委办拟文送审行文。2.原则同意县人大常委会党组提交的关于德江县第十六届人民代表大会第六次会议召开的时间、地点、议程和日程。3.原则同意《县人大常委会工作报告》。按程序提交县人大常委会审议。4.同意解决德江县第十六届人民代表大会第六次会议所需相关经费50万元。二、审定《德江县人民政府党组关于2016年政府工作报告（征求意见稿）的请示》和《德江县人民党组关于德江县国民经济和社会发展十三五规划纲要（征求意见稿）的请示》。会议议定：原则同意县人民政府党组提交的《德江县2016年政府工作报告（征求意见稿）》和《德江县国民经济和社会发展十三五规划纲要（征求意见稿）》。按照程序提交县人大常委会审议。三、审定《县政协党组关于召开政协第八届德江县委员会第六次会议的请示》、

《县政协党组关于政协德江县第八届委员会常务委员会工作报告（讨论稿）的请示》、《县政协党组关于政协德江县第八届委员会常务委员会2016年工作计划（讨论稿）的请示》。会议议定：1.原则同意县政协党组提交的政协第八届德江县委员会第六次会议召开的时间、地点和议程。2.原则同意县政协常委会《工作报告（讨论稿）》和《2016年工作计划（讨论稿）》。3.同意解决政协第八届德江县委员会第六次会议所需相关经费。

第8次县委常委会议：2016年3月23日，县委书记商友江在县委常委会议室主持召开2016年第8次县委常委会议。议定事项：一、研究有关人事问题。二、学习贯彻省委常委、省纪委书记宋璇涛同志来德调研时的讲话精神。会议议定：1.由鲁文俊牵头，抓好全县纪检监察系统学习贯彻宋璇涛书记的讲话精神有关工作，切实加大民生领域的违法案件查处力度，进一步抓好民生监督；进一步规范教育谈话室管理，同时围绕统一标准和制度要求，切实把我县教育谈话室建成批评教育、警示教育的精品示范点。2.由陈廷相牵头，青龙街道和玉水街道具体负责，进一步抓好社区网格化管理工作，确保城区社会治安安定有序。3.由赵贡良牵头，县卫计局、县市场监管局负责，抓好全县食品药品质量和安全相关工作。三、学习贯彻《中共贵州省委办公厅印发<关于建立工作目标、岗位责任、正向激励保障、负向惩戒约束“四位一体”从严管理干部机制的意见>的通知》精神。会议议定：1.由黄继荣牵头，县委办等相关部门负责，抓紧草拟全县精品年活动实施方案，按程序送审后行文实施。2.由黄继荣、唐虹牵头，县委组织部等相关部门负责，认真谋划，做好全县“四位一体”从严管理干部试点推开前期准备工作。四、审定《县委组织部关于村干部报酬相关事宜的请示》。会议议定：1.同意全县在职在岗的村（居）党组织书记、村委会主任和副主任（兼文书）报酬标准执行“基本报酬+任期补贴+绩效奖金+养老保险”结构。即：基本报酬：调整为800元/月；年终绩效奖金：由1200元/年增加为2400元/年；养老保险：采取自愿原则缴纳，按每年1500元标准执行，其中财政补助750元。以上三项自2016年元月起执行；任期补贴：自第十届村（居）换届开始计算，每连任一届，在上届基础上每月增加100元。2.除村（居）党组织书记、村委会主任和副主任（兼文书）以外的其他村干部报酬标准执行“基本报酬+绩效奖金”结构。即：基本报酬：调整为700元/月；年终绩效奖金：由1200元/年增加为2400元/年。自2016年元月起执行。3.同意稳坪镇铁坑村党支部书记张月清自2016年元月起在任期内享受副科级干部经济待遇，由县财政局和稳坪镇按程序办理。五、审定《县人民政府党组关于德江县2016年国有独资公司公开遴选部门经理实施方案的请示》。会议议定：原则同意县人民政府党组关于德江县2016年国有独资公司公开遴选部门经理实施方案的请示事项，由周骥、唐虹牵头，县委组织部、县人社局负责，按照会议研究精神抓好落实。六、审定《县人民政府党组关于申报楠杆省级自然保护区有关事宜的请示》。会议议定：1.同意申报楠杆省级自然保护区，由县林业局负责做好申报资料的收集、整理、上报工作。2.同意由县财政局据实解决申报工作所需经费。七、审定《县人民政府党组关于大力推动医疗卫生事业改革发展实施意见的请示》。会议议定：原则同意县人民政府党组关于大力推动医疗卫生事业改革发展实施意见，由县政府办按照会议研究意见修改完善，并按程序送审后行文实施。八、审定有关机构编制事项。会议议定：1.同意增加县行政投诉中心事业编制2名，所需编制从县举报中心事业编制中调剂解决；同意设立县党员教育培训中心，为县直机关工委所属财政全额预算管理的股级事业单位，核定事业编制2名，配主任1名（股级），所需编制从全县事业编制总量中调剂解决；同意设立县机构编制委员会督查室，配编委督查专员1名（副科长级）；同意县公安局林业派出所更名为县森林公安分局，加挂县公安局森林警察大队牌子，内设指挥中心（办公室）、政工室（警务督查室）、刑侦（治安）队和法制室4个机构，更名后，其规格、领导职数和人员编制保持不变；同意县粮食企业划归县发改局管理，县发改局为粮食企业的主管局。2.原则同意县编委办呈报《关于德江县民族中医院深化事业单位法人治理结构建设试点工作实施方案》，由县编委办按会议研究意见修改完善后按程序组织实施。

第9次县委常委会议：2016年3月28日，县委书记商友江在县交通局六楼2号会议室主持召开2016年第9次县委常委会议。议定事项：一、审定《中共德江县委常委会2016年工作要点》。会议议定：原则同意《中共德江县委常委会2016年工作要点》，由县委办按照会议研究意见修改完善后行文。二、审定《中共德江县纪委关于<乡（镇、街道）纪委书记、副书记提名考察办法（试行）>和<推进乡镇纪检监察体制改革的意见>的请示》。会议议定：1.同意以县委办的名义印发《关于乡（镇、街道）纪委书记、副书记提名考察办法（试行）》和《关于推进乡镇纪检监察体制改革的意见》，由县委办按程序办理。2.同意全县各乡（镇、街道）纪（工）委增加1名纪检监察员编制，由县编委办按程序办理。3.同意将全县各乡（镇、街道）纪委人员的基本经费、项目经费纳入县纪委预算，由县纪委、县财政局按程序办理。4.同意将全县各乡（镇、街道）纪检监察干部（含党委副书记兼任纪委书记）的工资关系全部转入县纪委，由县纪委、县财政局、县人社局按程序办理。

第10次县委常委会议：2016年4月1日，县委书记商友江在县交通局六楼1号会议室主持召开2016年第10次县委常委会议。议定事项：一、学习贯彻《中共铜仁市委组织部<关于认真做好全国优秀共产党员、优秀党务工作者、先进基层党组织推荐工作的通知>》精神。会议议定：同意县第六小学李淑莉作为全国优秀共产党员、稳坪镇铁坑村张月清同志作为全国优秀党务工作者、堰塘乡高家湾村党支部作为全国先进基层党组织的推荐对象，由县委组织部按程序做好相关上报工作。二、会议研究有关人事问题

第11次县委常委会议：2016年4月25日，县委书记商友江在县交通局六楼1号会议室主持召开2016年第11次县委常委会议。一、审定《省委巡视办专项检查反馈意见整改落实工作方案》。会议议定：原则同意《省委巡视办专项检查反馈意见整改落实工作方案》，由县委办牵头，县纪委负责，按照会议议定意见修改完善后行文。二、传达贯彻全市党风政风监督工作会议精神。会议议定：1.由县纪委负责，在全县纪检监察系统传达学习全市党风政风监督工作会议精神。2.由县纪委牵头，相关部门参与，在全县组织开展“三个开刀”以及党员干部违规经商办企业、投资入股、承揽工程和违规收送红包礼金、发放补贴奖金、违规办酒、违规打麻将六个专项整治工作。3.由县纪委负责，在全县开展第二季度“四风”问题抽查和“两个责任”落实情况专项检查，对落实不力的进行通报。三、传达贯彻《中共铜仁市纪委关于民生领域专项监察情况的报告》。会议要求，全县上下要高度重视，认真开展民生领域专项整治铸廉行动，要对报告涉及内容进行专项研究，逐一整改到位，涉及县管干部要严肃处理。要举一反三，完善制度，加强监管，严防民生领域类似事件的发生。要进一步强化整改，及时上报，抓好落实，确保民生领域项目和资金真正惠及民生、改善民生，为全县经济社会发展营造良好环境。四、传达学习全省同步小康驻村工作2015年总结表彰暨2016年动员部署电视电话会议精神和审定《县委组织部关于开展全县2016年干部驻村工作的相关事宜》《县委党建办关于开展全县机关、企事业单位党建工作先进党组（党委）和先进基层党组织、优秀共产党员、优秀党务工作者评选表彰工作的请示》。会议议定：1.同意县第六小学李淑莉和枫香溪镇先联村党支部毛正鹏作为全省优秀共产党员、县实验幼儿园余春芬同志作为全省优秀党务工作者、钱家乡党委和堰塘乡高家湾村党支部作为全省先进基层党组织的推荐对象，由县委组织部按程序做好相关上报工作。2.同意在全县表彰驻村工作先进集体10个、优秀第一书记10名、优秀驻村干部10名，由县委组织部负责，按照会议议定意见修改完善后实施。3.同意在全县表彰100名优秀共产党员、50名优秀党务工作者、30

个先进基层党组织和20个先进党组（党委），由县委组织部负责，按程序组织实施。五、审定《德江县2016年度乡（镇、街道）和县直部门综合目标考核办法（征求意见稿）》。会议议定：原则同意《德江县2016年度乡（镇、街道）和县直部门综合目标考核办法（征求意见稿）》，由县绩效办负责，按照会议议定意见修改完善后行文。六、讨论2016年县管干部考核相关事宜。会议议定：原则同意县委组织部关于2016年县管干部考核的相关请示事项，由县委组织部负责，按照会议议定意见修改完善后实施。七、会议研究有关干部人事问题。

第12次县委常委会议：2016年5月4日上午，县委书记商友江在县委常委会议室主持召开了2016年第12次县委常委会议。一、学习贯彻全市2016年关工委全委（扩大）会议精神。会议议定：1.同意近期召开全县关工委全委（扩大）会议，由县关工委负责，认真做好会务筹备工作。2.同意将关工委工作纳入党建目标考核内容，由县委党建办负责落实。3.同意在全县村（社区）、乡镇完小及中学建立关工委组织，县关工委成员单位及有条件的机关、企事业单位建立关工委组织，由县关工委负责，按程序组建。4.同意将全县乡（镇、街道）、村（社区）、学校关工委主任纳入干部培训计划，由县委组织部负责落实。5.同意按照铜党办发〔2016〕25号文件精神，将乡（镇、街道）关工委工作经费每年按1万元标准列入县财政预算；同意2016年全县社区按5000元、村按1000元的关工委工作经费及村（社区）关工委常务副主任每月按100元交通费和通讯费列入乡（镇、街道）财政预算，按照五年规划要求，逐年递增，到2020年分别达到10000元、2000元和200元标准。二、学习贯彻全市老干部暨老年教育工作会议和老年体协工作会议精神。会议议定：1.同意近期召开全县老干部、老年教育和老年体协工作会议，由县离退局负责，认真做好会务筹备工作。2.同意2016年新建3至5个乡镇老年人体育活动中心，由县离退局负责，县文广局及相关部门参与，尽快拿出方案，按程序组织实施。3.由县离退局负责，加快推进县老年活动中心建设，2016年8月底前要破土动工。4.凡是单位有离退休干部的各级各部门，必须明确1名班子成员分管离退休工作和1名服务工作人员，并将分工文件报县离退局备案。5.同意调整充实德江县老年教育工作领导小组，由县老年大学负责，按程序送审行文。6.由县老年大学负责，拿出全市老年远程教育经验交流现场会详细方案，按程序送审实施。会议所需经费按程序向县政府请示，并据实拨付。7.由县老年大学负责，按照申创全国老年远程教育实验区标准，拿出县申创全国老年教育实验区详细方案，按程序送审实施。三、审定《中共德江县委组织部关于贵州工程职业学院党组织设立有关事项的请示》和《中共德江县委组织部关于设立县气象局党组有关事项的请示》。会议议定：1.鉴于贵州工程职业学院党组织设立问题已向市委请示，待市委明确意见后再次研究。2.同意成立中国共产党德江县气象局党组，设党组成员3人，由县委组织部负责，按程序上报市气象局党组。四、听取《中共德江县纪委关于对长堡镇坝上村党支部书记张玉明与毛世武等人打架一事的调查报告》。会议议定：1.由县纪委负责，责成长堡镇原党委书记文玉清、镇长覃礼贵向县委作出书面检讨，对长堡镇参与编造假预案的相关人员作出严肃处理，并在全县通报批评。2.长堡镇要认真做好稳控工作，开展排查处理，建立台账管理机制，及时有效化解矛盾纠纷。3.由长堡镇负责，县教育局及相关部门参与，认真做好张玉明亲属思想疏导工作，确保其女儿安心上学，家庭成员情绪稳定。五、审定《德江县人民政府党组关于全县工业和电子商务有关事宜的请示》会议议定：原则同意德江县人民政府党组关于全县工业和电子商务有关事宜的请示事项，由杨绪鹏牵头，县政府办负责，相关部门参与，按照会议讨论意见修改完善后组织实施。六、审定《德江县人民政府党组关于德江县2016年特岗教师招聘计划的请示》。会议议定：同意德江县人民政府党组关于德江县2016年特岗教师招聘计划的请示事项，由梅彬牵头，县教育局负责，相关部门参与，认真抓好此次特岗教师招聘工作，确保招聘工作公开、公平、公正。七、审定《德江县人民政府党组关于贵州工程职业学院、乌江农林经济学院订单式招生培养计划的请示》。会议议定：同意德江县人民政府党组关于贵州工程职业学院和乌江农林经济学院订单式招生培养计划的请示事项，由梅彬牵头，县教育局负责，相关部门参与，认真做好2016年贵州工程职业学院、乌江农林经济学院订单式招生培养计划工作，并向铜仁学院反馈乌江农林经济学院订单生研究意见。八、审定《德江县人民政府党组关于公务用车制度改革有关事宜的请示》。会议议定：同意德江县人民政府党组关于公务用车制度改革有关事宜的请示事项，由周骥牵头，县机关事务管理局负责，按照会议讨论意见推进。九、审定《德江县第三届“十大杰出青年”和“十大青年创业之星”表彰人选方案》。会议议定：同意《德江县第三届“十大杰出青年”和“十大青年创业之星”表彰人选方案》，由团县委负责，按照会议讨论意见修改完善后实施。

第14次县委常委会议：2016年5月14日晚，县委书记商友江在县交通局六楼1号会议室主持召开2016年第14次县委常委会议。一、学习贯彻市委常委、市纪委书记郭智敏在听取县委主要负责同志汇报工作时的重要讲话精神。会议指出，市委常委、市纪委书记郭智敏的重要讲话，对德江县委坚持从严治党、全面履行党风廉政建设主体责任给予了充分肯定，是对德江县委领导班子的鼓励和鞭策，是对德江的关心和干部的关怀，针对性很强，对抓好全县各项工作具有重要的意义。全县各级党组织要深入学习郭智敏书记的重要讲话精神，把党风廉政建设和反腐败工作牢牢抓在手上，推进全面从严治党落到实处。县委班子成员要进一步强化主体责任意识，切实把主体责任抓在手上，履行好一岗双责；要进一步强化对干部的监督、教育、管理，确保干部不犯错、少犯错；要进一步强化纪律约束，严格换届纪律，履行好领导把关职责，确保换届风清气正；要进一步强化示范引领、作好表率作用，县委常委及四家班子成员要带好头，经常开展自查，正确对待个人报告事项，胸怀坦荡，严格执行廉洁自律各项规定；要进一步强化对纪检监察部门的支持和保障作用，加强沟通，为营造良好发展环境，建立干部成长良性机制发挥重要作用。二、审定《县人民政府党组关于德江至务川高速公路建设协议的请示》。会议议定：1.同意县人民政府党组关于德江至务川高速公路建设协议的请示事项，按照会议讨论意见组织实施。2.由县财政局负责，及时向省财政厅汇报《德江至务川高速公路建设协议》和《资金协议》涉及事项，争取把资金协议的债务归口纳入县级债务平台进行管理。3.同意调整高速公路指挥部成员，由县政府办负责，按照会议讨论意见修改完善后行文。三、审定《县人民政府党组关于德江县2016年招商引资工作考核实施办法的请示》。会议议定：1.同意县人民政府党组关于德江县2016年招商引资工作考核实施办法的请示事项，由周骥同志牵头，县政府办负责，按照会议议定意见修改完善后行文。2.同意近期召开全县招商引资工作部署会，由县投资促进局负责，认真做好相关会务筹备工作。四、学习贯彻全省党校工作会议精神。会议议定：1.由唐虹牵头，县委党校负责，组织做好县委党校中专体制复评验收工作。2.由唐虹牵头，县委组织部负责，抓紧提出县委党校班子建设方案。3.同意成立县委党校搬迁工作领导小组（另行文），由唐虹牵头推进搬迁工作。4.原则同意县委党校常务副校长作为县委委员提名人选，由唐虹同志牵头，县委组织部负责在换届中统筹考虑。五、讨论2016年市管干部考核相关事宜。会议议定：同意县委组织部关于2016年市管干部考核的相关请示事项，由县委组织部负责，按照会议讨论意见修改完善后按程序及时上报。六、会议还研究有关干部人事问题。

第15次县委常委会议：2016年5月28日，县委书记商友江在县委常委会议室主持召开2016年第15次县委常委会议。议定事项：一、传达学习《中共中央办公厅关于印发习近平总书记重要批示的通知》精神。会议指出，习近平总书记对统计工作作出重要批示和敏尔书记根据习总书记重要批示所作的指示，充分说明统计工作的极端重要性，对做好统计工作提出严格要求，指明努力方向。全县各级各部门要认真学习领会习近平总书记的重要批示和敏尔书记的重要指示精神，切实把思想认识统一到中央和省委的要求上来，严格按照习近平总书记提出尊重科学规律的要求，严防统计工作弄虚作假，要结合工作实际，认真研究统计工作，确保全县统计工作再上新台阶。二、传达学习省教育厅厅长王凤友到德江调研讲话精神。会议要求，全县各级各部门要认真学习贯彻王凤友的讲话精神，切实把抓教育的思想和行动统一到讲话精神上来。要把王厅长的关心关怀转化为推动全县教育事业跨越发展的不竭动力，再创德江教育新辉煌。要抓好全县教育发展规划，确保教育事业均衡发展。要加大民办教育的办学力度，规范民办教育管理，确保民办教育合法、有序、健康发展。要全力抓好省级“普十五”、“两个教育督导”、国家三类城市规范语言文字和县职校争创省级示范性职校的迎评工作，确保顺利通过验收。要扎实抓好教育扶贫工作，确保政策资金及时兑现到位，防止腐败问题发生，实现廉洁办学。要高度重视校园安全工作，创建平安校园，确保师生生命财产安全。全县上下要深刻认识到高考工作的极端重要性，统一思想，切实把高考工作摆在更加突出的重要位置。要充分认识高考舞弊带来的致命性危害，实现零报警、零作弊、零雷同“三零”目标，盯紧回德考生、考生直系亲属系干部和高中教师三类特殊人群，有效管住销售舞弊器材、学生安检、监考教师监管三个重要环节，加大对考点周围出租房屋的检查力度，防止舞弊事件的发生。要加强交通保畅、考点及周边环境安全等各项工作的监督和管理力度，促进各环节有序开展，确保每一位考生安全顺利参考。要加大宣传力度，营造良好的舆论氛围，为全县高考创造更加轻松和谐环境。三、传达学习中共贵州省委办公厅关于印发《贵州省推进领导干部能上能下实施细则（试行）的通知》、《中共铜仁市委关于认真做好县乡领导班子换届工作的通知》、全市换届选举工作会议精神、市委组织部关于对我县2015年干部选拔任用工作反馈意见、观看《镜鉴》警示教育片。会议要求，全县各级各部门要认真学习换届工作的相关文件和会议精神，切实把思想和行动统一到换届工作上来，充分认识换届工作的重大意义，深刻领会陈代军的讲话精神，严格按照市委的决定和详细部署及“五个必须”要求，严肃换届纪律，确保换届工作有序健康平稳进行。要深入学习领导干部任用条例，严格执行，着眼德江“十三五”发展，真正把优秀的干部选出来、用起来，尤其是加大年轻干部、少数民族干部、女干部和党外干部的培养力度，科学选优配强领导班子，培养出更多优秀的干部。要提升班子的整体功能，严格执行中央、省、市规定，结合德江实际，选优配强各级领导班子，扎实提升全县各级领导班子整体水平。县委组织部要加强规范干部任用程序，落实痕迹管理，确保干部成长轨迹真实完整。要认真组织观看《镜鉴》警示教育片，从中受到警示、教育。各级党委（组）要率先垂范，畅通干部任用渠道，切实履行好主体责任，纪检监察部门要认真履行好监督责任，为换届工作营造风清气正的良好环境。四、学习贯彻省、市禁毒工作会议精神，审定《全县禁毒工作责任追究实施办法》。会议议定：1.原则同意在县职校建立禁毒预防教育基地，由陈廷相牵头，县禁毒办负责，根据建设要求测算建设经费，按程序报县政府审批后据实拨付。2.原则同意《全县禁毒工作责任追究实施办法》，由县委办负责，县公安局参与，按会议讨论意见修改完善后行文。3.同意近期召开全县禁毒工作会议，由县公安局负责，认真筹备相关会务工作。4.原则同意将县禁毒办作为常设机构设置，配备专职副主任1名（副科长级），由县编委办负责，县公安局参与，按程序研究报批。五、传达学习《中共铜仁市委关于支持各民主党派市委（工委）开展重大问题考察调研制度（试行）的通知》精神。会议要求，全县各级各部门要认真学习贯彻《中共铜仁市委关于支持各民主党派市委（工委）开展重大问题考察调研制度（试行）的通知》精神，充分认识支持各民主党派开展重大问题考察调研活动的重大意义，积极支持配合市委各民主党派到德江开展重大问题考察调研活动，做好相关服务和汇报工作。要大力支持全县各民主党派相关工作，积极搭建参政议政交流平台，加强联系沟通。县委统战部要广泛征求德江各民主党派意见，结合实际，出台相应办法。全县各民主党派要深挖资源，发挥优势，为全县决战决胜脱贫攻坚、全面实现小康汇集智慧和力量。六、传达学习《中共铜仁市委办公室关于各区（县、高新区、开发区）对铜党办发〔2016〕10号文件办理情况的通报》（以下简称通报）精神。会议要求，全县上下要认真学习领会《通报》精神，充分认识公文办理工作的重要性，统一思想，提高认识，高度重视公文办理工作，强化规范、标准、准确和把关意识，坚持24小时办文，确保政令畅通。县委办要抓紧组织对2016年中央、省、市出台的文件办理情况进行自查，及时整改；要统筹协调，加大对全县办公室工作人员的培训力度，强化对党政机关公文处理工作条例的学习，提高办公室人员整体工作水平，提升工作质量和效益，确保全县办公室工作更加规范有序；要加大对文件办理的审核力度，提高文件处理水平，为全县办公室工作创造新经验。七、传达学习《中共铜仁市委办公室关于提高农村贫困人口医疗救助保障水平促进精准扶贫工作实施办法方案的通知》《中共铜仁市委办公室关于各区县遍访贫困户贫困村暨结对帮扶工作回访督查情况的通报》精神。会议要求，全县上下要认真学习领会《关于提高农村贫困人口医疗救助保障水平促进精准扶贫工作实施办法方案》和夏庆丰书记的批示精神，充分认识提高农村贫困人口医疗救助保障水平、开展遍访贫困村贫困户和结对帮扶工作重大意义，切实增强做好扶贫工作的责任感和使命感。要切实履职，统筹部门资源，落实工作责任，掌握政策和工作流程，把握尺度，做到及时、便民。对《通报》中存在的问题，扶贫领导小组要提出处理意见，对照检查、举一反三、全面整改，加大对扶贫工作督导检查力度，确保扶贫工作务实有成效。县委宣传部要强化政策解读和动态宣传，乡镇和部门要通过发放层层签字后的明白卡等方式，宣传到每家每户，为全县扎实抓好扶贫工作营造良好的环境。八、审定《县委组织部关于推荐全市“两优一先”（优秀共产党员、优秀党务工作者、先进基层党组织）名单的请示》。会议议定：原则同意县委组织部关于推荐全市“两优一先”名单的请示事项，由县委组织部负责，按照会议议定意见，按程序上报。九、审定《全县维护稳定和信访工作责任追究办法》。会议议定：原则同意《全县维护稳定和信访工作责任追究办法》，由县委政法委负责，县委群众工作部、县维稳办等相关部门参与，组织修改完善后行文实施，并加大对各级各部门就《办法》的学习贯彻情况进行督查。十、审定《县人民政府党组关于全县2016年扶贫开发工作成效考核办法的请示》。会议议定：同意县人民政府党组提请的《全县2016年扶贫开发工作成效考核办法》，由县政府办负责，县扶贫办参与，按会议讨论意见修改完善后行文。十一、审定《县人民政府党组关于县人民医院城北新区PPP项目实施方案的请示》。会议议定：原则同意县人民政府党组提请的《县人民医院城北新区PPP项目实施方案》，由县金融办牵头，县财政局、县卫计局、县人民医院负责，组织修改完善后实施。十二、审定《县人民政府党组关于铜仁职业技术学院订单生定岗位有关事宜的请示》。会议议定：按照铜府函〔2016〕103号和铜府发电〔2016〕39号文件要求，原则同意县人民政府党组关于铜仁职院订单生定岗位有关请示事项。由梅彬牵头，县人社局负责，按程序对接上报，对订单生要严格审查，择优录取，履行相关合同程序，实行跟踪管理。十三、审定《县人民政府党组关于全县农业产业发展实施意见考核办法的请示》。会议议定：原则同意县人民政府党组提请的《全县农业产业发展实施意见考核办法》，由杨绪鹏牵头，县农牧科技局负责，按照会议讨论意见修改完善后行文。十四、审定《县人民政府党组关于德江县住建局与铜仁市规划勘测设计院战略合作协议的请示》。会议议定：原则同意县人民政府党组提请的《德江县住建局与铜仁市规划勘测设计院战略合作协议》，由李兵牵头，县住建局负责，按会议讨论意见修改完善后组织实施。十五、会议研究有关干部人事问题。

第16次县委常委会议：2016年6月6日上午，县委书记商友江在县委常委会议室主持召开2016年第16次县委常委会议。一、审定《中共德江县委关于认真做好乡镇领导班子换届工作的意见》和《中共德江县委落实“五个责任主体”清单》。会议议定：原则同意县委组织部提请的《中共德江县委关于认真做好乡镇领导班子换届工作的意见》，由唐虹牵头，县委组织部负责，按照相关政策规定及会议讨论意见修改完善后，按程序上报。同时，要认真做好职数减少的乡镇班子思想引导工作，各乡镇党委要坚决执行县委的决定，自觉服从大局。原则同意县委组织部提请的《中共德江县委落实“五个责任主体”清单》，请各自按职责和任务要求，切实抓好落实。二、审定《中共德江县委关于做好乡镇党代会代表选举工作的通知》。会议议定：1.原则同意县委组织部提请的《中共德江县委关于做好乡镇党代会代表选举工作的通知》，由唐虹牵头，县委组织部负责，按照会议讨论意见修改完善后行文。2.县委组织部要加强指导和调度，认真做好乡镇党代会代表选举工作，确保选举顺利进行。3.各乡镇党委要切实履行领导把关职责，按照有关文件规定，严格规范程序，严明纪律要求，提高基层代表、农民代表和妇女代表比例，确保代表的先进性、代表性和广泛性。

第18次县委常委会议：2016年6月22日下午，县委书记商友江在县委常委会议室主持召开2016年第18次县委常委会议。一、传达学习《中共中央办公厅关于部分人大代表、政协委员涉法涉罪问题问责情况及其教训的通报》精神。会议要求，全县各级各部门要认真学习《通报》精神，深刻领会，充分认识涉法涉罪案件的严重危害性，切实把思想认识统一到中央的决策部署上来。要组织全县各部门和乡镇（街道）主要负责同志认真传达学习，县人大、县政协党组要组织专题学习，县委组织部、县委统战部要组织内部干部职工和参与县乡换届工作的人员集中认真学习，真正使《通报》精神入脑入心。要严格强化纪律，切实把换届纪律贯穿到换届工作的全过程，确保“两代表一委员”的先进性、代表性和广泛性。要加大宣传力度，拓宽宣传面，切实把换届的各项政策宣传到位，落实到位，为全县换届工作营造良好的舆论氛围。二、传达贯彻《中共贵州省委转发<中共贵州省人大常委会党组关于做好设区的市、自治州和县、乡人民代表大会换届选举工作的意见>的通知》。会议要求，全县各级党委（党组）要认真传达学习《意见》精神，增强政治意识、责任意识和把关意识，切实把《意见》精神贯穿到县乡人民代表大会换届选举工作始终。要准确把握《意见》的总体要求、原则和措施办法，严把代表候选人“入口关”，突出政治标准、自觉遵守社会公德和廉洁自律意识，真正把具有履职意愿和履职能力的人民代表选出来、用起来，充分发挥人民代表的作用。要严格标准和程序，严肃考察、审查环节，杜绝政治上有问题、违法违纪、品行不端正、拥有外国国籍等四类人员当选为人民代表，确保人民代表的先进性和代表性，为全县营造风清气正的政治生态环境打下坚实的基础。三、学习贯彻《省委安全稳定工作专题会议纪要》精神。会议要求，全县上下要充分认识安全稳定工作的极端重要性，高度重视、高度警惕，把准动向，切实增强责任意识和大局意识，严格按照省委要求，盯紧道路安全、城市拆迁等关键领域和特殊群体，严防源头性不稳定事件的发生，确保社会和谐稳定。县委政法委要认真做好全县安全稳定工作应急预案，坚决遏止各类影响社会稳定事件的发生，为全县经济社会发展营造健康有序发展环境。四、传达学习黄家培副省长来德调研的讲话精神。会议要求，全县各级各部门要认真学习贯彻黄家培副省长的重要讲话精神，切实把讲话精神运用到推动德江城市发展上来。要把黄家培副省长对德江的关心关怀转化为推动城市发展的不竭动力，真实有效地推动德江城市发展。要按照中央、省、市城市工作会议精神，高起点规划，高标准建设，切实抓好城市建设工作，提高城市功能，打造宜居宜业宜游的人居环境。要在近期的全县城市工作会议上，原文传达学习黄家培副省长的重要讲话，抓好贯彻落实，为加快建成黔东北铁路交通枢纽和区域中心城市提供理论指导，推动德江城市发展再上新台阶。五、传达学习全市《中国共产党地方委员会工作条例》宣讲会精神。会议要求，全县各级党委（党组）要深入学习贯彻《中国共产党地方委员会工作条例》，充分认识学习贯彻《条例》的重大意义，准确把握《条例》的精神实质，深刻理解《条例》修订的重点内容，认真抓好贯彻落实。要从地方党委的职责任务、《条例》的地位作用、新理念新要求和解决突出问题四个方面来认识学习贯彻《条例》的重大作用，切实增强政治自觉、思想自觉和行动自觉，准确把握地方党委工作规律和方法，不断提高地方党委工作的科学化水平，做维护党中央权威，总揽全局、协调各方，科学民主、依法决策，规范用权、严抓落实的表率。要认真运用《条例》，切实提高党委的工作水平，不断创造更多德江党委工作新经验。六、传达学习夏庆丰在听取县委主要负责人汇报工作时的指示精神。会议指出，在公务繁重、时间紧迫的情势下，市委书记夏庆丰抽出宝贵时间专题听取德江县工作汇报，并作出重要指示，充分体现市委对德江的关心关爱，寄予殷切希望，让大家倍受鼓舞和倍感责任重大。夏庆丰的重要指示精神，对有效开启德江大发展、快发展之门指明努力方向。全县上下要认真学习夏庆丰书记的重要指示精神，切实把对德江的关心关爱转化为推动全县经济社会全面发展的强大动力。按照夏庆丰的指示要求，严格换届纪律，着力抓好换届工作和干部的培养工作，对干部既要严格要求，又要帮助和指点，促进全县干部健康成长，培养更多更优秀的干部。要着力抓好招商引资、城市建设等重大工作，防止城大业小，培育宜居宜业宜游的大环境，不辜负庆丰对县委和全县人民的期望。七、传达学习全市党校工作会议精神。会议议定：1.同意近期召开县委党校工作会议，由唐虹同志牵头，县委党校负责，认真做好相关会务筹备工作。2.同意新建县委党校，由唐虹同志牵头，县委党校、县住建局、县国土局负责，认真谋划县委党校新校区的选址、规划、设计等工作，确保高标准、高质量建设。八、审定《关于召开德江县庆祝建党95周年大会相关事宜的请示》。会议议定：原则同意县委党建办提交的关于召开德江县庆祝建党95周年大会相关事宜的请示事项，由唐虹同志牵头，县委党建办负责，按照会议讨论意见修改完善后，按程序组织实施。九、审定有关机构编制事项的请示。会议议定：1.同意根据《中共贵州省委改革办关于学习贯彻落实省委领导重要批示进一步加强市县全面深化改革工作的通知》（贵改办发〔2016〕3号）文件精神，将中共德江县委全面深化改革工作办公室机构编制事项明确为：核定行政编制4名（增加3名），设主任1名（由县委副书记兼任），常务副主任1名（由县委政策研究室主任兼任），副主任1名（副科长级）。所增3名行政编制分别从德江县人力资源和社会保障局、德江县财政局调剂1名、2名。编制调剂后，德江县人力资源和社会保障局、德江县财政局分别核定行政编制16名、17名。2.根据《铜仁市机构编制委员会办公室关于区（县）同步小康创建工作机构有关机构编制事项的函》文件精神，设立德江县全面小康建设工作领导小组办公室，为县委办所属副科级事业单位，核定事业编制4名，设主任1名（由县委政策研究室主任兼任），副主任1名（副科长级）。所增4名编制从德江县保密技术检查中心用于全面小康建设工作的4名事业编制连人带编划入。编制调剂后，德江县保密技术检查中心共核定事业编制6名。3.根据《铜仁市机构编制委员会办公室关于统一和规范乡（镇、街道）社会治安综合治理办公室有关机构编制的通知》（铜市机编办〔2016〕5号）文件精神，将乡（镇）社会治安综合治理办公室有关机构编制事项统一规范为：乡（镇）社会治安综合治理办公室与党委政法委合署办公，实行一个机构两块牌子的管理体制，综治办设主任1名（由政法委书记兼任），专职副主任1名（副科长级）。4.根据《铜仁市机构编制委员会办公室关于明确（区）县消费者协会机构规格的通知》（铜市机编办〔2016〕18号）文件精神，将德江县消费者协会机构升格为副科级机构，其他机构编制事项保持不变。5.根据《铜仁市机构编制委员会办公室关于各区（县）宣传部加挂区（县）社会科学界联合会牌子的通知》（铜市机编办〔2016〕83号）文件精神，在中共德江县委宣传部加挂德江县社会科学界联合会牌子。德江县社会科学界联合会主席由中共德江县委宣传部部长兼任，其他机构编制事项保持不变。十、会议还研究有关干部人事工作。

第21次县委常委会议：2016年7月7日，县委书记商友江在县委常委会议室主持召开2016年第21次县委常委会议。一、学习贯彻《中共中央办公厅关于学习贯彻<习近平总书记在庆祝中国共产党成立95周年大会上的讲话>的通知》（中办发电〔2016〕15号）和《中共贵州省委办公厅关于认真学习贯彻<习近平总书记在庆祝中国共产党成立95周年大会上的讲话>的通知》（黔办发电〔2016〕41号）及习近平总书记、省委陈敏尔书记、市委夏庆丰书记在中央、省、市庆祝中国共产党成立95周年大会上的讲话精神。会议议定：1.由唐虹牵头，县委组织部负责，草拟《县委中心组关于开展专题学习<习近平总书记在庆祝中国共产党成立95周年大会上的讲话>的方案》，按程序送审实施。2.由县委办牵头，县委党建办负责，抓紧起草下发《关于认真学习贯彻<习近平总书记在庆祝中国共产党成立95周年大会上的讲话>的通知》。二、传达学习《中共中央国务院关于加强和改进新形势下宗教工作的意见》（中发〔2016〕16号）。会议议定：由梅彬牵头，县民宗局负责，起草成立全县宗教工作领导小组文件，按程序行文；妥善处理涉及宗教的有关问题，推进宗教工作健康发展。三、传达学习《省委陈敏尔书记在宣传思想文化工作调研座谈会上的讲话》（黔办通报〔2016〕第32期）。会议要求，全县各级各部门要深入学习敏尔的重要讲话精神，要在统一思想和工作部署上下功夫，履行好党管意识形态工作职责，把握意识形态工作的领导权管理权话语权，动员群众发挥主导作用，在全县上下形成认真抓好意识形态工作的浓厚氛围。要围绕中心，在唱响德江声音凝聚德江力量上下功夫，做德江好故事、好声音的传声筒，传递正能量。要与时俱进，在打造文艺精品繁荣文化事业上下功夫，打造文艺精品，坚定文化自信，传承民族文化，尊重创作规律，实施文艺精品战略，做大做强文化产业，强化公共文化服务，更好地助推文化强县。要创新工作方式，在加强网络管理和净化网络新疆域下功夫。要注重管理，在保障队伍建设提升能力上下功夫，积极作为，为宣传思想文化工作营造良好的氛围，谱写宣传思想文化工作德江新篇章。四、传达学习《市委夏庆丰书记在市委办机关一支部“两学一做”学习教育专题研讨会上的讲话》（铜办通报〔2016〕第18期）。会议要求，全县各级各部门要认真学习贯彻庆丰在市委办机关一支部“两学一做”学习教育专题研讨会上的讲话精神，切实把思想和行动统一到庆丰书记的讲话精神上来，统一到全市的“两学一做”学习教育工作上来，助推学习教育务实有效开展。各级党委（党组）主要负责同志要以普通党员身份参加所在支部“两学一做”学习教育，与党员一起学习讨论，一起查摆解决问题，一起接受教育培训，一起参加民主评议；要将庆丰书记的讲话精神贯穿到全县“两学一做”学习教育工作中，用讲话精神指导全县“两学一做”学习教育，不断开创全县“两学一做”学习教育工作新局面。五、学习贯彻《中共铜仁市委办公室关于印发<中共铜仁市委巡察工作实施办法（试行）的通知>》（铜党办发〔2016〕61号）。会议要求，全县上下要认真学习贯彻《中共铜仁市委巡察工作实施办法（试行）》，统一思想，充分认识开展巡察工作的重大意义，严格按照市委的要求，积极配合做好市委巡察组的巡察工作。要加强对县内巡察工作的领导，自觉接受监督，组织开展好县内巡察工作，确保发挥作用。要加强宣传引导，为巡察工作有效开展营造良好舆论氛围。六、学习贯彻《中共铜仁市纪委关于开展落实“两个责任”推进干部约谈常态化工作的通知》（铜纪〔2016〕29号）。会议要求，全县上下要认真学习《中共铜仁市纪委关于开展落实“两个责任”推进干部约谈常态化工作的通知》精神，统一思想，深化对干部约谈常态化的认识，正确对待约谈，积极主动配合，真诚交代个人情况，扎实有效推进约谈工作常态化。县纪委要切实履行好职责，积极对接，加快推进干部约谈常态化工作。要加大干部约谈常态化工作宣传力度，扩大宣传面，提高知晓率，为推进干部约谈常态化工作营造良好氛围。七、通报《中共铜仁市纪委关于给予吴辉开除党籍、开除公职处分的决定》（铜纪〔2016〕21号）。会议要求，全县各级各部门要引以为戒，以此为镜，举一反三，自觉接受警示教育。要树立法律意识，严格遵守法律，依规自律，依法行政，做到学法、知法、懂法、用法。要认真学习党规党纪，严格遵守，保持党的先进性和纯洁性。要站稳政治立场，始终与党中央保持高度一致，树立党的事业至上和国家人民利益至上的意识。要加强权力监督，从源头上杜绝腐败，加大法律和党规党纪的宣传力度，为全县营造风清气正的政治生态环境。八、传达学习《贵州省社会治安综合治理委员会办公室关于取消德江县社会治安挂牌整治的通知》（黔综治办〔2016〕42号）和县委书记商友江率队赴省有关部门汇报工作情况的通报。会议议定：1.由秦智坤牵头，县政府办负责，相关部门参与，认真分析全县半年经济运行情况，拿出详细方案，细化责任分解，加大督查力度，确保全年目标如期完成。2.由陈廷相牵头，县公安局负责，积极向上对接，力争县戒毒所项目早日落地。3.由梅彬牵头，县发改局、县教育局、民政局等相关部门负责，尽快拿出具体详细方案，积极向上对接，确保各项工作顺利推进。九、审定《德江县第二届旅游产业发展大会工作方案》。会议议定：原则同意《德江县第二届旅游产业发展大会工作方案》，由杨洪波、赵贡良牵头，县旅产办负责，根据会议讨论意见修改完善后，按程序组织实施。十、会议研究有关干部人事工作。

第22次县委常委会议：2016年7月18日上午，县委书记商友江在县委常委会议室主持召开2016年第22次县委常委会议。一、传达学习《中共中央组织部换届纪律提醒函》。会议要求，全县上下要充分认识到此次换届的成功与否事关脱贫攻坚任务完成，事关“两个一百年”奋斗目标实现，充分领会中央对换届工作纪律的高度重视，牢固树立政治意识、大局意识、核心意识和看齐意识，切实履行好领导和把关作用，增强责任感和使命感。各级党委（党组）要切实履行好换届风气监督的主体责任，党委（党组）书记要切实履行好第一责任人职责。各考干组要遵守相关规定，坚决维护换届工作严肃性，严格按照要求把工作抓好抓实抓细，确保换届工作有序推进。各级各部门要认真组织观看《镜鉴》警示教育片，深入学习《严肃换届纪律文件选编》，确保换届工作警示教育不放松。县委宣传部要谋划抓好换届工作主题宣传，营造良好氛围，维护风清气正换届工作环境。二、传达学习《贵州省市县乡领导班子换届工作动态》。会议要求，全县上下要统一思想，正确认识中央关于脱贫攻坚期内保持贫困乡镇党政正职稳定工作的要求，严格执行保持贫困乡镇党政正职稳定的各项规定，贫困乡镇党政正职在没有完成脱贫任务前，不得调整和调离，脱贫摘帽后，仍要保持稳定一段时间。县委组织部要加大政策宣传，做好贫困乡镇党政主要负责同志思想引导和关心关怀工作，完善履职情况跟踪了解和激励保障措施，让贫困乡镇党政正职继续努力、安心工作。要按照市委统一安排部署，加快推进干部考察工作，确保7月底全县乡镇党委正职到岗到位。三、会议传达贯彻中共铜仁市委关于德江县有关同志免职提名的通知。会议决定，由县人大常委会党组、县政府党组按程序履行。四、学习贯彻《中共铜仁市委组织部关于进一步严肃换届风气监督工作的通知》。会议要求，全县各级各部门要认真传达学习姜信治同志在安徽等9省换届风气监督工作片会上的讲话精神，深刻领会，切实把讲话精神贯穿到换届工作中，不断推进换届工作健康有序开展。各级党委（党组）要时刻绷紧纪律这根弦，切实履行党委的主体责任和书记的第一责任，坚持正确用人导向，以上率下，落实各项规定和要求。县委组织部要落实好直接责任，迅速将姜信治副部长的讲话转发到各级各部门，组织考干组同志认真学习讲话精神，按照“四必看”“四必谈”“四必训”“四个凡提”要求，执行好严肃换届风气专项督查工作，落实好“12380”举报平台24小时专人值守，把换届全程置于群众有效监督之下。各级领导干部要带头学习，带头执行“九严禁”等规定，加大抽查力度，严肃处理问责，及时通报，发现一起，查处一起，达到教育一大片的效果，为换届工作营造风清气正的政治生态环境。五、通报《铜仁市禁毒委员会办公室关于我市2015年度禁毒工作群众满意度调查情况的通知》（铜禁毒办〔2016〕21号）。会议议定：同意近期召开全县禁毒领导小组专题会议，由县委政法委牵头，县禁毒办负责，认真筹备相关会务工作。六、审定《中共德江县委统战部关于县工商联（商会）换届工作的请示》（德统呈〔2016〕6号）。会议议定：1.原则同意《中共德江县委统战部关于县工商联（商会）换届工作方案（草案）》，由唐虹牵头，县委统战部、县工商联负责，按照会议讨论意见修改完善后实施。2.同意县工商联（商会）增设1名副科级非领导职数，由唐虹同志牵头，县委组织部、县委统战部、县编委办负责，在全县范围内按程序考察配备人选。3.同意解决县工商联（商会）换届工作经费5万元，按程序报县政府据实拨付。七、审定《中共德江县人民政府党组关于审定全县2016年、2017年城市和交通建设重点推进项目的请示》（德府党组呈〔2016〕28号）。会议议定：1.原则同意中共德江县人民政府党组关于审定全县2016年、2017年城市和交通建设重点推进项目的请示事项，由秦智坤牵头，县政府办负责，各相关部门参与，按照时间表，加快推进项目建设。2.由陈健牵头，县政协办负责，抓紧拿出县城区道路、建筑等命名方案，按程序送审。3.由周骥牵头，县机关事务管理局负责，详细统计全县已建办公资源，科学规划新建办公场所，统筹整合，确保办公场所高效合理利用。4.由唐虹牵头，县委组织部负责，在全县统筹考虑，抓紧拿出县住建局增设班子成员方案，并按程序送审。5.由李兵牵头，县国土资源局、住建局负责，全面统计全县已收储土地，并做好监督管理工作。6.由县委督查室、县政府督查室负责，按照项目清单跟踪督查，实行定期通报，以督查通报推动项目建设，确保如期实现目标。7.由县林业局负责，全力抓好苗圃场建设工作。8.由县教育局负责，尽快拟出县城区教育资源整体规划布局方案，按程序送审。八、审定《中共德江县人民政府党组关于审定<德江县农村信用合作社改制筹建贵州德江农村商业银行股份有限公司工作实施方案>的请示》（德府党组呈〔2016〕29号）。会议议定：原则同意中共德江县人民政府党组关于审定《德江县农村信用合作社改制筹建贵州德江农村商业银行股份有限公司工作实施方案》的请示事项，由周骥同志牵头，县金融办、县信用联社负责，按照会议讨论意见修改完善后组织实施。九、审定《中共德江县人民政府党组关于办理县城房屋拆迁安置点房屋建设有关手续的请示》（德府党组呈〔2016〕30号）。会议议定：鉴于县城房屋建设中涉及规划、土地、楼层等方面问题复杂、牵涉面较广，按照党委会工作条例有关规定，县委再作风险评估等决策程序后进行审议。十、审定《中共德江县人民政府党组关于审定德江县大数据应用平台建设合作协议的请示》（德府党组呈〔2016〕31号）。会议议定：中共德江县人民政府党组关于审定德江县大数据应用平台建设合作协议的请示事项，由杨绪鹏同志牵头，县法制办、县工业和商务局负责，对合作协议中乙方、丙方资质进行严格审核，再细化合作协议，修改完善后按程序送审。

第24次县委常委会议：2016年7月25日，县委书记商友江在县委常委会议室主持召开2016年第24次县委常委会议。一、研究有关干部人事问题。二、学习贯彻《中共贵州省委办公厅关于传达学习习近平总书记<关于做好当前防汛抗洪抢险救灾工作的讲话>的通知》。会议议定：1.由县委办负责，抓紧起草下发《关于学习贯彻<习近平总书记关于做好当前防汛抗洪抢险救灾工作的讲话>的通知》。2.由县气象局负责，时时监测天气变化情况，并及时发布信息。3.由县防汛办负责，做好24小时应急值守，加强监测预报预警。4.由县水务局负责，全面排查全县水利设施设备，及时更换或维修；扎实做好各山塘、水库汛情监测工作，确保24小时有人值守。5.由县国土资源局负责，扎实做好各隐患点巡查监测工作和新增隐患点排查监测工作，确保24小时专人监测。6.由县人武部、武警中队、消防大队负责，扎实做好防汛抗洪抢险救灾应急准备工作。7.由县民政局负责，全力做好防汛抗洪抢险救灾物资保障工作。8.由县委宣传部负责，加大对在防汛抗洪抢险救灾中涌现出来的先进典型事件宣传力度，弘扬正能量。9.由县委办、政府办负责，不定期对全县防汛值班情况进行抽查，并及时通报。10.由县委督查室、政府督查室、绩效办负责，于7月底对各级各部门学习贯彻情况开展全面督查，并及时通报。

第25次县委常委会议：2016年7月27日上午，县委书记商友江在县委常委会议室主持召开2016年第25次县委常委会议。一、研究干部人事工作。二、学习贯彻习近平总书记在宁夏调研视察时的重要讲话精神。会议议定：1.由周骥牵头，县扶贫办负责，认真筹备全县扶贫工作领导小组会议，会上原文传达学习习总书记重要讲话。2.由县委办、县政府办负责，尽快拿出近期由县委、县政府主要领导带队到吴中区、中冶集团、如皋市等地考察对接的详细方案，并按程序送审。3.由县委组织部、县委党校负责，拿出县与吴中区干部培训、管理和人才双向交流工作方案，并按程序送审。4.由县委宣传部负责，加大对口帮扶的推进情况、重大事项、典型经验宣传力度，营造良好对口帮扶氛围。5.由县发改局负责，对《吴中区对口帮扶合作框架协议》内容进行实物化、项目化，并责任到相关部门。6.由县农民科技局负责，积极对接，争取吴中区加强指导全县农业产业发展规划及农业园区建设。7.由县旅产办负责，积极对接，争取吴中区帮助县搞好旅游发展规划和旅游策划，引进大企业打造景区景点。9.由县人社局负责，积极与吴中区对接劳务输出相关事宜，并按程序实施。10.由县投促局负责，积极与吴中区对接，尽快拿出《德江县派驻吴中区人员方案》，按程序送审。三、学习贯彻《中国共产党问责条例》。会议议定：1.由县委办负责，抓紧起草下发《关于学习贯彻中国共产党问责条例>的通知》。2.由县委宣传部负责，加大问责条例宣传力度，提高干部群众的知晓率和认知度。

第28次县委常委会议：2016年8月3日，县委书记商友江在县委常委会议室主持召开2016年第28次县委常委会议。一、学习贯彻《中共贵州省委贵州省人民政府关于进一步促进民营经济加快发展的若干意见》（黔党发〔2016〕16号）和《陈敏尔、孙志刚同志在2016年全省第二次项目建设现场观摩总结会议暨全省第三次民营经济发展大会上的讲话》（黔办通报〔2016〕第40期）精神。会议议定：1.由杨绪鹏牵头，县工业和商务局负责，相关部门参与，起草全县《关于进一步促进民营经济尽快发展的意见》，按程序报县委、县政府审定印发。2.由县委组织部负责，县工商联（商会）参与，加强指导民营企业和商会的党建工作。3.由县工商联（商会）牵头，县工业和商务局负责，及时将《意见》和讲话精神传达到民营企业，增强企业发展动力；尽快成立德江县关于进一步加强发展民营经济工作的领导小组（另行文）；建立德江县关于民营企业工商服务工作联席会议制度，并定期研究相关事宜。4.由县委督查室、县政府督查室负责，8月底对《意见》和讲话精神的贯彻情况进行督查通报。二、学习贯彻《关于认真学习贯彻中央纪委领导批示精神切实加强换届风气监督工作的通知》（黔纪发〔2016〕5号）和《关于对遵义市习水县和毕节市大方县东关乡有关人员违反换届纪律问题的通报》（黔组通〔2016〕114号）精神。会议议定：由县纪委、县委组织部牵头负责，尽快建立违反换届纪律的快查快结机制；及时将黔纪发〔2016〕5号和黔组通〔2016〕114号文件转发到各级各部门传达学习，贯彻执行到位。三、学习贯彻《贵州省公安厅关于认真学习贯彻陈敏尔、谌贻琴在省公安厅调研时的重要讲话精神的通知》（黔公通〔2016〕22号）精神。会议指出，2016年6月29日，省委书记、省人大常委会主任陈敏尔率省委副书记、省委政法委书记谌贻琴等一行深入省公安厅调研，充分肯定2016年来全省公安工作取得的成绩，对进一步加强全省公安工作和队伍建设提出明确要求。全县各级各部门要认真传达学习，从严管理干部，打造过硬队伍，公安机关全体同志要强化理论武装头脑，切实做到政治上过硬、能力上过硬、作风上过硬。要狠抓工作落实，扎实做好本职工作，切实履行职责，保护好人民群众的生命财产安全，确保一方平安，增强群众的安全感和幸福感。四、学习贯彻《中共铜仁市委转发中共铜仁市人大常委会党组关于做好市县乡人民代表大会换届选举工作的意见的通知》（铜党发〔2016〕18号）精神。会议议定：县人大常委会党组要对应起草关于做好县乡人民代表大会换届选举工作的实施意见，按程序报审。五、学习贯彻《铜仁市信访工作联席会议办公室关于认真贯彻落实陈晏市长重要指示精神的通知》（铜信联办〔2016〕16号）精神。会议议定：1.由周骥、陈廷相牵头，县群众工作部负责，相关部门协助，组织开展全县疑难信访问题的排查工作，认真梳理研判，有效化解。2.由县信访联席会议领导小组牵头，县群众工作部负责，相关部门参与，认真贯彻上级精神，定期研究疑难信访案件，有针对性地提出化解的具体建议意见。六、审定《中共德江县人民政府党组关于办理县城房屋拆迁安置点房屋建设有关手续的请示》（德府党组呈〔2016〕30号）。会议议定：同意中共德江县人民政府党组关于办理县城房屋拆迁安置点房屋建设有关手续的请示事项，由李兵牵头，县住建局、国土资源局、青龙街道、玉水街道负责，按照会议讨论意见组织实施。办理部门要按照意见操作，不公开发布，告知当事人，坚持自愿原则，在规定时间内办理，逾期不办理者，按有关规定执行。七、审定《中共德江县人民政府党组关于农村生活垃圾治理及农村生活污水标准化处理工作的请示》（德府党组呈〔2016〕32号）。会议议定：同意中共德江县人民政府党组关于农村生活垃圾治理及农村生活污水标准化处理工作的请示事项，由李兵牵头，县城管局负责，相关部门参与，按照会议讨论意见，作好安排部署，抓好落实。八、审定《中共德江县人民政府党组关于审定温州商贸城38号39号地块违反规划许可处理意见的请示》（德府党组呈〔2016〕33号）。会议议定：同意中共德江县人民政府党组关于温州商贸城38号39号地块违反规划许可处理意见的请示事项，由李兵牵头，县住建局、国土资源局、青龙街道负责，相关部门参与，抓紧落实。同时，加强监督，加快推进第三期工程项目建设。九、审定《中共德江县人民政府党组关于提请审定云海玉龙湖项目遗留问题处理意见的请示》（德府党组呈〔2016〕34号）。会议议定：经深入讨论，综合分析，全方位考虑，一致同意中共德江县人民政府党组提请的关于云海玉龙湖项目遗留问题处理意见的请示事项，由李兵牵头，县住建局、国土资源局、青龙街道负责，相关部门参与，按照会议研究意见，抓紧完善贵州云海房地产开发有限公司和中京恒瑞置业有限公司相关手续，加快推进酒店建设，力争10月底建成营业。本决定在贵州云海房地产开发有限公司、中京恒瑞置业有限公司切实履行处理意见的基础上生效。若2个月内贵州云海房地产开发有限公司、中京恒瑞置业有限公司没有履行处理意见，县委将对相关意见重新研究作出决定。十、审定《中共德江县人民政府党组关于审定<德江县全面推进依法治县建设法治政府五年规划（2016–2020年）>的请示》（德府党组呈〔2016〕35号）。会议议定：原则同意《中共德江县人民政府党组关于审定<德江县全面推进依法治县建设法治政府五年规划（2016–2020年）>的请示》，由李兵同志牵头，县司法局、法制办负责，相关部门参与，按照会议讨论意见，修改完善后按程序行文实施。十一、审定《中共德江县人民政府党组关于审定乾丰房地产开发公司用地有关事宜的请示》（德府党组呈〔2016〕36号）。会议议定：由陈廷相牵头，县公安局负责，相关部门参与，对三诺科技与乾丰房地产开发公司的关系进行调查，待调查结果出来后，再作讨论。十二、审定《中共德江县人民政府党组关于审定<德江县城市棚户区改造房屋征收补偿安置实施意见（试

行）>的请示》（德府党组呈〔2016〕37号）。会议议定：1.同意《中共德江县人民政府党组关于审定<德江县城市棚户区改造房屋征收补偿安置实施意见（试行）>的请示》，由李兵牵头，县住建局、棚改办、青龙街道、玉水街道负责，按照会议讨论意见，修改完善后按程序行文实施。2.由县委改革办负责，将《意见》中的做法提炼成改革创新经验，力争在省市推广。十三、审定《中共德江县人民政府党组关于审定强德公司为贵州三诺科技公司贷款担保有关事项的请示》（德府党组呈〔2016〕38号）。会议议定：同意中共德江县人民政府党组提交的关于强德公司为贵州三诺科技公司贷款担保有关事项的请示事项，由周骥牵头，县金融办、法制办、强德公司负责，相关部门参与，按照会议讨论意见，修改完善后组织实施。十四、审定《中共德江县人民政府党组关于审定<德江县金融精准扶贫“特惠贷”实施方案>的请示》（德府党组呈〔2016〕39号）。会议议定：原则同意《中共德江县人民政府党组关于审定<德江县金融精准扶贫“特惠贷”实施方案>的请示》，由周骥同志牵头，县扶贫办、县联社负责，相关部门参与，根据会议讨论意见，修改完善后按程序行文实施。十五、审定《德江县机构编制委员会关于审定<关于进一步规范调配工作的规定>的请示》（德机编呈〔2016〕1号）。会议议定：原则同意德江县机构编制委员会提交《关于进一步规范调配工作的规定》的请示，由唐虹同志牵头，县委组织部、县编委办、县人社局、县教育局负责，按照会议讨论意见，修改完善后按程序行文实施。十六、审定《德江县推进户籍制度改革实施方案（审议稿）》。会议议定：由陈廷相牵头，县公安局负责，相关部门参与，召集相关专业人员，集中讨论，认真研究，根据实际情况，再细化方案，按程序送审。

第30次县委常委会议：2016年8月18日，县委书记商友江在县委常委会议室主持召开2016年第30次县委常委会议。一、传达贯彻全市领导干部大会精神。会议指出，8月17日，市委召开全市领导干部大会，宣布省委关于市委主要领导职务调整的决定：陈昌旭任中共铜仁市委委员、常委、书记，夏庆丰不再担任中共铜仁市委委员、常委、书记职务。夏庆丰党性观念和大局意识强，作风民主，为人正派，团结同志，对自己要求严格，省委对夏庆丰在铜仁的工作给予充分肯定。陈昌旭政治立场坚定，党性观念强，坚持原则，作风务实，大局意识和开拓创新精神强，经过多岗位锻炼，熟悉党务和经济工作，具有较强的组织领导和统筹协调能力，省委认为陈昌旭是铜仁市委书记的合适人选。会议要求，全县上下要坚决贯彻执行省委的决定，把思想和行动统一到省委的决策部署上来，切实增强政治意识和大局意识。要认真深入学习孙永春的重要讲话精神，切实将讲话精神贯穿工作始终。要牢记夏庆丰书记的嘱托，务实工作，扎实推进经济社会持续健康快速发展。要深刻学习领会陈昌旭书记“不忘初心强信念、不负重托敢担当、不遗余力惠民生、不失原则增合力、不碰底线保本色”的指示要求，不折不扣抓好贯彻落实。要尽心尽职把德江的事办好，以实际行动贯彻落实好省委和市委决定，鼓足干劲，扎实苦干，务实有效推动全县经济社会健康快速高效发展，为同步建成全面小康作出应有贡献。二、审定《中共德江县纪委关于取消全县党政机关领导干部住宅电话费的请示》（德纪呈〔2016〕31号）。会议议定：原则同意中共德江县纪委关于取消全县党政机关领导干部住宅电话费的请示事项，由县纪委负责，按照会议讨论意见修改完善后，及时行文实施。三、审定《德江县2016年开展巡察工作筹备方案》。会议议定：1.原则同意《德江县2016年开展巡察工作筹备方案》，由鲁文俊牵头，县纪委负责，相关部门参与，按照会议讨论意见修改完善后，按程序行文实施。2.同意8月底召开全县巡察工作启动会，由县纪委负责，认真筹备相关会务工作，并于9月上旬正式开展巡察工作。3.同意解决巡察工作所需经费，按程序报县政府据实拨付。四、审定《关于给予陈彦开除党籍处分的请示》（德纪呈〔2016〕32号）《关于给予张永跃开除党籍处分的请示》（德纪呈〔2016〕33号）《关于给予刘正君开除党籍处分的请示》（德纪呈〔2016〕34号）《关于给予周瑜开除党籍处分的请示》（德纪呈〔2016〕35号）。会议议定：同意中共德江县纪委关于给予陈彦、张永跃、刘正君、周瑜开除党籍处分的请示，由县纪委负责，相关部门参与，按程序办理，及时上报。并将违纪党员的处理情况作为典型案例，到所在单位开展警示教育。五、会议研究有关干部人事工作。

第31次县委常委会议：2016年8月21日上午，县委书记商友江在县委常委会议室主持召开2016年第31次县委常委会议。一、传达学习《中共中央办公厅关于印发<全国妇联改革方案>的通知》（中办发〔2016〕49号）。会议议定：1.由县委办负责，根据工作需要，以县委常委会、县委常委议事协调会等形式定期研究全县妇联工作。2.由县妇联负责，超前谋划全县妇联改革工作方案。二、传达学习《中共贵州省委办公厅贵州省人民政府办公厅转发<省委统战部省民族宗教事务委员会关于做好民间信仰工作的实施意见>的通知》（黔委厅字〔2016〕45号）。会议议定：1.由县民宗局牵头，各乡（镇、街道）负责，认真统计各辖区民间信仰详细情况，并登记备案。2.由各乡（镇、街道）负责，相关部门参与，按属地管理原则，严格按程序审批民间信仰活动场所改建、扩建、重建相关手续，若无相关合法手续，坚决依法拆除。三、传达学习《中共铜仁市委 铜仁市人民政府关于进一步加强城镇规划建设管理工作的意见》（铜党发〔2016〕8号）。会议议定：1.由唐虹牵头，县委组织部、县委党校负责，将《意见》纳入全县领导干部培训的内容之一，进一步提升干部对城镇的规划、建设、管理水平和能力。2.由李兵牵头，县住建局负责，按照《意见》精神，结合实际，尽快出台《德江县关于进一步加强城镇规划建设管理工作的实施方案》，按程序送审。3.同意建立县级城镇规划建设管理工作联席会议制度，定期研究相关工作，推进城镇规划建设管理上水平上台阶。四、学习贯彻《中共铜仁市委办公室关于转发省委书记陈敏尔同志批示的通知》（铜党办发电〔2016〕69号）。会议要求，全县各级各部门要认真传达学习陈敏尔书记的批示精神，深刻领会批示的精神实质，切实将批示精神贯穿到各项工作始终。要认真学习陈敏尔书记两次到铜仁调研时的重要指示精神，按照陈敏尔书记对其他区县的指示，切实将重要指示转化到德江的发展大局上来，确保指示在德江落地落实，助推全县经济社会健康快速发展。要把学习陈敏尔书记的重要指示、批示精神与开展“两学一做”学习教育结合起来，扎实推进学习教育务实有效；与县、乡、村换届和当前经济社会发展各项工作紧密结合起来，以发展成果检验工作落实，检验党员干部政治品格和责任担当。五、听取《政协德江县委员会关于呈报<科学布局城区学校·推进区域性教育中心建设>的报告》（德协呈〔2016〕4号）。会议指出，政协德江县委员会就推进城区学校科学布局，加快建设区域性教育中心的步伐，进行深入调研，撰写高质量的报告，为县委、县政府作决策提供宝贵的建议意见，对加快建成黔东北教育中心具有重要的意义。全县上下要高度重视教育的均衡发展，科学布局城区教育资源，把教育办到百姓家门口，让百姓享受更加便捷优质的教育资源。要加强对民办学校的管理，加大监督力度，尤其对民办学校的教师聘用待遇及各项收费加强监督，促进民办学校规范办学。要规范全县各学校的管理，坚决杜绝假期、周末补课现象发生，树立解放学生的思想，减轻学生的作业负担，围绕素质提升，走内涵式发展的教育之路，推进全县教育事业健康发展。1.由唐虹同志牵头，县委党校负责，相关部门参与，加快推进县委党校搬迁工作。2.由梅彬同志牵头，县教育局负责，按照政协德江县委员会建议意见，综合分析研究，形成城区学校布局的详细规划方案，并按程序送审。3.由县教育局负责，提出煎茶中学高中、初中分设方案，并按程序送审。六、审定《中共德江县委组织部关于请求审议中国共产党德江县第十二次代表大会筹备工作有关事项的请示》（德组呈〔2016〕12号）。会议议定：1.原则同意中共德江县委组织部关于召开中国共产党德江县第十二次代表大会筹备工作有关事项的请示，由县委组织部负责，按照会议讨论意见修改完善后，提交中共德江县委十一届二次全会审定。2.同意近期召开中共德江县委十一届二次全会，由县委办、县委组织部负责，认真筹备好会务工作。七、审定《中共德江县委组织部关于对2001年以来县直各部门机关党委研究审批党员身份认定的请示》（德组呈〔2016〕13号）。会议议定：1.同意中共德江县委组织部关于对2001年以来县直各部门机关党委研究审批党员身份认定的请示，由县委组织部牵头，县直机关工委负责，按照会议讨论意见认真组织实施。2.由县直机关工委牵头，相关部门配合，按照党员发展程序，督促指导县直部门机关党委完善高腾超等119名党员的档案资料，经审核合格后，认定其党员身份。同时，认真做好不能认定党员身份的蔡娜等6名干部的思想工作，积极引导他们追求进步，争取向党组织靠拢。八、审定《中共德江县委组织部关于召开德江县首届县管专家表彰大会相关事宜的请示》（德组呈〔2016〕10号）。会议议定：原则同意召开德江县首届县管专家表彰大会，由县委组织部负责，相关部门参与，严格按程序审查评选对象，确保评选的县管专家名副其实，并认真筹备好会务工作。九、听取《中共德江县人民法院党组关于全省法院全面推开司法体制改革会议精神的汇报》。会议要求，全县法院、检察院、司法系统和相关部门要认真学习全国、全省有关司法体制改革会议精神，统一思想，坚定不移地推进全县司法体制改革。要按照全国、全省司法体制改革有关会议精神，进一步吃透政策，把握政策导向，最大限度激发司法体制改革内生动力。县人民法院、县人民检察院要履行好改革工作的主体责任，务实有效推进全县司法体制改革。要加大宣传力度，正确引导全县干部支持司法体制改革，为全县改革工作营造良好的氛围。十、审定《德江县人民法院党组关于批准司法体制改革试点工作实施方案（试行）的请示》（德法党呈〔2016〕9号）。会议议定：同意德江县人民法院党组关于司法体制改革试点工作实施方案（试行）的请示，由县人民法院负责，按照上级文件规定执行。十一、审定《德江县人民检察院党组关于批准司法体制改革工作实施方案的请示》（德检党呈〔2016〕6号）。会议议定：同意德江县人民检察院党组关于司法体制改革工作实施方案的请示，由县人民检察院负责，按照上级文件规定执行。十二、审定《德江县总工会关于开展在职职工住院医疗互助活动的请示》（德总工呈〔2016〕5号）。会议议定：原则同意德江县总工会关于开展在职职工住院医疗互助活动的请示，由县总工会负责，按照会议讨论意见修改完善后实施。同时，加大宣传，积极发动干部职工参与在职职工住院医疗互助活动。十三、审定《中共德江县人民政府党组关于开展庆祝第32个教师节系列活动的请示》会议议定：同意中共德江县人民政府党组关于开展庆祝第32个教师节系列活动的请示事项，由县教育局负责，相关部门参与，按照会议讨论意见修改完善后组织实施。十四、审定《中共德江县人民政府党组<关于做好2016年教师节评选表彰工作的通知>的请示》。会议议定：同意中共德江县人民政府党组关于做好2016年教师节评选表彰工作的通知的请示，由县委办、县政府办牵头，县教育局负责，相关部门参与，按照会议讨论意见修改完善后，及时行文实施。十五、审定《中共德江县人民政府党组关于调整艰苦边远地区津贴标准的请示》。会议议定：同意中共德江县人民政府党组提交的关于调整艰苦边远地区津贴标准的请示，由县人社局、县财政局负责，按规定执行。

第32次县委常委会议：2016年9月6日上午，县委书记商友江在县委常委会议室主持召开2016年第32次县委常委会议。一、传达学习《中共铜仁市委办公室铜仁市人民政府办公室关于转发<市委宣传部、市委政法委、市“扫黄打非”工作领导小组办公室2016年“扫黄打非”行动方案>的通知》（铜党办发〔2016〕84号）文件精神。会议议定：1.由陈廷相、杨洪波同志牵头，县委政法委、县委宣传部负责，研究制定《德江县“扫黄打非”“五项”专项行动工作方案》，按程序送审后组织开展。2.由陈廷相牵头，县编委办、县公安局负责，积极与上级有关部门对接，争取在贵州工程职业学院设立派出所或相应机构。二、审定《中共德江县委德江县人民政府关于表彰全县2015-2016学年度教育工作先进集体和优秀个人的决定》（德党发〔2016〕号）。会议议定：1.原则同意表彰全县2015-2016学年度教育工作先进集体和优秀个人名单，由县教育局负责，相关部门配合，对表彰的集体和个人严格审查，准确无异议后，按照会议讨论意见修改完善，及时下发。2.原则同意《德江县2016年教师节走访慰问工作方案》，按照会议讨论意见，修改完善后组织开展。三、审定《德江县关于改进驻村工作的试行办法》。会议议定：原则同意《德江县关于改进驻村工作的试行办法》，由唐虹牵头，县委组织部负责，按照会议讨论意见，修改完善后组织实施。四、审定《中共德江县委统战部关于德江县工商联合会（总商会）第十届会员代表大会换届人事安排的请示》（德统呈〔2016〕9号）。会议议定：原则同意中共德江县委统战部关于德江县工商联合会（总商会）第十届会员代表大会换届人事安排的请示事项，由唐虹牵头，县委统战部负责，认真审查建议人选资格，根据工作开展进度，确定召开德江县工商联合会（总商会）第十届换届选举工作会议时间。五、审定《德江县机构编制委员会办公室关于呈报有关机构编制事项的请示》（德机编办呈〔2016〕22号）。会议议定：1.同意设立德江县强制戒毒所，所属德江县公安局内设副科级行政机构，核定行政编制5名，配所长、政治教导员各1名（副科长级）。所需编制从德江县水上派出所、青龙街道派出所、玉水街道派出所行政编制中分别调剂3名、1名、1名解决。2.同意调整中共德江县委离退休干部工作局领导职数，其中局长1名，副局长2名，纪检工作由县委组织部专职纪检员承担，其他机构编制事项保持不变。

第33次县委常委会议：2016年9月22日，县委书记商友江在县委常委会议室主持召开2016年第33次县委常委会议。一、研究有关人事工作。二、听取全县2016年度上半年绩效考核结果的汇报。会议议定：原则同意考核结果，按照会议讨论意见公布考核结果，兑现奖励。

第34次县委常委会议：2016年9月26日，县委书记商友江在县委常委会议室主持召开2016年第34次县委常委会议。一、审定《“德江陶缘”项目投资建设协议书》。会议议定：原则同意“德江陶缘”项目投资建设初步协议书，由县投资促进局负责，县法制办参与，按照会议讨论意见修改完善后签约实施。二、研究有关人事工作。

第35次县委常委会议：2016年9月27日，县委书记商友江在县委常委会议室主持召开2016年第35次县委常委会议。一、传达学习《关于对各市（州）、贵安新区换届风气第一轮巡视督查情况的通报》（黔组通〔2016〕129号）。会议要求，全县上下要高度重视换届工作，认真领会中央、省委精神、政策规定以及纪律要求，切实把思想和行动统一到《通报》精神上来。各级各部门要继续压紧压实责任，规范工作程序，加强对换届纪律宣传教育，为全县换届工作顺利进行提供纪律保证。县委组织部要将《通报》转发至乡（镇、街道）和县直各部门，要求认真传达学习，开展自查自纠，对存在的问题及时整改。要进一步加强换届人选的廉政把关，改进和完善换届工作各个环节的工作，认真督查指导，确保全县换届工作顺利进行。二、审定《中共德江县人大常委会党组关于2016年我县县乡人大换届选举工作有关事项的请示》（德人常党呈〔2016〕10号）。会议议定：1.同意中共德江县人大常委会党组关于做好县乡人民代表大会换届选举工作的意见，并以县委文件批转执行。2.同意成立全县人大换届选举工作领导小组、指导小组、督导组、考察组和有关建议名单，并以县委文件下发。3.同意2016年11月8日为新一届县乡人民代表大会代表选举日、选举工作方案、设立县选举委员会办公室和县人大代表选举指导办公室及德江县第十七届人民代表大会代表名额分配、德江县乡级新一届人民代表大会代表名额，并以县委文件批复，由县人大常委会按有关法定程序办理。4.同意《全县人大换届选举工作学习培训会方案》，由县人大常委会负责，认真组织培训。5.由唐虹牵头，县人大办、县委组织部负责，各相关部门参与，依法按程序扎实做好全县县乡人大换届选举工作，确保万无一失。三、听取《关于对贵州工程职业学院办学调研情况的报告》（德教呈〔2016〕159号）。会议议定：1.由陈廷相牵头，县编委办、县公安局负责，争取设立德江高校派出所，并在两所学院设立警务室。2.由唐虹牵头，县编委办、县教育局负责，尽快成立德江县委高校工作委员会，下设办公室在县教育局，事业编制2名，由县委组织部负责考察人选。3.由县政府办牵头，县住建局、县国土局负责，成立专项拆迁工作组，负责贵州工程职业学院涉及范围的拆迁工作。4.由县政府办牵头，县人社局、县教育局负责，出台政府订单生监管制度；建立高校教师档案管理制度，并给高校教师职称评聘创造条件。

第38次县委常委会议：2016年10月22日下午，县委书记商友江在县交通运输局六楼视频会议室主持召开2016年第38次县委常委会议。一、讨论中国共产党德江县第十一届委员会向县第十二次党代表大会作的工作报告（讨论稿）。会议议定：原则同意中国共产党德江县第十一届委员会向县第十二次党代表大会所作的工作报告，按照会议讨论意见，认真修改后，提交县第十一届委员会第三次全体会议审议，并根据审议情况再作相应修改。二、讨论中国共产党德江县第十一届纪律检查委员会向县第十二次党代会作的工作报告（讨论稿）。会议议定：原则同意中国共产党德江县第十一届纪律检查委员会向县第十二次党代表大会所作的工作报告（讨论稿），按照会议讨论意见，认真修改后，提交县第十一届委员会第三次全体会议审定，并根据审议情况再作相应修改。三、审定中国共产党德江县第十二届纪律检查委员会候选人员名单。会议议定：同意中国共产党德江县第十二届纪律检查委员会候选人员名单，按照会议研究意见，提交县第十一届委员会第三次全体会议审议。四、听取中国共产党德江县第十二次代表大会筹备工作情况。会议议定：由陈廷相、宋斌、杨洪波、唐虹、李兵负责，认真做好县第十二次党代会会前、会中、会后有关工作，切实提高大会质量。五、研究提交中国共产党德江县第十二次代表大会预备会议和主席团第一次会议通过的有关文件。会议议定：同意县委组织部提交关于中国共产党德江县第十二次代表大会预备会议和主席团第一次会议的有关文件，按照会议讨论意见完善后提交。六、审定《中共德江县委德江县人民政府关于推进全县生态文明建设工作的实施意见（征求意见稿）》。会议议定：原则同意《中共德江县委德江县人民政府关于推进全县生态文明建设工作的实施意见》，按照会议讨论意见，修改完善后印发。

十二届县委常委会第1次会议：2016年10月29日，县委书记商友江在县委常委会议室主持召开十二届县委常委会第1次会议。一、传达贯彻中国共产党十八届六中全会精神。会议议定：1.由杨洪波牵头，县委宣传部负责，起草《德江县学习贯彻党的十八届六中全会精神实施方案》，认真组织开展学习贯彻工作。2.由县委督查室、县政府督查室负责，对全县各级各部门学习贯彻情况进行督查，营造良好的传达贯彻氛围。二、研究有关人事问题。三、审定《中共德江县委关于第十二届县委常委分工的通知》。会议议定：原则同意《中共德江县委关于第十二届县委常委分工的通知》，根据会议讨论意见修改后，按照程序审签印发。四、传达学习《关于转发〈中共中央组织部关于杨栋梁等5起干部人事档案造假典型案例的通报〉的通知》（黔组通〔2016〕136号）。会议议定：由唐虹牵头，县委组织部负责，对全县干部人事档案再全面清查，确保档案真实准备完整。五、通报《关于毕节市纳雍县27名群众群体性进京非正常上访极端事件的情况通报》（黔信发电〔2016〕87号）。会议议定：由县委群众工作部负责，认真做好县级领导接访对接工作。各接访领导不得安排县信访局协调其他干部代替接访。六、审定《中共德江县人民政府党组关于开展调整机关事业单位退休（职）人员基本养老金相关工作的请示》（德府党组呈〔2016〕41号）。会议议定：同意中共德江县人民政府党组关于开展调整机关事业单位退休（职）人员基本养老金的相关请示事项。由县人民政府牵头，县财政局、县人社局负责，各部门参与，按照相关政策，严格审查，及时兑现。七、审定《关于给予冉茂邦开除党籍处分的请示》（德纪呈〔2016〕36号）。会议议定：同意中国共产党德江县纪律检查委员会给予冉茂邦开除党籍处分的请示，由县政府常务会议研究，给予其开除公职处分，由县纪委收缴49万元违纪资金，并上交县财政局。八、审定《关于给予黎克海开除党籍处分的请示》（德纪呈〔2016〕38号）。会议议定：同意中国共产党德江县纪律检查委员会给予黎克海开除党籍处分的请示，由县政府常务会议研究，给予其开除公职处分，由县纪委收缴违纪资金25万元，并上交县财政局。九、审定《中共德江县委组织部关于〈德江县第十届村（社区）党组织换届选举工作实施方案〉的请示》（德组呈〔2016〕18号）。会议议定：1.原则同意中共德江县委组织部关于德江县第十届村（社区）党组织换届选举工作实施方案的请示，由县委组织部负责，根据会议讨论意见及时修改完善，抓紧组织开展。各村（社区）党组织换届要在12月20日前完成。2.同意2017年1月8日作为各村（社区）选举日。十、审定《中共德江县委统战部关于县政协换届有关工作的请示》（德统呈〔2016〕10号）。会议议定：1.原则同意中共德江县委统战部提交关于县政协换届有关工作的请示事项，由县委统战部负责，根据会议讨论意见修改完善后组织实施。2.由县委组织部、县委统战部负责，县政协办配合，认真把好换届程序关，严格换届纪律，做好委员资格审查等工作。十一、审定《德江县机构编制委员会办公室关于呈报有关机构编制事业的请示》（德机编办呈〔2016〕24号）。会议议定：1.原则同意德江县机构编制委员会办公室关于呈报有关机构编制事业的请示事项。2.原则同意县农牧科技局下设的县畜牧业发展中心、县科技服务中心在人、财、物方面内部独立运行。由县农牧科技局、县编委办负责，对两个中心的职能职责提出管理方案，由县农牧科技局党组研究后行文，并报县政府备案。十二、审定《德江县机构编制委员会办公室关于德江县公路管理所更名的请示》（德机编办呈〔2016〕25号）。会议议定：同意德江县机构编制委员会办公室关于德江县公路管理所更名的请示，将德江县公路管理所更名为德江县农村公路管理局。十三、审定《德江县人民政府教育督导委员会德江县教育局关于全县教育系统2016年上半年绩效考核结果的请示》（德教呈〔2016〕132号）。会议议定：原则同意德江县人民政府教育督导委员会、德江县教育局关于《全县教育系统2016年上半年绩效考核结果》的请示。按照县委有关文件的要求，结合县教育局考核情况，同意将枫香溪教办作为教育系统2016年上半年整改单位。十四、审定《县卫计局关于21个乡镇卫生院半年绩效考核等次确定的请示》。会议议定：原则同意县卫计局关于《21个乡镇卫生院半年绩效考核等次确定》的请示。

十二届县委常委会第3次会议：2016年11月8日，县委书记商友江在县委常委会议室主持召开十二届县委常委会第3次会议。一传达贯彻《陈敏尔书记在省委常委会分析前三季度经济形势部署第四季度经济工作时的讲话》（黔办通报）〔2016〕第57期。会议议定：1.由钱刚牵头，县统计局、县财政局等相关部门负责，抓好运行调度，确保全年的各项指标任务完成；并认真做好年终资金安排及调度。2.由张静霞牵头，县扶贫办负责，近期组织开展一次国扶系统相关知识培训，全县各级各部门要安排1–2名业务人员参加培训，培训后由参训业务人员到本单位组织其他干部进行培训，县四家班子领导也要参加培训，要学懂学透，确保贫困户信息采集精准、录入精准。3.由县投资促进局负责，按照“五个围绕”来谋划编制招商项目；并进一步规范招商引资的合同、程序等工作。4.由县移民局负责，认真做好今年第一批易地扶贫搬迁入住工作，强力推进第二批易地扶贫搬迁工程；加快推进2017年易地扶贫搬迁项目前期准备工作。5.由县发改局牵头，县水务局、县财政局等相关部门负责，认真做好2017年第一季度的项目谋划工作。二、审定《中共德江县委组织部关于对推荐铜仁市创建全国民族团结进步示范市先进集体和先进个人审核情况的请示》（德组呈〔2016〕20号）。会议议定：原则同意中共德江县委组织部关于对推荐铜仁市创建全国民族团结进步示范市先进集体和先进个人审核情况的请示事项，由县委组织部负责，按程序上报。三、审定《中共德江县委组织部关于德江县公务员（参公）晋升职级人员名单的请示》。会议议定：原则同意中共德江县委组织部关于德江县公务员（参公）晋升职级人员的请示名单。由县委组织部负责，按相关程序组织实施，级别晋升时间按相关文件规定执行。四、研究有关人事问题。

（冯桂宝）

“两学一做”学习教育

【概况】2016年2月，中共中央印发《关于在全体党员中开展“学党章党规、学系列讲话，做合格党员”学习教育方案》，部署深入开展“两学一做”学习教育，提出把思想教育放在首位，抓住“关键少数”，抓实基层支部，突出日常教育，把“四个合格”党员标尺立起来，领导干部骨干带头作用、基层党组织战斗堡垒作用、党员先锋模范作用进一步发挥。一年来，全县贯彻落实中央、省委、市委的决策部署，抓住规定动作，创新自选动作，紧扣“学做改”结合，扎实推进“两学一做”（学党章党规、学系列讲话，做合格党员）学习教育。

抓住规定动作不放松，筑牢“学”的基础。一是坚持率先垂范、以上率下。2016年以来，县委中心组分别围绕“四讲四有”主题召开了4次专题研讨会，围绕“不忘初心，继续前进”等8个方面进行2次专题讨论，县委常委及人大、政协主要负责人分别在会上作重点发言和讨论发言。“七一”前后，全县副县级以上领导带头到联系村、社区、学校等基层支部讲党课50余场。县委中心组始终坚持每月集中学习两次以上，做到率先垂范、以上率下。二是坚持“三会一课”制度和“两学一做”培训及开展情况月报制度。结合党章党规和习近平总书记系列重要讲话精神、中央省市县会议精神以及“两学一做”月工作重点提示，各级党组织及时拟定“三会一课”学习及宣讲内容，增强组织生活活力，及时发现基层党组织开展学习教育中存在的问题并及时制定整改措施。三是坚持宣传与活动相结合，确保学习教 育不枯燥。全县深入开展李宝国、姜仕坤、陈明等先进事迹典型学习活动1100余场次1.31万人。依托县委党校、高家湾村和枫香溪镇党员实训基地，举办专题学习班21期2400人，开展“上一堂红色课堂、讲一则红色故事、唱一首红色歌曲、瞻仰一次红色阵地”的“四个一”活动和党风廉政建设暨“一准则两条例”等专题宣讲。县委宣传部牵头，县委党校协助，开展远程教育进园区、进社区、进广场、进新农村“四进”活动，依托村级“民心之声”广播站，持续开展“党的声音进万家·总书记话儿记心上”宣讲、广播412场。以“七一”表彰大会为契机，分别对30个先进基层党组织、50名优秀党务工作者、100名优秀共产党员予以表彰。同时，采取“走出去”的方式，组织科级以上党员领导干部、村干部开展25次警示教育，在学习中寻找差距、补齐短板、促进提升。四是坚持创新载体促进学习。各级基层党组织在学习实践探索中，针对为学而学、学用脱节，学习不重视、走形式等问题，创造“营养星期五+秉烛星期二”“周一大讲坛”“星期一加油站”“红色夜间课堂”“经济半小时”“金融夜校”、党委书记上“微视频”党课等学习载体，以更加贴近生活习惯的方式推动党员主动学习，提升学习教育质量。五是召开县委第十二次党代会凝聚共识，指引全县党建及经济工作新方向。10月25日，德江县召开第十二次党代会，明确今后五年全县工作的指导思想：高举中国特色社会主义伟大旗帜，坚持以马克思列宁主义、毛泽东思想、邓小平理论、“三个代表”重要思想、科学发展观为指导，深入贯彻落实习近平总书记系列重要讲话特别是视察贵州讲话精神，紧紧围绕“五位一体”总体布局和“四个全面”战略布局，紧紧围绕新发展理念，紧紧围绕省委省政府“守底线走新路奔小康”工作总纲和市委市政府“着力打造乌江生态经济走廊重要节点”发展要求，紧紧围绕“四大支撑”工程发展思路，决战脱贫攻坚，决胜全面小康，在新阶段加快建成黔东北交通枢纽和区域性中心城市。

利用有效载体，突出“做”的关键。一是利用“党建派遣单”反作用于党建及经济工作，推动任务目标落到实处。11月7日至20日，县委组织部主要领导带领干部室、组织室、村集体经济办公室、“两学一做”办公室、党建办公室的干部对21个乡（镇、街道）党建工作开展情况逐一排查，对在村居换届过程接到的举报进行实地了解，对换届纪律知晓率进行随机抽查，对“民心党建+信合”、村级集体经济推进情况、党员档案资料、“两学一做”学习及宣讲资料等一一进行检查，对检查过程中发现的问题，县委共拟出273个需要整改落实的问题，以“党建派遣单”的形式下发到各乡镇（街道）党（工）委，要求限期完成整改落实。截至12月底，全县21个乡镇街道党（工）委对派遣任务已全面完成。二是开展“两走进”活动，发挥党员干部先锋模范作用。以大扶贫战略行动为契机，深入开展“走进群众家里·走进群众心里”（“两走进”）活动，深化基层“背雷锋包、开群众会、办贴心事”行动，广泛开设田间课堂、楼宇课堂，组织召开村民大会、村组长会、村级班子会，逐户走访贫困户，落实“三会一访”要求，教育引导广大党员干部深入农村、扎根基层，亮明党员身份，宣传党的十八届六中全会精神、省委十一届七次、八次全会、全市大扶贫推进会、县委第十二次党代会等会议精神，宣扬姜世坤、李保国等同志先进事迹，做好贫困村、贫困户信息核实登记，制定完善帮扶措施计划，做好脱贫基金项目规划，做好新一轮退耕还林摸底工作，发挥机关企事业单位党员干部先锋模范作用。去年共走访群众30余万人次，发放救助粮200余万斤，发放各类慰问金300余万元，实施退耕还林13万亩，将农民人均可支配收入提高到7932元。三是推行“民心党建+信合”，让农民腰包鼓起来。启动“民心党建+信合”工作，明确县金融办牵头、县联社配合、乡镇（街道）具体抓的责任机制，采取“党支部+信合+农业专业合作社(协会)+贫困群众”的模式，充分发挥党支部的“桥梁”和“纽带”作用，争取信用合作社的资金支持。同时，发挥农村党员干部、“第一书记”及驻村干部“信贷员”“协调员”等作用，积极宣传“特惠贷”政策，帮助群众申请贷款，做好产业发展信贷服务，让更多的贫困群众行动起来，抱团发展致富。实践中，通过集体带动、能人带领，将村级集体经济与致富能手、贫困户结合起来，用好用活“特惠贷”政策，将集体资金资源与闲散资金整合起来，推行“三社合一”，投入村级集体经济扶持资金4000万元，撬动民间资金1.8亿元，激活价值1.8亿元的农村山塘、林地、土地等沉睡资源。同时，全县建立村集体经济组织16个，发展致富带头人58名，动员贫困户开卡3659张，建立贫困户档案22116户，推荐贫困户贷款7240户，金额31640万元。四是以发展农村电子商务为抓手，打造“县、乡、村”三位一体的农村电商。在农村淘宝培训中，全县抽选两名党员到贵阳参加农村淘宝培训，并在“县、乡、村”举办农村淘宝专题培训25场，建立农村淘宝电商23个，促进“网货下乡”和“农产品进城”双向流通，德江天麻、茶叶、核桃等特色产品远销全国各地，激活农村沉睡资源，为脱贫攻坚开辟一条快车道。

突出问题导向，强化“改”的成效。一是抓问题查改。坚持边学边查边改，通过群众会、党员大会、党员民主评议、谈心谈话的机会，通过“群众提、自己找、上级点、互相帮、集体议”的形式，广泛征求意见建议，理出“负面清单”，共查找县委班子问题6个，各级党组织问题800余个，党员干部问题3000余个，明确整改措施和整改时限。二是抓行为规范。县委出台“四严五不准”措施，即严抓党风、严改政风、严治社风、严督家风，不准乡镇干部周一至周五“走读”、不准干部搞小圈子相互请吃、不准干部聚众赌博、不准干部吃拿卡要、不准干部说假话。县纪委牵头开展“夜间督查走读风”，实行“黄、毒、赌”有奖举报，规范群众接待，严格“首问窗口”责任制，实行“四个约谈”，即“预防提醒约谈示政策、询问示警约谈明纪律、纠错诫勉约谈敲警钟、问责处分约谈亮红灯”，为党员干部系牢“风纪扣”。学习教育开展来，共开展干部作风专项督查5次，县委约谈干部16人，各级党委（党组）约谈干部300余人。三是抓监督执纪。以《党章》《廉洁从政准则》《问责条例》等党内法规为准绳，在学深学透的基础上，着力提升执行力。2016年4月至12月，查处干部9人，通报违反中央八项规定典型案例12起和“三个开刀”典型案例21起。（安腾飞）

县委办工作

【概况】 2016年，中共德江县委办公室围绕全县经济社会发展大局和县委的中心工作，按照党办工作“五个坚持”原则和县委书记商友江关于办公室“16字工作方针”的要求，充分发挥领导参谋助手、综合协调、督促检查和后勤保障的“四大职能”，积极为县委领导和各级各部门提供优质服务。

【办文办会】 一是坚持高质量办文。把提升文稿质量作为提升办公室服务水平的首要任务，把上级精神、工作实际、公文要求和领导工作思路融会在文稿起草中，力求文稿起草“立意有高度、内容有深度、落实有力度”。做好修改、审核、校对和印发各个环节有关工作，文稿的思想性、针对性、政策性、指导性和可操作性提升。全年印发《县办通报》12期，编印县委常委会议纪要29篇、专题会议纪要11篇，起草领导讲话稿208篇60余万字，审核修改新闻稿87篇，没有出现较大差错；撰写上报省、市材料58个，无错、漏现象发生。二是坚持高标准办会。严格控制会议数量、会议规模、会议经费，规范办会流程，做好会前、会中、会后各环节的统筹和衔接，会议筹办更科学、规范和有序。筹备召开县委常委会47次、县委扩大会议22次，参与筹办全县首届旅游发展大会等各类大型会务20余次，同比下降30.6%。三是坚持高效率行文。严格按照中央和省、市有关规定处理公文，对收到的上级文件（传真）及时提出拟办意见，第一时间呈报相关领导批阅，并认真落实文件催办登记制，对需要及时办理和上报的文件详细登记在册并适时催办，做到处理迅速、运转高效，确保党委工作的正常运转。全年处理各类公文593件，审核校对下发各类文件286个，印制文件及各类材料6900余份，没有发生较大失误。

【信息编报】 继续落实和完善全办干部职工参与写信息制度，围绕上级决策部署和全县中心工作，全年撰写上报信息531条，被上级采用信息108条（篇），其中被省《信息摘报》采用6条、被省《县域动态》采用87条（篇）。被市《信息摘报》采用15条、被《今日铜仁》采用5篇，回复省、市民情短信平台信息17件。编辑《德江信息》16期、《德江信息专报》5期。《县委工作大事记》9期。

【调研工作】 立足全县经济社会发展大局，围绕县委工作重点、领导关注事项和群众反映强烈的重点、热点、难点问题，在茶产业发展、工业园区建设、招商引资工作、农村金融制度改革等方面开展一系列调查研究，为领导决策提供全面、及时、准确的信息和建议，全年完成省、市办委公厅（室）调研任务5次，撰写调研文章5篇，完成县内调研2次，收到调研文章50余篇，为县委提供较好的决策依据。

【效能考核】 一是及时出台考核办法，督促各单位制定目标考核细则。拟定《全县2016年度绩效考核办法》，广泛征求各方意见后下发到各级各部门。根据县党代会报告、政府工作报告及市直部门下达的工作目标任务，结合实际，拟定各单位业务目标考核细则，并审核纳入绩效考核的127个单位业务目标考核细则。二是及时上报全县2016年度重点工作考核指标。按照市绩效办要求，及时拟定重点工作考核指标，并认真对接县直责任部门及时上报市绩效办。三是全力开展督查工作。围绕县委县政府中心工作，联合县直部门组建督查组，开展平安德江建设暨依法治县、乡镇改革创新、“五城联创”、“道德讲堂”、复退军人优待、违规滥办酒席、安全生产、集中建房及生态移民、烤烟生产、信访维稳、高考及中考巡视、精准扶贫、农业园区建设等专项督查20余次；与县发改局、县统计局等部门组建督查组，对2016年度县内省市46个重点项目和全市现场观摩会6个项目推进情况开展项目专项督查12次；积极开展机关作风和效能建设督查，加强节假日值班（执勤）情况督查，对县委县政府召开大会纪律情况现场督查10次。全年下发督查通报7期，问责单位7个，问责15人。四是完成市、县“两个考核”工作任务。配合市委对全县2016年度绩效考核工作，及时将市考核264项细则分解下发到各责任单位，督促各单位全力推进各项工作任务；组建年终考核小组到各乡（镇、街道）和部门开展2016年度年终绩效考核，并及时启动问责机制，对上半年列为整改的单位在全县集中测评大会上作整改发言。

【督查工作】坚持敢于碰硬的作风，充分发挥办公室的督促检查作用，让县委的每一项决策和领导的每一个批示都落到实处。按照县委年初制定的工作要点，围绕重大项目建设和热点、难点问题，协调相关部门加大督查力度，对有关重大项目建设安排专人督办，适时开展督查，跟踪问效，及时向县委反馈工作落实情况，形成件件有落实的良好局面。年内开展督查40余次，印发《德江督查》15期、《督查专报》6期。上报省、市督查专报5篇，转办领导批示件5件、按期办结5件。

【机要保密】落实上级业务部门要求，及时装备和更新密码通信设备，切实加快电报译传办理速度，提高电报办理质量和时效性，全年译传办理电报1854份，确保密码安全和密码通信畅通。及时开通县直有关单位的电子政务公文传输系统，有力地推动全县各级各部门办公室系统信息化建设。注重加强保密业务知识培训，组织单位部门相关人员学习培训并征订《保密工作》《保密科学技术》等保密图书保密，提高保密防范意识，提高涉密人员的保密意识与技能。利用微信、QQ群组、“微德江”等网络媒体宣传平台，编辑发送10期“保密法规”进行宣传。先后对30家县直部门及9家国有企业，21个乡（镇、街道）的涉密网络、非涉密工作内网、涉密网络终端等进行安全保密检查，及时消除隐患，加强涉密网络安全的防护和管理。认真做好高考、中考、全县事业单位公开招考等重大活动的保密工作，确保国家秘密安全，全年无泄密事件发生。

【后勤服务】一是妥善安排好接待工作。严格执行厉行节约有关要求，明确接待标准，规范接待程序，高标准、严要求做好每一次接待工作，全年参与对外重大接待430余次，做到让客人满意、让县委放心。二是加强车辆管理。严格执行派车制度和节假日车辆封存制度，不配专车和不固定驾驶员。注重安全教育，定期检查维修，适时保养，确保行车安全，实现全年安全行驶无责任事故。同时，规范县委大院停车秩序，院内公务车实行专车专位停放，引导外来车辆规范停放，实现县委大院车辆停放规范、行车有序、安全通畅。三是强化安全保卫工作。实行24小时值班制度，对办公区域重要安全设施进行定期检查，完善县委大院视频监控系统，落实综合治理各项措施，建立登记管理制度，对非工作人员和非工作时间进入办公楼的人员，由保安人员问明来意后，引导其到指定办公室并登记。积极创建县委大院“零发案小区”和沈家湾“零发案小区”，投入资金6万元，全年未发生安全事故。

【统筹协调】充分发挥“参谋部、协调部、指挥部”作用。坚持事前勤沟通、事后多反馈，使县委领导安排的各项工作有条不紊地进行。坚持原则性与灵活性相结合，搞好领导之间的协调，使领导之间联结成一个有机整体。主动加强与人大办、政府办、政协办之间的协调，及时就县级各领导班子的重大决策部署和需要协调的问题进行沟通。搞好与各乡（镇、街道）、县直各部门的联系，及时把县委各阶段的重大决策和重要部署传达到基层，把基层的工作情况、意见建议反馈给县委，树立县委权威，确保县委各项工作部署得到有力有序推进。在人员少、任务重的情况下，按照县委统筹安排，办公室安排专人积极参与全县的重要活动。

【自身建设】一是注重政治理论学习。学习党的十八大、十八届三中、四中、五中、六中全会、十八届中纪委历次全会和习近平总书记系列重要讲话以及省委十一届历次全会、市委一届历次全会和中央、省、市经济工作会议和各级领导的重要讲话等精神，做到重要政策必学，重大会议精神必学，主要领导讲话必学，增强办公室干部的政治敏锐性和鉴别能力，始终在思想上、政治上和行动上同以习近平同志为核心的党中央保持高度一致，积极钻研办文、办会、办事等业务知识，注重把中央、省委和省政府、市委和市政府、县委和县政府的重大决策部署转化为行动计划、政策举措和工作抓手，做到步调一致，奋发有为。二是抓作风建设，注重制度管理。贯彻落实中央“八项规定”、省委、市委“十项规定”，严守习近平总书记“五个坚持”要求，在总结办公室以往工作规律和经验教训的基础上，完善《县委办公室管理制度》，有效促进办公室各工作环节有序有效运转。将全年工作指标分解落实到各局、科、室，制定详细的考核奖惩办法，并严格兑现奖惩，办公室各项工作有分工有协作，各尽其能、相互支持，基本形成“人人头上有指标，个个肩上有担子”的工作格局。对会务、公文、调研、督查、机要、接待等工作程序作详细规定，避免工作的随意性和盲目性，减少工作纰漏。把强化目标管理作为一项重要工作来抓，按照求真务实、勤政廉政、高效运转原则，突出办公室目标管理激励机制，详细规定学习、保密、请销假、值班、财务管理、车辆管理等工作制度，做到用制度管人，按制度办事，办公室各项工作便于操作，便于管理，有章可循。坚持民主集中制原则，重要问题集体研究决定，形成讲团结、顾大局，团结协作，率先垂范，勇挑重担的工作氛围。三是抓队伍建设，夯实后备力量。把学习作为培养复合型人才、提高服务质量的重要举措来抓，采取下基层挂职、驻村、邀请专家讲座、科室轮岗、到上级机关跟班学习等方式，不断拓宽学习锻炼途径，选派1位同志到省委办公厅跟班学习，1位同志到乡镇挂职锻炼，深入学习农村工作经验。科室内部轮岗交流4人，干部能力水平得到提高。向组织推荐条件成熟的干部，全年推荐副科级干部1人、正科级干部1人，交流正科级干部1人，通过公开招考方式考入市委办1人。加强后备力量培养，从乡镇、学校和部门抽调跟班学习8人，办公室队伍得到充实。四是抓组织建设，筑牢组织基础。做好党员发展工作，坚持成熟一个发展一个原则，严格落实党员发展工作程序，发展积极分子2名，预备党员1名，有2名同志转正成为正式党员。开展党组织活动，开展支部党员交流学习活动、观看红色经典电影、到红色教育基地重温入党誓词、与其他单位开展篮球联谊活动等方式，提高干部职工的集体观念、大局意识和集体荣誉感。践行“两学一做”学习教育为主题，大力倡导“立说立行、马上就办”工作理念，以“四看四干”为标准，重点解决不肯、不能、不会“马上就办”等问题，全力提高机关公信力和执行力。做好驻村联乡帮扶工作，先后派遣1名办公室干部到高山、煎茶、长堡等镇的小溪、马家溪、东山等村开展帮扶活动。通过定点帮扶、走访慰问、开群众会等方式，深入了解群众生产生活情况，制定帮扶计划，全年协调解决帮扶村公路建设、烟叶产业发展、人畜饮水、抗旱救灾等资金15万余元、办理实事131件，发放慰问金8.6万余元。

（冯桂宝）

组织工作

【概况】2016年，全县组织工作以“两学一做”学习教育为契机，加强党员思想政治教育，增强核心意识、看齐意识，着力巩固基层党组织建设；持续加大人才引进和干部教育培训力度，为区域性中心城市储备人才资源；严格执行中央、省委、市委换届工作精神，有条不紊开展乡镇班子换届；以“精准扶贫·组工干部在行动”活动为抓手，加强组织部门参与决战决胜绝对贫困的坚定性和组工干部参与精准脱贫的主动性，高标准要求，始终走前列、作表率，持续推进组织部门自身建设，活力组织部、效率组织部、温馨组织部建设作用明显。

2016年德江县宣传、组织工作会会议现场

【“两学一做”学习教育】 2016年，围绕抓关键少数、抓全体党员，引领全体干部群众，以“三会一课”“微党课”“党建派遣单”等为载体，狠抓学习教育。县委围绕“四讲四有”主题开展“两学一做”专题研讨会4次；录制微党课21次，下发党建派遣单130余张，组织全县784个党支部开展系列学习活动1200余场次，参与党员干部2.1万人次。围绕推进“两学一做”学习教育常态化、制度化，抓领导班子、抓领导干部，尤其抓支部、抓党员、抓机关工委等制度机制。全县基层党组织严格落实“三会一课”制度，开展支部学习活动2600余场次。抓阵地建设，丰富党员干部学习教育培训模式。发挥县委党校、县法院警示教育基地的党员教育培训主阵地作用，在高家湾农业示范园区、枫溪红色革命根据地打造2个党员教育实训基地。

【基层党建】 一是乡村两级换届。由县委常委和人大、政协领导任组长，组成县委考察组，开展乡镇换届工作考察，2016年9月圆满完成乡镇党委换届；10月成立调研督查组4个，分片深入乡镇（街道），对难点村、复杂村、偏远村、人口大村、小村等各种类型的村（社区）进行走访调研。11月出台村（居）换届工作方案，按照村（社区）人口规模，分类设定干部职数，扩大“兼职”范围，着力提升村干部待遇。同时，从组织、民政等部门抽调熟悉业务的同志组建换届选举工作督导组4个，加强对换届工作的督查指导。县乡两级分别制定换届选举工作应急预案，加强对突发事件的防范、掌控和处理。二是基层民主政治建设。推行“村干部质询制”，加强“村级党务公开”，落实“四议两公开”工作法，制定村规民约，规范村级议事程序。在21个乡镇（街道）全面推行基层民主政治建设，分别明确1个以上的示范点，规范阵地建设、党务村务公开、村级档案管理等，保证示范点基层组织规范运行。三是开展党组织关系集中排查。2016年，排查党组织关系3000余人，理顺关系316人，处置不合格党员25名。按照“三级挂帮”“一村一策”机制，对41个基层党组织进行整顿提升。实施发展党员“311”计划，即每个村、社区党支部每年要培养3名入党积极分子，每名班子成员要联系1名优秀青年农民工入党积极分子，每三年至少要发展1名党员，逐步解决党员队伍老化问题。建立健全村干部亲属入党报告备案制度，凡村干部直系亲属入党的必须报上级党委审查备案。四是“非公和社会组织党建”工程。以建设服务型党组织为抓手，有序推进贵州德江经济开发区2个非公和社会组织党建示范精品的打造。围绕抓好“两个覆盖”，经过认真排查，分别建立规范的台账。

市委常委、市委组织部部长陈代军到德江调研换届工作

至2016年末，发展非公企业984家、社会组织59家。五是推进“村两委+乡贤”新模式。通过组建村集体经济联社、专业合作社，动员在外的“乡贤”回乡进入专业合作社发展，引导乡贤参与全县各项工作，特别是大扶贫战略行动，激发乡贤干事创业的热情。至2016年末，成立乡贤参事会68个，发展乡贤会员2300余人。六是培育村级经济。通过抓市场主体培育、抓示范引领带动，全力推动全县各村、社区创建农民专业合作社及村集体经济合作联社组织，注册农民专业合作社912个，其中种植类专业合作社521个，养殖类专业合作社330个，服务类37个，农机类22个，加工类2个。全县发展试点村40个，其中贫困村20个，非贫困村20个，每村100万元，获财政补助资金4000万元。七是开展“远程教育+”工作。开展“民心之声”广播站建设。持续开展远程教育“四进”活动。成功举办全市远程老年教育工作现场会。探索“让党员干部经常受教育，使农民群众长期得实惠”的长效机制，主动适应党员教育、远程教育工作新常态，依托远程教育技术平台，加强农村实用技术培训，提升广大党员干部及人民群众的思想政治素质、科学文化素质和创业致富带富能力。

【“民心党建”工程】一是抓党建创新。探索推行“党建+信合”“党建+互联网”“党建+脱贫”等党建载体，不断升华“民心党建”品牌。二是在全县基层党组织中全面推行“党建派遣单”工作机制。促进基层党建责任实体化，用基层党建引导精准扶贫，以项目化方式促进基层党建责任制实体化运行，有效激发党员干部干事创业热情，为实施大扶贫战略行动提供坚强的组织保证。三是深化驻村工作改革。按照“654321”（即正县级领导结对帮扶6户困难群众、副县级干部结对帮扶5户、正科级干部结对帮扶4户、副科级干部结对帮扶3户、股级干部结对帮扶2户、一般干部和村干部结对帮扶1户）帮扶要求，组织党员干部进行结对帮扶，在全县组织党员干部深入开展“两走进”活动（走进群众家里、走进群众心里），以极贫乡镇桶井乡为试点，每月深入到帮扶对象家中，面对面了解帮扶需求，实打实帮助排忧解难，做到贫困群众有人扶、就业有人帮、困难有人解。创新推出《德江县深化驻村工作改革暂行办法》，将驻村干部或驻村第一书记工资、组织关系等转到乡镇，由乡镇管理，变部门派驻为“组织调驻”、变垂直管理为主为乡镇属地管理为主、变固定驻村为试岗择派，以此助推脱贫攻坚出成效。选派950名干部驻村、152名第一书记，实现174个贫困村、33个软弱涣散村全覆盖。此项改革措施在《贵州改革交流》《贵州日报》二版头条和《铜仁日报》头版头条刊载，在全县上下引起强烈反响。

县委常委、组织部部长唐虹(中)在合兴镇乌坪蔬菜基地调研

德江县同步小康驻村工作培训会

【领导建设】一是开展换届前班子运行专项调研和换届考察工作。2016年4月至5月，分别由4名副部长带队的班子运行专项调研组，对21个乡（镇、街道）73个县直部门的领导班子整体运行、班子成员履职和优秀年轻干部储备等情况进行调

党员组织关系集中排查部署会

研，形成调研报告,并向部务会和县委主要领导作专题汇报，提出意见建议40余条。在换届考察中，抽调政治素质高、业务能力强、熟悉干部工作的同志参与干部考察工作。在政府正职配备上，贯彻落实县委选人用人指示精神，打破以往从人大主席、党委副书记岗位优先提拔的“隐形阶梯”，分别从政协联络组主任、副书记、政法委书记等岗位选出优秀的干部担任政府正职。同时，加大干部交流力度，实行干部交叉任职，实现干部多岗位锻炼，对在同一乡镇或同一岗位任职时间较长和县直机关高等学历、年轻优秀的干部在城乡之间、乡城之间交流或内部轮岗，极大地促进干部健康成长，增强乡镇领导班子整体功能和活力。二是干部人事制度改革。严格按照《条例》《办法》要求，规范动议原则及条件、明确初步动议主体、规范动议工作程序。坚持“凡提四必”，9名干部因档案中缺少资料暂缓或取消提拔使用，18名“两代表一委员”在考察中接到有关问题反映或身份存疑等情况而取消提名资格，有效防止“带病提名”“带病当选”的现象发生。严格干部培养选拔程序，选优配强领导班子。选拔29名县直部门优秀年轻干部到乡镇挂任乡镇长助理。县委常委会议专题研究干部人事工作21次，涉及干部517人次；及时调整不适宜担任现领导岗位的干部63名；对试用期满的99名干部进行试用期考核，办理正式任职手续；协助市委组织部开展市管干部年度考核工作。三是“两代表一委员”资格审查。坚持严格资格预审、严格综合评价、严格组织考察的要求，重点考察了解代表、委员人选的政治素质、思想品行、群众基础和履职能力，认真核实人选身份、简历、家庭成员情况等信息，确保推荐提名人选符合提名条件。同时，向纪委、计生、信访、国土等13个部门，对县党代表、人大代表、政协委员候选人的政治素质、思想品行、廉洁自律、履职能力、群众基础、遵纪守法、社会形象等方面的情况进行综合审查，广泛听取意见，并在一定范围内进行公示，切实防止“带病提名”“带病当选”现象。四是抓换届风气监督。压实“责任主体”，强化党委的领导把关作用。坚持把换届工作作为“一把手”工程来抓，明确“五大责任主体”，逐级签订《严格遵守换届纪律承诺书》，要求换届相关人员必须掌握“九严禁”和“一书一片一卡”具体内容。多方位宣传，营造换届风清气正氛围。充分利用网站、手机短信、德江微组工等，公布“12380”电话和手机短信举报平台，宣传换届纪律，在全县营造风清气正的换届工作氛围。广泛开展谈心谈话，切实要求干部在面对个人“进、退、留、转”问题上，以平常心对待，让换届换出风清、气正、心齐、气顺的良好氛围。畅通监督渠道，对干部选拔任用和执行换届纪律情况进行全程监督。坚持“凡提必查”要求，有效防止干部“带病提名”“带病提拔”，取消人选提名资格2名，做到选好人、用对人和管住人。五是开展档案专项审核，公务员管理等常规工作有序推进。根据干部管理权限，对全县在职的科级以上干部和党群部门、公安局、检察院、法院的一般工作人员的干部人事档案进行专项审核，重点核实干部的“三龄两历一身份”等重要信息。做好领导干部“一报告两评议”、离任经济责任审计工作，启动全县科级领导干部个人有关事项报告工作，做好公务员登记管理、因公（私）出国（境）人员程序审核把关和来信来访登记调查工作。

【人才队伍建设】一是发挥牵头抓总作用，做好人才工作的统筹规划和宏观指导。制定下发《德江县2016年人才工作要点》，调动各单位、各部门的主观能动性，切实提高牵头抓总工作水平。努力形成资源共享、齐抓共管的良好局面，为抓好全县人才工作提供组织保障。二是实施高层次人才引进计划，优化人才结构。通过第四届中国贵州人才博览会、贵州医学院和遵义医学院举办的“双选会”及各高等师范院校引进人才等方式，引进编制内高层次人才和急需紧缺人才155名，其中硕士研究生34人，副高职称1人，大学本科及以上学历占总数的85%以上。发挥市场调节作用，开展“项目引才”，通过招商引资、项目带动共引进各类人才2642人。三是实施优秀人才培养工程，提升人才队伍素质。以理论培训、实践锻炼方式，切实抓好党政人才、专业技术人才、企业经营管理人才、农

召开人才工作领导小组会议

村实用人才队伍建设。以县委党校为主阵地，培训春秋季中青班、科干班、乡（镇、街道）领导干部轮训班、团干班、妇干班、村干部培训班等学员4370余人次。全年完成中央、省、市调训18期，计513人次。延伸开展“月末大讲堂”专题讲座，举办各类专题讲座。先后邀请贵州省气象局党组书记、局长赵广忠作《灾难与应急管理》专题讲座，邀请省教育厅正厅级纪检监察专员罗润生开展教育系统党风廉政建设专题讲座等，培训干部3560余人次。开展“干部教育培训月”活动，培训各战线领导干部。四是做好人才动态管理，人才激励体制机制更加健全。按照全口径、全面统计方式，在全县范围内对2015年度全县人才资源情况进行统计监测调查。通过调查，对全县人才资源年度动态有较清楚的定量把握。建立健全硕士研究生等高学历人才信息库、副高级以上高层次人才信息库及优秀人才信息库。动态管理优秀人才，对县管理期内的“双十佳”人才采取年度考核方式进行管理，把表现情况作为核发津补贴的重要依据。五是开展评先选优活动，完成首届“县管专家”评选工作。根据《关于开展首届县管专家评选工作的通知》《中共德江县委关于印发全县县管专家评选暂行办法的通知》要求，经自主申报、单位推荐、县人才工作协调领导小组办公室初审、专家评审和县评审委员会复审、考察公示、征求纪检、公安、卫计部门意见、会议决定等环节，择优命名首届“县管专家”63名。

【自身建设】 2016年,围绕打造活力、效率、温馨组织部目标，注重从细微处锻造组工干部政治品行，提升组工干部履职为民、服务发展的能力。一是定期学习“连天线”。围绕“两学一做”学习教育，重点学习党章党规，补足“精神之钙”，坚定组工干部理想信念。定期开展“组织工作大家谈”，由组工干部轮流领学或科室开展研讨活动，组织学习习近平总书记系列重要讲话精神、中央和省市有关组织工作文件会议精神、党史知识、国情教育等。组工干部通过集中学习、科室研讨，学习党的理论和各级会议精神19次，撰写心得体会、评论性文章200余篇。二是深入基层“接地气”。深化拓展部班子成员和组工干部包片联系走访机制，以“精准扶贫·组工干部在行动”活动为抓手，围绕县委、县政府中心工作，组工干部定期到帮扶的枫香溪镇开展精准扶贫遍访和回访工作，详细了解贫困村贫困户基本情况，了解村情民意，加强组织部门参与决战决胜绝对贫困的坚定性和组工干部参与精准脱贫的主动性，提升组织工作针对性。三是严格要求“强内功”。严格执行程序和制度，强化组工干部党性修养和政治素质。以细致、精致、极致为工作目标，严格执行市委组织部等上级部门规定的工作任务，积极参加县委中心工作。认真做好网站管理、宣传舆论、信息安全工作，建立《德江组织工作网》标识管理制度和对外信息发

布保密审查制度。做好来电来访，在德江组织工作网、《德江组织工作》和微德江等媒体和刊物上，宣传组织工作先进典型和创新举措，不断提升组织工作满意度。（安腾飞）

宣传工作

【概况】2016年，县委宣传部内设部办公室、文明办、理论室、农村宣教中心、文产办、网管办6个股级办（室），代管县创建办、德江网站。核定编制总数36人，其中行政编制数7人，事业编制27人，工勤编制2人。到2016年底，实有干部职工人数21人，21个乡镇（街道）党（工）委中，青龙街道配备专职宣传委员，其余乡（镇、街道）上半年为党委组织委员兼任宣传委员，下半年换届后未配宣传委员职务。宣传阵地有县电视台、德江网、《德江报》三家媒体和微德江、德江手机报新媒体平台，下半年开通“德江微博”。“微德江”关注人数达3万余人，乡（镇、街道）、县直部门党政微信平台基本实现全覆盖；德江网整合各乡镇、县直部门网站，实行统一后台管理。县广播电视台完成体制改革，升级为正科级事业机构，办公地点从县文广局搬迁至原粮食局办公楼，由原台长赵尚勇（副科级）主持工作，配备副台长1名。是年，开通《百姓零距离》《以案说法》自办栏目2个，深受老百姓喜爱。《德江报》全面升级改版，由原来的周刊办成周二、四刊，并开通数字报，实现重大会议和重大节庆活动有专刊，重点工作有专栏，特殊工作有特刊，成为覆盖全县的强势平面媒体。

是年，1月新华社贵州分社授予德江县2015年度优秀供稿单位；4月,铜仁日报社授予德江县通联工作一等奖；中共铜仁市委宣传部、铜仁春晓组委会授予 德江县“铜仁春节联欢晚会”组织奖；4月市委宣传部、市文体广电新闻出版旅游局、市广播电视台授予德江县选送节目《大地之傩》“2016铜医杯”我最喜爱的铜仁春晓节目三等奖；铜仁市“全民阅读·书香铜仁”领导小组授予德江县2016年铜仁市“诵读经典·厚德仁义”中华经典诵读大赛三等奖；7月，枫香溪镇枫香溪村个体经营户张瑜光荣入选由中央文明办主办的7月“中国好人榜”。8月25日，德江县代表队参加在六盘水市盘县举办的“多彩贵州、激情广场、金彩盘县”全省第三届广场舞大赛，荣获“凉都奖”。9月8日，德江县组团参加2016“多彩贵州·桃源铜仁·神奇松桃”旅游文创产品设计大赛，德江县傩缘文化产品研发公司总经理冉勇设计的作品“开路将军（傩面具挂饰）”获金奖，德江县煎茶中学教师旷丽设计的作品“蛋雕（傩面具）”、非物质文化传承人、傩面具雕刻师王国华设计的作品“先锋小姐（傩面具）”、“开山莽将（傩面具）”、城北工业园区家宜美工艺品雕刻厂张俊设计的作品“傩面具笔筒”获入围奖。9月27日至9月30日，德江县在中国·思南舞龙节暨第三届舞龙舞狮大赛中荣获“传统龙展演一等奖”。11月多彩贵州网授予德江县二〇一六年度多彩贵州网通联工作先进集体；11月周末聚组委会授予德江县2016首届多彩贵州文化艺术节非遗展示篇周末聚组织奖。

【理论武装】一是开展理论宣传，围绕习近平总书记系列重要讲话以及中央、省委、市委和县委各类重大决策、重大会议、重大理论等，以抓党委中心组学习为龙头，切实强化助学、讲学、送学、督学服务，推行科级干部任前理论考试制度等，促进理论学习常态化、长效化。二是开展社科理论走基层、政策理论进万家等活动，定期组织领导干部、宣讲组、乡镇民心宣讲团到机关、农村、社区、学校、企业等进行宣讲，并在有条件的村寨开设“民心之声广播站”，较好地实现理论宣讲全覆盖。三是开展理论研究，围绕党委政府中心工作，定期组织党员干部开展理论征文，撰写学习心得和理论文章等，阐释理论热点、分析存在问题、找准措施办法，为经济社会发展建言献策。全年编发理论资料24期20000余册，赠阅图书10000余册；开展理论征文3次，收到理论文章300余篇，其中县内有3篇文章在全市纪念红军长征胜利80周年观后感、读后感评选中获奖；开展理论宣讲3500余场次，干群思想和发展合力较好凝聚。

【舆论引导】2016年,坚持团结稳定鼓劲、正面宣传为主的方针，唱响德江发展主旋律，打好宣传工作“主动仗”。一是围绕城镇化建设、金融创新、扶贫开发、生态建设、改革发展等工作，积极策划一系列深度报道，并在中央、省、市各级主流媒体重要版面、重要时段刊发，成功推出德江党建派遣单、驻村工作等一批德江经验。深入推进舆论扶贫，组织县内外记者聚焦极贫乡镇和贫困村，采写一系列重点报道，营造浓厚的舆论氛围。二是加强与高端媒体对接，先后在中央电视台、贵州电视台等多家媒体播出德江抗洪救灾、山村幼儿园、关爱留守儿童等经验做法和《寻访德江土家三宝》《德江秘窟》等专题片，凤凰网、安徽电视台等多家媒体进行转播。全年在各级主流媒体用稿5000条以上，德江对外影响力不断增强。全县先后获2015年度铜仁日报社通联工作一等奖，2016度多彩贵州网通联工作先进集体称号。三是注重舆情引导,及时主动应对舆情，先后对全县自媒体进行统计建档，并组织召开专题会2次，约谈自媒体创办人130余人次，查处网络谣言1起，较好地净化网络环境，杜绝重大舆情事件发生。四是加强舆论阵地建设，推动德江报、德江网、德江电视台转型升级，完成电视台体制改革，新增《以案说法》《百姓零距离》自办电视栏目2个，丰富德江网栏目版块，德江报数字报不断完善。微德江粉丝人数达3万余人，德江手机报订阅人数达5000余人。

【精神文明建设】一是深化社会主义核心价值观宣传教育，累计刊发宣传画1.5万余幅，制作永久性公益广告3000余平方米，打造社会主义核心价值观主题公园1个、主题街道2个、主题小区3个。二是深化“道德讲堂”工作，推行“一名干部上一次讲堂、一个讲堂配备一支德师、一个村组培树一批乡贤、一户家庭建立一套家规”的“四个一”创新模式，开展德师上讲堂、“宣传干部上讲堂”以及“立家规·树家风”、培育新乡贤等活动，建成

11月25日，县在贵阳举办2016多彩贵州文化艺术节非遗展示篇——大美德江周末聚活动。图为傩绝技展示《开红山》

道德讲堂508个，组建德师队伍800余人，建立“积德榜”185个、“乡贤榜”21个，选拔首批新乡贤185人，开展道德讲堂活动4000余场次。德江在2016年铜仁市“诵读经典·厚德仁义”中华经典诵读大赛中获三等奖，县广播电视台张玉钗在全省宣传干部上讲堂展示大赛铜仁市复赛中获三等奖。三是加强公民道德建设，培养和树立典型模范，倡导核心价值理念。全县推荐全省道德模范5人，铜城仁者2015年度人物10人，其中枫香溪镇上坝村村民冉启华入选铜城仁者提名人物。向市文明办推荐身边好人50余人，向中国文明网推荐好人线索1000余人，德江县枫香溪镇枫香溪村个体经营户张瑜入选中国好人榜候选人、青龙街道五星社区居民付安芬入选贵州好人榜。四是推进“五城联创”工作，完成第三批96个民族团结进步示范单位申报和全县民族团结进步示范县复查验收工作，国家卫生城市病媒生物防制工作通过省级验收，省级园林城市有序推进。深化“多彩贵州·桃园铜仁·美丽德江”文明行动，开设“认认他是谁”“说说我是谁”曝光台等，曝光不文明行为800起，12个单位因工作开展不力被通报批评，32名干部到电视台作表态发言，较好地推进全民文明素质提升。五是推进未成年人思想道德建设，强化乡村学校少年宫建设，开展“祖国好·家乡美”主题系列活动，推进校园周边环境整治和净网工作常态化，为学生健康成长营造良好氛围。六是推进志愿服务活动常态化。建立志愿服务网上注册平台，志愿者网上注

12月20日，在全国三下乡集中示范活动暨启动仪式上的文艺演出

册达20000余人。开展法律援助、就业就学、医疗救助、爱心送考等志愿服务活动，倡导驾校学员在城区斑马线等主要路口开展文明交通志愿劝导活动，带动全社会形成“奉献、友爱、互助、进步”的志愿服务精神。七是围绕“我们的节日”，开展书赠春联、送电影下乡、舞龙炸龙以及网上祭英烈活动等，较好地丰富群众文化生活。

【文化建设】一是文化产业不断发展。乌江石文化城成功申报第二批铜仁市文化产业示范基地，傩缘旅游文化产品开发有限公司成功申报第四批省级文化产业示范基地和省级文化产业专项基金。完成2015年文化产业统计上报工作，组团参加深圳文博会参展工作。二是文旅游融合成效明显。成功承办纪念红军长征胜利80周年暨黔东苏区红色文化研讨会、2017年全国文化科技卫生“三下乡”集中示范活动暨启动仪式，举办第二届旅发会系列文化活动及中秋文艺演出、国庆文艺演出、万人长跑等活动；推动文化走出去，在贵阳成功举办2016年多彩贵州文化艺术节，非遗展示篇——大美德江周末聚活动，组织傩艺师到浙江演出，组织乌江石到苏州参展；加强文化旅游资源挖掘、宣传、推介，邀请省市专家学者开展“龙泉长官司历史文化研讨会”，对枫香溪会议会址进行修复完善和陈列布展，完成枫香溪会议会址陈列布展经费申报。开展创新公共文化服务体系“六个有”建设，完成农村综合文化服务中心试点建设7个，建成体育馆，煎茶水乡、高家湾等景区景点基础设施不断完善。德江首部红色电影《喋血神兵》在央视电影频道连续三次播出。三是文化扶贫工作稳步推进。实施以“建设一千座图书室、培育一千名文艺骨干、开展一千次文化活动，创作一千部文艺精品，播放一千场红色电影，培养一千名社会体育辅导员”为重点的文化“六千”行动，助推脱攻坚。全年建成图书室（图书架）730个，建立文艺骨干人才库600余人，创作各类文艺精品260余部，播放红色电影378场次，培养社会体育辅导员354名，组织文艺小分队赴贫困村开展文化活动120余场次。

【旅游发展峰会】9月11日，2016中国·德江乡村旅游发展峰会在县教育局礼堂举行。县委副书记、县长秦智坤，县政协主席陈健，县委常委鲁文俊、杨洪波、池成等领导，以及各市县区旅游部门负责人、各大旅游景区负责人，与来自省内外业界专家、学者、旅游企业家汇聚一堂，共话乡村发展、共谋发展大计。峰会的主题是“发展山地特色旅游与脱贫致富”，由中共德江县委、德江县人民政府和中国乡村旅游协会，贵州旅游协会主办，县旅产办、县农牧科技局、堰塘乡政府、贵州第一旅游网承办。应邀出席会议的专家有：云南省财经大学旅游文化院首席教授、云南省哲学社会科学研究院首席科学家明庆忠，陕西省旅游设计院书记兼总工、高级规划师、硕士生导师崔宁，上海李也旅游文化发展有限公司董事长、总裁、著名旅游策划师李也，上海景域集团副总裁任国才，中国乡村旅游协会副会长兼秘书长、中国乡村旅游网总编王强，中国“乡愁、乡建、乡创”发启人之一、中国乡村旅游网市场总监马玲。受县委书记商友江委托，陈健代表县委、县政府及全县各族群众向莅临会议的各位领导、专家、来宾表示诚挚的欢迎和衷心的感谢，并作题为《坚持文化与旅游深度融合，推动城市与乡村协同发展》的演讲。各位专家围绕乡村旅游这一主题，分别作《“互联网+”时代的乡村旅游创新》《乡村旅游，美丽家园的再造与提升》《描绘精彩蓝图，助力乡村发展——全域旅游视角下的乡村旅游如何规划》《系统思维下的乡村旅游开发》《如何从规划开始，打造一个成功的山地特色旅游区》等专题演讲，对德江的乡村旅游发展提出许多宝贵的意见。会议还开展以“乡愁、乡建、乡创”为主题的互动交流。专家、学者与大家共同探讨乡村旅游发展大计。秦智坤宣读“2016中国·德江乡村旅游发展峰会共识”并作会议总结讲话。

（张辉）

纪检监察

【概况】 2016年，中共德江县纪律检查委员会（德江县监察局）内设12个副科级机构：办公室、干部室、宣传调研法规室。党风政风监督室（县政府纠正行业和部门不正之风办公室）、信访室、案件监督管理室、第一纪检监察室、第二纪检监察室、第三纪检监察室、第四纪检监察室、案件审理室（案件申诉复查复议办公室）、纪检监察干部监督室。人员编制：中共德江县纪律检查委员会（德江县监察局）机关行政编制23名，县纪委常委7名，其中：书记1名，副书记2名(其中1名兼任德江县监察局局长)，副局长3名（其中1名为非党，另2名由县纪委常委兼任），内设机构领导职数12名。机关事业编制19名，机关后勤服务人员事业编制6名，经费由县财政全额预算管理。

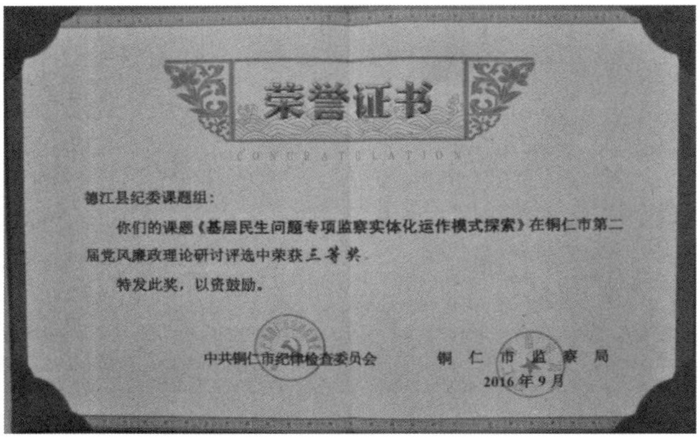
荣誉证书
CONGRATULATION
德江县纪委课题组：
你们的课题《基层民生问题专项监察实体化运作模式探索》在铜仁市第二届党风廉政理论研讨评选中荣获三等奖。
特发此奖，以资鼓励。
中共铜仁市纪律检查委员会　铜仁市监察局
2016年9月

2016年9月，县纪委监察局撰写的调研文章《基层民生问题专项监察实体化运作模式探索》被铜仁市纪委监察局评为“三等奖”

2016年，全县各级纪检监察机关按照全面从严治党要求，聚焦中心任务，强化监督执纪问责，推动党风廉政建设和反腐败斗争取阶段性成果，不敢腐的震慑作用充分发挥，不能腐、不想腐的效应初步显现，反腐败斗争压倒性态势正在形成，赢得人民群众的信任和好评。2月20日，2016年第一季度民生监督工作安排部署会召开，全面启动计划生育社会抚养费管理使用和计生家庭奖励、保障、救助、优惠“四项制度”执行情况专项监察（简称计生领域“1+4”专项监察）。4月13日,2016年第二季度民生监督工作安排部署会召开，信贷扶贫险资金和受灾困难群众冬春生活救助资金专项监察。6月，德江县纪委监察局机关第一支部被中共铜仁市委评为“全市先进基层党组织”。7月12日，德江县2016年第三季度民生监督工作安排部署会召开，全面启动农村饮水安全项目资金和村级公共服务运行维护建设试点补助资金专项监察。9月6日，德江县纪委被省纪委向中央纪委推荐申报全国纪检监察系统先进集体拟表彰对象，并在《贵州日报》进行公示。9月29日，德江县巡察工作动员会召开，标志着德江县巡察工作全面启动，五年内将完成对县直部门和乡（镇、街道）巡察的全覆盖。10月21日，2016年第四季度民生监督工作安排部署会召开，全面启动“雨露计划”财政扶贫资金专项监察。是年，德江县纪检监察信息工作获全省第2名，3条信息分获中共中央政治局常委、国务院副总理张高丽，中共中央政治局委员、国务院副总理汪洋，中纪委副书记杜金才，省委常委、省纪委书记宋璇涛批示。

【县第十一届纪委六次全会】 2016年2月24日，中国共产党德江县第十一届纪律检查委员会第六次全体会议召开，全会回顾总结2015年全县党风廉政建设和反腐败工作，研究部署2016年主要工作任务。审议通过县委常委、县纪委书记鲁文俊代表县纪委常委会所作的《坚持全面从严治党，强化监督执纪问责，以落实新党规党纪的新成效为守底线走新路奔小康提供坚强的纪律保证》工作报告。龙泉乡、平原镇、县卫计局和县农牧科技局党委（党组）主要负责人向全会述责述廉。

【县第十二届纪委一次全会】2016年10月26日，中国共产党德江县第十二次代表大会选举宋斌等25名为中国共产党德江县第十二届纪律检查委员会委员。随后，召开中国共产党德江县第十二届纪律检查委员会第一次全体会议，25名县纪委委员按照《选举办法》，选举宋斌、陈能敏、潘斌、杨兴超、杨建红、覃文军、安正所7名为中国共产党德江县第十二届纪律检查委员会常务委员会委员，宋斌当选为中国共产党德江县第十二届纪律检查委员会书记，陈能敏、潘斌当选为中国共产党德江县第十二届纪律检查委员会副书记。

中国共产党德江县第十二届纪律检查委员会第一次会议

【督查工作】2016年，围绕党的政治纪律政治规矩和县委、县政府重大决策部署执行情况这个中心工作履行职责，严厉查处有令不行、有禁不止，上有政策、下有对策和纪律松弛、组织涣散等行为，确保县委、县政府的重大决策部署落到实处。先后对精准扶贫、重大工程项目、楠木园移民搬迁分房等易地扶贫搬迁工作开展专项督查12次，下发督查通报14期，通报批评单位67个。针对全县“两违”现象反弹的实际，严肃查处青龙、玉水街道和国土、住建等部门干部相互勾结，倒卖土地、侵吞国家集体资金的窝案串案，立案查处20人，移送司法机关7人，涉案金额458万元，及时在社会上传递正能量，赢得干部群众的肯定。继续狠刹滥办酒席这股歪风邪气，组织全县党员和国家公职人员签订《“不参与违规酒席吃请”承诺书》；主动策划制作小品《复婚酒》，并通过德江电视台、手机微信平台等媒体广泛宣传，切实提升干部群众的满意度和知晓率。同时，鼓励引导各村（社区）制定村规民约，铲除滥办酒席不正之风滋生的土壤，切实引导社风民风不断向上向善。

【作风建设】2016年，开展部门联动暗访、办事体验查访、重要地点巡访等监督检查，对公款吃喝、公车私用、公款送礼和国家工作人员上班期间打麻将等“四风”突出问题进行重拳整治，对违规变相发放手机费宽带费、党员干部经商办企业、投资入股和承揽工程以及违规收送红包礼金、违规发放补贴奖金等问题进行专项清理。全年，查处违反中央八项规定精神问题36起，处理43人，其中党纪政纪处分34人，分7批对25起典型问题进行通报曝光。开展“三个开刀”专项整治行动，查处“三个开刀”典型问题21件21人。同时，对全县各单位各部门贯彻落实县委提出的“四严五不准”纪律规定情况开展明察暗访，对15名干部违反岗位纪律情况进行通报，并对涉及的4个单位的主要领导、分管领导以及纪检组长15人进行集体约谈，着力营造风清气正的发展氛围。

【惩治腐败】2016年，全县纪检监察机关受理信访举报192件（次），同比减少0.52%；立案211件，同比增长19.05%；给予党纪政纪处分229人，同比增长14.5%；涉及乡科级干部16人，移送司法机关9人。以开展“大约谈”为契机，探索实践监督执纪“四种形态”，坚持抓早抓小，坚决扭转不是“好干部”就是“阶下囚”的状况。全年提醒谈话、谈话函询、批评诫勉973人次，党纪轻处分和组织处理179人次，党纪重处分和作出重大职务调整21人，涉嫌犯罪移送司法9人。发挥县委反腐败协调小组的作用，加强与司法、审计、银行、通信等部门的协作配合，落实《关于在查办党员和国家工作人员涉嫌违纪违法犯罪案件中加强协作配合的意见》精神，把执纪和执法贯通起来。

【民生监督】2016年，落实《关于在全县民生领域开展整治铸廉三年行动的意见》，开展民生监督“六个一”活动（抓好一项民生资金专项监察、召开一次专题警示教育大会、通报一批民生资金违纪案件、落实一份民生监管问题整改报告、开展一场民生监管部门问题质询、举行一轮民生资金监管民主测评）。全年8轮专项监察立案199件，党政纪处分201人，涉案金额8663万元，每个民生监督组平均办案9.5件。围绕大扶贫战略，对上级反馈“扶贫云”存在问题进行责任倒查，问责15人，其中诫勉谈话9人、约谈6人，助力精准扶贫工作取得新成效。同时，全县20个乡镇教育谈话室正式投入使用，充分发挥教育谈话室的阵地作用，把谈话室使用与“抓早抓小”“两学一做”“专项监察”相结合，通过悬挂入党誓词和公务员宪法宣誓誓词，以庄严的环境让违纪人员知敬畏、明底线、受警醒，形成强大的心理震慑效应。

【纪律检查体制改革】2016年，落实《全县党委（党工委）党组主要负责人向县纪委全委会述责述廉实施办法》《下级纪检监察机关向县纪委监察局定期报告工作制度》和《德江县线索处置和案件查办报告办法》等，推动“主体责任”落地生根，强化对下级纪委的领导。派驻纪检监察机构统管比照中央纪委做法向县委办、县委政法委等党群部门派驻机构。结合换届，执行乡（镇、街道）纪委书记、副书记提名考察办法；出台党风廉政巡查工作机制。同时，推进乡镇纪检监察体制改革，提升乡（镇、街道）纪检监察机构履职能力，促进全面从严治党向基层延伸，从2016年4月起，全县21个乡（镇、街道）纪委监察局的相关人员工资、基本经费、项目经费统一纳入县纪委独立核算，并为他们开展纪律审查工作配备20万元的设备。

【纪检监察队伍建设】2016年，全面完成内设机构调整工作，执纪监督部门数量占内设机构总数的75%，执纪监督人员占内设机构人员的76.56%。推进县纪委向县直机关派驻全覆盖工作，深化拓展派驻纪检机构统一管理。以开展“两学一做”学习教育和“大轮训”为契机，组织纪检监察干部学习中纪委“学思践悟”文章，选派干部参加上级举办的各种业务知识和党建、经济知识培训，推行委局干部交叉跟班学习制度、县直派驻机构纪检干部跟班学习制度等，让纪检监察干部练就一专多能，切实解决“不会办案”和“只会办案”的问题。严格执行县委《关于加强纪检监察干部队伍建设的意见》，以县乡纪委换届为契机，着力加强纪委领导班子和干部队伍建设。完成县乡纪委换届，27名优秀干部新进县乡纪委班子。发挥干部监督机构职能，对纪检监察干部违规违纪问题“零容忍”，严防“灯下黑”。

【警示教育】8月12日，德江县党风廉政建设警示教育大会在县教育局礼堂召开。县四家班子在家领导，法、检两长，经开区、党校、乌江农林经济学院负责人出席会议，各乡镇（街道）党委（党工委）书记和乡（镇）长（办事处主任）、纪委（街道纪工委）书记，县直各部门主要负责人，县纪委监察局中层以上干部、派出纪工委（监察分局）班子成员、县直部门纪委（纪检组）负责人300余人参加会议。

（何 峰）

统战工作

【概况】2016年，全县统一战线工作贯彻落实中央、省委、市委统战工作会议和《中国共产党统一战线工作条例（试行）》精神，坚持思想建设为核心、组织建设为基础、作用发挥为关键、制度建设为保障，常规工作求实效、重点工作创特色、难点工作抓突破，围绕大脱贫、大数据两大发展战略，推进实施“1234”工程（1条主线：政治引领；2个平台：咨政建言、统战组织；3个重点：换届工作、助力脱贫、队伍建设；4个提升：基地内涵、工作成效、品牌效应、自身形象），着力服务“十三五”规划和脱贫攻坚同步小康，较好地完成年初确定的各项目标。是年，县委统战部被中央统战部宣传办、中国统一战线杂志社评为“2016年度《中国统一战线》宣传先进单位”；被中共铜仁市委统战部评为“2016年度统战宣传信息工作先进单位”。冯东,被中共铜仁市委统战部评为“2016年度全市统战宣传工作先进个人”;所撰写的《关于我县电子商务发展现状及加强新阶层社会人士统战工作的思考》一文,被中共铜仁市委统战部评为“全市统一战线优秀调研报告”。

【思想教育】 一是政治理论学习。2016年,将学习习近平总书记系列重要讲话精神以及省、市、县各类会议精神等学习内容纳入县委党校(行政学院)教学内容,纳入对部机关干部和统一战线成员的年度考核评价指标。紧密联系县情实际,通过中心组学习、集中轮训、个人自学等形式,深入学习

2月1日全县党外代表人士迎春座谈会

贯彻十八届六中全会和省、市、县委全会精神,并与学习习近平总书记系列重要讲话和关于统战工作重要论述结合起来,不断增强道路自信、理论自信、制度自信,全县统一战线成员的政治信念进一步坚定,发展共识集聚。二是统一战线系列决策部署。全年县委常委会专题研究统战工作7次,及时传达上级统战工作会议精神,安排部署贯彻措施。印发《关于认真学习宣传贯彻中央统战工作会议及中国共产党统一战线工作条例(试行)等精神的通知》(德统战发〔2016〕3号)文件,明确学习宣传贯彻中央统战工作会议及《条例》等精神有关内容,并联合县委督查室成立专项督查组,通过走访、查阅资料等形式,广泛深入各乡镇(街道)和统一战线有关部门开展专项督促检查3次,确保中央省市统一战线政策精神落到实处。三是建言协商渠道畅通。有效推进协商民主制度建设,建立完善县委常委、党员副县长与党外人士联系交友方案,研究出台《中共德江县委支持各民主党派支部加强制度建设的意见》《中共德江县委支持民主党派无党派代表人士开展重大问题调研制度》等制度,畅通知情参政和政党协商渠道;对党外人士提出的意见、建议,县委统战部牵头协调县有关部门形成《咨政建言》专报4期,并督促有关部门办理落实。2016年,先后在全县统战工作会、半年经济工作会、中秋茶话会等重大会议中,对全县经济社会发展、党风廉政建设、县委重要人事安排及县委政府的重点工作等向党外代表人士作通报协商,同党外人士谈心交流,了解他们的思想动态,关心他们工作生活中的具体困难和问题,广泛听取意见建议,征集农业农村发展、城市建设、非公企业发展与文化建设、电子商务、干部健康成长等方面意见建议20余条,促进县委、县政府决策的民主化、科学化。

【助推精准扶贫】 一是助推扶贫攻坚。2016年,借助民进省委、民革省委及其会员单位的人才、资金优势,紧扣智力帮扶主题,沟通对接民进省委、民革省委以及省委统战部到县开展智力帮扶和系列捐资助学活动。3月,由县委常委、组织部长、统战部长唐虹携民进、民革以及统战部有关人员到民进贵州省委、民革贵州省委对接帮扶工作,争取民进贵州省委结对帮扶县内贫困村堰塘乡露青村,支持筹办武陵医学院、帮助申报楠杆省级自然保护区、动员企业实施光彩行动和投资考察、组织专家开展课题研究等方面帮扶项目。7月,民进贵州省委调

9月13日,“泛海助学行动”发放仪式

6月4日，德江统一战线医疗扶贫启动仪式

研组到德江考察调研，调研组一行深入了解全县精准脱贫工作推进情况，走访慰问堰塘乡露青村部分贫困户4户，发放慰问金1600元，为全县扶贫攻坚出谋划策，提出意见建议10余条，并为各民主党派代表、县思源实验学校教师作专题讲座。8月，协调民进贵州省委在县内举办100余名国内著名泌尿外科专家学者参与的医疗高峰论坛活动，研究讨论泌尿系结石相关的基础研究、临床预防和治疗、新技术开展、病例讨论、手术直播等，并针对"精准培训""长效帮扶机制"等问题发表意见和建议，促进全县医疗卫生和社会民生事业发展。9月，县委统战部沟通对接省、市统战部门，为县争取贫困大学生资助名额116名，获得"泛海助学行动"资金58万元；对接民进贵州省委，争取30个贫困学生名额免费就读上海临港科技学校。11月，争取民进贵州省委携手贵师大讲师团到县内开展讲学捐助活动，为1000余名县一中、二中、煎茶中学部分高三师生开高考全科辅导，并获捐价值14万元的1500个足球，获赠价值10万元的爱心图书室2个约8000册。二是推进"同心共创·同步小康"行动。提升"同心共创·同步小康"行动内涵，打造一批"同心美丽乡村""同心民营企业""同心医院""同心学校""同心园区"。2016年，挂牌打造德江兴农米业、洋山河科技、韫韬科技、聚源灯饰4家"同心民营企业"，县民族中医院、县人民医院2家"同心医院"，县思源学校"同心学校"，沙溪乡天麻示范区基地"同心产业园"，枫溪镇龙坝村"同心产业示范基地"。开展爱心帮扶等系列光彩事业活动，组织县内一批医疗专家深入枫香溪镇开展送医送药、关爱留守儿童健康医疗扶贫行动，受益群众达1000余人；联合县红十字会、县人民医院、县民族中医院、民革德江支部、民进德江直属支部、农工党德江支部、县知联会以及德江兴农米业、铜仁铭仁食品2家民营企业向枫香溪镇捐赠4.5万现金和价值8.3万元的电脑、药品等物资；协调对口帮扶单位，引资引智，为桶井、复兴、钱家泉口、稳坪、枫香溪解决"爱心书桌"600余套。开展部门帮扶工作，对枫香溪镇软坳村15户贫困户开展结对帮扶活动，走访慰问困难党员、贫困户、计生户40余人，发放米油和慰问金等物资2万元，捐助枫香溪镇发展资金4万元，助推群众脱贫致富。三是落实"千企帮千村"行动。开展民营企业"千企帮千村"精准扶贫行动。全年动员德江聚缘灯饰科技有限公司、县兴农米业有限公司、贵州德源科技有限公司、县巾帼永春金银花开发有限公司、县韫韬科技有限公司、县康奇药植

8月17日，县委统战部"爱心书桌发放仪式"

3月3日全县统战工作暨民营企业"千企帮千村"精准扶贫行动动员会

开发有限责任公司、县鸿泰茶业有限公司、贵州吉兴房地产开发有限公司、县铭仁食品有限公司、县丽君豆制品有限公司、县长青商贸有限公司、县洋山河集团公司、贵州酒圣酒业有限公司13家企业结对帮扶楠杆、枫香溪、桶井、泉口、长堡、高山、长丰、钱家、合兴等乡镇的14个贫困村。打造由德江兴农米业有限责任公司出资50万元（不含未来两年免费提供饲料）的枫香溪镇龙坝村产业扶贫示范项目（“千企帮千村”精准脱贫行动示范点）。动员3名民营企业家担任贫困村名誉村主任，有效引领村级集体经济发展、贫困群众脱贫致富。2016年，帮村企业向贫困群众发放大米、菜油等物资和现金折价近10万元,落实资金1000余万元，支持群众发展种养殖产业。

【推进统战领域工作】 一是开展民主党派工作。协助民主党派加强自身建设，争取并装修老合医局为民革、农工、民进三家党派支部办公场地，并指导完成办公设施和制度建设。二是开展非公有制经济统战工作。开展“守法诚信、坚定信念”理想信念教育活动，深化非公有制经济人士理想信念、时事政策、道德法律、社会责任等教育；建立完善“百名非公有制经济人士积极分子后备队伍储备库名单”，为选拔优秀非公有制经济代表人士奠定基础；组织统一战线成员深入非公企业开展调查研究，主动为企业办实事、解难题60余个。同时，加大对工商联工作指导力度，完成德江县工商业联合会（商会）第十届人事安排工作，选好配强县工商联（总商会）领导班子，指导支持完成省级“五好”县级工商联创建评估验收工作。三是开展民族宗教工作。开展“五个认同”教育，加大对基层民族工作指导力度，帮助提高依法处理涉及民族问题的能力。认真贯彻落实全国、全省宗教工作会议精神，开展“和谐寺观教堂”创建活动，及时做好“6・18”香会和12月25日圣诞节等重大活动宗教场所的安全稳定工作，确保宗教信徒和游乐群众过上一个安定祥和的节日。四是开展港澳台海外统战工作。贯彻落实中央、省委港澳台和海外统战工作政策，定期走访慰问台胞台属，热情接待台属台胞的来信来访，为他们排忧解难。2016年，在重大节日走访慰问台胞台属和侨属16户，发放物资资金1600元，接待“三胞两属”来电来访3人次，帮助解决困难3起。五是开展新的社会阶层人士统战工作。联合宣传、网信等部门和互联网行业，摸清县内新媒体从业人员、社会组织从业人员等新阶层人士基本底数，建立完善相关数据库，为下步在德江经开区建立新阶层人士创新创业基地打下坚实基础。六是推进党外代表人士队伍建设。按照省委统战部“215”。（建立2000人党外代表人士名单，每个市州各1000人，每个县市区各500人的“215”党外代表人士培训工作计划）建设要求，注重从教育、卫生等行业中筛选优秀的党外知识分子，建立更新完成县级500名党外代表人士队伍人才库建设工作；加强与组织部沟通协商，推荐13名优秀党外人士到乡镇（街道）挂职锻炼，其中4名党外干部在县乡领导班子中获得提拔；与县委组织部、县委党校联合举办1期50名学员的党外干部培训班，并选派任慧等3名党外干部参加全市党外干部培训班；严格执行中央、省委和市委有关政策规定，统筹抓好县、乡人大代表中党外人士的酝酿提名，完成163名政协德江县第九届委员会会员和14名市政协委员的提名推荐考察工作。同时，重视党外知识分子工作，争取落实办公场地，指导支持完善制度建设，建立知联会QQ交流群，并选调1名党外知识分子到省社院学习，促进会员的联络联谊。

10月18日，举办全县党外干部培训班

【自身能力建设】一是构建统战工作大网络。巩固“基层统战强化年”活动成果，抓好乡（镇、街道）、社区统战工作，加强县直部门统战工作，把县直部门统战工作纳入统战工作年终绩效考核，不断强化各单位统战干部履职能力建设。二是加强机关自身建设。在部机关设立民主党派联络办公室和1名事业编制，解决有人干事的问题。三是强化宣传调研工作。围绕打造工作品牌要求，加大统战宣传信息员队伍建设，制定出台统战调研信息宣传工作方案，实行统战宣传工作季度通报制度，鼓励和支持统战系统和社会各界人士参与统战宣传，严格执行统战宣传奖罚办法。利用德江统一战线网站、统战微信公众号、QQ群交流平台、《德江统战信息简报》，扩大全县统战工作影响力。全年编发《德江统战工作动态》6期，发布德江统战网站信息200余条，编发微信息48期，约200条。另外还向县级以上各类网站、媒体、报刊推送先进典型和统战时讯300余条（次），在全市信息宣传工作中始终排名靠前。2016年，县委统战部被中央统战部宣传办评为2016年度《中国统一战线》宣传先进单位，1名干部获“中国统一战线宣传先进个人”称号。四是抓好其他相关工作。围绕“四个全面”战略布局，切实增强“四个意识”，自觉维护党中央权威。认真贯彻执行民主集中制、“三重一大”制度，开展批评与自我批评，全面落实党风廉政建设主体责任和监督责任，开展“两学一做”教育工作，抓好社会管理综合治理、整脏治乱、保密、档案、信访、计生工青妇和关心下一代以及上级交办的其他工作。（县委统战部）

党校工作

【概况】县委党校坐落于玉水街道办事处马鞍山麓，毗邻326国道。1956年1月20日，中共德江县委员会成立干训基地。1964年至1972年停办，1973年恢复办班。2013年，德江行政学校设立，与中共德江县委党校实行两块牌子、一套人马管理体制。2014年2月通过中专体制升格评估验收工作，2015年4月8日，根据《铜仁市机构编制委员会办公室关于思南等三所县级党校升格有关事项的通知》（铜机编〔2015〕33号）精神、《中共德江县委常委会议纪要》（十一届〔2015〕4号）和《关于中共德江县委党校机构升格的通知》（德机编〔2015〕1号）精神，中共德江县委党校正式升格为副县级机构。设校长1名（由县委常委领导兼任），常务副校长1名（副县长级），副校长2名（正科长级），纪委书记1名（正科长级），专职纪检员1名（副科长级）。内设的办公室、教务处、总务处、图书资料与信息化处、学员管理处、科研处等6个副科级机构，各配主任1名（副科长级）和副主任1名（股级）。总编制30人，实际在岗28人。主要从事全县党员干部的培训教育，学校占地17亩，有综合教学楼1556平方米、综合办公楼807平方米、学员公寓1317平方米、图书馆705平方米、学员食堂240平方米等，建筑总面积5013平方米。

9月，县委书记商友江在党校为乡镇党政主要领导干部上课

5月9日，在全省党校工作会上，县委党校作题为《突出“三个重点”、实现“三个促进”，推进领导干部到党校讲课制度化常态化》的经验交流发言；6月20日，在全市党校工作会议上，县委党校在基层党员干部队伍培训工作方面的做法，得到时任市委书记夏庆丰的充分肯定，并要求其他区县党校学习借鉴。12月21日，中央党校工作通讯2016年第51期全文刊载县委党校《推进领导干部上讲台制度，努力实现教干部、干部教良性循环》的经验做法文章，向全国党校系统推广。全年举办各类

培训班15期，培训学员2215人，完成全年党员干部培训计划。是年，6月，县委党校被铜仁市委授予“全市先进基层党组织”称号。7月，县委党校被德江县委授予“全县先进基层党组织”称号；吴江红被中共德江县委表彰为“全县优秀共产党员”。9月，杨建民、田江被中共德江县委、德江县人民政府表彰为“全县优秀教师”。

【干部培训】2016年，举办各类培训班15期，培训学员2215人。其中：乡科级领导干部培训班1期50人，中青年干部培训班2期101人，党外干部培训班1期45人，女干部培训班1期42人，基层团干培训班1期65人，换届后乡（镇、街道）领导班子成员短期培训班5期205人，村（社区）干部培训班1期70人，集体经济专题培训班1期40人，“一户一人·雨露计划”贫困村基层组织和致富带头人培训班1期50人，“两个条例”专修班1期181人，全县乡镇长、街道办主任和县政府工作部门“一把手”培训班1期96人,与乡（镇、街道）和其他部门联合办班10期1270人。

9月，县委组织部长唐虹主持乡镇领导干部培训班开班式

【教学工作】2016年，县委党校继续积极探索适应新时期干部教育培训的新途径、新方法，着重在教学布局、课程体系、培训内容等方面做不断改进和完善。一是彰显党的理论教育和党性教育，坚持党校姓党，把党性教育贯穿于干部教育培训全过程。将县委中心工作纳入主体班培训课程，教学针对性和实效性得到显著增强。二是注重教学方式创新，开展互动式、讲授式、研讨式、案例式、交流座谈、观摩考察等教学形式，加深理论与实际相结合的程度，让学员增加学有所用的收获感。三是突出教学成效，提高干部教育培训的针对性和实效性。实行主体班学员校内+异地“两段式”培训方式，通过外地考察、实训基地参观、乡镇和产业园区专题调研，让学员带着问题去观摩、带着思考到一线。同时选聘政治素质过硬、实践经验丰富、理论水平较高、善于课堂讲授的党政领导干部担任兼职教师，让教学内容更多的接近地气、联系实际。四是强化警示教育，策划警示教育主题活动，开展《准则》《条例》的学习研讨，组织学员到县警示教育基地和县看守所接受教育，增强警示教育实效性。

【科研工作】2016年，组建各类型的调研组3个，有针对性地开展4个（次）的专题（综合）调研。结合全县当前中心工作，突出问题导向开展科研，全年形成调研报告6个，开设新课题6个。其中，由县委党校杨建民执笔的《贵州省第一书记队伍建设研究》课题获贵州省委党校立项。2016年12月29日，贵州省委党校邀请贵州大学、贵州省社科院、贵州民族大学、贵州财经大学组成专家评审组对该课题进行评审鉴定，鉴定等级为良好。此项工作，实现内县省级社科课题研究工作的零突破，填补县内该领域工作的一项空白。

11月，中青班学员在捅井乡调研

【理论宣讲】2016年，县委党校围绕营造十八届六中全会学习氛围，精心部署宣讲工作。由校主要领导和骨干教师组成宣讲团，先后深入乡镇、社区、机关、学校开展社会主义核心价值观、习近平总书记系列重要讲话特别是视察贵州时重要讲话精神、党的声音进万家总书记话儿记心上、党的十八届六中全会、省委十一届七次、八次全会、市委一届十

开展"两学一做"学习教育

一次全会和县十二次党代会等重大会议精神宣讲以及"三严三实"专题教育、"两学一做"学习教育、党章、党史、条例、准则宣讲和经常性的道德讲堂达45场，听众总人数突破8000人次。

【班子建设】2016年，县委党校始终坚持班子建设不放松，把讲政治、有信念放在首位，做到坚持方向不偏，坚定信仰不变，坚守立场不移。一是坚定理想信念，强化四种意识。强化领导班子严守党的政治纪律和政治规矩，不折不扣把中央、省委、市委和县委的决策部署落到实处。做到正确认识大局，自觉服务和维护大局，始终保持同以习近平为核心的党中央高度一致，把全部精力和心思用到为党和人民努力工作上。二是加强理论学习，提升综合素养。始终把坚持学习作为推动班子工作的重要组成部分，特别注重不断提高班子成员的马克思主义理论深度和思想境界高度，使班子成员的政治素养和理论水平得到提高，思想观念得到解放，紧迫感和责任感得到增强。三是夯实团结协作，着力示范带头。始终致力于把班子建设成为朝气蓬勃、奋发有为的领导集体，强化在加强学习、解放思想、维护团结、务实能干等方面的示范带头作用。坚持民主集中制，健全和完善《校领导班子集体议事规则》，积极营造"想干事、能干事、干得成事"的浓厚氛围。

【队伍建设】2016年，县委党校按照县委、县政府人才工作的总体部署，以服务党校事业发展的需要为出发点，加强队伍建设和师资优化。一是加大人才引进和培养力度。引进硕士研究生1名，推荐1名教师攻读研究生，从其他部门和乡镇选调3名优秀党政干部到党校从事教育培训工作。安排1名校领导到中央党校参加专题研修班学习，选派10名教师到省委党校、苏州市委党校和铜仁市委党校参加党校系统师资培训，多层次、多重点、多途径提升县委党校教师的理论素养和专业水平。二是注重将党校教师到基层挂职锻炼纳入整个干部队伍建设统筹安排。选派2名硕士研究生到乡镇挂任乡（镇）长助理。坚持把挂职作为理论联系实际、增强实践能力、提升科研水平的过程，引导教师把实践成果及时转化为专题课教学内容。三是强化和改进教师管理，通过科学合理的制度对教师进行激励和约束，完善对教师工作业绩的考核，尊重教学科研工作规律，尊重教研人员精神劳动的特点和学术个性，发挥教师科研工作的积极性和创造性，引导教师走"科研型"和"学者型"道路，开展研究式教学。

【党的建设】2016年，县委党校重点从思想观念、改革发展、工作作风等方面入手加强党的建设。一是强化党支部建设，按照县党建目标责任责任制的具体要求，加强党支部的各项制度建设。开好专题民主生活会，坚持"三会一课"，开展批评与自我批评，广泛听取建议与意见。严格党费收缴和管理，全面开展党费收缴情况自查，党费按时足额上缴6000余元。二是践行"三严三实""两学一做"学习教育，强化党员干部纯正纯洁，增强党组织的凝聚力和战斗力。全年开展"两学一做"专题学习

12次，党员人人撰写心得体会、党性分析材料和手抄党章100天。三是坚持中心组学习制度，做好集中学习和个人自学。定期开展党员党性分析活动，提高干部的政治素养。开展党务公开，完善公开制度，丰富公开内容，引导广大党员充分正确行使党员民主权利。

【廉政建设】 2016年，县委党校全面推进党风廉政建设，落实“两个责任”，突出党委主责、纪委专责。一是把严明政治纪律放在首位，贯彻好、执行好、落实好党中央以及各级党委、纪委的决策部署。强化理想信念教育，引导教职工树立正确的世界观、人生观、价值观。二是坚持“一岗双责”“谁主管谁负责”，健全责任机制，强化责任落实，层层传导压力，发挥教育的先导力、制度的约束力、监督的制衡力，推动党风廉政工作的深入开展。三是坚持预防教育在先，突出风险防控，加强漏洞查纠，全面构建“制度管人、制度管事、制度管权”工作机制。通过开展集中约谈、个别谈话、警示教育、先进典型学习等教育和学习活动，净化干部心灵，确保“务实、清廉”落到实处。全年开展集中约谈12次，个别谈话6次，提醒谈话11次。

【帮扶工作】 2016年，按照县委安排，县委党校帮扶荆角乡水溪和燕子两个村，22名干部结对帮扶51户113人，投资10余万元，协调部门资金200余万元，制定帮扶计划115条，解决困难问题121个，硬化水溪村王家湾组通组路3千米，办理好事实事206件。投资5万元，为该乡中心幼儿园购买托幼用空调、热水器等。

【校园建设】 2016年，投资9.77万元，建成塑胶篮球场一个；投资5.77万元，对办公楼进行部分改造和电力改进；投资4.99万元，为教职员工配备电脑、打印机、办公桌椅等；投资3.87万元，购进学员教材和教师教学用书。（张铭 袁圣治）

机关党建工作

【概况】 中共德江县直属机关工作委员会是县委的派出机构，主管县直机关、企事业单位党的基层组织建设。下设有机关纪律检查委员会、办公室。工委下辖部门机关党委29个，党总支部3个，党支部156个，有中共正式党员3391名。2016年，中共德江县直属机关工作委员会，以开展“两学一做”学习教育为载体抓党员干部队伍建设，突出抓好思想政治建设、机关党的组织建设和党风廉政建设，围绕县委政府发展大局，发挥党的政治核心作用、党组织的战斗堡垒作用和党员的先锋模范作用。

【思想建设】 一是强化责任担当，超前谋划部署。年初，就对“两学一做”学习教育做出安排，在全县直机关开展党员组织关系排查，摸清党组织现状，要求县直各部门及早动手、先行学习，提出搞好学习教育的具体措施。先后举办多期培训班，培训县直机关党支部书记、机关党委书记，为全县机关党员购买“两学一做”笔记本3000余本，推行每名党员手抄党章100天，通过不断加强学习教育，使党的规章制度在党员思维中生根发芽。工委机关自身带好头，先学一步、学深一层。每月对机关党支部“两学一做”学习开展一次督促检查，促进县直机关党员领导干部成为学习教育的标杆。二是加强学习阵地建设。在一中用能容150人的礼堂，专门以“两学一做”学习教育内容为主的“两学一做”学堂建设，为解决党员集中学提供阵地。对县直机关党支部书记集中轮训，增强支部书记履行全面从严治党主体责任的意识和能力，确保从严治党要求真正延伸到每个支部、落实到每名党员。三是在县城主街道，高标准设置66面涉及党建、党风廉政建设、干部作风建设、平安建设、环境保护、思想道德等方面宣传牌，在机关形成深厚的党建工作宣传氛围。

【理论学习培训】 一是组织重要理论、重要课题、重要文件学习。把习近平总书记系列重要讲话精神和机关党建工作汇编成册，发放到各基层党组织；把一些重要理论、文件和政策制成课件，要求工委班子成员“一人一课件、人人上讲堂”，在德江一中、开展党员干部和入党积极分子班、党员培训、党务干部培训班上作题为《党的理想信念教育》《党的十八大六中全会解读》《省十二届七次全会精神解读》《党务知识》等专题讲座。在全县机关党员中征集党员微故事35篇，与文联联合举办纪念党诞生95周年软硬笔书法及反映德江经济社会发展摄影作品比赛，并在西麓阁以纪念“七一”书法摄影作品展出。二是打造学习型机关、学习型党组织。在全县推进机关党员活动室标准化建设，通过部门党组织的努力，全部通过验收小组合格并予以集中授牌，在全县产生深远影响。把习近平总书记系列讲话、党章和党规党纪等内容的学习列入年终目标绩效考核，明确各单位基层党组织在新形势下新的学习任务，并严格要求学习课时。建立起规范实用科学的学习制度，切实增强机关学习效果，提高思想认识水平，全面打造学习型机关，培树学习典型。三是加强党员教育管理，拟定科学合理的教学课程。把党员教育管理写进县直机关党建工作要点，把党委（总支）书记、支部书记、党务干部、党员的教育培训工作列为重要内容，制定教育培训计划，按照单位性质分期分类举办培训班。2016年，举办年度发展对象、党员干部及党务干部培训班4期，培训人数800余人，并结合实际创新培训方式，坚持管教相结合，分组指定内容进行课题讨论。

【党员管理】一是理清思路，明确工作目标。年初，召开全县工作安排部署会，以县委文件出台党要管党从严治党实施方案，对不合格党员进行清理的工作方案，贯彻落实县委“党建派遣单”，推进机关党员进入所在社区服务工作方案，机关驻村党员干部培训方案，以及建立全县机关党员电子信息库。努力实现思想建党和制度建党的紧密结合。二是开展党员党组织关系和党费清理工作。根据年初中组部关于对党员党组织关系和党费清理文件要求，结合全县直机关实际，制定出台关于党组织关系和党费清理方案。党员党组织关系基本清理完成，对存在问题党员责成部门党委或支部进行完善处理；党费清理工作基本完成摸底工作。三是抓实党的组织换届和组织建设工作。2016年，以党员管理系统为平台，建立党组织换届日程登记台账，对未及时换届的机关党组织，采取上门督促，或在机关党建QQ群内发布提示，督促31个基层党组织按时换届，新建2个基层党组织；建立健全党组织软弱涣散预警机制，制作预警公示牌。做好全国、省、市、县党代表推选工作，按扩大比例在机关产生23名出席党的十九大初步候选人，十二届省党代表23名初步候选人，二届市党代表89名初步候选人，选举产生45名县党代表。严格按照党员发展程序，工委会研究决定转正党员43名，吸收预备党员40名，培养发展对象153名。党费收缴逐步规范有序。四是落实机关在职党员服务社区工作。2016年，按照德党办发（2015）47号文件要求，开展机关在职党员进驻社区服务群众工作。利用八小时之外时间，按各自工作行业特性，有针对性地选择开展县直机关在职党员奉献社区服务群众活动。同时按照天网工程全覆盖要求，投入3万余元为柏杨社区安装天网设备和配置会议室桌椅。在这项活动中，工委率先垂范开好了头、带好了队。工委对机关党员进社区服务实行台账管理。五是扩大党员慰问覆盖率，庆党成立95周年。年初，县直属机关工委通过对离退休党员、贫困党员、农村党员的走访调研，出台对党员群众的慰问办法，其主要特点是提高慰问覆盖率，主要目的就是提升共产党员对党组织的认同感和归属感。在纪念建党95周年期间，用5.65万元对全县直机关113名党员进行节日慰问。

【驻村帮扶】 2016年，县直机关工委按照县委的统一安排，严格按照县委驻村帮扶工作的总体要求和帮扶标准，对所帮扶村进行有效帮扶。率先进村入户调查民情，掌握村况。班子成员集中深入村组开展帮扶活动6次，解决共和镇打磨丫村急需解决的问题3个：一是先后投入14万元开展村级阵地建设。对村级活动场所坝子实施硬化，修建围墙和村级党务村务公开，对村办公楼进行全面装修，配备档案柜，打印机等设备。二是调协县水务部门，把该村的人畜饮用水纳入当年规划，完成饮用水池2个和1个小山塘治理建设；三是在“七一”前夕慰问困难群众及计生帮扶户和困难党员，机关工委班子多次集体深入困难建卡立档贫困户家中进行慰问，为他们送去春耕肥料、购买大米等生活物资，根据实际情况制定切实可行的帮扶计划，完善帮扶措施，确保帮扶村从贫困村出列。此项工作被县扶贫工作领导小组表彰为先进集体。（吴斌）

老干部工作

【概况】 2016年，县委离退休干部工作部门围绕中心，服务大局，贯彻落实全国、省、市老干部工作

召开全县老年暨关心下一代工作会议

会议精神，坚持“人性化服务、亲情化管理”理念，落实老干部“两项待遇”，丰富老干部精神文化生活，发挥老干部作用，以开展“两学一做”学习教育为契机，着力在老干部中开展为党的事业增添正能量活动，切实加强作风建设，不断夯实工作基础，全县老干部工作稳步推进。到2016年12月，全县有离休干部和县级退休干部71人（其中离休干部27人，县级退休干部44人），有新中国成立初期参加工作退休干部17人，离休干部遗孀102人。

【召开老年工作会议】 5月12日，组织召开全县老干部工作暨关心下一代工作会议，县直机关和乡镇、街道办事处150余人参加会议。会上，传达全国、省、市老干部工作和关心下一代工作会议精神，总结全县2015年的老干部工作和关心下一代工作，安排部署2016年的老干部工作和关心下一代工作，有效推进乡镇及县直各部门老干部工作和关心下一代工作。

【落实老干部“两项待遇”】 经济待遇：2016年，巩固和完善离休干部“三个机制”，及时足额兑现离休干部离休费、医疗费，发放离休干部特需费、疗养费1.82万元，离退休干部和遗孀春节慰问金9.23万元，无工作遗孀医疗补助费5.55万元，生活困难离退休干部和遗孀帮扶救助金1.55万元，兑现企业离休干部机关作风和效能考核奖金10.44万元。足额及时兑现老干部经济待遇，确保老干部和遗孀的生活过得舒心愉快。

政治待遇：一是创造条件，确保老干部老有所学。2016年，为老干部征订《当代贵州》《人民日报》《贵州日报》《今日德江》《铜仁日报》《中国老年报》《健康之友》等10余种报纸杂志供老同志们学习阅读，老干部阅览室全天开放。同时为县级以上退休干部和离休干部及科级退休干部协会会员每人征订一份《晚晴》杂志送到其单位或家中。二是召开老干部经济社会发展情况通报会。6月24日，副县级以上离退休干部18人参加全县上半年经济社会发展情况通报会。县委书记商友江在会上提出要求，在政治上要尊重老干部、工作上支持老干部、生活上关心老干部，让老干部感受到发展成效，享受到发展成果。县“两代会”、领导干部大会及重大活动等均邀请老干部参加。三是加强老干部思想政治建设，推行定期集中学习制。先后组织老干部集中重点学习党的方针政策、国内外时事要闻以及中央、省、地、县有关文件、党的十八届四中、五中、六中全会精神及习近平总书记视察贵州时的系列讲话精神等相关内容，开展纪念建党95周年暨红军长征胜利80周年唱红歌和演讲比赛活

2月2日，召开老干部春节座谈会

动。四是组织部分老干部列席参加全县重要会议。全县“两会”和领导干部会，都组织部分老干部列席会议，让他们参政议政，为全县的发展建言献策。五是坚持抓好老干部健康检查工作。5月，组织县级退休干部进行健康检查，保证老干部们的身心健康。

【开展走访慰问活动】坚持重大节日集中走访与平时定期走访相结合，采取定人定服务对象的办法，责任到人，定期进行走访。在联系走访老干部工作中，切实做到走访与解决实际问题相结合，走访与搜集基本情况相结合，走访与宣传相关政策相结合，走访联系工作取得实效。2016年，通过平时走访、定期走访、节日走访等形式，走访慰问离退休老干部近300余人次，遗孀60余人，看望生病住院老干部10余人次。春节前夕，县四大班子领导带领相关部门分别深入到老干部家中走访慰问，了解老干部们的生活身体状况，给他们带去新年的祝福，使老干部们感受到党的温暖和关怀，春节期间发放离退休干部及遗孀慰问费9万余元。

【办理来信来访】 2016年，通过召开座谈会、发放征求意见表、电话联系等多种形式，广泛征求老干部意见建议，对老干部及遗孀的来信来访，认真进行调查核实，及时办理。同时，加大对特殊困难的老干部和困难遗孀的帮扶力度，完善特困老干部及遗孀帮扶制度，对有特殊困难的老干部及遗孀及时给予资金帮扶。全年为12名有特殊困难的老干部和困难遗孀解决困难补助资金近3万元，收到老干部和遗孀口头反映问题12个，全部给予解决。

【组织老干参观考察】 2016年，通过组织科级以上离退休干部就近就地参观考察，让老干部们亲眼见证全县改革开放以来经济社会发展取得的辉煌成就，让老干部们看到建设黔东北交通枢纽和区域性中心城市的希望。一是组织科级退休干部到桶井、稳坪、城北新区、伟才学校、煎茶水乡等地参观考察园区建设；二是组织副县级以上退休干部到沿

7月1日全局党员干部到枫香溪缅怀先烈

河、松桃、万山、石阡等县参观考察城镇建设、工业、农业园区和旅游产业园区建设。通过参观考察，老干部们对德江和外县的发展变化有了了解，感受和分享德江县的发展成果。

【发挥老干部作用】利用县关工委、老年人体育协会、科级干部退休协会等组织载体，动员身体健康、工作经验和领导经验丰富、参政议政能力较强的老干部参加关工委工作，发挥他们在青少年理想信念教育、法制教育、革命传统教育、老年体育事业等方面的优势和作用。2016年，一是在关工委的带领下，“五老”网吧义务监督员坚持每月两次“清网行动”，对城区网吧开展监督检查，严禁上课期间在校学生进入网吧。截至12月，对城区和乡镇集市32个网吧进行监督检查518场次，为未成年人健康成长筑牢“防火墙”，有效净化青少年健康

成长的社会文化环境，受到学校和学生家长们的赞誉。二是关工委牵头组织“五老”人员，到城区和乡镇中小学校开展“宪法至上·守法光荣”为主题的法制宣讲活动500余场次，受益达9万人次以上，为“六五”普法工作做出较大贡献。三是老年体协成功举办第十届老年人体育运动会。来自各乡镇、各部门702名中老年运动员，参加门球、台球、象棋、乒乓球、气排球和傩韵操比赛。

【帮扶工作】 2016年，根据县委安排，县委离退休干部工作部门派1名农村工作经验丰富的党员干部长期驻村帮扶，担任村第一书记。驻村干部通过召开村支两委班子成员座谈会、群众会、开展“两个遍访”等形式，掌握和了解该村的情况，积极参与该村各项工作。2016年，帮助解决堰塘乡清水塘村电脑1台，打字复印一体机1台，办公桌椅一套，文件柜一个，折合资金8000元。慰问精准扶贫户26户，每人送去大米1袋、菜油1桶、现金300元;慰问计生困难户7户，每人送去大米1袋、菜油1桶、现金500元。折合投入帮扶慰问资金1.5万元。全局干部职工遍访精准帮扶户3次，回访1次，干部个人出钱出物资折合人民币4000余元。被评为全县扶贫工作先进集体。（曾飞）

老年教育

【概况】 2016年，县老年大学以“增长知识，丰富生活，陶冶情操，促进健康，服务社会”为办学宗旨，坚持“以人为本、政治建校、思想建校”的办学原则，贯彻“教、学、乐、为”的教学方针，以“团结和谐，健康有为”作为校训，体现“活动促校、和谐兴校、传承文化、引领风尚”的办学特色，狠抓工作落实，各项工作取得较好成绩。2016年春季学期，县老年大学设21个班级、学员420人，与去年同期的526人少106人，下降20.15%；秋季学期36个班级、学员总数为776人，比去年同期的330人增加446人，增长135.15%；2016年全年学员1196人，比2015年全年学员的856人增加学员340人，增长39.72%。县级老年大学校舍建筑面积726平方米，其中共用面积600平方米，共用的活动场地800平方米。全县21个乡（镇街道）、344个村（社区），总人口为545808人、其中60岁以上老年人68676人；乡（镇、街道）级老年学校17所，与上年持平，建校率为81%；有村（社区）老年学校45所、老年学员1360人，其中：社区老年学校16所、学员489人，村老年学校29所、学员871人，村老年学校比去年增加1所。全县设远程老年教育站点45个，其中：村（社区）44个，乡级远程老年教育中心1个（即枫香溪镇远程老年教育中心），覆盖5000余老年群体。调整充实德江县老年教育工作领导小组，领导小组办公室设在德江县老年大学。

领导重视：5月4日，县委书记商友江在县委常委会议室主持召开2016年第12次县委常委会议，学习贯彻3月13日召开的全市老年教育工作会议精神，对全县老年教育工作进行安排。5月12日，县委、县政府召开全县老年暨关心下一代工作会议，传达省、市老年教育工作会议精神，对全县老年教育工作进行安排部署，县委常委、组织部部长唐虹对做好老年教育工作进行强调，提出工作要求。调整机构经费保障：县委及时调整充实全县老年教育工作领导小组成员，领导小组组长由县委常委、县委组织部部长、统战部部长唐虹担任，副组长由县政府分管副县长担任，县财政、发改、民政等部门负责人为领导小组成员。乡（镇、街道）大多是党委副书记或组织委员分管老年教育工作，村

11月2日，贵州省老年大学副校长陈祖云（左一）到德江县调研指导老年教育工作

级都是党支部书记负责老年教育工作。2016年，县级财政预算经费为34万元，另拨付4.5万元专门用于全市远程老年教育经验交流会经费。

县分管领导重视老年教育：4月6日，县分管老年教育工作的县委常委、县委组织部部长唐虹到涉老部门调研老干部、老年教育、关心下一代等工作。并召开座谈会，分别听取涉老部门的工作汇报，对县老年大学的办公室和教室逐间进行查看，仔细询问学校的教学情况。因办学场地不足，在分管领导的协调下，由县财政解决资金，把原卫生局

9月29日，举办庆祝第28个老年节文艺演出活动

闲置的办公楼装修出来，用于解决县老年大学办学场地不足的问题。9月29日，校举办庆祝第二十八个老年节文艺演出活动，分管领导到校看望全体学员，与全体学员共庆老年节，在讲话中充分肯定老年学员的作用和贡献，鼓励她们继续老有所乐、老有所为。11月中旬，县委组织部解决学校办学经费3万元。

扩大办学规模：2016年年秋季学期有36个班级776人，居全市前列。开设的专业有：健身舞、

4月21日，在潮水河举办以“明礼知耻·崇德向善”为主题的春季学期第二课堂文艺演出活动

土家舞、钱杆舞、民乐、太极球、太极剑、花灯、快板、合唱等9个专业。2016年全年学员1196人，比2015年全年学员的856人增加学员340人，增长39.72%。

开展各项活动：4月21日，在县城郊区潮水河休闲山庄开展以“明礼知耻·崇德向善”为主题的春季学期第二课堂文艺演出活动；5月18日，在德江县特殊学校参加全县第二十次“全国助残日”暨“宣传周”活动文艺演出，得到社会各界的一致好评；7月8日，在县老干部活动中心操场开展以“弘扬长征精神·建设满意德江”为主题的2016年春季学期散学典礼文艺演出活动；9月29日，学校举办庆祝第28个老年节文艺演出活动；12月20日，开展以“弘扬真善美，传递正能量”为主题的秋季学期散学典礼文艺演出活动。

10月13日，铜仁市远程老年教育经验交流会在德江温州大酒店会议室召开

远程老年教育：2016年，全县远程老年教育站点45个，其中：村（社区）44个，乡级远程老年教育中心1个（即枫香溪镇远程老年教育中心），覆盖5000多老年群体。2015年11月,德江县被中国老年大学协会确定为“全国第三批老年远程教育实验区”，2016年学校重点打造县级远程老年教育示范点（即场口社区远程老年教育站点）和枫香溪镇远程老年教育示范中心、枫香溪镇先联村远程老年教育示范站点。10月13日，铜仁市远程老年教育经验交流会在德江温州大酒店会议室召开，市委组织部副部长龚仆出席并讲话。11月中旬，学校作为全市唯一的代表，参加在上海召开的全国

3月28日，在县内高家湾举办“德江高家湾看春暨张家界市铜仁市老年文艺交流联谊活动”

老年远程教育工作推进会暨中国老年大学协会远程教育工作委员会第五次年会，对办好全县远程老年教育工作起到很好的借鉴作用。

助推旅游业大发展：3月28日，在县内高家湾旅游景区举办“德江高家湾看春暨张家界、铜仁市老年文艺交流联谊活动”，受德江县老年大学的邀请，铜仁市的松桃县、江口县、沿河县三县老年大学代表队，碧江区的老年学员代表队，张家界市老年大学、张家界市永定区和桑植县老年大学代表队900余人参加活动。7月26日，县委、县政府主办的铜仁市“博大旅行杯”暨第二届“梵天净土·桃源铜仁”群众文化系列活动之“激情仲夏·大美德江”广场舞大赛在县内高家湾旅游景区举办，县内外30余支代表队参赛，县老年大学舞蹈队30名学员、心悦合唱团50余位学员参赛，德江县老年大学舞蹈队荣获二等奖。

交流学习提高素质：6月15日，学校率领部分干部职工参加思南县老年大学建校30周年庆祝活动。7月4日，率领全校干部职工和36名老年学员赴印江县学习取经，参加教学成果展示和校际交流活动。德江学员交流表演《幺妹，叭一口》《中国梦，大团圆》2个舞蹈节目，深受观众的好评。

开展精准扶贫工作：2016年，学校按照县委、县政府提出的“654321”帮扶模式，帮扶泉口镇先田村11户贫困户，全年投资5.3万元帮扶先田村，其中：帮扶的11户贫困户投入9580元，计生“三结合”帮扶奖励5户5000元，村级组织运行经费5000元；投资3.2万元，给先田村办公楼会议室和走廊全部安装地板砖，解决会议室25套桌子板凳，为干部办公和群众办事提供方便。

（县老年大学）

党史研究

【概况】 2016年，县委党史研究室发挥“存史、资政、育人”职能，主动适应新常态，着力在党史研究工作上有新作为，用党史研究成果开展爱国主义和革命传统宣传教育，为革命老区、大美德江建设营造浓厚的氛围。

党史资料收集编辑：按市委党研室《关于报送革命遗址保护利用的通知》要求，完成县内革命遗址现状、革命遗址分类和对县革命遗址保护利用的建议；完成市委党研室下达《长征第一次大会师》编写任务；完成市委党研室《关于做好全国基层党史工作专题调研前期准备工作的通知》的工作；完成纪念红军长征胜利80周年2篇征文；为庆祝红军第征胜利80周年暨枫香溪会议召开82周年活动，编印《红色的记忆》1000册；编印《德江知青史》1000册。为编写《建国后德江大事记》《德江县委书记录》召开老干部座谈会，从其他部门抽调2名干部到相关部门搜集相关资料。分别解决平原镇和复兴镇3万元，加强对黔北特委旧址和先仲虞旧居的保护及红色文化的挖掘。

图为研讨会现场

党史工作宣传：6月26日，铜仁市纪念红军长征胜利80周年暨黔东苏区红色文化传承与发展研讨会在德江举行。市委常委、市委宣传部部长刘

婕，中国军事科学院战争部研究室原主任、博士生导师吴如嵩，县委书记商友江，省委党史研究室决策咨询处处长余福仁出席，市委党史研究室主任韩江华主持会议。德江县举行此次红色文化传承与发展理论研讨会，集中宣传展示黔东苏区红色革命历史资源和红色文化建设成就，把红色文化建设不断推向深入。

帮扶工作：根据县委、县政府的安排，开展精准扶贫工作。2016年，帮扶平原镇上竹村，多次到上竹村与枝支两委共商精准扶贫工作，深入帮扶对象户访贫问苦。为全村38户困难党员、计生困难户、退伍军人、残疾人家庭分别人送去1包化肥和1具喷雾器；为2015年脱贫的11户分别送去大米2袋和菜油1桶；为5户计生贫困户分别解决1000元；为村办室添置电脑1台和复印机1台；为村办公楼安装防盗窗和自来水。派1名干部常驻平原镇上竹村，根据该村的村情民意，为该村拟定发展规划，加强思想政治教育，开展精准扶贫困工作。（朱昭江）

机构编制

【概况】 2016年，全县机构编制重点落实四项改革，做好机构编制管理、事业单位登记管理、网上名称管理工作，稳步推进各项帮扶活动，抓好日常工作，服务好县委、县政府，服务好全县各级各部门，较好地完成各项工作目标。是年，3月3日，县编办向乾被中央编办评为优秀信息员。3月24日，铜仁市委副秘书长、市编办主任安启洪率督查科负责人一行3人到德江督查指导“云上编制”信息化建设工作进展情况。4月12日，中央编办连怡、刘珊到德江现场培训指导“云上编制”系统业务操作工作。5月18日，省编委办副主任彭旭率队到德江调研机构编制工作。7月29日，铜仁市机构编制系统改革工作经验交流观摩会在德江县召开。全市10区县编办主任、副主任参加会议。12月，在全省机构编制信息工作报送及采用情况被省编办通报表彰，在全省网上名称管理工作中被省编办评为先进单位。

乡镇行政体制和运行机制得到巩固。 2016年，乡镇行政体制和运行机制改革工作重点是巩固“小部制”改革成果。通过对乡镇“小部制”改革后的运行情况进行跟踪、督查和评估，找到工作推进过程中存在的困难和不足，结合各乡镇实际，及时解决存在的困难和问题，合理界定县乡事权人权财权，划清乡镇与村（社区）的权限，使全县乡镇行政体制和运行机制改革成果得到巩固。

县乡政府部门权责清单得到细化。 按照中央“一表两单”的要求，根据简政放权、放管结合以及各部门权力清单和责任清单公布情况，配合县法制办及时修订完善县政府各部门权责清单目录，完成各乡（镇、街道）和县各部门的权责清单评估工作,清理试点乡镇权力和责任清单事项296项，一般乡（镇、街道）112项，实现乡（镇、街道）政府权责清单全覆盖。

煎茶镇综合行政执法体制改革稳步推进。 2016年，对煎茶镇的职能职责、内设机构和人员编制进行调整，以两办名义下发改革试点方案，明确煎茶镇行政机关领导职数12名，设7个党政内设机构，7个事业机构，并对涉及分流的61人顺利分流到改革后的工作单位，煎茶镇综合行政执法队伍形成，能够开展实质性工作。

事业单位体制机制改革成效明显。 一是启动承担行政职能事业单位改革工作，初步确定改革的指导性意见。二是探索事业单位法人治理结构建设试点改革工作，在县分类推进事业单位改革领导小组的指导下县民族中医院搭建事业单位法人治理结构框架，建起决策、执行、监督三权分立、相互制约的法人治理模式。

机构编制日常管理逐步规范。一是加强对全县机构编制、实有人数的动态管理。凡考试录用、招聘人员和调配人员，先要办理用编手续，无空余编不能招考、招聘和调配人员，外县进入县内的要事先在原先单位实名制下编，才予以上编。同时根据全县实际情况，建立全县各级各部门机构、编制、领导职数和实有人员数据库存，数据库能适时反应各单位的空编情况、领导配备和实有人员情况，随时能自动生成各单位机构编制管理所需报表，弥补手工统计报表不准确、不及时、易出错的缺点。二是与组织人事部门建立良性沟通工作机制。对干部任免、人员调配、录用等动态信息，与县委组织部、县人社局相关科室形成良性沟通工作机制，及时对全县干部职工的动态编制信息进行有效沟通，促进编制信息动态化管理，保障干部职工编制信息完整有效，为县委、县政府主要领导以及全县各级和部门用人提供真实有效的依据。三是全县机构编制总量得到严格控制。按照中央关于“机构编制三个一律不”原则和李克强总理“约法三章”要求，严把机关事业单位人员入口。2016年，除政策性安置和有计划的公开招考、急需引进高层次人才外，没有新增其他财政负担工资人员，确需设立的股级机构，采取“撤一建一”的方式，保持总量平衡。四是严谨规范办理用编审批工作。2016年，用编补员审批工作严格按照《德江县机构编制委员会工作规则》和“三个一制度”执行，全年受理用编申请表408份，对符合条件的391份用编审批表进行审批。五是控编减编工作稳步推进。根据中编办要求各地事业单位机构编制必须控制在2012年底总量内的要求，结合实际，制定控编减编工作方案，截至2016年末各类编制和机构控制在2012年底总量内，未出现“三超”现象。六是事业单位登记管理工作稳步推进。2016年，全县事业单位法人登记总数438个，建档438个，新增设立登记事业单位1个，变更事业单位35个。至3月31，完成事业单位年检报告工作，完成新版《事业单位法人证书》换发；完成机关、群团统一社会信用代码赋码工作，全部发放统一社会信用代码证书，其中机关68个，群团9个。七是网上名称管理逐步规范。2016年，完成全县党政机关、事业单位和国有企业互联网网站安全专项整治工作。全县807个单位注册中文域名975个，注册率120.1%，挂标率100%。完成2016年所有域名的续费任务。全县23家自建网站全部挂上网络标识。完成“云上编制”全县各级各部门“三定规定”“权力清单”资料录入工作。德江县机构编制网正式上线运行。

驻村帮扶。2016年，县机构编制委员会办公室帮扶枫香溪镇上坝村。一是挤资5万元解决吴家寨、坨里、官路、下寨、长田五个村民组238户1023人的人畜饮水工程。二是按照驻村工作1∶1∶1比例帮扶，解决上坝村5000元办公经费。三是13名干部职工在开展精准扶贫贫困户“再识别”时，为29户贫困户送去春耕生产帮助资金8700元。四是到枫香溪镇上坝村开展计划生育帮扶工作，为15户独生子女户、二女结扎户送去帮扶资金1.5万元。五是开展建党95周年庆祝暨走访慰问贫困老党员活动，为8位在家的贫困老党员送去2400元慰问金。（县编办）

新闻宣传

【概况】 2016年，县通讯中心把做好新闻宣传工作当成职责之首、职责之要、职责之重，认真学习和正确理解县委、县政府决策部署，加大策划力度，精心选好切入点，深入一线采访，运用专栏、专题、通版、特刊和消息、通讯、系列评论、图表、数字、访谈等多种形式，加强对县委、县政府中心工作的策划宣传报，完成办报103期，完成脱贫攻坚、电子商务、“十二五”经济社会发展成就、元宵舞龙、春节视觉、党建亮点等20余个专版，完成区域性中心城市推进篇20余篇、脱贫攻坚20余篇等。提高宣传质量，实现“五个转变”：新闻策划由粗向精转变、报道形式由单一向多样转变、言论由空向实转变、专题报道由浅向深转变、专刊由杂向专转变。是年，高应清获贵州日报优秀通讯员一等奖、铜仁日报优秀通讯员三等奖，张著盖获贵州日报优秀通讯员三等奖，推荐单位职工刘仁洪当选为市党代表，并参加铜仁市第二次党代会；高应清负责大会采访。

注重主题宣传策划：在做好正常新闻宣传的同时，更加注重主题宣传策划，重点策划“党代会、人代会、政协会”、五城联创、脱贫攻坚、党建派遣单等专刊专版，开辟区域中心城市推进篇等重点专栏，得到上级领导、业内专家和广大读者的高度赞誉。结合“两学一做”学习教育、反腐倡廉、社情民意、基层组织建设、计划生育、招商引资、水利、现代农业、工业、城市建设、交通、教育、扶贫开发等工作，开设栏目10余个，为县委、县政府中心工作的有力开展营造良好氛围。

强化新闻评论引导：为发挥好言论的权威性、指导性和导向性，特别重视加强言论的报道力度，在重大新闻报道和配合县委、县政府的中心工作的宣传中，积极主动地配发言论，营造良好的舆论氛围。特别是在学习贯彻中共十八届六中全会精神、习近平总书记重要讲话及省市系列会议精神及德江县第十七届人民代表大会和政协第九届德江县委员会精神，先后策划刊登“两学一做”稿件，开设“五严四不准”等评论专栏，切实发挥评论引导舆论的作用。这些评论既体现学习教育的要旨和内涵，又相对独立而各有特色。

突出新闻精品创作：精品是衡量报纸质量的硬指标。始终坚持精品办报理念，不断强化新闻精品意识，精品创作取得丰硕成果。2016年，在国家级党报党刊发稿2篇，在《贵州日报》发稿52篇，协助县委宣传部在《铜仁日报》采编8个头版头条，编发其他稿件1000余条。

重视专题及对外宣传：在专题部配备2名干部专门负责协调上级党报、组织记者对外宣传。另外，通讯中心采写的重大、重头稿件天天都被《德江网》、德江电视台、德江微信采用转载，对外宣传取得新成绩，对外宣传的大格局形成，让《德江报》的影响力更广、发声更加有力。

帮扶工作：2016年，为中坝村帮扶的5户计生贫困户分别送去1000元；在七一前夕，解决活动经费5000元，为中坝村困难党员、困难村组干部30余人分别送去印有“支持德务高速建设·共筑德江中国梦”字样的T恤以及水杯等慰问品，同时还送去党章、党徽；协调红十字会，为36户贫困户分别送去大米10公斤；解决楠杆天井小学电脑2台；驻村干部到组织部协调2万元，单位解决2万元用于中坝村委会购置办公桌、沙发等办公设备。张著盖为贫困户冉丛华之子协调雨露计划助学金5000元，帮扶干部黎静涛协调帮助贫困户贷款5万元，单位干部为帮扶贫困户出资总计2000元。

（彭燕）

群众（信访工作）

【概况】2016年，县信访工作部门围绕全县工作大局，落实信访工作责任，加强改革信访工作机制，着力打造阳光信访，坚持用法治思维引导信访群众依法维护合理诉求，扎实化解初信初访，集中攻坚信访积案，加强网上办信工作，打造阳光信访、责任信访、法治信访，信访工作公信力不断提升，办信效率和质量得到全面提高。是年，县内群众到各级部门来信来访680批1488人次，与去年同期相比，群众到各级部门来信来访均呈上升趋势。

【主要工作措施】推进信访制度改革：一是推行“阳光信访”。加强网上信访信息系统建设，全面完善功能，推进系统应用，与省、市、乡和县直部门联通，实现来信、来访、投诉、办理在网上流转、查询，方便群众就近反映问题，努力把网上信访打造成群众信访的主渠道。全年接收、转送、交办信访件235件，其中：按期办结175件，逾期办结37件，逾期未办2件，办理中1件。及时受理率达100%，群众满意率达100%，按期办结率达74.46%。二是落实“责任信访”。领导干部带头履行信访工作责任，接访下访工作深入推进。2016年，县四家班子领导率先垂范，亲自接访，带头下访，为全县党政领导干部作出表率。据统计，32名县级领导轮流公开接访244人次，接待群众42批70人次。三是推进“法治信访”。全面推行依法逐级走访制度，根据国家信访局《关于进一步规范信访事项受理办理程序引导信访人依法逐级走访的办法》的要求，县信访局严格落实《信访条例》关于“属地管理、分级负责，谁主管、谁负责，依法、及时、就地解决问题与疏导教育相结合”的原则，全面推行依法逐级走访制度。强力推动依法治访，县委、县政府多次召开信访工作专题会议，用法治思维、法治手段解决信访问题。对进京非访人员，对严重扰乱公共秩序的首要人员，对串联、组织上访的挑头人员，一律依法取证予以拘留，起到打击一个、震慑一片的威慑作用，进京非正常上访形势得到有效扭转。四是加强网上办信力度。畅通电话、互联网、信访信息系统等多种办信渠道，在继续做好接待群众电话来访的同时，充分发挥好书记、县长信箱和书记县长--群众直通交流台反映诉求民意作用，网上办信工作平台作用进一步发挥。五是加大依法信访宣传力度，及时就地解决信访问题，规范信访秩序，引导群众依法逐级走访，着力把涉访问题解决在当地。六是落实诉访分离机制，依照法定途径优先的原则，把应当通过诉讼、仲裁等途径解决的涉访问题，导入法定程序解决，并做好法规政策的宣传教育。

信访问题协调督办：一是解决进京非正常访等信访突出问题，有效减少信访存量，控制积案增量。对枫香溪镇2人进京非访案件，县信访工作联席办会同该镇入户磋商，成功化解该信访积案。二是抓好信访形势研判。对涉军等重要群体，主动掌控动态信息，密切关注重要对象动向，加强分析研判，重点掌控与防范相结合，积极预防串联聚集行动，效果显著。三是加大重点信访事项督查督办工作力度。县信访工作联席办为推进领导批办信访事项的落实和问题有效解决，加强重点信访事项办理和包案化解工作的督查督办力度，并会同县委督查室、县政府督查室、县绩效办分别对重点信访责任单位进行督查督办，有力推进信访案件化解。

图为会议现场

信访积案化解：一是抓好矛盾纠纷排查。每月至少梳理排查一次重点矛盾纠纷，并健全工作台账，造册载明内容、办理期限、责任人，归类分析研判，形成会议纪要，由领导包案化解，或者引导、协助导入司法程序化解。二是落实县级领导包案机制。抓好国家信访局，省、市信访联席办集中交办的重点信访案件、信访积案，推动案结事了。截至2016年12月，各级部门交办全县信访案件96件，办结49件，化解47件，办结化解率100%。三是夯实领导接访机制。年初及时下发2016年度县级领导公开接访有关事宜的通知，每天有1名县级领导在县群众工作中心坐班接访。在特殊节点每个工作日均安排县级领导坐班接访，并强化跟踪督办领导批办事项的办理，充分发挥领导接访的作用。2016年，通过领导包案、公开接访等有力措施，化解一大批初信初访和久拖不决的信访积案。四是加大联合接访力度，入驻县群众工作中心的15县直部门，在4个窗口联合接访来访群众，实行“一厅式接访、一站式服务、一揽子解决”的联合接访机制。五是加强督查督办。2016年，县委、县政府及分管领导召开不同层次信访会议16次，对解决突出信访问题进行安排，对信访问题突出的镇、街道进行专项督查4次、联合督办2次，使进京赴省信访总量明显下降。

加强进京访治理：一是加强驻京劝返工作力量。为有效控制进京非正常访发生，按照省、市要求派驻能力强、业务熟、认真负责的干部轮驻北京加强劝返工作。二是强化进京访劝返。县委、县政

3月13日，县委书记商友江（右中）在县群众工作中心约访信访人姚文贵一家

府对进京访应对迅速，及时派人进京劝访，富有成效地减少进京非访的发生。三是扎实做好进京访后续化解稳控。进京上访人员被劝回后，加强信访诉求调查处置，跟进化解稳控措施，防止再次发生进京上访问题。四是严格责任倒查。对因化解不力，稳控不到位，导致群众进京非正常上访的，一律进行责任倒查。2016年，先后对高山镇、长丰乡、枫香溪镇进京非访启动问责程序，对相关责任人进行责任倒查。同时，对非进京走访人员加大处理力度，县公安机关对该类人员作出行政拘留7人，刑事拘留2人的处罚。

帮扶工作：2016年，加大对定点扶贫村煎茶镇重华村的帮扶力度，按照654321结对帮扶要求，对重华村25户75人进行帮扶，投入帮扶资金5.35万元，同时对精准帮扶对象每个干部做到底数清、情况明，建档立卡规范有序。

（王江琴）

县人大常委会

【概况】2016年，县人大常委会在中共德江县委的领导下，在省市人大常委会的指导下，坚持以邓小平理论、“三个代表”重要思想、科学发展观为指导，全面贯彻落实党的十八大和十八届三中、四中、五中、六中全会精神和习近平总书记系列重要讲话精神，按照“接着干、有作为”的思路，忠实履行宪法法律赋予的职责，各项工作取得新进展。全年，召开人民代表大会2次，人大常委会会议11次，主任会议32次，听取审议“一府两院”工作报告22个，开展专项视察活动2次，依法作出决议决定44项，任免国家机关工作人员56人次。完成换届工作，依法选举产生德江县第十七届人民代表大会代表208名，新一届乡级人民代表大会代表1055名；召开德江县第十七届人民代表大会第一次会议，依法选举产生了德江县新一届人大、政府领导班子和德江县出席铜仁市第二届人民代表大会代表43名。

2016年6月，机关专职纪检员黎启海荣获省人大办公厅表彰的第二十四届贵州人大新闻奖。8月，德江县人大常委会被省人大办公厅评为全省人大信息宣传工作二等奖。9月，教科文卫委主任王治勇被省人大办公厅评为人大论坛优秀撰稿人。

审议决定重大事项:根据县委的决策部署，紧扣加快建成黔东北交通枢纽和区域性中心城市主题，健全完善重大事项决定制度，增强重大事项决定的科学性和时效性。先后对“七五”普法、基础设施、重点工程等重大事项，依法作出决议决定14项，保障全县经济社会发展顺利推进。一是面对经济下行的严峻形势和国家税收政策的调整，为适应财政预算工作发展，常委会依法做出《关于同意2016年全县财政预算调整方案的决议》；二是有序推进依法治理及法治创建活动，提高社会管理法治化水平，常委会依法做出《关于开展第七个五年法治宣传教育的决议》；三是在把握规模、利率以及项目合理的基础上，支持县人民政府拓宽渠道、加大力度，推动融资落地落实，依法作出关于同意县人民医院医养院建设、第二中学整体搬迁建设、城中村棚户区改造等项目贷款列入财政预算等30个决议。

人事任免:坚持党管干部和依法行使人事任免权的高度统一，健全完善干部任免和任后监督制度，建立落实党组会议通报制度，规范任前法律知识考试、法律职务资格审查、供职发言、颁发任命书、向宪法宣誓等程序，增强被任命干部法治意识、责任意识和公仆意识。2016年3月县十六届人大六次会议依法选举县长1人次。全年任命政府副县长6人次，政府部门组成人员12人次，法检“两院”人员15人次，免去“一府两院”工作人员职务18人次，依法同意2名市人大代表辞去市一届人大代表职务和5名副县长辞职。通过行使任免权，确保县委的意图通过法定程序得以实现。在充分运用过去开展部门评议和述职评议成功经验的基础上，根据人大代表的意见，邀请纪委、组织等有关部门参加，采取召开座谈会、听取述职报告、开展民意测评和个别谈话、走访群众等方式，对农牧科技局、财政局主要负责人开展述职评议，在肯定其履职业绩的同时，指出问题和不足，并提出整改要求。

监督工作：2016年，听取审议“一府两院”专项工作报告15项，开展视察、执法检查和调研?项，促进了“一府两院”依法行政和公正司法。一是加强财政预算、决算审查监督，实行主任会议会审、人大常委会集中审查制度，确保财政预决算审查的规范性和科学性。在对上半年财政预算执行情况的集中审议中，提出要加大政府全口径预算管理，将地方政府性债务收支和部门所有收支纳入年度预算，增强预算编制公正公开的建议意见；年中听取和审议县人民政府关于国民经济和社会发展计划执行情况报告，深入分析国民经济和社会发展计划执行中存在的问题，提出有针对性和可操作性的建议。听取审计报告，针对审计工作存在问题，建议建立健全整改督办、跟踪反馈和问责机制，倒逼预算管理、审批制度、决策机制等改革创新。二是围绕建成黔东北交通枢纽和区域性中心城市主题，按照县委“大交通大产业大教育大环境”四大支撑工程要求，坚持把交通枢纽、十件实事、十大提升工程、大健康以及相关工作作为监督重点，听取和审议政府专项工作报告15个，组织部分市县人大代表开展易地扶贫搬迁、文明在行动满意在德江等专项视察活动2次。三是围绕民生工作开展监督。加强对教育工作、扶贫开发、玉溪河综合治理、十大提升工程和十件实事等工作监督。组织驻德省市人大代表和部分县人大代表开展易地扶贫搬迁专题视察活动2次，在听取和审议工作的基础上，首次开展专题询问，提出因地制宜、分类指导、抓住重点等建议意见；听取和审议县人民政府关于农村电子商务、文化旅游产业、大健康产业、城市十大提升工程等工作报告4个，分别提出建议意见和审议意见。四是围绕热点问题开展监督，始终关注社会热点难点问题，坚持把热点问题摆在显目位置，急事急办，热事重督，推动问题的解决和落实。针对脱贫攻坚工作中存在的问题，建议要建立财政涉农资金整合工作联席会议制度，抓紧完成全县贫困村规划编制，筹建产业扶贫到村到户项目库；针对十三五规划落实，建议要突出抓好主要指标，确保“十三五”开好局，为撤县设市工作打好基础；要突出抓好重点项目实施，夯实发展基础，突出抓好社会事业发展，集中力量做好普遍性、基础性、兜底性民生建设。五是开展执法监督，切实推进司法公正，维护社会公平正义，听取和审议县人民法院关于减刑假释暂予监外执行工作情况的报告，督促县人民法院要从维护司法公正、促进社会公平正义、深入推进反腐败斗争的高度，深刻认识减刑、假释、暂予监外执行工作的重要性，扎实推进规范化建设。贯彻落实各项法律法规和有关规范性文件，严格规范相关程序，杜绝“暗箱操作”，坚持“阳光司法”，确保减刑、假释、暂予监外执行工作依法、规范、有序开展。听取和审议县人民检察院监所检察工作和生态环境保护检察工作情况的报告，依法督促县人民检察院要加强队伍建设，夯实工作基础，全面推进执法规范化建设。加强备案审查工作，坚持常规审查与专项审查相结合，总结备案审查工作，完善工作制度和工作程序。全年收到报送备案规范性文件8件，备案8件。同时向市人大常委会报送备案规范性文件6件，均予备案。通过规范性文件备案审查工作，加强对县人民政府依法行政和乡镇人民代表大会依法所作出决议、决定

8月25日专题询问全县脱贫攻坚工作

的监督工作。同时，重点对涉及公众生产生活的法律法规开展执法检查，先后组织开展对种子法、治安管理处罚法等法律法规贯彻实施情况开展执法检查。配合省市人大常委会开展《信息基础设施条例》《扶贫开发条例》实施情况的执法检查。结合德江县实际，对《古茶树保护条例》《预算审查监督条例》《传统村落保护和发展条例》《大扶贫条例》《贵州省预算审查监督条例》《老年人权益保障条例》等8部法规的立法调研提出意见和建议。

代表工作：坚持人大代表参与人大常委会重大活动制度，全面推行县人大代表列席县人大常委会会议和参加县人大常委会视察、调研、执法检查制度。全年班子成员深入村寨、走进家中，遍访人大代表120人（次），收集各类意见和建议42件，起到宣传政策、帮助履职、支持发展、了解实情的良好作用。坚持代表履职管理制度，依法暂停2名市人大代表职务。一是推进代表进驻“干群连心室”活动。调整充实1011名省市县乡人大代表进驻“干群连心室”，结合驻村工作的安排，人大代表走进田间、贴近群众，察民情、听民意、解民忧，召开座谈会、法律法规宣讲活动185场（次），走访群众近3000人（次），征集意见132条，协调解决困难和问题89个，现场处理矛盾纠纷123起；二是推进代表开展“五带头四个一”活动。在决战脱贫攻坚、促进经济发展、建设民主法治、维护社会稳定等方面，发挥“桥梁人、带头人、监督者、参与者”的积极作用；三是深化代表小组联组活动。按照“工作联动，活动联抓，资源联享，发展联推”的总体思路，制定出台《德江县人大常委会关于进一步加强和规范县人大代表小组联组活动实施意见》，动员各代表小组和各乡镇人大，紧紧围绕中心任务目标，准确定位活动主题，规范活动制度和操作程序，分片区分乡镇轮流组织开展联组活动，为推动片区经济社会协调发展作出了积极贡献。

信访工作：坚持“两个纳入”信访工作思路，推行人大常委会领导信访接待制度，加强信访综合分析，加强督查督办工作，切实理顺群众情绪，推动信访问题的解决。2016年受理群众来信来访151批（件）、357人次，咨询12批次，转交有关单位办理41批（件），办结36件，现场处理59件，办理并回复省市人大常委会转办的信访件3件。同时班子成员认真落实重点信访包案责任制以及县级领导定期接访制度，接访21批37人次，包案化解17件18人，使群众反映的一些问题得到较好解决，维护人民群众的合法权益，促进社会和谐稳定。

代表建议、批评和意见办理：县第十六届人大第六次会议，有107名人大代表提出建议142件（其中重点督办件21件）。建议聚焦道路交通、水利设施、城镇建设、市政管理、产业发展、美丽乡村、社会事务等方面。至2016年12月，142件建议均办理答复完毕，办复率100%，代表满意率达98%，做到一案一答复，件件有回声，事事有着落。其中，重点件和一般件全部办结。如对青龙街道杨秀容、杨智凤代表关于在303绕城线配套建设垃圾处理设施的建议、长堡镇袁绍华代表关于实施提灌工程解决长堡社区沿江10个组人畜饮水困难的建议、复兴镇冉洪代表关于硬化复兴镇七星社区移民街至青丝塘组公路的建议等21件重点督办件全部办结；楠杆乡张太波、杨再进代表关于集镇亮化工程安装300盏路灯的建议，沙溪乡张观学代表关于在沙溪乡覃坝村新建一座移动基站的建议，潮砥镇张蓉等代表关于对潮砥新集镇房屋立面改造的建议等77件一般件全部办结。列入规划34件，如平原镇吴奎代表关于修建下竹吴家寨至凤冈龙泉公路的建议，纳入乡村公路建设规划并向国开行申报，待完善相关手续和程序后即可组织实施；桶井乡田茂梅代表关于实施刘家组至关坟坝组洼地排涝工程的建议，列入桶井极贫乡基础设施攻坚项目规划；共和镇姚青松代表关于加快规划建设共和物流园区的建议，写进县十七届一次人代会《政府工作报告》，列为“共和长堡潮砥枫香溪沿江物流聚集区”的重要建设内容。因客观条件限制或政策原因暂时不能解决留作参考的10件，各承办单位向代表作解释和说明，并得到代表的理解。如陈琴代表关于将婚前医学检查纳入新型农村合作医疗报销的建议，按黔合医办发〔2015〕12号文件精神，不能纳入报销内容。又如冯喜林代表关于修建中华社区办公楼的建议，按中央和省市关于新建办公场所相关政策要求，当前不能立项建设。为办理好代表建议批评意见，采取了以下主要措施：一是明确办理责任。县政府将建议办理工作列入重点工作计划，明确责任领导、责任单位、序时进度，定期调度督查，经常性邀请代表参加县政府各项会议、调研、观摩等活动，参与县政府重大决策，召开县政府常务会专题听取建议办理情况汇报。县政府主要领导要求对于代表不满意的建议，由县政府分管领导约谈相关承办单位主要负责人，找出不满意的原因，切实改进办理工作。二是强化沟通交流。2016年，县人大、县政府联合组织多场建议“开门办案”工作座谈会，24家承办单位逐件向与会代表汇报建议办理情况，县政府各位副县长、承办单位主要负责人与代表进行面对面的沟通交流，参会代表现场对每件建议办理情况进行评议。三是注重制度建设。建立健全人大代表议案政协委员提案办理工作制度，促进建议办理工作的规范化、程序化，逐步提高建议办结率和代表满意率。建立由县长负总责、常务副县长统筹、分管副县长具体抓的办理工作联席会议制度，并将建议办理纳入全县政府系统综合考评内容。规范建立建议登记转办、审核办复、跟踪督办、联系回访工作制度，并对建议意见交办、代表见面沟通、办理落实过程、办理内容答复四个环节作出量化规定，使责任更明确、措施更细化、考核更严格。

自身建设：开展“两学一做”学习教育，引导县人大常委会组成人员、人大代表、人大干部适应新常态、认识新事物，运用新规律、开创新局面。全年召开各类培训会、推进会8次，参加人员529人（次）。学习培训上，人大常委会机关坚持周二集中学习制度，开展集中学习48次，涉及政治理论、法律法规和上级文件会议等192项；坚持党组中心组学习制度，强调纪律和规矩意识，具体研讨专题12个；创新推行“评谁谁讲”制度，所评局长开展慈善法、审计法、选举法、水污染防治法4个专题法律讲座。领导带头学习，相继开展全域旅游、林业产业、拆县建市等专题学习12个，及时组织开展中央、省委、市委、县委重要会议和文件精神、党内法规学习。制度建设上，建立完善党组中心组学习制度、机关周二学习制度、廉政建设制度等3个制度，完善县人大常委会加强和规范代表小组联组活动、加强任命干部任后监督、代表回选区收集意见、加强和改进监督工作4个制度，落实了机关岗位目标责任制及工作绩效考核制度。廉洁建设上，常委会党组始终将党风廉政建设作为自身建设的重要环节常抓不懈，深入落实党风廉政建设责任制，贯彻执行民主集中制，坚持落实重大事项请示报告制度，严格实行集体决策制度，重大事项均按照议事规则进行集体研究决策。贯彻落实中央八项规定、省市县十项规定精神，规范完善公务用车、公务接待等方面的管理制度。常委会党组成员认真落实“一岗双责”，严格执行领导干部廉洁自律的各项规定，如实主动报告个人有关事项和重大事项，同时，教育好亲属和身边的工作人员，把握交友底线，不打政策“擦边球”，不搞特殊化，保持清正廉洁。加强工作协同对外交流，积极参加渝黔湘鄂边区人大工作联席会、长江流域部分县市人大工作联席会，借鉴发展经验，推动全县工作。同时，班子成员分别参与教育卫生计生集团工作、发展农业园区和茶叶生产、城市征地拆迁安置和商贸园区建设、城北新区开发、争取机场项目落地、重点水库建设、撤县建市、易地扶贫搬迁等工作，严格要求、务求实效，形成团结共事的良好局面。始终把老干部工作放在更加重要的位置，积极探索新形势下做好老干部工作的方法和思路，带着深厚的情感和历史的责任为老干部们搞好服务，让老干部组织观念常存、工作生活常乐、为民之心常在。按照打造平台、建好队伍、拓宽渠道的思路，扎实推进宣传信息工作，为开创人大工作新局面营造良好的氛围。

（安义文）

【重要会议】

县第十六届人大六次会议：3月10日至12日，县第十六届人民代表大会第六次会议在德江县教育局礼堂开召。大会应到代表199名，实到代表188名。会议议程:(一)听取和审议德江县人民政府工作报告；(二)审查和批准关于德江县2015年国民经济和社会发展计划执行情况与2016年国民经济和社会发展计划草案的报告，批准德江县2016年国民经济和社会发展计划；(三)审查和批准德江县2015年财政预算执行情况和2016年财政预算草案的报告，批准德江县2016年县级财政预算；(四)听取和审议德江县人民代表大会常务委员会工作报告；(五)听取和审议德江县人民法院工作报告；(六)听取和审议德江县人民检察院工作报告；(七)选举；(八)其他。会议接受商友江辞去德江县人民政府县长职务的请求，选举秦智坤为德江县人民政府县长。

图为会议现场

县第十七届人大一次会议：12月16日至18日，德江县第十七届人民代表大会第一次会议在县教育局礼堂召开。大会应出席代表208人，实到207人。大会听取计划财政预算审查委员会作计划财政预算审查报告；听取议案审查委员会作议案审查报告；表决通过《德江县人民政府工作报告》《德江县2016年计划执行情况及2017年计划草案报告》《德江县2016年财政预算执行情况和2017年财政预算草案的报告》《德江县人大常委会工作报告》《德江县人民法院工作报告》《德江县人民检察院工作报告》的决议。选举产生县第十七届人大常委会主任、副主任、委员、县人民政府县长、副县长，县人民法院院长，县人民检察院检察长。何先美当选为县人大常委会主任，陈明光、王治桢（女）、郑国文、陈旭东、李映红、叶华当选为县人

图为会议现场

大常委会副主任；选举秦智坤为县人民政府县长，选举钱刚、张静霞（女）、张进、张文、彭豪、张清霜（女）为县人民政府副县长；毛明生当选为德江县人民法院院长，陈毓瑞当选为德江县人民检察院检察长。王治勇、文玉清、邓守清、邓宪江、安正荣、安碧珍、杜尚飞、李海、杨会、杨波、肖章庆、何开阳、张金学、陈琴、金平汉、周伟、周林、郑伯州、胡志容、殷修杰、高小芳、覃虎跃、蔡大棣、谭莉、黎冬秀、潘斌26位同志当选为德江县第十七届人民代表大会常务委员会委员；王高、王静、王瑶、石顺飞、吕昌容、伍建华、安明、安宗强、苏良江、李科良、杨晓军、何先美、张霞、张羽初、张金学、张清雄、陈用、陈琴、陈代军、陈达新、陈其辉、陈洪强、尚红、郑芳、郑国文、秦智坤、唐虹、黄丽洪、黄朝琴、黄朝强、符建康、商友江、彭占钧、覃虎跃、舒小平、鲁明亮、简宜山、蔡江、蔡琴、蔡大棣、谭正文、黎冬秀、黎兴权当选为德江县出席铜仁市第二届人民代表大会代表。会议号召，全县人民要紧密团结在以习近平同志为核心的党中央周围，在县委的坚强领导下，以更加振奋的精神，更加务实的举措，更加积极的作为，决战脱贫攻坚、决胜全面小康，不忘初心，继续前进，为新阶段加快建成黔东北交通枢纽和区域性中心城市而努力奋斗！

（县人大办）

县人大常委会第三十次会议：4月22日，县人大常委会主任何先美在县人大常委会四楼会议室主持召开德江县第十六届人大常委会第三十次会议。一、听取和审议县人大常委会执法检查组关于贯彻

实施《中华人民共和国种子法》情况的报告，会议同意《县人大常委会执法检查组关于贯彻实施〈中华人民共和国种子法〉情况的报告》；二、听取和审议县人民政府关于农村电子商务发展情况的报告，会议同意《县人民政府关于农村电子商务发展情况的报告》；三、听取县人民政府关于文化旅游产业发展情况的报告，会议同意《县人民政府关于文化旅游产业发展情况的报告》；四、审议通过《德江县人大常委会2016年工作要点和议题计划（草案）》；五、表决通过《德江县人大常委会关于对县人民政府脱贫攻坚工作开展专题询问的决定》；六、表决通过《德江县人大常委会关于接受杨德华辞去铜仁市第一届人民代表大会代表职务的决定》；七、依法开展有关人事任免工作；八、听取县水务局、国土局关于县人大常委会评议整改落实情况的报告（书面）。

县人大常委会第三十一次会议：6月24日，县人大常委会主任何先美在县人大常委会四楼会议室主持召开德江县第十六届人大常委会第三十一次会议。一、听取和审议县人民政府关于城乡规划管理工作情况的报告，会议同意《县人民政府关于城乡规划管理工作情况的报告》；二、听取和审议县人民政府关于2015年全县财政决算草案的报告，会议同意《县人民政府关于2015年全县财政决算草案的报告》；三、听取和审议县人民政府关于2015年全县财政预算执行和其他财政收支审计工作情况的报告，会议同意《县人民政府关于2015年全县财政预算执行和其他财政收支审计工作情况的报告》；四、听取和审议县人民检察院关于生态环境保护检察工作情况的报告，会议同意《县人民检察院关于生态环境保护检察工作情况的报告》；五、听取县人大常委会调研组关于大健康产业发展情况的调研报告，会议同意《县人大常委会调研组关于大健康产业发展情况的调研报告》；六、听取县人大常委会调研组关于玉溪河综合治理工程的调研报告，会议同意《县人大常委会调研组关于玉溪河综合治理工程的调研报告》；七、听取县人大常委会视察组关于易地扶贫搬迁工作视察情况的报告，会议同意《县人大常委会视察组关于易地扶贫搬迁工作视察情况的报告》；八、表决通过《德江县第十六届人民代表大会代表变动情况报告》；九、审议通过《德江县人民代表大会常务委员会关于加强任命干部任后监督的试行办法（草案）》；十、有关人事任免工作；十一、听取县人民政府关于2015年代表建议重点督办件办理情况报告（书面）

县人大常委会第三十二次会议：8月24日，县第十六届人民代表大会常务委员会第三十二次会议召开，会议审议通过《德江县人民代表大会常务委员会关于县乡人大代表回选区听取民意收集意见的暂行办法（草案）》，听取和审议《县人民政府关于2016年上半年国民经济和社会发展计划执行情况的报告》《县人民政府2016年上半年全县和县本级财政预算执行情况的报告》《县人民政府关于德江县提高教育质量工作情况的报告》。会议听取《关于文明在行动满意在德江暨创国家卫生县城视察报告》《县人民法院关于减刑假释暂予监外执行工作情况的报告》《县人民政府关于城市十大提升工程实施情况报告》，审议其他事项，进行人事任免，举办新修订的《选举法》专题讲座。有关县直部门负责人，各乡镇人大主席，街道人大工委主任，4名人大代表列席会议。

县人大常委会第三十四次会议：10月8日，县第十六届人大常委会第三十四次会议在县人大四楼会议室召开。县人大常委会主任何先美出席会议并讲话，副主任陈明光、王治桢、郑国文、陈旭东、李映红、叶华出席会议。县委常委、常务副县长周骥，副县长赵贡良，县法检两院负责人，各乡镇人大主席及青龙、玉水街道人大工委主任列席会议。会议应到县人大常委会组成人员23名，实到23名。会议审议通过《德江县人大常委会关于2016年县乡人民代表大会选举日的决定（草案）》《德江县人大常委会关于设立德江县选举委员会及办公室的决定（草案）》《德江县人大常委会关于设立乡级选举委员会的决定（草案）》《关于新一届乡级人民代表大会代表名额的决定（草案）》；会上，票决通过相关人事任免。

县人大常委会第三十五次会议：10月28日，县人大常委会主任何先美在县人大常委会四楼会议室主持召开德江县第十六届人大常委会第三十五次会议。一、听取和审议县人民政府关于县十六届人大六次会议代表建议、批评和意见办理情况的报告，会议同意《县人民政府关于县十六届人大六次会议代表建议、批评和意见办理情况的报告》；二、听取和审议县人民政府关于农村公路建设情况报告，会议同意《县人民政府关于农村公路建设情况报告》；三、听取县农牧科技局主要负责人今年以来主要工作的述职报告，会议对县农牧科技局主要负责人述职进行测评，实到常委会组成人员22人，获得优秀票19票、称职票3票，会议同意县农牧科技局主要负责人所作的《述职报告》；四、听取县财政局主要负责人今年以来主要工作的述职报告，会议对县财政局主要负责人述职进行测评，实到常委会组成人员22人，获得优秀票21票、称职票1票，会议同意县财政局主要负责人所作的《述职报告》；五、听取县人大常委会执法检查组关于《中华人民共和国治安管理处罚法》贯彻实施情况的报告。会议同意《县人大常委会执法检查组关于<中华人民共和国治安管理处罚法>贯彻实施情况的报告》；六、审议通过《关于进一步加强和改进县人大常委会监督工作的暂行办法（草案）》（另行文）；七、通报《关于辽宁拉票贿选案查处情况及其教训警示的通报》；八、学习贯彻中国共产党德江县第十二次代表大会精神。

县人大常委会第三十六次会议：11月25日，县人大常委会主任何先美在县人大常委会四楼会议室主持召开德江县第十六届人大常委会第三十六次会议。一、听取和审议县人民政府关于审计查出突出问题整改落实情况报告，会议同意《县人民政府关于审计查出突出问题整改落实情况报告》；二、听取县人民政府关于“十三五”规划开局（含机场、铁路、高速公路建设及撤县设市工作）情况报告，会议同意《县人民政府关于“十三五”规划开局（含机场、铁路、高速公路建设及撤县设市工作）情况报告》；三、听取县人民政府关于十件实事完成情况的报告，会议同意《县人民政府关于十件实事完成情况的报告》。四、审议通过县十七届人民代表大会代表资格审查报告，五、审议通过《德江县人大常委会关于接受周骥等同志辞去德江县人民政府副县长职务的决定（草案）》。

县人大常委会第三十七次会议：12月11日，县十六届人大常委会第37次会议在县人大四楼会议室召开，县人大常委会主任何先美主持会议，县人大常委会副主任陈明光、王治桢、郑国文、陈旭东、李映红、叶华以及县十六届人大常委会委员出席会议。县委常委、副县长钱刚列席会议。会议审议通过《关于召开县十七届人大一次会议时间及议程的决定》草案，会议决定德江县第十七届人民代表大会第一次会议于2016年12月15日至18日在教育局礼堂召开。会议还听取和审议《县人民政府关于提请审议{德江县法制宣传教育第七个五年规划（2016—2020）}的议案》《县人民政府关于提请审议德江县2016年预算调整方案的议案》，表决通过《德江县人大常委会关于开展第七个五年法治宣传教育的决议》《德江县人大常委会关于同意2016年全县财政预算调整方案的决议》。会议进行有关的人事任命。县法、检两院负责人，县直机关负责人及各乡镇人大主席、街道人大工委主任参会。

（县人大办）

【县乡人大换届选举】12月18日，县第十七届人民代表大会第一次会议闭幕，全县历时三个多月的县乡人大换届选举工作全面完成。在换届工作中，德江县全面贯彻落实中央、省委、市委和县委关于做好县乡人大换届选举的工作要求和会议精神，按照“党委领导、人大组织、部门配合、全民动员”的工作机制，深刻汲取辽宁拉票贿选案、湖南衡阳破坏选举案和四川南充拉票贿选案的教训，坚持把纪律和规矩挺在前面，全面落实“九严禁”要求，采取强化政策和法律学习培训、广泛动员选民登记、着力开展舆论引导、分段统筹推进、分片开展督导、实行负面清单等措施，在确保身份真实、程序合法、结构合理的基础上，11月8日依法选举产生

县人大常委会主任何先美在玉水街道督导人大换届工作

县十七届人大代表208名、新一届乡镇人大代表1055名。在全面从严治党新形势下，达到全面宣传人民代表大会制度和营造人大换届选举工作良好氛围的目的，实现选民登记全覆盖目标和参选率92%的效果。11月18日至11月23日，全县19个乡镇先后召开新一届人民代表大会，成功选举19个乡镇新一届人大、政府领导班子组成人员115人。12月15日至12月18日，县召开十七届人大一次会议，成功选举德江县国家机关领导人员42名和德江县出席铜仁市第二届人民代表大会代表43名。各项选举成功率100%,组织提名候选人100%高票当选。 （郑伯州）

【县人大开展脱贫攻坚工作专题询问】8月25日，县人大常委会在县政府礼堂对全县脱贫攻坚工作情况进行专题询问。县人大常委会主任何先美，县人大常委会副主任陈明光、王治桢、郑国文、陈旭东、李映红、叶华和常委会委员出席会议，县人大常委会副主任王治桢主持会议，副县长杨绪鹏及县法、检两长列席会议。县级脱贫攻坚责任单位负责人、各乡（镇、街道）人民政府（办事处）负责人、人大主席（工委主任）、部分省市县人大代表、部分重点企业主要负责人、驻德垂直管理部门（单位）主要负责人参加会议。

会议围绕全县脱贫攻坚工作开展情况，县人大常委会组成人员就脱贫攻坚政策、机制、责任落实等12个方面的问题向县政府相关部门负责人进行了面对面询问。县政府相关部门负责人认真、客观、诚恳地回答了询问事项，杨绪鹏对全县脱贫攻坚工作开展情况进行汇报，并代表县政府作表态发言。专题询问是人大对“一府两院”实施监督的法定形式，是县人大常委会完善监督工作的有效措施。这次会议是县人大常委会首次运用专题询问这种手段来监督政府工作，是落实中央、省委、市委、县委关于‘坚持以脱贫攻坚统揽经济社会发展全局’重要指示精神的具体体现。询问工作始终坚持问题导向，委员们通过无记名投票方式，对县政府脱贫攻坚工作进行测评，县政府及其工作部门认真抓好问题的整改落实，为扎实打好脱贫攻坚战夯实基础。

【省人大代表到德江考察旅游产业】10月10日，省人大代表到德江集中考察旅游产业。省人大常委会原副主任、党组书记肖永安，市人大常委会主任陈达新等领导参加考察。县委副书记、县长秦智坤随同并汇报工作，县人大常委会主任何先美，县人大常委会副主任陈旭东及县直有关部门负责人和堰塘、煎茶党政主要负责人随同。代表们实地察看了堰塘高家湾现代高效农业园区、煎茶水乡等旅游景区并听取工作汇报，详细了解了德江县推进旅游产业建设方面的情况。在通过实地查看和听取汇报后，代表们对德江县旅游产业发展新成就和新变化给予了肯定。认为，近年来，德江县委、县政府高度重视旅游业发展，依托交通优势、区域优势和丰富的旅游资源，深入推进全域旅游战略，把旅游产业作为县域经济支柱产业进行重点培育、打造，举全县之力对旅游资源进行综合开发，着力打造了高家湾现代高校农业园区、煎茶水乡等一批高标准、高品质、高规格、高效率的核心旅游景区，旅游业实现从“弱县”向“强县”华丽蝶变，值得全省各地认真学习借鉴。

县人民政府

主要工作

【综述】2016年，全县人民牢固树立新发展理念，突出抓好大扶贫、大数据两大战略行动，大生态、大健康、大文化三大跨越工程，大交通、大产业、大教育、大环境四大支撑工程，全县经济社会保持快速持续健康发展的良好势头。全县完成地方生产总值93.13亿元，增长13.1%，一般公共预算收入5.21亿元，增长8%；社会消费品零售总额17.8亿元，增长13%；城镇、农村居民人均可支配收入分别为23972元、7283元，增长10.%、10.8%。全社会固定资产投资达120亿元，金融机构存贷款余额分别为100亿元、104亿元；财政总收入、旅游收入均突破10亿元大关，分别达10亿元、11亿元。第三产业对GDP增长贡献率达66.9%，经济增速高于全省平均水平2.6个百分点、全市平均水平0.5个百分点。

一、脱贫攻坚首战告捷，全面小康不断推进。2016年，按照“六个精准、五个一批”要求，落实“五主五包”责任制，组建工作队344个，全力打好“六大脱贫攻坚战”。组织9762名干部遍访贫困村贫困户，精准识别人口并实行建档立卡动态管理，编制344个村产业发展方案，全力打好跨县搬迁扶贫关键一仗，建设8个安置点1053套搬迁房，跨县搬迁大龙开发区210户，全县6030名贫困人口住进新房。整合10亿元资金实施贫困村基础设施建设项目1180个，产业扶贫实现全覆盖。压缩党政机关6%的行政经费用于教育精准扶贫，对3344名建档立卡贫困家庭学生上高中、大学免除学杂费，9850名贫困家庭学龄前儿童吃上营养午餐。完成4579名农村青壮年劳动力规范化技能培训。对9062名“两无”人员实行政策性兜底保障，生态补偿、医疗救助脱贫20100人，发放“精扶贷”资金3.7亿元，惠及贫困人口72443人。桶井极贫乡脱贫攻坚战斗全面打响，160个作战小组奔赴攻坚一线，24个市县部门110名干部开展定点帮扶。全年实现16个贫困村出列，16519个贫困人口退出。全县农村贫困人口减少到60423人，贫困发生率下降到14.22%，全面小康实现程度达88.5%。

召开大扶贫战略推进会现场

二、项目建设持续给力，基础设施不断完善。2016年，抓住项目建设“牛鼻子”，举行重大项目集中开工仪式4次，500万元以上项目建设237个，项目总投资288.5亿元。加快推进德务高速，建成开通德江站；完成326国道改造，基本建成352国道县城至共和港口公路扩建工程，开工建设县城至德江南互通大道；启动实施世行贷款农村公路一、二期项目，建成投用城南二级客运站；建成农村公路219千米、水泥路180千米、扶贫产业路50千米、农村公路防护工程77千米，养护农村公路3026千米。黔北(德江)机场露青场址获民航总局批复，机场预可研报告通过民航总局评审。实施水利项目108个，开工建设朝溪水库，加快建设大木尧水库，逐步完善长丰水库、观音滩水库后续工程，有效解决7.26万农村人口饮水安全问题。推进新型城镇化建设，实施城市“十大”提升工程，完成城建投资36亿元，城镇化率提高到45.12%。加快推进“四在农家·美丽乡村”六项行动计划，农村危房改造5393户。总投资1.98亿元的农村电网改造工程全面启动，供电部门管理关系顺利实现交接。实施行政村多彩贵州“广电云”村村通工程283个，建成基站821个，4G网络实现乡镇全覆盖。

三、结构调整更加优化，实体经济不断壮大。 大力推动农业结构调整，新增茶园、中药材、蔬菜35万亩，烟叶生产10.67万担，农业园区完成产值16.4亿元，绿色优质农产品种植面积占比提高到13.2%，第一产业增长6%。培育农民专业合作社327个，创建国家级省级示范社7个、市级示范社5个，农业产业化经营组织带动农户10.2万户。成功举办全省核桃产业暨农村电商精准脱贫现场观摩会，德江天麻地理标志产品保护示范区通过省级验收。实施工业产业项目57个、技改项目22个，完成工业投资19亿元，规模以上工业总产值达58.3亿元，增长19.3%，民营经济增加值达52.3亿元，增长16.8%。培育“互联网+”示范企业10家、快递物流29家，发展电商服务网息275个，电商交易额2.8亿元。启动旅游资源大普查，开工建设陶缘居农旅综合项目，成功举办第二届旅发大会暨乡村旅游发展峰会，全年接待游客224万人次，增长45%。

四、绿色发展活力彰显，生态环境不断向好。 实施“六绿”工程和环境污染治理三年行动计划，全年完成营造林、退耕还林19.8万亩，石漠化治理2.2万亩，建成高标准基本农田1279公顷，全县森林覆盖率达53.9%。加快发展绿色产业，流转农村土地60万亩，种植经果林6万亩、花卉苗木1万亩。切实加强生态建设和环境保护，实现县城空气质量自动监测站整体搬迁，全县空气环境质量保持在国家二级标准，节能减排碳指标实现预期目标。

五、改革创新蹄急步稳，内生动力不断释放。 推进供给侧结构性改革，落实“三去一降一补”改革任务，争取国家级、省级改革试点3个，完成改革任务36项。推进金融体制改革，引入贵阳银行，引进茅台农商行筹备德江村镇银行，成功创建信用乡镇18个，达到申报农村金融信用县条件。全国“两权”抵押贷款试验试点县工作有效推进。推进平台公司实体化运作，做强做实国有独资公司4家。推进公立医院和“三医”改革，看病难看病贵问题得到有效解决。全面落实“五证合一”登记制度，新增实体企业10家，培育市场主体3847户，注册资本达到55亿元。加大招商引资力度，成功签约招商项目79个，实现到位资金142亿元，增长11%。

六、社会事业加快发展，民生保障不断改善。 全力办好“十件民生”实事，扎实抓好基本公共服务，全年民生领域支出30.66亿元。建成德江七小、煎茶三小和德江第四幼儿园，二中整体搬迁工程开工建设。顺利通过省级“两项教育督导”、“基本普十五”和国家三类城市语言文字工作评估验收。全县高考、小学质量监测成绩均排名全市第三，中考参考率全市第一，教育“9+3计划”获全省先进集体，学前教育办学理念和办学模式获全国多家媒体报道。贵州工程职业学院办学规模达到6000人，乌江学院迎来首批40名留学生。启动县人民医院新区建设，建成美沙酮专科医院，完成县妇保院整体搬迁。全面实施医疗卫生服务能力提升工程，县人民医院三级乙等综合医院成功获批，县中医院三级乙等创建工作通过初评，医疗卫生实现

“五个全覆盖”。启动全国基层中医药示范县创建，创建国家级乡镇卫生院1个、省级2个、市级2个和省级卫生村寨4个，创建全国综合防灾减灾示范点2个。新农合参合率、受益率均达100%。两孩政策全面实施，计划生育服务管理不断加强。建成乡村文化活动场所18个，申报省级文物保护单位10处。成功申办2018年全市第四届运动会。新建和改扩建农村敬老院2所、农村幸福院58个，发放城乡低保金、五保供养金、医疗救助金1.64亿元。新增城镇就业5680人，转移就业11124人。

（县政府办）

【政府常务会议】1月3日，县委副书记、县长商友江在县政府常务会议室主持召开县人民政府2016年第1次常务会议，传达学习中央、省、市经济工作会议精神，传达学习中央国务院关于完善审计制度若干重大问题的框架意见、关于实行审计全覆盖的实施意见、关于省以下地方审计机关人财物管理改革试点方案、关于推进国家审计职业化建设的指导意见等文件精神，传达学习深化国税地税征管体制改革文件精神、省委巡视工作实施办法文件精神。

1月11日，县委副书记、县长商友江在县政府常务会议室主持召开县人民政府2016年第2次常务会议，会议传达《中共中央组织部关于做好2016年领导干部报告个人有关事项工作的通知》文件精神，研究县城区成品粮油储备等有关事宜。

1月27日，受县委书记、县长商友江委托，县委常委、常务副县长周骥在县政府常务会议室主持召开德江县人民政府2016年第3次常务会议。会议传达《人口与计划生育（修正案）》和《中共中央国务院关于实施全面两孩政策改革完善计划生育服务管理的决定》文件精神，研究乡镇机关事业单位工作人员实行乡镇工作补贴等有关问题，并就有关工作进行安排部署。

2月3日，县委书记、县长商友江在县政府常务会议室主持召开县人民政府2016年第4次常务会议。会议研究财政聘用人员有关待遇问题。据悉，全县纳入财政预算管理的聘用人员共有2315人，全年发放工资3649万元，按有关标准调整后净增733万元，总数将达到4382万元，拟从2016年1月1日起执行。会议审定泉口镇高堆滑坡后续治理有关问题。会议还审定合兴炮站选址有关问题及事宜，研究有关人事问题。

2月16日，受县委书记、县长商友江委托，县委常委、常务副县长周骥在县政府常务会议室主持召开德江县人民政府2016年第5次常务会议。会议传达全省国土资源工作会议精神，研究了县人民医院整体迁建项目、扶贫开发工作等有关事项。

2月25日，县委书记、县长商友江主持召开县政府第6次常务会。会议主要传达学习孙志刚省长在省政府党组（扩大）会议上的讲话精神，传达全省财税金融工作会议、县十一届七次党代会精神，研究部分村（社区）纳入“网格化”服务管理等问题，研究政府性项目融资等有关事宜。

3月20日，2016年德江县政府第7次常务会在县政协五楼会议室召开。县委副书记、县长秦智坤主持会议并讲话。秦智坤强调，要认真贯彻落实全国“两会”精神，对照“十三五”经济社会特别是2016年全年及各季度目标，增强指标意识，对表晒单，找准差距，迎头赶上，确保实现增比进位；履职尽职，确保第一季度经济实现“开门红”和“十三五”实现“开门红”，为圆满完成全年经济各项目标和“十三五”经济目标打下坚实基础，努力实现德江全县经济社会发展领先领跑周边区域的目标。秦智坤在主持传达学习全国“两会”精神、中宣部2016年宣传思想工作要点、陈晏市长在市政府党组（扩大）会上的讲话精神时要求，要认真贯彻落实全国“两会”精神，与中央、省、市看齐，与国家“十三五”规划接轨，主动融入、主动对接、主动贯彻国家“十三五”规划，做到思路接轨、规划接轨、政策接轨、项目接轨，聚精会神干好德江“十三五”；推动五大新发展理念落地生根，坚定不移走生态优先、绿色发展，农业强、百姓富、生态美的新路；牢牢掌握意识形态工作领导权、管理权、话语权，加强舆论引导特别是网上舆论引导，讲好地方好故事、传播好声音，凝聚正能量。秦智坤通报县政府领导分工和县政府议事规则，李兵传达省纪委关于扶持微企、农危改、家电下乡资金管理使用情况监察情况报告精神、相关单位门户网站违规发布涉密文件扫描件案例通报，池成传达贵州省开展自然资源资产责任审计试点实施方案（暂行）等文件精神。

3月24日，县委副书记、县长秦智坤同志主持召开县人民政府第8次常务会议。会议传达学习全省扶贫开发领导小组会议、一届市纪委全会精神，审议德江县招商引资工作方案，研究易地扶贫搬迁有关事宜，听取县政府班子成员分管部门重点项目情况汇报。

4月28日，县委副书记、县长秦智坤在政府常务会议室主持召开县人民政府第9次常务会议。会议传达学习陈敏尔和孙志刚在全省推进供给侧结构性改革动员大会上的指示精神及秦如培的讲话精神，全省“两学一做”学习教育工作部署会、市委常委（扩大）会议、县委常委（扩大）会议精神，武汉督查局对贵州省永久性基本农田规划政策宣讲视频会议精神及全市党风政风监督工作会议精神；审议和研究德江县行政审批及公共服务责任追究办法（试行）等有关事宜，听取相关部门负责人对各项工作开展的情况汇报。

5月28日，县委副书记、县长秦智坤在县政府常务会议室主持召开县政府2016年第10次常务会议。会议传达学习省、市禁毒工作会议精神，省人口与计划生育有关新政策及省政府医疗卫生有关工作会议精神，审议德江县新型农村医疗基金补偿、县人民医院城北新区项目建设、农业产业发展实施意见、第三批农村土地确权登记颁证等有关事宜。

7月7日，县委副书记、县长秦智坤在县政府常务会议室主持召开县政府2016年第11次常务会议，主要传达学习《关于推动构建新型政商关系的意见（试行）》、《关于实施大数据战略行动建设国家大数据综合试验区的意见》、全省基本公共体育服务体系暨生态体育公园规划建设现场推进会等文件和会议精神，研究审议有关事项，并安排部署相关工作。

7月29日，县委副书记、县长秦智坤在县政府常务会议室主持召开县人民政府2016年第12次常务会议，传达学习上级文件精神，研究贯彻相关工作，以及审议其他有关事项。在传达学习市委副书记、市长陈晏近日在万山区调研座谈会上的讲话时秦智坤指出，陈晏市长的讲话用五个“全力以赴”将扶贫工作、全域旅游、转型发展、资金供给、安全生产作周密部署，具有很强的指导性。各级各部门要认清形势，将脱贫攻坚作为“十三五”时期的头等大事和第一民生工程来抓，按照年初工作目标任务，所有工作聚焦脱贫攻坚，认真谋划，扎实苦干；要扩投资抓项目带动经济社会发展，将在建项目或未开工项目要一一罗列出来，做到清单化、时间化、程序化，各职能部门要加强指导督促；要认真分析上半年经济指标完成情况，谋划下半年工作，将各项工作抓紧、抓实、抓出成效，实现增比进位，确保圆满完成年初任务。在传达学习省委办公厅、省政府办公厅关于深化新形势下新一轮全省农村改革试验试点工作的意见时秦智坤指出，开展新形势下新一轮全省农村改革试验试点工作，对进一步深化新形势下农村改革，促进农业基础稳固、农村和谐稳定、农民安居乐业具有十分重要的意义。各级各有关部门要抢抓机遇，牢固树立创新、协调、绿色、开放、共享的发展理念，学习相关文件精神，深入调查、科学研判，发扬“八争”精神，打造一批可复制、可推广的典型样板；要协调推进，重点突破，做好县金融试点、“三变”改革试点工作；要加快推进土地承包经营权确权登记颁证工作，培育新型农业经营主体，提高农业经营集约化、组织化、规模化、社会化、产业化、市场化水平，积极探索建立农业可持续发展机制，以壮大村集体经济为立足点，引领带动全县村集体经济加快发展，实现农业强、农村美、农民富。在传达学习关于做好维护医疗秩序工作和加强乡村医生队伍建设工作，以及研究全县基层医疗机构远程医疗服务体系建设时秦智坤指出，各级各职能部门要不断深化“平安医院”创建工作，坚决打击涉医违法犯罪维护医院良好秩序，切实提高涉医事件现场处置能力，全面提升医疗机构安全防范能力，进一步加强医疗服务与质量安全管理，加大宣传引导力度，及时做信息发布和信息沟通工作。县卫计局及县级医疗机构要加强乡村医生的管理、指导、培训，切实提升村级医疗卫生服务水平，要研究措施，提高乡村医生岗位吸引力，转变乡村医生服务模式，保障乡村医生合理收入，切实解决群众看病难、看病贵、看病挤的问题。在审议全面推进依法治县建设法治政府五年规划时秦智坤指出，全县上下要认真学习习近平总书记系列重要讲话精神，要学法、懂法、守法、用法，善于用法治思维和法律手段推动发展，解决经济社会发中的突出矛盾和问题，不断提高政府公信力和执行力，为加快建成黔东北铁路交通枢纽和区域性中心城市创造良好的法治环境。在研究2016年度征兵工作有关事宜时秦智坤指出，各级各部门要认真贯彻落实全国、省、市征兵工作会议精神，加大宣传力度，积极营造浓厚氛围，要科学统筹，严密组织，依法征兵，廉洁征兵，确保高标准、高质量完成2016年度的征兵工作。会议研究其他事项。

9月5日，县委副书记、县长秦智坤在县政府常务会议室主持召开县人民政府2016年第13次常务会议，传达学习省委十一届七次全会精神，以及孙志刚在改善农村环境工作大会上的讲话精神，研究贯彻落实意见。会议传达学习《贵州省审计机关人财物管理改革试点实施方案》及有关文件精神、《中共铜仁市委铜仁市人民政府关于进一步加强城镇规划建设管理工作的意见》，以及全市村（社区）换届工作会议精神和全市招商引资工作会议精神。部署全县落实意见。会议传达学习国务院总理李克强关于2016年上半年经济形势和做好下半年经济工作的讲话精神、市委书记陈昌旭在德江调研座谈会上的讲话精神，以及贯彻落实市人民政府关于报送本届政府任期内及2016年工作总结和下届政府任期内及2017年工作打算的通知精神。会议还研究农业产业发展、农村互助幸福院建设、县医院新区建设等其他事项。会议听取“五园兴城”工作汇报，研究审议不动产登记管理、农村公路管理养护、户籍制度改革、县人民医院新区建设等有关事宜。

11月21日，县委副书记、县长秦智坤在县政协五楼会议室主持召开县人民政府2016年第15次常务会议。会议传达学习党的十八届六中全会精神，省委书记陈敏尔在省委常委会专题听取铜仁市工作汇报时的讲话精神，市委书记陈昌旭、市长陈晏在全市大扶贫战略行动推进大会上的讲话精神，县十二次党代会精神，以及全市经济运行调度会精神。在审议德江县党政机关公务接待、公务用车工作时秦智坤指出，各级各部门要弘扬艰苦奋斗、勤俭节约的优良作风，积极推进党政机关厉行节约反对浪费，建设节约型机关，要严格按照国家有关法律法规和中央、省、市有关规定执行。在审议德江县农村学前教育、义务教育营养改善计划工作时秦智坤指出，全县各级教育机构要结合本地实际，统筹安排农村义务教育学生和学前教育儿童营养改善计划供餐，在营养食谱、原料供应、供餐模式、食品安全、监管体系等方面积极探索，针对学生身体发育成长需要，科学合理配餐。同时，也要加强监管，确保资金安全，要将这项民生工程做好做实。在审议德江县全民健身计划（2016—2020年）时秦智坤指出，各级各部门要切实增强全民健身意识，积极宣传并身体力行地推行《全民健身计划纲要》。相关职能部门要认真履行职责，按照国务院关于加强文化体育设施建设的规定要求，抓住市第四届体育运动会2018年在德江召开的契机，认真对待，科学决策，切实做到文化体育设施与城乡建设同时规划建设，把人民群众盼望的事办好。会议还研究其他事宜。（李飞）

【围绕“六绿”工程改善生态环境】2016年，德江县坚持发展和生态两条底线，谋划实施绿城、绿廊、绿水、绿村、绿园、绿景等“六绿”工程，在全县实施重点区域造林绿化工程，按照生态优先、注重实效，政府主导、全员联动，统筹规划、分步实施，因地制宜、适地适树，无绿植绿、有绿添彩，造改并举、建管并重等原则，坚持与生态建设、产业发展、脱贫攻坚等工作结合起来，因地制宜发展防护林、用材林、经济林等，同时采取“点、线、面”相结合的绿化思路，对城区周边山体、城区水域、园区景区等重点区域进行添绿补绿。加大退耕还林工程造林、天然林资源保护造林、石漠化综合治理林业造林、植被恢复造林和竹产业发展造林等，着力改善生态环境。2016年，完成人工造林68706亩、封山育林9299亩、林地保有量增至152.7万亩，森林覆盖率53.49%。全面实施生态补助政策，根据实际森林管护面积，重点选择“两无”户且身体条件较好的人员成为管护人员，增加贫困群众收入。全县公益林生态效益补偿脱贫人员406人，退耕还林补助1144人；公益林生态林保护人员工资收入298人，保护人员308人，森林管护面积增至152.88万亩。依托天然自然生态资源，坚持造林与造景相结合，绿化与美化同步，着力打造点上绿色成景、线上绿色成荫、面上绿色成片的生态旅游新景观，不断扩大生态环境社会经济效益。按照“严格执法、标本兼治”原则，以打击整治“六黑”为重点，开展环保执法“风暴”行动，全面排查整改各类污染环境、破坏生态和环境隐患问题。（县政府办）

【产业扶贫助力精准脱贫】2016年，德江县按照“五个产业带”规划建设要求，围绕天麻、茶叶、核桃、精品水果、生态畜牧重点产业，按地区发展优势，在全县分片区集中发展扶贫产业，促进产业快速发展，加快贫困农户增收致富。

围绕产业扶贫创典型，探索“三金”发展模式。在堰塘乡高家湾村组建三金农民专业合作社，采取“园区+公司+土地流转合作社+农户”的方式，创建农民增收的“三金”模式，即农民通过土地流转收租金、入社经营收股金、入企打工挣薪金，村民由传统粮农变成新型农业产业工人，收入渠道大大拓宽。2016年，高家湾村实现农民人均纯收入12782元，率先实现脱贫致富目标，“三金”经验在全省得到广泛推广，为产业扶贫开创一条新路。

围绕产业扶贫树先进，组建劳务专业合作社。一是贫困村的基础设施建设直接由劳务专业合作社实施，减少中间环节，保障工程质量，增加利益收入。二是合作社的效益一部分作为村级集体经济收益，增强村级集体经济实力。三是合作社社员就近打工，增加收入，改变贫困状况。四是凡是入社社员，到年终都参与劳务专业合作社分红，增加收益途径。五是社员通过专业合作社理事长的培训和入社务工，提高劳动技能。六是社员通过就近务工、年终分红，增强劳动积极性，主动参与脱贫攻坚的意识加强。劳务专业合作社的壮大，拓宽产业扶贫广度。

紧抓产业扶贫机遇，打通“三条黄金管道”。一是抓住“特惠贷”政策，千方百计为贫困户创收。对有自主创业意愿和能力的贫困户，将贷款发放给他们发展产业，增加收入；对无发展能力的贫困户，将其贷款入股到扶贫投资公司，按年保底分红。贫困户入股扶贫投资公司分红2838笔14190万元；发放给贫困户3311户自主创业贷款11910.39万元，发展肉牛、生猪、猕猴桃等特色水果。二是融资扶持产业壮大升级。全县向国开行贵州省分行争取发放茶叶、天麻、肉牛等主导产业发展贷款21241万元，支持农业企业16家、专业合作社4家、贫困户600余户，茶叶、天麻、肉牛等主导产业得以快速发展。三是融资解决基础设施瓶颈问题。组建县扶投公司，向国开行申请交通扶贫工程项目贷款10亿元，用于新建、改扩建21个乡镇、街道的通村通组及产业路等，该项目建设覆盖全县240个村，其中贫困村133个；覆盖人口550342人次，贫困人口93780人次。金融扶贫，解决全县各乡镇交通“最后一千米”问题。2016年，全县21个乡镇、街道建成通村路、通组路及产业路219千米，为产业扶贫打下坚实基础。

2016年，在50个贫困村实施“三变”改革，推动天麻、畜牧、茶叶等优势产业园区建设，培育核桃、精品水果等特色产业，创建两条省级核桃产业示范带，发展核桃16.3万亩，发展天麻累计达120万平方米，以泉口镇、煎茶镇、复兴镇为试点，发展生态畜牧业，出栏肉猪21.32万头、肉牛2.18万头、肉羊18.56万只、家禽56.78万羽，实现畜牧业产值9.74亿元。（李飞）

【贵州黔北（德江）机场预可研报告通过专家组评估】12月8日至9日，以设计大师蒋作舟为组长的评估专家组一行到德江，开展贵州黔北（德江）机场预可研报告评估。认为贵州黔北（德江）机场项目预可研报告符合《全国民用机场布局规划》，并宣布该项目预可研报告通过专家组评估。专家组一致认为，建设德江机场，有利于开发德江旅游业，完善综合交通运输体系，促进地方经济社会发展和应急保障体系的建设，项目建设是必要的；德江机场性质为民用支线机场，目标年旅客吞吐量为45万人次、货邮吞吐量1350吨、飞机起降4762架次；拟建德江机场露青场址位于德江县东南偏南部，距离德江县城直线距离约16千米、公路距离约32千米，综合条件相对较好，可作为建设场址；本期主要建设内容包括：1条2800米×45米的跑道，1条垂直联络道、6个机位的站坪、6000平方米的航站楼、6000平方米的停车场；建设货运区、消防救援、辅助生产及生活设施、各类公用配套设施；项目计划建设工期为3年，拟申请建设用地3316.18亩。会上，建设单位贵州黔北（德江）机场有限公司作黔北（德江）机场情况说明；中国民航机场集团公司西南分公司、成都西南民航空管工程建设有限责任公司、中国民航科学技术研究院依次汇报预可研报告；部分参会单位代表作发言等。其间，专家组前往堰塘乡露青村罗汉山，实地踏勘机场场址。现场听取设计单位介绍机场场址有关情况。

中国民航局、中国民航工程咨询公司、民航西南地区管理局、民航贵州监管局、民航贵州空管分局、贵州省机场集团有限公司、贵州省机场建设投资有限公司、中国航空油料公司、湖南省生电力设计院、中国民航机场建设集团西南分公司、中国民航科学技术研究院、民航西南空管局空管工程公司，以及省、市、县相关部门负责人参会并随同踏勘。

省发改委交通处处长卓毓淼，铜仁市副市长邱祯国参加评估会并讲话，县委副书记、县长秦智坤致辞，县人大常委会主任何先美，县政协主席陈健等县领导参加评估会。（李飞）

县政府办工作

【概况】 2016年，县人民政府办公室围绕县委、县政府中心工作，全面贯彻省委十一届六次全会、市委一届九次全会、县委十一届七次党代会精神，以开展“两学一做”学习教育为契机，坚持“枢纽畅通、服务高效、责任到位、保障有力”工作方针，切实转变工作作风，努力提高工作水平，有力保障县政府各项工作高效运作和各项决策部署的贯彻落实。

队伍素质有新提高。县政府办领导班子始终把加强学习作为提升思想层次、提高工作水平和效率的基础工作常抓不懈，严格执行学习制度，创新学习方式，提升学习效果，积极创建学习型机关。一是结合“两学一做”学习教育，组织全办干部职工认真学习了党的十八届五中全会精神以及习近平总书记系列讲话精神和省、市、县委有关会议精神，注重把中央和省、市、县委新思想、新举措融合到实际工作中，努力做到真学、真懂、真用。二是坚持理论联系实际、学以致用的原则，学习形式上注重会议及时学、党员集中学、领导宣讲学、个人对照学，学习载体上通过报刊、网络、文件摘编等形式广泛开展学习，有效提高了干部职工的政治素养、理论水平和业务能力，切实增强了干部职工围绕中心、服务大局的政治意识、核心意识、大局意识、看齐意识，有效提升了办公室综合协调、参谋助手、督查落实和后勤保障能力，确保了各项工作的圆满完成。

电子政务有新突破。政务信息工作紧贴中心、围绕大局，集中反映领导关注的重点、群众关心的热点和改革进程中的难点，向各级领导报送了大量有价值的信息，为领导掌握情况、指导工作、科学决策提供了较好的信息服务。一是搞好政务信息，当好参谋助手。完善《德江县政务信息工作管理考评办法》，规范奖罚；全年报送信息2760篇，其中省采用240条、市采用310条，信息报送量、采用量位居全市第二名；同时，编辑《政府信息》20期，呈省、市、县领导阅示，得到领导充分肯定。二是搞好调查研究，提供决策依据。印发《全县政府系统大兴调研之风研究问题破解难题竞赛活动方案》，让研究问题、破解难题在政府办蔚然成风。围绕全县发展中面临的重要难题、热点，班子成员深入基层、深入农村（企业），实打实的调研问题、破解难题，为县委、县政府的各项重大决策部署有效落地提供了参考，目前形成调研报告初稿10篇；收到乡镇和部门报送调研报告20余篇。此外，全员参与领导讲话稿和综合材料起草，完成县"两会"、县政府全体会等各类会议材料和领导讲话稿200余篇；编发《政府公报》12期。三是搞好电子政务，提高政府效能。已实现与省、市政府全线对接，电子政务专网开通运行，公文流转正常。

政务服务有新进步。一是发挥办公室综合协调作用。发挥办公室职能，及时研究协调重大工作安排，认真做好全县每月重要会议、重要活动安排、组织和服务工作。全年承办县政府全体会1次，政府常务会议16次，县长办公会议42次，其他会议400余次，起草各种会议纪要61期。二是公文办理进一步规范，办文效率明显提高。坚持公文运转做到及时、准确、安全、保密。全年共制发正式公文705份，开具介绍信16份；收到来文2014份，公文运转做到及时、准确、安全、保密。三是政务公开进一步规范，阳光政务明显提高。全年公开共发布信息13485条，公开100余家单位2016年度预算及"三公经费"预算。

事务办理有新特色。一是强化全员应急，积极处置突发事件。认真梳理并建立全县应急物资储备、应急救援队伍台帐和县乡村三级应急信息员队伍台帐，积极筹建应急视频系统；指导修订各乡镇、部门应急预案，指导各类预案演练活动18次；及时准确向省、市报送各类突发公共事件信息。协助县政府处置各类突发事件15起。二是强化全员服务，做好协调沟通。切实践行"三有"服务理念，杜绝"门难进、脸难看、事难办"不良作风，继续保持办公室服务窗口良好形象。坚持"大事不误、小事不漏"的原则，强化通盘统筹，快捷操作，做到当日事务当日了结。妥善协调各方面关系，保证县政府整体工作协调运转、有序运行。三是强化法制思维法治理念，推进依法行政工作。充分发挥政府法制机构的参谋助手作用，全年共处理领导批示件51件，提出法律建议72条，审查制定出台规范性文件3件，审查政策性文件40件、政府（或部门）合同协议75件，涉及金额120亿元。强化执法监督，严格规范行政行为，全年共办理行政复议案件5件、行政应诉案件7件。

工作效率有新提升。坚持"把握中心，服务大局，狠抓落实"的工作原则，围绕县域发展和政府决策的落实，创新督查工作思路，进一步完善制度，规范程序。一是不断强化专项督办。强化全员督查，对年初《政府工作报告》的分解任务、县政府常务会议、县长办公会议、县政府专题会议和办公室主任办公会议议定事项跟踪督查。全年开展专项督查38次，联合督查19次，编发《督查通报》40期，《督查专报》45期，《领导批示件办理》9期，有效推动政府工作，保证政令畅通。二是认真办理人大代表意见建议和政协委员提案。及时召开了党代表提案、人大代表建议和政协委员提案交办会，按照"分级负责、归口办理"原则，将建议和提案分别交由所涉单位和乡镇具体承办，并根据承办单位任务量和群众关注程度，有针对性地催查、督办。办理人大代表建议142件、政协委员提案69件，办复率、满意率均达98%以上。三是积极开展政务互动。正式运行县政府网站群，并开通县长信箱，作为倾听群众呼声、反映社情民意、追踪热点问题、协助抓好落实的重要平台。全年共受理各类投诉、举报、建议102条，其中有效建议80条，办结信件102条，办结率达100%；发布各类政府网站信息10284条，有效宣传政府各方面工作成效。

"驻村帮扶"工作有新成效。按照县委、政府统一安排，派遣精准扶贫工作队和派驻村第一书记进驻到村，分组对建档立卡的困难家庭进行实地走访、核实登记，力求摸清泉口镇大元、先坝、猪场村困难户致贫原因和脱贫诉求。一是强化村级扶贫攻坚阵地建设帮扶。解决帮扶村扶贫攻坚阵地建设资金13万元，购置会议室桌椅50余套、热水器3个，切实提高驻村干部和“村支两委”为民办事效率和质量。二是强化扶贫攻坚基础设施建设帮扶。加强扶贫项目对接和争取力度，协助编制水电路等基础设施项目80余个，对接县交通、财政、扶贫等部门开工实施河透至大元27公里的出境通村公路，解决5个村7000余群众的出行难问题；争取开工实施3个村通组路产业路7条18公里，开工实施猪场村联户路3.6公里，解决猪场村一事一议断头路经费7万元，解决安装猪场村亮化工程路灯经费2万元。三是强化扶贫攻坚长短产业帮扶。结合村情实际，协助“村支两委”在增量基础上大力发展短期产业，助推贫困户脱贫致富。大元、先坝、猪场3个村发展大户养殖17户、种植大户9户，散户养猪450余头、养牛180余头，养羊350余只，种植烤烟1340亩，有力促进贫困户脱贫致富增收；着力发展集体经济，协助3个村组建专业合作联社3个，组建专业合作社4个，规划发展大元野生猕猴桃1200亩，猪场养殖蜜蜂100桶、种植茶叶210余亩，先坝规划种植天麻180亩。四是强化驻村精准扶贫脱贫帮扶。通过进村入户精准识别和开展“两走进”活动，切实帮助贫困户精准查找致贫原因、拟定帮扶措施，激发群众脱贫致富激情。在大元、先坝、猪场3个村召开党员干部会23次，群众会、院坝会、田边土角会60余次，走访贫困户家庭180余次，慰问困难党员7人。

服务工作有新作为。不断创新和提炼办公室文化和精神，塑造办公室新形象，把办公室建设成为一个团结、正派、高效的群体。树立正确的世界观、价值观、权力观、地位观和政绩观，使多样化、个性化的人形成共同的价值取向，耐得住清贫，抗得住诱惑，经得起考验。强化超前服务意识，实现由被动服务向力争主动服务转变，创造性地开展服务工作，做到能办大事，不忽略小事，会办难事，敢办新事，做好领导交办的各项工作，积极主动地寻求工作的着力点；既要想领导之所想，更要想领导之未想，及早发现工作中可能出现的困难和问题，并提出相应的对策，努力争取做好工作的主动权，用现代、开放的理念做好各项服务工作。

（县政府办）

县政府法制工作

【概况】县人民政府法制办公室是县人民政府主管法制工作的直属机构，设在县人民政府办，正科级建制，与县人民政府行政复议委员会办公室、县人民政府法律顾问室合署办公，实行三块牌子一套工作人员的管理体制。内设综合股、业务科和县人民政府法律顾问事务服务中心。2016年，全县法制在市法制办的指导下，围绕全县中心工作，按照年初确定的目标任务，周密部署，精心组织，落实责任，依法行政水平提高，法治政府建设进程加快，为建成黔东北交通枢纽和区域性中心城市创造良好的法治环境。

【主要工作】一是健全依法行政工作机制，夯实政府法治建设基础。2016年，根据《市人民政府法制办公室2016年工作要点》黔府法发〔2015〕5号文件精神，制定出台《德江县2016年政府法制工作要点》，对全年工作进行谋划部署。壮大办公室法制工作队伍。办公室人员编制总数增加到现在的行政编制6名、事业编制5名，行政事业编制11名。法制岗位在岗工作人员7名。先后派出5人次前往贵阳、铜仁参加两违拆迁法律实务操作培训班。根据工作需要和人员变动情况，及时调整充实县全面推进依法行政工作领导小组成员，为全县依法行政提供强有力的组织保障。二是严把审查关，实现依法科学民主决策。2016年，参与玉龙湖项目、木材产业园项目、盛世佳园经开区保障房项目等重大行政决策13次，提出建议,出具法律意见书13份；审查行政规范性文件14件，审查完结14

件，出具审查报告14份。其中《储备粮管理办法》报送市人民政府和县人大常委会备案。同时、按照《铜仁市人民政府法制办公室关于开展规范性文件清理工作的通知》（铜府法发〔2016〕1号）要求，完成2016年全县规范性文件清理工作，清理出规范性文件17件，其中现行有效14件。至12月，尚无公民或者组织按照《贵州省公民法人或者其他组织提出规范性文件审查工作规定》黔府法发〔2014〕35号对县出台的规范性文件提出审查申请。全年，审查各类行政经济类合同35件，出具审查报告35份，涉及金额约100亿元。三是履行行政执法监督职责，提升依法行政水平。强化行政执法监督检查及案卷评查工作，将评查结果纳入绩效考核成绩，完成全年案卷评查工作。推动行政管理体制改革试点工作的进程，根据《贵州省人民政府关于公布赋予行政管理体制改革试点乡镇部分县级经济社会管理权限基本目录的决定》（省政府156号令）积极对接相关工作。推进政府工作部门权力清单和责任清单制度，实时对接，对清单实行动态管理。乡镇权责清单工作正在有序开展之中。四是完善行政复议工作机制，加强行政规范化建设。坚持书面审理与询问当事人和实地调查相结合，务求事实清楚；注重对证据合法性、关联性、真实性的审查；坚持行政复议集体决议，以确保案件办理质量。依照国务院、省政府发布行政复议案件文书参考格式，结合全县实际不断完善行政复议案件文书。坚持及时高效办理行政复议案件。全年受理行政复议案件6件，审结4件。受理的5件案件中，行政裁决（确权）2件，行政处罚3件；撤回申请1件；处理县领导交办信访案件5起，有效化解一批行政争议。五是做好法制咨询工作，维护社会和谐稳定。利用法制咨询登记制度，为咨询群众指明合理的维权道路，有效防止部分群众因情急乱诉乱告和群体上访等事件发生，维护正常的诉求秩序。全年及时向各个乡镇和部门提供法律咨询服务，向105批次300余名群众提供咨询服务。六是拓宽法制宣传渠道，扩大依法行政影响范围。2016年，按照要求对政府网法制板块进行重新创建，参与；参与科普大篷车、送法下乡等法律法规宣传活动；配合政府金融办到各乡镇开展打击非法集资宣传4次。

（县法治办）

政府金融工作

【概况】2016年，县金融办按照县委、县政府年初制定的金融工作目标，会同人行、银监及县辖金融机构努力工作，完成各项工作任务。县内金融机构投放贷款力度明显加大。截至2016年12月，全县县域银行金融机构贷款余额69.17亿元。引进金融机构数量逐年增长，2016年引进茅台农商行来德组建德江贵农村镇银行。至2016年末县内有银行金融机构7家，国有股份制保险公司8家、乡镇金融机构网点数23个（其中信用社19个，邮政储蓄4个）、农村资金互助社2家、ATM机107台、POS机1250台、小额贷款公司6家。年末金融机构各项存款余额977136万元,比年初增加304611万元。其中住户存款513230万元，增加68040万元。各项贷款余额691789万元，增加89575万元。其中住户贷款407579万元,增加67699万元。消费贷款149920万元，增加13089万元。非金融企业及机关团体贷款284209万元，增加21878万元。各机构累计发放工业园区企业“三品三表”贷款2.3亿元；累计发放土地承包经营权抵押贷款197笔，发放金额3685.86万元；6家小额贷款公司发放贷款余额1.33亿元，全县发放特惠贷37615.06万元，多渠道拓宽全县融资方向。

【金融助推脱贫攻坚】创新开展全国金融扶贫试点县工作，培育金融扶贫新常态，以国务院扶贫办到县开展金融扶贫调研工作为契机，创新探索立体式金融扶贫体系，初步形成金融扶贫的“德江模式”，力争打造金融扶贫示范县。一是金融精准扶贫“特惠贷”助推脱贫攻坚出成效。制定并出台《德江县金融精准扶贫“特惠贷”实施方案》，成立以常务副县长为组长，各有关部门为成员的金融精准扶贫“特惠贷”贷款工作领导小组，召开德江县金融精准扶贫“特惠贷”贷款工作推进会和德江县2016年“特惠贷”现场推进会，宣传并组织实施“政府+金融机构+公司+农户”的合作方式，以全县2016年21711户建档立卡贫困户73752人为基数进行建档评级，达到建档评级授信的享受“特惠贷”贷款扶持政策。有效解决建档立卡贫困户发展产业资金难题，使贫困户得实惠。二是农村基础设施交通扶贫工程项目带动发展收益高。2016年，建成352国道县城至共和港口公路扩建工程，启动实施世行贷款农村公路一、二期项目，建成农村公路219千米、水泥路180千米、扶贫产业路50千米、农村公路防护工程77千米，养护农村公路3026千米。

【金融改革】一是土地承包经营权工作全面开展。土地承包经营权抵押贷款工作在县域范围内全面开展工作，土地确权的航飞工作全面完成，正在进行农户地块指界、完善二轮延包合同、建立登记簿、权属调查等相关工作。2016年全县完成农村土地确权调查6.7万户21.3万亩，完成测算面积70.6万亩；实现农村土地流转22.7万亩，土地流转率23.3%；累计发放农村土地承包经营权抵押贷款197笔，发放金额3685.86万元。二是诚信体系日益完善。先后印发《全县集中清收国家公职人员拖欠银行业贷款实施方案》《德江县农村金融信用创建工作实施方案》等文件，从清收逾期贷款、建设诚信体系、创建金融信用县等三方面，抓不良贷款清收工作，着力构建政府诚信、社会诚信、企业诚信、个人诚信体系建设。三是农村信用社改制农商行工作有序开展。2016年8月18日在县政协5楼会议室召开德江县金融精准扶贫“特惠贷”贷款工作推进会暨农村信用联社改制农商行工作启动会。会议听取农村信用联社改制农商行的筹备工作，并印发《德江县农村信用合作联社改制筹建贵州德江农村商业银行股份有限公司工作实施方案》；农信社改制工作有序进行。

【打非和监管】一是县人民政府成立打击和处置非法集资工作领导小组，领导小组办公室设在县金融办，并制定《德江县打击非法集资集中整治专项行动工作实施方案》，对打击和处置非法集资专项行动明确工作机制、步骤和要求。在县委、县政府的领导下，组织全县处置非法集资成员单位责任领导召开工作推进会、培训会，多次深入乡镇对小额贷款公司、投资公司、寄卖行、银行进行风险排查，从源头治理非法集资滋生和蔓延的环境，切实提高人民群众对防范和打击非法集资的认识，增强防范能力。截至2016年12月，全县发放宣传资料4万余份，展出宣传展板20余张、悬挂宣传教育标语50余幅。并且利用网络、电视、广播、会议宣传等多种形式，宣传有关防范和处置非法集资活动的各项政策措施，教育群众自觉抵制非法集资。二是强化“两类机构”监管工作。县金融办协同县工业和商务局、公安局、市场监督管理局、人行县支行及县银监办对两类机构（小额贷款公司、融资性担保公司）按季进行现场检查。检查的内容包括公司变更情况、基本证照、资本状况、经营指标、风险指标、信息披露、高管人员守法经营情况、有无超出批准规定的业务范围、贷款合同是否符合公司法等内容，全面掌握“两类机构”的经营基本情况。

（县金融办）

招商引资

【概况】2016年，县投资促进局坚持大扶贫、大数据为统领，以经济建设为中心，适应新常态，把握新机遇,迎接新挑战，不断创新招商思路、改进招商方式，全力以赴推进招商引资工作。全县签约项目79个，签约资金110.5亿元。按产业划分：一产34个，签约资金41.37亿元；二产19个，签约资金13.63亿元；三产26个，签约资金55.5亿元。按资金额划分3000万元以上62个，3000万元以下17个。按项目引进区域划分：省内项目19个，省外项目60个。履约率100%。年内新开工项目81个，其中开工建设本年新签约项目78个，开工率达98%；投达产项目79个。年内招商引资总到位资金142.21亿元（其中：续建项目到位资金71.95亿元、新建项目到位资金70.26亿元），同比增长10.83%，完成市分任务80亿元的177.76%。

【工作措施】一是分解落实任务。2016年，多次召开县委扩大会议和政府常务会议专题研究招商工作，制定年度工作目标任务，出台2016年招商引资工作方案，以县领导为组长组建以珠三角、长三角、川渝、京津冀鲁等为主的6个区域招商工作组，重点实行领导招商。把全年招商引资任务全部分解下达到相应乡镇、街道和部门，建立招商考核考评制度，对招商引资工作分项量化、重点考核。9月中旬，由县委、县政府两办督查室牵头，对全县各乡镇及部门的招商引资任务完成情况进行督查。二是抓项目编制。2016年，全县围绕“大扶贫、大数据”和“五大新兴产业”，结合实际，筛选、编制招商项目80个，总投资458亿元，重点精包装项目22个，总投资156.7亿元，并以各种渠道、方式向外进行全面推介。三是分阶段落实服务。2016年，在落实对接在谈项目的基础上，实行招商项目“引”与“建”分离，把签约、在建项目的对接服务工作分解落实到各单位、部门，在项目签约后立即转交给项目建设服务业主单位，对推进项目的尽快落地、开工、建成取得显著效果。四是广泛开展招商。全县参加省市组织的在省外数博会、泛珠大会、渝洽会、南亚博会等展览会，以及省内开展的酒博会、生态文明贵州国际论坛、数博会、国际山地旅游大会、旅发大会、贵洽会等活动，围绕山地高效农业、大健康养生、电子商务、文化旅游等领域或项目，开展招商对接洽谈活动。组建多个招商小分队外出招商考察30余次，多地拜访商会和中介组织，主动上门与一些大企业、大公司、大集团直接对接。县委、县政府主要领导先后多次到北京、重庆、苏州、广州、安徽、内蒙古等地考察和对接项目20余个。先后邀请江苏、重庆、成都、安徽、北京、广州、深圳、内蒙古、河南、湖南、上海等地客商200余批次1200余人次，前来县内考察投资。至2016年末，成功谈成陶缘农旅、常隆旅游、华晨苗木、城北娱乐城、环保拌和建筑材料、电子商务、一汽4S店、黔东生态肉牛产业园、智能停车设备生产等80余个项目。五是突出招大引强。全县围绕拟招项目，加大世界500强、全国500强、民营500强的搜索，了解这些企业的实力和投向，实行“一对一”方式，加大与企业的沟通对接，上门拜访红星美凯龙、北京通用、中国一汽、碧桂园、中怡赛迪5家500强企业。专题到苗夫控股、光彩集团、北京水木圣域旅游、中农联、贵茶等优质企业进行招商，着力对全县农特产品加工、大健康产业、山地高效农业、旅游开发、新型材料建设等进行重点招商，收到效果。（县投资促进局）

水库和生态移民工作

【概况】2016年，水库和生态移民工作围绕省、市、县下达的任务目标及年初工作要点，牢固树立“抓移民就是抓经济、抓发展、抓稳定”的思想，实现“搬得出、稳得住、逐步能致富”的目标，抓好水库和生态移民，积极探索、创新思路，真抓实干，克难奋进，顺利开展各项工作。

【水利水电移民工作】沙沱库区移民：一是集中安置点。全面完成金三角安置点基础设施及配套设施建设，完成楠木园安置点基础设施及配套设施建设。二是移民安置。全面完成分散安置、集镇安置和金三角安置点移民建房安置，完成楠木园安置移民抽签分房工作（抽签206户，未抽签26户）。三是返包项目。根据省、市相关协调会议精神，县与乌江公司（沙沱电站建设公司）协商推进返包实施的四个集镇和八桥两路项目完善工作，按技术难度、复杂程度、项目类别，达成完善、移交、接管意见，完成集镇供电、通信、广电和长堡过境公路、十三米桥移交行业部门管理，其他项目完成验收待相关资料完善后移交接管，启动后续工程完善，完成长堡集镇。四是资金清理。完成乌江沙沱水电站德江库区移民补偿投资概算执行情况清理及

沙沱水电站德江库区潮砥集镇新貌

投资余缺调剂实施方案的编制，通过省级审查，待修改完善后上报审批。五是对接省、市落实沙沱水电站德江库区2016年度长补资金，开展2016年度耕园地长补兑现工作。六是完成纳入后期扶持处理的沙沱处遗项目勘察设计等前期工作。七是后续工作。全面开展蓄水后库岸失稳、塌滑等监测监控及处理等后续工作，完成潮砥至小溪公路库岸失稳治理勘察、设计工作。

水利工程移民：一是观音滩水库。指导龙泉乡、煎茶镇完成观音滩水库正常蓄水位线下直迁移民12户66人搬迁安置工作，完成补偿兑现工作。二是大木尧水库。指导合兴镇完成大木尧水库移民安置监督评估单位选定委托并进场开展有关工作，全面完成直迁移民3户21人搬迁安置，完成补偿兑现工作。三是完善长丰水库。移民安置工作，后续工作有序推进。四是其他水库。根据项目建设计划，配合有关部门开展沙滩水库、潮溪水库、共和水库移民前期工作。

移民后期扶持：一是直补资金兑现。国家核定全县后期扶持人口11681人。截至12月，完成2016年度直补资金兑现及项目资金安排使用。二是后扶项目实施。2015年下达资金项目：楠杆乡石梁坝至山后头公路工程全面完工，蒋家坪至牟家坨公路工程完成45%，沙溪乡皂角坝公路完成50%，长丰安置点至李家湾安置点公路工程完成80%。2016年下达资金项目：处遗项目6个，完成施工图设计。三是素质提升工程。完成2016年度素质提升申报、审核及兑现。四是监测评估工作。完成2015年年度报表和2016年度预测报表上报工作。五是“十三五”规划。按照省、市安排，按期完成后期扶持“十三五”规划修编。六是完成移民后期扶持信息管理录入工作。

移民档案管理：按照《水利水电工程移民档案管理办法》规定,建立健全移民档案管理制度，明确专人负责管理，建立“一户一档”移民档案、“一个项目一个档案”项目档案和财务档案、文件资料档案、移民信访档案等，移民档案资料真实、完整、规范。

【易地扶贫搬迁】易地扶贫搬迁对象精准识别。一是根据黔迁指发〔2016〕2号和黔迁指发〔2016〕6号文件要求，协同有关乡镇完成“十三五”易地扶贫搬迁对象精准识别工作，最终列入“十三五”易地扶贫搬迁对象5100户22938人，其中：建档立卡贫困户5041户22710，非贫困户59户228人。二是完成2016年易地扶贫搬迁对象1443户6706人的精准识别、核实工作，并全部签订申请书、审批表及旧房拆除及宅基地复垦协议。三是完成2017年易地扶贫搬迁对象4999户22574人的精准识别、核实工作。

易地扶贫搬迁移民楠木园安置点新貌

安置点工程建设。一是开展2012年至2015年度扶贫生态移民工程清理工作，完善项目扫尾相关工作。二是完成2016年第一批8个安置点全部建设任务，建设移民住房1053套，搬迁安置移民1053户5041人。三是开展第二批项目2016年建设工作，项目全部进入主体施工阶段。四是启动2017

年易地扶贫搬迁项目前期规划、征地、实施方案编制工作。 （县水库和生态移民局）

扶贫开发工作

【概述】2016年，全县扶贫开发工作贯彻落实中央扶贫开发大会、全省扶贫开发大会以及全市大扶贫战略行动推进大会精神，围绕“同步小康”工作目标，扎实推进产业扶贫、行业扶贫、金融扶贫及社会扶贫等工作，加快科学治贫精准扶贫有效脱贫步伐，较好地完成年度工作任务。是年，完成农村贫困人口1.6519万人脱贫，占上级下达任务的100.6%，贫困发生率下降4.4个百分点，农村居民可支配收入达到7640元，16个出列贫困村贫困人口发生率全部下降到3%以内，达到出列标准。整县及桶井、长堡、泉口、沙溪、钱家、枫香溪等13个减贫摘帽巩固乡镇贫困发生率均下降在4.3个百分点以上，减贫成果得到巩固。

【建立扶贫工作机制】一是加强组织领导。实行县乡党政主要领导任组长的“双组长”架构和“双牵头”工作机制，落实“党政同责”“一岗双责”工作机制，将脱贫攻坚工作列入重要议事日程。成立脱贫攻坚指挥部，抽调39人到脱贫攻坚指挥部，统筹协调推进脱贫攻坚重大事项。二是层层签订军令状。召开大扶贫战略誓师大会，与21个乡（镇、街道）和17个县直签订军令状，乡镇与村（社区）签订军令状，将任务进行分解落实，层层

省委宣传部部长张广智（左二）在德江调研脱贫攻坚

压实目标任务，层层传导工作压力，形成不脱贫就脱乌纱帽的工作态势。三是加大考核力度。出台精准扶贫考核奖惩措施，将精准脱贫工作纳入年终绩效考核，实行“一票否决”，对成绩特突出的干部优先提拔使用，对不作为、乱作为、慢作为造成重大工作失误的严肃问责，确保工作取得实效。四是开展回访工作。出台《德江县领导干部遍访贫困村贫困户第一轮回访工作实施方案》，县委书记、县长带头开展贫困村贫困户回访，落实帮扶措施，确保全县帮扶工作的落实。五是落实“五主”“五包”责任制。出台《德江县落实扶贫攻坚“五包”责任制工作方案》，按照“县领导包村、乡领导包户、党员干部包人”要求，对领导干部联系乡镇、贫困村和县直部门帮扶贫困村工作进行安排部署，建立脱贫攻坚任务链、责任链，实现领导干部联系乡镇（街道）和贫困村、帮扶贫困户全覆盖。六是开展定点帮扶工作。按照“包干不包揽”原则，出台《德江县脱贫攻坚定点帮扶工作实施方案》，明确全县344个村分别成立定点帮扶作战队，其中174个贫困村由市四家班子领导、市直部门县处级干部及县科级以上干部负责，170个非贫困村由乡（镇、街道）班子成员负责定点帮扶，并将所有干部职工作为包户责任人，确定责任关系，开展定点帮扶工作，实现全县344个村（社区）、76300名贫困人口定点帮扶全覆盖。

【实施精准扶贫】扶持对象精准：一是开展“回头看”。在2015年建档立卡信息基础上，先后五次组织驻村干部和第一书记进村入户开展拉网式、地毯式核查、再识别，逐村逐户核清贫困户基本信息，认真填写贫困识别单，并对省市反馈的62名财政供养人员、69名有车人员进行核实和删除，最终明确全县建档立卡贫困户22328户76300人，贫困发生率为20.23%。二是完善系统信息。对建档立卡系统平台中所有信息指标进行全面核对，修改完善贫困对象基本情况、逻辑错误、五个一批带动、脱贫标注及遍访和帮扶等信息，确保信息精准。三是规范档案管理。印制贫困农户档案袋24000份，

11月4日德江县召开大扶贫战略推进会现场

将建档立卡资料装订成册、立卷归档，规范管理；制定贫困户标识牌24000个，对贫困户进行挂牌管理，组织对乡镇建档立卡档案资料进行集中评比，做到乡、村、户档案资料齐全、规范。四是实行挂图作战。实现乡（镇、街道）有作战图和作战沙盘，村有作战图，户有现金收支台账和贫困户管理标识牌、贫困户二维码标识牌，做到挂图作战、倒排工期、逐户销号。

项目安排精准：将到县资金10108.8万元按贫困比例分配到村、拨付到乡（镇、街道），重点用于扶持贫困村、贫困户产业发展，精准施策落实发展项目，实施项目1180个，新增天麻12万平方米、新植补造核桃2.5万亩、前胡1.6万亩、花椒1.07万亩，使年内计划脱贫对象户户得到产业扶持，实施“1户1人.雨露计划”培训58期5132人，实现“培训1人、就业1人、脱贫1户”目标。

资金管理精准：严格按照财政专项扶贫资金项目“七流程.十步骤”工作流程，制定出台《德江县财政专项扶贫项目管理暂行办法》《德江县财政专项扶贫资金乡级财政报账制管理实施细则》等文件，制定《财政专项扶贫资金申报、审批、实施流程》《财政专项扶贫资金报账程序流程》，全面实行乡级报账制管理，规范资金使用程序，产业项目受益对象全部是贫困人口，确保资金使用精准。

措施到户精准：按照分类施策、分类指导和缺啥补啥原则，精准摸清贫困户帮扶需求，落实2016年计划脱贫对象的脱贫路径，通过产业扶持22094人，易地扶贫搬迁扶持6706人（其中贫困户1407户6561人），教育扶持4831人（其中贫困人口3798人），医疗救助4652人，政策兜底9062人，提高精准扶贫的针对性和实效性。

因村派人精准：开展“同步小康·驻村帮扶”工作，安排950名干部组成344个驻村工作组蹲点帮扶，选派150名干部到贫困村担任第一书记，累计走访群众18.35万人次，帮助群众谋思路出点子5378个，发展烤烟、核桃、茶叶、蔬菜等28.2万亩，排查化解各类矛盾纠纷1206件，解决路、水、生活等方面困难3659件，帮扶项目437个，资金3539万元，农村经济社会和基层组织建设快速发展。

脱贫成效精准：年初明确2016年计划脱贫对象和对象名单，在精准扶贫建档立卡系统中对计划脱贫对象作好年度脱贫标注，使脱贫工作做到有的放矢。按照动态管理的原则，对年中帮扶情况、农户增收情况进行如实记录，年底按“两公示一公示”程序，对超过脱贫标准的贫困农户按程序进行退出，年内计划脱贫的16500人、16个贫困村出列工作全部通过县、乡核查验收。

【扶贫资金运作与监管】一是多渠道整合资金投入。县财政安排3000万元作为产业发展奖励基金，推动产业大发展；争取财政专项扶贫资金10108.8万元，为产业扶持提供资金保障；争取到中央财政补助资金2500万元，县财政配套1500万元，全力打造集体经济试点村40个；结合十三五实施25万亩退耕还林政策机遇，将项目资金全部用于经果林建设，实现产业覆盖，促进群众持续增收；组建县扶贫开发投资公司，融资10亿元用于易地扶贫搬迁；成功申报桶井乡极贫乡镇项目，争取资金108410万元；成功申报财政涉农资金统筹整合试点县项目，整合部门财政涉农资金7164万元，集中用于贫困地区发展建设；争取省市脱贫攻坚基金25.8亿元，着力解决农村发展最后一千米问题。二是加快项目实施报账工作。严格按照项目申报、审批“七流程、十步骤”要求，编报、审批、实施项目，建立运作规范、程序规范的运行管理机制，截至目前，2014年扶贫项目资金报账率达到92.5%，2015年全县扶贫项目资金报账率达到80.4%，2016年扶贫项目启动实施率达100%，验收率达45%，报账率达38%。三是建立扶贫资金监管长效机制。对财政扶贫资金出台系列管理措施，规范资金使用程序。实行项目公开公示制度，通过网站、公开栏等形式，对项目及资金情况进行公示，接受群众监督。执行扶贫项目资金责任制和合同管理制，严格履行招投标手续，确保项目实施质量。县纪检监察局对财政扶贫资金项目进行跟踪监管和台账登记，审计部门定期对扶贫资金进行跟踪审计，确保资金安全运行。

【整合资源推进扶贫攻坚】一是加快基础设施建设扶贫。围绕贫困村出列基础设施改善要求，将水电路等项目向计划出列的贫困村倾斜。投资3.9亿元，实施通村水泥路贫困村50个546.3千米，实施饮水安全、机井配套、烟水联建以及水库淹没复建方式解决4.1597万人饮水安全，投资小康电建设资金5740万元实施项目38个，4G网络覆盖率逐步提高，投入6330.21万元实施19个小康寨243个项目，投入5646.5万元完成5393户（其中贫困户3505户）农村危房改造工程，完成20个新农村示范点工作。二是加快产业扶贫。实施茶园3万亩，完成天麻有性繁殖栽培12万平方米，新增核桃种植面积2.5万亩，存栏生猪33.65万头、牛13.28万头、山羊35.15万只、家禽90.55万羽，完成1200万棒黑木耳基地建设、2300亩蔬菜基地建设，新增水果面积1万亩；全县省级农业园区总投资27.72亿元，实现园区产值35.89亿元，比上年增长15%以上，新增省级园区3个，创建五星级园区1个，三星级园区1个。高家湾现代高效农业示范园区、合兴茶叶产业示范园区、沙溪乡天麻产业示范园区、米阳山高效畜牧示范园区、龙泉乡现代高效农业园区5个省级农业园区覆盖贫困户4165户13579人，带动当地贫困户能够就近就业，力争把高家湾打造成涉及10个乡镇57个行政村19302户68253人的国家级现代高效农业示范园区；成功争取到省村级集体经济试点县项目，打造蔬菜、畜禽、生态茶、中药材和经果林五大产业村级集体经济精品示范区。贫困村村村组建农民专业合作社和村级集体经济组织，承接产业发展和村内基础设施建设。创新扶贫资金与贫困户利益联结机制，大力推进“三变”促“三金”发展模式，推行“公司+合作社+基地+农户”“村级集体经济组织+基地+农户”等模式，带动贫困村出列、贫困群众脱贫。全县产业扶贫工作突出，11月18日，全省核桃产业暨电商扶贫工作现场会在德江县召开，其成功经验在全省推广。三是加快林业生态扶贫。加快绿色贵州攻坚步伐，完成营造林8.8万亩、竹产业0.8万亩，对全县103.56万亩生态林进行补偿，兑现公益林生态效益补偿总资金1171.25万元。对上一轮退林还林（草）农户兑现退耕还林补助14.19万亩1901.58万元，加快新一轮实施退耕还林13.1万亩的任务目标，补助资金13200万元，向贫困农户倾斜，确保贫困农户“应退尽退”。聘请常年护林人员815人，其中建档立卡贫困人口为783人，占护林员总人数的96%，护林人员年均收入达到10000元。四是加快易地扶贫搬迁扶贫。集中打造楠木园、钱家、高山等八个易地扶贫搬迁安置点，完成搬迁1442户6706人，其中建档立卡贫困人口1407户6561人，在春节前全部搬迁入住。科学谋划搬迁群众长远生计问题，对县城楠木园安置点的搬迁安置户411户，引导外出务工418人，逐户落实搬迁户至少一个以上稳定就业，对乡镇安置点搬迁户落实产业帮扶措施，确保有劳动能力的贫困户1户至少有1人就业，不具备劳动能力和极少数确实难以就业的，通过低保兜底解决。五是加快农村电商扶贫。建成村级电商服务网点228个，其中贫困村网点54个，电商网店468个。累计实现电子商务快递单量264.64万笔，电子商务交易总额达22958.78万元。培育茶叶、蜂蜜、土鸡蛋、傩文化旅游工艺品、牛肉干等23个54款地方特色产品成为网销主推商品。间接和直接带动就业13460余人，其中贫困人口5412余人，有效帮助341户贫困户人均月增收360余元。六是加快教育扶贫。高中阶段救助贫困高中学生8756人次（其中：教育精准扶贫资助2601人），发放资助资金1306.18万元，资助覆盖率达100%。中职阶段资助中职贫困学生11093人次，发放资助资金1147.84万元，资助覆盖率达100%。高等院校救助高等院校贫困学生791人，发放资助资金220.81万元，资助覆盖率达43.04%。七是加快医疗健康扶贫。有建档立卡贫困人口76796人参合，实现全覆盖。贫困人口获新农合住院补偿4601人次，补偿基金1640.22万元，市级重大疾病保险补偿51人次，补偿基金484.2万元，补偿比例为73.15%，有282人次贫困人口获新农合基本医疗通过补偿，医疗总费用100.66万元，补偿基金72.11万元，通过补偿基金10.21万元，实补比提高10.14个百分点。慢性病门诊补偿10人次，补偿基金1.2万元，提高补偿基金0.09万元。八是加快财政金融扶贫。出台“特惠贷”实施方案，投入小额扶贫“特惠贷”风险补偿金1650万元，发放建档立卡贫困户有贷款9101笔，资金35663.64万元，贫困户获得小额扶贫“特惠贷”占比达41.5%。积极探索“扶贫龙头企业+农户”等扶贫模式，通过入股分红办法，两无人员享受到金融扶贫政策带来的红利。九是加大社会保障兜底扶贫。对9062人实现兜底保障，将人均纯收入低于农村低保标准的28502名贫困人口，全部纳入农村低保一般保障范围。1月至11月，发放农村低保金7905万元，对3219名贫困人口实施医疗救助1030万元，对797名贫困人口实施临时救助93.3万元。十是加快社会力量包干扶贫。开展“千企帮千村”精准扶贫行动，组织10家民营企业结对帮扶7个贫困村，投入资金103.25万元，帮扶贫困群众325人。组织开展第三个全国“扶贫日”募捐活动，募集到的34余万元善款将用于全县贫困户的大病医疗救助。十一是加快特困地区特困群体扶贫。对少数民族特别贫困村和贫困户优先安排基础设施建设、扶贫生态移民、特色产业发展、技能培训及基层组织建设，促进少数民族特别贫困村和贫困户脱贫致富。十二是加快党建扶贫。深入推进“领头雁”工程、“雁归工程”行动计划，组织开展“县管专家”评选、“农业专家服务‘三农’行动”“阳光培训工程”，为农村发展培训和培养各类人才，开展科干班、村支书或主任、产业致富带头人或专业合作社负责人脱贫攻坚专题讲座15次650人次，组织驻村“第一书记”到市、县集中学习培训5次200余人，加快党建扶贫示范村建设，夯实党的基层组织基础。

（肖廷俊）

机关事务管理

【概况】2016年，县机关事务管理部门围绕县委、县政府的中心工作，履行工作任务。一是公共机构节能管理工作方面。开展“6·26”节能减排宣传周活动。以发放宣传资料、展板宣传、设置咨询服务等形式，加大对公共机构节能减排有关知识宣传。制作宣传展板4块、横幅6条、发放宣传资料3000余份、海报190幅；按时完成2016年全县公共机构能耗数据统计，组织1名副科级领导和1名工作人员参与全国节能管理知识学习培训，并顺利通过考试。二是公务接待工作方面。按照“有利公务、简化礼仪，严控标准”的要求，公务接待管理工作不断规范。全年，完成县十一届七次党代会、县十六人大六次会议、县政协八届六次会议，全市教育工作会议、全省妇幼保健现场会议、红军长征胜利80周年暨红色文化传承与发展研讨会等重要会议接待，以及中央、省、市领导检查、考察活动与周边区县考察活动等公务接待工作；组织集中培训6次，参训人员达80余人次，外出培训学习3人。接待516批次，5866人次。其中，省部级领导336人，市级3058人，兄弟区县及外商考察团2472人，协助县委、县政府、各部门接待大小会议21场次。三是在国有资产管理工作方面。按照“合理使用、有效运行”的原则，加强对国有资产的统计与管理，做好办公用房调配和租金收缴，利用好国有资产资源。年内，完成县直机关调配办公用房10余家；出租门面98间、签订房屋租赁合同59份，发出追缴房屋租金告知书15份；收取租赁资金180万元，并将收缴租金按时足额上缴国库。同

开展党员活动

时，完成贵阳银行租赁门面水电安装工程。四是在后勤保障工作方面。采取“定人定车、集中管理、统一调配”的模式，严格公务用车纪律，合理有效配置公务用车资源，切实加强驾驶员安全教育培训和车辆维修管理，组织专业人员定期对车辆使用和运行情况进行分析和研判，及时掌握车况，排查隐患，确保车辆安全运行。上半年，先后调用公务用车240车次、累计行程4万余千米。五是在公车制度改革工作方面。按照上级部门的车改工作要求，全县全面启动车改工作。根据车改制度工作有关规定，从严配备定向化保障的公务用车，取消一般公务用车，保留必要的调研用车和机要通信用车，全县共保留公务接待和工作调研车辆17辆。其中，用于公务接待和工作调研用车15辆、机要通信和应急用车2辆，委托铜仁仁信旧机动车评估公司对全县131辆富余车辆进行评估；采取公开招投标形式，选定铜仁市拍卖公司对全县83辆公车进行拍卖。同时，联合县人事、编办、财政等部门对全县

开展学习活动

1599人进行分级、分类统计，对参改人员进行车补经费预算。（县机关事务管理局）

政务服务

【概况】县人民政府政务服务中心成立于2004年2月，是县委、县人民政府为深化行政审批改革，规范行政审批行为，优化发展环境，提高办事效率而设立的集办证、审批、行政事业性收费、罚没收入统一收缴为一体的政府服务机构，主要工作职责：负责对政府具有行政审批职能部门进驻、委托事项办理的组织协调、监督管理和服务指导，对进驻窗口工作人员进行管理培训和日常考核，承担本级政府赋予的其他职责。中心有工作人员10人，下设办公室、政务公开办公室、综合业务股和综合信息股4个内设股室。2016年，县人民政府政务服务中心部门以“便民、高效、廉洁、规范”为服务宗旨，信守“进一道门，办一切事”之服务承诺，坚持“服务内容、办事程序、申报材料、承诺时限、收费标准”五公开，切实为公民、法人和其他社会组织提供“一站式”服务，着力减少办事环节，缩短办事时限。实行的是“一个窗口受理”“一站式审批”“一条龙服务”“一个窗口收费”的新型办公模式。全年受理各类服务事项242486万件，办结242454件，办理时限内办结率99.99%，收费697.79万元。

2016年4月，在长堡镇召开“政务服务标准化建设工作现场会”，会议由县委常委、副县长池成主持。市政务服务中心副主任石容芬和县委常委、常务副县长周骥出席会议，县人民政府政务服务中心、县直相关部门主要负责人，各乡（镇、街道）乡镇长及乡（镇、街道）政务中心主任参加会议，会前对长堡镇办事大厅现场观摩，会上就服务事项网上办理进行演练，并明确全面推进全县乡镇政务服务标准化建设工作，加快推进网上大厅与实体大厅的深度融合。是年，中心主推“互联网+政务服务”工作，营造德江优质高效的政务环境，利用大数据产业发展电子政务，深化行政审批体制改革，

县委书记商友江考察政务服务中心工作

实行行政审批部门内部审管分离，推进乡镇、村便民中心建设，实现全县信息资源共享，推行网上公开、网上受理、网上办理、网上审批和网上监管功能，推进全县政务公开，实行线上线下结合，为民办理审批、办证、交费、咨询、投诉等事项，为人民群众提供更加快捷、方便的服务。先后出台《关于德江县政务服务规范化建设实施意见》《关于窗口单位年终考核实施细则》《关于县行政审批及公众服务责任追究办法》及《政务中心窗口人员考核实施细则》，并以县委、县政府文件明确将各窗口单位的规范化建设工作纳入县委、县政府对各单位的年终考核。全年清理出全县各类服务事项503项，行政许可309项，行政服务153项，行政确认17项，行政征收9项，行政检查7项，行政监督6项，行政处罚9项。其中16个窗口部门65个事项实现即办，平均缩短10个工作日。

（杨秀军）

县政务服务标准化建设工作现场会

政务服务向基层延伸业务培训会

档案管理

【档案资源建设】2016年，将平原镇、县卫生局、县计生局、县旅游局、县商贸中心和县经贸局档案接收进馆，全年接收各类档案1494卷（件），截至2016年12月，县档案馆馆藏档案达152个全宗10.4588万卷（件、盒）。2016年2月，县档案局任明富被省档案局评为全省档案工作先进个人。

【档案业务指导】一是配合县农牧科技局做好农村土地经营承包确权登记档案的指导工作，确保农村土地经营承包确权登记档案工作有序推进；二是做好枫香溪镇枫溪村、高山镇梨子水村、合兴镇朝阳村三个传统村落传统村落建档指导工作，确保传统村落建档工作取得实效；三是认真做好低保、计生等民生档案业务指导工作，确保低保、计生等档案资料完整、准确、系统和有效利用；四是以稳坪镇为精准扶贫档案示范点，业务人员亲自操作，现场对稳坪镇各村（社区）及扶贫办人员进行培训，规范整理综合类档案86件，精准脱贫管理类（一户一档）档案1245件；五是对乡镇及部门档案规范整理指导工作，全年指导65个乡镇和部门完成档案规范化整理工作，整理档案2875卷（件）。

【档案利用与服务】2016年，到县档案馆查阅档案的人数3369人次，调阅档案3654卷(件、册)，复制档案8528余页。查阅档案内容：一是干部职工参加工作、转干、调动、任职文件；二是湘黔铁路德江民兵团花名册；三是婚姻档案；四是山林、土地承包档案；五是单位部门编史修志、工作查考档案。

到村开展档案业务指导工作

档案查阅服务现场

【开展档案展览活动】一是举办“6.9国际档案日”系列宣传活动。召开纪念大会，全县各乡镇、街道、县直机关分管领导近150余人参加纪念大会，张贴《档案——与你相伴》《档案——与人类文明同行》挂图各5套，发放《中国的世界记忆遗产》宣传资料300册；二是组织开展“12·14”国家宪法日、长征胜利80周年、地方志工作条例颁布10周年等时间节点宣传工作；三是切实加强外宣工作，积极营造浓厚的宣传氛围，全年在各级网站刊物发表信息300余篇。

【档案馆项目建设】县综合档案馆位于城南新区，总投资731万元（其中中央投资621万、县自筹110万），工程占地面积3300平方米、建筑面积3350平方米。2016年4月，工程全面竣工，2016年4月25日闭馆启动整体搬迁工作，组织全体干部职工对办公设备、馆藏10余万卷（件）档案、10余万册图书资料进行下架、打包、出库、装箱安全运输到新馆并整理上架，历时1个月，未发生任何安全事故和档案泄密事件，实现6月1日成功开馆。

德江县档案方志暨“6.9”国际档案日纪念大会

新建投入使用的办公楼

【党建帮扶工作】县档案局按照县委的统一部署，开展精准扶贫工作，在合兴镇龙溪村帮扶困难群众25户，帮扶资金5200元和菜油25桶；同时，为帮扶村积极具体困难，解决龙溪工作经费10000元、办公桌椅10套、电脑2台、打印机1台、厨房修建费30000元；计生帮扶户10户，解决帮扶资金10000元；困难党员帮扶7户，解决帮扶资金2500元，帮扶青龙街道光辉社区4000元，为玉水街道四坪社区居民巷小区安装23颗监控摄像头及相关设备，价值34000元。（李彪）

地方志工作

【省市年鉴德江部分组稿】2016年初，根据省人民政府办公厅《关于2016〈贵州年鉴〉组稿工作的通知》和铜仁市人民政府办公室《关于做好2016年〈铜仁年鉴〉组稿订阅工作的通知》的要求，落实专人负责此项工作，历时4个月，收集各类资料40余万字。截至5月底，完成《贵州年鉴》德江部分总纂文字组稿6000余字,条目4条，提供图片7幅；完成《铜仁年鉴》德江部分总纂文字组稿1万余字，专题条目5条，提供图片7幅。所组稿件分别通过省、市两级业务主管部门验收合格。

【编辑《德江年鉴（2016）》】《德江年鉴（2016）》由中共德江县委领导、县人民政府主办，县地方志编纂委员会办公室组织编纂，是2013年创刊以来出版的第4卷。结构上采用条目体，由彩页、特载、大事记、县概况、机构·名录、中共德江县委、德江县人民代表大会常务委员会、德江县人民政府、政协德江县委员会、地方军事、民主党派·群团组织、法制建设、综合经济管理与监督、财政·税务、金融·保险、农业、工业·商贸、交通·邮电、城建·环保、教育科技、卫生计生、文体广电旅游、社会事业、乡（镇、街道）概况、附录和索引等26个部类组成，有分目162个、条目1300余条，字数80.5万余字。彩页16页，设8版块，图照128张。是年1月，印发《德江年鉴（2016年）》组稿通知，调整充实《德江年鉴》编辑委员会成员，组建《德江年鉴（2015）》编辑部，明确主编、执行主编、副主编和编辑人员。2月至4月到各乡镇街道和县直各工作部门检查指导年鉴编辑工作。拟定《德江年鉴（2016）》编目框架。8月通过市地方志办公室审查。8月至11月，根据市志办的审查意见，进行修改完善，并交出版社。11月至12月，根据出版社的意见，再进行审校后付印，印数600册。

【开展县情咨询服务】2016年，县志办充分利用1994版《德江县志》、2010版《德江县志》、《安化县志》、《民国德江县志》、地方综合年鉴等地情资情资料，开展咨询服务，全年接待来信来访300余人次。为各级领导决策施政、基础设施建设、各种建设性规划、对外宣传、县外乡亲了解德江提供信息资料320余份。（李飞）

群众在县志、年鉴中查阅资料

政协德江县委员会

主要工作

【概况】2016年，县政协围绕“五位一体”总体布局和“四个全面”战略布局，把握黔东北交通枢纽和区域性中心城市建设目标，团结带领全体政协委员，围绕中心，服务大局，各项工作取得较好成绩。

加强思想政治建设。切实把加强思想政治建设、提高政治把握能力作为一条主线摆在首位，把

3月29日，全国政协文史和学习委员会副主任卞晋平（左五）一行对枫香溪红色文化进行调研

坚持和发展中国特色社会主义作为巩固共同思想政治基础的主轴，牢固树立“四个意识”，深刻领会党的十八大和十八届三中、四中、五中、六中全会新思想、新论断、新举措。2016年,召开各类学习会议30多次，及时向政协各参加单位、广大政协委员传达中央、省委、市委、县委重要会议文件精神及县委、县政府的重大决策、重要工作部署，引导广大政协委员紧扣这条主线，履职尽责。

落实常委会工作计划。根据政协常委会工作计划和换届要求，适时召开常委会6次。传达贯彻全国“两会”、六中全会、习近平总书记在建党95周年会上的讲话、省委十一届七次全体会议精神；传达贯彻市委一届九次全会、市委书记陈昌旭在德江调研考察的讲话精神；传达贯彻县十二次党代会精神。听取并协商县政府关于政协八届六次会议以来提案办理的情况，协商政府工作报告，2016年上半年经济运行情况，协商通过有关人事事项。协商审议《县政协主席会议视察德印快速干道的报告》《县政协关于县城区学校布局提案协商报告》《德江县村级集体经济发展与产业扶贫调研报告》《“四在农家·美丽乡村”小康建设六项行动调研报告》,安排部署乡镇(街道)政协联络组工作。

执行好年度协商计划。召开主席会12次，推动落实专委会协商议题。召开提案办理协商座谈会，把“关于增加县城区学校的建议”作为重点提案督办，通过座谈、调研，形成《关于县城区学校布局提案协商报告》，上升到县委决策层面。开展城区街道命名调研专题协商。由县政协文史委牵头，组织民政、住建、街道、社区等相关人员实地调研，召开城区街道命名调研座谈会，对拟命名的55条街道（巷、路）和5个新建小区61条道路命名进行讨论协商，形成《城区街道命名调研报告》。根据教育精准扶贫要求，开展枫香溪教育扶

9月27日，德江县政协主席会议对全县易地扶贫搬迁情况进行视察

贫对口协商。

助推“十三五”规划实施。遵循“四个全面”战略布局，按照守底线、走新路、奔小康的总要求，着眼“大交通、大产业、大教育、大环境”四大支撑工程，致力探索符合德江实际的创新、协调、绿色、开放、共享的发展新机制、新路径、新方法。在推动“大交通”工程上，组织一次专题主席会视察，对德江印江思南城际快速通道建设线路走向方案，向县委提出建议，并以主席建议案形式，向市政协作专题报告。在推动“大产业”工程上，县政协利用全委会、主席会、常委会等形式，宣传县委政府的产业布局规划，落实产业项目。在推动“大教育”工程上，以开展智力支边帮扶，为枫香溪镇筹集教育基金100余万元，教学电脑30台；筹集资金80多万元，为高山镇中和村修建村

11月7日，县政协党组书记鲁文俊（右一）到高山镇谭家村新房子组走访慰问

小。在推动“大环境”工程上，开展“四在农家·美丽乡村”六项行动专题调研，污水处理厂运营情况监督。

落实脱贫攻坚工作。按照县委、县政府的统一部署，落实大扶贫战略，因村因户施策，深入帮扶联系点，全面摸清现实情况，为扶贫工作献计出力。县政协主席、副主席分别到联系的乡镇、村指导精准扶贫、遍访贫困户，派遣驻村干部3名,组织全体干部职工，多次深入中和村、鹿溪村、谭家村遍访贫困户，有123名政协委员，按照“654321”结对帮扶要求，帮扶贫困户335户，促进大扶贫工作落到实处，见到实效。

做好团结和民主工作。贯彻落实习近平总书记在中央统战工作会议上的重要讲话和《中国共产党统一战线工作条例（试行）》，发挥政协作为最广泛爱国统一战线组织的独特作用，推进大团结大联合。贯彻习近平总书记关于社会主义协商民主的战略思想和中共中央《关于加强人民政协协商民主建设的实施意见》精神，切实发挥好政协协商民主重要渠道作用，坚持民主讨论、平等待人，坚持求同存异、体谅包容，坚持“有事好商量，遇事多商量”，搭建更多的协商议政平台，开辟更加畅通的民意表达渠道，营造政通人和的社会环境。

梳理履职成果。全面梳理八届政协以来履职成果，出版《责任》《足印》《声音》《风采》书籍各500册，修编出版《德江县政协志（1984–2016）》，对政协工作进行梳理总结。

抓好“五项工作”。一是各委室根据年度工作要点、活动安排和责任分工，做好业务工作。办公室统筹协调，全力做好公文办理、全委会、常委会、主席会服务工作，做好到德江调研、考察接待工作。2016年，全国、省、市及其他市县政协到德江考察调研14次，相继有全国政协文史和学习委员会副主任卞晋平，省政协党组副书记、副主席陈海峰，全国政协常委、湖南省政协副主席杨维刚等市县政协到德江考察调研。《黔东北革命老区人民盼铁路》作为社情民意，反映到全国政协。提案委认真履行职责。县政协八届六次会议以来收到提

案74件，立案69件，全部办理回复。完善县委常委、政府副县长和县政协主席牵头督办提案工作机制，并确定21件提案为县领导牵头督办的重点提案。由政协主席牵头办理的《关于城区学校规划布局的提案》，得到县委的重视。智力支边办开展送医、送法、送科技“三下乡”活动。文史委高质量完成《铜仁百将》《铜仁百迹》资料征集，城区街、巷命名调研。环资委依法开展县城污水治理监督。经科委开展农村集体经济发展与产业扶贫调研、“四在农家·美丽乡村”小康六项行动、农村电商专题调研。二是抓好政协队伍建设。协助县委开展县乡换届工作中，加强乡镇（街道）政协联络组队伍建设。召开全县乡镇（街道）政协工作联络组主任培训会，在县政协九届一次全会期间，举办一次委员培训班，对政协章程、提案的撰写进行培训。通过学习培训，不断增强“人民政协大有可为”的自信、自觉、自励意识。认真抓好委员履职管理，健全委员履职档案，增强委员的履职意识和履职能力，着力打造一支“懂政协、会协商、善议政”的委员队伍。三是加强专委会和界别小组建设。以提高调查研究能力和议政建言水平为重点，更好地发挥专委会在政协工作中的基础作用，推动专委会工作更加活跃、有序、深入地开展。四是开展中心工作。协助抓好烤烟生产、棚户区拆迁、德务高速公路征地补偿与协调工作。投入资金7万余元，开展“零发案小区创建”，安装视频监控系统。开展计划生育相关法律法规学习，投入资金在高山镇中和村、鹿溪村帮扶计划生育独生子女户、二女结扎户16户。五是开展“两学一做”学习教育。切实开展“学党章党规、学系列讲话，做合格党员”学习教育，推动政协机关党员干部经常性教育，加强政协机关自身建设，不断提高机关办文、办会、办事的质量和水平。

【提案办理】2016年初,召开的政协全会收到提案75件，根据《政协提案工作条例》有关规定，经审查，立案69件，占提案总数的93%，并案4件，不予立案2件。在立案的提案中，委员提案61件，民主党派提案3件，工商联提案3件，政协专门委员会提案2件。按提案类别分：属经济建设类15件，政治建设类8件，文化建设类10件，社会建设类25件，生态文明建设类11件。截至10月，所有提案全部办复完毕。委员满意的65件，较满意的3件，不满意的1件。（县政协办）

政协会议

【政协八届六次会议】2016年3月9日至10日，县政协八届六次会议召开。143名县政协委员出席会议。县委书记、县长商友江到会讲话。县政协主席

图为会议现场

陈健作《政协第八届德江县委员会常务委员会工作报告》，县政协副主席史天龙作《关于县政协八届五次会议以来提案工作情况的报告》。会议期间，委员学习讨论商友江的讲话。审议通过县政协常委会工作报告，县政协提案工作报告和其他有关报告。协商县“十三五”规划纲要。会议审议通过相关报告和决议、《政协委员推进大扶贫战略行动倡议书》。会上，通报表彰2015年优秀提案、提案办理先进单位。张金宁、杨晓松、何俐华、霍毅龙、吴高鹏、冉光先、杨正斌、张贤春等8名委员就加强德江智库建设；扮演三种角色做合格委员；政协委员如何写好提案；勇当扶贫先锋打赢脱贫攻坚战，让大美德江更美让农旅致富百姓——大力发展德江旅游观光农业，建设“五个乌江”推动跨越发展——乌江流域（德江段）生态保护与开发；警惕意识形态渗透切实维护国家安全；注意文化生产沉

淀文化底蕴等进行大会发言。陈健在闭幕式上作题为《决战“十三五”，德江又出发》的讲话。会议期间，收到提案74件，立案71件。县级在职领导，曾担任过县领导实职的老干部，驻德省、市政协委员应邀参加会议，县直部门主要负责人、乡（镇、街道）党政主要负责人、政协联络组负责人等列席会议。（李飞）

【政协九届一次会议】 2016年12月15日至17日，政协第九届德江县委员会第一次会议在县城召开。158名县政协委员出席会议。九届县政协设置界别18个：中国共产党28人、无党派人士18人、德江县共青团5人、德江总工会3人、德江县妇女联合会8人、德江县工商业联合会24人、德江县科学技术协会5人、文艺新闻7人、科学技术4人、经济11人、农业7人、教育12人、体育3人、医药卫生6人、少数民族9人、台侨联2人、宗教1人、特邀人士10人。本届163名委员中，中共党员63人，占委员总数38.6%；民主党派人士11人，占6.8%；无党派人士89人，占54.6%；妇女43人，占26.4%；少数民族155人，占95.1%；本科学历89人，占54.6%；研究生8人，占4.9%；获中级职称及以上56人。最大年龄54岁，最小年龄22岁；平均年龄38.7岁，比上届少2.7岁。开幕式上，县委书记商友江作讲话，八届县政协主席作《政协第八届德江县委员会常务委员会工作报告》，副主席吴应仕作《政协第八届德江县委员会常务委员会关于一次会议以来提案工作情况的报告》。会议期间，分6个讨论组，对讲话和报告进行学习、审议，并通过相关报告和会议决议。列席德江县第十七届人民代表大会第一次会议，听取和审议县长秦智坤所作的政府工作报告及其他报告。主席团召开会议听取各组协商讨论情况汇报，审议有关报告和决议、选举办法，听取县领导关于人事安排情况的说明。通报表彰2016年度优秀提案，提案办理单位。会议选举鲁文俊为九届县政协主席，赵贡良、吴应仕、张观安、胡国仁、陈琳（女）、王玲海为副主席，吴乡中为秘书长。尹玲（女）、文渔、田架荣、冉启事、付加斌、任慧（女）、李连国、刘梅（女）、肖刚、张健慧（女）、张文娥（女）、张琴（女）、张清高、苏俊、何露松、沈微（女）、陈晓东、杨兴超、安全、安强、曹永直、舒小平、彭娅（女）、谭雪松、谯神勋等25人为县政协九届常务委员。闭幕式上，听取并审议通过《政协第九届德江县委员会第一次会议提案审查报告》《政协第九届德江县委员会第一次会议决议》；县政协主席鲁文俊代表新当选的九届政协领导集体作题为《决战脱贫攻坚，决胜全面小康，让我们共同拥有未来五年的精彩》的发言。会议期间收到提案105件，立案94件。铜仁市委指导组副组长、铜仁职院纪委书记雷国平到会指导。应邀列席会议的有在家的县四家班子领导，曾担任过县四大班子副县级实职以上离退休老领导和近年来享受副县级待遇的领导干部，县直有关部门、单位负责人，乡镇党委书记等。（李飞）

图为会议现场

【政协常委会会议】 2016年，召开政协常委会会议6次，分别是二十一次、二十二次、二十三次、二十四次、二十五次、二十六次。

第二十一次会议 1月5日，县政协主席陈健主持召开八届二十一次常委会，传达贯彻市委一届九次全会精神和《全县规范操办酒席管理办法》，听取县政府通报政协八届五次会议提案办理情况，协商县政府工作报告（征求意见稿）和县政协八届六次会议有关事项。县委常委、常务副县长周骥应邀到会通报县政协八届五次会议以来提案办理情况和听取县政协常委专题协商意见。

第二十二次会议 3月10日，县政协主席陈健主持召开八届二十二次常委会，协商审议县政协八届六次会议提案审查情况报告（草案）、会议决议（草案），通报并协商通过有关人事事项，听取各组讨论《政府工作报告》《政协常委会工作报告》等几个报告的讨论情况汇报。县委常委、县委宣传部部长杨洪波应邀参加会议。

第二十三次会议 4月29日，县政协主席陈健主持召开八届二十三次常委会，传达学习全国“两会”、市政协一届二十六次常委会、市政协2016年工作部署会议精神，听取政协提案征集情况汇报等相关事项。

第二十四次会议 7月19日，县政协主席陈健主持召开八届二十四次常委会，学习习近平总书记在建党95周年会上的重要讲话，县乡“九严禁”换届纪律，听取县政府2016年上半年经济运行情况的通报，审议《县政协主席会议视察德印快速干道的报告》《县政协关于县城区学校布局提案协商报告》《德江县村级集体经济发展与农村产业扶贫的调研报告》《“四在农家·美丽乡村”的调研报告》。

第二十五次会议 10月12日，县政协主席陈健主持召开八届二十五次常委会，传达学习贵州省十一届七次全体会议和市委书记陈昌旭在德江考察调研的讲话精神，协商县城区街道命名和全县易地扶贫搬迁调研报告等有关事项，协商决定有关委室和部分乡镇政协联络组主任任免，就认真做好换届筹备工作、组织好“两学一做”学习教育、切实抓好年度考核各项资料搜集整理等进行安排，就带头讲政治、带头守纪律、带头履好职提出要求。县政协党组书记鲁文俊、党组成员王玲海参加会议，各乡镇（街道）政协联络组主任和各专委会主任列席会议。

第二十六次会议 12月1日，县政协主席陈健主持召开政协第八届德江县委员会第26次常委会。会议学习中央、省、市、县有关文件及会议精神，审议县政协常委会工作报告和提案工作报告、县人民政府工作报告、县法院工作报告、县检察院工作报告，协商县政协九届一次会议召开相关事宜。县政协党组书记鲁文俊、副主席史天龙、吴应仕、张观安、胡国仁、陈琳、县政协党组成员王玲海、吴乡中及八届常务委员出席会议，县政府办、县法、检两院和政协各专委会主任列席会议。

（县政协办）

【全国政协调研组到德江调研红色文化】 3月29日，全国政协文史和学习委员会副主任卞晋平一行17人，到革命老区德江对枫香溪红色文化进行调研，省政协文史和学习委员会专职副主任封蒋，市政协主席陈康、副主席龙海，德江政协主席陈健等人随同进行了调研。调研组一行瞻仰了枫香溪革命纪念碑，查看了红三军医院、枫香溪会议旧址和革命历史陈列馆，慰问了当地89岁的抗美援朝老战士黄金如。

【县政协主席会议视察易地扶贫搬迁】 9月27日，德江县政协主席会议对全县易地扶贫搬迁情况进行视察，县政协主席陈健，副主席史天龙、吴应仕、张观安、陈琳参加视察，县政协秘书长吴乡中，县政府办、移民局等部门负责人随同视察。视察组先后深入高山、长丰、沙溪等地视察易地扶贫搬迁，每到一处，他们通过听取汇报、集中座谈等方式，详细了解各个易地扶贫搬迁安置点的规划设计、建设成本、施工进度、搬迁受益人数、产业发展等情况，并就易地扶贫搬迁工作与各乡镇相关负责人进行了讨论。要求各乡镇将易地扶贫搬迁中存在的困难和问题列清单，提炼、总结好的工作经验，并形成书面材料供主席会议审定、政协委员撰写如何加快推进易地扶贫搬迁提案提供“参考依据”。

【县政协开展智力支持革命老区教育发展活动】 11月23日，县政协到枫香溪开展智力支持革命老区教育发展活动。县政协主席陈健，政协党组书记鲁文俊，县委常委、县委组织部部长、县委统战部部长唐虹，副县长张静霞，政协副主席张霞、张观安、陈琳出席活动。当天，参加活动人员来到枫香溪会议烈士纪念碑前，向烈士献花、默哀、鞠躬，瞻仰纪念碑，参观了红三军医院、会址、红军博物馆，随后召开了支持革命老区教育发展座谈会，举行了教育基金捐赠仪式。参加活动的单位和企业共捐赠革命老区教育发展基金103万，电脑30台。活动领导小组县直成员单位负责同志，伟才实验学校、德江协和医院、贵州清心露实业有限公司、县建筑工程公司、县第三建筑工程公司负责同志，枫香溪镇党政班子在家同志，以及镇教育部门有关负责同志等参加活动。

地方军事

人民武装

【**概况**】2016年，县人武部贯彻党中央、中央军委决策部署，围绕实现党在新形势下的强军目标，落实政治建设、改革强军、依法治军方略，以稳中求进为主基调，按照军分区部队“政治建军、主业主抓、立规肃纪、深度融合、守住底线”的工作思路，狠抓各项工作落实，确保年度各项工作稳步推进。

【**思想政治建设**】2016年，始终把学习全军政治工作会议精神、习近平系列重要讲话精神作为首要政治任务和灵魂工程。着力在直面改革、拥护改革、服务改革上下功夫，政治工作服务保障有突破性发展，在提供坚强的组织支撑上有更高的能力。抓好党委班子和干部队伍建设。结合地方主要领导和人武部干部人事调整，及时增补县人武部党委第一书记和县人武部党委班子成员。坚持以民主集中制原则统班子、建班子，打好团结共事的基础。组织建设上学习毛泽东12条《党委工作方法》，班子成员之间能够珍惜彼此共事的缘分，在大项任务和日常工作中，能够相互配合，官兵相处都很和谐融洽；在全面建设方面，部党委结合基层建设纲要研究规划年度工作，力争学习理论从“真”入手，科学统筹从“精”入手，落实工作从“细”入手，建设思路从“实”入手，让各项工作有法可依，有章可循，不断提高工作动力、工作实效；在抓好干部队伍管理教育方面，严格落实每周5次交班、4次值班抽查、3次体能训练、2次集中教育、1次组织生活刚性措施。针对年内干部转业多的工作实际，广泛开展谈心活动，耐心做好一人一事工作，确保2名转业干部自觉服从组织安排。在乡镇党委班子换届中，坚持军地共同考察专武干部人选，严格按程序新调整专武部长13人，确保专武干部队伍的稳定，专武干部队伍配备率达到100%。全体干部职工思想稳定、干劲十足。抓好“两学一做”学习教育和改革强军主题教育。在两项重大教育中，坚持“跟进抓学习领会、系统抓精读深读、全员抓普及深化、全程抓实践转换”。严格落实“三会一课”，正规组织生活制度，开展手抄党章100天活动，定期组织党员开展“履诺践诺”情况讲评及专题讨论和心得体会交流，定期分析“两学一做”专题教育形势。坚持扭住党支部这个基本单元和责任主体，

3月2日，铜仁军分区司令员欧阳青（左五）到德江县宣布商友江任德江县人武部党委第一书记任职命令

2月1日，县委书记商友江（左二）率县四家班子慰问驻德官兵

党委书记、副书记率先讲党课，“不带行政职务带党性修养”过组织生活，突出抓好习近平在建党95周年、纪念红军长征胜利80周年大会上的重要讲话和十八届六中全会“全面从严治党”精神学习贯彻，集中聆听讲话，党委支部研学，深刻理解不忘初心、继续前进的重大内涵。围绕服务国防和军队改革大局，开展“五查五看”对照检查，“新一代国防动员人”“政治工作发挥生命线作用”和“新体制、新职能、新使命”大讨论，把“矢志强军、精武强能、聚力打赢”典型培树活动同年度大项任务结合起来，引导干部职工深刻理解、准确把握改革强军的重大意义和丰富内涵，增强深化改革的积极性主动性，以实际行动拥护改革、支持改革。通过经常性教育的落实，支部七项组织生活制度得到落实，支部工作得到规范化常态化发展，党员履职尽责作用发挥更加明显，模范带头作用得到强化。

4月1日，人武部与县民政局在煎茶镇烈士陵园开展清明节扫墓活动

【国防后备力量建设】县人武部严格落实军分区年度军事训练指示，紧密结合“五部”职能使命，聚焦“双应”强战备，紧贴实战打基础，比武牵引砺精兵，突出“四新”抓建设，严格征兵保质量，围绕职能使命主课主业，军事斗争准备稳步推进。首长机关训练，干部参训率100%，考核合格率100%。军地联考评备战训练参训民兵150人，考核成绩总评优秀。国防动员筹划参训人员23人，参训率100%，成绩优秀。战备工作有新加强。按照“要素齐全、人员精干、功能完备、行动快捷、指挥高效”的原则抓战备训练，严格落实战备物资“三分四定”，不断强化官兵战备意识。修订完善抗洪抢险、协助地方维护社会稳定、防范重大安全问题等战备方案、预案和计划，积极开展战备形势教育和应急演练。严格按照《民兵军事训练大纲》周密组织以队列训练、警棍术、防暴队形、3000米越野、紧急出动演练、基础体能等内容训练，采取分层组训、以考促训等方式，开展小比武、小竞赛，有效激发全体官兵的训练热潮；11月，神“十一”搜救民兵分队正常备勤，随时保持人员和装备的在位。坚持作战值班与县应急办、维稳办等部门保持信息互通，定期邀请移动公司检修通信及网络线路，确保军地情报信息共享和战备通信的畅通。积极参与抢险救灾和军民共建工程，巩固发展军政军民团结大好局面，全县先后出动民兵4000余人次参与抗洪抢险、森林灭火和县舞龙炸龙等安保执勤等任务。特别是“元宵节”舞龙炸龙安保执勤，军分区司令员欧阳青亲自坐镇，组织全体执勤人员文明执勤，确保龙灯游行秩序井然。“双应”能力有新提升。首长机关训练期间，多次组织干部对所属武器装备操作与使用、军兵种理论基础、手工标图的训练，重点强化对联考联评训练科目的研练，有效提高干部职工的指挥能力和实战技能，为备战联考联评训练打下较好基础。受领联考联评任务后，县人武部以提高“双应”能力为目标，高起点筹划、高标准训练，全力以赴备战联考联评。在备战考核中，注重搞好参训议训，党委一班人以上率下，人人铆在训练场，瞄着一流训，盯

5月20日，省军区干部处处长龚睿（左三）指导德江县联考联评被考连训练

着问题解，带头上头车、打头炮；全县有450名民兵参加选拔考核，150名民兵集中训练3个月，参考人员120人，历时91天，平整出民兵训练场30亩。通过训练考评，全县取得总分547.85分的好成绩。（其中，制度性考评96分；国防动员筹划95分；3000米越野96.4分；轻武器射击71.5分；单兵战技组合95.7分；水上救援96分；森林灭火90.25分；地质灾害救援98分，全省排名第五），安全顺利完成联考联评任务，总评成绩优秀。备战过程中，铜仁军分区领导、德江县委书记、县长多次到训练场检查指导，提出目标要求，并亲自组织国动委成员单位利用晚上时间进行动员筹划演练。通过联考联评活动，凝聚军地共识，推动党管武装制度落实，全面磨砺民兵骨干队伍，提升应急应战能力，深化军民融合创新发展，推动全县国防后备力量建设质量整体提升。“四新”建设有新发展。贯彻落实全省“新兴领域武装工作建设集训”精神，按照“静态看标准、动态看能力、常态看作用”的要求，召开“四新”建设专题研讨会，着力在贵州工程职业学院建立武装机构和民兵组织，规范高家湾农业产业园民兵连，建立民兵示范引领分队；5月，组织召开全县民兵整组和国防潜力数据调查任务部署会，高标准完成全县基干民兵、普通民兵的整组任务和国防潜力数据的采集工作，民兵队伍得到有效编实，国防潜力数据调查的完整性、真实性和有效性得到提升。在征兵工作，及时明确任务，借助电视媒体、报刊、新闻、手机短信等形式，发放各类宣传资料1万余份，移动等通信平台发送短信30余万条，电视台每天早晚播放征兵宣传片。严把政策标准，抓好征兵信息化体检运用，把好报名关、体格检查关、政治考核关，确保兵员质量。征兵期间，严格落实廉洁征兵相关规定，全面接受社会监督，实行“阳光”作业，增强征兵工作的透明度。

7月27日，县人民政府县长秦智坤（左二）、人武部政委李志军（左三）参加征兵宣传活动

【党风廉政建设】2016年，坚持把纪律规矩挺在前面，做深做细做实古田政工会“下篇文章”，持续纠“四风”改作风，巩固深化专项清理整治成果。深入抓好廉洁自律《准则》、党纪处分《条例》和政治生活若干《准则》、党内监督《条例》的贯彻落实，加强学习教育和检查督促。落实党委主体责任和纪委监督责任，严格教育、严格要求、严格监督、严格执纪。2016年，县人武部纪委注重发挥纪委的职能作用，党风廉政建设落到实处。领导干部行政命令惯性思维得到根本转变，决策的合法性、合规性、合理性得到提升，推动人武部各项工作的健康发展。结合迎接省军地联考联评，加强军事训练执法监察，纯正训风演风考风。加强对领导干部履职用权制约监督，严格落实报告个人有关事项、述职述廉、组织生活等制度规定。着眼战时任务需要，狠抓后装科学化管理、规范化建设和综合保障等工作落实。巩固深化财务大清查成果，以军分区财务交叉执法检查为推动，采取挂账销账方式抓好问题整改，规范财经管理秩序，严格落实财经

制度，严格执行内部监督程序，自觉接受军分区监督，确保财经安全、制度落实。严格落实固定资产登记制度，对营产营具进行清查。以迎接省军区联考联评为契机，对后勤库室进行规范。始终坚持勤俭节约，把钱用在刀刃上，重点突出训练和生活保障，做到该花的钱一分不少、不该花的钱一分不花。投入280余万余元修建民兵综合训练场，有效保障联考联评训练。结合“三严三实”专题教育回头看，开好党委民主生活会，开展行业风气检查和执纪监督检查自查自纠，全面彻底肃清郭徐流毒影响，回表查账，清理“不欠账”，问题“不回潮”，形成抓党风廉政建设的整体合力，作风建设持续深入，人武部党委、纪委“两个责任”得到落实。

【创新推动“四项工作”】2016年，坚持把省军区关于“四项工作”的目标任务融入县委、县政府工作全局，努力寻求军民融合创新的切入点、突破口。组织民兵成建制参与植树造林。完成退耕还林、公益林建设、植被恢复、石漠化综合治理2490亩，完成经果林项目3160亩。参与大扶贫战略行动。县人武部党委发挥常委单位优势，整合力量集团攻坚。年初，协调民政、水务等部门，为潮砥镇和枫香溪镇协调解决帮扶资金43万元。为潮砥中学、官宅完小、青草村村委会捐赠电脑13台，电脑桌13套、乒乓球桌1张、会议桌椅1套、蒸饭机1台。走访慰问困难群众、军烈属19户，发放慰问金13000元。3月中旬以来，结合县级领导

1月8日，县人武部组织干部职工及骨干分队参加稳坪镇金庄村经果林植树活动

帮扶乡镇的调整，县人武部干部先后7次到平原镇台头村、南坪村、龙塘村、东风村走访贫困户，了解致贫原因，制定帮扶措施，解决经费5万元维修通组路，为17户扶贫对象每户送去500元的发展基金，为台头村精准扶贫户杨通堂争取畜牧扶贫项目资金2万元，协调解决台头村张杰、张成明贷款5万元发展生态肉养殖。为台头村解决经费3.9万元，用于修通尧山坡通组路和改善办公设施。结合“新两基”达标，为平原中学解决帮扶金费4万元，建设中学文化长廊。结合精准扶贫实际，干部与6名贫困学生“认亲戚”，建立“军民连心卡片”，开展一对一帮扶。2016年，人武部被县扶贫开发领导小组表彰为“全县社会扶贫先进集体”。积极遂行急难任务。2016年，出动2000余人次，圆满完成土家族舞龙炸龙、各类庆典会议活动等重大活动执勤任务。8至9月，完成1所大学、4所中学计8900人学生军训任务，受到政府、学校和师生的广泛好评。发动民兵应急分队参加县城区步行街、大犀山公园环境卫生整治，开展文明创建活动，群众反映强烈，对民兵的认可度提升。

9月13日，工程学院军训总结

【安全管理工作】2016年，部党委始终把安全工作作为一项底线工程，把“两个经常性工作”融入工作的方方面面，全体干部职工把抓安全稳定拧成一根绳，“想安全、抓安全、保安全”成为官兵的自觉行动，体现出较强的集体荣誉感。在出色完成联考联评等大项任务的前提下，仍然保持安全稳定，没有发生一起重大违规违纪事件。加强作风建设。开展“条令月”学习，确保“四个秩序”正规，把

依法治军从严治军要求落到实处。加强营区营院管理，严格人员、车辆出入，着力规范营区秩序。坚持安全教育不放松。紧盯“七类重大安全问题”，抓好安全教育和防范，最大限度降低安全风险。坚持每月一课法纪教育，扎实开展节前、重大时节的安全教育，提高全体人员的法纪观念、安全意识。坚持交心谈心和警卫人员政治审查，及时做好思想引导和矛盾化解工作。严格落实安全检查。开展百日安全大检查，坚持每月安全形势分析，严格落实每周查库制度，定期开展安防设施运行检测和维护保养，开展枪支弹药和涉密信息大清查，推行安全隐患问题排查整改挂账销账，加强营区管控，对文件登记存放进行整理规范，对移交文件档案进行归类登记，夯实安全基础。突出抓好装备管理。对照武器装备安全管理“8个方面、32项内容”规范，进行自查自纠和整改。通过自查和5、6月份省军区装备处两次专项检查，武器装备库的管理得到规范，安全措施得到有效落实。严格落实车辆装备保养制度，开展“学装、知装、用装”训练，提高参谋人员业务素质和武器装备管理人员爱装管装水平。搞好后勤服务保障。针对应急分队队员训练强度大、营养需求高的情况，后勤保障人员科学制定食谱、精心调剂伙食，确保伙食保障安全。

（陈云海）

武　　警

【概况】2016年，县武警中队全体官兵按照持续打基础、依法抓落实、全力保安全、创新求发展的思路，着力在铸忠诚、抓规范、提能力、保稳定上下功夫，各项工作有序推进、发展势头良好。

【思想政治建设】坚持把思想政治工作摆在首位，时刻抓紧抓好。一是抓实思想政治教育。精心研究制定“两学一做”、主题教育实施计划，积极参加总队、支队主题教育大课学习，结合本职岗位搞好中队串讲，利用橱窗和板报等官兵喜闻乐见的方式帮助官兵加深对主题教育的理解，激发学习热情，坚定官兵“改革强军”的政治信念。二是抓好经常性教育。充分运用“三互”“双四一”“三帮一带”等载体，以密切内部关系教育为突破口，广泛开展谈心交心活动，中队党支部每月定期分析官兵思想，在遇有季节变化、任务转换、工作变动、家庭困难等情况，干部、骨干及时找战士谈心，积极主动做好思想引导工作，帮教转化个别人3名。三是抓活文化活动。充分发挥团支部助手作用，做到“队列集会有歌声，周末假日有活动，重大节日有晚会，每月体育有比赛”。在县政府的大力支持下投入12万元建设荣誉室，积极倡导官兵订一本杂志、看百本书籍，扎实抓好“读好书、书读好、好读书”活动，用国学思想熏陶官兵、哲理故事启迪官兵，营造良好的书香警营氛围。

【素质能力建设】一是坚持科学施训。瞄准“战斗力”目标，牢固树立“训练有为、训练有位”的思想，突出“基础体能、执勤基础、摔擒技术”等科目的训练，着重培养官兵“吃大苦耐大劳、连续作战”的顽强战斗精神，确保训练工作八落实；抓好支队编携配装试点，广泛开展创纪录活动，积极调动广大官兵参训积极性，官兵军事素质进步明显。二是抓正规化执勤。坚持每周4课时专勤训练，加强勤务的组织与管控，严格落实“三查两报告”、“三天一覆盖”制度，积极开展“六小”活动（上哨小动员、执勤小提示、查勤小鼓动、备勤小研究、换勤小交流、下哨小讲评），坚持干部“无缝查勤”，每次查勤做到三个一（考一次理论、出一次小情况、检查一次武器），着力解决执勤哨兵的常见病。三是提升安防系数。开展“三共活动”，加强与看守所的联系和协调,每月召开一次联系会议，分析狱情排查整改隐患，共同研究探讨AB门上勤模式，对执勤人员着装、武器携带和执勤安防设施进行规范统一，投入8000元改造监门哨、备勤室和安装高压电网断电报警系统，目标安全防范体系得到有效提升。

【规范化建设】始终把依法从严治警作为推动部队

安全发展的关键，在精细管理、精准落实上狠下工夫。一是落实条令正秩序。以开展条令学习月活动为契机，抓好士官队伍教育整顿，严格按照制度规范中队各项工作；利用中队长参观见学时机，结合中队实际，规范整理登记统计、内务设置、库室设置，在各个方面都尽可能做到精细化管理。二是把握要点抓整改。通过每月一次的安全教育和每周一次的警示教育，进行安全宣讲；通过点名时提醒、收操时讲评等多种形式进行安全提示；通过案例分析、群众辩论等多种方法进行安全诱导，强化官兵的安全意识。三是突出重点管控人员。在人员管理上，突出以干部、士官、探亲休假和零散人员为重点。在时间上，坚持夜间不定时查铺，白天不定时查人的制度，突出以双休日、节假日和八小时以外为重点。积极开展“练养成、蓄内涵、强素质”和“三帮一带”活动，不断提高中队软实力。

【保障能力建设】一是抓好制度规定落实。中队坚持党支部当家理财，严格经费使用审批程序，做到月有计划、周有安排、日清月结，不铺张浪费。二是抓好卫生防病工作。坚持每周组织一次大扫除、进行一次卫生消毒，每月开展一次卫生常识教育，及时开展蝇蚊防治、防暑降温等工作，督促官兵养成勤洗勤换衣物的好习惯，有效堵住传染病传播，严防疾病发生。三是发展农副业生产。结合年初农副业生产计划，中队立足现有条件，因地制宜，科学规划农副业生产工作，种植各类蔬菜240平方米；存栏生猪6头、山羊5只。四是严格装备物资管理。在军械物资管理上，严格落实“双人双锁、二人五同、擦拭保养、每日一查”等制度，加大静、动态武器的管理，强化军械员素质提升。在营产营具管理上，实行计价挂账，责任到人，充分发挥“四小工”作用，坚持每天一查、每周一修，保证物资装备的完好率。

（县武警中队）

人民防空

【概况】2016年，县人防工作贯彻学习中央《关于深入推进人民防空改革发展若干问题的决定》和省《关于加快推进山地特色人民防空建设的意见》精神，始终坚持人民防空是国防的重要组成部分，是军事斗争准备的重要方面，是应急管理的重要力量，切实转变工作作风，狠抓各项工作落实，较好地完成年度工作目标任务。2016年12月12日，县人民防空办公室在全省人民防空工作会议上，被省委、省人民政府、省军区评为先进单位。

学习氛围更“浓”。将理论与实践相结合，深入学习习近平总书记系列重要讲话精神，贯彻落实全国第七次人民防空工作会议、全省人民防空工作会议精神，加强《中华人民共和国人民防空法》《人防工程质量验收与评价标准》《贵州省防空地下室建设标准和易地建设费征收管理的通知》《行政处罚自由裁量权》等法律法规的学习，积极参加省、市人防办举办的行政执法和人防工程质量监管等培训学习，用政治理论和工作实践武装头脑。

宣传范围更“广”。充分利用“5·12”防灾减灾日、“9·18”防空警报试鸣日、全民国防教育日、《中华人民共和国人民防空法》颁布日等重大活动开展人防法律法规和防灾减灾知识宣传，发放宣传资料2000余册，摆放宣传展板10余块，悬挂宣传标语5条幅。

工程规划更“多”。参加德江县“十三五”新型城镇化、县中心城区综合防灾规划和县人民防空袭方案的编制工作，从地下出手，从规划着手，超前谋划人防工程项目，使人防工程建设与城市地下空间深度融合发展。

依法行政更“严”。建立网上项目申报联审联批制度和“双随机一公开”监管平台,公开权责清单，实施简政放权。在人防工程易地建设审批，行政执法等工作上，充分发挥人防办团结协作的凝聚力和战斗力，增强制度执行的透明度。截至12月，征收易地建设费114万元。

队伍建设更"强"。按照新形势下的强军目标要求，发挥军政共同领导优势，组建7支人防专业队伍，投入资金3万元购买训练器材等设备，结合民兵整组工作强化平时训练和集中训练，人防专业队训练逐渐变得规范化、常态化。提高应对突发事件的处置能力，发挥"平战结合、防空防灾一体化"作用。

作风建设更"廉"。贯彻执行中央《八项规定》、省委、市委《十项规定》和《一准则两条例》作为干好工作的先决条件，积极参加"两学一做"学习教育活动，坚持守住人防工作底线，狠抓"四风"问题，增强拒腐防变能力。在人防工作遇到重大问题时，不定期向政府分管领导和军事机关领导汇报工作情况，将人防工作摆上重要议事日程。 （县人防办）

国防教育

【概况】2016年，全县国防教育工作全面学习贯彻习近平总书记系列讲话和省市县党代会精神，践行"三严三实"，开展"两学一做"学习教育，按照中央"八项规定"和省、市、县"十项规定"、《国防教育法》《全民国防教育大纲》《关于加强新形势下国防教育工作的意见》和省市国教办的要求，结合全县实际，群策群力、开展以爱国主义教育为核心内容的一系列式多样的全民国防教育活动，取得较好的成绩。

【国防教育活动】2016年，结合和平时期人们的国防观念淡化、居安思危的意识不强的实际，采取多种形式搞好国防法规宣传，做到广播里有声音、电视上有图像、报纸上有文章、路边上有标语、校园内有墙报。年内县召开2016年春节慰问座谈会，2016年度武装工作暨民兵整组工作会，2016年度民兵军事训练开训动员大会，2016年度国防潜力数据调查任务部署会，2016年征兵定兵会，德江县迎接省军地"联考联评"部署会和动员筹划演练等。主要开展宣传"12·4"国家宪法日，隆重纪念"12·9"运动，南京大屠杀死难者"12·13"国家公祭日，"4·28"《国防教育法》颁布施行14周年纪念日，"5·12"防灾减灾日，"7·1"党的生日，"8·1"建军节、"9·3"纪念日，纪念"9·18"事变及第16个"全民国防教育日"和"10·1"国庆等大型活动。全县各级各部门多种形式开展关爱留守儿童活动，隆重纪念红军长征胜利80周年结合开展"两学一做"系列活动，县领导走访慰问抗日老战士，开展纪念红军长征胜利80周年主题展和《国家安全法》宣传活动，组织观看国防教育抗战电影《喋血黑谷》《喋血神兵》。切实有效推动国防教育进机关、进学校、进企业、进社区、进农村，提高国防教育的辐射面和影响力。县党政领导春节率团慰问驻德官兵、走访慰问军烈属，元宵节舞龙炸龙，"绿色贵州建设行动计划"全县实现三年植树造林3万亩计划任务，县军民及师生清明节期间到爱国主义教育基地、国防教育基地革命老区枫香溪、煎茶烈士陵园、高山镇洞佛寺烈士陵园、平原镇中共黔北特委旧址缅怀革命先烈，倾听烈士史绩，向烈士敬献花圈，重温入党誓词，扫墓，利用网络搭建"网上祭英烈"平台，引导全县广大干部群众和大中小学生，通过网络向革命先烈献花、上香、鞠躬、寄语留言，缅怀革命先烈的丰功伟绩，寄托无限哀思。"学雷锋·做美德少年"网上签名寄语，五好小公民"少年向上，真善美伴我行"系列教育，"祖国好·家乡美"暨"童心向党"，防汛抢险、消防、森林防火、反恐防暴突处、突发性地质灾害等应急演练，以及消防安全、森林防火宣传等系列活动，组织专武干部、民兵进行军事集训，加大征兵宣传工作力度，对《关于进一步做好复员退伍军人困难帮扶工作的十条意见》贯彻落实情况开展督促检查，积极引导复员退伍军人创业致富初见成效。全面完成2016年度国防潜力数据调查统计和〈贵州不会忘记〉枫香溪会议会址、省第三批命名国防教育基地报告工作，因地制宜编写红色校本教材，观看其他国防教育影片，对全县境内国防教育基地进行一次全面排查，完成全面修缮和维护，免费开放。通过以上系列活动的开展，切实增强广大干部群众全民国防意识、爱国情怀，促进地方经济社会快速健康发展，为建设“大美德江”，加快建成黔东北交通枢纽和区域性中心城市凝聚正能量。

【国防宣传】2016年，坚持树立典型、激励先进，以正确的舆论引导人，把抓典型、宣传典型作为工作的突破口，通过典型引路，促进全县的国防教育和“双拥”工作。在践行“三严三实”，开展“两学一做”专题教育，领导干部带头上专题党课，“两个遍访”，走访慰问困难群众、军烈属、计生帮扶户，精准扶贫，为全力打造“大美德江”、建成黔东北交通枢纽和区域性中心城市以及县人武部组织官兵大力支持地方经济建设，特别是大项目建设，联考联评，实弹射击考核，广大民兵助春耕，复退军人自主创业中，涌现出一批先进典型，他们的先进事迹被各种报刊电台登播后，在全县引起强烈反响，掀起一种学先进、赶先进的良好风气，促进全县的三个文明建设。是年，全县各级各部门根据实际情况印发宣传画册10万余份、开设专栏500余期、展示宣传展板200余块，悬挂标语2000多幅，现场解答6000多人次、群发短信微信1万多条、视频播放1000多场次，举办形势报告会10场次，向各种报刊电台撰稿近300篇；全县有关民兵、预备役、国防教育和“双拥”方面的稿件被《国防教育》采用2篇、《国防大视野》采用36篇、《贵州日报》采用1篇、《人民网》采用4篇、《贵州省人民广播电台》采用1篇、《铜仁日报》采用18篇、《德江报》采用29篇、《德江网》采用72篇、《德江政府网》采用17篇、《德江手机报》采用11篇，计191篇。

（县国防办）

民主党派·社会团体

民革德江支部

【概况】 2013年2月3日，中共德江县委常委会议研究，同意中国国民党革命委员会（简称“民革”）按民主党派发展有关指示精神以及《民革章程》的规定，在德江县相关部门和相关行业发展党员。5月10日，德江县召开民革组织发展座谈会，省、市民革机关负责人和县委相关领导莅临指导。有胡国仁、陈琴等10名积极分子正式申请加入中国国民党革命委员会。8月29日，民革铜仁市委员会直属德江县支部委员会正式成立。是民革贵州省委成立的第一个县级组织。县政协副主席胡国仁当选为主任委员、陈琴当选为副主任委员、党世奇当选为委员。民革贵州省委副主委、贵州大学林学院副院长夏玉芳教授，铜仁市委统战部常务副部长蒙胜思，民革铜仁市委主委杨晓敏，县委副书记、县长李云德，县委副书记黄继荣，县政协副主席、统战部部长史天龙，县政协副主席、工商联主席陈琳等出席挂牌仪式。德江支部全体党员、相关单位负责人参加会议。

2014年3月13日，全国政协委员、民革贵州省委主委王世杰到德江县宣讲全国“两会”精神，并召开座谈会指导民革德江支部建设。4月11日，民革贵州省委副主委、贵州大学林学院教授夏玉芳，贵州大学林学院教授祝小科，贵州大学林学院副教授园林系主任何蒿涛一行3人到德江县钱家土家族乡黄土村后头沟组“四在农家.美丽乡村”建设示范点进行实地调研。9月23日，民革德江支部主委胡国仁提交的社情民意《德江县楠杆土家族乡2.5万群众迫切希望德务高速公路过境楠杆并开设匝道口》，获中共铜仁市委书记刘奇凡批示，省、市相关部门办理落实。是年，民革德江支部为钱家乡黄土村后头沟“四在农家·美丽乡村”建设示范点争取计划总投资2800万元。该示范工程是钱家乡对接德江城市扩展、高速公路、拟规划火车站三项建设而倾力打造的城市公园、农业庄园、土家文化集聚园。民革德江支部争取省发改委为青龙镇石打头村争取资金180万元，硬化石打头村断头公路3.6千米。

2015年1月21日，在县政协八届五次全会上，民革德江支部《关于我县发展现代农业园区的建议》、党员牟华《转变观念，兑现责任，推进依法治县有序发展》的发言，紧贴全县经济和社会发展热点，为形成正确的政策导向发挥积极作用。9月23日，民革贵州省委授予民革德江支部“民革贵州省委参政议政机制建设年先进基层组织”，授予副主委陈琴“民革贵州省委参政议政机制建设年先进个人”。是年，支部党员在省、市、县政协和人大会议上提交提案、议案14件，均立案并得到不同程度的办理落实。其中，支部主委胡国仁《关于加快跟进国家级农村金融改革试验区和启动省级农村金融改革试验区的建议》《关于加大力度支持沙沱电站库区移民搬迁后续发展》等提案均得到省直相关部门的办理，助推县内经济社会快速发展，副主委陈琴《关于加快推进黔北（德江）机场建设的建议》《关于撤销德江县设立县级德江市的建议》、党员肖章庆《关于加大对残疾人弱势群体扶持力度的建议》等议案和提案得到好评。

2016年2月，县政协副主席、民革德江支部主委胡国仁带领班子成员走访慰问民革困难党员，为他们送去新年的问候与祝福。7月28日，县政协副主席、民革德江支部主委胡国仁深入长丰乡堕坪村开展“聚力脱贫攻坚行动”,对帮扶的贫困户开展帮扶。是年，支部党员在省、市、县政协和人大会议上提交提案、议案12件，均立案并得到不同程度的办理落实。其中，支部主委胡国仁《关于在德江县规划修建500千伏变电站的建议》《关于开工建设都匀至南川经德江铁路项目的建议》《关于请将沙坨发电厂实现的企业所得税按现行增值税分配方式进行分配的建议》等提案均得到省直相关部门的办理，其中《关于支持建设乌江经济走廊，助推乌江流域脱贫攻坚的建议》提案上升为2016年省政协主席会议督办提案，由陈海峰副主席督办。

至2016年12月，该支部有党员16人，分别是：胡国仁（支部主委）、陈琴（支部副主委）、党世奇（支部支委）、牟华、田茂渊、彭茂红、王俊、黄秋林、肖章庆、晏世祥、黄立、谢武葵、张金祥、熊丽娜、尹东、喻江南。（张贤春）

民进德江支部

【概况】2015年12月29日，中国民主促进会（简称“民进”）贵州省委直属德江支部成立。思源中学校长安全当选为民进德江支部副主委（主持工作），苏俊和刘兰为委员。省政协常委、民进贵州省委专职副主委郭子仪讲话，并为民进德江县支部成立授牌。县委副书记黄继荣，县委常委、统战部长杨洪波，县政协副主席胡国仁、张观安、陈琳、德江支部全体党员、相关单位负责人参加会议。12月30日，民进德江支部在县医院会议室召开支部第一次全体会议，组织学习章程，讨论新会员发展。

2016年3月14日，民进德江支部在县医院会议室召开支部第二次全体会议。学习统一战线思想、条例，制定工作计划。4月28日上午，民进德江支部在县医院会议室召开支部第三次全体会议。学习中共中央政治局常委、全国政协主席俞正声的讲话精神，安排对高山乡初级中学支教暨资助活动开展。下午，前往高山乡初级中学开展支教暨资助活动，资助高山乡初级中学价值13800元的打印一体机一台，会员申海对八年级讲授一节历史公开课。9月7日，民进德江支部走进德江县思源实验学校，开展“世界急救日”宣传活动。9月14日，民进德江支部援助杨丹同学家访活动，为家庭极端贫困而又多病的杨丹送去慰问金1000元。经副主委安全联系，由德江县福利院周末或节假日接送孩子，并吃住在福利院；与德江县人民医院副院长苏俊会员联系，承诺免费为杨丹治疗。10月21日，民进德江支部在县医院会议室召开支部第四次全体会议。为迎接江门市民进支部到县指导工作作工作安排，讨论新会员发展，开展扶贫工作制定计划。

至2016年12月，支部有会员9人，分别是：安全（副主委，主持工作）、苏俊（支部委员）、刘兰（支部委员）、何晴熙、邹海、龚慧、申海、陆治强、蒋仁峰。（张贤春）

农工党德江支部

【概况】2014年12月18日，中国农工民主党（简称“农工党”）铜仁市委德江支部委员会召开成立，县政协副主席张观安当选为主任委员。张文娥当选为副主任委员，张金刚当选为委员。省人大常委、农工党贵州省委秘书长蒙爱军，农工党贵州省委副巡视员周启荣，市政协副主席、农工党铜仁市委主委王能军，市委统战部副部长、台办主任沈江风，县委副书记黄继荣出席会议。农工党铜仁市委各直属支部和万山、江口、石阡等兄弟区（县）支部的有关负责人，德江支部全体党员，相关单位负责人参加会议。

2015年3月23日，农工党德江支部和县红十字会联合组织开展的“康恩贝健康之旅-老年病防治博爱行动”启动仪式在老年大学召开。副县长赵贡良，县政协副主席、农工党德江支部主委张观安出席会议并讲话。5月5日至6日，在农工党铜仁市委德江支部的组织和协调下，德江一中成功举办2015年教学大练兵活动。该校高三年级17名骨干教师参赛，角逐出一等奖1名、二等奖2名、三等奖3名。5月7日，农工党铜仁市委德江支部在德江县步行街开展义诊咨询活动，县政协副主席、农工民主党德江支部主委张观安等参加活动。5月14日，农工民主党铜仁市委专职副主委王荣海一行到德江县经济开发区就园区建设、招商引资、产业发展、规划体系、地方性债务等开展调研。县政协副主席、农工民主党铜仁市委德江支部主委、县一中校长张观安等陪同调研。7月21日，农工党贵州省委2015年社情民意信息工作培训班在贵阳开班，农工党贵州省委专职副主委黄惠玲出席并讲话，秘书长蒙爱军主持培训会。农工党德江支部选派张高富参加培训学习。9月30日，农工党德江支部召开2015年第三次全体党员会议，学习习近平总书记视察贵州重要讲话、中央统战工作会议、孙春兰到黔调研座谈会和省市会议精神。10月12日，农工党德江支部到长堡镇开展计生“三结合”帮扶活动。支部主委张观安、副主委张文娥、张金刚及其他党员参加活动。为计生困难户送医送药送健康，并送去帮扶资金4000元。10月20日，在重阳节来临之际，农工党德江支部偕同县红十字会联合开展重阳节“送健康、送温暖、送祝福”活动，为青龙办事处敬老院送去棉衣32件、毛毯32床及3000元药品。10月，德江支部张霞被中共铜仁市委、铜仁市人民政府授予“基层先进工作者”称号，卓慧当选为铜仁市医学会重症医学分会副主任委员。11月19日，铜仁市农工党党员社情民意培训班在广州市社会主义学院开班。农工党德江支部选派张观安、张文娥、张高富三名党员参加为期一周的培训学习。

2016年1月4日，农工党德江支部专题学习《中国共产党廉洁自律准则》和《中国共产党纪律处分条例》精神，并安排强调有关工作。1月5日，农工党铜仁市委在江口县召开2015年工作总结会议，德江支部全体党员参加会议，会上宣读农工党贵州省委的决定，德江支部被授予贵州省“示范支部”，铜仁市委授予德江支部“先进支部”荣誉称号。1月，德江支部张观安、张文娥、杨万琴3人被农工党铜仁市委评为2015年度优秀个人，高海华荣被评为“提案、社情民意撰稿”先进个人；张霞荣获农工党贵州省委2015年度基层组织达标争优活动先进个人称号。4月10日，农工党铜仁市委联合农工党德江支部到煎茶镇希望小学开展“文艺进校园”活动。5月10日，农工党德江支部联合德江县红十字会、疾控中心、人民医院、中医院在县步行街开展2016年“红十字博爱周”主题宣传活动。募集资金13.58万元，发放宣传资料13000余份、药品1500盒、义诊2754人次，救助困难学生120人（500元/人）、困难群众29人（1000元/人）。6月4日，农工党德江支部一行赴红色枫香溪开展缅怀革命先烈活动。同日，农工党德江支部赴枫香溪镇开展医疗扶贫活动，为困难群众送医送药送健康。县政协副主席、农工党德江支部主委张观安出席活动。活动围绕“大医疗、大健康”主题，为贫困农户、老弱病残、孤寡老人、留守儿童等困难群众，服务到家门口，义诊到每一个人。活动现场发放健康宣传资料500余份，义诊120余人，开具处方30余份，送去慰问金4000元，医疗药品5000余元。6月，德江支部游万祥荣获贵州省医师协会优秀医生外科能手称号。7月3日，农工党德江支部张观安、张文娥、张金刚参加农工党铜仁市一届十六次全委（扩大）会议。7月26日，农工党德江支部召开全体党员会议，农工党铜仁市委专职副主委王荣海、县委统战部副部长李毅出席并讲话。会议选举并推选出张观安、张文娥、张金刚、张霞4名党员作为农工党德江支部代表参加铜仁市委第二次代表大会。并于9月1-2日出席代表大会，张观安在会议上当选为农工党铜仁市委委员。

9月7日，2016年铜仁市红十字会“世界急救日”主题宣传活动观摩会在德江县思源实验学校举行，农工党德江支部全体党员参加宣传活动。活动以“儿童学急救、急救为儿童”为主题，现场进行应急救护知识讲解和应急救护技能操作演示培训。10月9日，农工党德江支部副主委张文娥率张霞、卓慧等10名党员到煎茶镇敬老院为院民100余人义诊、发放价值3000余元药品。10月10日，农工党铜仁市委专职副主委王荣海、农工党铜仁市委办公室主任张园芬等10多名农工党员组成的“农村安全饮水现状”调研组到德江县沙溪乡调研，县政协副主席、农工党德江支部主委张观安、县红十字会、沙溪乡党委政府、县水务局、环保局、卫生监督局相关负责人陪同调研。

至2016年12月，支部有党员15人，分别是：张观安（支部主任委员）、张文娥（副主任委员）、张金刚（委员）、杨万琴、游万祥、张霞、简跃庭、贺天辉、张兴芬、黎静、张高富、高海华、石静丹、卓慧、张玉兴。

（张贤春）

工商业联合会（总商会）

【概况】1992年5月成立德江县工商业联合会，1994年10月与德江县总商会合署办公，内设办公室，2014年12月增设会员服务中心。其性质是中国共产党领导的人民团体和民间商会，主要职责是县委和县政府联系非公有制经济的桥梁和纽带，是政府管理非公有制经济的助手，承担着引导民营经济发展的职能。2016年，县工商联组织以促进“两个健康”工作为重点，以巩固县级工商联“五好”建设工作为落脚点，开展“两学一做”学习教育，全面提高工作水平和服务能力。7月，县级工商联“五好”创建工作得到省级指导督查组的认定，并明确德江县工商联为县级“五好”工商联。

参政议政。2016年，围绕供给侧结构改革、民营经济发展的热点和难点问题，开展调查研究，形成调研报告和议案提案供县委政府决策参考。积极建言献策，发挥民主监督作用。

招商引资。2016年，通过召开招商会、邀商会、合作恳谈会等形式，充分发挥职能优势，动员民营企业包装项目、选好项目，积极参加各种招商活动。是年，成功引进上海华联入驻县内多维国际。

光彩事业。2016年,利用非公有制经济人士的技术优势、人才优势、市场优势、资金及管理优势，以项目、产业帮扶为主，实施“千企帮千村”活动。全县13家非公企业与14个贫困村结成对子，德江县兴农米业捐资30余万元在枫香溪镇龙坝村打造集体经济，第一期出栏猪100头，为群众

图为县兴农米业有限公司在龙坝村成立生猪养殖基地

带来收益30万元。4月1日，德江县聚源灯饰到楠杆乡六一村开展结对帮扶摸底工作；5月1日，聚源灯饰为楠杆乡六一村11户特困户送去大米、菜油和现金，价值4500元，在帮扶期间对参加过抗美援朝等战役的老军人每人每年发放慰问金1000元。7月27日，德江韫韬科技有限公司到结对村钱家乡钱家岩村安装20盏太阳能路灯，并把管理技术传授给村里的群众。在“博爱一日捐”活动中，县工商联全体干部和部分非公有制经济人士捐资8余万元。部分非公有制经济人士为郑家村幼儿园改造教室、硬化场地等捐资7万余元。

“五好”工商联建设。一是班子建设。9月9日,县工商业联合会（总商会）十届一次会员代表大会召开,选举产生新一届领导班子。二是会员发展。按照“商会需要什么，就发展什么样的会员”思路，遵循广泛性、体现代表性、注重稳定性，对

4月16日，县工商联九届五次执委会召开

全县所有会员建立台账实行动态管理，全县有会员856名。三是打造“精品商会”。立足县域工商业发展重点，围绕“形象大美、奉献大美、企业文化大美”开展各种活动，在“商会品牌”上做文章，把玉水街道商会\川渝商会打造成“大美商会”，经济开发区商会打造成“博爱商会”，煎茶镇商会打造成“魅力商会”，树立积极回报社会、履行社会职责、支持农村教育发展大局观，以环境优美、人文先进、商业文明等魅力展示全新的商会形象。四是落实工作保障。建立服务企业联席相关制度、定期召开相关会议、领导干部定点联系企业等制度机制，由联席会议成员单位对企业进行走访，保护民营企业的合法权益。

围绕中心服务大局。开展驻村、综治帮扶工作。2016年，县工商联党建帮扶桶井乡郑家村，协调县水务局投入27万余元为郑家村修建提水站一台，蓄水池1口50立方米，完善100立方米净化水池1个，解决500余人的饮水问题；为郑家村添置办公设备电脑一套近5000余元；为村委置办村务、党务公开框架平台2个近5000余元；组织非公有制经济人士对村困难群众实行“一帮一”慰问活动，发放慰问金5000余元；在郑家村慰问贫困党员和群众20户近1800余元。开展禁毒工作。在“6·26国际禁毒日”前夕，在县实验中学开展禁毒预防宣传教育活动。邀请禁毒办工作人员，为全校师生上一堂生动的“让我们大胆对毒品说‘不’”的禁毒宣传课。举行“珍爱生命、远离毒品”签名及宣誓活动。在玉水街道四坪社区开展“零发案”小区创建，投入3.8万元完善相关工作。投入2万余元，完善责任区域、办公区域卫生清扫和基础设施建设。

【第十届一次会员代表大会】 2016年9月9日，德江县工商业联合会（总商会）第十届一次会员代表大会在县教育局礼堂召开，市委统战部副部长、市工商联党组书记王继承，县委常委、组织部部长、统战部部长唐虹，县人大副主任叶华，县政协副主席胡国仁、陈琳出席会议。大会应到会员代表90人，实到76人，请假14人，符合法定人数。会议听取陈琳所作的德江县工商联（总商会）九届执委

图为会议现场席（会长），肖刚等11名为副主席（副会长），张万当选秘书长，选举产生十届工商联（总商会）常委30名、执委90名。

会工作报告；审议通过《第九届执委会工作报告的决议》《德江县工商联（总商会）会费收支管理办法》。会议选举胡国仁为德江县工商联（总商会）第十届执行委员会主

（陶明富）

总　工　会

【概况】 县总工会是隶属县委的群团组织，1953年成立。2016年，单位内设机构有办公室、财务室、经审委、女工委、帮扶中心。主要职责是依法维护职工的权益。单位编制10人，有在职职工14人，其中领导班子成员4人，离岗待退4人。全县有基层工会组织423个，建独立账户105个（其中：非公企业5个），有会员49266人。

【深化“五大行动”】“建功立业大竞赛”行动。7月22日在经开区开1次企业技能竞赛活动，参与企业5个进行3个专项技能比赛。8月29至30日，在卫计局开展基层卫生岗位技能练兵活动，推荐4名优秀选手参加全市基层卫生岗位技能练兵竞赛活动，杨燕（青龙街道社区卫生服务中心）、郭萍（煎茶镇中心卫生院）分别获得个人一等奖，王凤岚（煎茶镇中心卫生院）获得个人优秀奖，煎茶镇中心卫生院获得团体一等奖，德江县获优秀组织奖，杨燕、郭萍分别被评为“五一劳动奖章”“青年岗位能手”“三八红旗手”和授予煎茶镇卫生院

“五一”歌咏比赛现场

“工人先锋号”等奖项。开展先进典型推荐评选。推荐省级五一劳动奖章1名（一中何贵江），省级“工人先锋号”班组1个（兴农米业生产班组），创业之星10名。开展“三八”拔河比赛和演讲赛。开展大型职工文艺活动“五一”歌咏赛。组织和完成全国安全卫生消防应急知识竞赛答题，张太松（农牧科技局）获得三等奖，田茂强（县总工会）获得组织奖。

“和谐企业大创建”行动。推进工资集体协商和集体合同。2016年规范建设非公企业2家（今日食品有限公司和聚源灯饰科技有限公司）。全面提升用人单位和劳动者的法律意识，按规定签订工资集体协商和集体合同，推进三方机制组织和制度建设。规范化建设。2016年规范建设工会组织乡镇9个，非公企业2个，园区1个。全县国家机关、企事业单位基层工会规范建立独立账户101家（非公企业5家）。

“职工素质大提升”行动。开展“中国梦·劳动美”教育实践活动。3月7日在政府礼堂举办“三八”职工演讲赛；4月28日在青龙广场举办以“建功十三五，决战决胜脱贫攻坚”为主题的全县

省总工会副主席杨杰到德江开展“三下乡”活动。

职工大型歌咏赛；6月13日与纪委、宣传部共同承办“学党规·明党纪·作表率”知识抢答赛；组织全县1500名职工参加全国安全卫生消防应急知识竞赛答题；6月17日由总工会、关工委、禁毒办、楠杆乡党委政府主办的“远离合成毒品，珍惜美好青春”为主题万人签名活动和在楠杆中学举行“6·26”禁毒知识抢答赛；6月21日在经开区开展劳动保护培训；6月27日，协助县安委会举办“安全发展忠诚卫士”演讲比赛；8月29至30日开展基层卫生岗位技能练兵比赛；9月30日在城北成功举办万名职工长跑活动。年内开展“明礼知耻·崇德向善在企业”活动劳模上讲堂35场；分别在高家湾、露青、共和、长堡等开展农民工技能培训7期，受训823人（次）。全年参加省市总工会各项培训15人次。组织工会干部35人到县外学习一期。培育“农民工匠”70人。

“维权帮扶大推进”行动。开展“女职工维权行动周”宣传活动，开展“反家庭暴力法”的宣传，现场发放资料300余份。实施工会“一十百千万”雁归工程，引导农民工返乡就业创业。一是重点培育迪蒙科技作为创业示范企业省级示范户；市级示企业今日食品；县级示范企业聚源灯饰；二是利用农民工返乡过春节，在县客车站设创业就业咨询平台。维权帮扶工作。在“两节”期间，救助慰问困难职工351人、慰问困难企业9家，发放慰问

品、慰问金及救助金22.51万元；开展困难职工大病医疗救助、生活救助51人，发放救助金13.75万元；慰问县级及以上劳模38人，发放慰问金1.9万元；在“五一”国际劳动节慰问坚守岗位一线职工108人5.6万元；在“六一”慰问留守儿童，开展慰问留守儿童109名，发放慰问金2.18万元；“七一”在楼房、大土湾村慰问老党员11名、精准扶贫户43户，发放慰问金2.48万元；做好“金秋助学”，共助困难大学生84名，发助学金26.1万元（含苏州爱心助学1.8万元）；在楼房、大土湾村开展计划生育帮扶20户，向帮扶户送去计划生育帮扶资金2万元。

“节能减排大参与”行动。围绕“实施绿色贵州建设三年行动计划”，开展节能环保宣传教育活动。6月17日、18日，会同相关部门在步行街开展节能宣传周和全国低碳日宣传和禁烟宣传活动，围绕“节能有道、节俭有德”主题宣传，普及低碳生活和节能减排科学知识，在职工中倡导科学、健康、文明的生产生活方式，促进节能减排目标的实现。发放节能宣传资料200余份。

【帮扶工作】按照精准扶贫要求，解决楼房、大土湾村办公费各5000元，解决楼房村LED显示屏5000元和“七一”活动经费2000元，大土湾村办公设备1万元，“七一”活动经费5000元。按照精准扶贫“654321”方案，开展“两个遍访”活动，干部分别向遍访户送去100至200元不等的现金或者物资；协调资金4万元为大土湾村修建厨房，为楼房村小学申报为15万元的规范化图书室建设。按照县政法委工作要求，投入2万元在玉水街道水井小区开展“零发案”小区创建。

（田茂强）

共 青 团

【概况】2016年，全县共青团组织贯彻习近平总书记系列重要讲话精神和中央、省、市、县关于加强和改进党的群团工作的部署，严格贯彻落实团中央、团省委、团市委各项工作安排，以自我革新的勇气加强自身建设，以加强青少年理想信念教育为根本任务，以做好新形势下青年群众工作为重要责任，以投身“五个德江”建设为工作主线，以加强团干部作风建设为关键，扎实工作，提高团的吸引力和凝聚力，巩固党执政的青年群众基础，扩大团的工作有效覆盖面,在加强青少年理想信念、基层组织建设、服务青少年等方面取得一定的成绩。是年，全县有团组织987个，其中基层团委55个（乡镇团委21个，学校团委22个，县直团委14个），“两新”团组织3个，驻外团工委2个，团总支16个，团支部912个，基本做到青年人数集中的地方就有团组织。团县委现有编制7人（其中工勤编1人），内设办公室和社会工作中心两个股级机构，实际在岗人数4人。

【青少思想道德教育】2016年，全县团组织围绕学习宣传贯彻落实党的十八大和十八届三中、四中、五中、六中全会、习近平总书记系列重要讲话精神及群团工作会议精神这条主线,引导广大青少年坚定跟党走中国特色社会主义社会的理想信念。一是加强理想信念教育。通过邀请专家走进校园开展专题讲座，组织机关干部、优秀青年进村入户开展宣讲活动，组织广大团员青年认真学习、深刻领会、准确把握十八届三中、四中、五中、六中全会、群团工作会议及习近平总书记重要讲话精神实质，引导广大青年切实把思想统一到中央的精神上来,把力量凝聚到中央决策部署上来。全年组织各类专题讲座等30余场次，编创转发微博1000多条，影响带动5万余名团员青年。二是开展主题教育。在全县广大青少年中开展“祖国好·家乡美”“红领巾相约中国梦”“诵经典·讲礼仪·传美德中华传统文化经典诵读”“岗位践行价值观·青春建功中国梦”寻找“最美青工”“十大最美青年”“重走长征路”活动，坚定广大青少年跟党走中国特色社会主义道路的人生信念，牢固树立为实现中华民族伟大复兴的中国梦而奋斗的远大理想。三是思想意识引导。依托县内红色教育资源，开展“清明节祭扫”

“学雷锋·树新风”“我们是共产主义接班人主题团、队宣传教育活动”“网上祭奠英烈”等活动，编写祭英烈寄语3000多条，吸引9万余名学生参与，引领社会文明新风，增强广大青少年爱家爱国的热情。四是宣传引导工作。完善“共青团德江县委”官方网站、微信公众号、微博等新媒体，全方位、多角度地宣传推广全县共青团工作，切实有效地服务引领全县青少年。同时，在“互联网+共青团”的工作理念基础上，大胆创新工作思维和方式，建立青年志愿者、在外大学生、在外务工青年等微信群和青年互动微信群，把共青团的工作和建设覆盖到网上，引导广大团员青年争做网络文明志愿者，构建有利于青少年健康成长的清朗文明的网络空间。

【服务中心投身德江建设】开展“两学一做”：按照党中央、省委、市委和县委统一部署，围绕“如何坚定理想信念，提升看齐意识”，2016年6月，在全县团干部中开展“两学一做”专题教育。在抓实“两学一做”专题教育中，全委强化问题导向，按照以上率下、示范带动的要求，县级团干部带头开展经常性学习、带头深入查摆问题、带头当好忠诚、干净、担当标杆。一是坚持领导，宣传教育到位。由团县委牵头组织实施，成立由一把手为组长的“两学一做”学习教育领导小组及其工作机构，设置专门办公室负责学习教育相关工作；召开2016年全县共青团工作推进会，提前部署“两学一做”学习教育工作，营造浓厚氛围，以共青团德江县委官方网站、微信、微博、青年之声等新媒体为平台，刊发“两学一做”相关精神，宣传动员全体党员迅速将思想和行动统一到中央和省、市、县委的要求上来，为开展“两学一做”学习教育打下坚实的思想基础。二是坚持学习，思想认识到位。坚持先学一步、深学一层，学习《党章》《准则》《条例》及习近平总书记重要讲话精神，筑牢“关键少数”的思想基础。各基层团组织建立每月党员统一活动日、每周集中学习日。开展集中培训9871次，提升学习教育的针对性和实效性。三是坚持宣传，氛围营造到位。运用共青团德江县委官方网站、微信、微博、青年之声等新媒体宣传形式，营造人人了解、人人关注“两学一做”学习教育的浓厚氛围。开展典型教育，组织党员学习身边先进典型，用身边事激励身边人，教育广大党员筑牢宗旨意识。结合“互联网+”，利用远程教育等网络平台效应，上传《准则》《条例》、党章党规和习近平总书记系列重要讲话，让党员、干部自主浏览下载学习，引导党员、干部真正做到入脑入心入行，全心全意为广大青少年服务，真正做到“四讲四有”。

开展精准扶贫工作：2016年，全县共青团系统响应县委县政府号召，喊响“脱贫攻坚·青年在行动”口号，围绕县委县政府脱贫攻坚总体部署，通过示范引领、平台建设、资源整合等有效手段，团结带领广大青少年在全县脱贫攻坚战中想在前、干在前、冲在前，充分发挥广大青少年突击队和生力军作用。一是成功向团省委、省青少年发展基金会申请“贵州山区希望工程基金——希望童园计划”公益项目落户团县委结对帮扶村—先锋村，帮助村3到5岁的农村幼儿免费获得早期启蒙教育，切断贫困代际的传递，让更多的留守儿童切实感受到城里孩子的快乐，让他们站在教育的同一条起跑线上。为先锋村建立希望童园1所。二是帮助先锋小学解决电脑和打印机各1台，组织志愿者在端午节、中秋节、国庆节等重大节庆日陪孩子们包饺子、包粽子、做游戏，让他们真切感受到来自党和政府的温暖。三是开展精准扶贫工作，先后对先锋村9组57户开展精准扶贫“回头看”工作并解决帮乡资金5000元。四是帮助先锋村村委会完成办公楼广场硬化工程。五是动员社会爱心企业与先锋村贫困家庭结成帮扶对子，以“一助一”的帮扶方式，帮助贫困学生完成大学梦想。全年筹措资金15000元为村3名大学生完成大学梦想。六是组建德江县脱贫攻坚文艺宣传进村助阵演出志愿队，以脱贫攻坚为主题，分赴全县21个乡镇宣传党的政策方针和脱贫攻坚工作中涌现出来的先进典型，营造干群携手为圆梦小康鼓劲加油的良好氛围。演出活动35场次，影响带动村民6000余人。七是开展青微扶贫活动，征集全县农村留守儿童微心愿3157个，帮助实现微心愿3000个，实现率达95%。

开展五城联创工作。2016年，围绕全县“五城联创”创建目标，以青年志愿者行动为工作重点，开展“多彩贵州·桃源铜仁·美丽德江”志愿者文明行动，组建“五城联创”交通志愿者服务队6支，对行人乱闯红灯、争道抢行、斜穿马路、乱扔垃圾等不文明行为进行劝导；为使县内举办的万名职工长跑比赛有个安静舒适的活动环境，团县委组织20名志愿者对城北经开区道路两侧垃圾进行清理，成功营造关爱他人、关爱社会、关爱自然的志愿服务氛围，教育和引导广大青年用实际行动为全县“整脏治乱”助力加油；组织100名志愿者参与“百城万众厕所文明宣传大行动”，用实际行动带动全县居民践行“厕所革命”，为建设“大美德江”奠定坚实的基础；开展“保护母亲河行动”、“关爱弱势群体、计生、环保、禁毒”、“12·1”防艾等志愿服务宣传活动50余场次，发动志愿者8000余人次，发放宣传资料3万余份，影响带动5万多人次，引导广大团员青年增强文明意识，激发“五城联创”创建工作热情，为全县“五城联创”工作创建目标做出努力。

开展青年创业就业助力生产脱贫：为推进县内“大扶贫、大数据”两大战略行动，团县委制定《共青团助力脱贫攻坚实施方案》德青发〔2016〕4号文件，成立德江县农村青年致富带头人协会，通过全体致富带头人带头宣传党的方针政策，拥护县委、县政府的决策决议，在引导科学投入、发展现代农业、增加农民收入等方面发挥好示范、带动、辐射作用，团结和引领广大农村青年投身社会实践，用实际行动助力脱贫攻坚；联合县直有关部门在城北工业园区建立青年之家，通过探索推进“互联网+”创新创业新模式，重点在农村青年电商培育、农村青年技能提升、农村创业青年典型选树上出实效。同时，通过举办创业大赛、创业交流会、创业培育等活动提高青年创业成功率，努力把促进青年创新创业创优打造成为德江共青团工作助力脱贫攻坚的“拳头”产品；完成全县第三届“十大杰出青年”和“十大创业之星”评比活动。

【服务青少年成长成才】

希望工程：2016年，团县委发挥组织优势，整合社会资源，开展贫困生结对资助活动，呼吁社会共同关注贫困生。联系“习酒·我的大学”、“国酒茅台·国之栋梁”、“新世纪女大学生”、中国青基会、“香港思源奖助学金”等爱心组织捐赠助学金81万元，131名贫困学生圆上学梦；争取到省青基会100万修建长堡洋河小学、泉口晏平小学希望宿舍；联系“壹基金”公益组织为县内煎茶镇、合兴镇、荆角乡、楠杆乡等4个乡镇捐赠冬季温暖包38个；联系百得（苏州）科技有限公司为县内38所村小捐赠图书38000余册；建立和完善煎茶希望小学和长堡中学留守儿童自立自强中心；联系省青少年基金会在长堡镇建立希望小学1所；向团省委、省青少年发展基金会申请出资36万元，分别在泉口镇子弟坝、钱家镇分水、荆角乡杉树、堰塘镇先锋村、煎茶镇新场、龙泉镇牧羊岭各建立希望童园1所。

志愿服务活动：2016年，组织德江大学会联谊会联系来自长安大学、长江大学、南华大学积等省内外大学153名志愿者到县内21个乡（镇、街道）山村学校开展暑期支教活动，通过网络众筹捐赠2万元的爱心物资，举办“大美德江志愿行动”表彰晚会；组织青年志愿者80人为全县第二届旅发大会提供贴心服务，全面展示德江深厚的文化底蕴；组织青年志愿者50人为全省核桃产业化扶贫暨电商扶贫现场观摩会提供会场服务工作；组织青年志愿者4人参与以“大德若水·大美德江”为主题的德江文化旅游推介会，宣传推介全县旅游资源，为德江发展旅游事业奠定基础；组织志愿者采取结对帮扶的形式，组织25名西部计划志愿者开展农村留守儿童结对帮扶工作，并与100名农村留守儿童结为“亲戚”；组织青年志愿者6000余人次，开展“3·5”学雷锋、“3·12”植树节、“保护母亲河”、“6.26禁毒”、“节能减排”、“12·1”

防艾等志愿宣传活动50余场次，发放宣传资料3万多份；调整充实20名山村幼教志愿者服务山村幼儿教育；开展青年志愿者网上注册登记工作，实名注册19541人，规范志愿者管理。在全国第二届中国青年志愿服务项目大赛中德江大学生联谊会获铜奖。

春晖行动：年初，召开春晖使者座谈会，开展“春晖行动—我与家乡共发展”系列活动，礼聘德江籍在清华大学、上海交通大学、重庆交通大学、长安大学等大学生为春晖使者，计180名，完善春晖人才数据库。在春节期间，组织春晖使者们在潮砥镇、长丰等乡镇开展免费书写、赠送春联、支教及春节舞龙炸龙现场维稳等活动；组织县内春晖使者参加全国大学生春晖联盟活动，招募在校大学生组成15支春晖支教队，在暑假为县内留守儿童辅导作业，开展暑期关爱活动；中秋期间开展“春晖情·游子心”送温暖活动，组织春晖使者在县敬老院、长堡镇、枫香溪镇送爱心书包、爱心月饼。

“青年之声”平台建设：建设“青年之声”互动社交平台，是全团落实习近平总书记重要要求的深化之举、创新之策，是互联网+思维在共青团工作领导的探索和实践。自2016年5月青年之声·德江上线至12月，团县委利用青年之声高效服务青年工作生活，做好“青年之声”的线上线下活动，加强“青年之声”的覆盖面和吸引力。线上，全委指派专人负责“青年之声”平台的维护与推广，并组织单位职工加入“微邦”入驻专家团队，确保加强专家与青年之间的互动。线下，围绕全县加强基层组织建设大局，按照党群共建组织、共建阵地、共建队伍的要求，分别在青龙街道、玉水街道、煎茶镇、长堡镇、平原镇、潮砥镇、共和镇、高山镇、荆角乡、钱家乡、桶井乡建立青年之家，科学设计微笑服务、扶苗行动、助残孝老、公益环保的“青微行动”，学习交流、共同成长的“青微书院”，聚焦精准扶贫的“青微产业”，“青年文明示范岗”等服务项目，便民服务形象化、具体化、有效化，将“青年之家”真正建到青年心上。

开展预青工作：2016年，加强预防青少年违法犯罪专项组工作，制定印发《德江县重点青少年群体服务管理和预防犯罪工作实施方案》《关于调整充实预防青少年违法犯罪专项组的通知》等工作文件，召开德江县综治委预防青少年违法犯罪专项组工作推进会，明确成员单位的职责任务，巩固和加强部门联动、各负其责的预青工作格局。联合县司法局等部门举办“法治精神进校园”报告会15场次，吸引25000人次参加报告会；增强青少年防毒、拒毒意识，提高抵制毒品诱惑的能力，组织开展以“远离合成毒品 珍惜美好青春”为主题的禁毒知识漫画大赛，活动收到参赛作品1800余份，广泛动员社会各界特别是青少年群体参与禁毒斗争，3名教师和17名学生分别荣获一、二、三等奖及优秀奖；在“6·26”国际禁毒日，组织开展禁毒宣传活动，发放禁毒宣传手册15000余份，全面提升广大青少年自觉防毒、拒毒意识，筑牢青少年学生禁毒思想长城。

【共青团组织建设】团的基层组织建设：2016年，对基层团组织团干部进行排查审核，整改乡镇直属团组织20个，调整充实10名乡镇团组织书记，提高基层团组织的凝聚力和战斗力；全面落实乡镇团委2万元办公经费纳入县级财政预算，用于加强乡镇团委的办公场地建设和活动开展，为基层共青团工作有序地开展提供坚强保障；建设一支信念坚定、能力过硬、心系青年的团干部队伍，配合各级党委做好团干部选拔配备工作，重新选拔配备专兼职团干部10余人，团委书记5人，少先队辅导员3人，团干部输送转岗6人，切实加强团干部管理、使用和输送转岗工作；为抓好团干部的教育培训，提升团干部工作能力，组织基层团干部20余人次参加全市基础团干部培训班，举办全县2016年基层团干部培训班，参加培训86人，通过为期5天的培训，将党和共青团的最新理论及县委县政府重大决策意图及时贯彻到每名基层团干心中；全县1个基层团委荣获全国“五四红旗团委（团支部）”，1名团员荣获全省“优秀共青团员”、3个基层团支部荣获全市“五四红旗团支部”、3个基层团委荣获全市“五四红旗团委”、5名团干部荣获全市“优秀团干部”、6名团员荣获全市“优秀共青团团员”、5名少先大队辅导员荣获全市“优秀少先大队辅导员”；组织1名少先队员参加全市“春晖励志·明悟感恩”演讲比赛，荣获全市三等奖；基层团组织的凝聚力和号召力得到加强。

团属舆论阵地建设：重新设计德江共青团官方网站，版面内容更加丰富全面，开通共青团微信公众平台，利用新兴媒体的速度快、影响大、范围广的宣传优势，广泛宣传在本职岗位上作出突出贡献的优秀团员青年，传播身边的好人好事，加强热点社会问题的正面引导。全年编写转发共青团工作信息稿件300余篇，印发工作简报168期。团县委工作被人民网、团中央、《劳动时报》等国家级媒体采用60条，《贵州日报》、金钱在线、团省委等媒体报道90余条，《铜仁日报》、铜仁网、团市委等媒体120余条，县级媒体180余篇，被德江电视台报道30余次。

妇女联合会

【概况】2016年，全县妇联组织在上级妇联及县委、县政府的领导下，贯彻落实新时期党对群团工作的新要求和省、市妇联执委会议精神，围绕中心、服务大局，深入基层、服务妇女，开展各项工作。

开展关爱活动。开展春节送温暖活动。2月1日至3日，分别到青龙街道、玉水街道、堰塘乡等部分贫困家庭、留守儿童、病患母亲及退休干部家中走访慰问，为他们送去菜油、大米等慰问品和慰问金。发放慰问金1.2万元，菜油12桶，大米12包。开展“三八”妇女节慰问活动。到各乡镇，走访慰问贫困妇女、部分女企业家和省级、市级三八红旗手。开展母亲节慰问活动。5月7日，县妇联分别走访慰问青龙街道办事处乳腺癌母亲黎贵婵，沙溪乡宫颈癌母亲曾艳霞，共和镇宫颈癌母亲张金芝等12人，并分别送去慰问金300元。开展“六一”慰问活动。5月27日，到县四小开展“六一”慰问活动，为该校“留守儿童之家”送去篮球、羽毛球拍等体育用品，价值2000元。5月30日，分别到县五小、青龙街道桥头幼儿园、稳坪镇稳坪完小开展“六一”慰问活动。资助县五小20名贫困留守儿童人均200元；赠送桥头幼儿园价值3000元的全自动洗衣机1台；为稳坪完小“留守儿童之家”送去价值2000元的篮球、羽毛球拍等体育用品。5月31日，到县三小、共和镇中坝完小开展“六一”慰问活动，分别为学校“留守儿童之家”送去价值2000元的篮球、羽毛球拍等体育用品。开展重阳节“孝老爱老”慰问活动。10月8日，到合兴乡、复兴镇等乡镇，对5位“最美家庭户”、“孝老爱亲”模范进行慰问，送慰问金5000元及价值5000元的棉被等慰问品。

为妇女儿童办实事。2016年，为县妇幼保健院争取到“母亲健康快车—导乐分娩关爱服务”公益项目，该项目价值805680元（捌拾万零五仟陆佰捌拾元）人民币。争取到“幸福分娩----孕产包”150个，并分别发放到在县妇幼保健院住院的贫困孕产妇手中。争取到贫困母亲“两癌”救助专项基金7万元，发放给7名“两癌”贫困母亲；完成两癌检查检查目标任务（宫颈癌18000人，乳腺癌3000人）；网上填报48人（其中新申请填报23人，重新填报25人）。为平原完小颁发省级“阳光少年之家”荣誉牌。颁发当天，为该校送去价值8000元的板凳、电脑摄像头及篮球等体育用品，同时把省妇联捐赠的羽毛球、跳绳、跳棋、军棋等体育器材转交给平原完小。筹措资金为老干局“心悦合唱团”解决活动经费5000元。

开展系列活动，丰富妇女儿童文化生活。召开“三八”纪念大会。3月7日召开全县“三八”纪念大会，会上表彰“五好文明家庭”35户、“三八红旗手”35名、“创业致富女能手”9名，“最美巾帼志愿者”5名、“巾帼文明示范岗”13个。举办“拔河比赛庆妇女节”活动。全县组织党群系统、政府系统、卫生系统、教育系统、农业系统、工建交系统、政法系统、财税系统8个队参赛。举行“三八”国际劳动妇女节演讲比赛。来自全县各行各业的31名演讲选手参加比赛。开展“三八”维权周暨《反家庭暴力法》宣传活动。3月17日，县妇联组织县妇儿工委相关成员单位共同开展“三八”维权周暨《反家庭暴力法》宣传咨询活动。举行“老师你好·我的好老师”主题演讲比赛活动。4月9日，组织全县中小学在县教育局礼堂举行“老师你好·我的好老师”主题演讲比赛。开展“大美德江欢迎你·我是文明小导游”风采大赛活动。6月，组织全县中小学组队参加“大美德江欢迎你·我是文明小导游”风采大赛，产生小学组和中学组“优秀小导游”一等奖各2名、二等奖各3名、三等奖各5名优秀组织奖各2个，最佳辅导教师奖各2名。

基层妇联组织建设。2016年，按照全国、省、市扩大基层妇联组织成员相关文件要求，中共德江县委下发《中共德江县委关于深化妇联组织改革扩大基层妇联组织成员的通知》，开展基层妇联组织妇女代表选举工作。全县21个乡（镇、街道）选举产生乡（镇、街道）妇联主席21名（乡镇妇联主席由副科级以上的妇女干部兼任），专职副主席21名，兼职副主席36名，常委170名，执委340名；全县344个村（社区）选举产生村（社区）妇联主任（主席）344名、妇联副主任（副主席）722名。

来信来访工作。2016年，县妇联接待处理来信来访案件36件44人次，其中婚姻家庭权益类32件，占信访总量的88.9%；劳动和社会保障权益以及人身权益其他人身伤害类2件，占信访总量的5.6%；其他综合类有2件，占5.6%。

“妇女之家”创建工作。2016年，县内获市级“妇女之家”示范点称号2个（德江县巾帼永春金银花开发有限公司，德江县桥头民族中心幼儿园）。年内申报省级“妇女之家”示范点1个（德江县场口社区）。

“巾帼示范基地”建设。2016年，德江县高山天麻示范场通过2016年全省巾帼示范基地项目定审。德江宝来屋家政服务有限公司挂牌为“县级巾帼家政培训示范基地”，同时，解决公司培训经费5000元，基地带动妇女就业60余人；德江县稳坪镇万进花椒种植专业合作社挂牌为“县级巾帼现代农业科技示范基地”，解决公司培训经费2万元，近200“椒农”参与培训，基地带动妇女就业80余人；解决复兴镇菊花基地1万余元的培训经费；解决泉口镇栢果种植合作社2万余元的培训经费；解决沙溪乡后坝村劳务合作社天麻种植培训经费1万余元。

开展“平安家庭”创建。2016年，创建“平安家庭”210户（其中市级10户、县105户），截至2016年末，全县有平安家庭102303户，占现有家庭总数的91.1%。

助推妇女脱贫致富。开展妇女小额担保贴息贷款工作，年内发妇女小额担保贴息贷款5447万元，扶持1086户妇女创业，带动妇女3258人就业。开展创业就业培训。县妇联投入7万元，开展创业就业培训5期，培训467人次。

（程晓明）

科学技术协会

【概况】德江县科学技术协会，正科级建制参公事业单位，经费由县财政全额预算管理，人员列入参照试行国家公务员制度范围，内设科普部和办公室。核定编制6名，在编在职在岗6名，有党员6名。

实施《全民科学素质纲要》。一是履行全民科学素质纲要工作领导小组办公室职责，制定年度工作要点，组织实施日常科普工作，促进全县科普工作发展。二是组织开展百万公众网络学习工程，截至11月底活动结束，全县网上答题6000人次。

青少年科学素质提升工作。制定科普大篷车进校园活动方案，全年科普大篷车走进钱家完小、荆角乡角口完小等11所中小学，提高农村中小学生科学素质。3月31日联合县教育局、县实验中学开展第十届青少年科技创新大赛动员会暨第九届大赛颁奖活动，在全县中小学生中营造学科学爱科学的积极兴趣。9月9日，“省、市、县科普大篷车”走

县科协被省科协表彰为“贵州省科普工作先进集体”

进煎茶希望小学联合开展科普宣传活动。12月20日，承办“省科协科技文化卫生三下乡大型科普宣传活动”，活动在德江思源实验学校共分七个版块同时进行，省科协的科技老师们向全校师生及部分家长一一展示“不要看我小，我的力量可大了”承重比赛、“爸爸妈妈和我一起学机器人”亲子互动节目、“小伙伴一起搭建机器人”、机器人展示、无人机展示、四驱车拼装追逐赛、VR体验等内容，得到学生的热烈欢迎和积极参与。通过丰富多彩的科普展品和科普展板普及科学知识，不仅让师生们尽享快乐美味“科普大餐”，还激发学生们参与科普、走进科学、爱科学、学科学、用科学的兴趣，对未成年人的科学素质提升有着重要的作用。

农民科学素质提升工作。一是协助县民政局开展各类农技协会年检，对遵守国家政策、法律法规，按照各协会章程对学术交流活动及财务管理情况进行全面年检，28个协会全部合格。二是全年成立农村专业技术协会5个（德江县罗汉果产发展协会、德江县铁坑强农蔬菜种植协会、德江县稳坪镇万进花椒种植协会、德江县枫溪镇仙山茶叶协会、稳坪镇三角村经果林种植协会）。

举办科普宣传活动促全民科学素质提升。5月12日，在步行街参与防灾减灾宣传活动，发放《防灾减灾科普知识手册》《安全用电》《加强地质灾害防治》等科普宣传资料5000余份。5月24日，在复兴中学举办“科技活动周”，邀请县关工委、县老科协有关负责人到现场开展反邪防邪、法制教育、禁毒知识讲座。9月21日，以“创新放飞

9月21日，在沙溪乡举办全国科普日启动仪式

梦想，科技引领未来”为主题的全国科普日活动启动仪式在沙溪乡举行，县全民科学素质工作领导小组14家成员单位，5个县直帮扶部门、6个农村专业技术协会，部分中小学生、社区群众等1500多人参加启动仪式。5月和10月中旬，开展“送法送医送科技三下乡活动”历时8天，开展科技咨询10场次，平时利用赶集天开展科技咨询7场次，宣讲活动受众人数达1万余人次，活动期间发放书籍农业技术等方面的书籍5000余册，接待咨询达2000余人次。

开展技术培训。一是开展农民实用技术培训，

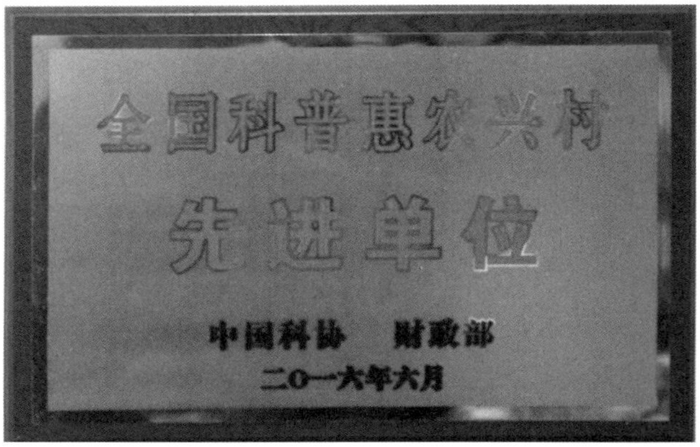

堰塘凤凰山天麻种植协会获“全国科普惠农兴村先进单位”

组织各类专家赴长堡镇、稳坪镇、枫溪镇、平原镇开展农民实用技术培训13期，受益群众达2000多人。二是开展科技致富二传手培训4期，分别在稳坪镇、长堡镇、平原镇，邀请县农牧科技局、扶贫办、供销社等部门相关技术人员与培训人员围绕蔬菜种植、农村电子商务、畜牧养殖业等农民实用技术展开培训，把有思路、有能力的农民培养成致富

“二传手”，示范带动周围群众生产致富。

实施科普惠农行动计划。继续实施上年度项目，组织华丰辣椒协会赴遵义市考察辣椒市场，编制本年度项目申报书，申报的项目堰塘凤凰山天麻种植协会和科普带头人张玉兴6月13日被中国科协、财政部行文表彰，获奖补资金25万元。

开展精准扶贫工作。一是开展同步小康驻村工作，在帮扶的三角村成立经果林种植协会，遍访贫困户79户，购买小猪10头、山羊4只给贫困户（折合11000元），给村委会购买办公桌椅三套（折合2000元），慰问贫困户15户、困难党员5名，计生户5户，发放大米800斤，慰问金6000元，投入党建帮扶资金5000元。修通并硬化中寨水坝公路600米和350米水堰及安装70盏路灯。召开2次产业培训会和群众会20场次。理论与政策宣讲会3场次，发展精品水果易柑50亩，花椒300多亩驻村帮扶工作得到群众的认可和好评；二是开展百千万帮扶企业工程，为城北茂强土特产开发有限公司，解决电脑2台，投入6000元举办企业员工电子商务培训班2期；三是开展社区帮扶活动，投入5000元在四坪社区开展慰问贫困群众活动。

文学艺术

【概况】德江县文联全称“贵州省德江县文学艺术界联合会”，1988年12月成立。核定人员编制6名，在岗5人。2016年，县文学艺术界联合协会广泛凝聚基层文艺家和文艺工作者，发挥自身优势，开展丰富多彩的主题文艺活动、采风创作实践和各项惠民文化活动，并扶持鼓励全县文艺工作者及文艺爱好者不断推出优秀作品，取得良好效果，助推全县文艺事业的大发展。6月18日，德江县作家协会第二次代表大会召开。大会选出县作协第二届主席团成员7人、常务理事18名,张贤春当选为主席，蒋莉当选为常务副主席，冉光跃、文美鲜等5人当选为副主席。9月28日，德江县民间文艺家协会第二次代表大会召开。大会选出常务理事26人，徐万江当选为主席，吕文忠当选为常务副主席，李润、高应清等7人当选为副主席。至2016年，全县通过选举成立的协会有9个，分别为县作协(2011年5月成立)、县民间文艺家协会（1988年12月成立）、县书协(1985年5月成立)、县美协（1998年12月成立）、县舞蹈协会(1998年12月成立)、县音协(1998年12月成立)、县摄影协会(1998年12月成立)、县戏剧协会（2011年5月成立）、县诗词楹联协会(2005年10月成立)，总计会员800余人。

以活动为载体开展各项工作。一是举办“德江县迎新春书赠春联”活动。2月3日至5日，县内10余位知名书法者分别在县人民医院和城南书画院广场展纸挥毫，为群众赠送春联1500余对。二是开展“点赞德江”摄影大赛活动。将135件获奖作品汇编成画册《我们的视野》。获奖作品多次在县委、县政府组织开展的大型活动、召开的重要会议中展出。三是开展两次县级文艺采风活动。3月12日，组织县作协、摄协、书协到角口千亩油菜花田进行采风；4月16日县文联与县湿地公园管理局联合组织和邀请县作协、摄协近50名会员，到白果坨湿地公园开展“走进江河”采风活动。四是举办书法（摄影）作品征稿大赛。县文联与县直机关工委联合举办手抄《党章》书法比赛和“七一”书法摄影作品展征稿大赛。组委会收到作品600余幅，通过组委会组织县内专家、老师评审，评选出获奖作品120件，分别是硬笔书法、软笔书法和摄影各一等奖1件、二等奖2件、三等奖3件，优秀奖24件。五是举办全县中小学生现场书画比赛。11月12日，县文联与县教育局、共青团德江县委共同举办全县中小学生现场书画比赛。本次比赛，小学、初中每个组别一等奖2名，二等奖4名，三等奖6名，优秀奖10名；高中组每组一等奖1名，二等奖2名，三等奖3名，优秀奖4名；并对获得一、二、三等奖学生的辅导教师颁发辅导奖。同时，全年开展各种培训1000余人次，开展30人以上研讨5次，展演3次。六是启动“德江县县歌”征集大赛赛事活动。为落实“四个全面”战略布局，推进“大德若水·大美如江”建设，为宣传、推介德江，打造德江文化品牌，塑造德江视听标识，不断激发全县干部群众干事创业热情，提升德江知名度和美誉度。由县委、县人民政府主办，县委宣传部、县文联、县音乐家协会承办的“德江县县歌”原创歌曲征集大赛启事9月初正式启动，截至12月底，歌词征集顺利结束，收到来自全国各地的应征参赛稿件500余篇（首）。

以阵地为抓手彰显德江亮色。一是发挥文化窗口作用。2016年，将城南“西麓阁”作为对外展示德江文化的窗口来建设，依托西麓阁打造田秋文化，在展出书画摄影作品的同时，做好开展重大活动、迎接领导调研指导、外来贵宾参观等一系列相关对接服务工作。二是立足本土搭建平台。为更好地宣传德江，培育本土文学苗子，2016年下半年，对《德江文学》双月刊进行大幅度改版，对封面、栏目、发展方向与思路进行全面调整。《德江文学》全年编印6期：1、2期主要设置视野、小说、散文、诗歌、品论、特别关注、艺术等栏目；从第3期起，设置荐读、视野、小说、散文、诗歌、纪实文学、阅读、地方剧、校园之窗、乌江印象、歌曲、艺术等栏目。刊物栏目极大增多，内容丰富，刊发扶持本土作者作品的力度增强加大，编印质量提高。三是以“微”着力强化沟通。县作协创办微刊《钟鼎山》，从创刊截至年底刊发各种题材文艺作品150余篇（首）；创建微信群《德江文学艺术界联盟》，吸纳群员50余人；创建微信群《德江文友群》，吸收发展群员30余人。通过“三微”，有效链接德江文艺界的沟通，借助“三微”，助推德江亮色的推介。

以创作为基点记住乡愁。2016年，全县广大文艺工作者立足本土，深入全县各个领域，奔前沿，接地气，以“记得住乡愁”为导向，创作出不少优秀作品。

文学作品发表：2016年，县内在市级以上报纸杂志发表的有40余人、公开发表作品150余篇、首。如吴金伟的短篇小说《傩戏师死后记》《无极》在《贵州作家》发表；简宜贵的散文《种菜乐》在《贵州日报》上发表；张贤春的散文《搭售风景》在《贵州政协报》上发表；沈应雄的散文《世内桃源余庆坊》在《贵州政协报》上发表；周兴的诗歌180余行发表于《贵州作家》第6期占3个页面，王连凤的《故土情结》系列8首和《我在花花桥上等你（署笔名王乔）》在《散文诗》上发表；简宜贵的散文诗《一片叶子的舞蹈》在《贵州政协报》上发表，蒋莉的散文诗《水墨沿河 》在《散文诗》上发表等等。

书籍出版：吴金伟出版中篇小说集《飘风终朝》；田宏香出版歌谣集《记忆歌谣》；吕文忠出版《舞动的民间艺术》；县文联编辑出版“点赞德江”获奖作品画册《我们的视野》；李秀畅出版诗集《在那黑秋秋的夜晚》；张贤春长篇小说《神兵》及蒋莉长篇小说《当时明月在》截至年底做好出版的后期筹备工作。

文学作品获奖：一是在中共铜仁市委宣传部、铜仁市文明办、铜仁市文联组织开展的“弘扬我们的价值观·家家户户贴春联”征集活动中，县内作者李天伦获一等奖，张连怀、谢怀富、袁先海获优秀奖；二是由贵州省诗联学会与贵州省鹏彦酒业集团联合举办的首届“颂台杯”社会征文诗词大赛，县内李东泉、吴安怀、谢怀富三人作品获入围奖。（周兴）

残疾人联合会

【概况】德江县残疾人联合会内设机构有办公室、综合股、劳动就业服务所。2016年度单位编制14人，实有在职干部职工14人，有党员13人。2016年，围绕县委政府的工作部署，充分发挥群团组织的作用，履行“代表、服务、管理”残疾人的职能，代表残疾人的利益，维护残疾人的权益，团结教育残疾人，发展残疾人事业，夯实残疾人事业发展的基础。

【残疾人康复】2016年，与铜仁仁爱医院合作，进村入户开展白内障患者筛查，对筛查中符合手术条件的370余名白内障患者实施手术；完成15岁以下贫困肢体残疾少年儿童矫治手术1例；完成普及型大腿假肢装配4例、小腿假肢装配5例；购买13.6万元辅助器具850件和其他残疾人生活用品（盲人杖24件、拐杖148件；盲人专用手机25台；视障电子血压计25台；盲用电饭煲25台；语音带盲电磁炉25台；儿童脑瘫轮椅3台；儿童站立架1个；儿童助听器2个）免费发放给残疾人；完成智力残疾儿童、自闭症儿童、脑瘫儿童抢救性康复训练6例；为22名贫困精神病患者争取服药治疗和住院治疗补助资金2.1万元；为62名贫困听力残疾人免费验配助听器。

【残疾人教育就业】 一是开展“就业援助月”活动。与县就业局联合在步行街开展“就业援助月”活动，发放宣传资料5000余份，接受各种咨询400余人次；二是扶持残疾人家庭创业就业11户，获得市级创业扶持资金8.5万余元；完成省、市级残疾人创业就业示范点各1户。争取到各种补助金19万余元；三是帮助解决残疾人就业，通过集中就业、个体就业等方式实现新增就业121人；四是开展农村实用技术培训，在帮扶稳坪镇开展实用技术培训2期，培训175人；选送残疾人及其亲属参加由市残联举办的盲人按摩、家畜饲养、计算机维修、烹调等职业技能培训78人，支付各项培训费用8.12万元；五是创建残疾人电商平台1户，并为其配备电脑等设备，价值5000余元；六是为县内35名贫困残疾儿童争取中央彩票公益助学金10.5万元，为2名残疾大学新生争取“阳光助学行动”补助金4000元；七是协调相关部门解决适龄残疾少年儿童入学问题，确保县内残疾少年儿童入学率达90%以上。

【残疾人维权】 一是实施家庭无障碍环境改造11户，补助资金6.6万元。二是发放残疾人机动轮椅车燃油补贴240人，补贴6.24万元。三是通过摸底排查，核准县内享受“两项补贴”（困难残疾人生活补贴和重度残疾人护理补贴）人数为5356人，发放“两项补贴”资金150余万元；四是对残疾人来信来访办结率100%，做到件件有回音，件件有着落，无1例越级上访和集体上访事件发生。

图为陈小芳站在领奖台上（左一）

【助残活动】 一是在春节前夕，对160名贫困残疾人和30名盲人按摩人员，送去慰问金9.5万元。二是开展全国“爱耳日”活动。联合县中医院耳科专家在县城步行街开展第十六次全国“爱耳日”宣传教育活动。在活动中发放宣传资料500余份，并接待听力残疾人及到场群众进行听力咨询；三是开展“全国助残日”活动。5月18日，在县特殊教育学校举办第26次“全国助残日”暨“文化周”活动——文艺会演，展示残疾人乐观向上的精神风貌，增强残疾人自尊、自信、自立、自强的信念，活动投入经费10余万元；四是开展全国“爱眼日”活动。6月8日，是第二十一个全国“爱眼日”。县残联和铜仁仁爱五官科医师，在县城步行街积极开展第二十一个全国“爱眼日”宣传义诊活动。在活动中，对40余名眼病患者免费进行义诊，现场发放残疾人康复知识手册200份。并组织医生赴各乡（镇、街道）、村（社区）为眼病患者义诊。

【宣传文体】 2016年，一是在中国残联网站、人民网、贵州残联网站、贵州残联、铜仁日报、今日德江、德江网等媒体上宣传报道残疾人事业80余（条）篇，编辑工作简报34期；二是筛查残疾人文体人才。9月28日，县残联选送残疾人运动会运动员陈小芳，在黔南州瓮安县举行的2016贵州省残疾人（18周岁以下）游泳锦标赛上获50米自由泳、100米自由泳银牌。

第二十六次"全国助残日"暨"文化周"活动

【基础设施建设】 2016年，争取中央投资康复中心建设项目落户德江。该项目总投资1495万元。其中中央投资904万元，总建筑面积为7474平方米（含综合服务设施890平方米），主要建设内容包括：综合康复用房、儿童听力语言康复用房、儿童智力康复用房、孤独症儿童康复用房、脑瘫儿童康复用房、辅助器具中心等。年内完成投资469万元。

【基层组织建设】 一是基层残疾人组织建设加强。全县21个乡、镇（街道办）残联都明确专职理事长、专职委员，344个村（社区）也明确专职委员。对21个乡、镇（街道办）残联理事长进行业务培训，提高对残疾人的服务水平；二是为全县21个乡级专职委员和344个村级残疾人专职委员解决工作报酬15.15万元。

对乡镇残联理事长进行业务培训

【核发残疾人证】 严格按规定程序做好第二代"中华人民共和国残疾人证"的管理与核发，全年核发残疾人证2049本，累计核发证13407本。

【驻村帮扶工作】 2016年，进村入户和开展与驻村相关工作280余天，走访群众563户（次），召开群众会、群众代表大会、村组干部会37场次；协助稳坪镇坪顶村发展罗汉果65亩，辣椒140亩，春香柑45亩，脐橙110亩，莲藕15亩，白茶110亩，养鸡大户1户，养牛大户3户；及时调处化解矛盾纠纷16起，排查、化解处理矛盾纠纷萌芽12起；协调资金物资8.23万元，其中农村实用技术培训经费5万元，结对帮扶资金0.83万元，干部连心室建设经费0.5万元，支部联建工作经费0.2万元，"七一"慰问党员10名计0.1万元，计生"三结合"帮扶10户计1万元，落实农村扶贫残疾人无障碍设施改造1户，补助金额0.6万元。5月，王文强被市评为"2015年度同步小康驻村工作全市百佳驻村干部"。（张羽伦）

红十字会

【概况】 2016年，县红十字会围绕中心、服务大局、依法履职，以开展"三救三献"工作和弘扬"人道、博爱、奉献"精神为己任，坚持"两公开两透明"承诺，较好发挥政府人道领域的助手作用，各项工作取得进展，9月27日在贵州省第四次红十字会会员代表大会上荣获全省红十字会工作突出贡献10个先进集体表彰。

宣传工作。 一是利用大众媒体加大宣传工作力度，2016年，在国家、省、市、县级刊物和网站刊载或转载红会工作新闻50余次；省、市、县电视台报道红会工作新闻10余次；编印红会工作简报70期。二是开创新媒体加大宣传力度，10月开通德江县红十字会官方微信公众号，实时推送红会工作新闻动态50余条。三是集中开展宣传活动，利用"5·8"世界红十字纪念日、"5·12防灾减灾日"、"6·14无偿献血日"、"12·1艾滋病预防”等宣传日，制作宣传标语、展板，发放《中华人民共和国红十字会法》《中国红十字会章程》《贵州省红十字条例》《贵州省人体器官捐献工作条例》《红十字会运动基本知识》《红十字急救常识》、艾滋病预防、无偿献血、造血干细胞、人体器官和遗体捐献等红十字相关知识宣传资料等方式以及一系列公益活动讲演方式加大宣传。发放资料3万余份，防灾减灾试卷5000余份，咨询人数3万余人。

募集善款善物。通过平时在一些大型超市和酒店投放募捐箱，红十字会门诊经营赢利50%自筹公益金，“5·8”世界红十字纪念日集中组织开展“博爱一日捐”活动，灾时向上级红十字会争取物资，全年募集善款物300余万元，开展各种爱心救灾救助活动40余次，救助1万余户因灾和因病致贫的困难群众、城乡低收入家庭、孤寡老人和儿童、残疾人、留守儿童、特困学生，直接受益达2万余人。免费发放药品价值3万元。

争取社会救助项目。一是向上级红十字会争取物资，元旦和春节期间到乡(镇、街道)、社区、学校开展“红十字博爱送万家活动”；二是争取江苏吴中区红十字会每年对县内24名品学兼优的贫困学生爱心助学；三是联合爱心企业对县内贫困学生和贫困家庭开展助学、助困活动。

开展救灾、救助、救护活动。一是开展2016年“博爱送万家.同行小康路”春节送温暖活动，通过现场救助和到乡镇、社区、学校等方式对大病患者、残疾人、孤寡老人、受灾户、贫困学生、留守儿童进行救助，发放救助金和大米、棉被、食用油等救助物资价值40余万元；二是开展“5·8红十字博爱周”系列活动。“博爱一日捐”活动，募集善款184676元,“5·8红十字博爱周”活动期间为县内大病患者家庭、困难家庭等弱势群体和特困学生发放救助金11万元；开展义诊、咨询人数500余人，免费发放药品价值8000元。三是参加第六个“防灾减灾日”集中宣传活动，发放自救互救能力知识和防灾应急知识宣传册800余份，并邀请县民族中医院外科主任张金刚现场用仿真人体模具作心肺复苏示范，指导参与群众正确操作在生活中急救措施方式。四是六一儿童节前夕，到平原镇南坪小学开展关心教育工作，送去台式电脑、笔记本电脑、打印机、电子琴各一台，玩具两套，修缮学校过道栏杆、图书室，购买书架一套，价值2万余元。联合爱心企业浪波湾美容美发连锁店到县特殊学校开展寒冬送温暖爱心捐赠活动，为特殊学校109名学生每人送去1件保暖棉衣和1双保暖棉鞋，价值18748万元。五是副县长赵贡良亲自率领红会干部职工在老城区商业步行街开展主题为“血液连接你我”献血日宣传活动，活动中义诊120人次，免费发放药品价值2500元，咨询服务300人次，发放资料500余份，并在单位制定激励机制，动员鼓励职工积极参与无偿献血；六是争取每年苏州市吴中县红十字会20500元的助学款对县内24名家庭贫困品学兼优的小、中、高学生进行一对一帮扶；七是联合中国益路行专业汽车服务连锁（德江店）开展（从2016年9月10日–2017年3月10日）为期半年的“情暖德江 五元爱心”公益洗车活动，为县内大病患者、残疾人、孤寡老人、受灾户、贫困学生、留守儿童提供爱心助学和助困金2万元。八是协调爱心企业李宁（中国）体育用品有限公司在县内开展“爱心送万家·同行小康路”博爱活动，捐赠总价值人民币312万元的爱心物资（运动服装）惠及全县21个（乡镇、街道）2万元余户贫困家庭；九是开展“5·7”洪灾救助活动。实地查看“5·7”特大暴雨受灾最严重的泉口镇、稳坪镇、桶井乡、荆角乡、龙泉乡、平原镇、长堡镇、枫香溪受灾情况，看望慰问受灾产业园区、学校、群众，为灾区发放9.5万元救助金和价值15万元救灾物资;十是参加由县委统战部主办的“聚力脱贫·同心同行”医疗扶贫活动，为枫香溪群众义诊100余人次，免费发放药品价值4000元，捐赠扶贫款1万元;十一是参加县政协组织“送医、送药、送法、送科技”的活动和支持革命老区枫香溪教育发展，捐赠扶贫款2万元；十二是重阳节到煎茶敬老院开展“送温暖、送健康、送祝福”慰问活动,免费发放药品价值3000元；十三是设立社区卫生服务站，聘用4名社区公共卫生服务人员经常性开展“关爱健康红十字在行动”大型义诊、健康咨询活动，为辖区建立居民健康档案34561人，免费发放药品计12.3万元，接受健康疾病咨询1万多次；免费为65岁以上的老人健康体格检查，定期对高血压、糖尿病、精神病、孕产妇和婴幼儿进行监测和回访，免费为0–6岁儿童接种各种疫苗；十四是开展卫生救护公益培训。为提高公众应急救援技能，对教育、公安、安监、医疗卫生、交通、建筑、供电等高危行业组织实施的红十字应急救护公益培训1万多人。并成功举办2016年全市红十字会“世界急救日”主题宣传活动观摩会，为迅速、高效、有序地开展赈灾救助工作，保护人的生命和健康，结合县内实际制定《德江县红十字会自然灾害应急工作预案》，实行红十字会工作人员24小时通信畅通，确保灾情发生时，第一时间了解灾情、第一时间展开救助。

在荆角乡慰问受灾群众

驻村帮扶工作。一是为乡村幼儿园送去价值3500元教玩具，到重病困难户、计生户、特困户家中嘘寒问暖，送去价值2.3万元慰问物资和2.83万元慰问金。二是投资2万余元在坳田村村建垃圾池10个。三是开展爱心助学活动，分别为坳田村8个贫困家庭大学新生发放救助金8000元。四是协助完成覆盖坳田村2500人（其中贫困人口296个）总投资374.74万元的道路基础设施及养殖、种植产业扶贫项目编制规划。五是为17户结对帮扶户送去大米1080公斤、菜油24桶，用于购买化肥、农具等生产生活必需品7900元，为全村23户“三留”（留守老人、留守妇女、留守儿童）贫困家

在龙泉乡良家坝幼儿园捐赠

庭，发放慰问金1.69万元，大米33包，食用油33桶。六是根据精准扶贫再回访，协调相关部门为精准扶贫对象40户争取扶贫资金（人均每户8000元）50万元发展养殖业。

（何芝秀）

【红十字会救灾在行动】2016年5月7日1：30分至9：40分，县内遭受特大瞬风及暴雨袭击，全县21个乡（镇、街道）不同程度受灾。全县有105875人受灾，农作物受灾面积达5483公顷，直接造成经济损失8821万元，其中：农业损失2063万元，工矿企业损失232万元，基础设施损失3315万元，公益设施损失2704万元，家庭财产损失420万元。灾情发生后，县委、县政府高度重视，立即成立救灾救助应急工作小组和召开专题会议研究部署，县委书记商友江，县委副书记、县长秦智坤等县四家班子领导第一时间赶赴受灾一线指挥抗灾救灾工

在泉口镇慰问受灾群众

作；县红十字会立即启动洪涝灾害应急预案，常务副会长张文娥率副会长杨万琴赴县内受灾最严重的泉口镇、荆角乡、稳坪镇、桶井乡、龙泉乡实地查看受灾情况，看望慰问“5·7”特大暴雨受灾学校和受灾群众。此次洪灾红十字会发放救灾物资大米5.7吨，食用油3.2吨，教玩具价值3500元，棉被20床。为受灾地区筹集救助金9.5万元和价值15万元救灾物资。

【李宁（中国）体育用品有限公司向德江县捐赠物资】9月19日，李宁（中国）体育用品有限公司向德江县捐赠物资仪式在县思源实验学校操场举行，中共德江县委常委、常务副县长周骥，县委常委、宣传部长杨洪波，县政协副主席张观安，原李宁（中国）体育用品有限公司全国运营总监安云虎，德江县红十字会受捐赠乡镇代表和思源实验学校全体师生参加捐赠仪式。

捐赠仪式上，县委常委、常务副县长周骥宣布捐赠仪式开始，县委常委、宣传部长杨洪波为活动致欢迎词，他代表德江县委、县政府对李宁公司的善举表示深深的谢意；县红十字会常务副会长张文娥宣读捐赠物资发放方案；最后，爱心

人士安云虎在讲话中表示，本次活动只是个开始，他将聚集在外发展的同仁，一如既往地支持家乡的建设，继续关注关心困难群众。公司先后到县思源实验学校、桶井乡七里村等十多个乡镇开展捐赠，捐赠物资（男女运动服装）12868件，价值312万元。

【全市“世界急救日”观摩会在德江县召开】

2016年9月7日，2016年铜仁市“世界急救日”主题宣传活动观摩会在德江县思源实验学校操场召开，市红十字会常务副会长张武，县委常委、宣传部长杨洪波，县政协副主席张观安，市辖各区（县）红十字会负责人，农工党德江支部、民进德江支部、县人民医院、县民族中医院、县公安局、县教育局、县消防大队等部门和思源实验学校全体师生参加会议，大会由副县长赵贡良主持。

会上，县委常委、宣传部长杨洪波向大会致辞。本次活动以“儿童学急救、急救为儿童”为主题，开展“灾害避险逃生演练”“消防灭火演示”和“应急救护操作演示培训”三项活动，历时近两个小时，整个活动井然有序，赢得领导和参会人员

的充分肯定与赞赏。市红十字会常务副会长张武以“领导有力、组织有序、措施得力、效果良好”来总结本次活动，希望各区、县红十字会以此为契机，开展好“世界急救日”主题宣传活动，继续弘扬红十字会“人道、博爱、奉献”的红十字精神。

【“博爱助困暖冬行动”走进桶井】为弘扬人道、博爱、奉献的红十字精神，助力全省脱贫攻坚。12月27日，由省文化厅、德江县桶井乡脱贫攻坚指挥部前线工作队、省红十字会、贵州中医肝病医院主办，铜仁市委、市政府、铜仁市红十字会，德江县委县政府承办，桶井乡党委政府、县红十字会协办的“红十字助力脱贫攻坚——博爱助困暖冬行动”走进县内极贫乡镇桶井乡开展捐赠活动。省文化厅副厅长、脱贫攻坚前线工作队队长姜刚杰，省

文化厅前线工作队联络员曹波，省红十字会副会长何淑平，赈济救护部部长马艳华，贵州中医肝病医院副院长孙彪，副院长徐少清，铜仁市副市长张文聪，市红十字会副会长王贵军，县委副书记、政法委书记陈廷相，副县长张清霜，县委常委、桶井乡党委书记吴飞等出席捐赠仪式，捐赠仪式由市红十字会常务副会长张武主持。与此同时，贵州中医肝病医院在现场为群众开展免费义诊活动。捐赠仪式结束后，红十字会助力脱贫攻坚——博爱助困暖冬行动一行到贫困户家中开展走访慰问活动。

【县红十字会荣获全省红十字系统突出贡献集体】

2016年9月27日,贵州省红十字会第四次会员代表大会在贵阳开幕。全国人大常委会副委员长、中国红十字会会长陈竺作视频讲话。省委书记、省人大常委会主任陈敏尔,中国红十字会副会长兼秘书长王平出席开幕式并讲话。省领导张广智、周忠良、何力、左定超,省红十字会原会长刘鸿庥出席。省有关部门负责人,省红十字会理事、会员、工作者、志愿者代表,红十字团体会员单位代表等500余人参会。铜仁市派出14名会员代表参会，德江县红十字会常务副会长张文娥参会。会上，对全省红十字会系统工作表现突出的10个集体和20个人给予通报表扬。德江县红十字会荣获全省红十字系统突出贡献集体荣誉称号。

计划生育协会

【概况】2016年，县计划生育协会围绕全县人口计生工作大局，对照《2016年计划生育协会工作目标责任书》，以村级计生协"合格村"创建和巩固提质工作为载体，开展"会员帮带"活动、参与基层社会管理服务、抓好"一创三建一帮带"、人口计生基层群众自治、双诚信双承诺、"生育关怀行动"、"万千才富工程"、"护航青春·寄语花季--青春健康进校园"、"五大幸福计生"、"人口福利·生育关怀基金"的管理和使用等工作，增强各级计生协会的凝聚力、影响力和创造力，促进各项工作正常开展。

开展"合格村"创建工作。2016年，创建"一般合格村"20个，培育"重点合格村"7个。在合格村中推进"会员帮带"活动。全县有计生协会员32493人（其中新发展会员4167人），新签订帮带协议14128份；提供上门服务18863人次，上报信息19181条。参与流动人口管理服务。有统计台账、村级计生协有流动人口摸底统计表、有流动人口服务记录。复兴镇七星社区成立流动人口计生协会1个，健全组织和制度，活动开展经常。

参与基层社会管理服务。开展"一创三建一帮带"活动。明确青龙街道柏杨社区、煎茶镇毛田坝村、合兴镇大兴社区、复兴镇七星社区、长堡镇长堡社区、楠杆乡火石村、桶井乡长坝村、泉口镇银甲村为示范点。合兴镇大兴社区、复兴镇七星社区分别建立1个家庭服务中心；复兴镇七星社区作为市级示范点进行打造；复兴镇客店村建立产业发展合作社1个。县计生协对家庭服务中心建设按照5000元/个下拨工作经费。推进人口计生基层群众自治工作。2016年，全县制定、修改自治章程160个，新制定、修改村规民约160个。各级计生协成立民主评议小组134个，开展人口计生民主评议134次，反映群众意见1630条，调解群众纠纷324起，上报人口信息19181条。新建"会员之家"22个，文艺宣传队10支，开展文艺演出42场次；发放各类宣传资料15万份，育龄群众对人口计生政策法规和生殖健康知识的知晓率大大提高。开展"双诚信双承诺"工作，签订协议12.94万份。

开展群众性宣传服务活动。推进"双建双汇"

工作。按照“双建双汇”活动要求，全县新建“会员之家”22个，有村级文艺宣传队10支，有队员名册，有宣传道具和宣传设备，有自己编排的节目，有定期演出制度，有演出活动记录。切实抓好春节期间流动人口宣传服务活动。在城南新车站开展志愿者服务春运“暖冬行动”，为流动人口免费发放计生宣传画报1000余张、避孕药剂1200余盒、避孕套1000余盒，为返乡农工和年后即将出行外出务工的农民群众准备一份丰富的“营养套餐”。开展“5·29”“7·11”等宣传服务活动。5月27日，县计生协联合卫计局组织21个乡镇（街道）的40名农村计生家庭参赛选手参加“创建幸福家庭·助力圆梦小康”主题讲述比赛活动，活动取得良好的效果。“5·29”活动中全县各乡镇（街道）共悬挂宣传标语46幅，出动宣传服务车80余次，召开座谈会26场次，免费体检和建康检查3000余人，发放计生宣传手册4200册，宣传围裙5000条，宣传资料8000份、宣传扑克牌2000副、避孕药具5000余盒。7月12日，在步行街集中开展“7·11”世界人口日宣传暨义诊宣传服务活动。免费体检100余人，接受政策咨询200余人次，发放计生宣传画报1000余张，全面两孩政策、《贵州省人口与计划生育条例》等相关法律法规宣传单2000余份，宣传读本300本，避孕药剂500盒和避孕套500盒，取得良好的宣传效果和社会反响。抓好人口计生阵地宣传。在青龙街道博爱医院、玉水街道迪蒙科技有限公司各建立企业计生协会1个。推进“青春健康教育进校园”活动。11月1日至3日，县职校心理健康教育老师朱亚玲到都匀市参加全省青春健康师资培训班培训。11月28日至12月1日，组织5名专业老师到铜仁市参加全市青春健康教育师资培训班培训。全县举办“青春健康教育”进校园专题讲座82场次，发放宣传、学习资料5万份，拉画笔5万支，接受学生咨询2000多人次，制作课件28个，出示图片600多张、受益学生1.2万余人次。举办“医疗惠万家、民生故事会”先进典型讲述比赛活动。9月5日，由县卫计局、计生协会、总工会联合举办“医疗惠万家、民生故事会”先进典型讲述活动。活动评出一等奖2名；二等奖4名；三等奖6名。

开展计生困难家庭扶助工作。推进“四大幸福计生行动”工作，开展“幸福工程——救助贫困母亲行动”。对实施“幸福工程”项目点（稳坪镇铁坑村蔬菜基地、平原镇水车村、台头村、河石村、红旗村、上坝村和堰塘乡关口村、高家湾村项目基地）进行跟踪管理。稳坪镇铁坑村20名受助贫困母亲喜领红利20700元。开展“幸福微笑——德江唇腭裂儿童救助行动”。7月，在县内开展唇腭裂患儿的调查摸底和登记、汇总、上报工作，切实关爱计生家庭唇腭裂患儿健康成长。推进“幸福人生——独生子女特殊家庭救助行动”试点工作。7月，全县开展“计生特殊家庭帮扶项目”，对计生特殊家庭开展基线调查、慰问、交流谈心、健康教育、保险服务、伤残康复、慢病援助、紧急救助等工作，全县有计生特殊家庭32户53人，使用项目资金60640元（其中省、市资金46620元，县级匹配资金14080元）。开展“幸福守望——留守儿童关爱行动”试点工作。在合兴镇大兴社区中心完小建立留守儿童乐园1个，为其配备移动电话4部、拔河绳2根、乒乓球拍10付、跳棋10付、象棋5付、羽毛球拍10付、篮球3个。建立计生协合作社，带领广大计生家庭脱贫致富。向省计生协会申请资金20万元，在复兴镇客店村实施项目点1个。规范县级“人口福利·生育关怀基金”管理和使用。加强对县“人口福利·生育关怀基金”管理和使用，确保基金使用安全不出事。县财政每年划拨资金50万元注入德江县“人口福利·生育关怀基金”，基金来源长效机制得到落实。2013年至2016年，县政府划拨资金达200万元。县级“人口福利·生育关怀基金”余156.66万元。

加强自身建设和经费保障。抓好乡、村两级计生协干部培训工作。县计生协对2011年以来认定的138个计生协会“合格村”、2015年创建的28个合格村及年内所创的22个“合格村”（其中“重点合格村”7个）进行业务培训，培训人数6632人次。健全工作制度。贯彻落实市计生协《村级计生协会基本工作制度暂行规范》，更新“合格村”和“重点合格村”工作制度并上墙，抓好抓落实。定期开展民主评议，征求群众意见建议,不断规范村民代表会议议事、决策程序，保证村（社区）代表会议决策、管理和监督等职能的履行，带动全村（社区）经济、社会和谐发展。足额保证经费投入。县级计生协会工作经费按上年末总人口人均1元投入到位。县计生协按每个乡镇（街道）计生协每年1万元、每个村协会每年500元的工作经费2016年10月全额划拨到乡镇（街道），划拨经费38.2万元。（兰显妃）

关心下一代工作委员会

【概况】 2016年，县关工委坚持以党的十八大精神为指导，认真学习宣传贯彻十八届五中全会精神，围绕中心，服务大局，引领青少年培育和践行社会主义核心价值观，抓好“五好”基层关工委创建活动，积极参与社会管理创新，努力为青少年做好事、办实事，为青少年健康成长做出新贡献。

【青少年思想道德教育】 在开展主题教育活动中，与相关单位联合下发《关于开展全县青少年五好小公民“老师您好·我的好老师”主题教育系列活动实施方案》，围绕立德树人根本任务，突出“我的中国梦”主题，运用未成年人喜闻乐见的形式，广泛组织中小学生开展“老师您好·我的好老师”主题演讲征文系列活动。4月9日，举办全县青少年五好小公民“老师你好·我的好老师”主题演讲比赛活动。比赛分中学组和小学组进行，来自全县各中小学的56名学生选手参加比赛。参赛选手紧扣“老师你好·我的好老师”这一主题，结合亲身经历，怀着一颗感恩的心，声情并茂地讲述他们身边的好老师，讴歌老师们“为人师表、爱岗敬业、立德树人”的崇高精神。1月16日，以“弘扬传统文化，陶冶少年情操”为主题开展“德江县2016年乡村学校少年宫文艺汇演”活动。来自该县7所乡村学校少年宫的小朋友奉上15个精彩节目。县关工委主任陈泽芳，副主任邢湘柚、冉隆明出席并为获奖辅导员颁奖。5月21日，由德江县关工委、县教育局、县妇联、县文明办联合主办“德江县家长学校家庭教育讲座”。来自城区中小学、幼儿园近300名学生家长聆听讲座。讲座由国家级教育专家石卉芸老师以及国家级二级心理咨询师夏冰月老师主讲，她们分别以《陪孩子一起成长》和《做孩子的一面镜子》为题，利用身边典型的案例、浅显易懂的道理、生动形象的视频，向家长陈述家庭教育重要性和家庭教育的职责，引导家长们在家庭教育中避免使用比较、唠叨、打骂、包办等消极的方法，用“欣赏、赞美、鼓励，尊重、理解、帮助”等积极的方法，用行动影响孩子，用心陪孩子，与孩子平等沟通，构建充满爱的家庭，让孩子在爱的沐浴中健康成长。5月24日，在县教育局礼堂举办全县中小学生“童心向党”歌咏暨“经典童谣”诵读大赛。来自全县50所中小学校的选手们用最纯真、最诚挚的情感，以饱满的热情、富有感染力的歌声和诵读抒发了对党、对祖国、对家乡最真诚、最炽热的爱，让现场的观众真切地感受中华经典的优美感人、华夏文明的博大精深。县关工委积极组织“五老”开展“党史国史”主题教育宣讲活动，组织主题教育宣讲员胥全涛、程仕万等先后到县四中、荆角中学、煎茶镇希望小学给青少年学生作报告，用长征精神教育青少年。

【送爱心活动】 努力为青少年特殊群体做好事、办实事、解难事，县关工委积极参与社会治理。“六一国际儿童节”之际，县关工委主任陈泽芳、名誉主任郭静梅等一行6人先后深入城区学校开展“送爱心”活动，为留守儿童送上节日的祝福，共送上总价值2万元的节日礼物。县关工委主任陈泽芳争取中信银行东莞支行行长任耀伦先生的支持，对沙溪完小20名、杉树小学5名、长丰完小5名贫困学生每年争取助学资金3万元至中学毕业。

【青少年法制教育】 一是县关工委启动第三届“关爱明天·普法先行”教育。征订普法教育读本

1000余册，发至各校。开展青少年法制教育报告会，2016年，全县举办法制教育报告会500余场次，受教育达9万人次。帮教30余名有不良行为青少年，有的走上致富路。二是深入开展“法制进校园”活动。县关工委主动与县教育行政部门配合，把法制教育列入学校教学计划，落实法制宣传教育的教材和课时、与政法部门联合开展法制专题讲座。与多部门联合在城区学校为师生开展“综治、法制、安全”专题讲座，结合发生在学生身边的具体事例，深入浅出地为学生进行法制宣传，达到预期效果。三是加强网吧监督工作。县关工委聘请20名“五老”网吧义务监督员，分4个网吧监督组，对全县32家网吧实行每月2次定期监督，每月一次集中汇总汇报。同时，参与校园周边环境治理，关注青少年的人身安全和交通安全、食品安全，为青少年健康成长创造良好环境。

【创建“五好”基层关工委】一是在总结“基层工作年”活动经验、巩固“基层工作年”活动成效的基础上，扎实抓好新一轮为期三年的“基层工作深化年”活动，开展创建“五好”基层关工委活动。把工作重心放在组织建设深化、活动创新深化、工作成效深化上。二是加大创建“五好”基层关工委督促检查力度。县关工委为更有利于基层工作开展，将班子成员分成3个组，分片联系乡镇和部门的基层“五好”关工委创建工作，多方协调指导基层关工委工作，确保部门联动，巩固提升现有的“五好”基层关工委，创建一批新的“五好”基层关工委，抓好基层关工委的组织建设。三是继续推动省、市《关于进一步加强基层关心下一代工作的意见》的贯彻落实，使全县基层关工委的班子建设、队伍建设、制度建设和作风建设得到加强。关工委经费保障方面，21个乡镇（街道）关工委1万元经费全部列入财政预算。将村（社区）关工委经费列入乡级财政经费保障机制，各地对乡镇（街道）、村（社区）关工委主持日常工作的老同志采取多种形式，给予适当补贴。

【自身建设】一是调整充实21个乡（镇、街道）关工委组织，健全和完善村级（社区）关工委，村（社区）支书任关工委主任，退下来的老支书或老主任任常务副主任。基层关工委组织建设得到加强，县、乡、村（社区）关工委组织网络基本形成，组建率100%。二是各级关工委完善学习制度、工作制度、调研制度，用制度来推进各项工作的落实。三是乡（镇、街道）、村（社区）关工委工作制度规范上墙，关工委工作规范化、制度化。

（曾飞）

法　　治

政法委与综合治理

【概况】2016年，全县政法工作贯彻落实中央、省委、市委、县委政法工作会议精神，坚持以提升人民群众安全感和满意度为工作目标，以维护经济社会大局稳定为核心，以深入推进法治德江、平安德江为引领，结合“两学一做”学习教育和“三强三铁”主题教育实践活动，精心细致谋划工作部署，全力以赴狠抓工作落实，群策群力创新工作方法，为全县决战脱贫攻坚、决胜全面小康，加快建成黔东北交通枢纽和区域性中心城市创造和谐稳定的社会环境、公平正义的法治环境和优质高效的服务环境。全县群众安全感、政法机关综合满意度分别达到98.47%和97.83%，比2015年分别提升1.45和0.31个百分点，在全省的排位分别从2015年的第56位、第61位跃升到第14位、第41位，在全市的排位分别从2015年的第8位、第5位提升到第3位、第4位。群众安全感、满意度连续六年实现“双提升”。县内推出的平安城市移动网络终端信息采集及摩托车防盗智能报警系统获全国公安机关改革创新大赛铜奖，获省公安厅2016年度科技强警二等奖。

中共德江县委政法委员会是德江县委领导、管理全县政法工作的职能部门，1984年成立，设有综治办、维稳办、办公室（研究室）、国家安全科、政工科、执法监督科（涉法涉诉信访科）、维稳科、综治科、稳评办等科室。2015年12月，设立德江县社会稳定风险评估办公室，2016年12月，德江县社会稳定风险评估办公室增加1名事业编制，并更名为德江县社会稳定风险评估中心。

【社会和谐稳定】一是社会矛盾化解。推行风险评估全覆盖工作，从源头上预防和减少社会矛盾，2016年完成重大项目评估87个，其中省市11个，县乡76个，做到应评尽评。推行矛盾纠纷多元化解机制，建立健全人民调解、行政调解、司法调解体系，2016年全县化解各类矛盾纠纷1248起，化解成功率在98%以上。加强依法信访，开展领导干部带头接访、带头下访、带头包案“三位一体”工作机制，开展积案集中清理化解工作，对老大难涉法涉诉信访案件和其他重大矛盾和突出的涉稳信访问题，实行县乡领导包案化解，2016年县乡领导包案信访案件96件，办结49件，化解47件，办结化解率100%。二是做好各类节日、敏感节点和重大活动期间的安保维稳工作，维护政治安全，实现县内外各类重大节日活动期间零上访、零事故、零事件“三零”目标，持续保持重大政治案（事）件、暴恐极端案（事）件、重大群体性事件、重大公共安全案（事）件零发生。三是开展对敌反恐和邪教防范处置工作。组织开展国家安全宣传活动、反恐专项查缉活动和反恐防恐演练，深入推进无邪教创建活动，加强重点人员和邪教人员的教育转化管控

开展"6·26"禁毒日活动

工作，全县没有涉暴涉恐涉邪活动的案事件发生。

【社会治安综合治理】一是加强精准防控，夯实立体化治安防控体系。以平安建设"五项行动"为载体，投入1400万元资金建设"天网"工程，组建专职特巡警队伍强化街面巡逻，硬化背街小巷3.5万余米，亮化道路115条，全面推行"1369"创建工作法（确保小区居民安全感满意度度大幅提升，实现小区内无黄、赌、毒、邪等，盗、抢、拐、骗等，民转刑事案发生三个目标，采取群众动员部署，摸清小区人口住房情况，规划好小区创建内容，社区群众单位联动，检查验收等六个步骤，落实视频监控探头，小区盲点亮化，人事物台账，规范停车场，治安值班岗亭，平安宣传专栏，防盗门禁系统，常态化巡逻系统等九必建），零发案小区创建成效明显，松散式小区治安突出问题得到有效整治。积极给予项目、资金、政策等方面支持，实

5月29日召开全县清剿黄赌毒.净化社会环境严打决战誓师大会

行部门挂帮、干部包保小区，推动形成"人人参与、共创共建"的良好格局。2016年完成创建56个，其中物业式3个，松散式53个，特别是松散式"零发案"小区的创建方法和效果，得到市委政法委的高度评价。二是精确打击，社会治安持续向好。突出专项行动，先后开展"清剿黄赌毒"、集中打击"盗抢骗"和惩治生态违法等专项行动。2016年110接警中心刑事类报警同比下降39.45%，全县公安机关立刑事案件同比下降13.31%，破获刑事案件520起，破案数同比上升3.17%，其中破现行命案4起，破案率100%，连续9年保持现行命案全破业绩。盗抢骗发案下降19.88%，破案上升7.04%，2016年为群众追赃挽损总价值680余万元。先后抓获刑事作案人员669人，打掉犯罪团伙30个，破获毒品刑事案件51起，缴获毒品3443.69克；检察机关依法决定批捕各种刑事犯罪案件171件，批捕率75.33%；法院全年审结各类刑事案件331件，审结292件，审结率88.22%。突出重点整治，通过开展命案精准防控整治、刑事发案突出重点区域精准防控整治、毒情重点区域精准整治工作和外出人员攀爬入室盗窃地域性职业犯罪专项整治行动，年内重点整治区域和乡镇未发生命案，全县刑事发案呈下降趋势，毒情形势得到有效遏制；协助外地警方破获一批案件，抓获145名网逃人员；持续开展行业场所治安清查整治行动，先后依法处罚行业场所123家次，停业整顿16家次，特别是卖淫嫖娼和公共场所聚众赌博问题得到有效整治，为推进全县社会治安根本好转发挥积极作用。三是强化服务管理，"六项工程"取得新成效。在各乡（镇、街道）、县综治委成员单位特别是"六项工程"牵头部门的努力下，全县上下围绕破解特殊人群服务管理工作难题，坚持以建设法治德江和平安德江为引领，以对特殊人群"底数清、动态准、管得住、服务好"为目标，以特殊人群"六项工程"为抓手，有效预防和减少特殊人群违法犯罪案事件和公共安全问题的发生，消除大量不稳定因素，为全县经济社会发展创造和谐稳定的社会环境。

11月30日召开全县特殊人群服务管理现场观摩会

【政法改革】一是司法体制改革成效初显。以司法责任制改革为重点和突破口，着重在解决影响司法公正、制约司法能力的深层次问题上下功夫，推动员额制法官检察官改革稳步“落地”，2016年全县颁证就职首批员额制法官22名、员额制检察官16名，推进立案登记制改革，全年登记立案2923件，当场登记率100%；根据新时期婚姻家庭矛盾的特点，2016年6月启动家事案件审理方式改革，对家事纠纷实施“柔性、专业”审判；探索轻刑快审改革，2016年适用轻刑快审程序审理48件，适用率达15.24%，审判质效大幅提升，执行难工作有所突破，执结各类案件363件，为当事人实现债权3471.556万元，媒体曝光“老赖”188人次。县检察院以检察文化为引领，强力推进“4+1”工程创建工作，2016年，县检察院获贵州省基层检察院建设“4+1”工程创建先进院称号。二是警务机制改革成效明显。强化科技强警，向科技要警力，向科技要战斗力，“互联网+防范”“互联网+侦查”“互联网+民生”“互联网+管理”“互联网+监督”五项行动有序有效推进，情指一体化、警务实战化和巡处一体化改革深入推进，县内平安城市移动网络终端信息采集及摩托车防盗智能报警系统获全国公安机关改革创新大赛铜奖，获省公安厅2016年度科技强警二等奖。整合全县354名村级综治站长明确为“一村一警务助理”，统筹深入推进户籍制度改革工作，引导农业人口转移城镇落户18.6万余人，实现户籍人口城镇化率达33.84%。三是矛盾纠纷多元化解平台建设稳妥推进。推进矛盾纠纷多元化解中心、诉调对接中心、专业性人民调解委员会、公共法律服务中心、中小学心理疏导服务中心五大平台建设，准确把握新形势下矛盾纠纷的规律特点,推进多元化解机制建设。深化涉诉信访制度改革，畅通信访申诉表达渠道，探索律师参与化解和代理涉诉信访工作，充分发挥律师在维护群众合法权益、化矛盾纠纷、促进社会和谐稳定中的积极作用，引导群众理性表达诉求、依法维护权益，推进涉诉信访工作法治化。

【政法队伍建设】一是强化政法队伍党性教育。以庆祝建党95周年暨长征胜利80周年系列活动为载

6月30日政法委机关党员干部到黔北特委开展七一活动

体，开展“两学一做”学习教育和“三强三铁”主题教育，强化政治意识、大局意识、核心意识和看齐意识，在政法系统开展习总书记系列讲话、十八届六中全会、省市县党代会精神宣讲，提升政法干警思想政治素质。二是强化政法队伍能力素质。坚持“练为战”的思想，有针对性地制定落实教育培训计划，推动业务知识、执法技能培训常态化，切实解决内生动力不足的问题。法院、检察院系统通过资深法官检察官传帮带，提升年轻干警的综合素质，公安系统开展“战训合一”练兵活动，提升民警的体能、技能和执法办案能力，深入开展法律“六进”活动，干警综合素质显著提高。三是强化政法队伍严管厚爱。落实全面从严治党“两个责任”，严格遵守《准则》和《条例》，举办政法系统勤政廉政专题教育讲座，组织政法干警观看警示教

育片，筑牢拒腐防变的思想防线，严格按照“四严五不准”要求，加强政法干警执纪监督问责，全县没有发生政法干警违法违纪案件。

（县政法委）

法 院

【概况】 2016年，县人民法院围绕“努力让人民群众在每一个司法案件中感受到公平正义”的目标，把握“司法为民、公正司法”主线，履行宪法和法律赋予的职责，各项工作取得较好成绩。县法院被省高院命名为“全省法院文化建设示范单位”，信息化工作在全省法院信息化工作检查中位居全省法院第五名、全市法院第一名。全年受理各类案件3607件，审（执）结3240件，同比分别上升33.59%和23.19%，结案率为89.83%。全院设有政工科、纪检组、机关党委、执行工作局、办公室、审判管理办公室、审判委员会办公室、机关党委办公室、立案一庭、立案二庭、刑事审判庭、少年审判庭、民事审判第一庭、民事审判第二庭、道路交通事故审判庭、行政审判庭、审判监督庭、执行庭、研究室、书记官室、司法警察大队、信息技术办、监察室、对外委托办公室、新闻宣传办公室、后勤服务中心等26个内设职能机构及第一人民法庭（驻地煎茶）、第二人民法庭（驻地共和）、第三人民法庭（稳坪）、第四人民法庭（驻地长丰）4个人民法庭。

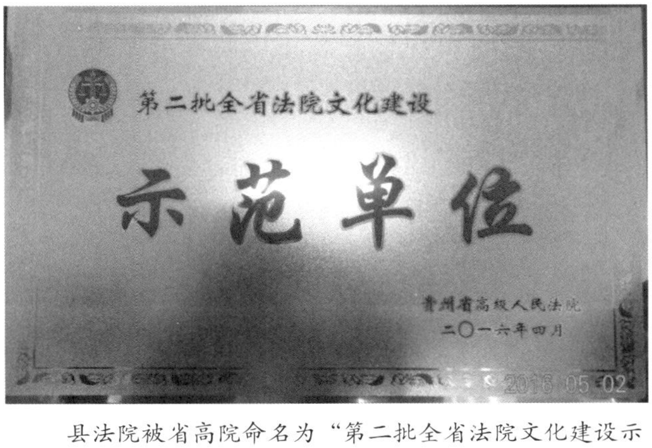

县法院被省高院命名为“第二批全省法院文化建设示范单位”

【刑事案件审理】 一是坚持把维护社会和谐稳定作为首要任务，坚决依法严厉打击各种严重刑事犯罪，维护社会和谐稳定，增强人民群众安全感。二是坚持宽严相济、打防结合的刑事司法政策，对未成年犯罪，坚持“教育、感化、挽救”的方针和“教育为主、惩罚为辅”原则，开展判前社会调查、判后帮教等工作，对未成年被告人实行圆桌审判制度，落实未成年人轻罪记录制度，促其改过自新，回归社会。三是坚持严惩贪污贿赂、渎职等职务犯罪，促进反腐败斗争深入开展。四是落实人权司法保护和量刑规范化，确保案件定性准确，量刑适当，罚当其罪。全年依法受理刑事案件407件560人，审结375件507人，审结率为92.14%，收结案数较上年分别上升22.22%和19.05%。犯罪类型分别为：侵犯财产罪90件126人，侵犯公民人身权利、民主权利罪68件86人，妨害社会管理秩序罪123件197人，破坏社会主义市场经济秩序罪7件13人，危害公共安全罪66件70人，贪污贿赂罪14件14人，渎职罪1件1人；生效判决处刑情况：判处10年以上有期徒刑3人，5至10年有期徒刑18人，3至5年有期徒刑21人，3年以下有期徒刑187人，缓刑160人，拘役27人，管制10人，免予刑事处罚9人。收缴罚金195.48万元。

【处理民商事纠纷】 一是坚持依法审理，积极协调的原则，发挥民商事审判定纷止争作用，多方式多渠道化解人身损害赔偿、交通事故、劳动争议、拖欠农民工工资、继承赡养抚养、商品房买卖、经济合同纠纷、民间借贷、企业融资、建设工程、金融借款等各种矛盾纠纷。二是构建诉讼与非诉讼矛盾纠纷化解机制，不断完善司法调解与行政调解、信访调解、人民调解相结合的“四调联动”机制，协调各方力量，化解社会矛盾纠纷，促进社会和谐。三是妥善处理婚姻家庭纠纷案件，加强对妇女、儿童、老人的合法权益保护，促进家庭和睦、社会和谐。四是积极能动司法，不断加大巡回办案力度，方便群众诉讼，维护当事人的合法权益。五是发挥人民法庭的“窗口”作用，开展巡回审判和诉外调解，最大限度地方便人民群众诉讼，化解社会矛盾纠纷。全年依法受理各类民商事案件2449件，审结2266件，结案率92.53%。收结案数较上年分别上升52.49%和43.96%。审结案件中合同类1125件，占49.70%件；婚姻家庭类761件，占33.60%；侵权类337件，占14.90%。调撤案件数1206件（其中调解860件，撤诉346件），调撤率53.53%。人民法庭受理案件1074件，审结1064件，结案率为99.07%。

当事人送锦旗

【化解行政争议】 一是履行司法审查职能，坚持维护和监督并重的原则，化解行政争议，有效保护行政相对人的合法权益，促进依法行政。二是发挥诉讼协调功能，配合做好行政案件诉前化解、诉中协调工作，并梳理总结涉案情况，分析态势，提出建议，促进行政机关提高依法行政水平。三是加强与行政机关互动交流，建立联席会议制度，通过组织培训、个案指导、专题交流等形式，从源头上减少行政争议的发生。四是加大对非诉行政案件的审查执行力度，依法执行社会抚养费征收、土地管理、税务征收、市场监管、食品安全等行政处罚案件，优化全县行政执法环境。全年依法受理行政诉讼案件4件，审结3件，结案率75.00%。审查非诉行政案件8件。

【执行工作】 一是健全执行工作长效机制。构建与公安、国土、建设、房管、工商、税务、文广及银行等部门参与的执行联动机制、执行威慑机制，将拒不执行法院生效裁判文书的被执行人纳入失信人黑名单，使其在乘坐飞机、高铁、招标投标、融资信贷、资质认定、高消费等方面受到信用惩戒，督促被执行人主动履行义务，为执行工作的良性运行提供制度保障。二是加大强制执行工作力度，严厉打击抗拒执行为，树立司法权威。采取常规执行与“百日会战”集中执行相结合的方法，强力破解执行难，竭力维护当事人的合法权益。开通“总对总”网络执行查控系统，建立执行指挥中心，推行执行风险告知书、财产申报令及限制高消费令和查存款、查房产、查公司、查车辆的“一书二令四查”执行新机制，依法采取查封、扣押、拍卖财产等强制措施，穷尽一切执行手段实现当事人的法定权益。对拒不执行判决裁定的，坚决依法制裁。三是加大执行工作救助力度。对生活确有困难而被申请执行人又确无财产可供执行的申请执行人，给予司法救助，彰显司法人文关怀。全年依法受理各类执行案件739件，执结588件，执结率79.57%，收案数较上年上升17.49%，结案数较上年下降3.45%。执结标的总金额4305.69万元，同比上升5.43%。向有关单位发出协助执行通知300余次，公布失信人名单129人，对23人次处以司法拘留。对被执行人确无履行能力而生活确有困难的14名申请执行人实施司法救助，发放救助金额28.80万元。

7月13日，县人民法院建成执行指挥中心

【审判监督管理】 建立审限预警机制，对即将超审限的案件公布在诉讼大厅的电子显示屏和办公系统上，及时预警和提示承办法官，防止超审限结案。并加大案件评查力度，实现纸质卷宗与网上办案信息同步评查，对评查出来的问题及时予以通报，督促整改。全年评查案件2727件，占结案数的84.17%，发出案件审限预警通知20次、案件信息录入情况通报6期、审判管理通报11期、司法统计分析2期，审判运行态势分析3期、案件质量评查通报12期，公开裁决文书420份。组织开展“庭审观摩”活动1次，对松桃县法院、罗甸县法院、云南省云县法院和耿马县法院部分裁判文书进行评查。6件案件依法启动再审程序。

【审判体制改革】 首批员额制法官任命：根据《贵州省全面推开司法体制改革员额制法官检察官首次遴选工作意见》和省高院“以案定员”确定的员额比例，经过报名、考核、考试、答辩、审议等程序，任命德江法院首批员额制法官21名，颁证并宣誓就职。

10月3日县人民法院首批员额法官颁证、宣誓、就职

立案登记制改革： 2016年，案件当场登记立案率达100%，做到有案必立，有诉必理，充分保障当事人诉权，切实解决“立案难”。同时，成功调解民事案件81件，诉前调解民事案件2件，诉前保全4件。办理网上预约立案4件。接受上级法院交办事项和外地法院委托送达、宣判、委托执行立案等事宜106件（次）。依法为37件案件确有困难的当事人缓、减、免交诉讼费9.96万元。

轻刑快审改革： 2016年，适用轻刑快审程序审理48件，适用率15.24%，全部当庭宣判，平均6天结案，提高办案效率。

诉讼服务机制改革： 成立诉调对接中心，健全对接制度，制定诉调对接工作流程，规范相关工作。同时，探索律师参与化解和代理涉诉信访工作，发挥律师在维护群众合法权益、化矛盾纠纷、促进社会和谐稳定中的积极作用，制定出台《法院信访工作流程管理暂行规定》，畅通信访申诉表达渠道，引导群众理性表达诉求、依法维护权益，推进涉诉信访工作法治化。2016年，接待来信来访235人次；收到涉诉信访案件10件，全部复查处理完毕。登记和转交涉诉信访案件18件，其中交由律师成功化解1件。

【审判队伍建设】 一是加强领导班子建设。完善党组议事规则，落实民主集中制原则，坚持“三重一大”事项集体讨论决定，并自觉遵守各项制度，自觉接受监督。二是法院党的建设。学习和贯彻落实党的十八届四中、五中全会、六中全会和习近平总书记一系列讲话精神，以服务审判中心工作为主线，加强基层党组织建设。2016年，对各党支部进行改选，转正党员4名，培养入党积极分子3名。对在工作中表现突出1个先进党组织、6名优秀共产党员和3名优秀党务工作者予以表彰和奖励。院党员活动中心被县直机关工委授予“党员活动室标准化建设示范单位”。三是思想政治建设。开展“两学一做”“四讲四有”学习教育及“三强三铁”主题教育，强化干警的政治意识、大局意识、核心意识、看齐意识，增强政治自觉、思想自觉和行动自觉，严守政治纪律和政治规矩。四是司法能力建设。2016年，严格按照公务员招考程序招录新干警3名、从县内乡镇遴选公务员2名、事业编制人员1名，考察任命办公室副主任1名、研究室副主任1名，报请人大任命5名法庭副庭长，推荐提拔1名事业编制人员到县电视台任副台长。配合做好县乡换届工作，完成院班子及成员的换届考核工作和院长的交流调整，一名副院长交流提拔到沿河县法院任院长。并向县委积极争取到以政府购买服务的方式解决协警12名，将其工资（含五险一金）按人均3万元纳入财政预算。举办干警业务知识培训4期，岗前培训3次，人民陪审员培训2次，组织100人次到法官学院、党校、普通话测试中心等学习培训，提升干警业务能力。五

法院党员活动中心被县直机关工委授予“党员活动室标准化建设示范单位”

是反腐倡廉建设。认真落实防止内部人员干扰办案和外部领导干部干预司法活动、插手具体案件处理的记录通报等制度，深入整治“四风”，集中开展“向有理有据得不到公正结果开刀”和整治“六难三案”问题专项行动，加大审务督察和司法巡查的力度。2016年，签订党风廉政建设责任书86份，督查法庭人员到岗情况40余次，督查机关人员出勤情况20余次，办理来信来访案件13件，查处违纪违法干警1人。六是法院文化建设。始终秉承“文化兴院”的发展理念，把文化建设融入队伍建设和审判管理之中。提炼“崇法厚德、清廉明断”院训和“奉法中立、务实为民、和衷共济、励志图新”的法院精神，彰显法院文化底蕴。开展“道德讲堂”“积德榜”等文化活动，传唱司法好声音，凝聚法治正能量。

【基层基础建设】 一是“两庭”建设。2016年，将“两庭”建设作为夯实党的政权基础来抓，从落实“立党为公，司法为民”的政治高度，建设审判法庭和共和人民法庭。新审判庭建设落实项目选址征地、建设用地审批、建设规划、环境评估和场平等工作。共和人民法庭迁建至长堡主体工程全部完工，即将竣工验收投入使用。二是信息化建设。2016年，把信息化建设作为一项战略性、基础性工作来抓，加强信息化硬件设施建设，加快各种办案办公软件系统研发和应用。全年投入信息化建设资金112.46万元，将审判庭全部建成为高清数字法庭，建成圆桌式少年数字法庭、执行指挥中心、掌上法院政务平台，更新机房后备电源，配备执法记录仪15台、电脑21台、打印机12台等，提高审判执行工作效率。全年利用数字法庭庭审798次，其中进行庭审视频互联网同步直播115次。

【警务政务】 司法警察工作：一是定期进行专门的押解、值庭、看管及处置突发事件等专业技能训练，努力把理论融于实践。二是加强安保工作。全年开展集中技能训练2次，提押、还押人犯233人次，值庭227次，执行安检516次，收押人犯4次，协助司法拘留3件次，协助执行案件55人，制止当事人在院机关闹事28起，拘传人犯5人，昼夜值班243天，送达各类法律文书120件，到群众中心接访47次，各类安全事故“零发生”，为法院机关安全和中心工作的顺利开展提供警务保障。

司法政务工作：一是做好办文、办事和办会工作。全年撰写各类材料20余份，签处各类公文788件、校对印发各类文件198件、网上派车541次、办理网上采购申请190批次、上传办公室主页信息88条、网上发布通知51条、公告35条、新闻50条、文件55份、电子期刊6期,列席党组会议记录37次。二是做好财务管理和档案管理工作。精心编制财务预决算，严格执行财经纪律和“八项规定”，做到专款专用，账目清楚。办理卷宗查阅187人次、卷宗借阅223人次，收诉讼卷宗档案2568卷，卷宗归档数占结案总数的79.26%、占评查案件总数的94.17%。启动对库藏档案的数子化处理工作。三是做好外宣工作。编制印发《傩乡法苑》6期，月报12期，工作简报71期。所投稿件被国家级网站、刊物采用4篇，省级1篇，市级16篇。并充分运用报刊、电视、网站、微博、微信等媒体宣传法院工作，普及法律知识。2016年发布法院微信31多条，门户网站浏览量达8.22万人次。四是开展对外委托评估工作。受理委托鉴定、评估、拍卖案件53件，办结47件。五是做好机关卫生、食堂生活、车辆管理与调度、物资装备等后勤保障工作。六是完成县里安排的效能建设、“五城”联创、综治、禁毒、安全生产、计生等专项工作。

司法调研工作：一是积极申报参加招标市中院2016年全市法院重点调研课题，申报课题2个，中标1个。二是完成2016年全县政法系统重点调研课题任务，落实典型案例征集工作，上报案例5个。全年收到各个部门撰写的调研文章15篇，并开展其推送工作，有2篇调研文章分别被《中国审判》《铜仁审判》刊发。（杜 江）

检察工作

【概况】2016年，县检察院坚持在县委和上级检察机关的领导下，扎实抓好主体责任和监督责任，补齐自身综合素质短板，更好地履行党和人民赋予的职责使命。以司法体制改革为动力，狠抓检察业务工作。充分发挥检察监督职能，加强对刑事诉讼、民事诉讼、行政诉讼的法律监督。按照省编委办、省人民检察院《省以下人民检察院职能配

省人民检察院法警总队总队长吴洪胜（右前一）到院检查工作

置及内设机构改革试点工作指导意见》及有关司法体）、案件管理部（含案件管理办公室、检察委员办公室）、办公室、政工部（含原政工科、法警大队）、信息技术部（原信息技术科），其中纪检监察机构、机关党组织按有关规定设置。全院人员编制57人，其中公务员编制53人、事业编制4人；实有人数51人，其中公务员编制47人、事业编制4人。

县人民检察院被省院授予检察检察院建设“4+1”工程创建先进院荣誉称号

【服务地方发展】 2016年，县检察部门牢固树立检察工作服务和服从经济发展大局的指导思想，落实《贵州省人民检察院关于充分发挥检察职能服务贵州经济发展的意见》，有针对性地调整工作重心，为地方发展营造良好法治环境。一、维护德江生态绿色发展、可持续发展。对破坏生态环境类案件进行监督，监督林业公安立案3件3人，提起公诉25件36人，查办职务犯罪15件16人，向相关单位发出检察建议75件（次）。在办理破坏生态、乱砍滥伐等案件时，开展“补植复绿”，现场监督违法企业补植林木2000余株。与县环保、水务等部门开展联合执法，参与治理废弃机油、高速公路搅拌站环境污染、观音滩水库手边垃圾倾倒点和养殖场环境污染隐患等突出问题。二、积极开展公益诉讼试点工作。办理生态环境公益诉讼诉前程序案3

铜仁市人大常委会到本院调研生态检察工作

件，办理国有建设用地出让领域诉前程序13件，根据8个受让对象针对13宗土地签订的13份出让合同，以宗地为单位发出检察建议13份。2016年12月9日，经层报审批，根据《人民检察院提起公益诉讼试点工作实施办法》第四十一条的规定，将国土局出让城南16号、17号土地违法行为起诉到县人民法院。

【维护地方稳定】 一、依法严厉打击严重刑事犯罪。与公安、法院等部门密切配合，参与打击暴力恐怖犯罪等专项行动，严惩严重危害社会稳定的刑事犯罪，维护公共安全和社会稳定，切实维护群众切身利益。2016年，依法批准逮捕358人，提起公诉473人，同比分别下降3%、24.08%。强化执法办案风险评估预警工作，严把案件事实关、证据关、程序关和法律适用关，作出不予批准逮捕决定97人（不捕率27.79%），不起诉决定14人（不诉率3.3%）。二、化解社会矛盾。适用刑事和解办理案件31余件；适用轻微刑事案件快速办理机制，快速办理案件42件(司法救助案件4件，救助人数4人，救助金额7.5万元)，减少群众诉累，提高办案效率；探索建立涉法涉诉信访事项依法导入、纠错、终结机制，审查处理来信来访百余件，处理率100%。三、主动参与社会治安综合治理工作，织牢平安建设防护网。着力开展未成年人违法犯罪“捕、诉、监、防”工作，关注青少年健康成长，办理未成年人刑事案件48件71人，在办案中强化保护措施落实。参与各项社会治理活动，组织开展治安整治“7+X”行动、平安建设“零发案小区”创建、精准扶贫等工作。切实履行社会职责，帮助基层组织和群众，协调相关部门，为乡镇解决综治工作经费、精准帮扶资金14万元。

【打击和预防职务犯罪】 一、突出重点，加大查办力度。坚持有案必查、有腐必惩，“老虎”“苍蝇”一起打，加大办案力度。2016年，立案侦查职务犯罪案件17件18人（涉嫌贪污犯罪案件2件2人，涉嫌受贿犯罪案件11件11人，涉嫌行贿犯罪案件2件2人,渎职侵权犯罪2件3人），主要涉及三农等民生和群众利益相关领域，全部侦查终结并移送审查起诉。其中，副县级2人，科级干部3人，股级干部2人；社区主任3人，乡镇党委书记2人；所立案件均为大要案，为国家挽回经济损失百余万元。二、标本兼治，注重预防效果。检察长结合十八大关于反腐败精神和近年来全院立案查处的案例，亲自到乡镇以“增强廉洁从政意识，筑牢拒腐防变防线”为主题，给乡镇党员干部作了在新形势下如何预防党员干部违纪违法犯罪的警示教育；与国税、高速、供电、教育等多家单位联系，召开联席会议，制定预防职务犯罪联席会议制度4份。根据查办案件情况，展开对发生在不同领域、不同职务、不同岗位和不同性质的案件进行预防调查5次，均形成调查报告。采用惩治与预防相结合，对自侦立案的案件进行个案分析，并对2件类案进行分析，向相关单位和部门提出7次检察建议，均收到整改回复。对全县各单位提出的工程项目招投标的投标单位和投标人进行查询，全年为各单位和部门查询行贿犯罪档案248人（次），收到招标单位因查询有不良记录的处置回复3件，为全县招标工作营造一个良好的环境。三、开展民生资金专项保护工作。2016年是全国检察机关开展民生资金专项保护工作之年，根据中央、高检院、省院和市院有关工作要求，全院开展民生资金保护专项工作，推进民生领域反腐倡廉建设。重点打击危房改造、征地拆迁、棚户区改造等民生领域窝串案，其中查办发生在施工许可证、土地使用证审核审批，征地补偿发放管理等领域职务犯罪8件8人；打击农村基础设施建设、美丽乡村建设等民生领域窝案，严肃查办发生在农村基础设施建设领域的职务犯罪3件3人；打击套取困难企业劳保金、调剂金等危害窝案，查办危害企业职工利益的民生领域案件2件2人。组织参与“百院千警，保民促廉”民生资金专项宣传活动及“加强举报人保护，惩治群众身边腐败”举报宣传活动。展出职务犯罪案例展板30余块，内容以医疗卫生、教育、农业等与群众息息相关的民生领域为主；发放宣传资料5000余册，重点宣传12309平台及全院受理举报控告申诉方式。

【法律监督】 坚持有错必纠，加强法律监督。坚持依法独立公正行使检察权，坚决依法监督纠正诉讼中执法不严、司法不公的突出问题，着力维护司法公正和法制权威。一、强化刑事诉讼监督。在侦查活动中，提前介入各类刑事案件30次,追诉公安机关漏犯2人，向公安机关发出纠正违法通知书7份并监督落实。立案监督4件4人,纠正漏捕1件1人，纠正公安机关侦查活动违法6件次，其中排除非法证据1件次，纠正程序违法5件次；加强审判监督，对认为确有错误的刑事裁判提出抗诉3件。二、强化民事和行政诉讼监督，办理民事行政监督案件10件，其中市院交办6件，对民事执行活动中的违法情形提出检察建议3件；在立案监督中，办理全市首例法院不予立案的违法案件，有效保障群众诉权；依法督促行政机关履职70余件（次），其中履行公益诉讼诉前程序16件，提起公益诉讼案件1件。为督促行政机关依法履行职责，分别向县国土局、劳动局、食药局等发出检察建议15份。三、刑罚执行检察监督。在开展减刑、假释、暂予监外执行专项检察活动中，通过巡回检察和查阅社矫档案，成功督促司法机关收监4件4人，对不服社教管理、暂予监外执行情形消失而刑期未满的，督促管理机关作出收监建议8人次。深入推进羁押必要性审查工作，受理申请11件,对监管场所安全管理问题、社区矫正管理、刑罚变更执行等方面问题发出口头建议16次。五、强化检察机关内部监督制约。牢固树立监督者更要自觉接受监督的理念，完善内部检察权规范运行制度和监督机制，堵塞管理漏洞，确保检察权按照法定权限和程序行使。2016年，以检察统一业务应用系统和新上线的电子卷宗系统为平台，实现对案件的全程管理、动态监督。全年受理案件491件，开展案件质量评查4次，将案件评查查找出来的问题及时反馈给业务部门并予以整改，使全院业务部门在办案的规范性上取得一定的进步。以人民检察院案件信息公开系统为平台,以公开促公正，全年公开案件程序性信息559条，重大案件信息31条，法律文书270份，律师网上预约8条；2016年新设立专门的律师接待办公室，律师接待26件次构建良性互动的新型检律关系,召开检委会14次，讨论案件27件。六是接受外部监督。落实《中共贵州省委关于进一步加强和改进新形势下人大工作的意见》，积极部署开展与人大代表联络工作，认真办理和答复人大代表交办事项和坚持定期向代表汇报工作制度。开展“两长”座谈、“检察开放日”活动，听取代表意见。市人大常委会到院调研，向市人大调研组专题汇报调研生态检察工作，获代表肯定；走访5名省人大代表、市人大代表等近30余次，向人大代表、人民监督员赠阅《人民检察》《检察日报》等报纸杂志。

【检察队伍建设】 一是加强机关作风建设。以开展“两学一做”学习教育、“三强三铁”主题教育和学习习近平总书记系列重要讲话精神为契机，通过制定个人学习计划、手抄党章、交流心得体会等形式积极参与学习并领悟其精神实质，提高思想认识。再次深入学习《党章》《中国共产党廉洁自律准则》《中国共产党纪律处分条例》等党内法规，引导检察干警坚定理想信念，端正工作作风，充分提高干警的思想政治素质和拒腐防变的能力。二是加强党风廉政建设，贯彻中央八项规定和“一准则两条例”，落实中央、省、市、县关于党风廉政建设的新举措、新要求。通过加强学习，深化认识。学习十八届中央纪委六次全会精神和上级检察机关纪检监察工作会议精神，明确工作重点和具体工作任务，做到思想、工作、措施三到位。层层落实责任，层层签订责任状，层层传导压力，对检察队伍做到严抓严管，对违纪问题做到不迁就不护短。坚持监督执纪新常态。对有苗头性、倾向性问题的1名干警开展提醒约谈，对1名干警进行诫勉谈话，对2名在执法办案中司法行为不规范的干警在全院大会上进行通报批评。三是切实加强队伍专业化职业化精英化建设。结合统一业务应用系统软件和12309网上网下一体化服务平台的

12月5日举行升国旗奏国歌

推广应用工作，开展一系列执法办案的素能培训及岗位练兵活动，全面提升业务水平，提高干警队伍专业化水平。参加上级院及县委举办的各种竞赛活动，在全省第二届检察机关民事行政检察业务竞赛中李先赋获得“业务标兵”荣誉称号，严天金在全省检察机关刑事执行检察业务竞赛中荣获“业务竞赛能手”荣誉称号。四是推进基层检察院4+1工程建设，县检察院被授予全省检察机关4+1工程建设先进院。

（周子翠）

公安工作

【概况】 2016年，全县公安机关贯彻落实中央、省委、市委、县委政法工作会议和全省、全市公安局长会议精神，围绕“三严三升一降”（严打严防严管、提升群众安全感满意度和平安建设知晓率、降刑事发案）工作目标，细化措施，明确责任，强力推进，全年无重大恶性刑事案件、无群体性事件、无重大公共安全事故、无群体性越级上访和极端非访事件、无重大舆情炒作事件发生，全县社会稳定、社会治安持续向好，刑事发案总量下降14.16%，群众安全感、满意度均达95%以上（其中安全感达98.47%，排名全省第14位；满意度达95.09%），“210工程”建设及警务改革创新项目获公安部表彰。

是年，2月1日，合兴派出所被省公安厅、省人力资源和社会保障厅评为“全省优秀公安基层单位”；局禁毒大队冉涛(禁毒大队教导员)被省公安厅、省人力资源和社会保障厅评为“全省优秀人民警察”。6月7日，杨华松、骆贵川2名同志分别获省公安厅记个人二等功一次；6月20日，局警务保障室获被公安部评为全国公安机关“210工程建设”先进集体。7月1日，县公安局第八党支部被县委评为全县先进基层党组织；彭学能(政工室副主任、第二党支部书记、组织委员)、杨亚林(第五党支部宣传委员)分别被县委评为全县优秀党务工作者；张波(特巡警大队科员)被县委评为全县优秀共产党员。7月22日，张玉良在全国“两清理一排查”专项行动中获公安部表扬通报；7月27日，任荣同志在2016年第一期入警训练中被省厅警察训练总队评为优秀学员。9月30日，简飞在“生态文明—贵阳国际论坛2016年年会”安全保卫工作中被铜仁市局评为先进个人。10月17日，局警务保障室获贵州省公安厅政治部记集体二等功一次；10月19日，姜勇被评为“生态文明贵阳国际论坛2016年年会安全保卫工作先进个人”。11月17日，冯蛟龙、黎旭波、田琇旭分别被评为“全市公安机关抗洪抢险先进个人”。12月15日，田光被评为“全省优秀户籍民警”；谢天容被评为“全省优秀社区民警”；12月30日，县公安局被铜仁市委评为全市创建全国民族团结进步示范市工作表现突出集体。

2017年1月20日，德江县公安局荣获德江县人民政府关于2016年度安全生产先进单位的表彰；1月29日，县公安局《平安城市移动网络终端信息采集及摩托车防盗智能报警系统》荣获全国公安机关2016年度改革创新大赛铜奖。2月6日，邹琳(治安大队副大队长、经侦大队大队长)荣获贵州省公安厅政治部2016年度记个人嘉奖一次，并奖励人民币2000元。2月26日，梁祖虎(指挥中心(办公室)副主任)、冉高阳(刑侦大队警犬中队中队长)、伍哲君(合兴派出所教导员)、冯建民(国保大队教导员)分别荣获铜仁市公安局2016年度记个人三等功1次，并颁发奖章、证书，各奖励人民币5000元；郎兴忠(青龙派出所民警)、叶勇靖(治安大队民警)分别荣获铜仁市公安局2016年度记个人嘉奖一次，并颁发证书，各奖励人民币2000元。是日，局警务辅助人员：杨宗波(玉水派出所)、张武【特（巡）警大队】、李双江(青龙派出所)，分别评选为2016年度全市公安机关警务辅助工作先进个人，并颁发荣誉证书，各奖励人民币1000元；罗旭【特（巡）警大队】、马俊(交警大队)、申珂强(合兴派出所)、王亚军(煎茶派出所)、王海荣(110指挥中心)、张健敏(看守所)、分别评选为2016年度全市公安机关优秀警务辅助人员，并颁发荣誉证书。3月17日，文海(局党委委员、特巡警大队大队长)荣获德江县人民政府2016年度记个人三等功一次，并颁发奖章，奖励人民币5000元。

【抓管控社会稳定】 通过强化情报信息收集研判、网上巡查监控和重点人员动态管控，先后监测上报网络违法信息5642条、黑卡线索4517条，开展网络舆情引导283次、发帖31583条，落地查证625条次、删除673条，告诫127人、行政处罚2人；排查化解重点领域矛盾纠纷421起，接待信访64批次86人次，立信访案件20起，办结息访19起，信访总量同比下降9.5%。全年无群体性事件发生，无群体性越级上访和极端非访事件，无重大舆情炒作事件发生，无涉军涉藏涉疆案事件发生。列管的3名重点人员、在德经商8名新疆人员以及5名涉法涉诉重点信访人员，知表现、知轨迹，平稳可控；成功侦办“12・13”专案，分别获省市领导批示肯定。11月初，在日常管理中及时发现查处一起新疆关注类人员冒用他人身份证件案件，受市委常委、市委政法委书记、市公安局局长张涛批示肯定。

【打击刑事犯罪】 一是持续深化严打整治行动，降刑事发案。全年立各类刑事案件1031起（现行879起），破637起（现行460起），破案率61.78%；与上年同期相比，发案下降14.16%，破案数上升7.42%。110接警中心刑事类报警量同比下降39.45%。二是强化八类案件侦破工作，及时维护群众合法权益。全年立八类案件73起、破案68起，破案率93.15%；同比，八类案件立案下降17.05%，破案数下降8.11%；其中发命案4起、破4起，破案率100%（15年发命案5起，同比下降20%），无民转刑命案，连续10年保持现行命案全破业绩。三是体系化打击“盗抢骗”，精准控发案。集中优势警力资源，“五侦”同步上案、合成作战，精准严打“盗抢骗”犯罪，全年立盗抢骗案件695起（盗窃598起、抢劫5起、抢夺1起、诈骗91起，现行617起），破盗抢骗案件297起（盗窃263起、抢劫4起、诈骗30起，现行211起），破案率42.73%；同比，盗抢骗发案下降19.87%、破案数上升9.19%。先后抓获刑事作案人员719人（15年抓获631人），同比上升13.95%，其中网逃159人、刑拘345人、逮捕273人、起诉433人，打掉犯罪团伙30个，抓获团伙成员96人。四是精准防控整治毒品犯罪，逐步减少毒品危害。全年侦破毒品刑事案件53起、刑拘56人，缴获毒品3443.69克（15年破51起，打击52人，缴毒6.29千克），同比破案上升7.84%，缴毒量下降45.25%；查处吸毒人员544人、强戒153人（15年查处531人、强戒161人）。至2016年末，全县在册吸毒人员2473人，较上年新增336人，增长率13.58%；其中正在强制戒毒253人，在押69人。

【治安整治】 一是开展命案精准防控整治工作。将2015年发生命案的复兴镇、共和镇和玉水街道列为2016年度命案精准防控重点整治乡镇，同时将其他18个乡镇（街道）列为重点关注对象，采取强化重点人群管理、强化矛盾纠纷排查化解、综合治理、捆绑考核等措施，开展命案防控整治工作，年内3个重点整治乡镇未发生命案，18个关注乡镇中3个乡镇发生命案，其中煎茶发生2起，列入下一年度重点治理对象。二是开展刑事发案突出重点区域精准防控整治工作，将2015年发案100起以上的青龙街道桥头社区、玉水街道场口社区和发案50起以上的煎茶镇煎茶社区列为重点整治区域，同时将刑事发案10起以上的9个社区（村）列为警示督导和重点关注对象，进行精准防控整治，通过强化巡逻防范、强化考核和责任落实等措施，列入重点整治的青龙街道桥头社区、玉水街道场口社

4月15日，德江县公安局召开严打“盗抢骗”行动赃款赃物发还大会

区、煎茶镇煎茶社区，刑事发案同比均呈下降趋势，顺利摘帽。三是开展毒情重点区域精准整治，将在册吸毒人员100人以上的青龙街道办事处桥头社区、玉水街道办事处场口社区列为2016年重点整治区域，同时将吸毒人员30人以上的其他7个社区（村）一并纳入重点督导和通报警示对象，进行精准防控整治，通过强化管控、强化考核和责任落实等措施，先后在桥头社区、场口社区排查处理吸毒人员132人，强戒23人，侦办贩毒案12起，刑事拘留12人，缴获毒品14.23克，促进现社区毒情形势得到有效遏制，毒情危害减少，群众满意度提升，如期摘帽。四是采取综合治理措施，开展“外出人员攀爬入室盗窃地域性职业犯罪”专项整治行动，先后排查管控重点前科人员3226人，并按一

4月21日，召开整治黄赌毒治安突出问题暨创建平安旅店推进会

人一档要求，采集建立“德江县外出人员有攀爬入室盗窃前科人员”数据库，纳入信息动态管控机制。五是开展行业场所治安清查整治，先后依法处罚123家次，停业整顿16家次，关闭取缔3家，查破涉黄涉赌刑事案件11起、治安案件9起，抓获违法犯罪人员112人，刑事拘留12人、治安拘留80人、治安罚款17人，收缴赌资9万元。卖淫嫖娼和公共场所聚众赌博的问题得到有效整治，社会风气进一步好转。全年受理各类治安行政案件1940起，查处办结1747起，处罚1331人，办结率90.05%；同比，受理数下降32.8%，处理人数上升6.8%，办结率持平。

【社会治理】 一是天网工程建设。县委县政府将第四期“天网工程”列入2016年10件民生实事之一重点推进，总投资1000余万元，建高清监控点221个、卡口13套、整合接入社会资源200个。全年，通过天网图侦破获各类刑事案件160余起，抓获各类违法犯罪人员170余人，协助抓拍固定不文明行人和车辆信息3万余条。二是人防作用凸显，专职特（巡）警队伍达218人，先后接处警9408起,现场调处纠纷3185起、救助1033人，在巡逻中抓获各类现行人员475人，其中抓获盗窃37人、抢劫4人、涉毒265人、网逃8人、嫖娼60人、赌博82人，同比上升31.57%。三是夯实基础，深化背街小巷亮化硬化、天网地网延伸和“零发案”小区创建行动，硬化背街小巷道路71条35175米，亮化道路115条、安装路灯5275盏，安装监控控头1474

5月30日，全县召开誓师大会 决战清剿“黄赌毒”

9月29日，德江县开展2016年反恐防暴应急处置演练

颗、智能报警点70个、卡口24套，专职特（巡）警队伍达218人，组建群防自治队伍344支6192人，巩固各种类型“零发案”小区68个，新创建“零发案”小区53个，夯实社会治理基础。全年发可防性案件353起，占总刑事发案的37.43%，与去年同期相比，下降3.28个百分点。

【公共安全监管】2016年，强化道路交通安全管理工作，全年查处交通违法130217起，查处量同比提升58.49%，其中：现场处罚69056起、非现场61161起，饮酒驾车801起、醉驾20起、飙车23起，行政拘留372人，移送起诉38人。全年发生交通事故2687起，死亡42人、受伤437人、直接经济损失268.12万元，与上年同期相比，呈现“四下降”态势，其中事故总数下降0.25%、死亡人数下降1.52%、受伤人数下降1.61%，经济损失下降8.96%，无重特大交通事故发生。开展消防安全检查监督工作，先后整改隐患1699起，新增消防栓49个，修复消防栓77个，确保城区消防设施完好率达98%；全年发生火灾事故46起，无人员伤亡等重特大火灾事故；同比，火灾事故上升43.75%，直接经济损失减少78%。看守所收押各类犯罪嫌疑人员218人、办理提讯797人次、办理律师会见146人次、办理在押人员家属会见280人次，开展安全大检查108次、对在押人员进行谈话教育3267人次，无监所安全事故发生。

【执法规范化建设】从规范接处警着手，狠抓办案场所安全管理、执法监督和网上督察信息系统建设，开展不如实立案问题整治，落实执法责任追究制度。全年审核刑事立案1019起，刑事拘留344人，提请逮捕321人，移送起诉422人，取保候审194人，监视居住29人；行政案件1645起，行政处罚1331人（其中行政拘留1717人），强制隔离戒毒153人，社区戒毒146人。无冤假错案、无撤销败诉案件、无国家赔偿案件发生。执法办案场所改造工作完成80%，并健全制度规范使用。

【派出所建设】2016年，对部分派出所办公楼进行改扩建，对部分派出所执法办案场所进行改造升级，派出所设施装备和公用经费全部纳入县级财政预算，人均保障水平高于机关部门。21个派出所领导班子全部配齐，在派出所连续工作15年的民警全部解决副科级待遇，派出所警力占全局总警力的43.01%，高于省厅规定标准。社区警务扎实推进，按“七有”标准建设社区警务室14个，民警辅警及装备设施全部配备到位。依托社区警务工作平台和网格化管理系统，完成地住址信息注销125616条、新增142818条、修改15185条，坐标采集率99.97%，完成率达100%，其中，移动警务终端采集量占12.5%；21个派出所全部进入全省前100名，其中枫香溪派出所排名全省第6名。

【警务机制改革】 2016年，“互联网+防范”“互联网+侦查”“互联网+民生”“互联网+管理”“互联网+监督”五项行动有序推进，情指一体化、警务实战化和巡处一体化改革深入推进。以县委办名义转发铜仁市委办、市政府办《关于进一步加强村级警务助理建设的实施意见》，制发《德江县公安局村级警务助理管理制度》《德江县公安局村级警务助理月度工作绩效考评细则》，整合全县354名村级综治站长明确为“一村一警务助理”，每人每月850元的工资纳入财政预算，开展警务助理专题培训30课次，各村级警务助理积极开展治安巡逻防控、法制宣传教育、消防安全检查、矛盾纠纷排查化解等工作，收集上报动态信息231条、化解矛盾纠纷635起、采集人口信息1015人次、稳控重点人员865人次、清查流动人口1942人、清理出租屋180家、代办户口1437件次、上门送证2234证次，提供破案线索102条，协助破案113起，协助抓获作案人员12人。协调各部门广泛对接争取各项优惠政策，统筹深入推进户籍制度改革工作，引导农业人口转移城镇落户51092人，如期完成目标任务，全县户籍人口城镇化率达35.17%（城镇户籍人口193753人），较年初提升9.03个百分点。

【科技强警建设】一是基础信息采录入，制发《基础信息采集工作实施方案》，全年采集录入信息200万条。二是开展信息纠错专项行动，清理注销重假户口945人、办理漏报补录人口258人、注销错误照片1355张、更改纠正户籍信息239条，对141名死亡驾驶人员数据进行逐一核实。对全县已注销死亡人员仍产生旅馆预警信息、已注销死亡仍产生网吧上网信息、异地户籍被打击人员信息、情报平台重点人员异地户籍产生预警超过30天数据、刑释解教系统出监出所人员数据等信息逐一进行核查、倒查，纠正一大批错重漏信息，倒查处罚10家不落实“实名制”规定的行业场所。三是制定《基础信息化考核实施细则》，将信息化建设与单位绩效考评及个人评先选优直接挂钩，建成标准化电教室，开展各类信息化应用培训3期。四是信息化应用创新工作持续推进，县政府解决德江技侦站建设所需经费330万元；《平安城市移动网络终端信息采集及摩托车防盗智能报警系统》创新项目获公安部铜奖。全年通过技侦、网侦、图侦等技术手段侦破刑事案件数量占总破案数的60%以上，合成作战、精准打击莫某某等人团伙诈骗案、蔡某某等人电信诈骗案、班某某等人团伙盗窃案，先后两次受市局领导批示肯定。

4月5日至4月16日，举办现场勘查“一长四必”专题工作新机制培训班

【公安队伍建设】2016年，开展“两学一做”和“三强三铁”学习教育。坚持用习总书记系列重要讲话精神武装头脑，教育民警树立强烈的政治、政权、组织、纪律、规矩、奉献、核心、看齐“八个意识”，严格贯彻执行《廉洁自律准则》，认真学习《纪律处分条例》，落实党风廉政建设和队伍管理“两个责任”“一岗双责”，无违纪案件发生。落实从优待警政策，发放慰问金7.28万元、救助金6万元，为困难民警募捐1.13万元，投入培训经费51.05万元、民警辅警意外伤害保险及体检经费41.2万元，考察提拔副科级领导18人、中层干部16人，6个集体、36名个人分别受县级以上表彰，其中：警务保障室受公安部表彰，警务改革创新工作获得公安部铜奖、省公安厅二等奖。县局党委班子成员在联系乡镇（街道）派出所基础上，分别联系一个社区（村），指导督促各派出所开展好队伍建设和命案、毒情、刑事发案突出问题精准整治以及“零发案”小区创建等工作，并与派出所同奖同惩。

（县公安局）

消　防

【概况】县消防大队几经改制后1998年成立，位于德江县环西路。正营职编制。大队下辖直属消防中队1个，2009年12月18日驻兵。2016年，大队有52人，其中干部7人，现役战士19人，政府专职消防员20人，大队文员5人，厨师1人，执勤车辆8辆，行政车4辆，消防勤务车1辆。是年，县公安消防大队围绕支队党委确立的“瞄准领先、争创一流”的总体目标，坚持继续巩固“三化”建设成果，以加快建设、完善一流营房为原动力，创造性推动各项工作的落实，消防工作和部队建设呈现稳步发展、整体推进的态势，各项工作取得新成效。

强班子，谋发展，发挥大队党委核心引领作用。一是提升班子领率能力。全力推进学习型班子建设，规范大队党委中心组理论学习制度，严格落实支队《2016年党委中心组理论学习计划》，实现大队党委理论学习常态化。贯彻民主集中制，在大项经费开支、大宗物资采购、重大工程建设等问题上充分听取官兵意见建议。全年召开党委会15次，组织召开民主生活会1次，组织党委中心组集体学习12次。二是开展党组织规范化建设。以落实大队党委“七项学习工作生活制度”为抓手，以加强“思想建设、组织建设、阵地建设、制度建设、能力建设”等“五个建设”为载体，实现“党员能力素质提升、党建工作水平提升、软硬件设施水平提升、组织规范化水平提升”等“四大提升”；全面落实《公安消防部队军政首长职责分工暂行规定》，明确大队党委统一的集体领导下的首长分工负责制，规范大队党委和行政工作议事规程，党组织的战斗堡垒作用显著增强。2016年，中队党支部培养入党积分子1人，接收预备党员1人。中队党支部被评为先进基层党组织，1人被支队评为优秀党务工作者。

抓教育，强队伍，夯实部队健康发展根基。一是抓好思想政治教育。严格落实党委议教、教育准备、教育计划等政治工作制度，开展党的十八届六

11月9日，德江县第26个119消防宣传月活动在城南新区广场启动

中全会精神、“改革强警和两学一做”两大主题教育活动和经常性教育，开展专题讨论4次、分别召开专题组织生活会和专题民主生活会，切实转变工作作风，打牢官兵思想基础。全年制作教育课件12个，大队主官为官兵授课6次，组织官兵参观“红色教育基地”1次，参观警示教育基地1次，邀请驻地老红军举办“传承长征精神专题讲座”1次。结合建党95周年和红军长征胜利80周年，为官兵上专题党课2次，举行升国旗、重温入党、入伍誓词。二是构建和谐警营。开展八一警民共建、学雷锋主题实践活动、植树护绿活动、英烈祭扫活动、参加“青春杯”篮球赛、举办“学党史、感党恩、跟党走”等一系列丰富多彩的活动，激发官兵士气，丰富官兵警营文化生活。在全面落实官兵高危补助等保障基础上，积极向县委政府汇报，解决随军家属就业问题。开展离退休老干部和驻德部队家属走访慰问活动，从小事、细微处入手，凝聚警心，增进团结，提升士气。三是打造清正廉洁队伍。大队党委始终坚持把开展官兵廉政教育和廉政文化建设作为提升官兵拒腐防变能力和落实党风廉政责任制的基本要求，积极开展纪律作风专题教育整顿，与全体干部签订党风廉政建设责任书，以廉政提醒谈话、撰写心得体会，观看《永远在路上》系列警示片，参观县法院廉政警示教育馆、县看守所警示教育基地等形式，不断夯实官兵反腐倡廉和执法为民意识。另外，大队大力开展“开门评警”和“双述双评”活动，落实执法定期回访制度，聘

请3名党风监督员，自觉接受社会和群众监督，不断提升人民群众满意度，全年无一起违法违纪和信访举报案件。

抓管理，练精兵，锻造敢打必胜铁军战斗力。一是坚持严管厚爱，队伍持续安全稳定。大队继续巩固深化“三化”建设成果，开展条令条例学习比武活动和安全工作“五无”创建活动，强化官兵纪律意识，端正思想行为，和谐部队内外部关系。同时，加强安全形势分析，坚决防止各类事故发生，全力确保部队高度安全稳定。二是结合实战抓训练，部队战斗力提升。推行制度性、常态化实战拉动演练，先后组织开展公共聚集场所、城市综合体、高层建筑和抗洪抢险、高速公路等实战演练76次。组织开展空呼器、移动式排烟机、移动照明、液压破拆工具组等装备训练30次。召开战术战例研讨22次，修订制作数字化预案18份，开展救生训练、高层建筑火灾供水技巧等10项科目的训练。定期组织对抗和考核，调动官兵参训热情，部队整体战斗力显著提升。在全市岗位练兵比武竞赛和装备技能比武中，代表中队参赛的3名队员，获得空气呼吸器组装操第一名、负重百米第二名、液压破拆工具组操第三名和岗位练兵团体第二名等奖项。全年大队接警出动115起，其中火灾54起，出动车辆180辆次，出动警力1047人次，抢救被困人员22人，疏散被困群众599人，抢救财产价值408.1万元，摘除马蜂窝12次。圆满完成“两会”及德江元宵节炸龙、六月六水龙节、G20杭州峰会、圣诞、元旦节安全保卫任务。三是立足实际谋发展，消防队伍建设取得突破。为解决公安消防警力严重不足的难题，大队先后招收专职队员10人，文员5人。提请政府召开专题会议研究煎茶、合兴政府专职消防队建设。2016年，县政府出资48万元，按照每人每年2．4万元的标准招收专职队员20人，投入44万元购买水罐消防车一台、个人防护装备及灭火器材100余件套，出资20万元同步修订合兴、煎茶两个建制镇的消防专项规划。同时，按照“有人员、有器材、有战斗力”的要求，在7个社区、42个重点单位建立“微型消防站”，形成以温州商贸城，城南商业步行街为核心的两个区域联防组织，开展微型站联勤联动演练，提高重点单位消防安全管理水平和火灾扑救能力。

夯基础、破难题，提升后勤保障能力。一是注重推动经费保障。积极推动县政府贯彻落实贵州省财政厅《地方消防经费管理办法》，形成消防经费保障性发展，大队党委多办法多渠道、反复向县委政府汇报消防工作、部队建设的目标任务以及存在困难，加强沟通协调，最大限度地争取地方政府和财政部门的支持。预算经费实现新突破。2016年县财政预算下达大队预算经费控制指标为576万元，其中业务经费330万元，应急救援保障经费50万元，消防装备购置经费20万元，信息化及运维经费40万元，文员及专职队员工资25万元，高危补助44万元，派出所消防业务经费67万元。预算经费比上年527万元增长9.3%，到位489万元。协调营房建设经费。大队城南综合应急救援指挥中心主体工程完工并通过相关部门验收。二是加大投入，基础设施建设取得明显成效。大队积极向县委、县政府汇报，同时协调有关部门快速推进城南新营房建设，完成新营房室外供水和供电工程。大队党委审时度势，坚持高标准建设、高起点谋划新营房建设工作，完成中央空调采购及安装工程和营房的二次装修工程。综合应急救援指挥中心多媒体会议系统及监控系统和办公家具等设施设备采购正在完善过程中。三是科学评估，消防装备建设再上新台阶。确保全县火灾形势稳定，提高社会火灾扑救能力，大队积极向县人民政府请示购置2台水罐消防车，其中1辆25吨的豪沃水罐消防车主要用于城区火灾扑救和火场供水，投入执勤战备；一台4吨左右的水罐消防车主要用于弥补合兴镇政府专职消防队火灾扑救车辆的不足。

抓执法、除隐患，打造良好消防安全环境。一是推进消防安全责任制落实。年初，大队提请县政府组织召开全县消防工作会议，签订社会消防工作目标责任书，先后4次召开消防工作联席会议，推动消防工作责任有效落实。与相关部门开展经常性联合检查，推进学校、医院、社会福利机构、文物古建筑等4个行业系统消防安全规范化管理。积极督促社会单位全面落实消防安全主体责任，开展重点单位“户籍化”管理，深化社会单位消防安全“四个能力”建设。二是开展火灾隐患排查整治。2016年，大队以常态化消防安全检查和专项整治相结合，以福利机构、医院、学校、幼儿园、易燃易爆场所专项整治为重点,先后开展“今冬明春”“电火箱”“夏季消防安全检查”“G20杭州峰会”消防安保等专项行动。截至12月，提请政府督办2家重大火灾隐患，大队检查单位1681家，发现并督促整改火灾隐患1857处，实施消防行政处罚34起，处罚款34.69万元，拘留2人，临时查封7家，责令三停12家。严格的监督执法换来全县火灾形势稳定，全县年内发生火灾事故46起，无人员伤亡，直接财产损失30.54万元，未发生重大火灾事故和有影响的火灾事故。三是强化城乡消防基础建设。大队提请县政府召开专题会议，研究市政消火栓建设工作，初步形成政府财政保障、供水公司建设维护，消防部门排查使用的市政消火栓新建、改建、维护保养机制。2016年，县政府出资60万元进行市政消火栓改造，在主城区新增消火栓49个，维修消火栓77个。城区消火栓有283个，建成率、完好率均达到98%以上。同时，县政府出资20万元改造枫香溪传统村落消防基础设施建设。四是提升公民消防安全素质。结合今冬明春火灾防控、夏季消防安全检查和119消防宣传月活动，利用现代传媒手段，拓展消防宣传新途径、新方式，通过“手机短信平台”向广大市民发送消防安全常识，借助户外LED公益广告播放消防安全视频，提升全民消防安全意识。2016年，大队推广消防微信公众号，注册目标人群6100人；开展119等大型消防宣传教育10次，开放消防站和消防教育馆25次，订购《中小学生消防安全知识读本》28000余份并全部发放，开展疏散逃生演练70次，开展行业消防安全培训200余人，设置固定宣传牌15块，发送消防短信15000余条，发放宣传资料20000余份（册），播放公益广告30余次。立体化的消防宣传教育培训，不断提高全县广大群众的消防安全意识和自救逃生能力。（王再兵）

司法行政

【概况】 2016年，全县司法行政工作围绕县委、县政府中心工作，充分发挥司法行政各项职能，开展人民调解、法治宣传、社区矫正、安置帮教、法律服务、法律援助等工作。是年，新增德江县监察局驻县司法局监察室、德江县人民检察院驻县司法局社区矫正检察室、德江县公共法律服务中心、德江县社区矫正管理中心。至年末县司法局内设机构7个，下辖乡镇（街道）司法所21个，律师事务所3个（1个为国办所），公证处1个，法律服务所7个。有政法专项编制47名(其中：局机关17名，基层司法所30名)。工勤、事业编制12名(其中：工勤编制2名，律师事务所全额事业编制4名，公证处全额事业编制6名)；全局实有人员数64人，其中：局机关34人，基层司法所30人。

德江县司法局负责人向市政协一行简要介绍工作情况

【人民调解】 一是完善矛盾纠纷大调解格局，强化矛盾纠纷集中排查调处工作。把人民调解与行政调解、司法调解相衔接，建立健全矛盾纠纷排查化解多元化机制，建立城乡建设、农业农村、民生事业、涉众经济、行政执法、涉法涉诉、涉军矛盾、民族宗教、环境保护等专业性人民调解委员会9个和涉校纠纷、交通事故、医疗纠纷、拆迁纠纷、妇女权益等行业性人民调解委员会5个。二是开展矛盾纠纷排查化解“百日攻坚战”专项活动，对排查出来的可能诱发集体越级上访、群体性事件、民转刑隐患民间纠纷等，形成风险评估预案，督促指导各人民调委会及时调解，发挥专业性、行业性以及基层调解组织的作用，切实把矛盾纠纷化解在基层、消灭在萌芽状态。三是抓好重要节庆期间矛盾纠纷排查化解工作。在元旦、春节、清明、五一、中秋、国庆等重要节庆前分别开展矛盾纠纷排查化解工作，对于排查出的矛盾纠纷，按级别逐个化解，同时，做好节庆期间值班工作安排，确保全县人民和谐过节。全年开展矛盾纠纷排查活动21次，各调委会受理矛盾纠纷1198件，调解1183件，调解成功1155件，调解成功率97%，防止民转刑32件65人，防止集体上访和集体械斗29起477人。

【普法宣传】 一是印发普法杯子和法制宣传画册免费发到各村组干部手中，让基层干部率先学法用法，成为当地的“法律明白人”，以带动村寨老百姓学法、守法。二是成立专门的普法宣传队伍，组建“德江县法治文艺宣传队”，通过跳土家花灯、土家摆手舞、土家山歌、法治快板、法治诗歌、法治小品等，以群众喜闻乐见的节目表演，将国家有关法律法规和党的方针政策宣传到乡(镇)、村(寨)，群众在休闲娱乐中潜移默化地接受法治教育。2016年到各乡镇开展宣传活动19场次。三是与县关工委、共青团县委联合开展法制进校园、青少年法制知识竞赛和“以案说法——律师在行动”等活动，投资6万元为学校印制考试试卷3万余份，知识竞赛辅导用书500余本。四是在全县创建107个“标准化民主法治示范村”，投资4万余元制作示范村工作制度牌，把律师和法律工作者作为示范村的引领者和推动者并明确任务。五是将法治宣传延伸到高墙内。9月28日，局党组率员到瓮安监狱为全监2000余名服刑人员开展法制宣传活动。律师通过近距离接触监狱内的服刑人员，向他们宣传法律法规和党的方针政策，给他们带去亲人的问候和家乡发展的新变化，教育引导他们好好接受改造，早日回到家人的身边，投入到家乡建设中去。此次活动对39名德江籍服刑人员进行帮教，深受监狱和服刑人员的好评。六是配合各级各部门开展常规普法宣传活动，以“3・8”国际妇女节、“3・15”消费者权益保护日、综治活动宣传月、安全宣传月、“6・26”国际禁毒日、“12・4”宪法宣传日等节日进行大型普法宣传活动。全年印发各种宣传资料10万余份，制作宣传标语130余幅，出动宣传车170余次，制作展板30余块。

【特殊人群管理】 一是做好社区服刑人员的日常监管。针对社区服刑人员的不同情况，分人制定矫正方案。根据社区服刑人员的犯罪原因、犯罪类型、危害程度、悔罪表现、家庭及社会关系等情况，综合分析和风险评估，分别采取严管、普管两个级别管理。对176名重点社区服刑人员除进行电子定位监控外，与其他社区服刑人员一样实行“六到位”管理，即服刑人员一周一次电话汇报,一月一次书面汇报,一月一次走访,一季度一次集中教育,一月一次评议,一季度一考核奖惩。全县21个司法所统一建立《社区服刑人员基本情况名册》《社区服刑人员请(销)假登记簿》《社区服刑人员迁居情况登记簿》等20种登记台账。按照一事一记的要求，及时掌握各种情况，详细记录服刑人员平时表现，为社区服刑人员奖惩提供重要依据。2016年，对5名暂予监外执行的社区服刑人员建议法院收监执行，均得到法院的采纳。对1名不按规定时间报到的缓刑社区服刑人员依法向原判法院建议撤销缓刑收监执行，得到原判法院的采纳。根据市司法局《关于在全市试点建设社区矫正教育管理中心的通知》(铜司通〔2016〕14号)文件精神，2016年5月，在现有的办公楼内用八间办公室建成集办公监控、报到、宣告、警示教育、心理咨询、宣泄、警务检察和档案为一体的社区矫正管理中心。二是做好刑释解戒人员的安置帮教。利用刑释解戒人员信息管理系统，由刑释解戒人员原籍所在地的乡镇安置帮教工作站，在系统上核实即将刑释解戒人员后，立即通知村(居)委会及刑释解戒人员家属，动员家属尽可能将刑释解戒人员接回。对于重点帮教人员，实行必接制度。2016年，对81名重点帮教人员全部实行必接。采取有力措施，坚持以就业防脱管工作主线，为刑释解戒人员自食其力创造条件。联系劳动社保部门，给符合政策的安置帮教对象落实养老保险，申请最低生活保障待遇。鼓励刑释解戒人员通过灵活多样的形式实现就业。2016年，引进一家建筑垃圾再生处理企业在城北落户，该企业可为提供近80个就业岗位安置刑释解戒人员。帮助周某某等5名刑释解戒人员自主创业，共和镇周某某、泉口镇冉某某、长堡镇某某3人的养殖基地初具规模。截至2016年12月，全县接收社区矫正人员1605人，解矫1139人，实际在册466人，其中管制2人，缓刑391人，假释62人，暂予监外执行11人。

德江县人民检察院驻县司法局检察室揭牌仪式现场

【法律服务】 一是启动全县公共法律服务体系建设，建立德江县公共法律服务中心。按照一站式服务理念，2016年5月15日成立德江县公共法律服务中心，选配专职人员和法律服务人员值班，开展咨询接待工作，集聚律师、公证、基层法律服务、法律援助以及人民调解等多项法律服务资源，按照“一个大门进来，集中受理，分头办理，一揽子解决问题”的办事原则，努力满足全县人民群众日益增长的法律服务需求。二是推进法律服务业发展，提高法律服务工作质效。发挥法律顾问作用，组织法律服务人员继续做好政府及企事业法律顾问，为政府、企业等决策当好法律参谋，发挥其法律解惑的功能作用。引导群众依法依规解决矛盾纠纷，推行所所对接制度，将全县3个律师事务所、7个基层法律服务所、1个公证处与21个司法所对接，组织律师、公证员、基层法律服务者深入村居(寨)，为居民提供零距离法律咨询和法律服务，努力织牢“最后1千米法律服务网”。三是扩大法律援助覆盖面，做到应援尽援，提升法律援助服务民生的贡献度。切实维护农民工合法权益，启动“绿色通道”，对农民工坚持“应援尽援，接待就受理”的原则，农民工申请支付劳动报酬和工伤赔偿的案件，不再审查当事人经济困难等条件，做到当天受理、当天审批、当天指派;对涉及人数众多的群体性农民工案件，则立即组织骨干律师团成员进行调查取证，事后再行补办有关审批手续;对因公致残的农民工案件则上门服务。

2016年，全县律师办理刑事案件93件（其中毅力所53件、顺竹所14件、亿和所26件）、民事案件416件(其中毅力所123件、顺竹所147件、亿和所122件)、行政案件11件、解答法律咨询435人次、担任政府法律顾问12家、其他企事业单位法律顾问15家。全县基层法律服务工作者办理民事案件237件；公证处办理民事公证事项41件。是年，法律援助中心受理案件442件，其中民事案件355件，刑事案件87件，成功办理3起涉及人数30人以上的群体性欠薪案件，涉及金额150余万元，有效维护受援人的合法权益。按程序公正、依法办事、依规办事的原则，办理司法鉴定业务187件，

德江县司法局公证人员上门为九旬老人办理公证

其中涉及民事诉讼65件，非诉122件，全年办理的鉴定业务的质量和标准得到相关部门的认同。

（县司法局）

交通警察

【概况】2016年，县交通警察部门围绕“降事故、减伤亡、保安全、保畅通”工作目标，以“大指挥”体系建设为引领，以“三级一网考”为引擎，坚持问题为导向，克服辖区道路基础设施“硬伤”和警力不足“软肋”重重困难，采取超常措施，狠抓农村、高速、城市三大板块工作，成效显著。在全市交警系统月业务目标考核中除5月、11月份第二名外,其他均排名第一。是年，查处交通违法130217起，查处量同比提升58.49%，其中：现场处罚69056起、非现场61161起，饮酒驾车801起、醉驾20起、飙车23起，行政拘留372人，移送起诉38人。全年发生交通事故2687起，死亡42人、受伤437人、直接经济损失268.12万元，与上年同期相比，呈现“四下降”态势，其中事故总数下降0.25%、死亡人数下降1.52%、受伤人数下降1.61%，经济损失下降8.96%，无重特大交通事故发生。

【交通安全宣传】一是充分利用政府网站、电视台、电台、微博等媒体和大队的LED显示屏、宣传窗进行交通安全常识和法律宣传，不断提高人民群众的交通安全意识。二是在全县国、省、县、乡道路每隔500米设置一幅“卡通形象”的交通安全宣传提示牌，提醒过往车辆驾驶人遵守交通安全法规。三是开展“五进”宣传活动。重点加强对机动车驾驶人、农村群众和在校学生的宣传教育，尤其是对客货运车、危化品车、校车等专业运输驾驶人，着力抓好再教育、再轮训，切实提高道路交通参与人的法制意识和自我保护意识，从源头上预防道路交通事故的发生。

【交通秩序整治】2016年，严格按照“平安建设”

图为宣传交通安全知识

要求，强化秩序管控，确保辖区“发案少、秩序好、社会稳定、群众满意”。一是按照省厅交管局关于印发《贵州省夏季道路交通安全严打整治工作方案》要求，组织开展整治行动，将整治时间延长至10月底。二是加大科技含量，实现网上巡逻与路面巡逻有机结合，在城区13个重点路口、路段实行白班和晚班制，及时有效的疏导交通，确保城区道路的畅通、有序，实现全天候24小时无间断监管，加强对重点车辆和重点人员的管理。三是分

图为执法现场

别在国道、省道及城区主要路口设置卡口，采取专项整治与常态管理相结合方式，开展夏季严打集中整治专项行动，严查道路交通违法行为，净化道路交通环境。同时，每周开展3次夜查行动形成常态。坚决查处酒驾、套牌、无牌无证、飙车、校车违法等严重交通违法行为，强化整治氛围。2016年，开展各类道路交通安全违法专项整治17次，查处各类交通违法124237起。其中饮酒驾驶754起，醉驾20起，飙车23起，现场处罚67056起，

图为培训会现场

非现场处罚57181起，行政拘留347人,移送检察机关30人。

【预防道路交通事故】有效预防交通事故，强化对客车源头化管理工作，严格落实“一队一片，一队一线，一车一警，一车一簿”的管理模式，抽调警力经常性地深入辖区客运企业实地检查指导客车源头化管理工作，落实月检、季检制度，坚决杜绝病车上路，超员车出站，有效地把交通事故消灭在站门以里、出车之前。在驾驶员管理方面，严格办证必考制度和考前学习培训制度，坚持定期召开驾驶员例会制度，加强驾驶员的学习教育，提高驾驶员安全意识和驾驶技术。同时严格审验制度，对违章记分达最高值的一律进行学习考试，合格后方予审验；对不参加审验的，及时发信通知，督促其按时参加审验。通过这些强有力的措施，有效保障客运车辆的安全出行，预防群死群伤道路交通事故的发生。全县道路交通事故966起，与上年同期相比下降0.25%，死亡6人，与上年同期相比下降1.52%，受伤216人，与上年同期相比下降1.61%，财产损失98万元与上年同期相比下降8.96%。实现事故起数、死亡人数“双下降”。

【交通基础设施建设】2016年，投资1116万元完善交通基础设施建设，对老城区部分损坏的红绿灯进行维修、安装城区智能交通综合控制系统、施划道路标线、安装道路隔离护栏、制作卡通警察宣传牌、在城区单向通行路段安装电子监控自动抓拍设备等。

【创新便民服务】2016年，以抓车管所等级创建工作为契机，深化“互联网+警务”理念，搭建“淘帮办”、手机APP、网上车管所等平台，建立群众网上自主预约考试、机动车辆检验、交通违法查询及处理、轻微交通事故处理等功能，最大限度实现“让数据多跑路，群众少跑路”，着力解决好服务群众“最后一千米”问题，群众满意度得到提升。全年办理车辆登记业务31580起,办理驾驶证业务29065起。

【扶贫工作】2016年，大队按照县委县政府的统一部署，结合实际，开展精准扶贫帮扶工作。一是大队领导及民警多次深入长丰乡小坪村、新光村、胜坝村进行走访调研，加强与被帮扶群众的联系沟通，深入了解群众的生活情况，给困难户带去油、米等生活品，帮助解决困难。二是积极联系村委会，为其脱贫献策，大队投入3万元为新光村小学完善基础设施建设，并为学校购买办公用品。帮村民买羊、猪搞养殖，提高村民收入。全年投入6万余元的帮扶资金进行帮扶，村民收入得到提高。

（张蕾蕾）

综合经济管理

发展和改革

【概况】 县发改局是县人民政府的综合经济管理部门，承担全县经济和社会发展规划，项目申报审批、投资和经济信息、重点工程项目管理、经济预警预测分析、结构调整、经济体制改革、价格宏观管理等重要职能。有在职干部107名，离退休干部40人。内设办公室、国民经济和经济体制改革科、固定资产投资科、项目建设管理科、地区经济和基础产业发展科、农业经济发展科、工业经济和服务业发展科、社会发展科、物价综合管理科和粮食综合管理科等10个股级科室。下设正科级事业单位1个，即德江县交通枢纽建设办公室；行政副科级单位2个，即能源管理办公室、价格监督检查和反垄断局；副科级事业单位2个，即德江县重大项目办公室和德江县节能减排监察办（节能减排监察大队）；事业股室单位6个，即德江县经济信息服务中心、德江县价格认证中心、德江县煤炭安全生产管理站、德江县煤炭监察执法大队、德江县粮油储备管理中心、德江县粮油市场流通管理中心。2016年2月被铜仁市人民政府评为“铜仁市安全生产工作先进单位”；4月被中共德江县委党的建设工作领导小组评为“全县同步小康驻村工作先进集体”；在2016年度政协提案办理工作中被政协德江县委员会评为“先进承办单位”。

【年内实现经济指标】 2016年，全县完成地方生产总值93.13亿元，增长13.1%；500万元以上项目完成固定资产投资67.2亿元，增长22.5%；财政总收入10亿元，增长9.5%，一般公共预算收入5.21亿元，增长3.9%；社会消费品零售总额17.8亿元，增长13%；产业结构不断优化，三次产业结构调整到25.2∶20.5∶54.3，第三产业贡献率达到66.9%。金融机构存贷款余额全口径统计分别达100亿元、104亿元，增长48.7%、72.7%；城镇居民、农村居民人均可支配收入分别达23972元、7238元，增长9.7%、10.4%。

经济增长稳中有进。年内新增茶园、中药材、蔬菜35万亩，完成畜牧渔业产值13.5亿元，实现农业总产值41.5亿元。新增省级农业园3个、市级农业园6个，培育创建四星级园区1个、三星级园区2个；新增省级重点龙头企业2家、县级10家；培育农民专业合作社327个，创建国家级示范社3个、省级示范社4个、市级示范社5个，农业产业化经营组织带动农户10.2万户。工业发展平稳，规模以上工业企业达到70家，实现总产值58.3亿元、增长19.3%；民营经济增加值达到52.3亿元，增长16.8%。完成工业产业项目57个、技改项目22个，分别完成投资14.8亿元、4.11亿元。现代服务业蓬勃发展，培育“互联网+”示范企业10家、快递物流29家，发展电商服务网点275个，覆盖人群36万人，电商交易额达2.8亿元。现代旅游业加速发展，开工建设白果坨国家湿地公园、桃缘居农旅综合项目，推进高家湾景区升级提质，实现旅游收入11亿元，增长50%。

城市建设稳妥推进。大力实施城市提升工程，扎实推进城市基础设施和功能配套建设，城南、城北新区建设更加完善，城市环境和质量更加优化，城区面积拓展到20平方千米、城区人口达20万人，城镇化率达到45.12%。深入推进城市综合体建设，完成房开投资14.5亿元。

社会事业协调发展。围绕民生实事，扎实抓好基本公共服务，民生领域支出30.66亿元。实施教育工程13个，建成学校6所，建成卫生计生项目37个，新建农村敬老院1所、幸福互助院58个。建成第一批8个安置点1053套住房，搬迁入住5041人，落实“一户就业”计划1053人，第二批安置点全面开工建设，跨县首期搬到大龙开发区安置210户989人。政务服务中心窗口集中办理服务事项394件。

【项目争取】 2016年，争取中央预算内投资项目38个，争取中央资金2.07亿元、省级配套1104万元、其他资金629万元。争取观音滩水库、贵州工程职业学院等两批专项建设基金项目5个，总投资14.99亿元，其中专项建设基金1.8亿元；全县500万元以上口径在建项目237个，项目资金总投资288.47亿元，累计完成固定资产投资68亿元，同比增长23.91%。

省发改委就业和服务业发展处副处长滕明（左一）在县督查2016年中央预算内投资项目

【监督管理】 2016年，贯彻落实中央投资体制改革的有关精神，简化办事程序，提高办事效率和服务水平，对手续齐全，符合条件的项目，做到当场办理。全年批复行政审批事项22项。加强项目稽查，牵头组织县监察、审计、财政等部门组成项目稽查组，对全县中央预算内投资项目开展稽查，督查工程推进情况、项目资金使用情况、配套资金落实情况，确保中央投资项目的顺利实施。

【经济调研】 完成《德江县2016年国民经济和社会发展计划执行情况与2017年计划草案的报告》《德江县国民经济和社会发展第十三个五年规划纲要》；会同县水务局完成《德江县五谷溪水库可行性研究报告》《德江县五谷溪水库项目建议书》《德江县十三五农村饮水安全巩固提升工程规划》《德江县2016年实施方案编制》。

【项目实施】 一是完成治理石漠化面积14.48平方千米。累计完成投资770万元，占任务数的100%。其中：完成封山育林582.58平方千米，占计划任务的100.1%；完成人工造林366.04平方千米，占计划任务的100.01%；完成人工种草500平方千米，占计划任务的100%；完成棚圈建设7000平方米，占计划任务的100%；完成青贮窖建设499立方米，占计划任务的100%；完成机耕道建设3.2千米，占计划任务的100%；完成管网工程建设3.1千米，占计划任务的103%；完成沉沙池建设2个，占计划任务的100%；完成蓄水池建设2个，占计划任务的100%。二是全面完成巩固退耕还林成果专项资金建设项目，完成投资1565万元，占任务数的100%。其中：完成农村省柴节煤灶3183台购置，发放3183台，占计划任务的100%。完成薪炭林5000亩，占计划任务的100%；完成生态移民14户56人，占计划任务的100%；完成种植业面积28494亩，占计划任务的100%。完成牧草种植面积1000亩，占计划任务的100%；完成棚圈建设9130平方米，占计划任务的100%。完成青贮窖建设1000立方米，占计划任务的100%。

市发改委重大项目办副主任田晓军（前排左二）在县督查2016年石漠化治理工程项目

【价格监管】一是开展县内涉农价格和收费以及教育专项检查。检查涉及乡镇政府收费、农村中小学、县级医院及农村卫生院等8个涉农领域的价格和收费问题；对全县65所公办学校春季学期的收费行为开展检查。查处全县义务教育阶段违规收费25件，退还金额92.66万元；高中阶段违规收费3件，没收违法所得89.56万元，罚款12万元。二是切实加强县内房地产市场和物业公司价格监管，规范房地产开发企业和中介服务机构商品房销售以及物业公司价格行为。三是及时纠正不规范的价格行为，维护良好的市场价格秩序。通过12358价格举报平台受理价格举报及咨询15起，其中举报件10起，咨询5起。涉及交通运输收费举报10起，实施罚款0.19万元，清退0.01万元。重点加强对集贸市场粮食、食用植物油、肉蛋禽奶、饮用水等居民必需品的价格监管。

（安启强）

审计管理

【概况】2016年，审计部门坚持“反腐、改革、法治、发展”为工作主线，开展“深化纪律执行年”“审计价值提升年”和深化“审计质量提升年”活动，拓展审计保障职能和监督职能，优化审计服务职能，在精确定位、精准发力、精细管理上下功夫，推进审计监督全覆盖，审计各项工作有序开展。全年组织完成审计项目163个，其中政府投资项目124个，查出违规资金605万元，管理不规范资金64007万元，核减工程投资20120万元，应上交财政资金322万元，上交财政资金302万元，促进整改落实有关问题资金5106万元。提出审计建议95条，采纳82条，均向上级审计机关、县党政机关和相关部门提交审计报告，发送审计信息72篇，被采用20余篇次，移交案件线索4件，处理1件，涉及人数1人。

【本级财政预算执行审计】2016年，根据审计实施方案要求，按时完成县财政局2015年本级财政预算执行情况，县地税局2015年收入计划完成情况、县金库2015年预算资金收纳、划分、留解情况及县林业局、市场监督管理局部门预算执行情况审计；审计查出管理不规范资金53195.71万元，查出违规资金305.18万元，应上缴财政305.18万元，上缴财政299.82万元，移交案件线索1件，处理1人。

【经济责任审计】2016年，县经济责任审计联席会按时召开3次会议（年初安排，半年监督审查会，年终总结会），完善《经济责任审计联席会议制度》《半年监督检查制度》等相关工作制度。根据县经济责任联席会议安排，组织实施并完成县卫计局局长、工业和商务局局长、司法局局长、德江实验中学校长、龙泉乡书记和乡长及青龙街道办事处党工委书记和办事处主任等6个单位经济责任审计，审计查出管理不规范资金1424万元，查出违规资金297万元，应归还资金渠道221万元，归还资金渠道71万元，应上缴财政17万元，上缴财政2万元，移交案件3件。

【专项资金审计】2016年，根据上级审计机关安排，一是组织实施并完成沿河县2015年城镇保障性安居工程跟踪审计；二是落实稳增长促改革惠民生防风险政策措施落实情况跟踪审计；三是抽三人次分别参加省审计厅组织的外资审计、医保资金审计和荔波生态移民专项资金审计。

【投资审计】 2016年，县固定资产投资审计评审中心完成工程项目投资审计项目124项（结〈决算〉15项），送审金额16.52亿元，审计核减2.01亿元，其中：完成工程项目投资“前置审计”109项，送审金额12.46亿元，审计核减1.54亿元，审计核减率12.4%；完成工程项目投资结（决）算审计15项，送审金额4.06亿元，审计核减0.47亿元，审计核减率11.59%。

【精准扶贫工作】2016年，县审计部门按照县委组织安排，派出2名干部常驻长堡镇上堡村和大宅头村开展帮扶活动，全体干部对两村开展“精准扶贫”遍访（回访）活动4次，进行摸底遍访2次，进行回访2次，所有帮扶干部个人分别对各自帮扶户给予200元至300元不等的春耕种子和肥料扶助金，对帮扶村所办实事有：一是改善村级服务条件，为两村分别投入党建、厨房设施设备、办公室设施设备、办公楼危楼改造等经费。二是改善帮扶村级交通环境，维修大宅头公路，上堡村三家田至甘坳口通组公路硬化，修建甘溪沟两座人畜便桥。三是局领导班子与长堡镇党委政府召开会议讨论对贫困户的帮扶措施，拨付5万元由镇党委政府统一定制脱贫方案。四是维修上堡村幼儿园，为大宅头村龙桥小学采购学生床50张；采购配送长堡中心完小5台音响、学生餐具800套、教学用电脑15台、学生床上用品300套，为东山村小学采购教育设备及学生厨房用具等。 （王 玉）

国土资源管理

【概况】 德江县国土资源局系1986年9月从县农业局土肥站分割出来成立德江县土地管理局；1996年8月建设局环保站并入，更名为德江县国土局；2001年9月县矿产资源管理局并入，命名为德江县国土资源局。单位副科级以上人事权由市国土资源局负责，财权及副科级以下干部人事权由地方政府负责，内设办公室、规划科、用地管理科、地籍管理科、矿权管理科、资源环境科、测绘地理信息管理办公室、法规监察科；下辖21个乡、（镇）街道国土资源所；局属事业单位：德江县国土资源执法监察大队、德江县土地矿权储备局、德江县土地开发整理中心、德江县不动产登记中心、德江县国土资源技术与信息中心、德江县国土资源勘察规划所、德江县地质灾害监测预防控制中心，21个乡、（镇）街道集体土地流转服务中心（为县国土资源局派出机构）。2016年，县国土资源局编制179名，实有人员148人。是年3月，县国土资源局土勘所所长黄维波被省国土资源厅评为“2015年贵州省第二次土地调查先进工作者”。

【土地规划与利用】 2016年，开展土地利用总体规划调整完善和永久基本农田划定工作，把重点项目及民生项目纳入土地利用总体规划调整完善统筹安排；划定城镇周边、国省干道沿线、1000亩以上坝区划为永久基本农田纳入生态红线区域严格管控。全年上报建设用地5个批次93.6873公顷，获批4个批次238.7519公顷（含2015年上报获批的2个批次），挂牌出让土地13宗35.4139公顷，收取土地价款39236万元；收储土地3423亩，兑现征地补偿费12093万元。地质找矿战略行动扎实推进。青龙街道烧鸡湾地热勘探钻井成功出热水，高家湾地热勘探正在实施中；开展水资源调查，发现13个乡镇优质水源点33个。实施楠杆乡金盆村土地整治项目，申报楠杆乡长远村土地整治项目并获批复；极贫乡桶井乡土地整治工作快速推进，申报项目25个，总投资5670万元，到账2200万元；整合地质灾害治理资金、土地整理项目资金到易地扶贫搬迁工程中，完成15个地质灾害隐患点93户432人易地扶贫搬迁。

【地质灾害防治】 2016年，对全县158处地灾隐患点实现监测、演练、培训全覆盖；对可能存在的新地灾隐患点进行大排查大整治；按照省地质灾害治理“三年行动计划”，对13个地质灾害治理项目进行验收、备案，新申报地灾治理项目6个（含极贫乡桶井6个地灾隐患点打捆治理项目）。

在高山镇旋溪村开展县乡村三级联动地质灾害应急避险演练

【旅游资源普查】 2016年，根据普查发现景点1185处，泉口石林、万亩草场，高山洋山河，沙溪深龙溪大峡谷正在申报省级地质公园，为德江旅游业实现井喷式增长提供旅游实体和数据资料。

省专家罗永明（前排左一）在高山五彩洋山河考察

【土地执法检查】 2016年，开展2015年度土地矿产卫片执法监督检查，违法占耕比为1.59%，有效控制在规定范围内；全面推行依法行政，全年召开听证会1次，参与行政复议答辩1次、行政诉讼答辩4次；开展国土资源动态巡查，全年开展动态巡查260余次，发现并制止违法行为34起，查处土地违法案件34起，协助县“两违”综合执法8次，有效遏制土地矿产违法行为。

【不动产登记】 2016年，完成机构整合、人员划转，逐步实现林权、房屋产权、土地权属、承包经营权等不动产一体化。4月1日颁发第一本不动产登记证书，全年发放不动产登记证书202宗，不动产登记证明1534宗。

4月1日，县颁发首期3本不动产登记证书，图为颁证现场

国土局在为楠杆乡六一村——母亲河（血鸡河）投放鱼苗（30000尾）

安全生产监督管理

【概况】 根据《关于成立德江县安全生产监督管理局的通知》（德机编〔2004〕10号）文件，德江县安监局于2004年10月29日成立，其之前名称为德江县安全生产委员会办公室(简称安委办)，办公地点在县经济贸易局。2016年安监局办公地在红旗路供销大楼三楼，安监局隶属于铜仁市安监局，是德江县政府的组成部门。德江县安监局职责、机构、编制仍沿用《关于印发德江县安全生产监督管理局职能配置内设机构和人员编制规定的通知》（德府办发〔2014〕239号）号文件，核定行政编制12名、机关后勤服务人员事业编制3名，核定事业编制23名。至2016年末，安监局有干部职工61人，其中在编在岗55人，离岗待退5人，退休干部1人。

2016年，全县生产安全事故网上直报16起，死亡14人，受伤11人。其中：道路交通事故13起死亡11人、受伤10人；装载侧翻事故1起死亡1人；起重伤害事故1起死亡1人、受伤1人；触电事故1起死亡1人。一般事故的结案率达100%。

8月29日安监局指导高速公路应急演练

【落实安全生产责任制】 一是将安全生产工作纳入全县经济社会发展重点工作列入县委、县政府对各乡、(镇)街道、县直有关部门的安全生产目标考核内容，实行"月检查、季考核、年评比"的考核机制，强化安全生产的过程监管。二是调整充实县安委会成员，成立由县委副书记、县长任县安委会主任，县政府各分管领导任副主任，县安委会成员单位主要负责人为成员的领导小组，切实加强对全县安全生产工作的领导，为全县安全生产监管综合协调工作提供强有力的组织保障。三是县安委会及时组织召开每季度安全生产工作例会，及时传达贯彻全国、全省、全市安全生产工作会议精神，安排部署各阶段全县安全生产工作，分析安全生产形势，解决安全生产工作中存在的问题。四是抓安全生产责任制的落实，按照"党政同责、一岗双责"要求和"属地管理"原则，分别与19个乡镇、2个街道和30个安全生产责任部门签订责任书。各乡镇、街道、部门以及各行业层层签订责任书。全县安全生产责任体系基本形成。五是推行"两分开"监管模式，即行政审批与日常监管分开、日常安全监管与行政处罚分开；"两追究"则是分别落实企业隐患排查治理责任的追究和安全生产责任事故政府及部门监管主体责任的追究。六是先后对"两节"、"两会"、"五·一"、汛期、中秋、国庆等重点时段的工作进行全面安排部署，开展道路交通安全大排查大整治专项行动和重点行业领域安全生产大检查。同时，为强化安全生产过程监管，开展四个季度安全生产目标考核工作，严格兑现奖惩，推动全县安全生产工作健康有序发展。

【复工复产验收】 2016年初，按照市安监局关于切实做好2016年春节期间非煤矿山安全生产工作要求，县安监局制定并印发《关于做好全县非煤矿山节后复工复产验收工作的通知》（德安监发〔2016〕7号）文件，坚持"谁检查、谁验收""谁签字、谁负责"和"不达标、不复工"的原则，先后对全县25家非煤矿山进行节后复工复建检查验收。同时协助行业主管部门开展建筑施工和重大工程建设项目的节后检查验收。

【隐患排查治理】 2016年，彻底排查治理事故隐患，有效防范和遏制安全生产事故发生，年初制定监管检查计划，实行煤矿、非煤矿山、危险化学品和烟花爆竹、冶金工贸等行业安全责任包保，按照规定的检查频次开展隐患排查治理工作，落实隐患排查全覆盖。特别针对汛期地质灾害的隐患排查治理工作，先后组织工作组对全县19个乡镇、2个街道进行地灾隐患的排查治理。重点开展安全生产领域安全隐患排查治理工作，全年排查2843起，治理2812起，整改率98%以上。

9月12日,排查治理事故隐患

【重点行业监管】 一是突出抓好停建煤矿的安全巡查。采取定期检查、日常巡查方式，做好煤矿关停工作。截至9月9日，全县9个煤矿彻底关闭。二是着力抓好非煤矿山生产安全。重点对全县整合后25家非煤矿山企业安全设施设备进行专项检查，开展标准化建设和资源整合工作，推行非煤矿山三级标准化建设，严格企业现场安全管理和台阶式开采，确保非煤矿山生产安全。三是加大安全生产执法力度，打击非法违法经营行为。对2家无证经营加油站处罚金10.25万元；打击各类非法违法运输、储存行为5起；查处并销毁非法储存烟花爆竹1200万余响。四是全面规范烟花爆竹经营秩序。加大联合执法力度，全面清理整顿城区和乡镇集镇烟花爆竹经营户，规范全县烟花爆竹市场经营秩序。五是加强职业健康和冶金工贸八大行业安全监管。按程序申报职业健康企业名单，推行职业健康基础性建设或“三同时”，加大冶金工贸八大行“标准化”建设，完成标准化创建4家。六是推行道路交通安全跟踪管理。组建道路交通安全管理办公室，明确专人专岗，跟踪督促各乡镇（街道）开展道路交通安全按月考核各项工作，协助主管部门开展严厉打击道路交通各类非法违法行为，为道路交通安全提供基础保障。七是开展重大建设工程项目安全监管。加强对城南新区、城北工业园区、德务高速、观音滩水库等重大建设工程项目施工安全检查，同步推进水上交通、社会消防、电力通讯等行业的安全综合监管。

【贯彻领导批示和会议精神】 2016年，按照国家、省、市有关安全生产会议和文件精神，及时召开季度安全生产工作调度会，传达学习贯彻有关安全生产会议和文件精神，特别针对10月27日全省安全生产电视电话会议、11月25日国务院安委办安全生产紧急视频会议和11月27日全国、全省、全市安全生产电视电话会议精神，12月1日，县委、县政府组织召开全县安全生产会议，会上传达习近平总书记、李克强总理等党中央、国务院领导同志作出的重要指示批示精神，安排部署安全生产大检查工作，对全县21个重点行业领域由行业主管部门主要负责人牵头，相关部门抽人参加，规定检查时间和检查范围，做到职责分工明确，明确检查方式，强调工作要求，狠抓责任落实，堵塞安全漏洞，有效防止各类安全事故发生，切实保障人民群众的生命财产安全。

【专项整治工作】 2016年，按照专项整治要求，先后制定下发《关于开展2016年春节及两会期间重点行业领域安全生产专项整治的通知》《关于深入开展危险化学品和烟花爆竹企业消防安全隐患排查整治工作方案的通知》《2016年冶金等工贸行业开展安全专项整治实施方案的通知》等各行业领域的专项整治方案，开展各行业领域的专项整治和督促检查工作，严厉打击安全生产领域各种非法违法生产、经营、建设行为。

县委书记商友江(前右二)带队督查企业安全工作（图为全红烟花爆竹批发点）

【行政审批服务】 2016年，按照“两集中、两到位”规范行政审批办理程序的要求，成立行政审批股，明确一名副职领导为首席代表，并入住县政务大厅开展工作，审批过程中严格遵守行政许可制度和行政许可办理程序。所有审批事项全部进入窗口办理，并实行首席代表制，安全生产行政审批项目实行一审一核制，审批办结率100%。同时按照《德江县人民政府关于赋予煎茶部分县级经济社会管理权限的通知》（德府发〔2016〕5号）文件要求，签订委托书，将县安监局14项有关管理权限下放到煎茶镇。

【安全宣传教育】一是规范安全生产行政执法工作，对接省安全监管部门做好执法人员资格证培训工作，局机关所有安监人员做到持证上岗、亮证执法。二是紧扣“强化安全发展观念、提升全民安全意识”主题，采取图文并茂的方式，制作各类宣传资料，悬挂内容多样的横幅布标等形式，开展第15个全国“安全生产月”活动。6月16日，组织县直30个安委会责任部门、19个乡镇、2个街道办事处，有关企业及群众在县教育局运动场召开全县安全生产“万人承诺大会”；6月27日在县教育局礼堂举办以“争当安全发展忠诚卫士”为主题的演讲比赛，增强人民群众的安全意识和自我保护能力。

6月16日，召开全县安全生产月万人承诺大会

【安全生产检查】2016年，根据《铜仁市人民政府办公室关于印发铜仁市岁末年初安全生产大检查工作方案的通知》（铜府办发电〔2016〕315号）精神，县人民政府高度重视，及时召开安全专题会议，制定下发《关于印发德江县岁末年初安全生产大检查实施方案的通知》（德府办发〔2016〕102号）文件，成立以县长任组长、分管副县长任副组长、相关单位主要负责人为成员的安全生产大检查工作领导小组，对全县26个行业领域安全生产大检查工作任务进行分解。同时成立由县政府各分管副县长带队督促检查工作组，对安全生产大检查工作开展情况和安全监管履职情况进行全面督查。全年督查安全生产责任单位51家，安全生产企业21家，发现隐患112起，立即整改110起，整改率98%以上。

（曾庆明）

统计管理

【概况】1978年7月，县设计划统计科，隶属县计委，明确4人承办统计业务。1979年8月，撤销计划统计科，恢复县统计局，配干部4人，仍归口县计委。1984年5月，各区（镇）配兼职统计员，由文书兼任；同年机构改革，县统计局列为县政府直属机构，业务上由上级统计部门领导。1987年4月，省编委会下达县统计局行政编制10人。1989年1月，各区（镇）成立统计站，属各区（镇）的职能机构，受区（镇）和县统计局双重领导。1992年10月“撤并建”后，全县20个乡镇均成立统计站。2005年，局内设办公室、综合统计股、经济统计股、计算中心、普查中心，审定行政编制8人、事业编制6人，实配干部13人。2012年，统计局增设统计执法大队，核定事业编制5人，增设乡镇统计管理办公室，核定事业编制24人[21名编制分别用于各乡（镇、街道）1名]，其中主任1名、副主任1名。下设综合业务股，配股长1名。2016年，县统计局计划内编制23个，实在编在岗19人，其中行政7人，事业12人。机关内设机构3个，分别是办公室、经济统计股、综合核算统计股。设立行政审批综合服务科（不占内设机构个数）。统计局机关核定行政编制8名。其中局长1名（兼任局党组书记）、副局长2名，纪检组长1名，纪检员1名，副主任科员1名（改非），非领导职务副科1名（2015年任职），机关后勤服务人员事业

编制1名。

【主要指标统计】 2016年，全县完成地方生产总值93.1亿元，比2015年增长13.1%。其中：一季度增长12%，上半年增长12.9%，前三季度增长13.3%。全年第一产业实现增加值23.5亿元，增长5.8%;第二产业实现增加值19.0亿元，增长13.6%；第三产业增加值50.6亿元，增长16.5%。一、二、三产业对经济增长的贡献率分别为11.9%、21.2%、66.9%。GDP增速在全市10个区县中居第3位，增速高于全市1.1个百分点、全省2.6个百分点。经济发展综合测评在全省县域第二方阵（23个县）中居18位，在全市区县中排第四位。三次产业结构比达到25.2：20.5:54.3，产业结构进一步优化。

【统计报表和统计调查】 1月，各统计专业开展年报业务培训会；2月，完成2015年度统计工作各项年报表；3月底编辑并完成统计公报发布；4月份完成文化产业年度统计调查工作和第一季度经济运行分析；5月底完成领导干部手册编制和发布；

开展下乡统计调查

6月份完成非公有制人才统计调查和半年经济运行分析调度和增比进位工作；7至8月完成统计年鉴资料收集、审定、整理、编印；9月份完成前三季度经济运行分析及增比进位评估；10月开展1‰人口抽样调查工作；11月开展第三次全国农业普查摸底培训暨动员部署大会；12月开展农业普查摸底清查、正式入户调查业务培训和常规统计报表年报培训会。其他各项常规统计报表工作实时有序开展，加强和巩固统计联网直报，切实做好月度和季度经济运行监测分析，及时为县委、县政府做好经济运行分析调度。

【农业普查】 2016年1月24日德江县人民政府办公室下发《关于做好德江县第三次全国农业普查的通知》，成立以常务副县长为组长，县政府办、县统

召开农业普查会议

计局、县农牧科技局、县发改局、德江调查队主要负责人为副组长，县级有关单位人员为成员的县第三次全国农业普查领导小组。

10月27日，全县第三次全国农业普查动员暨业务培训会在县政协五楼会议室顺利召开，传达省、市第三次全国农业普查动员会议精神，部署全县第三次全国农业普查工作，县政府办常务副主任王辉权主持会议，县统计局局长熊文强作工作安排，县委常委、副县长钱刚出席会议并讲话。11月6号到11月20号开展入户摸底工作。到12月31日，全县划分普查小区1378个，摸底总户数109144户，其中一般住户108260户，规模户1342户，单位数884户。种植面积88.5万亩，猪出栏158568头，牛出栏73913头，羊出栏104280只，耕地面积675955亩。2016年12月31日24时，是第三次全国农业普查的普查登记时点。

【统计建设】 一是加强组织领导统计服务作用。县人民政府成立《德江县经济社会发展综合协调机

6月29日慰问稳坪镇国家村困难党员

构》，按行业分管副县长组建为五大工作组，对每个工作组制定工作职责和措施，确保每一块经济工作都有人抓，有人管。县统计局成立以局长为组长的数据质量评估领导小组。二是提升统计服务水平。全年召开经济运行调度会、统计业务培训和统计法律法规培训会10余次，主动协调、对接相关部门开展经济指标运行和调查工作20余次，县统计局和国家统计局德江调查队共同组织召开一次全县统计调查工作大会。三是加强决策服务。密切关注经济社会发展中的重点、热点、难点问题，主动开展课题、专题分析研究工作，实时监测GDP、规模以上工业、固定资产投资、社会消费品零售额、重点服务业和能耗等重要指标数据，研究和准确把握经济社会发展中出现的新情况、新问题和新矛盾，充分运用大数据和新经济统计调查，诠释全县经济发展状况，为县委、县政府提供高质量的决策参考。四是加强企业服务。密切关注经济形势变化，加强对重点行业、主导产业、龙头企业的动态监测，尤其是工业增加值、固定资产投资、技改投资、工业用电、服务业统计等重要统计数据，加强分析研究，准确研判走势，及时反映经济运行中的苗头性、趋势性问题，有针对性地提出对策建议，为企业的发展提供参考依据。

【基层基础统计】 一是强化单位名录库建设。本着“先有库后有数”要求，严格执行“四上”企业调查单位的新增、变更、退出审批流程。建立县直各部门协作共享机制，联合市场监督管理局、国税局、民政和机构编制等部门提供单位名录，定期维护基本单位名录库。二是加强乡镇基层基础工作建设。严格按照上级统计部门要求，规范乡镇统计工作要求和流程，制度上墙，延伸扩展乡镇统计网络建设。三是严格执行一套表制度。按照联网直报的要求，规范统计网站建设，规范一套表工作流程，严守“四个红线”，确保独立真实上报数据。

（安晓宁）

市场监督管理

【概况】 2014年9月29日，根据《中共铜仁市委办公室 铜仁市人民政府办公室关于印发发〈德江县人民政府职能转变和机构改革方案〉的通知》（铜委办字〔2014〕81号）和《中共德江县委德江县人民政府关于德江县政府职能转变和机构改革的实施意见》（德党发〔2014〕23号）文件精神，将原德江县工商行政管理局、德江县质量技术监督局、德江县卫生和食品药品监督管理局中的食品药品监督管理局，三个局进行整合，设立德江县市场监督管理局，加挂德江县食品药品监督管理局牌子，为德江县人民政府工作部门。按《德江县人民政府办公室关于印发德江县市场监督管理局职能配置内设机构和人员编制规定的通知》（德府办发〔2014〕201号）文件规定。县市场监督管理局内设股级行政机构14个，内设股级事业机构3个，直属副科级行政机构1个，直属副科级事业机构1个，派出副科级机构6个，协会1个。核定人员编制137人,其中行政编制53人、工勤4人、事业编制27人、参公2人，在职100人，离退休37人，有党员80人，在职党员55人，离退休老党员25。

2016年，全县市场监管部门围绕县委、县政府中心工作，着力构建新型“服务发展、市场监管、消费维权、效能建设”四大体系，努力营造优质服务的发展环境，“宽进严管”的市场环境，安全放心的消费环境，创先争优的内部环境，各项工作均取得可喜成绩。

【市场主体培育】 在注册登记方面。从电子营业执照试点，到简易注销程序、五证合一、两证整合等系列改革举措，不断在全县范围内精耕商事制度改革外延，持续降低市场主体主准入门槛，激活市场主体内生动力。全年，全县新增各类市场主体3845户，注册资本56.87亿元，同比增长25.47%、180.32%。在执法监管方面。启动“双随机、一公开”执法机制，建立健全执法事项“一单两库”，把执法权力关进“铁笼子”，增强执法人员责任意识，确保公平、有效、透明地进行事中事后监管，切实履行法定监管职责。在年报公示方面。根据省市文件精神，切实加大年报公示工作的宣传、培训和督导力度，保障年报公示工作进度。2015年度总体年报公示率为94.05%（其中，企业83.69%、个体95.69%，农专98.74%），较2014年度有一定提升。在扶持微企发展方面。紧跟政策核心，按照2：3：3：2的时间节点要求，开展扶持微型企业发展整治铸廉行动，确保财政补助资金的安全。全年扶持微型企业发展200户，完成市工商局和县委政府下达目标任务数的100%。

【质量监管】一是持续品牌战略建设。积极开展现有商标企业办理商标延期登记，引导、鼓励农村专业合作社、涉农企业和农村种养大户申请农产品商标，指导旅游、商贸、房地产、中介等服务业商标注册，树立企业品牌意识，受理商标申请56起，完成商标注册50起，其中著名商标2起。二是持续推进“质量兴县”建设。根据省、市“质量兴县”工作部署，扎实开展、稳步推进，实施德江天麻“三个示范区”创建工作，品牌价值18.09亿元的省级地理标志产品保护区（德江天麻）12月成功通过验收，德江县成为全省首家获批省级地理标志产品保护区的县份。三是商标申报工作。按照省工商局《关于开展保护贵州茅台酒厂（集团）有限责任公司知识产权专项行动的通知》（黔工商明电〔2016〕19号），开展知识产权专项整治行动，对辖区内11户茅台酒经营户进行逐一检查，未发现侵权行为。引导、鼓励农村专业合作社、涉农企业和农村种养大户申请农产品商标，指导旅游、商贸、房地产、中介等服务业商标注册，树立企业品牌意识，受理商标申请4起。协助现有商标企业办理商标延期登记，妥善做好品牌保护工作。

【市场监管】 综合行政执法：2016年立案142件，结案142件，罚没款计75.5万元，其中，“四品一械”结案115件，罚没款金额52.1万元，其他违法案件结案27件，罚没款金额23.4万元，肃清市场主体经营环境。

食品安全监管：开展重点时段、重点环节、重点品种的整治行动，同时，加大抽样送检，全年抽样送检食品样品589批次，没收不合格食品2余吨，立案查处3起，罚款金额7万余元。

药械安全监管：严格落实企业主体责任，积极开展药品经营企业GSP、GMP认证检查，将药品抽验、药械不良反应上报作为日常工作内容常抓不懈。全年完成药品抽验44批次、药械不良反应监测720份，医疗器械不良事件上报120份，超额完成市局下发的42批次、232份、53份的任务目标数。

特种设备安全：开展“元旦”“春节”“国庆”等重点时段专项检查，开展电梯应急救援和电梯安全监管大会战、油气化管道隐患整治攻坚战、燃煤锅炉节能减排攻坚战“三大战役”。全年出动执法人员330人次，监察单位150家，检查特种设备1120台（部）次，查处事故隐患108处，发出《特种设备安全监察指令书》56份，对存在56处严重隐患的特种设备限期落实整改，整改率100%，全年未发生一起特种设备安全事故。

打击传销：以创建“无传销城市活动”为目标，开展打击传销宣传教育，引导群众增强识别传销的能力，收到良好效果。年内全县未发现非法集资情况。

产品质量督查：开展农资产品、燃油、建材等专项整治，力保全县产品质量安全。全年，抽检农资产品20批次，合格18批次，总合格率均达90%；检查加油站26家次，抽检车用汽、柴油17

批次，合格16批次，不合格1批次，涉案金额7.69万元，立案查处1起。

市场合同和广告监管：严格执行户外广告登记制度，积极开展广告市场巡查，严厉查处违法广告。全年检查各类广告市场主体71家（次），监测媒体发布的广告516条（次），受理户外广告登记10条。复核省地级“守合同重信用”企业33户，新申办省级“守合同重信用”企业2户，撤销“守合同重信用企业”2户，备案商品房买卖合同6份。

消费维权：全年接受咨询230件，受理消费投诉72件，为消费者挽回经济损失18万元。

（简宜政）

社会经济调查

【概况】 2016年，德江调查队学习贯彻习近平总书记系列重要讲话精神，开展“两学一做”，全面加强队伍建设、业务建设和党风廉政建设，改革创新、锐意进取，提升综合服务能力，确保统计调查工作高效运行。

一、居民收支调查。年初，德江调查队以一号文件的方式，明确干部职工的职责分工，对住户调查工作实行包片包点负责制。队分管领导每季度至少到各调查点检查指导一次，业务人员每月至少到所负责的调查点检查指导一次，坚持现场培训、现场指导、现场解决存在的问题，做到对居民家庭收支情况的全面掌握、动态了解。2月19至20日，总队居民收支调查处副处长谯波、法规制度处副调研员徐国文一行在德江巡查基层基础工作时，对德江调查队调查网点的稳定性、痕迹记录的完整性、收支台账的可信度、调查户的配合度等方面均作充分肯定。前三季度，德江实现城镇居民人均可支配收入18261元，同比增长10.7%，增幅列铜仁市十个县区第一位；实现农村居民人均可支配收入4715元，同比增长10.8%，增幅列铜仁市十个县区第四位。完成各专业的年报工作，城乡居民收支调查工作通过上下对接协调，2016年城镇居民人均可支配收入达24500元，增幅12%，居全市第三位；农村居民人均可支配收入达7460元，增幅13%，居全市第四位。

二、其他各项调查。农作物播种面积及产量调查主要完成春夏播意向调查、春播实际调查、夏收农作物预实产调查，完成农业普查中的农作物面积遥感测量的实地调查。调查结果显示，受长时间雨水天气影响，德江县马铃薯、油菜籽的单产同比略有下降，蔬菜、青饲料等同比有所提高。在两次农作物面积遥感测量实地调查中，德江调查队精心组织、实地调查，保质保量完成全县9个普查村的实地调查任务。相关工作推动迅速、积极主动，受到总队农业处的好评。畜禽监测调查在完成常规报表上报的同时，重点加强与县农牧科技局的对口衔接，10月对全县大中小养殖场（户）和散养调查小区的主要畜禽进行一次全面摸底。大型养殖场（户）7户，其中猪1户、牛4户、羊1户、家禽1户；中小型殖场（户）120户，其中猪32户、牛35户、羊42户，家禽11户。散养点3个，124户。劳动力调查重点完成全县10个调查村的月报直报及调查户的摸底工作，根据总队住户专项调查处的反馈，进行剔除与补充。其中，中华社区、煎茶社区、火石村的样本量可满足3年的调查任务，其余7个调查村的样本量可满足1年的调查任务。农民工调查、中间消耗调查、退耕还林调查等工作都按要求完成工作任务。

三、做好县委政府安排的相关工作。落实社会管理综合治理责任制，受县委政法委委托，开展全县平安建设安全感满意度调查，抽1150样本，年内满意度达98.8%，较上年提高0.3个百分点，工作开展受到县委政法委好评。在零发案小区帮扶工作中，协调解决资金36000元，为厦阡社区安装监控视频系统。“五城联创”工作在县创建办的精心指导下，重点对县分卫生责任段和办公区域环境卫生进行治理，积极开展病媒防治活动，杜绝脏、乱、差现象。继续做好结对帮扶工作，全队干部职工先后8次深入帮扶的四合村，重点开展五个方面的工作。一是为四合村购买办公桌椅，提供部分办公用房装修材料，价值12000元，为村民集体活动提供便利；二是向贫困户、贫困党员、二女结扎户、独生子女户76户发放杂交水稻、玉米良种各70公斤，价值8000余元；三是帮助贫困户制定增收计划，为贫困户增收打下基础；四是慰问5户二女结扎户、独生子女户，发放慰问金5000元；五是向12户贫困户发放优质菜油12桶，价值1440元，向24户贫困户各发放慰问金400元，两项计11040元，切实解决农户春耕生产期间的生活与农资需求问题。在教育“新两基”帮扶工作中，为平原镇四合村竹子小学提供4台电脑和相应的配套设备，价值20000元，有效缓解竹子小学的多媒体教学困难。

四、工作措施。一是业务法规培训。3月16日，德江四大班子召开扩大会议。其中，专门安排一个议程，对与会人员进行《统计法》《统计违法违规行为处分规定》培训,并宣读国统字〔2016〕18号文件（《国家统计局关于全面清理纠正违反统计法精神文件和做法的通知》）。6月12日，县委召开常委扩大会议，县委书记商友江传达习近平等中央领导同志对统计工作的批示精神，“减贫摘帽、小康进程、居民增收”只能依靠科学发展、脚踏实地来实现，决不能以弄虚作假、统计造假来完成，必须记住大跃进的教训，对弄虚作假、统计造假人员情节轻微的，进行问责；情节严重的，严肃查处。二是基础工作巡查。10至11月，德江调查队组织人员在全县范围内密集走访调查点28个（含21个地方点），对相关情况进行实地巡查。工作人员向调查户就统计员、辅助调查员补贴代发情况与基础工作进行实地核实，就补贴发放的标准和时间进行说明，让调查户做到心中有数。确保记账真实性，规范报账程序，业务人员要求调查户在记收支流水账和领取调查补贴时，原则上由本人签字，不能偷懒或因为字写不好交由辅助调查员代写，严防账页与补贴发放清册中出现相似笔迹。业务人员对记账工作进行培训，强调账本上的流水账是《统计法》要求要严格保密的，且与低保、危房改造等资金发放并无联系，调查户不必隐瞒收支，以此打消调查户如实记账的顾虑。检查的28个调查点中，没有违反调查方案的情况，出现个别调查户有混记、漏记的情况。

（范友谊）

住房公积金管理

【缴存】2016年，全县住房公积金实缴单位450个，实缴职工16462人，覆盖率达99.95%；全年住房公积金缴存额23702.4万元，其中支付缴存职工2016年度利息848.82万元，完成当年计划数的128.32%，同比增幅47.56%。全年住房公积金累计缴存总额达8.72亿元，缴存余额达7.58亿元，分别比上年增幅37.32%和34.64%。

【提取】2016年，为1779户职工办理提取业务,提取额4198.75万元,完成当年计划数的121.44%，占全年缴存额的17.71%，同比增幅38.76%。累计提取5633笔，提取总额11355.57万元，占缴存总额的13.02%。

【贷款】2016年，管理部审批贷款1162户，金额25608.30万元；发放贷款1020户，发放个人贷款21830.4万元，其中发放补息贷款101户，金额2642.8万元，完成年计划数的109.15%，放贷户数和个贷金额同比降幅12.96%和2.63%；累计发放贷款5139户,期末贷款总额为102439.21万元。个贷率103.98%。

【贷款回收】2016年，回收贷款9032.28万元，其中本金6643.52万元，利息2388.76万元，累计回收贷款20968.72万元。逾期率0.049‰。历史遗留风险资产：2008年以前房产局移交的贷款余额57.35万元，截至2016年底，清收48.45万元，逾期贷款总额8.9万元，逾期率0.11‰(房产局移交老逾期)。

【业务收支及增值收益】业务收入。2016年，全县住房公积金业务收入2397.62万元，同比降幅0.49%。其中，住房公积金存款利息收入6.99万元，委托贷款利息收入2388.76万元，增值收益利息收入1.87万元。业务支出。全县住房公积金业务支出994.83万元，同比增幅40.30%。其中，住房公积金利息支出857.80万元，委托贷款手续支出119.44万元，其他支出17.59万元（支付贴息贷款利差）。增值收益。住房公积金增值收益是住房公积金业务收入扣除业务支出的差额。2016年，实现住房公积金增值收益1402.79万元，同比降幅11.64%,增值收益率达21.407‰，累计增值收益5735.82万元。

【帮乡扶贫工作】 2016年，帮助中庄村新建办公楼解决电脑、打印机、办公桌椅、会议桌椅、档案柜等一批办公设备，走访慰问13户困难户，计3.5万多元；走访7户计生困难户和看望5户困难党员，送去慰问金8000元；帮扶倪才胜（五保户）解决用电问题。全年管理部投入帮扶资金5万元。

（黄廷飞）

财 政 · 税 务

财 政

【概况】 2016年，全县财政部门服务全县经济社会发展大局，组织财政收入，发挥财税职能，继续强化资金保障，推进财政改革，各项工作进展顺利，推动全县经济社会的可持续发展。全县财政总收入完成10亿元，占调整预算的100%，同比增长8.4%。全县一般公共预算收入完成5.21亿元，占调整预算的100.03%，增长8%。其中：税收收入38655万元，增长1.3%；非税收入13455万元，增长33.6%，非税收入占比25.8%。全县一般公共预算支出完成36.43亿元，占调整预算的103.2%，增长13.6%。财政收支保持较高增幅，财政运行态势良好。

12月，县委副书记(右五)、县长秦智坤看望金融工作人员

【支持民生事业】按照中央、省、市要求，贯彻落实各项民生政策。文化教育方面，2016年全县教育支出11.53亿元，同比增长8.6%；全县文化体育与传媒支出完成3129万元，增长25.8%，全面推进各类文化教育事业协调发展。医疗卫生方面，全县医疗卫生与计划生育支出4.53亿元，增长4.7%，新型农村合作医疗和城镇居民基本医疗保险补助标准由每人每年380元提高到420元，增长10.5%；人均基本公共卫生服务补助标准由40元提高到45元，增长12.5%。社会保障方面，全县社会保障和就业支出2.67亿元，城市低保平均保障标准由440元/月・人提高到484元/月・人，增长10%;农村低保平均保障标准由2580元/年・人提高到3060元/年/人，增长18.6%。全县住房保障支出完成2.85亿元，支持建成城镇保障性安居工程5000套(户)，改造农村危房5393户。农村综合改革方面，投入财政资金2.74亿元，支持农村“三变”改革和农民专业合作社发展，因地制宜推动产业扶贫，着力建立与建档立卡贫困户利益联结机制。投入资金9136万元，实施“四在农家・美丽乡村”六个小康行动计划，着力改善路、水、房、电、讯、寨等基础设施条件。投入1858万元推动电子商务产业园建设。“三农”方面，农林水支出6.69亿元，增长32.5%；节能环保支出7795万元，增长104.4%；科学技术支出1571万元，增长11.1%。城镇建设方面，全年投入建设资金1.84亿元，支持交通市政基

12月，全县2016年金融财税工作座谈会现场

础设施建设；投入建设资金5.29亿元，完善城市基础设施和配套公共服务设施，切实推进了区域性中心城市建设。

【财政改革】一是深入推进财税体制改革。启动全面推开营改增试点过渡方案，确保财政运行平稳。加大财政资金统筹使用力度，2016年新增5项政府性基金转列一般公共预算（其中涉及全县收入2项）。调整和完善财力保障机制，切实保障“保工资、保运转、保民生”目标任务落实到位。二是大力推广政府和社会资本合作(PPP)模式。积极申报国家级和省级示范项目，运用PPP模式吸附各种社会资金，不断增强经济发展的内生动力，健全多层次资本市场体系，大力发展直接融资，促进全县经济稳定增长。三是推进财政与金融融合发展。建立“4321”政银担风险分担机制，稳步推进“黔微贷”“贵园信贷通”“贵工贷”等融资产品实施，鼓励金融机构助推中小微企业和“三农”发展。支持农村金融发展，推进农业保险发展，加大政策性农业保险保障力度，有效分散农户和各类农业生产组织的风险。四是政府采购管理改革顺利推进。2016年，全县政府采购资金预算为86570万元，实际支付政府采购资金82450万元，节约资金4120万元，节约率达4.8%。

【财政服务】2016年，全面推开营改增试点，积极做好政策对接、工作衔接、纳税服务、应急处置等工作，切实减轻企业税负。全面推进资源税从价计征改革，取消、停征和整合部分政府性基金，扩大有关政府性基金和18项行政事业性收费的免征范围。将农作物良种补贴、农资综合补贴合并为农业支持保护补贴，兑现财政补贴资金347万元，重点支持现代山地特色高效农业和粮食适度规模经营；投入补助资金2500万元，选择25个行政村开展扶持村级集体经济发展试点；支持构建大旅游开发格局，安排旅游发展、对外传播推广、旅游资源大普查等资金2980万元。

【财政管理】一是夯实预算管理基础。增强预算法治意识，推动政府各部门、乡（镇、街道）按照预算法的规定加强预算管理。强化财政收入征管，着力提高财政收入质量。细化预算编制，严格执行人大批准的预算，按法定程序报批预算调整。加强对预算公开工作的分类指导和政策解读，全面推进预算公开工作的实施。二是加快财政工作转型。坚持“稳增长、优结构、保民生、促发展”的原则，统筹兼顾、突出重点、真抓实干，调整优化支出结构，压缩一般性支出，切实保障县委、县政府各项重点支出和民生支出；加快构建以法治、创新、绩效为主要内容的新型财政分配文化，充分发挥财政职能作用，促进经济社会又好又快发展。三是规范政府债券管理。落实地方政府债券限额管理、预算管理等制度规定，建立规范的政府举债融资、风险预警管理和应急处置机制，严控政府债务风险。四是加强财政监督管理。推进财政内部控制建设，切实提高财政部门的风险防控能力和内部管理水平。强化财政资金监管，重点对财政资金安全、扶贫资金管理、政府置换债券管理和使用、非税收入收缴和预决算公开等开展专项检查。

【工作措施】克难攻坚增收入：一是统筹调度。坚持压力传递、责任分担的工作机制，以“调稳抓”活动为契机，加强财税、经济等部门间的无缝对接，提前做好收入预判，科学筹划组织措施，整合力量，合力攻坚，确保完成年度收入任务。二是优化经济环境。强化县级领导、部门主管、乡（镇、街道）协助的联动协作，确保重点税源全部纳入服务保障范围。三是抓牢重点税源。完善综合治税考核机制，充分利用财源建设信息平台，强化各类涉税信息的提报、梳理、利用、反馈与成效统计，抓大不放小，真正实现综合治税无缝隙管理。加强重点企业和重点建设项目的税收走势分析，提高动态管理水平；加大挖潜力度，力争在最短时间内形成有效的税源补充。

全力以赴抓保障：坚持“稳增长、优结构、促规范、强监管、保民生、重节约、提绩效”和集中财力办大事的理财原则，统筹兼顾、突出重点、真抓实干，依法强化收入管理，积极组织收入；调整优化支出结构，压缩一般性支出，切实保障县委、县政府各项重点支出和民生支出；加快财政工作转型，加快构建以民本、法治、创新、科学、竞争、绩效为主要内容的新型财政分配文化，充分发挥财政职能作用，促进经济社会又好又快发展。

创新方式促改革：一是深化预算体制改革，改进预算控制方式，收入预算从约束性转向预期性，促进和保障税收依法征收；探索建立跨年度预算平衡机制，提高预算编制的前瞻性和可持续性同时加强结转结余资金管理，严格控制财政供养人员、“三公”经一般性支出，建立结转结余资金定期清理机制，两年内未使用完毕留存部门的历年结余资金，全部收回财政统筹安排。二是深化政府债务管理改革，建立健全债务风险预警和防范机制，建立以争取政府债券为主体的政府举债融资机制，防范债务风险。三是深化资源配置，主动探索PPP投融资发展模式，整合资金共同推进新型城镇化和基础设施建设；借助市场机制和市场力量弥补财政资金不足、提高公共产品供给效率，启动政府向社会力量购买服务。通过各级各方的积极努力，成功探索实现PPP投融资发展模式启动建设第二人民医院。四是深化预算绩效改革，实现项目绩效目标管理全覆盖，探索分类项目绩效指标和标准体系，拓展绩效评价范围，将重点绩效评价向支出预算和财政政策拓展，加强绩效评价结果应用。

统筹兼顾惠民生：一是加大财政对民生支出的投入力度，确保各项民生工程资金落实到位、组织实施到位、监督管理到位。二是拓宽农民增收渠道。全面落实各项涉农补贴政策，精心组织好农村劳动力转移培训，保障群众政策性收入和工资性收入。三是加强义务教育经费保障，完善扶困助学机制，扶持学前教育、职业教育，确保教育投入依法稳定增长。四是增加社会保障投入，保障企业退休人员基本养老金按时足额发放，保障失业人员、城乡低收入群体、农村困难群众、优抚对象等基本生活，提高新型城乡社会养老保险覆盖率。五是加大脱贫攻坚和农业综合开发力度，支持小型农田水利建设，加强水、电、路、房等农村基础设施建设，改善农村生产生活条件。六是加大公共文化服务体系建设力度，支持公益性文化项目建设，促进农村文化和谐发展，提升群众的精神文化生活水平，提振群众建设新农村的信心。（刘仁洪）

国家税务

【概况】2016年，县国家税务局设内设股级科室7个（办公室、财务管理科、收入核算科、征收管理科、人事教育科、监察室、办税服务厅）、副科级直属机构（稽查局，稽查局内设副股级机构4个：办公室、检查科、案件审理科、案件执行科）1个、副科级派出机构（青龙税务分局、煎茶税务分局，长堡税务分局）3个、事业单位（正股级）1个。行政总编制56名，其中机关行政编制为19名（不含税源管理科、办税服务厅行政编制数）。局长1名，副局长4名，纪检组长1名，稽查局长1名，税务分局局长3名。县局事业编制2名。是年，全局完成各项税收收入3.36亿元（含营改增四大行业），比上年同期增长62%，增收1.29亿元，超额完成市局下达的3.25亿元收入任务。主要税种：入库增值税2.36万元，企业所得税6000万元，入库车辆购置税4000万元。完成教育费附加、地方教育费附加合计1000万元、文化事业建设费及罚没收入55万元。县国税局被中共贵州省国家税务局评为先进基层党组织；办税服务厅被德江县人民政府政务府服务中心评为红旗窗口；征收管理科副科长肖新同志被贵州省国家税务局评为全省国税系统金税三期工程优化版推广工作先进个人。

【税源管理】 2016年,局成立由“一把手”任组长，分管税收业务的局领导为副组长，税源部门全体干部为成员的三级联动税源调查工作领导小组。通过送政策上门、税企座谈会、纳税人学堂、微信交流群等多种方式开展重点行业、重点企业、重点项目的税收调研。掌握一手数据，做好预测分析，作针对性管理，全面了解县域经济发展实际情况，找准税源管理的薄弱环节和盲区，牢牢掌握组织收入的主动权。完善县局领导班子与重点税源企业的联系制度。对全县范围内的重点税源企业，由县局班子成员定期走访联系，通过开展对重点税源企业的实地考察和调研，全面掌握各个重点税源企业的产、销、利、税情况，采集其翔实的涉税数据，以健全重点税源监控体系，为税收收入的稳定增长提高可靠的数据支撑。截至12月，全县纳税额达100万元以上的重点税源企业计11户，达1000万元以上的企业4户。

【依法行政】一是落实税收优惠政策。全面落实小微企业税收优惠政策、涉农税收优惠政策、西部大开发税收优惠政策以及“营改增”结构性减税政策，做到“该减免的坚决减免，该征收的依法征收”。全年为3200户未达起征点个体工商户和100户纳税人办理减免税业务，减免增值税额3000万元，企业所得税额800万元。二是加强对税收执法的监督检查。定期组织干部学习培训，开展警示教育和专题座谈，强化对税收执法过程和结果的监督检查，规范税务行政许可和涉税行政审批行为，有效地减少错误执法现象，打击“吃、拿、卡、要”等不良作风，夯实干部的税收政策和业务基础。三是严格执行重大税务案件审理办法，定期开展自查自纠工作，加大执法风险预防和排查工作，有效地避免重大错案的发生。

县国税局被中共贵州省国家税务局评为先进基层党组织

【税法宣传】 2016年,税收宣传工作围绕“税收·发展·民生”的宣传月主题，结合“全面推开营改增，助力供给侧改革”的出发点，抓住重点、热点、痛点，不断拓宽税法宣传渠道，将税法宣传与“互联网+”紧密结合；将税法宣传与宪法宣传相结合；将税法宣传与纳税服务相结合，开展形式多样的宣传活动，营造良好的税收法制环境，增强全县乃至社会纳税意识，提升纳税人税收遵从度。

【深化国地税合作】一是统一办税厅建设。德江国税局与德江地税局在继联合进驻县政务中心后，按照《深化国税、地税征管体制改革方案》要求，德江国地税办税服务厅按照统一管理、统一考核、统一标准、统一培训进行建设，解决宣传口径不一致、业务操作不规范、办税服务效率低等突出问题。二是理清办税厅职能。严格按照“后台服务前台、前台服务纳税人”的工作思路，实行“职能整合、业务配合、服务融合”的工作方式，明确前台负责受理纳税人所有涉税事宜中可当场办结的事项和税收政策咨询辅导，后台负责所有涉税审批事项的调查、审核、审批，系统涉税咨询辅导，税务登记、户籍管理、催报催缴、文书送达、档案管理和发票管理等日常税收管理事项，提升服务质效。三是落实合作规范。贯彻落实《国家税务局 地方税务局合作规范(3.0版本)》，推进国地税合作事项，实现涉税资源共享，征管成本降低，服务效率提升的目的。2016年，德江国地税取得国地税业务“一窗通办”、联合进户执法、服务深度融合的合作成效。

【绩效管理】一是以绩效聚焦税收主业。坚持“以绩效促税收”工作信条，出台《德江县国家税务局税源后续管理方案》等一系列工作方案，将个体工商户达定率、税收任务完成进度、年终税收任务完成情况纳入绩效考核，引导干部职工主动加强税源管理，强化纳税评估，丰富征管手段，从而促进组织收入中心工作提质增效。2016年，德江国税局收入总量突破3亿元大关，收入居全市第4位。二是以绩效激发队伍活力。将考核指标责任到岗、细分到人，将失分、扣分、加分项目具体细化，从制度上解决干多干少一个样的问题，让真正干事创业者评优机会多、绩效奖金多；向“慵、懒、散”等不良作风开刀，严格扣分扣款，从制度上明确绩效不优秀者不得参与优秀公务员的评选，在全局形成你争我赶的干事创业之风。2016年，县局向市局输送正科级干部一名、副科级干部一名。三是以绩效提升征管效能。深挖绩效管理工作的“助推器”作用，助推“金三”成功上线、“营改增”圆满落地、国地税合作平稳推进、数字人事有序运行。全局连续三年获全市国税系统年度目标绩效考核特等奖，连续三年获地方政府目标绩效考核一等奖。2016年，全市国税系统绩效管理工作现场会在德江国税局成功召开。

【党建帮扶】2016年,落实县委政府“脱贫攻坚·驻村帮扶”工作任务。县局抽派3名党员干部负责对高山镇冷溪村、阡丰村、河下村的具体帮扶事宜，开展党建驻村帮扶工作，包村帮扶，由27名在职党员干部对冷溪村51户贫困户开展“一对一”“点对点”结队帮扶。全年组织党员干部开展精准识别贫困户的基础性工作2次，遍访和回访3次，为贫困户建档造册，找准致贫原因，选准帮扶措施，出主意、想办法、谋发展。投入帮扶专项资金10.8万元，用于产业扶贫和精准脱贫工作经费。扶贫工作得到县委、镇党委和老百姓的热情支持与好评，被县扶贫开发领导小组评为“2016年度社会扶贫工作先进集体”。（余航宇）

地方税务

【概况】2016年，县地税部门牢记“为国聚财、为民收税”使命，“内强素质、外树形象”，围绕“固基础、提素质、规程序、优服务、强管理、推改革”思路，贯彻落实“两学一做”学习教育。以组织收入为中心，以绩效考核为抓手，以干部队伍建设为保障，优化纳税服务，强化依法治税，创新征管举措，深化国地税合作强化队伍建设，促进德江经济社会平稳较快发展。全年组织入库税收收入51536万元，占全年计划51600万元的99.88%，比去年同期下降14.27%。分级次完成情况为：中央级收入5036万元，省级6695万元，地（市）级7643万元，县（区）级32162万元。

市局党组书记、局长王梅林到县地税局办税大厅视察“营改增”上线运行情况

【依法治税】一是重视税法宣传。与国税局联合开展第二十五个税收宣传月和“税法进企业、社区”系列活动、同时参加县人民政府组织的各类普法教育活动，发放宣传资料3000余份，召开企业法人、财务人员访谈会和培训会3次；联合县国税局在县政府网站、QQ平台、微信公众平台、国地税联合办税厅等建立宣传专栏，重点宣传解读“营改增”税收政策，发布办税指南，提醒纳税人办税节点和重要事项，方便纳税人办税；在显目位置张贴各类申报、填报、缴税“二维码”，让纳税人的疑难问题“一码便知”，引导其学习税法进而帮助宣

传税法；日常工作中，注重税收宣传与组织收入工作相结合，深入企业和重大工程项目地进行上门辅导，敦促纳税人形成自觉申报并主动缴纳应缴税款的自觉性和主动性。二是强化税收执法监督。加强税收执法检查工作，努力规范税收执法行为，制定德江县地方税务局2016年税收专项检查工作计划并严格实施，重点对税种申报不全、开错票等问题进行整改。三是加强“两种”管理。加强企业所得税汇算清缴，成立专门工作组，纳入汇算166户，补缴所得税64372元。强化个人所得税源泉控管，对现有的33户企业实现全员全额个人所得税申报，申报人次达1500人，申报缴纳税款1000余万元，开展年所得税12万元以上自行纳税申报工作，缴纳税款120万元。四是落实税收优惠政策。把落实税收优惠政策作为地税执法工作的一项重要内容，以落实国家政策和惠及民生的战略高度，切实做好维护纳税人的合法权益。对涉及西部大开发、下岗失业人员再就业、涉农、小微企业、二手房交易等税收优惠政策进行广泛宣传并严格兑现，减免5000余户（次），减免税款600余万元。

【税收征管】加强税源管理：以“金税三期”税收管理系统为依托，探索税收专业化管理新路子，对重点工程和房地产实行定期巡查巡访工作机制，及时了解项目开发进度和销售情况，做到项目清、税源明。研究税源管理工作热点、难点、痛点并着手进行改进，对县内17家茶叶（业）公司逐户上门进行税收宣传并纳入征管，结束茶叶（业）行业不知晓应向地税部门申报涉税资料的现状。

推行“营改增”：2016年5月1日“营改增”正式上线运行。按照中央、省、市、县关于在全国推行“营改增”的工作部署和要求，制定工作方案按照各个时间节点进行逐步落实，2016年国地税传递交接纸质资料（制作电子信息）492户，调查不属于交接范围纳税人信息54户。“营改增”以来，清理营改增纳税人网络发票56户；清理房开企业就5户，涉及项目7个，清理入库地方税收648万元；清理建设部门在建项目8个，入库地方税收280余万元；对营改增纳税人清理自查22户，入库税款12万元；与建设项目部门核实相关工程情况，加强政府性工程项目核实，对照税收政策清收应缴营业税等相关税费，清理房地产企业开发项目12个，政府性工程项目120余个，入库4000余万元。

县地税局开出首张“营改增”发票（与纳税人合影）

强化风险应对：安排一个分局专门负责风险应对评估管理工作，建立上下联动，职责明晰的纳税评估运行机制，8月至12月接收风险评估应对任务106户（其中含2015年9月至2016年5月推送的66户），评估入库95余万元，加收滞纳金9.5万元。

加强各税费征管：一是加强经营性房产税收管理，对行政事业单位采取委托代征，对其他事业单位实行查账征收，对个体工商户采取分街道、分标准实行统一核定征收。二是加强砂场行业税收征管，规范全县28户砂场税收征管，征收税款168万余元。三是抓好耕地占用税的征收，配合全县19个乡镇和2个街道办事处超额完成县政府下达的计划。四是开展残疾人就业保障金征收和工会经费的代征工作，与县残联、县总工会协作，历时一个月，完成前期准备工作。

【纳税服务】加快国地税深度融合：按照国家税务局、地方税务局合作规范（2.3版）的要求，全年召开国、地税联席会议5次，并以县政务大厅为平台，共建一个税务窗口，以AB岗形式，设置“国地税综合业务窗口”“车辆购置税窗口”“税务登记窗口”“二手房业务窗口”等12个办税窗口，进行“一窗式”办理，实现“进一家门，办两家事”，解决纳税人反映的办税“多头跑”、执法“多头查”、资料“多头报”、政策“多口径”等问题。通过采取国税、地税实行资料内部流转，地税同步征收随增值税、消费税附征的城建税、个人所得税、印花税、资源税等地方税（费）250万元。

开展“便民办春风行动”：围绕“内容明确、职责明晰、限时办结、取得实效”行动目标，主动对接纳税人合理诉求，始终坚持问题导向，以解决纳税人反映的问题为出发点，着力推出10类25项便民措施，如：根据不同纳税人的特点，推行银行扣缴、网上申报等形式的申报纳税模式，同时，积极推行限时办结、预约办理、延时服务等纳税服务制度，用制度规范办税人员的言行，提升纳税服务水平，全年提供延时服务311人次，提供各项办税服务事项45000余次。

德江县地税局开展纳税人学习培训

【主要措施】一是加强组织收入工作早安排早部署力度。科学制定税收任务计划，层层分解落实；完善税收分析工作机制，密切跟踪研判经济税收形势，做好税源分析、收入预测预警分析、经济联动分析、行业税负分析、税收管理风险分析和政策效应分析，发现重点税源片区、行业、企业存在的管理问题并加以改进；积极争取县委、政府领导对税收工作的理解和支持，多次开展纳税协调，有力保证税收收入平稳较快增长。二是强化重点税源、重点行业的监控管理。重新划分各分局税源管理管辖职责、突出重点税源重点管理、一般税源常规管理工作模式，加强对纳税大户及房地产、建安等重点行业的监管力度，同时，盯死随增值税、消费税附征的城建税、个人所得税等，提高小税种的贡献率，确保收入的稳定增长。三是强化综合治税力度。充分发挥综合治税网络的作用，通过积极探索综合治税新模式，整顿和规范税收秩序，营造上下配合、内外协调的多层次、多渠道的协税护税网络，不断拓宽社会综合治税领域，广泛采集涉税信息，加强税收源头监管，使社会综合治税工作逐步走向制度化、规范化。

【队伍建设】一是加强领导班子建设。以开展“两学一做”活动为契机，继续巩固群众路线教育实践活动成果，加强政治思想教育工作，强化整改，建章立制，转变作风，努力提高干部队伍的整体素质。坚持“以人为本”的治队理念，着力围绕干部职工“强内功、正作风、树行风、展形象”四个方面开展工作，以提高行政执行力为重点，落实党组中心组、领导班子理论学习制度，工作中认真落实民主集中制。二是加强干部能级培训。推行绩效管理系统的运行，开展各项人才培训工作，参加省局开展的全省地税干部轮训暨“党的创新理论培训”凯里培训班培训；按照要求开展“普通话”培训和过级测试，参训率达98%。研究并制定本局“岗位大练兵、业务大比武”实施方案，通过先进性理论教育学习，业务跟班学习，切实解决干部队伍存

县地税局贯彻传达市委副书记陈晏到德江调研指示精神

县地税局召开全县地方税务工作暨党风廉政工作会议

在的理想信念、工作效率、服务意识、依法行政、职业道德、创新能力等突出问题，推进地税干部队伍人才素质的提高。三是以“两学一做”为契机，加强党风廉政教育。制定《德江县地方税务局关于开展“两学一做”学习教育工作方案的通知》，成立“两学一做”工作领导小组，围绕明确的工作内容和要求认真进行目标任务分工，按照各个时间节点落实各项工作，全年开展上党课7期，党组中心组专题学习8次，党员参与率达100%。为巩固开展作风建设以来取得的成果，全局不折不扣地落实好中央关于改进工作作风，密切联系群众的“八项规定”，省、市“十项规定”，严格实行党风廉政建设责任制和“一票否决制”并层层签订《党风廉政建设责任书》，厉行勤俭节约，制止奢侈浪费，自觉接受社会各界的监督。工作中，贯彻落实“六个用心”“六个更加”要求，加强中秋、国庆、元旦等节日期间值班工作和党风廉政教育，确保干部不违纪，不碰高压线。四是加强各项民生工作。认真落实部门及结对子帮扶工作，帮助解决脱贫攻坚、“新两基”、计生、村建、“两个遍访”、党员结对子、“零发案小区创建”20余万元。扎实做好社综、禁毒、维稳、安全生产各项工作，统筹做好涉税舆情引导、信访、应急管理工作；细化应急预案，层层分解安全责任，对税收票证、款、车辆等重点环节盯紧盯死，确保安全生产，全力打造平安地税。（冉文亚）

产权交易

【概况】2016年,县产权交易中心坚持优质服务宗旨，严格执行公共资源交易有关法律法规，围绕全县经济社会发展大局，以建设“全市一流的公共资源交易平台”为总体目标，规范公共资源交易平台建设，加强平台的接纳功能，积极为其他应进未进类别公共资源进场交易做好准备。全年中心进场交易项目277个，交易金额970610万元，节约和增加收入7085万元。其中：建设工程93宗，交易金额151745万元，节约资金2886万元；政府采购166宗，交易金额773250万元，节约资金4120万元；土地及权矿权出让15宗，交易金额45444万元；国有产权转让3宗，交易金额171万元，增加收入79万元。

【交易平台建设】 一是按照德府纪要〔2015〕82号文件之规定启动新业务办公用房装修事宜。二是按照市交易中心的要求，中心更名为“德江县产权交易中心”，并作为对外第一名称。在市交易中心网站设置有“德江板块”，板块内容不断更新，日渐成为德江交易平台的形象窗口。三是贯彻学习开始实施的新《贵州省招投标条例》，并根据新《条例》对工作作一定的调整：编制审查招标文件内容，对不符合新《条例》规定的条款加以改正，确保招标文件不带病；对进入平台的代理公司、投标人、评标专家进行多举措监督，如有违规行为，一经查实，上报市级层面，进入信用黑名单。四是对照学习《贵州省公共资源交易服务流程(暂行)》《贵州省公共资源交易服务规范(暂行)》寻找差距，结合县内公共资源交易实际，制定细则，着力打造好“服务过程零差错、服务事项零积压、服务受理零推诿、服务方式零差距”运行模式。按照新的要求，下发《德江县产权交易中心2016年度绩效管理二级考核方案》，高标准要求干部职工时刻自省，推进整体业务素质的提高。五是重新对全县公共资源交易（政府采购和工程建设项目）额度及采购方式进行调整。明确政府采购类总金额小于10万的自行采购，10万至30万的自行采购并报财政局备案，30万元以上的进行非标或公开招标采购；工程建设类小于50万的自行安排，50万以上的到中心进行单一来源、竞争性谈判、公开招标。

【制度建设】 2016年,先后下发《工作纪律制度》《档案管理制度》《个人年终考核制度》《道德讲堂宣讲制度》等。工作纪律制度由考勤制度、请假制度、去留言制度、奖惩制度、不定期抽查制度组成，切实加强干部作风建设。档案管理制度规定:对所有资料进行重新归档编号，明确专人管理，严格查阅制度，规范借阅流程，真正做到档案管理井然有序，查阅方便。个人年终考核制度主要是对个人业务素质的考评，要求干部职工熟悉法规，熟练业务流程，微笑耐心服务，提升政府形象。道德讲堂宣讲制度规定：中心应开展经常性宣讲活动，必须保证每月有一场次以上，宣讲内容提前规划好，以社会主义核心价值观为核心，工作简报及时上报。

【帮扶工作】2016年,走村入户开展脱贫攻坚工作24次。深入群众家中遍访，与村支两委共谋发展之路，为帮扶村的发展提供帮助，为群众办具体实事。一是出资和协调相关单位对朝阳至大坪的通组路进行水泥硬化；二是给帮扶学校送去电脑1台和图书130册，解决师生所需；三是为贫困养殖户张贤权、赵兴海、倪安会等户送去彩钢瓦和石棉瓦，帮助他们盖好养殖圈舍，助推其发展；四是多次给贫困户送去粮、油、毛毯等物资，为贫困户解决生活所需；五是对贫困户上学的子女进行资助。六是为平安德江建设“零发案小区创建”活动重拳出击，从办公经费中抽出35000元帮助小山小区完成“九个必建”内容建设。七是对朝阳村计生贫困户10户进行慰问，金额10000元；在村委公示栏张贴《德江县人口福利生育关怀基金管理使用办法》，并召开座谈会宣讲此项政策。

（县产权交易中心）

金 融·保 险

人民银行

【概况】中国人民银行德江县支行为中国人民银行总行派驻机构，有职工23人，行领导3人，中层干部10人，一般职工10人。内设办公室、金融管理部、国库会计发行部、保卫部4个部门，其主要职责是执行央行货币政策，经理国库，防范和化解辖内金融风险，维护金融稳定。2016年末金融机构各项存款余额977136万元,比年初增加304611万元。其中住户存款513230万元，增加68040万元。各项贷款余额691789万元，增加89575万元。其中住户贷款407579万元,增加67699万元。消费贷款149920万元，增加13089万元。非金融企业及机关团体贷款284209万元，增加21878万元。

【执行货币政策】一是发挥窗口指导作用，加强金融支持县域经济发展力度。支行贯彻执行上级货币信贷政策，主动联系地方党委政府，坚持按季召开经济金融运行形势分析会，向辖区金融机构传达上级货币政策精神，分析辖区经济金融运行形势，引导辖内金融机构围绕地方发展战略，优化信贷结构，引导资金合理流向。截至12月末，德江县金融机构存款余额977136万元，较年初新增304611万元，增长45.3%；各项贷款余额691789万元，较年初新增89575万元，增长14.87%。二是有效利用扶贫再贷款支持三农发展。2016年支行发放扶贫再贷款限额35000万元，截至12月末余额42400万元，缓解农信社三农信贷资金不足问题，支持县域三农经济发展。三是做好宏观审慎评估工作。支行按季做好对农信社宏观审慎评估工作，收集相关数据并及时报送，通过评估，德江农信社宏观审慎评估结果一季度为B类、二季度为B类、三季度为B类，同时引导农信社信贷合理增长，加强评估结果管理工作。

【金融管理】落实金融改革：一是推进利率市场化改革工作，随时关注社会各界对利率市场化的反响，及时上报监测报表报告及相关信息。二是支持商业银行机构网点向县级延伸，完善县域金融服务体系，贵阳银行通过组建申报，2016年3月在德江县正式开业，截至12月末德江县有金融机构7家。

落实金融管理：2016年年初根据2015年综合评价内容，对辖内综合评价的机构按照非现场管理与现场检查相结合、年度评价与日常管理相结合、全面评价与分项评价相结合的原则，进行确定评价单位的评价等级，并利用综合评价结果，全年对贵州银行开展代理国库专项执法检查、人民币收付专项执法检查，对邮储银行开展代理国库专项执法检查、人民币收付专项执法检查、支付结算专项执法检查。同时严格落实金融机构重大事项报告制度，及时对报告的重大事项做好了解和原因分析。

存款保险制度：按要求做好德江县农村信用社

的保费核算工作，及时督促该社交纳保费，按要求对存款保险档案实行“一户一档、分类整理”，及时报送相关资料。

【金融服务】人民币流通管理：加强辖区货币投放与回笼监测分析工作，按时上报有关现金投放、回笼分析材料，及时调度，保障辖区货币正常流通。1月至12月，支行调入发行基金6次，金额7.48亿元，调出发行基金4次，金额2.56亿元，投放货币15.12亿元，回笼货币9.72亿元，货币净投放5.39亿元，因分析决策及时，主、辅币搭配合理，促进辖区货币有序流通。

金融调查统计：做好金融统计数据集中运行保障工作，做好金融数据采集、核对和上报工作，确保金融数据和调研分析数据的时效性、准确性和科学性，满足各方对金融统计数据的需求。

支付结算和反洗钱：一是加强账户管理。配合当地工商部门开展“三证合一”改革工作，执行银行结算账户管理相关办法和银行结算账户管理系统业务处理办法，落实银行账户实名制。2016年，新开设各类账户970户，其中基本户693个、专用存款户78个、临时存款户34个；撤销各类账户181个，其中基本户71个、专用存款户35个、临时存款户30个。开设及撤销严格遵守制度要求进行审核，无一违反规章制度。二是开展银行结算账户专项检查。根据《中国人民银行贵阳中心支行办公室关于印发〈2016年贵州省银行结算账户专项检查实施方案〉的通知》要求，2016年11月23日至11月25日，支行依法对德江县农村信用合作联社2014年截止检查日期间同业结算账户开立、使用和专项管理情况实施现场检查，对检查出的问题按相关规定责令限期整改，将检查情况及时上报中支。三是建立健全辖内反洗钱工作机制，支行与政府部门间建立反洗钱联席会议制度，贯彻落实《金融机构反洗钱监督管理办法》，按照新评估标准对金融机构开展风险等级评估工作,对全县金融机构、保险公司进行风险等级评估并上报中支。按照“一机构、一档案”的要求，建立健全反洗钱非现场监管档案，有效提高监管效率。7月在中支组织下对贵州银行德江县支行开展反洗钱检查，加强对金融机构反洗钱工作的监管。

向农户讲解识假币常识

国库管理：2016年，加强国库出入凭证审核，做到凭证要素齐全、金额正确、数据清晰、内容真实合法，保证国库核算手续的严密。2016年，支库办理国库资金拨付3006笔，拨付国库资金支付63.48亿元，其中实拨资金2552笔，集中支付454笔；完成预算收入18.47亿元，其中中央级预算收入2.61亿元，省级预算收入1.24亿元，市级预算收入1.03亿元，县级预算收入13.58亿元。未出现违规支拨和差错现象。同时，加强国库横向联网推广，支行深入企业、银行、税务，调查分析原因，查找制约横向联网签约率的因素，让纳税人真正感受到电子缴税的快捷、方便，提高电子缴税的入库量。2016年电子扣税99333笔，金额27003.1万元，在全市完成电子扣税工作中排名第二。

征信系统建设：一是推进信用体系规范发展。2016年，个人信用报告查询3294户，企业信用报告查询51户，规范信用报告查询程序。二是规范机构信用代码证的发放，建立机构信用代码运用和信息共享长效机，2016年发放机构信用代码证335户。三是加强应收账款融资服务平台推广运用。通过在县辖金融机构中大力推广应收账款融资服务平台，2016年完成交易笔数3笔，交易额6.4亿元。

外汇联络：2016年，充分利用金融联席会载体，及时传达外汇管理工作精神，基础性外汇法律法规知识，发放外汇政策文件和宣传资料，做好外汇管理工作宣传，确保地方相关部门在招商引资上对外汇政策得以有所了解；同时做好对县域涉外经济的了解与调查，及时做好外汇管理与服务平台的更新和维护工作。

“蒲公英”金融志愿者服务：县内各银行业金融机构组建“蒲公英”金融志愿服务队，并制定《德江县“蒲公英”金融志愿服务队管理办法》，同时在辖内344个行政村的村委会或助农取款点统一悬挂“蒲公英”金融服务咨询投诉电话公示牌。

银行卡助农取款服务：2016年支行协调德江县农行和德江县联社重点抓好银行卡助农取款服务，截至12月末建立助农取款服务点722个，持续推进小额取现、代理转账和缴费等业务的应用，提高服务功能综合化，实现农村居民“基础支付服务不出村”。另外引导涉农金融机构加强对农村支付环境的建设，为农村地区提供快捷的支付结算服务，截至12月末，全县农村地区ATM机107台，特约商户722户，POS机864台。2016年发生银行卡业务249.28万笔，金额1386369.21万元，发生票据业务0.89万笔，金额199252.7万元。ATM取现493.47万笔，金额287765.99万元；POS机取现34.98万笔，金额22422.43万元；财政涉农补贴发放30.79万笔，金额8270.85万元。

开展金融知识宣传：依托“送金融知识下乡”“金融夜校”“金惠工程”“蒲公英”项目，以金融消费者权益日、征信主题宣传月、征信宣传周、反假币宣传月、反假币宣传进校园活动、银行卡知识宣传等特定宣传活动为载体，强化宣传内容的针对性，组织金融机构在农村地区开展形式多样、内容丰富的金融知识普及宣传活动，努力实现农村人口的金融知识脱盲。截至12月末，在乡镇开展金融知识培训、宣传1163场，68500人次，覆盖辖内社区、行政村组3362个、小微企业及商户99户、学校94所，基本实现全县农村地区全覆盖的目标，主要宣传反假币、POS机使用、信用工程之利息优惠、农户小额信用贷款，发放各类宣传资料33700余份，通过宣传加强金融知识普及教育，促进城乡居民对金融知识的认知度，提升农户的金融素质，优化城乡金融生态环境。

【金融扶贫】 一是落实百名央行行长对村帮扶金融服务“五个一行动”计划。截至12月末支行3名行领导分别指导农信社对贫困户开展建档立卡台账建立工作，后续跟踪监测工作制度；全年走访贫困农户户118户，推动金融机构发放农户小额信用贷款、“特惠贷”精准扶贫小额信用贷款金额395万元，开展小额扶贫信贷政策、征信知识、银行卡安全知识及惠农取款服务、人民币识别等宣传。

（人行德江支行）

人行铜仁中支任向阳行长到德江调研金融助推脱贫攻坚座谈会

工商银行

【概况】 2016年，工商银行德江支行围绕年初支行行长经营管理目标，狠抓存贷款工作，做强做大支行资产负债规模，向大行靠近；强化个人违约、不良贷款清收，提升信贷资产质量管理水平；拓展、拓宽收入渠道，增加营业收入，增强支行盈利能力；积极营销电子银行、银行卡、特约商户、融E联、二维码支付等重点产品，提高市场占有率；开展基层行党建和廉政建设工作，发挥基层党组织主体责任意识和坚持从严治党的决心；开展内控案防和风险防范工作，提升支行经营管理水平和风险防范能力；创新规范金融服务，推行职能银行建设，提升网点竞争力，较好地完成全年经营目标任务，在自身业务得到稳健发展的同时，为推动建成黔东北交通枢纽和区域性中心城市建设做出成绩。

一、各项经营目标完成情况：各项存款：年末各项存款余额为110129万元，比年初增加27926万元。其中：储蓄存款45279万元，比年初增加5361万元，完成全年控盘计划（4200万元）的127.6%，日均增量2785万元，完成全年目标（2460万元）的113.2%，增量市场排名第一。对公存款64850万元，比年初增加22565万元，日均增量7759万元，完成全年目标（5000万元）的155.18%，市场排名第一，其中：公司存款20674万元，比年初增加9750万元，日均增量8324万元；机构存款43383万元，比年初增加12541万元；保证金存款余额790万元，比年初增加273万元；同业存款3.72万元，比年初增加1.37万元。

各项贷款：2016年年末各项贷款余额为161962万元，比年初增加9954万元，其中：公司贷款104200万元，比年初减少3520万元，累计发放2.25亿元；个人贷款余额57762万元，比年初增加13474万元，累计发放1.93亿元。

中间业务收入：全年实现中间业务收入573万元，完成全年经营目标（885万元）的64.75%。

利润：年末,实现拨备后利润4784万元，完成全年经营目标(3295万元)的145.19%。

其他业务发展类指标：一是个人金融业务指标：个人金融资产净增5762万元，完成全年目标（5400万元）的107%，个人有效客户5444户，完成全年目标（3000户）的181%，私人银行客户完成1户，完成全年目标（1户)的100%。二是信用卡：全年新增信用卡1212张，完成全年经营目标（900张）的134.67%；信用卡分期付款725.74万，不良透支额5.69万元，控制在上级行控制额度内（计划6万元），全年营销特约商户61户。三是电子银行：全年融E联客户端动户4360户，完成目标（3400户）的128.24%；融E联客户注册净增数3189户，贵金属有效客户数净增160户，完成目标（150户）的106.67%，电子银行总积分排名第一。

风险控制指标：个人贷款违约额为33.13万元，违约率为0.06%，比年初下降0.96个百分点；个人贷款不良额为826.51万元，不良率为1.31%，比年初上升0.1个百分点。

案防指标：全年实现零发案，完成全年案防经营目标。

二、主要工作开展情况。对公存款。一是支行对公存款工作实行班子主抓，部室协作配合的工作机制，主要抓德务高速标段下施工单位、精准扶贫项目、惠民公司及中小企业等账户开立；二是加强对重点单位的维护服务工作，主要对移民、德务高速公路指挥部、中交一公司、七大房开企业、财政、公积金等重点企业进行走访维护及提供差别服务；三是密切银政关系，加强与政府的请示、汇报、沟通、走访工作，对政府主导项目在信贷政策范围内予以大力支持，年底得到政府大力支持。

储蓄存款。一是组织开展一季度个人金融业务劳动竞赛活动，实现储蓄存款“开门红”；二是充分发挥全行员工揽储，每季将储蓄存款任务细分到人，按月考核，与季度绩效挂钩，按季兑现；三是充分发挥分管行长和客户经理作用，加强对高中端客户走访维护工作；四是做好柜面增存、稳存工作，以服务促储蓄存款增长；五是加强大堂引导，为高中端客户提供高效优质服务，提高贡献度；六是加强智能银行建设，用科技银行吸引优质个人客户；七是拓展私人银行客户，提升私人银行客户贡献度。

贷款营销。着重做好个人住房按揭贷款、个人公转商贷款和公司贷款营销工作。2016年，德江支行个人贷款营销主要以城南7家房开企业个人住房按揭贷款和个人住房公转商贷款为主，全年发放1.93亿元；公司贷款主要营销的是中小企业贷款，全年发放2.3亿元。

贷款管理。一是支行班子高度重视，行长亲自挂帅，亲自抓；二是成立专门个人违约、不良贷款清收组，主要负责催收工作；三是将清收任务细分到清收组个人，与绩效挂钩，加大考核力度；四是将个人违约、不良贷款清收列为今年主要工作，严格按照“四个一批”原则，抓好清收、处置、核销工作。

中间业务。一是做好传统结算业务中间业务收入；二是充分利用信贷平台，在规范中间业务收费的同时，以公司贷款和个人贷款为重点，做好“以贷创收”工作；三是做好代理住房公积金委托业务、保险、理财产品、基金销收手续费收入；四是大力营销信用卡分期付款业务,增加手续费收入。

产品营销。一是继续做好OBU营销；二是加大信用卡及分期付款营销；三是抓好特约商户营销；四是积极营销融E联客户；五是抓代发工资业务营销挖转；六是大力营销“二维码”支付；七是抓个人期次理财和法人理财产品营销；八是抓贵金属、积存金产品营销。

开展党建、廉政建设、内控案防和风险治理，确保全年发案为“零”和不发生重大差错事故的目标。一是开展支部“两学一做”专题教育，增强党员干部党性纪律和廉洁自律意识；二是坚持从行治党、从严治行方针，推行党务、行务公开制；三是加强员工案防知识学习和廉政教育，主要学习上级行案情通报、省分行内部情况通报、廉政通报、风险提示及重要案防文件等内容，组织开展两次廉政教育，严格执行中央“八项”规定和总行新时期“十大禁令”；四是抓好员工“两个责任制”签订和逐级落实工作；五是切实加强员工异常行为和案件风险排查；六是认真落实内控、案防领导小组会和分析会；七是加强营业网点安全检查和ATM机巡查；八是做好安全保卫系统推广应用和节假日期间安全保卫工作。

开展服务整治，提升网点竞争能力。一是集中时间开展服务环境整治，树网点“靓丽”工程；二是组织召开网点晨会，通报、学习服务案例通报；三是规范网点“7+7”服务，要求柜员必须做到“三声”服务；四是加强大堂分流、引导，提高柜面分流率；五是加大服务“飞行”检查和服务投诉处罚力度，提升员工服务质量水平；六是切实开展行长服务“座堂制”，解决服务中存在问题；七是推行智能银行建设，提高业务离柜率。

（工行德江支行）

农业银行

【概况】农业银行德江县支行全称为中国农业银行股份有限公司德江县支行，主管部门为中国农业银行股份有限公司铜仁分行，县支行机构地址位于德江县青龙镇钟山中路126号。内设部门有综合管理部/工会、三农/对公业务部、个人金融部、风险管理部。下设网点有：支行营业部（位于县城钟山中路126号，营业面积289平方米）、德江城关支行（2014年6月迁址到德江县城南新区C栋1单元24号一楼，营业面积400平方米）、德江青龙支行（位于县城玉溪路46号，营业面积210平方米）。支行党委辖5个党支部，即机关党支部、离退休党支部、营业部党支部、城关支行党支部、青龙支行党支部，有党员46人，其中离退休党员21人。至2016年底，全行有在职员工54人，离退休内退人员34人，在职员工中具本科以上学历22人，中专及大专以上学历24人，高中及以下学历8人；有经济师3人，会计师5人，助理工程师2人，助理经济师8人，助理会计师9人，经济员11人，会计员12人，无职称4人。

【主要指标完成情况】截至2016年12月31日，一是各项存款余额169210万元，较年初净增5521万元，完成全年任务5000万元的110.4%，其中：个人存款余额88326万元，较年初净增2359万元，完成全年任务2400万元的98%；对公存款余额80883万元，较年初净增3162万元，完成全年任务2600万元的122%。二是全行实现中间业务收入811万元，完成全年任务800万元的101%；三是2016年各项贷款余额113054万元，较年初负231万元，其中对公贷款余额55414万元，较年初负404万元；个人贷款余额57641万元，较年初增加173万元；四是全行到期贷款收回率为98.68%，未收回金额为374.3万元，逾期率为1.32%，综合收回率完成较差且未达到规定的99%以上，其中：1.法人客户到期贷款收回率为100%，逾期率为0，排名全市农行首位；2.个人客户到期贷款（不含三农）

收回率达97.85%，未收回金额为197.4万元，逾期率为2.15%，排名全市农行末位；3.农户贷款到期贷款收回率为93.69%，未收回金额为176.9万元，逾期率为6.31%，未收回金额最多且排名全市农行末位，逾期率排名全市农行倒数第二位；4.农户小额贷款到期收回率达93.69%，未收回金额为176.9万元，逾期率为6.31%。对公贷款到期贷款收回率完成很好，个人贷款到期贷款收回率不理想。

【对公贷款】 2016年，全行在做好重点项目和政府投资平台项目贷款的同时，及时跟进上报项目贷款的营销，一是全年支持中小企业9户，新增贷款金额达2.9亿元，其中支持：德江县医药卫生开发建设投资有限公司5400万元，德江正鑫商砼有限公司700万元，德江县万盛汽车销售服务有限公司800万元，贵州颐年春酒业股份有限公司1800万元，德江金龙贸易有限责任公司，贵州省贵民投资有限责任公司3207.6万元，德江县城市建设投资开发有限公司7000万元；二是到期贷款6户，金额1.73亿元全部收回，到期贷款收回率100%，未出现逾期现象，对公贷款规模比年初净增6464万元且资产质量明显提升，信贷规模扩大；三是实现拨备前利润5000万元，完成全年任务4800万元的104%。

【零售业务营销】 2016年，全行不断改进营销模式，抓大不放小，拓展个人零售业务的发展。一是发展个人住房按揭贷款，落实房贷新政策，尤其是争取到部分公积金个人住房按揭贷款落户支行，不等客上门，主动上门到各房地产公司在建的楼盘营销、拓展个人住房按揭贷款这个主体业务，全年办理按揭贷款452户，金额9038万元；二是营销个人生产经营贷款23户，金额3765万元；三是营销汽车按揭贷款168户，金额1968万元。

【农户小额贷款】 2016年，根据全行农户小额贷款现状，尤其是针对农户多、分布广、需求旺的特点，一是把支持对象主要确定在家庭经济较好、有偿还能力，无不良信用记录的名录上；二是选择种养业相对发达和有特色的种养农户作为支持对象；三是与有一定规模的农户开展合作。2016年，全行实现电子机具（“惠农通”服务点）覆盖全县所有乡镇，村覆盖面达93%，完成全年任务280个的100%；实现“万村千乡”市场工程改造28个，完成全年任务28个的100%；实现新增农户贷款1350万元，完成全年任务1200万元的113%。

【信贷资产质量管理】 2016年，在信贷资产质量管理上，严格实行授信和授权相结合的管理办法，明确岗位职责。建立责、权、利相结合资产质量岗位责任制。严格监督考核措施，坚持“按季考核、年度考评、划分责任、处罚到人”。建立部门及个人清收不良贷款责任制，把信贷资产质量指标分解落实到客户部每位客户经理。

【中间业务】 2016年，全行把“以客户为中心”的经营理念和“以价值创造为目标”的经营转型落到实处。一是坚持资产业务带动中间业务，中间业务巩固资产业务的综合营销策略；二是利用全行的客户资源，强化一体化综合营销；三是开办网上银行、手机银行、电话银行、代收电费、通信费、黄金和基金的营销等新业务，且将各项任务目标分解到每位员工，实现按季考核兑现绩效工资，同时制定行之有效的考核办法予以兑现；四是挖掘保险代理业务客户资源，做好财产、寿险的保险代理工作，为全行做好中间业务打下坚实基础。

（王美豪）

农业发展银行

【概况】 2016年,县农业发展银行贯彻年初省、市分行行长会议精神,按照坚持一条主线、推进两个从严、推出三项重点、实现四个目标的总体思路，开创性地开展各项工作，实现业务发展有亮点，风险防控有成效，队伍素质有提升，较好地完成全年各项工作任务。截至12月末，各项贷款余额10.41亿元，比年初增加2.3亿元，增幅28.9%，日均贷款8.77亿元，增幅14.94%；存款余额12.37亿元，比年初增长8.36亿元，增幅2.08倍，日均存款5.56亿元，增幅1.94倍；实现中间业务收入17.41万元，账面经营利润0.21亿元。实现各项财务收入0.41亿元、支出0.2亿元，账面利润0.21亿元。

贷款业务：2016年，申报支农贷款项目4个获批4个，分别是德江白果坨湿地公园项目贷款4.5亿元，观音滩水库工程项目5000万元，朝溪水库、玉溪河综合治理工程项目计5.8亿元。年内展期县储油贷款1笔320万元，审批县储粮贷款1笔630万元，12月发放收购铺底资金100万元，支持地方储备粮收购43.37万公斤，在县域执行新建仓容5万吨等政策任务中帮助出谋划策，保障当地粮油市场稳定发展。全年上报中长期贷款项目5个、金额18.1亿元，其中：获审批项目3个、金额10.3亿元，获评估项目2个、金额7.8亿元。储备中长期贷款项目5个，分别为“十三五”农村路网建设贷款5亿元、高家湾农村土地流转项目3亿元、合兴片区旅游扶贫示范区配套路网建设项目2.5亿元、中医院医养一体化项目3亿元和农业生态产业园设施建设项目5亿元。

图为玉溪河综合治理工程

存款业务：2016年，一是向相关部门宣传农发行信贷政策及存款营销重要性，得到财政的认可与配合，协调人行批准启用财政局在农业发展银行开设的存款账户，营销债券资金存款5亿元。二是主动作为，走访社保、交通、国土、住建等有关部门，提升金融服务水平，新增社保局专项基金存款账户和失地农民保障金账户，全年营销事业单位存款5.13亿元，其中：社保局专项基金存款0.84亿元、交通局县乡道改造资金0.81亿元、公共产权交易中心土地招拍挂资金3.49亿元。三是以信贷项目为依托，以优质服务为保障，加大信贷客户及关联客户的存款营销工作，营销县扶贫投资公司注册资本金3亿元。

中间业务：2016年，一是落实贷款项目建设各类保险指定由农发行行代理，全年实现代理保险手续费收入6.36万元；二是以项目申报为起点，做好融资业务资料的收集和融资顾问费的收取，全年拨入65.4万元，入账7.4万元。

（袁 海）

邮政储蓄银行

【概况】中国邮政储蓄银行德江县支行，2011年10月9日成立，隶属于铜仁市分行，内设综合管理部、信贷业务部、营业部。支行有职工10人，其中行长一名，员工9名。2016年，支行切实贯彻落实全市邮储银行工作会议精神，以“提信心、强管理、促发展”为总体工作思路，以“做大负债业务、做优资产业务、做强中间业务”为工作目标，结合德江当地实际情况，围绕加快转型、加速发展、安全合规、质效并重的总体工作部署，调整结构，激活机制，全力推动德江支行各项工作健康、稳步、跨越发展。支行全年实现收入9701437.89元，比上年增长10.56%，其中利差收入1281568.06元，比上年增长17.31%，全区占比5.21%，增长排名全区第2名；汇兑业务收入增长3.83%；信贷收入4971824.35元，同比增长-1.49%，全区占比10.52%；手续费收入263503.70元，同比增长-1.17%；短信业务收入139010.28元，同比增长20.5%；公司业务收入2683050.26元，同比增长32.02%；信用卡收入375426.88元，同比增长44.3%。从收入占比来看，一方面主要收入为信贷业务收入4971824.35元，其次为公司业务和个储业务收入，比2015年增长32.02%，个储业务收入与2015年上半年相比，同比增长17.31%。占比最小为汇兑业务收入。2016年在个储业务发展的同时，支行探索创新奖励机制，对外加强县委、县政府沟通、汇报，将支行支持地方经济服务三农方针落实到实处。2016年，获得政府涉农贷款奖励130余万元(上缴)。对外强化考核管理，完善服务手段，着力打造“服务更优、效率更高、形象更佳”的“精品窗口”，始终坚持以“服务”为主线，以“个性化服务”为辅线，以“客户满意”为准则，把加强员工综合素质培养放在突出的位置，通过提升员工思想素养、文化素养、业务素养、行为素养和法纪素养，较好实现支行员工队伍服务观念有新变化，素质能力有新提高，工作形象有新提升。

一、业务发展情况。2016年，支行坚持以“做优信贷业务、做大负债业务、做强中间业务，提高业务收入”的发展理念，从年初开始，支行领导班子利用各种社会资源，通过各种渠道，开拓新的业务市场，狠抓落实，实现个人储蓄新增494万元，个储余额达6485.1万元，公司业务新开户15户，年增长705万，余额4826万元。在资产业务方面支行坚持“发展是第一要务，风控管理是第一责任”的原则，严格执行贷后管理，风险控制，做优做大资产业务,支行贷款结余18181万元，新增贷款4454万元，其中小企业贷款净增金额2638万元。截至12月31日，小企业贷款结余5774万元。年内新增贷款品种有：个人消费贷款、一手房贷款、个人商用房贷款、中小企业贷款、汽车贷、消费贷、医院贷、水电贷等。

二、基础管理工作。一是从抓认识入手，提高做好基础管理工作的主动性。二是从抓教育入手，夯实案件防范的思想基础。

（邮政银行德江县支行）

贵阳银行德江支行

【**概况**】贵阳银行成立于1997年4月，在毕节、遵义、铜仁、凯里、都匀、安顺、成都7地下设分行，有营业网点100余个。该行推出的甲秀卡是西南地区首张多功能智能化复合型银行卡，可行广泛应用于商场POS机内购物、ATM脱机取款和汽车加油等服务，是全省缴费品种最多、覆盖面最广、服务功能最全的代收费产品，集多种功能于一身，为广大市民省去柜台排队缴纳费的麻烦和现金交费的不便。德江支行是该行在铜仁市的首家县域营业点，是该行支持农村建设、参与脱贫攻坚的重要体现，在德江县主要业务方向有县域重大项目、中小企业、三农发展等。贵阳银行德江支行位于城南世纪明珠售楼部，2016年3月31日正式开业。内设营业部、综合管理部、市场金融部、零售金融部、农村金融部，有员工20人。

3月31日开业会议现场

【**存贷业务**】存款方面：截至2016年12月31日，各项存款余额14.06亿元，其中对公存款10.83亿元，储蓄存款3.22万元。全行开立有效对公账户166户，个人客户总量达14000户。全行存款余额在县域内排名第四，市场占比12.11%，市场占比较年初新增1.58%，各项存款较年初新增3.87亿元，增量占比达20.03%，其中个人存款占比达5.3%。贷款方面：截至2016年12月31日，支行投放表内外各项贷款23.55亿元。其中表内贷款9.98万元，表内公司类贷款余额9.6亿元，其中零售类贷款余额3782万元，表外贷款余额13.57亿元。信贷投放类指标：一是投放“德江县城至共和港口”“县人民医院整体搬迁”“县城北60米大道”等政府平台项目贷款5笔，金额计19.2亿元，实际到位资金17.3亿元；二是向“贵州伟才教育投资有限公司”综合授信2亿元及投放“县妇幼保健院”流动资金贷款2000万元；三是发放小微贷款5笔，金额计1000万元；四是完成“吉兴房开时代上层”及“江与城”2家楼盘准入。现实际投放个人消费类贷款2000万元（不含卡透），其中“誉无价”1525万元，个人住房按揭400万元。

【贵阳银行德江支行开业暨政银合作座谈会召开】2016年3月31日下午，贵阳银行德江支行开业暨政银合作座谈会在县交警大队四楼会议室召开，县委书记商友江主持会议并讲话，人行铜仁市中心支行副行长郑敏，铜仁银监分局副局长何天佳，贵阳银行铜仁分行行长杨炯，县政协主席陈健，县委常委、常务副县长周骥，贵阳银行铜仁分行副行长徐敦林、县人大常委会副主任陈旭东，县政协副主席、县工商联主席陈琳出席会议，共同见证贵阳银行落户德江并正式开业。商友江在主持会议时指出，德江是省委省政府明确定位，经国务院同意、住建部批复的黔东北中心城市，是全省唯一的农村金融改革试验试点县。希望贵阳银行德江支行开业后，继续以支持地方经济发展为核心，充分发挥自身产品和服务优势，深入开展金融服务工作，不断提升经验管理和服务水平，努力为德江经济社会发展做出积极贡献。同时，县委政府将一如既往全力支持和服务金融企业发展，全县各级各部门要鼎力支持贵阳银行德江支行开展业务，共同打造良好的金融环境。人民银行郑敏、银监分局何天佳分别指出，贵阳银行德江支行要始终坚持超前的理念，秉承贵阳银行扎实的作风，主动参与和支持地方经济的发展，在入驻德江后将更为积极地支持德江经济的发展,为德江人民提供优质高效的金融服务；要在监管部门的指导帮助下，强化管理，主动合规，防控风险，为业务发展夯实基础；要加强与金融同业的合作，学习同业的先进经验，互利共赢，和谐共生，共同为德江经济建设做出积极的贡献。铜仁分行行长杨炯代表贵阳银行铜仁分行感谢德江党

图为会议现场

委、政府以及人民银行、银监以及社会各界对贵阳银行的关心和支持，贵阳银行德江支行开业后将更好地融入地方经济建设，为德江各企事业和百姓提供更优异的金融服务。会议宣读贵阳银行德江支行开业批复及关于同意贵阳银行德江支行加入人民银行金融管理与服务体系的批复；商友江与贵阳银行铜仁分行行长杨炯为贵阳银行德江支行授牌；周骥代表县人民政府与贵阳银行铜仁分行签订《政银战略合作协议》。随后，与会人员前往贵阳银行德江支行参观营业大厅及办公区。各乡镇（街道）、县直有关部门、县内各金融机构、各高等院校负责人，部分在德企业家，贵阳银行铜仁分行相关部室负责人、贵阳银行德江支行全体干部职工150余人参会。开业当天实现存款359万元，开立个人账户50余户。（张小艳）

农村信用合作联社

【概况】2016年，县联社按照省联社和县委政府的重大部署，坚持稳中求进的工作主基调，主动适应经济金融的新常态，实施“五动协同”(党建带动、创新驱动、改革推动、管理联动、文化拉动)，打造“五个金融”（做精三农金融、做大小微金融、做实民生金融、做优产业金融、做强电子金融），切实提高发展水平、提高资产质量、提高经营效益，取得一定成绩。一是各项存款增长。截至2016年末各项存款余额345224万元，较年初增长76060万元。其中，对公存款余额77744万元，较

年初上升39763万元；储蓄存款余额267479万元，较年初新增36297万，存款占全县市场份额35.68%。二是贷款规模增加。截至2016年末，各项贷款余额282552万元，比年初增长50975万元，占全县市场份额40.84%。全年发放“黔微贷”6063.2万元，投放支农再贷款76345.3万元，余额57420万元，累计投放各项贷款216444.81万元。三是经营效益提升。截至2016年末各项收入30130万元，其中利息27097.77万元、金融机构往来2626.4万元、手续费334.67万元、其他营业收入7.25万元；各项营业支出25974.97万元，其中业务及管理费11733.28万元、金融机构往来支出681.92万元、利息支出4035.78万元、营业税金及附加125.15万元；利润总额4325.46万元减所得税1838.06万元，实现净利润2487.4万元。四是监管指标日渐优化。截至2016年末，全社五级不良贷款余额8354.46万元，较年初上升1469.25万元，不良贷款占比2.96%，较年初降低0.01个百分点；全社拔备覆盖率196.68%，较上年上升26.2个百分点；当年应提拔备4122万元，实提拔备16431.38万元，拔备充足率达185.85%；年末资本充足率9.83%，核心一级资本充足率8.78%。五是信用工程建设快速推进。2016年，创建信用组2159个、信用村281个，年内申报的高山、潮砥、长堡、稳坪、桶井、荆角、钱家、堰塘、龙泉9个信用乡镇得到批复，申请复审的枫香溪镇得到批复，信用乡镇获得批复的达18个，达到农村金融信用县的要求，12月31日成功申报，农村信用工程体系建设取得实质性的突破。六是电子业务替代率明显提高。2016年网上银行开户总数6944户，比2015年新增开户数2113户，增长率为43.74%；年内网上银行发生交易28974笔，是2015年同期22452笔的129.05%；交易金额176768.78万元，是2015年同期171302.98万元的103.19%。手机银行开户计16383户，比2015年增加10997户，增长率204.18%，发生交易120267笔，是2015年同期45927笔的261.87%，交易金额32281.57万元，是2015年同期4830.56万元的668.28%。信合卡发卡计287947张，2016年新增70758张，增长率32.58%。2016年全社信合卡发放经营指标58500台，完成120.95%。有ATM设备51台，2016年新增12台；新增多媒体自助终端17台，全社设置离行自助银行网点8个，2016年新增1个，计18台ATM设备。全社24个营业网点有20个营业网点布放ATM设备，覆盖率83.33%。2016年，全社电子业务替代率73.80%，比2015年同期电子业务替代率49.15%提高26.65%。

2016年4月20日，张金宣被省联社评为“2015年支农先进个人”；6月17日，吴正高被省联社评为“不良贷款清收先进个人”；6月28日，德江县联社高山党支部荣获贵州省农村信用社2015—2016年度“五好”党支部、张学被省联社评为贵州省农村信用社2015—2016年度“六先”共产党员；6月，德江县农村信用合作联社被贵州省总工会、省人力资源和社会保障厅、省国委等9各部门联合授予“贵州省劳动关系和谐企业”称号；7月25日，德江县农村信用合作联社被省联社评为“贵州农信·支农支小春雨行动”先进单位、德江县农村信用合作联社城中信用社被省联社评为“贵州农信·支农支小春雨行动”先进网点、谯昌松被省联社评为“贵州农信·支农支小春雨行动”先进个人；11月23日，德江县农村信用合作联社被人民银行贵阳中心支行、省扶贫办联合授予“贵州省金融精准扶贫先进单位”荣誉称号。

【抓考核促业务】2016年初拟定全年各项工作目标，并将计划落实到网点，同时制定《2016经营管理目标考核办法》，将全辖绩效工资的20%纳入对业务指标、信用工程创建、网点标准化服务、案防和安保、新增不良贷款控制、电子科技、资产风险分类管理、日常工作等进行考核，制定考核奖惩办法。联社领导和各部室实行分片挂社负责督促指导，并将考核工资的20%与责任片区定量任务挂钩，按月进行考核。通过严格兑现考核，最大限度地激发广大员工的积极性和创造性，使各项工作得以稳步推进。

【抓资金促存款增长】2016年，面对复杂的金融环境，德江县农村信用社坚持以发展为中心，牢牢抓住全县加速发展的历史机遇，实现发展提速的良好态势。一是实施“乡镇网点争一”活动，对未完成当期存款计划且旬末呈下降趋势的网点，进行约见谈话等措施，确保各乡镇网点存款存量市场占有率在70%以上，同时增量市场占有率在70%以上。对有邮储的网点，挖存量于年末不低于20%，抓增量于年末不低于70%。二是开展春天行动、农民工金融服务百日行动，通过宣传、收集信息、召开座谈会、定期回访等方式，存款得到稳步增长，实现首季“开门红”，为全年打下基础。三是争取财政资金、预算外资金、各类涉农资金等落户，拓宽资金来源渠道。

【支持地方经济发展】一是年初制定“三农”金融服务方案，在贷款投放上突出支持重点，通过推进信用工程建设，加大农户评级授信力度，落实柜面放贷、阳光放贷，实现农户贷款扩面、增量、提速，确保“三农”金融服务需求能够便捷、及时、有效地得到满足。同时，支持山地特色农业、生态农业、高效农业和农产品加工业、“5个100工程”、“美丽乡村”、精准扶贫等，推动农业规模经营和现代农业发展。涉农贷款发放额、增量、余额、占比均位列全县金融机构首位。二是持续打造小微企业特色服务。完善小微企业评级制度，优化评级授信流程，提高服务效率，加强小微企业营销，采取灵活的形式、合理的利率、高效的服务，确保小微企业增速、贷款户数高于去年同期。对讲信用、有潜力，资金暂时困难的小微企业办理续贷，缓解小微企业由于贷款期限与经营周期不匹配带来的还款压力，降低小微企业的融资成本。三是发挥“3个15万元”政策扶持微型企业承办银行作用，推广“黔微贷”产品。通过联社建立台账管理、落实分片对接、拟定工作目标和工作进程、建立激励机制、加强指导和督促等措施，对符合条件的小微企业优先建档、优先评级，在符合条件的基础上，优先授信、优先放贷，合理安排扶持微型企业信贷资金，确保小微企业贷款增速明显高于各项贷款增速、贷款增量明显高于上年同期、贷款户数明显高于上年同期“三个高于”目标。全年对辖内733户微型企业，建档评级733家，建档评级面达100%，累计发放贷款318户，余额5282.8万元。现有贷款余额的户数为295户，贷款余额4578.8万元。四是“民心党建+信合+”助推精准扶贫进村入户金融夜校宣传。全社组织召开金融夜校228场，通过“金融夜校”培训8967人，累计发放宣传资料4834份，利用金融夜校群众真正认识到此项工作的重要意义。截至2016年末全社累计对贫困户建档评级授信23045户，累计为贫困户开卡8380户，为群众拟定发展建议598条，发放“特惠贷”贷款8869笔，贷款余额31357.19万元，贷款用途主要涉及农户种植、养殖、生产经营、创业的领域。

【安全保卫】一是逐级落实安全责任，分层建立安全防范体系。年初联社与信用社和各部室负责人，网点（部门）负责人与员工层层签订《2016年安全保卫工作综合治理目标责任书》，明确责任人、责任内容、目标和奖惩，全县农信社形成人人管安全、重视安全，齐抓共管的安全氛围。同时与周边单位、居民签订联防协议，建起防护网。二是因地制宜、有针对性地开展教育培训，提高全员安全防范意识和防范能力。全年开展集中培训4次，深入网点重点培训25次，单独培训5次，培训316人次，受训面达100%。三是加大安全检查整改力度，及时排除安全隐患。全年开展月度检查12次、季度检查4次，开展重大节日检查3次、开展安全专项检查7次。检查发现问题21个，整改问题20个，限期未解决问题1个。四是开展各类安全应急演练，提高安全事故处置能力。全年开展安全演练33次，其中由安全保卫部组织实施演练28场，指导网点组织开展演练5次，参加人员达280人次。五是加大物防技防设施建设，打牢安全防范基础。全年安全防范设施建设投入金额841.69万元，其中：营业场所基础设施建设投入548.75万元（原址改造3个，新建网点4个，均经安防审核通过）；金库建设投入金额15.06万元（新建3个）；监控设施投入168.57万元（新装网点4个，改造网点5个）；防弹玻璃投入17.87万元，安装面积129.66平方米（其中：防弹防砸玻璃95.2525平方米）；电子联动互锁门投入6.7万元（新装9樘）；消防器材投入1.16万元；守押及保安支出83.58万元。联社监控中心基本完善，管理平台建成1000路，其中年内增加500路，数字摄像头680个，全辖25个营业网点及51台自助设备的监控报警全覆盖并上传监控中心。六是加大对外包守押和大堂保安各个环节的管理，确保外包业务的风险控制。开展人员排查，随时关注守押人员思想动态；每月开展一次安全综合检查，确保外包业务严格执行规章制度和操作规程；不定期开展学习培训；对履职全过程进行跟踪检查；按月对大堂保安进行考核；不定期地对守押队伍开展演练。七是加大违规处罚力度，维护各项规章制度的严肃性。2016年发现违规人员119人，经济处罚119人，涉及网点22个，金额61050元，其中：中层管理人员14人、金额10600元，一般工作人员105人、金额50450元。下发安全通报33篇，上报安全信息14篇。

【案防风险排查】县联社成立以党委书记、理事长为组长，其他班子成员为副组长，联社职能部门负责人为成员的案防工作领导小组。领导小组下设办公室，负责制定方案、协调职能部门对各网点案防工作开展情况的督查、指导及现场检查等工作。一

在德江县人民法院开展警示教育活动

是严格落实银监会“十三条意见”要求及前期案件防控治理工作的整改要求，召开案件防范、资产质量、不良贷款、风险管理等方面10余次专题会议，研究重大风险决策问题。二是层层签订案件防控责任书，明确案件防控责任。三是开展“两个加强、两个遏制”专项检查回头看自查工作，同时开展包括授权密码、印鉴密押、空白凭证、金库尾箱、查询对账、轮岗休假、监控录像、枪支弹药等“八个重点环节”的排查以及贷款的合规性等重要环节的排查工作。截至2016年末案防工作检查中处罚人次308人，处罚金额14.64万元，内控管理意识和风险防范意识有所提高，案件防范能力得到加强，总体整改效果得到明显的改善。

【稽核审计】 2016年，依照《德江县联社2016年度稽核工作计划》及省联社工作安排，全年开展2015年工资执行情况、内部员工贷款、2015年度核销贷款、信息科技风险、新增300万元以上大额贷款的合规性、辖内固定资产、委派会计岗位履职、网点金库尾箱、有价单证、重要空白凭证、股本金权属风险、不良贷款真实性、单位存款及往来资金对账管理、序时性稽核审计、重要岗位人员经济责任等13项专项审计排查工作，全年派出稽核检查工作组10次，实施离任（岗）审计33人，专项审计7次，形成各类检查报告44份，稽核季报4张、简报4篇，有效促进全县联社各项业务的规范、稳定、健康有序发展。对辖内违规违纪违法人员责任追究398人次，其中：经济处罚393人、罚款金额19.368万元，待岗1人，免职4人。有效地突出检查的频度、稽核的深度、审计的广度。

【信用工程建设】一是加强后续管理，落实信用农户、信用村组、信用乡镇“三优先”原则，让广大农户享受讲信用带来的实惠，增强信用工程的积极性，巩固信用工程创建成果。通过对创建信用乡镇开展“回头看”，各乡镇指标、质量均未下滑。二是按照“成熟一个、申报一个、验收一个”的要求，严格创评质量，保证申报成功率。全年申报信

用乡镇10个，成功10个。三是完成农村金融信用县申报工作，德江农村金融信用县9个指标初步达标，2016年12月31日向铜仁审计中心申报。

【网点服务】一是为强化和规范服务标准化建设制度，根据服务管理要求，修订完善年度网点服务规范监督检查制度、网点服务工作周查月查制度、服务标准化建设工作考核办法、优质文明服务评比活动、营业网点晨会制度等文件。二是开展营业网点服务标准化检查督导12次，ATM自助银行环境管理检查1次，通过现场检查督导和非现场调阅监控的方式，督促网点进一步固化标杆网点，提升服务水平，提高服务质量，提升客户满意度。对检查督导中存在的违规现象进行通报处罚98人次，处罚金额42700元。三是设立网点服务规范督导内训师，实现实时监督，利用晨会、晚训组织员工学习服务礼仪、服务规范、柜面操作流程等，强化日常管理。2016年上半年，组织城区内职工参加普通话培训考级，城区内应参考人数均通过普通话等级测试，达标96%，全辖普通话持证人数92人，占业务在岗人数的60%。

【基础设施建设】截至2016年末，全辖营业网点27个，其中，2015年末完成网点标准化达标改造验收9个，2016年新增网点3个。一是计划任务超额完成。2016年计划完成搬迁修建的3个，截至2016年末，潮砥、泉口、长堡三个信用社主体工程完工，经相关部门组织验收，工程质量均为合格，正在进行一层营业区域装修；原址改建和扩建4个，其中桶井、玉溪、合兴、复兴完工，经联社验收小组验收，质量均为合格，并投入使用；购建装修1个，城中信用社装修完工，搬迁投入使用，按照网点建设考核条款规定，全面完成网点建设任务。二是新增网点装修全面完成。2016年新增网点2个，其中，世纪信用社2015年8月购置惠田地产售楼部筹建，2016年7月获铜仁银监分局正式批复，网点装修全部完工，待开业手续办理完毕后投入使用；扶阳信用社2015年7月购置江与城门面筹建，2016年7月获铜仁银监分局正式批复，网点装修全部完工，待开业手续办理完毕后投入使用。三是启动三年达标规划网点建设。按照联社三年达标规划，所辖27个营业网点有共和、沙溪、稳坪、利民、城区、钱家、联社营业部七个网点列入2017年规划建设，为确保三年规划如期完成，利民分社2016年7月在县城区利民路购置民用商业用房一栋，总建面积1480平方米，待2017年装修后搬迁；对共和、沙溪、稳坪三个网点办公楼进行搬迁规划，土地落实，设计图纸基本完成，正在办理用地规划手续后审图；城区、钱家正在目测合适房源，拟购买房屋装修搬迁；营业部随联社办公大楼完成。四是抓住机遇，加大投资力度，确保三年规划实践。2016年向审计中心申请立项搬迁修建的潮砥、长堡、城中3个网点，立项预算2605万元，完成投资1717万元；原址拆建的泉口信用社，立项预算585万元，完成投资225万元；搬迁购置的利民分社，立项预算1280万元，支付1099万元；原址改造的复兴、合兴、玉溪、桶井4个，立项预算540万元，支付297万元；新增网点购建的世纪、扶阳、乌江3个营业办公用房，立项预算4022万元，支付2699万元。全年支付在建工程款项6037万元，部分在建工程款待审计结果出来后转入固定资产管理。五是联社办公大楼实质性启动。联社办公大楼2011年就获省联社立项批复，因土地规划调整，重新向省联社作土地变更立项申报，并获得批复，按照省联社基建管理办法相关规定，设计公司进入招投标程序，初步设计方案提交德江县城规委审定，最终办公大楼用地按照设计方案要求由国土部门挂牌出让，有序推进办公大楼建设。

【科技投入】2016年，全社通过加大科技投入力度，有效地提高电子业务替代率，达73.80%。一是对“村村通”商户更换工作，夯实“村村通”业务基础。对选择不当，交易业务量较差的商户，予以更换，为业务开展夯实基础。二是做好商户培训、指导工作，加强商户跟踪检查、巡查工作，减少和杜绝商户欺骗套取和违规收取手续费行为，保证交易的真实。2016年以乡镇为单位累计培训、指导40余次，平均每个乡镇达2次，对商户单独培训、指导达100多次，极大提高商户的操作技能和水平。三是增大资金投入，打造“村村通精品网点”，高标准提高农村金融服务水平，通过“精品网点”带动周围商户的服务水平和质量，对电子业务起到极大推动作用。2016年实现村村通一直在覆盖率100%，在全县316个行政村布放“村村通”322台,发生交易672755笔,是2015年同期265391笔的253.5%，交易金额总计127004.94万元，是2015年同期交易金额43511.22万元的291.89%。2016年村村通活跃率100%。

联社负责人走访查看POSS商户

【“金融夜校”活动】 2016年，金融夜校开展1563场。同时，通过评定信用农户、创建信用村组、信用乡镇后的利率优惠为全县3.7万多农户贷款节约利息支出820余万元，变相提高农民收入，为德江县域经济的发展和农民群众增收节支作出应有的贡献，同时为2017年德江农村金融信用县的创建打下基础。

【电费签约代扣业务】 2016年，在确保电费签约率的基础上，加强签约成功管理工作，对2015年虽然签约但不成功扣费的部分进行清理，提高签约准确率，促进扣费成功率。提升我社中间业务收入，确保农村市场寸土不失、城区市场寸土不让，进一步夯实发展基础。通过银电协作开展非现金缴费签约的方式，让电力快车通达村寨，实现服务群众足不出村，切实解决群众“路费比电费贵”的问题。

【扶贫工作】 一是做好党建扶贫工作。按照省联社党委、县委的安排部署，帮扶合兴镇清明村及长丰乡堕坪村、鱼泉村，并分别派专职驻村干部开展精准扶贫工作，并担任第一书记，驻村干部以“四个三”驻村工作法为主线，充分发挥农信社职工对三农“地熟、人熟、情况熟”的优势，走千寨、进万村，摸村情、排民情，出思路、争资金、引项目、调纠纷，真心实意为群众办实事、解难事、带领群众脱贫致富。2016年，全社支持帮扶的长丰鱼泉村79000元改善基础设施建设，堕坪村28150元用于村公路建设及办公用品购置，清明村40000元公路建设，对帮扶的贫困户进行资金支助47000元，计生帮扶30000元。二是开展献爱心活动。联社党委切实履行社会责任，在“六一”儿童节到偏远村小学及幼儿园、县特殊学校开展慰问活动，发放186件慰问品，并给每一个留守儿童发放100元慰问金。仅2016年10月17日扶贫日，全社全体员工捐款达30000元。 （曾望书）

中国人寿德江支公司

【概况】 2016年，中国人寿德江支公司坚持以人为本，树立和落实科学发展观，把保险业改革发展与保民兴德相结合、与德江撤县建市工作和打造黔东北交通枢纽和建设区域化中心城市相结合、与社会主义新农村建设相结合、与完善社会保障体系相结合、与社会管理和公共服务创新相结合，注重协调发挥市场配置和政府调控功能，着力解决保险业与经济社会发展和人民生活需求不相适应的矛盾。截至12月底实现总保费3532万元，同比增幅48%，其中：个险渠道首年期交保费740万元，同比增长92%；短险保费630万元，同比增长29%；银保渠道首年总保费完成310万元，同比增长10%。同时，受理各类理赔案件1199起(其中短期险1156笔，长期险43笔)，结案1196起，结案率100%，支付各类短期业务赔款1156笔,金额达462.06万元;

给付长险理赔金43笔，给付金额65.54万元；同时，在中国人寿铜仁分公司和地方政府深化合作，全面承办新农合大病补偿医疗保险以来，以关注民生、服务百姓、防范因病致贫、因病返贫为己任，全年受理10万以上重特大疾病104起，补偿金额966.65万元，报销比例达76%；受理6000元以上二次补偿共计2274笔，基本医疗补偿793.39万元，为2378名参合群众提供医疗救助，发挥“社会稳定器”的作用。

一、诚信服务，推进品牌宣传。一是文化行销品牌，提升服务品质。支公司个险销售部和客户服务中心密切配合，建立以客户需求为导向的经营战略，举办客户联谊会、投资理财讲座、精英专场答谢会、国寿大讲堂等活动，丰富服务内涵，提升客户服务品质。同时依托省公司与贵阳晚报、贵州商报合作的机会，加强品牌宣传，传播保险知识和理财新观念，立足“3·15”“6·16”客户服务节等假日机会，实时宣传法律法规，传递公司资讯。通过多渠道多层面的抓手切入，以文化行销品牌，提升服务品质，扩大品牌宣传覆盖面，赢得市场好口碑。二是强化合作力度，增强服务功能。德江支公司密切与地方扶贫办、卫计局、合医局、教育局等单位联系，依托政府为改善民生而设置的接口，主动对接扶贫攻坚工作，开展保险精准扶贫。如与德江县人口计生局联合推行“计生关怀·计划生育家庭意外伤害保险”计承保3900名计生困难家庭，按照省扶贫开发办与中国人寿贵州省公司保险助推脱贫攻坚工作启动会的要求和安排，主动对接全县70000余名建档立卡贫困户的保险承办，防止因病、因残、因故发生导致贫穷，按照政府要求打好脱贫攻坚战。建立“对口联系、专人负责、信息共享、协调配合”的工作模式。积极维护与教育局、学校的良好合作关系，提高“学平险”的覆盖面。2016年，全年承保学生71000名。学生保险市场占有率70%，为全县学生保驾护航。三是整合社会资源，提升公司形象。公司分别与县农业银行、工商银行、县邮政局、县联社建立战略合作关系，承接和提供全方位的金融理财产品和服务，推出小额信贷保险、短期保本型理财产品、机动车驾乘保险等，丰富金融服务内容，满足老百姓日益丰富的理财需求。主动服务小微企业，高端客户，建立服务档案，通过保单借款，解决小微企业资金流短缺的问题。10月与卫计局联合下发关于医疗保险一站式结报的通知，建立与县医院、中医院两家医保定点医院的合作，通过开辟绿色一站式实时报销服务通道，减少报销流程，便捷老百姓对医保报销的诟病，赢得良好声誉。

二、依法合规，保障健康发展。一是开展以“诚信·沟通·维权”“规范经营、诚信服务”“诚信合规日”等系列主题实践活动，倡导“实实在在卖保险”“明明白白买保险”“规规矩矩做保险”的诚信道德行为规范，自觉抵制违规，争当诚信典范。二是配合上级公司销售督察部工作，强化销售误导综合治理工作，深入开展销售资质、销售培训、宣传资料、销售行为、客户回访、销售品质、客户投诉等七个重点环节开展定期自查自纠。三是在销售队伍中开展反洗钱、集资诈骗案件专项治理工作，签订反洗钱、反集资诈骗《承诺书》，提升员工风险防范意识。四是开展销售培训和风险警示教育，消除营销伙伴在展业过程中容易忽略的合规盲点。五是建立信用评估体系，发挥正向激励作用，展示销售人员依法合规销售的良好精神风貌。六是建立销售误导通报评价和责任追究制度，把风险防范落实到日常展业中去，确实做到依法合规经营。七是抓好满期给付，保障维稳大局。2016年是公司系统满期给付、退保高峰年，牢牢守住不发生系统性风险的底线既是总部的要求，也是德江公司的工作目标。在严峻形势和艰巨任务面前，公司坚持底线思维，强化风险防范意识，整合资源，齐抓共管，优质服务，稳妥做好满期给付工作。

三、专业运营，增强竞争实力。一是基层管理，压力释放。基层公司从繁琐的管理事务中解脱出来，履行销售中心的职责，专注业务拓展。除现场紧急事件外，柜面的各类疑难案件，纠纷案件由上级公司统一指导，统一出具处理意见，为基层公司释放更多的管理时间用于销售工作。二是管理规范，服务统一。展管分离后，柜面的管理更加规范，服务的流程更加统一，处理效率更加快捷。市公司每月下发统一的工作行事历，统一培训课件，柜面按进度抓执行，柜面能释放更多的时间参与销售。在学平险收费高峰期，抽调柜面人员多次深入学校收费，产说会期间提供邀约回访、POS机现场刷卡、会场服务礼仪等。三是人员精简，效率提升。2016年，实行展管分离后，德江B柜面的人员编制由原来的4人，精简为3人，服务效率提升，服务流程更优化、更便捷。柜面只负责受理，受理后转省、市公司统一审核处理，省公司安排早、晚两班审核人员，以保证手续完整的均能当天审核处理。四是柜面风险，有效管控。柜面各类风险型审批权限均取消或上收，基层公司的保费收入及业务给付账户均取消，各类业务给付均上收上级公司，同时推广银行批量转账业务，柜面实现零现金管理，大幅度降低柜面资金管理风险。五是服务销售，支持销售。柜面通过送培训进销售职场，开展与销售人员面对面的座谈会等方式，及时将公司的新实务、新规定传达给销售人员，提升客户办理业务的处理时效及一次成功率。2016年德江柜面开展送培训进职场19场次，接受培训总人数将近300人次，开展与销售人员座谈会。在省公司2016年度服务销售满意度测评得分中，德江B柜面平均得分为98.75分。为支持销售，柜面为特殊人群开通绿色通道服务，为高端客户的提供全方位的上门服务，受到广大客户和销售部门一致好评。通过柜面的特殊服务，提高客户的满意度及忠诚度。

（人保公司）

中国人民财产保险公司德江支公司

【概况】 2016年，实现保费收入4332.03万元，同比增加240.06万元，增长5.87%，完成全年任务87.37%。非农险保费收入3490.61万元，负增长-6.45%，完成任务82.5%；车险实现保费收入2497.74万元，同比减少130.27万元，降幅4.96%。家庭自用车1700.25万元，同比增加58.89万元，增长3.59%；新车765.38万元，同比减少8.87万元，负1.15%；农险1066.63万元，同比增加465.27万元，完成计划106.66%。实现利润537万元，占计划的81.61%，总体业务发展滞后。

一、队伍建设。2016年，按照综合、承保、理赔、车险、商业非车险、农业保险等模块重新搭建公司中层干部管理模式，确保各项工作有管、有人抓、有人做、有成效，并不断探索考核模式，提高干部员工的责任感和战斗力，基本形成团结协作，互帮互促的员工队伍。

二、加强与部门协调。2016年，主动与政府部门沟通协调，确保工作的延续性，主要对接财政、农业、林业、民政、客管、安监、金融办、扶贫办、检察院、法院等职能部门，争取政府职能部门的支持。同时掌握合作中存在的问题，收集理赔服务中存在的问题及未决案件的情况，巩固双方合作关系。

三、加强与车商合作。经常与车商团队开展合作活动，收集车商合作中存在的问题，对全县30余家车商经营情况及合作情况进行摸底，通过走访巩固车商合作关系。针对需要送修资源的车商执行差异化管控，强化与推荐合作修理厂的合作，提高客户满意度。

（财产保险公司）

中国人寿财险德江支公司

【概况】 2016年，人寿财险德江县支公司落实省公司关于全年工作的要求，坚持以改革创新为动力，以加快发展为主线，以效益为统领，以服务为宗旨，以依法合规经营为基础的工作方针，全公司上下齐心协力，截至12月31日保费收入1375万元，其中烟叶种植保险保费完成187万元，烤烟损失金额160万元，截至12月31日公司已决赔款587万元，未决赔款492万元，年度赔付率67.41%，同比增长18.82%，利润81.76万元。是年，公司按照省市中支公司的管理制度要求并结合本公司的实际情况，定期组织员工进行反洗钱和打击非法集资的培训、宣传。

（田红明）

农 业

农业农村工作

【概况】德江县农牧科技局为德江县人民政府工作部门。成立于2010年12月，由原县农业局、县畜牧兽医水产局、县科学技术局合并而成，名义上合但实际未合，工作开展仍然是单独运行，只是减少政府职能机构，畜牧、科技成为局下属正科级事业单位。2014年11月机构改革后，实现人、财、物统一管理、真正合并，重新调整职能职责、内设机构，畜牧、科技仍是局下属正科级事业单位。根据《县委常委会议纪要》（〔2016〕25号）精神，以（德农发〔2016〕104号）通知，从2017年1月1日起，其下属的县畜牧业发展中心、县科技服务中心机构及隶属关系不变，人、财、物方面实行独立运行，绩效单独考核。全局2016年初在职干部职工269人，年末在职干部职工268人（其中：科技中心19人、畜牧中心94人）。其中公务员17人，参公管理15人（农机中心），事业人员236人。事业人员中有高级农艺师17人，中级职称59人，初级职称78人；学历结构硕士研究生学历8人，本科学历38人，大专学历179人，中专学历47人。2016年9月，县农牧科技局安强、李天远、曹永直、徐成勇、冯嘉盛5名干部被县委、县政府命名为德江县首届“县管专家”。

2016年，县农牧科技部门贯彻落实中央1号文件精神及党在农村的各项方针政策，贯彻中央、省委、市委、县委农村工作会议及县党代会、人代会精神，践行创新强农、协调惠农、绿色兴农、开放助农、共享富农的理念，以发展新理念引领农业新发展，坚持以农民增收为核心，以结构调整为主线，以园区建设为平台，以深化改革为主抓手，加快推进全县现代农业转型升级和农民增收，加速农村小康社会发展进程，较好地完成各项工作任务，实现“十三五”良好开局。全年实现农业总产值41.5亿元，增长9.8%，完成畜牧渔业产值17.13亿元，占一产比重达41.28%；完成农业增加值25.29亿元，增长7.6%。农村居民人均可支配收入达7460元，增长13%。完成粮食播面73.8万亩，同比增长0.7%，实现粮食总产17.77万吨，同比增长2.4%；种植油菜14.77万亩，产量1.52万吨，种花生4.1万亩，产量0.48万吨，与上年持平。

【农技推广】2016年，加强农技推广服务体系建设，加大科技创新和推广力度，提高农业支撑保障能力。围绕粮油、生态茶、蔬菜等产业，大力实施粮食增产工程、粮油高产创建、测土配方施肥、土壤有机质提升和有害生物绿色防控等农业科技示范样板工程，提高标准化、规模化、科学化水平。组织实施粮食增产工程32.81万亩（水稻16.92万亩、玉米15.89万亩），水稻、玉米生产实现总产9.7万吨，占全县秋粮总产12万吨的80.86%，全年粮食总产17.94万吨，为全县粮食安全稳定起到重要的

德江县新场村水稻绿色增产增效核心示范田

支撑作用。完成水稻绿色增产增效技术推广项目5076亩、玉米10018万亩，完成马铃薯高产创建1.03万亩，烟田油菜免耕栽培技术推广面积5.86万亩。实施推广测土配方施肥技术75.5万亩，示范1.42万亩，推广配方肥16个，完成配方肥推广30.32万亩；采集土样508个，实施耕地保护与质量提升绿肥种植项目25791.2亩。创新机防队服务方式，开展病虫专业化统防统治面积40万亩，其中实施有害生物绿色防控面积31万亩。推广杂交水稻种植16.08万亩、玉米15.1万亩、脱毒马铃薯8.15万亩，水稻旱育浅植11.50万亩，玉米育苗移栽13.67万亩，蔬菜生态化栽培6.4万亩，开展种子、农技、土肥等新技术研究试验16项，全面或超额完成农业适用技术推广任务，农业支撑保障更加有力。

【农业结构调整】2016年,农业结构调整继续加快，

马铃薯高产创建示范基地一角

特色主导产业集聚壮大。完成新建茶园3.01万亩，全县茶园开采面积14.1万亩，产量10009吨，产值101918万元；种植蔬菜27.7万亩，总产量38.8万吨，产值6.79亿元;完成食用菌（黑木耳）2100万棒,总产量2.1万吨，总产值1.05亿元；新增水果面积1万亩，水果累计面积8.1万亩,投产果园4万亩，产量5.15万吨，产值2.29亿元。完成中药材种植面积4.12万亩，其中新增栽培天麻15.96万平方米，滚动发展面积22.44万平方米，种植罗汉果3000亩、前胡5000亩、花椒15000亩、玫瑰3000亩，金银花、桔梗、百合等5600亩。加上烤烟、油菜、花生、核桃、饲草、干果、花椒等作物，全年经济作物播种面积累计达142.92万亩，实现粮经比33.3‥66.7。

【农业科技培训】2016年,加大农业科技培训和投入力度，提高农民科技水平。结合农村精准扶贫、基层农技推广体系补助项目以及全县产业发展总体布局等，加大对种植业、养殖业，新型农业经营主体，职业农民等的培训力度，在全县范围内主要开展茶叶、果树、蔬菜等特色优势产业培训10期（新型职业农民培训4期，农业实用技术培训6期），培训学员600人次。全局各业务科室累计培训农技人员360人，培训农民3.85万人。通过技术培训、示范带动，提高农业产业化经营、群众科技水平，不断培养和造就新型农民、职业农民。

农技人员在田间指导油菜移栽

【农业示范园区建设】 2016年,现代高效农业示范园区建设积极推进。全县有现代高效农业示范园区21个，其中省级园区5个、市级园区10个、县级园区6个，园区实现乡镇、街道全覆盖。2016年度园区建设完成投资15.38亿元,园区年内实现总产值16.42亿元,完成总销售收入14.04亿元。入驻企业66家，其中省级重点龙头企业8家，市级龙头企业12家，建立合作社50家；园区经营主体发展电商24个，累计开展无公害产地认证面积6.05万亩，配备农技人员110名，培训从业人员2.1万人。园区带动农民增收效果明显，园区内从业农民人均可支配收入达11714元，高出全县平均水平的57%。建成高家湾四星级园区3A级景区1个，建成合兴、米阳山三星级园区2个。

平原镇百亩油菜示范基地一角

【农业产业化经营】 2016年,全县农业产业化经营深入推进,有农业产业化组织917个，其中农民专业合作社866个（新增327个），成功申报国家级示范社3个、省级示范社4个、市级示范社5个；有省级重点龙头企业8家（新增2家），市级重点龙头企业36家，县级重点龙头企业47家；有家庭农场86家（其中市级家庭农场69家、市级示范家庭农场13家、县级17家）；各级龙头企业和农业产业化经营组织拥有资产总额达13.6亿元，固定资产8.3亿元，实现销售收入15.6亿元；通过土地流转，按照“公司（合作社）+基地+农户”的经营模式，发展种养殖基地35万亩，订单15万亩，带动农户10.2万户，带动农民增收2.85亿元，全县累计流转耕地面积230937亩（其中：转包26233亩，转让15180亩，互换8244亩，出租127576亩，股份合作33197亩，其他形式20507亩）；主要农产品加工转化率达54.5%；农业产业化经营组织带动农户10.2万户，占全县农户的74.5%，农民人均纯收入中来自农业产业化经营的比例达20%以上。认定市级休闲农业与乡村旅游示范点1个。

【农村建设】2016年,农业环境和新农村建设快速推进。在抓好2015年度泉口镇盆水村小康寨示范点建设的同时，全力建设玉竹村、高井村、高家湾村、国有农场等省级小康寨示范点4个，高家湾市级新农村示范点1个，煎茶镇龙盘村、高山乡方家村、荆角乡岩砥村、合兴镇乌评村等县级新农村示范点4个。省、市、县三级新农村示范点共涉及农户4900户17736人（其中，省级示范点涉及农户2302户8046人，市级示范点涉及农户2598户9690人）。全县投入新农村基础设施建设、农村环境整治等方面资金3575.97万元（其中，财政投入2317.57万元，部门整合资金664.6万元，农民自筹593.8万元）。规划编制项目11个，完成沼气池配套“三改”工程200户，土家民居改造完成548户。通过集中打造，全面创建“五新”型新农村。泉口镇盆水村小康寨示范点竣工并通过市级验收，玉竹村和高井村两个示范点的建设完工。

【农产品质量安全】 2016年,农产品质量安全大力提升。全县抽样检测农产品4820个。其中，种植业产品检测样品150个，合格率98%，畜禽产品检测60个，合格率99%，水产品检测10个，合格率97%，产地环境检测土样10个，快速检测样品600个，21个乡镇、街道快速检测样品4320个。县农产品质量安全检测站检测机构资质认证和检测机构考核“双认证”建设顺利通过。全力抓好“三品一标”认证工作，新增无公害种植业产地认定12.78万亩，新增无公害畜禽产品产地认定8个，无公害农产品产品认证6个，农产品质量安全水平明显提升。抓好农产品质量安全追溯体系建设，完

农业执法人员检查农资市场

成高家湾、合兴茶叶和米阳山畜牧园区3个监控系统安装。

【农业机械】2016年,农机化水平提升，新增农机具970台（套），全县农机总动力达35.5万千瓦，完成机耕面积35.2万亩，机播面积2.5万亩，机收服务面积9.5万亩，耕种收机械化水平达30.5%，推进农业机械化快速发展。兑现农机购机补贴资金95万元；补贴机具970台，对大额补贴机具进行一一入户核查，全县注册登记入户的拖拉机349台（辆），拖拉机驾驶员333人。2016年拖拉机注册登记入户14台，年检拖拉机105辆（台），年检率

实行农机化收割水稻

81.5%，办理拖拉机驾驶证初次申请4人，注销1人；排除农机安全隐患126家，一般隐患130项，并100%加以整改。

【农业资源区划】2016年，农业资源区划研究工作积极助推现代农业发展。开展《德江县行政区划图》修编工作，编制完成《德江县农业资源动态监测与评价报告（2015年度）》，开展农业资源区划成果咨询40余人次，协助桶井等乡镇、局有关单位编制完成《德江县“十三五”特色产业精准扶贫分布图》《德江县精品水果产业发展布局示意图》《德江县桶井乡脱贫攻坚精品水果产业发展规划布局图》等专项规划图件12件，为全县农业产业发展及推进农业现代化提供科学支撑。

【农业农村改革】 一是推进农村“三变”改革试点工作，启动煎茶镇、堰塘乡2个市级试点工作并取得

农村“三变”业务培训会场

初步成效，在其余每个乡镇中选择2个村作为县级试点，全县有73个建制村启动试点工作，涉及农户3.2万户12.16万人，覆盖贫困人口1.5万人。通过“三变”，吸引新型农业经营主体262个参与改革，带动村集体入股资金960万元，农民入股资金982万元，撬动社会资金1.90亿元；近1.8万户7600多农民入股变为股东，整合农业、林业、扶贫等部门财政资金7982万元。二是启动农村土地承包经营权确权工作。按照省市相关文件要求，全县分两次启动除2015年开展试点的合兴镇、煎茶镇以外的19个乡镇（街道）的土地确权工作，土地确权工作全面铺开。成功招标贵州天地通科技有限公司进驻德江开展土地确权相关工作，县人民政府以及农业部门召开推进会3次，各乡镇、街道向县人民政府递交承

诺书，先后对各乡镇的土地确权工作进行督查6次，完善相关工作，按时完成省确权办制定的月报表和农业部制定的季报表。截至2016年12月，完成全县21个乡镇（街道）的航飞航拍任务,开展此项工作的村（社区）344个，完成权属调查的村344个；完成全县实测耕地面积82.35万亩，占目标任务84.2%；完成权属调查户数87532户，占目标任务95.95%。三是探索村级集体经济发展模式，振兴农村集体经济。按照省里出台的《关于培育壮大村级集体经济若干措施的意见》要求，探索村级集体经济发展模式。以村为单位，成立村级集体经济合作联社，实现村级集体经济组织全覆盖，探索建立资产经营型、资源开发型、能人带动型、服务创收型、资金投入型等多种发展模式。有136个村实现稳定的集体经济收入，其中10万元以上的村有14个；在力争上级2500万元资金补助25个村试点的同时，2016年县财政投入1500万元资金支持15个村同步开展试点。并整合农牧、水利、扶贫、交通、旅游、财政一事一议等涉农资金14896万元、银行贷款4700万元、吸引社会资本500万元，为试点村发展集体经济创造良好条件。在40个村集体经济项目试点中，有11个是自主经营产业；其余29个村的2500万元资金投入县供销社成立的股金服务社，按8%的红利保底分红，设立村级集体经济发展风险补偿基金，确保扶持资金不受损失，群众利益得到保障。同时，推进农村土地承包经营权抵押贷款试点工作，为生产经营农户和农业经营主体提供资金支持，农业投融资渠道得到拓展，农村集体经济发展壮大。

【农业保险】 2016年,完成政策性农业保险投保水稻89563.3亩、玉米130911.81亩、马铃薯6054.3亩、油菜籽2915.7亩，计保费6527345.24元，年度计赔付金额300万元。做好能繁母猪、育肥猪保险承保的耳标戴标、免疫、登记造册及入保、定损、理赔查勘工作，全县计投保育肥猪7897头、能繁母猪3236头。全县完成能繁母猪死亡理赔165头、育肥猪死亡理赔98头，为养殖农户挽回经济损失34387.45元，降低种养殖业风险，减轻农民损失。

【农业执法】 2016年,出动执法车辆185台次，发放宣传资料11500余份，出动执法人员982人次，检查农资市场218场次，检查农资经营户2218户次，检查农资产品品种520多个，纠正不规范行为45起，立案查处11起，结案10起，无一起被申请行政复议和提起行政诉讼。加强种子经营备案登记管理，全县备案登记种子经营户144户，备案登记水稻品种95个12.3万公斤，玉米品种104个18.9万公斤，油菜品种备案13个3300公斤。

【惠农补贴】 2016年,全面落实各项强农惠农政策。落实好国家粮食直补、良种补贴、农资综合补贴、农机购机补贴等政策，加强涉农负担的检查和监管。全县发放种粮直补121.47万元，农资综合补贴4228.65万元，农机购机补贴111.406万元，畜牧补贴137.835万元，退耕还林4000万元，确保各项政策的贯彻落实和农民根本利益不受损害。

【农业项目建设】 2016年,抓农业项目建设和招商引资。加大项目争取和建设管理力度，重点围绕产业发展、农业园区建设、农业基础设施建设、休闲观光农业和科技兴农，向上级业务部门申报省、市级农业财政预算项目25个，到位资金2079.6万元。完成社会固定资产投资26188万元，占年度目标任务的108.6%。完成招商签约资金21.99亿元，实际到位资金5.75亿元，整合各级财政资金1.19亿元。

【扶贫工作】 2016年,始终以脱贫攻坚统揽全局各项工作。按照“654321”标准，县农业部门273名机关干部职工到桶井乡开展全省极贫乡镇定点包干脱贫攻坚工作，帮扶该乡高井、长坝等9个村763户贫困户；选派11名局机关干部到桶井乡9个行政村驻村帮扶或任“第一书记”，开展同步小康驻村工作，为驻村累计兑现帮扶资金33.18万元，发放复合肥332包、省柴节煤炉332个，投入水稻种2000公斤、玉米种3000公斤、油菜种60公斤，解决帮扶村10万元的办公用品、桶井乡下坪村完小2.84万元教学用品。开展农技培训40场次、培训贫困户2400人次，建农民专业合作社11个，入社农户600余户。 （张羽荣）

林业工作

【概况】德江县林业局内设股级行政机构4个（办公室、造林绿化科、林政科、行政审批综合服务科），直属机构有：副科级行政机构1个（德江县公安局林业派出所）、副科级事业单位2各(林业产业发展办公室和林地林权管理办公室)、股级事业单位13个(森林资源管理站、营林指导站、森林资源病虫害防治检疫站、林业科技推广站、种苗站、森林防火指挥部办公室、木材检查站、退耕还林服务中心、天然林保护工程服务站、煎茶国有林场、长丰国有林场、沙溪国有林场、国有苗圃场)。全局有干部职工118人，有行政编制人员35人、事业编制83人，职工中有高级工程师2人、工程师23人、助理工程师11人，技术工29人，管理人员18人。

2016年6月28日，县机构编制委员会下发《关于设立德江县煎茶森林公园管理站的批复》（德机编办〔2016〕63号）正式批复同意设立德江县煎茶森林公园管理站。7月21日县林业局新办公大楼竣工验收，月底完成单位的整体搬迁。12月12日，贵州省林业厅副厅长向守都到德江县督查营造林、新一轮退耕还林、图斑外25度以上陡坡耕地核实、内外业工作开展情况等林业重点工作。年内完成申报贵州德江楠杆省级自然保护区大型综合科学考察筹备和外业调查工作，完成2016年新一轮退耕还林5万亩；完成德江县第四次森林资源规划设计调查工作并通过县级和市级复查、省级核查；完成国有煎茶林场、国有沙溪林场、国有长丰林场的改革，由公益二类事业单位转变为公益一类财政全额预算事业单位；启动实施以绿道、绿水、绿城、绿园、绿景、绿村等为重点的全域绿化“六绿”攻坚行动。

德江县森林公安分局被贵州省森林公安局评为全省森林公安机关执法示范单位、被贵州省行动办评为贵州省森林保护“六个严禁”执法专项行动先进单位、被贵州省森林公安局授予集体三等功、被铜仁市森林公安局评为2016年度全市森林公安机关目标绩效考核第二名，黎进强被贵州省林业厅评为贵州省森林病虫防治工作先进个人，陈海军被铜仁市森林公安局评为2016年森林公安工作先进个人。2016年，全年完成造林面积70500亩，比上年减少8520亩。其中人工造林56370亩，比上年减少13350亩；无林地和疏林地新封14130亩，增加4830亩。年末实有封山育林面积86340亩。森林覆盖率52.05%。

德江县2016年新一轮退耕还林还草工程启动会

【造林绿化】一是完成去冬今春营造林任务88005亩，占任务数100%，二是启动实施今冬明春151505.6亩营造林工作。

【种苗生产】2016年全县各树种育苗总面积564.3亩，年产合格苗1534.2万株。其中：用材林树种育苗222.5亩，年产合格苗木973.8万株；经济林树种育苗341.8亩，年产合格苗木560.4万株。主要绿化树种桂花、女贞、小叶黄杨、红花檵木等达700万株。

【森林防火】一是坚持24小时领导带班值班制。二是加大宣传，印发防火通告5万余份、发送提示信息10万余条、制作宣传光碟50余张、标语50余幅，上报工作简报20期。三是补充购置2号扑火工具2000把，购置砍刀200把，风力灭火机20台，灭火弹1000发。

【森林病虫防治】一是开展林业有害生物越冬代调查。调查面积161.89万亩，占全县有林地面积161.89万亩的100%。二是开展松材线虫病春秋季普查工作，全县调查面积65.28万亩松林，调查总里程400千米。三是开展产地检疫2636.4亩，检疫苗木6794.9万株，苗木产地检疫率100%。

【林业执法】 2016年，推进森林保护“六个严禁”执法和“利剑行动”专项行动工作。森林公安分局年内受理、立案森林刑事案件34起，依法移送起诉30案42人，查获涉案木材340.32立方米（活立木材积），价值近12万元；受理查处林业行政（公安行政）案件117起，查获涉案木材286.1349立方米（立木材积），清理违法占用林地118.35亩。行政处罚123人，罚款91万余元，没收违法所得0.04万元。完成361块疑似违法占用林地图斑调查核实工作。

【林政管理】一是全年办理林木采伐许可证710份，采伐林木蓄积9247.25立方米。二是对原登记备案的野生动物养殖场进行清理检查，逐个登记造册，填记基本情况，便于长效监督与管理。三是对德务高速工程（补征）等27个工程项目占用林地的申报工作并获得上级林业主管部门审核同意，征收森林植被恢复费1520万元。配合相关部门涉林的调查、规划、选址等工作。四是完成153户木材经营加工许可证年审和换证工作。

德江楠杆自然保护区综合科学考察启动式

【森林资源管理】一是完成申报贵州德江楠杆省级自然保护区大型综合科学考察筹备和外业调查工作；二是完成德江县第四次森林资源规划设计调查工作；三是完成2015年生态公益林森林生态效益

科考队在野外考察

楠木群落——荆角乡岩低村

补偿基金的兑现工作；四是完成2015年度林地年度变更调查和2015年森林覆盖率统计监测工作。

【林业产业发展】一是完成竹产业建设项目8042.6亩。二是完成坡坡花果山经果林建设6000亩。三是发展林下经济300亩。四是完成招商引资项目1

沙溪乡板栗基地

个（德江县芳樟经济林种植及加工项目）。五是培育新增经营主体2个，实际完成2个林业专业合作社，均有经果林培育基地。六是组织符合条件的林业企业、专业合作社申报林业产业发展专项资金项目，获批4家获专项资金70万元。七是完成贵州省大健康医药产业发展统计监测工作。

【林业改革】抓住省林业厅把德江县作为林业“三变”改革试点县的契机，在高山镇、荆角乡、堰塘乡开展林业“三变”改革试点工作。对高山镇的“贵州天德农产品开发有限责任公司”“德茂盛天麻种植专业合作社”调查和跟踪指导，在荆角乡角口村、堰塘乡高家湾村主要发展精品水果，引导果农以“合作社+农户”的经营管理模式，实行利润按股份分成的方式组织实施。德茂盛天麻种植专业合作社入股林地1300亩，入社农户203人，其中贫困户145人，年内实现利润204.69万元。全年编写林业“三变”简报7篇都在《铜仁林业》和手机微信上发表。

【全域绿化】严格按照上级部门要求，完成全域绿化、“六绿”攻坚规划工作并上报市政府审批。

【石漠化监测】根据省、市主管部门相关文件和会议精神，积极组织人员对全县石漠化进行监测，监测面积267万亩。 （郭晓申）

畜牧兽医工作

【概况】2016年，德江县畜牧渔业工作贯彻落实省、市、县农村工作会议精神，按照“突出发展羊牛为主，稳定发展生猪，积极发展家禽、水产及特色养殖”的工作思路和“一区四线”畜牧渔业发展为重点，不断创新畜牧业投入方式，促进全县农业增效和农民增收，同时较好地完成年初工作目标任务。至2016年底，全县存栏生猪34.58万头、牛13.89万头、山羊35.82万只、家禽91.85万羽；出栏肉猪35.26万头、肉牛3.92万头、肉羊30.72万只、家禽92.85万羽。完成肉类产量4.41万吨；禽蛋产量6360吨；实现畜牧产值15.53亿元。水产养殖面积1551公顷，推广稻田养鱼1285公顷，水产品产量4922吨，实现渔业产值1.6亿元。全年实现畜牧渔业产值17.13亿元。

【畜牧园区建设】一是德江县草地生态高效畜牧示范园区。全年园区投入资金2.65亿元，完成年度投资任务的120.5%，整合各级财政投入园区的资金0.58亿元，各级财政投入资金4万元，园区本年度新增签约合同项目资金2.83亿元，招商引资到位资金0.96亿元，园区所有经营主体投资1.48亿元；园区新增主干道路81千米，新增机耕道57千米，新增生产便道68千米，新增沟渠管网119千米，电力、通讯覆盖率达100%。新建标准牛圈舍3000平方米；园区累计入驻企业达20家，新增入住企业2家。累计注册资金500万元以上企业达到16家。省级龙头企业达到4家。园区内企业年度平均销售收入0.5亿元。农民专业合作社累计达到13个，农民专业合作社年度平均销售收入0.06亿元；园区优良品种覆盖率达90%，先进适用技术推广覆盖率达90%，转化应用国内领先科技成果2个。园区配备农技人员16名；新增高标准养殖示范区2个，建成高标准高产牧草示范基地5000亩，认定家庭农场2家，园区三品认证达到6个，完成率100%，新增动物防疫室2个，园区经营主体发展电商数量累计达到5个，建成游客服务中心1个，建成旅游公厕6座，建成农家乐7家，新增观光步道2千米，新增观景台4座，新增花卉苗木面积500亩，建成购物场所5处；园区年内生产总产值实现3.69亿元，占任务目标105.4%。年度销售收入3.43亿元，占任务目标110.7%。年度销售利润1.21亿元。二是德江县黔东北畜禽产业发展综合体。实施总面积3万亩，覆盖煎茶镇、复兴镇14个行政村，规划区现有人口16453人，耕地面积12384亩，存栏生猪11859头、牛4720头、羊5118只、家禽17350只；

长丰米阳山牛场

入住企业及专业户：德江农祥牧业公司万头猪场、黔东北畜禽交易市场、2016年开工建设的德江县康泰牧业公司年出栏5000头肉牛的养殖场正在建设完善过程中,复兴镇喻家村老鸭青水库休闲垂钓体验工程建设项目、煎茶镇川岩村蚯蚓养殖场建设完善投入运行、复兴猪扩繁场、东旭野猪养殖场正在选址规划过程中。生猪养殖专业户8户、牛养殖专业户23户、羊养殖专业户52户、家禽养殖专业户3户,目前该综合体正在规划中。

【**动物疫病防控**】为有效控制重大动物疫病发生和流行，重点抓口蹄疫、高致病性禽流感、猪瘟、鸡新城疫、高致病性猪蓝耳病等疫病的免疫工作。全县春、秋两季动物防疫集中免疫注射口蹄疫注射64.6万头次，注射猪口蹄疫64.03万头次，注射牛口蹄疫13.2万头次，注射羊口蹄疫20.05万只次；注射猪瘟50.03万头次，注射禽流感50.55万羽次；猪蓝耳注射64.2万头次，全年开展常年补针工作，补免口蹄疫14.57万头次，猪瘟10.26万头次，禽流感10.39万羽。挂标50.62万枚，强制免疫类疫病达到应免数的100%，因病设防的疫苗注射和挂标达到规定要求。对全县动物防疫工作进行全面检查，结合月月补免，高致病性禽流感、口蹄疫、猪瘟、鸡新城疫和高致病性猪蓝耳病五种重大动物疫病防疫密度均达到应免数的100%；五种重大动物疫病得到有效控制。

【**畜牧业项目建设**】一是实施产业化扶贫种草养羊项目。完成春季种植多年生高产牧草品种金银草172.25亩，发放高丹草草种1145.45千克，播种面积572.73亩；完成242309.94元的项目实施工作，其中：结合精准扶贫工作，在荆角乡落实精准扶贫农户5户，采购投放基础母羊50只、公羊5只，验收兑现补助农户资金40000元；在桶井乡落实贫困户养殖基础母羊293只，补助资金190450元；购买驱虫药品11859.94元，选择全县养殖效果好的养殖大户进行山羊寄生虫综合防治试验，购硝氯酚片剂298瓶、盐酸左旋咪唑针剂1440合、吡喹酮100瓶全部发放到农户，取得明显效果；完成2015年良种公羊补贴工作，兑现资金12万元，补贴良种公羊150只；资金19万元购买山羊258只投放给煎茶镇、共和镇、长堡镇畜禽监测点贫困农户。二是实施《德江县2015年石漠化综合治理试点项目》，该

草场放牧

项目总投资264.99万元，建设地点在高山镇旋溪河小流域、泉口镇燕子沟小流域，建设内容及规模：人工种草500公顷，修建圈舍7000平方米，修建青贮窖499立方米。实际完成人工种草7500亩，棚圈建设7000平方米，修建青贮窖499立方米。三是实施《德江县2015年巩固退耕还林接续产业项目》。总投资100万元；建设地点：荆角乡杉树村、钱家乡青龙村，建设内容及规模：人工种草1000亩，棚圈建设9130平方米，青贮窖建设1000立方米。四是指导全县完成2016年新一轮退耕还林（林草结合工程）12600亩，占任务数31.5%。五是启动实施《2015年南方现代草地生态畜牧业推进行动项目》。六是实施《德江县肉牛基础母牛扩群增量项目》。按照德江县2015年肉牛基础母牛扩群增量项目实施方案的要求，对全县21个乡镇基础母牛数据进行核实，在核查过程中统一佩戴电子耳标、建立基础母牛登记卡和养殖档案；并对符合条件的补助对象进行确定，与补助对象签订肉用基础母牛扩群增量目标考核任务书，对新增犊牛统一佩戴耳标，填写新增犊牛登记卡，新增犊牛核查时遵循“四见”（见人：见养殖业主。见牛：见新增犊牛和基础母牛。见档：见基础母牛配种、产犊及新增犊牛档案等。见耳标：见基础母牛耳标）的原则。德江县2015年肉牛基础母牛扩群增量项目验收，项目资金补助到养殖户手中。德江县2016年肉牛基础母牛扩群增量项目每月上报新增犊牛数据。七是实施《2015年贵州省铜仁市德江县秸秆养畜示范项目》。按照2015年贵州省铜仁市德江县秸秆养畜示范项目初步设计要求，规划建设青贮氨化窖池7000立方米、草料库房7000平方米、改扩建牛舍6000平方米、运动场2500平方米、粪污处理池800立方米；厂区道路硬化4千米、围墙1750米、输变电线路2千米；购9Z-9A大型铡草机械12台、YY-5080秸秆打捆机2台、小型饲料加工设备12台、氨化膜2吨、微贮菌种2000袋、冻精（细管）10000支；技术培训（培训人员300人）；技术推广设备2台。八是实施《德江县2015年山地生态畜牧县肉牛产业建设项目》。按照德江县2015年山地生态畜牧县肉牛产业建设项目实施方案要求，项目规划改扩建圈舍6800平方米，新修草料库房2000平方米，消毒室30平方米，人工授精输配室60平方米，青贮窖2000立方米，排污沟950米，场地硬化2000平方米，蓄水池300立方，配套饮水管网1200米，引进西门塔尔能繁母牛560头，购买秸秆打捆机1台，秸秆粉碎机2台，人工授精器械1套，电脑监控设备1套，60吨电子地磅1台，电子磅秤1台，微波消毒喷雾器1套，小型饲料加工设备2台。项目基础实施完成，启动能繁母牛引进采购。

【饲草饲料】贯彻实施《中华人民共和国草原法》，利用乡镇的赶集时间，在交通要道、街道醒目处，张贴宣传标语30条，发放宣传资料3000多份，开展咨询1000多人次；完成工业饲料推广1.7万吨，其中浓缩饲料0.9万吨，全价饲料0.8万吨，各类养殖小区及养殖大户工业饲料入户率达到100%；围绕项目、养殖小区及养殖大户，累计完成人工种草15750亩，草地改良0.12万亩；围绕项目区域、养殖小区及养殖大户，种植高丹草15000万亩，秸秆处理利用11万吨。

【畜禽繁育】猪改工作：全年在10个乡镇创建标准化猪改点10个，完成地区下达任务的100%，全县输配母猪3.14万头次，完成市下达任务数的103.06%。

牛改工作：抓好原建41个牛改点（31个冻配点、10个本交点）牛人工授精输配工作。全年调运发放冻精7200支、液氮4000公升，完成牛配种6253头（其中：冻配3895头、本交2358头），完成市分任务数的104.22%，引进冻精品种有西门塔尔、红安格斯、利木赞、摩拉等，平均受胎率45%。同时县局拨付资金10.5万元在7个乡镇建标准化牛冻配改良点7个，完成市下达任务数的100%，保证全县牛改工作任务的顺利完成.

羊改工作：在6个乡镇创建标准化羊改点7个，完成市下达任务数的100%，现全县有羊改良点331个，其中鲜配点183个，本交改良点148

个，全年配种3.24万只，完成市下达任务数的108%。

良种家禽推广：全年推广良种家禽70.23万羽，其中：良种鸡49.78万羽，推广良种鹅、鸭20.45万羽，完成市下达任务数70万羽的100.33%。

养殖场建设：一是生猪标准化规模养殖场建设：在平原镇、煎茶镇、高山镇建生猪标准化规模养殖场3个，发展养猪大户10户，出栏生猪2250头。二是肉羊标准化规模养殖场建设，结合全县科技扶贫种草养畜项目，在复兴、桶井、高山、长丰建标准化肉羊规模养殖场4个，发展养羊大户80户，完成市下达任务数的100%。三是肉牛标准化规模养殖场建设，全县开展能繁母牛扩群增量补助项目，调动养殖户积极性，新建标准化肉牛规模养殖场3个，完成市下达任务的100%，发展肉牛养殖大户20户，完成市下达任务数的100%。四是家禽标准化规模养殖场建设，在煎茶镇、长堡镇、青龙镇发展年存栏1万羽的蛋鸡规模大户5户，完成市下达任务的100%；在潮砥、枫溪、复兴、平原发展年出栏1万羽的肉鸡规模大户7户，完成市下达任务的140%。建肉禽标准化养殖场1个，完成市下达任务的100%。

【畜牧业安全监管】兽药饲料监管:对进入全县的兽药、饲料及添加剂进行日常监管，全年送检饲料13批次；送检畜禽产品50批次；在养殖环节开展“瘦肉精”快速检测822批次，其中检测猪牛羊尿液中盐酸克伦特罗274批次、莱克多巴胺274批次、沙丁胺醇274批次，结果均为阴性；饲料样品根据农业部文件（农牧办〔2015〕5号）规定、企业标签标示判定、国标检测判定检测合格率100%；猪肉、牛肉、羊肉、鸡肉、鸡蛋、蜂蜜产品采用霉联免疫法检测盐酸克伦特罗、莱克多巴胺、沙丁胺醇等64个（项、次），合格率100%；加强畜禽投入品的日常监管，全年出动检查人员245人次，出动检查车辆47车（次）、检查市场47场次、经营户91户次、养殖场（大户）91个次，查处并收缴假劣兽药9个批次、饲料6个批次、取缔流动摊贩5个、规范经营户45户，净化全县兽药饲料市场。

产地检疫和屠宰检疫：一是动物产地检疫工作，全县产地检疫生猪6.02万头，牛羊4.15万头，开具动物检疫合格证明A证86份、B证14800份。二是屠宰检疫工作，派驻专业技术员4人到屠宰场值班，实施有效的官方检疫，对屠宰环节检出的病害产品严格监督屠宰加工企业实行无害化处理。全年屠宰检疫生猪20119头，开具动物产品检疫合格证明B证16500份，检出不合格猪肉产品42头12180公斤，全部实行无害化处理。加强违禁药品的抽检工作，对屠宰生猪进行“瘦肉精”抽检883头份。三是动物卫生监督执法工作。按照一般程序立案查处违法违规案件13起，结案13起，罚款9500元，立案、结案率均达到100%，打击违反《动物防疫法》等法律法规的行为。四是抓好屠宰管理工作。2016年生猪屠宰22066头，生猪无害化处理36头，督促屠宰企业开展“瘦肉精”屠宰企业自检全年318批次，抽检生猪954头，5月31日，屠宰管理办公室与煎茶镇人民政府对煎茶屠宰点进行关闭。7月28日，对县亿源生猪定点屠宰场进行现场联合资格审核。8月份下发德江县“屠宰扫雷”行动方案及“屠宰扫雷”领导监管机制。9月份对全县21个乡（镇）进行设置规划。

（郎达波）

渔业生产及管理

【概况】 2016年,围绕渔业增效，渔民增收目标，狠抓渔业经济增长方式的转变和渔业产业结构调整，发展科技渔业、特色渔业、生态渔业、环保型渔业。全县水产品产量4913吨,水产养殖面积1551公顷，推广稻田养鱼面积1285公顷，生产各种鱼苗鱼种2100万尾，渔业产值1.6亿元。5月7日，连降多次特大暴雨，经各乡镇调查统计，全县渔业生产养殖面积受灾6040亩，大闸蟹基地堤坝缺口3个、小龙虾基地堤坝缺口1个、山塘养殖缺口5个，损失大闸蟹和小龙虾苗约10万尾，损失水产品产量156吨，造成经济损失468万元。灾情发生后，县局领导高度重视，亲临受灾现场，及时上报灾情，并派专业人员到各乡镇指导抗旱救灾，恢复渔业生产，确保全县渔业生产正常发展。

特色渔业养殖： 2016年，实施特色渔业养殖1200亩，有大鲵驯养繁殖证的3家公司，养殖大鲵2323尾，修建大鲵养殖池1160平方米，修建大鲵仿生态养殖池400平方米，投入资金500余万元。同时加强大鲵资源的保护，2016年6月17日，全县第三次在楠杆乡开展大鲵资源增殖放流活动，投放15厘米左右大鲵250尾。

水面生态健康养殖： 发展生态型不投饵型网箱180个，投饵网箱182个，网箱养殖面积2万平方米，全年推广水库大水面养殖6105亩。

春季禁渔和渔船安全管理： 在禁渔期间印发春季禁渔通知和在乌江沿线乡镇书写永久性标语，加大禁渔期知识宣传，张贴禁渔期通告120份，发放宣传资料3000余份；落实安全工作责任，签订渔船安全生产责任状和保证书各94份、水产品质量安全责任状13份；利用禁渔期，加强全县渔船从业人员安全知识培训，参加培训渔民128人，增强渔船主安全意识；开展渔业安全大检查，确保安全生产。全年，出动执法车船42次，出动执法人员160多人次，检查渔船900艘次，印发宣传资料500份，查出安全隐患10项，完成隐患整改10项，整改率达100%，取缔抬网10张、迷魂阵30张、跳网100余张、虾笼56个、其他网具80余张、销毁涉渔三无船舶2艘。

（郎达波）

水务工作

【概况】 2016年，县水务部门贯彻落实党的十八大和十八届五中、六中全会精神及习近平总书记系列重要讲话精神，坚持以邓小平理论和“三个代表”重要思想为指导，开展“两学一做”学习教育，围绕全县经济社会发展目标任务，推进水利各项建设，为建成黔东北交通枢纽和区域性中心城市提供坚实的水利保障。农水股负责人罗飞被省人事厅、省水利厅评为全省防汛抗旱和水利工作先进个人，局办公室负责人张汉书被省水利厅评为全省水利宣传工作先进个人。

观音滩水库外貌

【水源工程建设】 一是长丰水库工程下闸蓄水，总干渠完成8.55千米，左右干渠完成6.5千米。二是观音滩水库工程完成导流隧洞、管理房、溢洪道、大坝、取水塔等主体工程，正在实施泵站及高位水池。三是大木尧水库工程完成导流洞、大坝填筑等主体工程，正在进行大坝面板浇筑。四是2016年12眼备用井建设工程，完成投资340万元，完成投资比例85.3%。

【“小康水”建设】 一是投资2887.07万元实施83

处农村饮水安全巩固提升工程，建成水池121口、泵房8座、铺设管道402.45千米，解决42948人的饮水安全。二是投资2007.7万元，实施2016年中央财政小型农田水利重点县建设项目，新建改造山塘2座，新建渠道0.75千米，渠道防渗改造18.75千米，新建排涝渠3.76千米，新建泵站5座，安装上水管3.55千米，水池17座，敷设输水管道62.36千米，解决灌溉面积11899亩。三是完成水利设施水毁修复项目4处，维修改造渠道4条2.9千米；维修养护放水设施1处；修复水毁渠道297处32.8千米。2011年至2016年，全县完成水利投资9.20亿元，建成水利项目315个（处），开工建设中型水库2座、小（Ⅰ）型水库1座，完成10座小型水库除险加固治理及竣工验收工作，工程性缺水问题得到有效缓解；实施农村饮水安全工程287处，新增解决农村人口18.73万人和小学师生2.2万人饮水安全，农村自来水普及率达90%；新增和恢复灌溉面积66939亩；完成7处中小河流治理，保护人口3.23万人，保护耕地3.46万亩，实施水土保持重点治理工程6处，治理水土流失面积52.157平方千米。通过“小康水”工程的实施，有效解决全县21个乡（镇、街道）344个行政村多年来的饮水难、饮水不安全等问题。

建设中的玉溪河堤防工程

【水生态环境建设】 一是总投资1304万元的复兴镇洋南坝小流域综合治理项目，完成经果林7290亩、水保林1394亩、保土耕作11302亩、封育治理19221亩、蓄水池5座、沉沙池5座、截水沟1638米、机耕道4062米、作业便道6903米、工程碑1座、封育牌3块，治理水土流失面积26.14平方千米。二是总投资828万元的复兴镇下寨小流域综合治理项目，完成蓄水池13座，机耕道6.45千米，生产便道4.012千米，截水沟3.86千米，沉沙池13个，工程碑1个，封育碑5块，经果林220.12公顷，保土耕作1653亩，封育治理18913.5亩。

【防洪工程】 一是总投资540万元的潮砥镇小溪河道治理续建工程，综合治理河长2.1千米，新建防堤1.63千米,清淤河长2.1千米。二是全面完成农林沟、龙洞沟、双洋、洞子沟、大洞沟、老鸦阡、龙洞湾、天井、闹竹坪、土地沟等10座小（2）型病险水库除险加固工程，竣工资料编制归档、竣工验收工作。

【城市供排水设施建设】 总投资7474万元的污水处理二期工程厂区部分完成（格栅）沉砂池、SBR反应池、紫外线消毒渠、流量槽、鼓风机及配电间、污水回流井、污泥调节池及泵房、污泥脱水机房、综合楼等主体工程。二是完成玉溪河沿岸污水收集管网维修工程，新建污水收集池清淤28座，新建污水收集池63座，更换污水收集管道4596米。三是完成县供水扩建（金平至农牧科技局、70米大道至团结街）工程，安装输水管道634米、修建闸阀井2座、安装闸阀2个。

【项目建设】 完成全县“十三五”水利发展规划，规划涉及六大类27个小类263个项目1861个子项目，规划总投资209.79亿元。其中沙滩、共和、塘坝河、煎茶、江边5座中型水库和朝溪、五谷溪、上寨、万坝、大木尧5座小（一）型水库列入省级规划编制。同时，沙滩、共和、塘坝河3座中型水库上报国家水利部；完成农村饮水安全巩固提升工程“十三五”规划和城市排水防涝设施专项规划；共和水库开展可行性研究报告技术咨询审查；五谷溪水库获得项建批复；完成沙滩水库可研报告编制；朝溪水库通过国家烟草局审查并开工建设；编制完成共和、合兴、高山、复兴、枫香溪五个集镇和关庄污水处理工程可研报告和环评报告；完成德江县水利风景区建设发展规划以及水利薄弱环节项目库申报，申报项目12个，涉及资金1亿元。

【防汛安全工作】 2016年，把水库及在建水利工程安全度汛放在工作中的重要位置，完善度汛应急预案，落实责任制，做到工作早安排，任务早落实。坚持定期和不定期开展安全检查，严格执行24小时值班制，及时发布汛情信息，做好应急防范准备，保障防汛安全。

【水务体制改革】 一是推进水务体制改革。继续推进水务融资改革，完善融资平台建设，改革融资方式，保障水务投入；深化乡（镇、街道）水务站所改革，建立适应现代水利水务服务管理的基层水利管理机构和队伍；全面完成小型水利工程管理体制改革，强化工程管理，保障工程长久效益；深化水行政审批制度改革。二是全面贯彻落实最严格水资源管理制度。全面加强“三条红线”控制目标管理，更加健全用水总量、用水效率、水功能区水质达标率控制目标管理体系，落实责任，加强监督，严格管理；加强河道、湖库和水利设施保护巡查与执法，维护水事健康发展。

【水资水政工作】 一是制定下发《德江县节水型示范机关学校创建活动实施方案》以及《关于开展2016年“世界水日”“中国水周”宣传进校园系列活动的通知》，全面增强干部职工的节水意识，形成“节约用水，人人有责”的良好氛围；二是开展取水许可清理和对取水用户的计量设施安装检查，建立取水用户信息和用水登记台账，清理取水用户58处（其中水力发电18处，集镇供水23处、桶装水17处），办理取水许可证45处（其中：延续取水许可5处），安装计量设施38处，编报水资源论证报告书（表）37处；三是规范取水许可工作，做到依法行政，依法办理；四是加大水资源费征收力度，严格依法征收，2016年征收水行政规费1062068.4元；五是加大政策与法规的宣传力度，充分利用“世界水日”“中国水周”等相关活动设立法律咨询台，制作宣传展牌5个，发放宣传资料10000余份，同时，在局机关食堂、厕所和楼道间制作标准化节水牌13块进行张贴。六是制定河道巡查管理制度，开展河道巡查。全年查处侵占河道违法案件18起，查处水事纠纷3起。

（张汉书）

气象工作

【概况】 县气象局始建于1958年10月，2016年3月5日，经请示县人民政府同意搬迁至城北黄木丫（站址设在德江县城北4号路）。机构设置为“一局一台一中心”（即气象局、气象台、防灾减灾中心），有中央编制9人、地方编制4人。黄木丫观测站占地面积30亩，办公区占地面积20亩，建筑面积2300平方米，总投资1000万元。建有城北黄木丫国家级观测站1个、城市观测站1个、两要素区域自动站18个、单雨量点5个、六要素气象站3个、五要素气象站2个。主要职责是天气预报、预警的制作和发布，气象要素的采集、保存和上报，人工增雨、防雹、防雷安装和检测，探测环境的保护。6月27日经县机构委员会批准成立德江县突发事件预警信息发布中心，为德江县气象防灾减灾中心股级内设机构。2016年度安全生产工作获县人民政府安全生产二等奖，气象防灾减灾中心主任陈

省气象领导在黄木丫观测站检查气象工作

3月23日在合兴镇宣传气象知识

震被县人民政府评为安全生产先进个人；许文亚被铜仁市气象局评为汛期重大气象服务先进个人。

【预报服务】2016年受厄尔尼诺的影响，全县天气气候变化大，灾害天气出现较频繁且影响程度重，出现低温凝冻2次、冰雹2次、降雪天气2次、大暴雨5次（5月7日、6月19日、6月25日、7月17日、8月6日）灾害天气中等灾害天气过程。分区全网发布暴雨红色预警短信4次，启动应急响应5次20天，发布《重要气象信息专报》9期，《气象信息报告》84期，《气象信息快报》67期，《专题气象信息报告》38期。2016年在全县范围内手机

8月24日人工影响天气收炮

用户发布大暴雨红色预警信息4次，发布道路结冰、大雾、雷电、高温等预警信息105条，每天利用德江县气象公共服务平台发布预警预报信息，全年发布信息上百万条。

【人工影响天气】2月24日，组织4个炮站炮班长及新增炮手（含流动火箭车炮手）12人，参加铜仁市人影办在松桃组织的为期一周的人影作业专项培训，并全员通过考核获取上岗证，煎茶炮站获得全市优秀炮班荣誉。3月8至10日，组织全体从业人员在煎茶炮站参加2次培训。3月13至16日完成4个炮站的出炮工作，在4月初全部炮站完成试炮工作。8月24日，完成煎茶、楠杆、泉口、沙溪4个炮站人工防雹收炮工作,全年开展人工防雹作业5次。9月10日至10月19日时间段内发生历史同期

对观测场进行维护维修

降水最少的旱情，10月19日，德江县气象局抓住有利时机在煎茶炮站开展人工增雨作业，最大限度增加降水量。10月19日08时至10月20日09时全县范围内普降中到大雨，人工增雨作业效果明显。

【项目建设】3月5日,经请示县人民政府同意完成新办公楼的搬迁。11月，完成沙溪、长堡气温、雨量两要素升级为气温、风速、风向、雨量、湿度五要素自动气象站。12月完成楠杆、长丰、桶井区域站的气温、雨量两要素升级为气温、风速、风向、雨量、湿度、气压等六要素自动气象站。2016年实施“三农”项目30万元，在高家湾建立4要素农气观测站点和预警信息显示屏。炮站建设：因杭瑞高速路建设，复兴炮站搬迁。经县政府常务会议研究(德府纪要〔2016〕10号)同意投资141.8万在合兴镇朝阳村新建炮站，完成征地等项目前期建设工作。

【防灾减灾宣传】 3月23日,组织宣传队在合兴镇进行“直面更热、更旱、更涝的未来”的气象日主体宣传，同时向过往群众发放农村气象灾害防御、为农气象服务手册、宣传防灾减灾知识。5月12日，县政府组织在步行街进行为期一周的防灾减灾周宣传活动，9月18日，在步行街进行防空防灾宣传，向群众宣讲气象灾害防御等知识。

【机场气象站】 3月国家民房总局批复黔北机场气象站建设，德江县气象局指导黔北机场气象站业务工作，对2016年度的气象要素风速、风向、能见度、温度、湿度等气象要素进行分析评估；6月由副县长梅彬带队到成都西南空管局进行气象资料汇报,气象观测数据通过机场评审。

（县气象局）

工业·商贸

工业生产

【概况】 2016年，新增规模工业企业5户。全年工业总产值621005万元，增长17.2%。规模工业产值585026万元，增长19.4%。规模工业增加值141935万元，增长12.4%。其中轻工业增加值80951万元，增长12%，重工业增加值61616万元，增长12.1%。国有企业增加值7206万元，增长6.5%；股份制企业增加值115490万元，增长18.3%；其他经济类型增加值19871万元，增长23.7%。分行业看，非金属矿采选业增加值14837万元，增长12.1%。农副食品加工业增加值15963万元，增长6.5%；食品制造业增加值3839万元，增长11.3%；皮革、毛皮、羽毛制品和制鞋业增加值4748万元，增长11.4%；医药制造业增加值9279万元，增长12.7%；非金属矿物制品业23559万元，增长20.3%；金属制品业增加值5904万元，增长15.4%。主要工业产品产量大米3.49万吨，增长0.6%；软饮料14351吨，增长7.1%；精制茶247吨，增长34.5%；水泥74万吨，增长2%；玻璃78.5万平方米，增长19.2%。产品产销率96%。全年规模类企业主营业务收入571969万元，增长20.8%。全年工业企业实际完成税收20401万元，增长36.3%。全县实施工业产业项目57个，完成投资14.83亿元，实施技改项目22个，完成投资4.11亿元。规模以上工业万元增加值能耗保持下降4.6%。

9月28日，铜仁市委常委、组织部部长陈代军（前左二）到德江企业调研

【工业运行调度】 一是开展调研统计。每月按时深入企业开展报表统计督促，指导企业生产经营、内部管理、技术创新、产品销售等环节管理，确保企业运行正常。做好月季度经济运行分析，适用工业发展新要求，为领导提供参考决策。与县供电局对

召开2016年工业和商务流通企业安全生产暨工业运行工作会

接协调工业用电，把小型加工业用电由商业用电转为工业用电，将资兆建材余热发电量纳入工业用电统计，提高工业用电量增速与工业增加值增速的匹配性。二是新增规模企业入规培育。加快培育新的经济增长点，2016年，与统计、国税、市场监管、发改等部门对接协调，完成对德吉科技、泰源商砼、黔中永刚混凝土、费州茶业、福森源木业5户企业入规申报工作，年内规模工业企业增加到70家。

【工业项目实施】 一是开展工业“百千万”工程暨工业集团工作。及时调整印发《德江县2016—2017年县级领导及部门联系帮扶工业“百千万”工程企业工作方案》，深入引导各行业部门开展调研帮扶，先后解决企业融资难、用工难等“七难”问题12个。兑现2014年以来工业新增入规、质量管理体系、3C、QS认证等工业“百千万”工程奖励资金164万元。二是加快“千企改造”工程实施。结合供给侧结构性改革，积极引导有市场情景、有意愿、有实力的工业企业开展技术改造，实现产业升级和结构调整。深入开展“千企改造”工程摸底调查，制定印发方案、领导小组等文件，将德源科技、洋山河生物科技2户企业纳入省级“千企改造”工程调度，将韫韬科技、永志茶业等6户企业纳入市级调度，将弘源电信、铭仁食品2户企业纳入县级调度。三是专项资金申报。根据铜仁市工信委《关于切实做好2016年省工业和信息化发展专项资金申报工作的通知》（铜市工信〔2016〕11号）文件精神，组织申报10个项目资金，包括洋山河生物科技公司、天德公司申报企业改扩建和结构调整项目，永志茶叶、清心露等公司申报中小企业（民营经济）发展项目以及电商办组织编制申报的大数据产业、信息化项目。四是“十三五”规划对接。为统筹做好全县十三五规划工作，与贵州理工学院签订合作协议，编制《德江县“十三五”工业发展规划（2016-2020）》《德江县白酒产业发展规划》《德江县“十三五”成品油发展规划》，并反复论证“十三五”工业产业项目。

【发展民营经济】 一是加强民营经济服务。实施“民营企业服务年”活动，扎实抓好“3个15万元”“贵园信贷通”、参与境外融资洽谈、政银企对接等工作，筛选洋山河生物制药、永志茶叶、清心露、中小企业服务中心、家宜美5家企业申报省中小企业发展专项资金，组织今日食品、茂强土特产申报千企改造项目，申报额度1600万元，缓解民营企业融资难问题。引进注册中小企业服务中心1家，为全县企业提供财税、审计、融资（法律）咨询等方便快捷的一站式服务工作，优化服务环境。二是组织企业参展培训。2016年，组织企业参加广州中小企业博览会、宁波食品博览会、松桃民族民间博览会、秀山武陵山“两会一节”等省内外各类展会11次；组织120家企业参加全县第二届旅游产业发展大会暨旅游商品展销会、21家旅游商品和特色美食企业参加多彩贵州·大美德江周末聚活动。组织企业参加铜仁中小企业+移动互联网论坛、贵州星光培训工程德江县域电商培训等省市县各类10次。

召开2016年民营经济座谈会

【行业产业发展】 一是加快新兴产业发展。深入调研全县水产业，研究分析全县水资源分布及元素含量，建立水资源管理库。采集全县21个水源点标本送市质监局检测，其中清心露、观音湖、双龙洞3个水源点被推荐评为“中国生态好水源”，组织企业参加首届贵州（铜仁）国际天然饮用水博览会。二是加大石材产业发展，引导培育“海洋化石”“深啡”等品牌，抢抓中东部地区产业转移机遇，帮助全县石材企业开拓市场,组织三鑫石材等企业参加安顺石博会、意大利石博会、厦门石博会、贵阳石材展等，签约意向性合作协议400余万元。二是健康产业培育。加快扶持发展颐年春酒、天麻保健酒、麻王智酒，组织颐年春酒业参加第六届中国（贵州）国际酒博会，组织洋山河生物科技参加第76届全国药品交易会；加快“德江天麻”品牌培育，力争培育成德江代名词，组织洋山河生物科技公司、德天生物科技公司、绿通天麻发展公司、茂强土特产开发公司4家企业参加贵州绿色博览会，对全县医药大健康产业的宣传推广；加快旅游美食文化健康产业发展，组织11家餐饮企业及个人参加全市旅游美食大赛活动。对全县大健康医药产业进行摸底调查，并及时在《贵州省大健康医药产业统计信息系统》中录入全县大健康医药产业的各项指标数据。

【节能安全监管】 一是强化工业节能降耗。引导和支持企业实施节能技术（设备、工艺）改造，推进结构节能，开展节能、节水、节电等示范企业创建工作，推进总量节能。加大省重点用能企业贵州资兆建材的能耗监测，健全能耗统计制度，强化节能执法监察，推进重点用能企业能耗直报工作有序进行。二是开展安全督查。2016年，开展企业安全检查12次，出动安全检查人员28人次，涉及企业75家，覆盖率达90%。组织开展节能宣传周、安全生产月等普法宣传活动，发放资料2000余份。

（陈晓彬吴进明）

商　　贸

【概况】 2016年，全县商品销售总额920590万元，同比增长16.3%。其中批发业530754万元，增长14.3%；零售业360367万元，增长19.0%；餐饮业23991万元，增长20.7%。全年社会消费品零售额178019万元，同比增长13.0%。培育新增限上企业8户。

全年完成民营经济增加值52.28亿元，同比增长16.8%，占GDP比重65%，完成市场主体达到1.92万户，同比增长15.7%，完成注册资本113亿元，同比增长19.5%，完成民间投资56.64亿元，同比增长18.9%，完成新增就业1.28万人，同比增长绝对值0.4万人。

全县建成电商服务网点228个，覆盖全县所有乡镇和72%的行政村，建成投运174个、在建54个，建成各类电商网点网店共468个。培育“互联网+”示范企业10家。全年新增电商网民数量9.34万人，覆盖人群达到36万人，电子商务交易总量达到28722万元，其中下行交易总额达到24988万元、上行交易额达到3734万元。

【商贸流通建设】 一是加大限上企业培育。按照“限上企业抓增长、上限企业抓入库、接近限额企业抓培育、新建企业抓跟踪”，我局与统计等部门密切配合，完成众诚汽车贸易公司、贵州瑞丰购物广场、德江平安汽车销售公司等8家限上企业入库工作。二是开展外资外贸工作。全县登记对外贸易企业10家，深入迪蒙科技、永志茶叶企业解对外贸易情况，督促白水泉水电站等企业利用外资情况。组织进出口备案企业到贵阳和铜仁参加进出口培训3次。三是市场体系建设。完成城南农贸市场改造及煎茶、合兴、袁场3个乡镇农贸市场新建任务，创建申报德江温州商贸城1个省级专业市场。组织对德江诚信家政服务公司进行整改验收，多次到二手车、报废汽车拆解、典当等特种行业企业开展调研指导工作。组织流通企业开展促销活动12次，加大市场监测，确保市场供求及食品安全。先后2次组织对铜仁市鑫源报废汽车回收有限公司德江分公司进行情况核实，并函报县市场监督管理局处理。

【电子商务】 一是电商平台建设。按照“一园五中心”规划，在电商产业园原来的基础上，加大电子商务公共服务功能设施建设，完善配套服务体系。建成电子商务培训中心，分别容纳220人、110人的多媒体培训室、容纳50人的实操培训室（带电脑）及30平方米的圆桌培训室。建成“互联网+大

6月12日，县委书记商友江（左二）率相关部门负责人到电商产业园调研

数据+电子商务+精准扶贫”的本地工业品、农特产品展示中心，面积800平方米，展示本地各类产品600余类。建成快递物流分拨中心，可容纳12家快递物流公司入驻办公，有德邦物流、顺丰快递、韵达快递、汇通快递等8家快递物流企业入驻运营。建成孵化中心（创客空间+众创空间），其中创客空间面积1600余平方米、众创空间面积400平方米。建成电商服务中心，依托县电商协会，整合傩城电商公司、布谷电商、优艺传媒、德江在线、今典在线等电商和传媒公司，为县内电商企业、触网经营企业、电商创业团队、创业个体提供电商技能培训、店铺装修、网货挖掘、宝贝拍摄、产品营销、包装设计等综合服务。二是电商主体培育。采取“四个一批”做法（即外部引进一批、本地孵化一批、存量网商提升一批、传统企业触网一批）培育电子商务市场主体。截至2016年12月，建成村级服务网点228个，开设电商服务网店468个，主要销售天麻、茶叶、鸡蛋、蜂蜜、傩面具、乌江奇石等德江产品。通过外来引进和本地培育相结合方式建立电商企业17家，引导传统企业转型23家，培育洋山河生物科技、康奇药植、傩缘文化、今日食品、茂强土特产等8家网货供应商。培育傩城电商、云智科贸、布谷电商、林城缘汽贸、土家人天麻合作社、康乐食品有限公司、鸿泰茶业、大云山茶业、绿风农业科技有限公司、康奇药植公司等10家企业为互联网+示范企业。三是电商宣传培训。2016年，全县举办农村淘宝合伙人起航培训班、县域电商培训班、村级电商普及培训等县乡村三级培训72场次，8863人次。四是电商扶贫工程。通过电子商务与“三农”融合发展，以建设“互联网+万村千乡”工程为抓手，优先规划贫困村信息基础设施建设及配套物流体系建设，促进城乡信息网络协调发展。加大村通网络建设，全县所有行政村实现网络（含移动网络）全覆盖，其中212个行政村通有线宽带，覆盖率61.62%，3G网络覆盖率100%，4G网络覆盖率62.3%，农民宽带使用率达48.72%。引导贫困村创业青年、大学生、返乡农民工、退伍军人残疾人、农村创业妇女等到电商园创客空间创业创新，在贫困村建成电商服务网点54个，举办村级电商培训18次，直接或间接带动贫困人口5412人，有效帮助341户贫困户人均月增收360余元。11月18日，全省扶贫项目现场观摩会在枫香溪镇核桃产业园基地举办，县电商扶贫工作获得高度认可。

贵州省星光培训工程2016年德江县县域电商专题培训

【大数据产业发展】 一是健全发展机制体制。成立大数据产业发展工作领导小组，制定出台《关于加快全县大数据产业发展的实施意见》（德党办发〔2016〕85号）、《德江县政府数据聚通用攻坚会战工作方案》，启动编制《德江县大数据发展三年行动计划纲要及实施方案》《德江县电子信息产业园规划》，完成《县城公共无线wifi建设规划方案》《德江大数据应用平台建设方案》制定工作。聘请云上贵州大数据公司3名应用专家为全县大数据顾问，签订战略合作协议，举办专题讲座1期，组织

14个部门业务负责人参加为期3天的全市“互联网+县域”培训，组织40家企业负责人到贵阳数博会体验大数据发展成果。二是加快信息基础设施建设。2016年，全县加快实施信息基础设施三年大会战、小康讯、满格铜仁和电信普遍服务工程，与五家通讯公司签订目标责任书。结合堰塘乡高家湾村现代农业观光园建设，在高家湾同步铺设地下光缆3.2千米，通村宽带速率12Mb、50Mb，高家湾广场实现免费WiFi覆盖。截至2016年12月，完成小康讯投资1300万元，实现113个行政村通宽带，128个自然村通电话；完成第一期总投资480万元的150千米农村宽带基础设施建设，覆盖煎茶镇、合兴镇、复兴镇等11个乡镇（街道）；启动实施第二期总投资2400万元的800千米农村宽带基础设施建设规划，新增FTTH端口12000个，100%乡镇成为全光网乡镇和60%的行政村通宽带。2016年，组织申报800千米农村光纤网络基础设施建设项目、公共无线WiFi项目、呼叫中心座席建设与信息化人才实训基地建设项目、货运调度中心等项目。三是推动大数据应用。2016年，全县政务大数据率先在全市实现迁云运行，实现一站式政务服务。县人民医院和中医院智慧医疗大数据完成机房建设（总投资4200万元），实现自助挂号、自助缴费、无纸化处方、健康档案数据储存、自动排队叫号、自助打印病历、远程医疗、无线上网和智能终端预约挂号等，院内wifi实现全覆盖。县妇幼保健和计划生育服务中心实现患者就医全流程信息传递，接入省妇幼健康信息管理系统平台，实现孕产妇及儿童保健的信息化管理。引进贵州为米科技成立为米农业大数据德江运营中心（总投资38万元），完成21个乡镇（街道）农村产业基地数据采集311条，包含农场、农场服务商、农产品加工和农旅互动四大板块。浙江甲骨文公司在电子商务产业园一楼展示大厅建成枫香溪核桃产业园、部分企业电商网点的远程监控系统。县交通运输局牵头实施的德江智慧交通项目正在筛选编制单位，德江县国土资源局牵头实施的德江旅游大数据项目进入数据采集阶段。（陈晓彬　吴进明）

供销合作

【概况】 2016年，县供销部门围绕围绕服务县域经济发展、精准扶贫工作大局，抢抓机遇，整合资源，强化管理，推进供销综合改革和“三社一会”新型基层供销社建设，为服务三农、助推精准扶贫和构建和谐德江发挥作用。全年实现利润总额147万元，占全年任务的103.5%；实现农资供应量0.89万吨，完成目标任务0.75万吨的118.6%；资产总额完成3205万元；完成销售总额1.007亿元；实现利润167万元，是全年任务数142万元的100.4%；实现所有者权益-175万元。

【农民专业合作社建设】 2016年，全面推进村级创办、领办、引办等各类农民专业合作社建设。以农民专业合作社的发展为重点，全力推进“三变”工作。一是以村级领办创办农民专业合作社为抓手，充实集体经济的实质内容，有效实现资源变资产。抓住新一轮退耕还林政策，将退耕还林任务分解落实到天麻、核桃、茶叶、经果等经济林木产业发展上来，出台制定村级领办创办农民专业合作社的实施意见和考核奖励办法，将村级创办领办农民专业合作社作为工作重点强力推进，有效充实村级集体经济的实质内容，并以专业合作社作为产业发展的实施主体，有计划、有目标的实现25万亩经济林木产业的发展，实现资源变资产的转变。截至2016年12月，成立各类农民专业合作社709个：涉及种植类专业合作社388个，涵盖天麻、烟草、果蔬、野果、花椒、林木、生漆、食用菌、银杏种植、中药材种植等类型，涉及养殖业260个，涵盖养牛、羊、猪、兔、蜜蜂、水产养殖和特种养殖等类型；涉及服务类37个，涵盖农技、农资、股金等服务，涉及农机类22个，涉及加工类2个。覆盖人口19.25余人，其中村级领办创办参办专业合作社212家。

【新型合作体系建设】 2016年，建立股金服务社，

省供销社主任苗宏（右三）到德江调研指导工作

创新“三位一体新型合作体系建设”发展新模式。一是2016年7月19日组建德江县供销社员股金服务社。按照“风险我担，项目我找，利益共享”的原则广泛吸纳各类社员入社，重点围绕企业法人、工程项目法人及社会自然人开展入社工作，吸纳

6月20日县长覃智坤（右二）到县社调研工作

270余人入社，吸纳社员股金2000余万元。为提升股金服务社为农服务的能力，完善项目跟踪管理服务功能，启动设立乡镇股金服务分社。至2016年12月，桶井乡、平原镇股金服务分社注册成立，开始运营。二是发展村级集体经济，成立村级集体经济联合社，截至12月，全县搭建集体经济组织架构——村级集体经济合作联社109个。全县按照开放办社的原则，整合村（居）委会的各种资源，把村级集体经济试点资金通过供销社落实到发展农民专业合作社，试点组建村集体经济联合社，并以此为平台重建乡镇新型基层供销社及村级服务站点，统一由供销社组织管理，各基层新型供销社按

7月19日县供销社员股金服务社成立大会现场

照乡镇的实际情况，分别创办领办各类农民专业合作社、营养餐配送中心、“贵农网”农村电商服务站，供销社员股金服务社，各类劳务服务公司等，使供销基层社与农村联系更加紧密，服务“三农”手段更加完善，管理机制更加科学，运行效果更加明显。

【电商服务体系】“贵农网”农村电子商务服务体系建设：一是按照政府统揽、电商办主管、供销社主抓、公司运作的管理运营模式，全力推进农村电商工作。二是明确立足于以农产品资源培育、农产品形象及包装设计、农产品质量技术标准的统一和质量溯源、农产品生产许可等市场准入的集中申办，品牌集中打造为主的工作思路。三是依托“贵农网”的资源，以农村经营实体站为主，全力推进农村电商乡镇村服务站点建设工作，2016年完成125个乡镇站点。站点建设投入以贵农网、贵阳银行及供销社为主。四是投入100万元，完成“贵农网”“德江购”县级营运中心建设，组建运营中心的管理机构和充实营运中心的职工队伍。五是贵农网“德江馆”9月1日上线运营，现上线产品20余个。

“德江购”地方电商平台建设：一是通过招商引资，借鉴外地的先进做法，县供销社与江苏寿都密码农产品有限公司签订“德江购”地方电商平台建设合同；农源公司搜集地方农特产品371个，包装上线128个，“德江购”地方平台9月14日上线试运行。二是全力整合全县农产品资源，“德江购”地方电商平台搜集农特产品371个，通过文案

及美工制作集中打造上线产品128个，“德江购”地方平台创建设稳步推进，集农产品信息推广、农产品线上销售、线上结算、专业配送为一体的“德江购”地方电商平台，10月1日正式上线营运。三是电商服务体系建设与供销综合改革，农村集体经济融合发展。“德江购”地方电商平台和“贵农网”农村电商服务体系与供销“三位一体”改革深度融合，与村级合作经济组织协同发展。在乡镇设立供销农产品及农资购销公司，与450个农民专业合作社和13家涉农企业达成合作协议，使农产品产销及服务体系建设逐步完善，为“山货进城，德货出山”打下基础。四是拓展农产品同城配送工作，“德江购”地方平台推出特别服务业务“同城配送”并以城区机关单位、企事业单位、群众团体和城区居民为主。开展农产品网上下单，专业配送和网上结算业务，使“德江购”电商平台的流量得到快速提升。五是加强体系队伍建设，提升干事创业改革。供销电商公司面向社会公开招聘电商工作人员16个，先后举办涉及电商营运、农村金融、农业保险等基础知识培训20场次，培训专业人员和电商站长300人次。

【帮扶工作】2016年，派出2名干部进驻三个联系帮扶点开展驻村帮扶工作。重点了解村情民意,产业结构、致贫原因，制定脱贫计划，拟定帮扶措施，实施精准脱贫。县社精准帮扶人挨家走访贫困户，每到一户，深入了解其家庭生产、生活状况及致贫原因，与之亲切交谈，用心倾听他们的需要及诉求，并详细记录，为后期制定精准扶贫方案提供可行性、有针对性的依据。一是实物帮扶。解决街上社区电子显示屏一个（价值5000元）；盐井村村23户贫困户鸡苗1150只（按50只/户），价值5980元；解决神溪村15户贫困户鸡苗750只（按50只/户），价值3900元；复印机一台（价值1650元）；文件柜2个（价值1360元）；椅子4张（价值400元）。二是智力扶持。帮助帮扶村开展产业规划，采取因地制宜，因人施策，细化帮扶措施。同时，组织帮扶户学习政策及专业合作社培训。（方强）

电力生产

【概况】2016年，德江供电部门树立“诚信、服务、和谐、创新”企业理念，按照年初既定的目标任务，强管理、抓落实，完成各项工作。电网安全稳定运行，全年未发生人身、电力安全、设备事故，安全生产实现“九零一降低”的年度目标以及安全生产体系建设达三钻主要任务，跨年度安全周期1836天。全县有110千伏变电站3座，主变4台，供电容量160兆伏安；35千伏变电站13座，主变14台，供电容量65.4兆伏安；35kV及以上输电线路20条（其中110kV4条，35kV17条），10kV线路78条(含专线7条),配变2241台，供电客户15.06万户，实现遵义、铜仁两大地区电网双电源供电。在建220kV龙泉变电站1座，35kV新寨变电站升级为110kV变电站1座。截至12月31日，电网最高负荷为123.3兆瓦（12月24日），最大日供电量201.3万千瓦时（12月24日）。供电量完成4.8688亿千瓦时，同比增加9.81%；售电量完成4.4913亿千瓦时，同比增加10.31%；综合线损完成7.75%，同比下降0.42个百分点，其中有损线损率完成8.91%，同比下降0.81个百分点；综合电压合格率为96.679%，同比提升5.939个百分点；综合供电可靠率（扣除重大灾害停电）为99.8317%，同比提升了0.1485个百分点；完成固定资产投资1.908亿元，完成年度计划100%。同比增长130.88%；各项税费完成1280万元，同比增长6.56%。

2016年，德江局下辖办公室、党群部、监审部、工会、人资部、设备部、安监部、市场部、计建部、财务部10个职能部门，调控中心、客户服务中心、变电管理所、输电管理所、物资仓储配送站6个生产单位和城区、傩乡、煎茶、共和、稳坪、高山、沙溪、复兴、合兴、枫香溪10个供电所。有职工445人，在职373人（含派往关联企业31人、内退3人）、正式退休72人。其中本科56人、大专171人、中专40人、高中及以下106人，

遵义供电局与中共德江县委座谈划转事宜

中级职称12人、初级职称91人，技师2人、高级工39人、中级工21人、初级工176人；男职工270人，女职工103人。30岁以下54人，31岁—40岁82人，41岁—50岁198人,51岁以上39人。员工素质当量0.628。根据省网公司部署，2017年1月1日德江供电局由遵义供电局正式划转铜仁供电局管理。

德江供电局管理关系交接仪式

【安全生产】2016年，根据上级发布的安全生产职责和到位标准，完成各级人员安全生产责任制的修编，每周对全局中层及以上管理人员进行安全生产到位监督。强化各级管理人员对工作现场的管控力度，全年作业风险401项，其中黄色风险9项，管控9项，管控率100%；绿色风险392项，管控289项，管控率73.72%，有效管控因电网运行方式变化引起的四级及以上风险28次。抓现场安全管理，全年开展现场违章纠察及管理纠察366处，查出违章94项，平均违章率3.21%，同比下降0.23%。按照“全覆盖、零容忍，严执法、重实效”和“四不两直”的要求，集中开展各类安全大检查6次，处理各类安全隐患31起，完成整改29项，整改完成率93.54%。以点带面，以傩乡供电所为标杆，在遵义网区率先开展安全工器具管理规范化建设推广工作。通过完善供电所和变电站安全工器具的需求识别、购置管理、验收发放、试验管理、使用保管、检查维护、报废管理和环境建设等工作，使全局安全工器具管理水平向着规范化方向坚实迈进。全年开展各类安全会议、文件和事故事件学习706人次，针对“南网安规”“防范人身事故60条措施”、应急抢修管理工作中“两票”的执行等采取集中、视频、驻所等方式进行培训，并纳入重点检查项督促落实，取得效果。持续开展设备风险评估和结果应用，加大设备管理指标考核力度，严格落实设备差异化运维策略，完善35kV及以下设备评价，逐步实现10kV及以上设备状态评价全覆盖。充分利用“设备主人制联系人”—“班组负责人”—“设备主人”的三级管理网络的作用,通过系统实用化的应用，完善设备基础台账。综合供电可靠率完成99.618%，同比提升0.006个百分点；综合电压合格率完成93.679%，同比提升2.939个百分点。加强应急处置，完成春节、五一、国庆等节日和高（中）考、“全国文化科技卫生‘三下乡’集中示范活动”“贵州黔北（德江）机场预可研报告评估会”“德江县两会”等保供电任务34次。成功应对5次严重的自然灾害，特别是“5・4”、“5・7”大暴雨、大瞬风灾害抢修，仅用11天时间，完成全部146个项目的复电任务，获得县委县政府高度评价。抓紧投运35kV楠沙线、沙溪二期扩建工程和35kV桶井变，同时将城区10kV负荷进行调整，有效缓解城区主网迎峰度冬过载问题。

【创先发展】2016年，以创先工作为龙头，引领各项工作齐头并进。编制下发《德江供电局深化创先及规范化建设工作实施细则》，在遵义局农电部供电所规范化建设年度评价中，10个供电所平均得

“5·7”大暴雨、大瞬风灾害抢修（龙泉乡）

92.22分，与半年评价结果相比，提升2.43分。以深入打造傩乡、煎茶、共和供电所为南网职工小家、省级示范班组、我最喜爱供电所、最美供电所等形式开展企业文化推广工作。拍摄录制《乘风破浪筑电网，一路高歌耀傩乡》专题宣传片、制作发布创先工作成果展板、编制出版《农电管理》德江局专刊等。2016年创先及供电所规范化建设在遵义网区十三家县局排名中，得分与市郊、湄潭局并列第二，排名第四，年度组织绩效排名网区第五，扣除加分项，排名第一，傩乡供电所作为最美供电所被南网推荐到中电传媒。

创先并推广实施安全管理“四步法”，即安全工作积分制、工器具管理责任传递制、隐患/缺陷排查到位制、安全周活动“找茬”行动制，促进安全生产总体态势平稳，连续三年没有发生责任性四级及以上安全事件，为完成安全生产体系建设达三钻奠定良好基础。

根据《遵义供电局2016年营销基础管理提升年工作方案》，制定全局工作方案和提升工作52项措施，推进大工业用户电力直接交易，全年完成交易电量0.505亿千瓦时，通过直接交易和电价调整（减少基本电费），为大工业用户减负达174万元。加大客户资产接收工作，接收用户资产12处，评估净值1085.43万元。强化线损管理，全面实施台区交叉抄表、跟抄、抽抄，提炼并严格执行业扩报装“三同时、两同步”管理，杜绝电量电费体外循环现象，并在傩乡供电所打造“班长跟抄、分管所领导督促抄、所长抽抄”的“降损三板斧”特色品牌，千方百计增供扩销取得较好成效，全年降损节约电量352.48万千瓦·时，节约购电成本208.44万元。新营销系统线损模块完成管理线损“一降低、两达标、三消除”目标，除高山、沙溪两个供电所外，其余供电所年度综合线损均控制在10%以内。电费回收按照“抓早抓小”原则，严格落实电费回收责任制，认真执行“日通报、周评价、月考核”管理机制。非现金缴费工作与电费回收同管控，坚持“银企合作”、多渠道办理、多形式宣传，效果明显，实现非现金缴费比例达98.01%，在遵义网区排名第二。

深化预算管理，四项费用基本持平，其中办公、会议、接待费用分别下降12.99%、45.61%、31.15%。“两金”余额下降38%，超额完成“两金”清理目标。（注：“两金”清理指对企业库存商品或原材料及应收款项占用资金情况进行清理。）

【电网建设】2016年，完成“十三五”配电网新一轮农村电网改造升级“一所一册” 及“中心村”改造规划修编，上报预算资金3.64亿元，为“十三五”电网建设奠定基础。编制关于规范政府性项目涉及电力工程建设方面有关事项的实施细则并报县人民政府，为下一步政府性涉电项目及电网建设营造良好政策和社会氛围。建成投产35kV桶井变电站，完成35kV高山、沙溪变电站二期扩建工程，220kV龙泉、110kV钱家输变电项目分别完成工程量的90%和95%，投资4528万元的电力生产调度大楼2016年11月28日投入使用，完成政府性涉电工程及迁改投资3000万元以上。TTU、负控“两个终端”全覆盖项目结束，TTU覆盖率达100%，负控终端除通信基站专变外，覆盖率达100%。物资7天准时供货率100%，合同签约及时率97.06%，仓储物资周转率85%，超额完成清仓利库任务。

围绕电力扶贫攻坚目标任务，实施电力脱贫攻坚暨美丽乡村小康电项目33个，投资5740万元，由10kV配电网项目和淘汰型电能表改造两个项目组成。其中10千伏配电网项目投资3067万元，涉及26个子项目，淘汰型电能表改造项目投资2673万元，涉及7个子项，至2016年12月完成工程量35%。投资21.66万元的8个异地扶贫安置点红线外电力配套设施取得可研批复。

220kV龙泉输变电项目建设

【基础管理】 2016年，经多方配合，完成供电局管理关系由遵义供电局移交至铜仁供电局。按期完成闹水岩电站的资产移交工作，成为省网公司内首家划转的小水电。全面开展职工小家建设工作，投入80万元，对合兴供电所办公楼、煎茶供电所围墙进行维修，对傩乡供电所办公楼进行地面平整和楼层功能完善，所辖10个供电所达到“3室2间1堂”（职工休息室、学习室、活动室，洗澡间、卫生间，食堂）的建设标准。全面推进规范化建设，完成作业标准体系的本地化修编工作。推进企业管理信息系统实用化，“6+1”信息系统全部按期单轨运行，系统实用化、数据质量水平分别达到100%、96%。开展第三方客户满意度评价工作，按照年初制定的《提升方案》《问责实施细则》，全员参与，责任到人，做好测评引导，开展客户走访、宣传9184户。通过采取多种形式的有力措施，保证第三方电话访问客户时，客户能正确评价，有力支撑遵义网区第三方客户满意度评价79分的好成绩。

城南新电力生产调度大楼投运仪式

根据“部门协同，全员参与，消化存量，控制增量”的整体思路，全面推进“3个100%”的工作开展，结合账卡物清理，通过摸清家底，加强设备异动管理，按月与GIS系统核对、清理，及时更新图表。年内，配网图实相符准确率100%、“站-线-变-户”对应关系准确率100%、客户信息完整率和准确率99.77%。

【队伍建设】 2016年，加强队伍建设，拓宽用人渠道，严格考核标准，让想干事、能干事、干成事的员工成为管理骨干。通过岗位培训、职业技能鉴定、技能竞赛、跟班培训、班组现场培训等灵活多样的形式开展全员培训。举办《供电所驻所辅导》培训班50期，举办《反腐倡廉教育培训》《物资管理培训》《“两票”及生产管理培训》《直线经理管理人员封闭式培训》等培训班32期，计102学时，培训人次465人次。班组长培训覆盖率达100%，全员培训覆盖率达100%。组织一线技能岗位员工参加非晋级岗位胜任能力评价，通过加强培训和实操训练，40名参评人员通过评价，专业技术岗位胜任能力评价23人参加，合格22人，评价合格率达96%，2016年新员9名全通过岗位胜任能力评价评价合格率达100%。

坚持党管干部原则，严格按照《干部任用条例》规定的原则和程序选拔任用干部，并按照《绩效考核管理办法》管理干部业绩，发挥直线经理管控作用。坚持“德才兼备，以德为先，注重实绩”的用人标准，广泛征求干部任免意见，开展干部诚勉谈话，推行干部“能上能下”的考核机制，严格执行党员干部有关“四风”“反腐倡廉”等方面的规定，规范提名、推荐、考察、决定、任用程序和廉政谈话，实行“德”字为先，一票否决。2016年提拔任用中层管理人员2人，其中提拔为副职的1人，提拔为正职1人，因工作需要调整中层管理人员2次9人。对2015年底提拔的11名干部进行试用期考核，同时对4名挂职干部进行民主测评考核，保持干部任用的严肃性和规范性。

【党风廉政建设】 2016年，结合“两学一做”教育，组织全体党员、干部专题学习《党章》《条例》《准则》等党规党纪，将党风建设和反腐败工作的任务和责任分解到各单位，发放主体责任通知书25份、监督通知书6份、预警通知书22份、廉洁短信2条426人次。开展对班子成员单独约谈3人次、基层单位主要负责人集体约谈60人次，签订《廉洁从业承诺书》336份。开展反腐倡廉警示教育1场105人次，党总支委员、党支部书记、中层干部带头讲党课和反腐倡廉教育12场486人次。组织党纪党规知识测试75人次，开展约谈及谈心谈话6人次。完成“四风”“两个创建”回头看和审计、局党委巡视发现问题的整改工作。针对业扩报装、重点工程项目领域开展效能监察3次，确保党风廉政建设责任制的有效落实。

开展局党总支委员、党支部书记、部门负责人上党课，党支部（党小组）周政治学习、手抄党章100天、党员降损责任岗、党员电力服务队、到娄山关和苟坝开展“牢记历史、缅怀先烈、坚定理想信念”主题党日等活动，落实南网党建20条，宣传《南网总纲》，丰富“两学一做”教育活动内涵。全年集中开展政治学习52场次，参学率达90%以上。完成新闻上稿1013篇，排名遵义网区第一。向结对帮扶的复兴镇中山村捐款6.91万元，协调资金300万元，解决水、电、路、讯等基础设施建设和养殖、种植产业发展，实现中山村35户142人脱贫出列，完成县委政府安排的扶贫工作任务。

2016年，县供电局荣获贵州省“守合同重信用”单位、贵州省精神文明建设先进单位、局党总支荣获遵义供电局2015–2016年度“先进基层党组织”称号，局团支部被评为“铜仁市五四红旗团支部”，枫香溪、复兴等供电所分别获“贵州电网公司模范职工小家”称号，煎茶供电所获贵州电网公司“工人先锋号”授牌、参加遵义供电局庆祝建党95周年职工文艺汇演获二等奖等荣誉。

（德江供电局）

石油销售

【概况】 2016年，德江县公司轻油销售40658.25吨，比上年增长0.15%，其中汽油销售23548.53吨，比上年15.51%，柴油销售17109.72，比上年下降15.35%。

安全管理： 一是明确主体责任，加强组织和制度建设。公司严格按照“管行业必须管安全、管业务必须管安全、管生产经营必须管安全”的要求，成立以县公司经理邹海为组长、加油站站长为成员的HSE领导小组，明确主体责任。县公司成立以德江开发区加油站站长朱登华为主要成员的督查小组，每月对根据安排对加油站进行督查，加强组织建设。县公司根据县政府、铜仁分公司对重要时节的安全管理要求，制定相应的方案，如2016年“安全生产月”活动方案、2016年夏季高温时节安全检查方案、2016年今冬明春安全大检查大整治实施方案，每周组织各站站长召开周务会议，对分公司下发的重要文件进行通报和学习，加强制度建设。二是抓落实，重实效。根据分公司隐患治理、油气回收改造工程的要求，在1至10月份相继完成城北站、油库站、黎家堡站、高速一二站、复兴站的油气回收改造工程，对德江公司所有站点的静电接地不规范进行治理，消除静电接地安全隐患，对老旧加油机进行更换，完成煎茶站、黄木丫站、复兴站和油库站加油机更换工作，消除老旧加油机长期渗油的不安全现象。严格执行散装汽油管理要求，对散装汽油进行实名登记，并向县商务局报送散装汽油登记表，以明确责任。9月完成各站4千克干粉灭火器和灭火毯更换工作，保障加油站消防器材能正常使用，10月完成各站应急物资配备工作，并规范存放，以保障应急物资齐全。开展隐患大排查大整治工作，1至10月对县公司办公楼外墙瓷砖脱落和危房、开发区站宿舍楼外墙瓷砖脱落、油库站配电房穿线管进水和排水沟堵塞积水严重、高速二站外接电源线烧焦、高速一站站长室漏水严重等安全隐患进行治理和防范，消除安全隐患，确保安全生产。县公司建立微信群，管理人员在微信群内发布一些安全方面的教育内容，以增强员工的安全意识，提高管理能力。

数质量管理： 2016年，损耗油料32304.01升，损耗率0.061%，在全市排名第二，损耗较低且排在全市后十位的依次为德江黄门丫、德江香树站、德江城北站、德江复兴站。

非油品销售： 2016年，完成非油品销售660.4万元，超额完成计划任务，打造2座超100万元店，分别是德江城南站198.7万元，德江开发区站125.7万元。（文守军）

烟草工作

【概况】 2016年，全县烟草工作贯彻落实全省烟草工作会议精神，全力推进烟叶生产从传统农业向现代农业转变、卷烟营销从传统商业向现代流通转变、企业管理由传统管理向现代管理转变，烟叶生产、卷烟营销、技术创新、基础管理等各项工作扎实有效推进。实现收购烟叶10.67万担，完成计划的100%，均价1110元/担，上等烟比例35.8%，实现上等烟、均价全市第三；种烟收入951.52万元，人均收入1.23万元。全年销售卷烟13108.76箱。

【烟叶生产】 2016年，全县烤烟生产按10.67万担考核各乡镇，种烟乡镇13个，种烟村164个，签订合同1475户，烤烟合作社3个，种植烟苗4630万株，面积4.27万亩。全年的烤烟移栽面积达到合同规定要求，集中移栽、提前移栽及移栽规范化程度较往年都有大幅度提升。

规范化种植

烟叶技术推广： 通过深翻炕冬、有机肥施用、地膜清理和回收，做好土壤保育工作，提高土壤有机质含量，改善土壤理化性状。全力落实降氮增密技术，实行精准均匀施肥，确保烟株营养平衡。抓绿色防控体系建设，全面推行化学抑芽，加大推广黄板、杀虫灯、蚜茧蜂、性诱剂等物理和生物技术防治病虫害。“以物理、生物防控为主，以化学防控为辅”的绿色防控体系基本形成。

烟叶基础设施建设： 全年新建机耕路10条26.5千米，行业补贴资金350万元；完成土地整理项目3个，补贴资金693.95万元；改造烤房380座，补贴资金478.8万元。完成2005到2014年建设的烟叶基础设施信息搜集，将已建项目数量、类型、分布情况等统一进行信息化动态管理，为设施的使用、维修管护和烟区布局等提供强有力支撑。

烟叶生产管理： 烟农增收效果显现。制定2016年促进烟农增收试点工作方案，把“烟叶生产物资成本减少10%以上，烟叶亩均收入增长6%以上”作为目标，努力促进烟农多渠道增收。推行专业化服务降本增收。全面推行专业化服务，每亩专业化打孔节约0.6个，工序化移栽节约0.2个、专业化烘烤环节节约用工0.2个以上。烟农亩均用工由去年的20个以上减至19个，基本实现“减少1个工，增收100元”的目标，降本增收效果显著。烟叶生产、烘烤、收购全过程合作社提供不同时段的就业岗位3000多个，培训录用育苗人员、机耕手、烘烤师、分级工1300多人。合作社利用育苗大棚、烘烤工场提供芹菜育苗、晾晒谷物、烘烤前胡和辣椒等服务，解决就业80余人，有效地带动烟区农民就业，增加烟农收入。重点将有限的烟叶种植计划向有种烟意愿的贫困户倾斜，增加贫困户经济收入。对全县12乡镇59个村172户种烟贫困户，按照“一户一策”原则，建档立卡，加强技术指导，增加种烟收入，从收购结果来看，172户773人种烟面积3334亩，种烟收入951.52万元，人均收入1.23万元，全年出列80户。烟叶收购持续平稳。加强烟叶收购检查监督，定期开展巡查，平衡收购眼光，平稳收购烟叶，切实兼顾市场、烟农的利益。通过实行主评员交换机制、精准调度、以户制样、以筐定级等工作，提高分级进度和分级纯度。准确研判收购形势，烟农收入得到确保。

【卷烟营销】一是销售收入目标基本实现。全年销售卷烟13108.76箱，完成调整后考核计划13110箱计划的99.99%，同比减少391箱；单箱均价31822元，同比下降719元；实现卷烟销售收入4.17亿元。通过调整营销策略，德江卷烟消费理性回归。二是品牌培育水平不断提升。通过对卷烟市场的走访调研，针对不同区域、不同商圈、不同消费需求的零售客户进行科学分类，分别制定符合实际的卷烟投放策略，基本满足区域市场内个性化的消费需求。三是“四网”建设工作逐渐成效。通过加强对网建工作的推进，发挥现代卷烟营销的网络功能，提升网络运行的质量，提高网上订货户品牌培育和网络营销活动的参与率。截至年末，网上订货客户1712户，网上订货客户比例达93%；城镇网上结算客户302户，城镇网上结算比例达37.15%；网上配货户数达73户，网上配货比例达3.95%，办理借贷卡177户，较好的完成市局公司的四网指标任务，使零售户更加科学、便捷地享受卷烟网络营销服务带来的益处。四是现代零售终端功能有效发挥。开展明码标价，提供经营指导工作，引导客户从卷烟陈列、明码标价、店面形象等方面持续提升终端形象，推广“四网合一”。对388户现代零售终端客户的筛选、评测及维护工作，“产品销售、品牌培育、消费跟踪、形象展示、宣传促销”六大功能得到了较好地发挥。五是客我关系管理水平逐渐提升。积极探索新型客我关系方式，发挥网络在客户服务中的重要作用，开展“微商圈”活动。各客户服务部本着以服务客户为基础，在建立的零售客户QQ群内向客户提供及时的通知公告、品牌信息、营销政策、卷烟经营的知识与技巧，并在线帮助客户解答一些销售卷烟过程中的疑问，筑牢客我关系的桥梁。

【烟草专卖】一是保持打假高压态势。以专卖情报网络为基础，实现打假打私工作科学化、制度化和常态化。全年破获5万元以上案件1起，成功破获“1·12”非法经营烟叶网络案件，涉案金额276.54万元。涉案犯罪嫌疑人6人，刑事拘留3人，判刑3人，案件成功申报符合国家局网络案件。协调公安、工商等部门组织开展各重要节假日和“黔锋五号”等卷烟市场打假及打击非法经营烟叶专项行动。全年出动专卖执法检查人数900余人次，成功查处各类涉烟违法案件37起。二是证件管理持续提升。全年审批发放297本新办卷烟零售许可证，停业124户，恢复营业22户，清理休眠户、空壳户、虚拟客户153户。三是加强专卖内部管理监督。完善专卖内管制度，切实发挥长效监管机制作用，严肃行业纪律，切实履行监管职能，加强专卖内部管理监督，加大“两烟”违规经营案件查处力度。

【企业管理】一是加强财务管理和内部审计监督，严格各项费用支出，确保利润实现。完善预算定额标准制定，做到预算精准化，完善预算管理评价标准，加强重点费用预算管理。强化成本费用考核，抓好各项重点费用归口管理，发挥成本费用责任部门优势，严把预算关、审批关、报销关，严控费用支出。强化生产投入管理，杜绝粗放化和简单化管理，加强过程管理，严格将生产投入控制在标准内，实现降本增效目标。二是抓管理体系建设和对标工作。把对标工作明确到岗、责任到人，按照要求结合实际，将目标、指标具体到各部门和责任人，有效地推进对标管理工作。制定精益管理工作实施方案，层层分解降本增效目标，提出降本增效目标任务和活动内容、方法、步骤，使降本增效做到全员化。三是强化安全生产管理。落实安全生产主体责任和监管责任，提升安全管理水平，实现安全生产“六零一降五提高”。落实企业安全主体责任，细化目标责任书，落实党政同职、“一岗双责”。加强消防、食品商品、防盗防抢、道路交通等重点领域安全管理。开展安全隐患排查治理工作。严格执行建设项目安全设施“三同时”制度。开展安全教育培训。制定精益安全管理计划，在“012345”安全管理模式基础上，做好安全管理“四则运算”减少安全隐患，降低安全风险，预防安全事故，全年未发生重大安全事故。

（谭森）

盐业销售

【概况】 2016年，县盐业部门围绕“加大改革、加强合作、加速转型、加快发展”的工作主题，贯彻落实省地盐业会议精神，开展各项工作，积极应对各种挑战，取得一定的成绩。全年销售各类盐品1570吨。

一、贯彻全省、市盐业工作会议精神。2月，全省、全市盐业工作会议相继召开，会议总结2015年的各项工作，对2016年各项工作进行全面安排部署。3月7日公司召开在岗职工会,组织学习传达全省、全市盐业工作会议精神,并结合实际对德江公司的工作作全面安排布置,确立今年工作重点：一是以食盐销售为中心,做好全年小袋盐销售工作；二是抓好食盐营销网络建设；三是做好非盐产品开拓与销售工作。会上与会人员分析当前面临的严峻形势，认为只要按照集团公司的全面工作部署，开展好各项工作，就能够直面挑战，寻求到新的发展机遇，通过会议的传达进一步统一思想，也更加坚定全体职工搞好工作的信心和决心。

二、食盐专营。一是执行食盐购进计划。铜仁公司今年下达公司的食盐购进计划1650吨，公司面对产品多，挤占仓容较大的实际，一方面组织运力及时购进、充实库存，另一方面合理安排库存，全力组织调运，完成年度食盐购进计划95.15%。二是严格执行食盐价格政策。严格执行国家对加碘盐价格政策精神；执行食品加工用盐、工业用盐、低钠盐、绿标盐的价格导向，按照指导的价格、合法的手续，合理的配送收支，执行政策。三是执行小袋盐销售价格政策。

三、食盐销售。一是实行风险抵押制，落实法人代表是销售工作第一责任人，并将全年销售与职工收入挂钩，同时严格按进度推进食盐销售工作，按季对食盐销售情况进行分析。二是开展食盐网建工作。网络市场建设是集团“四大板块”中的第一块，是县级公司各项工作的重点。为加强网络建设，合理增设食盐零售网点，促进食盐销售，同时尽可能地挖掘边区死角市场潜力，提高市场占有率。三是加强对网点购销存情况的调查工作。为抓好食盐销售工作，公司盐政运销人员每次下乡都要对各网点的实际库存进行盘点，随时掌握销售情况，做到食盐销售心中有数。四是提高服务质量，在食盐销售中公司运销部门加强与客户的沟通和协调工作，与客户建立融洽的客情关系，尽力为他们提供好服务。加强电话访销，不定期开展上门访销，增进与经营户的感情，增进他们的信赖。五是调整结构，丰富销售品种，满足不同消费需要。按照上级公司的安排，公司在县城全力宣传正确使用食盐、购买正规食盐，一方面通过3.15、5.15活动在步行街、玉溪路等人群相对集中的地方大力宣传，另一方面在下乡监管市场的同时，也向群众详细的讲解。

四、盐业市场管理。一是做好宣传，提高认识，营造氛围，树立形象。开展好“3·15”、“5·15”及食品安全周宣传等活动，在“3·15”活动中,围绕“新消法、新权益、新责任”的宣传主题，结合上级公司的安排部署，开展对“碧源”牌食盐的宣传，3月13日，在县城宣传点公司组织人员向消费者宣传“碧源”牌食盐，重点宣传低钠盐。树立消费者对“碧源”牌食盐的忠诚度，提升“碧源”牌小包盐的知晓率。“5·15”期间围绕年内的宣传主题“坚持科学补碘，建设健康中国”制定宣传方案，开展“三进”活动，5月16日在公司门口设立咨询台向过往群众宣传碘缺病防治知识，同时推介低钠盐产品，6月县政府将公司纳入县食安委，公司有针对性地开展食盐安全宣传工作。通过宣传活动的开展，提升企业形象。二是开展好食盐市场检查工作，维护食盐市场稳定。同时对经营户库存开展经常性盘存工作，及时了解其食盐销售信息，做到心中有数，对销售不正常的进行重点监控。对于餐饮用盐、学校用盐，特别是针对食品加工用盐和工业用盐，支局盐政人员在检查每一处用盐的行业和单位过程中，认真辨别、仔细讲解并登记记录，为全县人民吃上放心盐、安全盐做出一定的贡献。通过一系列的检查活动，巩固和维护全县食盐市场秩序。三是开展盐政执法罚没事项检查工作，完善行政执法目录。为规范盐业行政执法行为，按照省局的统一部署，9月支局开展盐业行政执法罚没事项检查工作，对历年来的罚没盐，罚没款及罚没票据进行清理，同时对执法程序，文书制作等进行规范，对检查出来的问题及时进行整改完善，为使盐政执法更加有法可依，有章可循，在县法制办的指导下，完成盐业行政执法目录，对行政执法裁量权进行细化，使其执法行为更加规范化。

（田　江）

贵州德江经济开发区

【概况】 2016年，德江经济开发区完成营业收入91.5亿元，完成工业总产值73.25亿元，其中规模以上的总产值66.26亿元；完成工业增加值13.56亿元；完成固定资产投资总额74.55亿元（其中产业项目40.86亿元，基础设施25.56亿元，其他固定资产投资8.13亿元）；期末就业人员9970人，新增就业2920人；完成技改项目8.93亿元；财政收入4.22亿元；企业注册资本金35.42亿元；利用外资7000万元；外贸进出口720万美元；“贵园信贷通”融资贷款7200万元。

【基础设施建设】 2016年，按照“小块起步，量力而行”的要求，推进德江经济开发区基础设施建设，主要采取BOT、BT、PPP模式，经开区核心区域5.8平方千米“八通一平”工程全面建成，要素达到入驻企业、投产运行基本条件要求。2016年，收储土地115公顷，平整土地65公顷。新建道路5.8千米，完成供电线路架设10.5千米，新建供水管网10.5千米、排水管网10.5千米、集中供气管网8.65千米，建成绿化面积2.6万平方米。完成标准厂房建设5.5万平方米（其中四层及以上建成面积3.9万平方米，企业入驻率为92%）。电子商务产业园项目正在招商入住，完善相关措施和办法。返乡创业园建设项目，规划面积300余亩，正在准备进行修建性详细规划，污水处理厂场完成主体工程施工，加紧建设辅助基础设施。完成保障性住房3栋3500套框架结构，分散建设企业公租房654套和廉租房900套，有450套公租房和800套廉租房投入使用，完成德江经济开发区伟才学校一期工程建设（2016年秋季学期开始招生）和县人民医院搬迁前期工作等配套设施。开工建设城北片区五号路延伸段、九号路。县城到共和物流园区的二级路基本通车。

贵州德江经济开发区全景

【招商项目建设】 2016年，签约项目56个，签约资金78.75亿元，到位资金76.25万元。新入园项目42个，开工项目35个，新增产业项目15个，投产项目14个，达产项目5个，完成技改项目15家。新引进的金达公司、华美建材、欣兴乐公司、天火同人、易盛科技等一批工业项目建设有序推进，部分项目建成投产。

【企业运行情况】至2016年底，德江经济开发区现入驻企业95家，其中入驻标准厂房电商园企业25家，新增入驻企业13家，新增规模企业（2000万以上）8家。迪蒙科技2016年11月新增扩能完成安装光伏太阳能电池组件生产流水线设备一套，年产5兆瓦电组件，2016年12月正式投产；铭仁食品新增的日产6吨纯红薯水晶粉丝、粉皮及方便粉丝生产线正式投产运营；兴农米业完成年产3万吨大米加工生产线技术改造，企业产能、规模翻三倍；新技改企业产能产值得到大幅提高。

贵州迪蒙科技箱包车间

【投融资情况】 2016年，通过资本金注入、资产划转、专项资金支持及资本运作等方式，把德江经济开发区现有的标准厂房、保障性住房、公租房等政府性资产划拨给强德公司（县财政、住建、国土、环评等部门完善相关手续），利用政府性资产进行融资，充实强德公司资本金，增强德江经济开发区融资能力。2016年强德公司新增融资4.8亿元，比公司自成立4年以来融资总额净增1.8亿元。牵头与贵阳银行合作开展10亿元贵银民生发展基金业务；在农行、县联社分别成功办理7000万元、2300万元质押贷款。园区启动抵押担保贷款项目业务，与农信社、贵阳银行、工商银行等金融部门续签“贵园信贷通”三方（德江经济开发区、银行、省再担保公司）框架协议。土家文化饮食诚、嘉艺建材、天德公司、迪蒙科技、宏源电器、德源科技等企业完成“贵园信贷通”融资7200万元。

【规划建设情况】2016年，根据《贵州德江经济开发区的总体规划》要求，关口片区的规划委托贵州省城乡规划设计研究院进行编制，规划面积2.65平方千米，2016年8月9日经铜仁市城市规划管理局通过，待报省规划委员会通过报省政府批复。关口片区汽车贸易城修建性详细规划委托贵州省城乡规划设计研究院进行编制，规划面积为44公顷，经县专家评审委员会通过，待报县城规委会通过备案；共和黄金水道物流园2016年11月委托贵州省城乡规划设计研究院进行编制，规划面积7.53平方千米，同时完成共和镇的总体规划编制前期研究初步方案；煎茶农特产品加工园规划待煎茶镇总体规划通过后进行深化，规划面积约3.03平方千米。

【体制建设】2016年，德江经济开发区落实德江经济开发区体制机制改革方案，推进管理体制改革。实行“党政合一”，初步建立适应支持德江经济开发区发展的要素保障机制；德江经济开发区党工委、管委会内设“三办两局一中心”，即内设机构党政办公室、社会事务办公室、经济发展办公室、规划建设和国土资源局、环境保护和安全监督局。制定相关管理制度，落实机构编制方案。实行“区企合一”，逐步采取“管委会+公司+托管乡镇”的模式，整合资源，盘活德江经济开发区资产，增强资本运营能力，为德江经济开发区企业贷款融资，建立融资担保体系，探索多渠道信贷融资模式，做实下属企业强德公司，推动管委会实体化运行,以先进的管理模式推动德江经济开发区提速发展。

【人才建设】 2016年，德江经济开发区围绕“加速发展、加快转型、推动跨越”主基调，强化人才优先发展的战略导向，探索经开区聚集创新人才，按照县人事局人才招聘，抓好高层次人才引进目标和人才资源管理信息数据库，至2016年年底经开区从业人员9970人，在各类人才资源中，高层次人才12人，其中研究生3人、高级技工10人及其他急需紧缺人才80人；同时建立2016年用工需求统计台账。2016年先后参加贵州人才博览会、贵州省“5个100工程”海外高层次人才专场招聘活动等一系列人才引进活动，取得一定的效果，先后有10名高层次人才到经开区考察或达成意向引进协议。

【安全生产】 2016年，德江经济开发区全面落实新《安全生产法》相关规定，明确安全生产监管责任和企业的主体责任，结合德江经济开发区实际，2016年初就安全生产各项工作进行专门研究和安排部署，及时调整充实安全生产工作领导小组。明确专人对每个企业的安全生产工作进行监督和指导。按照要求和工作计划，德江经济开发区先后制定和完善安全事故应急预案，定期召开专题会，及时解决安全生产工作中存在困难和问题，为保证安全生产落到实处，年初德江经济开发区管委会与各入园企业、企业负责人与相关科室层层签订安全生产责任书，建立安全生产制度。2016年，开展安全生产宣传专项活动6次，悬挂安全生产横幅30条，制作宣传展板30余块，发放宣传资料200余份。协助市、县安监部门组织园区企业进行安全生产培训2次，培训企业26家，培训人员126人次，取证人员45人次。25家企业集中开展职业卫生专项的宣传、整治活动。组织25家企业的主要负责人及相关人员40人参加职业卫生防治专题培训。

【党风廉政建设】 2016年，围绕服务德江经济开发区中心工作，紧扣“两学一做”学习教育，先后组织德江经济开发区干部学习党章、准则、条例及习总书记系列讲话精神，落实廉政风险防控制度、“两项”专项整治、纪律审查和“两个责任”，制定《德江经济开发区2016年党风廉政建设和反腐败工作要点》《德江经济开发区2016年党风廉政建设教育专项活动工作方案》《德江经济开发区“纠‘四风’、治陋习”专项整治工作方案》《德江经济开发区开展腐败问题专项整治工作方案》《德江经济开发区廉政风险防控管理办法》等廉政制度，建立项目档案管理。2016年，预防提醒谈话5次，查办民生案件6件，自办案件1件，其他案件1件，建立项目廉政档案1个，先后召开党风廉政建设专题会议8次。

【征地拆迁】 2016年，德江经济开发区按照征地拆迁法律法规要求，依法行政，平安拆迁，稳妥快速推进各地块征地拆迁和项目进场进程。2016年，新征收土地100亩，提供项目落地土地900亩，安置划拨用地450亩，拆迁农户50户，房屋拆迁补偿1800万元，处理矛盾纠纷35起。

【扶贫工作】 德江经济开发区领导高度重视，组织单位包村干部进村入户，选派专人驻村第一书记，及时成立精准扶贫工作领导小组，共抽调20名帮扶人员，按照“不脱贫不收队”的工作要求进行帮扶。2016年，对照相应的时间节点，完成帮扶村23户83人和建档立卡工作。分管领导到帮扶村召开扶贫工作会议10次，驻村第一书记在帮扶村召集扶贫相关工作会议20次，单位副县级领导联系村共解决扶贫资金10万元，到联系村召开会议20次，并在联系村开展党务工作培训8次。驻帮扶村工作队向村委会发放维修改造费用5000元；添置价值3500元村精准扶贫办公室办公桌椅1套；5月至6月，在帮扶村召集贫困户开展两次慰问活动，并发放大米5000斤，衣服、鞋、小学生文具用品若干，开展免费理发活动1次，11月慰问因灾贫困户两户并发放慰问品折合现金2000元。

（陈前进）

交通·邮电·通信

交　通

【概况】 县交通运输局为县人民政府主管全县公路、水路交通行业的职能部门，主要负责全县交通事业发展规划和工作计划的制定，公路、水路等重点交通基础设施的建设和管理，依法开展全县交通行业管理和水上交通安全监督管理。局设办公室、财务科、安全生产办公室、行政审批综合服务科4个内设机构。局下设事业单位34个，即：县地方海事（航务管理）处为交通运输局管理的正科级事业单位；县农村公路管理局、县道路运输局和7个乡镇海事所为交通运输局管理的副科级事业单位；县农村公路建设项目办公室、县交通工程质量监督管理服务站、21个乡（镇、街道）交通管理所为交通运输局管理的股级事业单位；路桥工程公司为交通运输局管理的股级自收自支事业单位。全局有

召开2016年度交通运输工作大会

在编人员185人（含乡镇交管站、海事所人员），有党员68名，下设机关党委1个，党支部4个。

截至2016年底，全县公路通车里程达3505千米，其中：高速公路里程73千米（其中：杭瑞高速公路德江段全长27千米，沿德调整公路德江段46千米），国道73千米，省道94千米，县道127千米，乡道257千米，村道2881千米；在通车里程中，有一级公路73千米、二级公路167千米，三级公路384千米，四级公路1659千米，等外级公路1222千米。

2016年，德江县被贵州省公路局评为贵州省“四好农村路”示范县，县农村公路管理局被铜仁市公路管理授予铜仁市2016年农村公路路政管理一等奖、铜仁市2016年农村公路“四好农村路”

沿德高速官林特大桥

示范创建工作一等奖，道路运输局局长邓绍彬被贵州省交通运输厅评为村村通客运工作优秀个人。

李世凡（右三）调研建设中的德务高速（德江站）建设

【交通基础设施建设】2016年，完成投资21.86亿元，占县人民政府下达任务数（含追加任务）的109.96%，超额完成9.96个百分点。

高速公路：2016年德务高速公路完成投资80000万元，完成路基工程60%。

国省干道：G326德江圣溪坳至梅子坳公路改扩建项目建成通车，完成投资24435万元；开工建设县城至马鹿岩和关口至南互通大道工程，完成投资20260万元（含征地拆迁及安置费用）；S303德江县城至共和港口公路改造工程项目建成通车。

农村公路：完成农村公路路基工程219千米，水泥混凝土路面180千米，完成投资14400万元；3条32千米的第一批世行贷款农村公路建设项目全部开工建设，第二批建设项目完成施工图设计和招投标程序，完成投资9300万元；172.4千米农村公路窄路基路面拓宽改造工程全部完工,实现投资3791万元；投入820.6万元资金建成农村公路安防工程76.7千米,完成码头2道，完成投资100万元；9.6千米的县城至龙泉公路改造项目全面完工，完成投资456万元。

四好农村公路创建：紧紧围绕“建好、管好、护好、运营好”农村公路总目标，以推进“四好农村公路”建设示范县创建活动为载体，投入资金1856万元管养农村公路3026千米，创建“农村四好路” 5条65.27千米、生态文明示范路2条12.57千米。

站场建设：华通汽车客运站项目完成征地拆迁、场坪等工作，完成投资800万元；城市公交综合服务项目完成投资8000万元；城南二级客运汽车站建设项目投入运行；启航驾校培训基地项目投入使用，完成投资1200万元。

稳坪镇三层溪至平顶通村公路

其他道路建设：城北工业园区7号道路和9号道路建设工程均全部完工，完成投资3154万元。

【交通服务与管理】“四好农村路” 示范县创建：2016年，全县以政府为主导，交通管理部门主抓的办法，严格按照创建“四好农村路”示范县的有关标准和要求，采取“加强组织领导、强化宣传教育、严把监督关口、注重工作结合、创新管理模式、严格巡查执勤、完善管理机制”等有力措施，围绕建好、管好、护好、运营好“四好农村公路”和生态文明示范路工作目标，积极创建“四好农村路”和生态文明示范路，12月中旬，县内创建的7条“四好农村路”全部通过省级验收，德江县成为铜仁市首批通过省级“四好农村路”示范县创建验收单位。

省市验收县内“四好”农村公路

海事“三化”建设：2016年，海事航务部门积极谋划，精心安排布置，科学制定工作方案，以“革命化、正规化、现代化”建设为抓手，采取“发挥职能优势，完成机构整合；强化安全监管，完善水上交通安全监管体系；强化领导班子和队伍建设，提升队伍整体素质；加强制度规范建设，夯实海事三化建设基础；加大协调与宣传，提升海事公共服务水平；加快法制建设，推进法治海事进程；加强党风廉政建设，树立海事航务新形象”等工作举措，开展基层海事“三化”建设工作，通过开展海事“三化”建设创建工作，全县水运执法人员的综合素质明显提升，政治意识更加坚定，作风建设更加过硬，防腐巨变能力更加增强，服务水平不断提升，职能职责更加清晰，应急能力更加快捷，内务管理水平明显提高，制度建立更加健全，办公环境更加整洁，软件资料更加完整，船员意识整体增强，全民安全观念更加深化，水上安全形势更加稳定。

交通扶贫：一是根据群众生产、生活方面的需求，协调、争取项目和资金，想方设法帮助共和镇5个帮扶村实施通村通组水泥路,并在此基础上，还在其他贫困村实施产业路50.5千米。二是帮助贫困群众解决生产生活困难，解决贫困产计生贫困产，贫困难党员度帮扶资金33.76万元。三是组织18名精干技术人员分六个小组对桶井乡各村（社区）通村组公路、产业致富路等进行实地勘测，规划编制通村路1条、通组路66条、产业路37条，年内开工项目27个，计划所有项目三年内全面完工。

项目争取：2016年，按照全市“八争”工作要求，通过努力，一是向农发行争得12.69亿元贷款资金用于支持全县农村公路建设。二是争得市级PSL贷款项目（潮砥至长堡、干溪至长丰、德江至沙溪煤管站）3个，总投资1.5亿元。三是S303省道改造工程通过可行性研究报告评审。四是黔北（德江）机场至县城快速道路工程初步完成可行性研究报告，待评审通过后及时组织实施。科学、合理编制全县“十三五”综合交通发展规划，该规划涉及交通基础设施建设项目2729个，总投资569亿元。

工程质量管理：2016年，健全业主、施工、监理、质监等各负其责、权责明确的质量安全责任体系，认真抓好《贵州省交通工程质量安全监督管理条例》宣传和执行。创新办法，加大质量监管力度，邀请县人大代表、政协委员，聘请村支两委干部和热心社会人士作为农村公路建设质量监督员；强势推行农村公路实施验收“六个同步”管理办法，实行一月一巡查一通报，一季一调度一排名，确保在建工程巡查覆盖率达100%。注重质量巡查回头看，对存在质量问题的项目，建立台账，定期开展回头看，确保整改落实到位。

春运服务和爱心送考：道路运输和海事航务部门开展“打非治违”专项治理活动，参与“三强”治理活动，规范道路（水上）运输市场，完成重要节假日和重要时段的运输组织工作。在春运中，发送公路客运12396班次，输送旅客207089人次。其中发送广东有258班11066人次，发送福建省60班2622人次，发送浙江省240班11086人次，发送加班车115班次，未发生一起滞留旅客、货物事件，未发生公路水路运输源头安全管理责任事故。在中考、高考爱心送考活动中，投入54辆公交车、150辆出租车、54辆教练车、25辆中巴车和10辆应急车全程参与爱心送考服务活动，为德江近4000名高考学生提供免费接送，其间，免费接送高考考生1万余人次；投入农村客运车辆86辆，到乡镇往返接送考生5000余人次。

【农村公路管理养护】 2016年，落实“领导包片、站所股室包乡、责任到人”的管养责任机制，采取管养护人员“七定一包”（定人、定时、定路段、定任务、定指标、定考核、定奖惩、包完成）的工作模式对重点线路实行量化考核管理；完善《德江县农村公路管理养护公示制度》《德江县农村公路管理养护民意测评制度》、农村公路挂牌养护、农村公路养护工奖励和农村公路管养巡查通报等制度；采取公益性岗位安置、低保群众、热心人士参与等方式解决农村公路养护人员；加大资金投入和路政执法力度，基本实现

“有路必管、管必到位，有路必养、养必到位”的管理养护目标。全年管养农村公路总里程3026.13千米。其中，普通省道143.99千米，县公路672.29千米，乡公路1000.97千米，村公路1209.04千米；投入管理养护资金1800万元，完成油路修补面积46540平方米，整修路肩、边坡732千米，疏通边沟、排水沟1980千米，清扫路面1613千米，恢复路基档墙45处3690立方米，修补路缘带2950立方米，清理坍塌方67120立方米，修通（修复）涵洞24道。绿化植树66400株，主要县、乡、村公路绿化率100%。通过自查，县公路好路率100%，乡公路好路率100%，村公路好路率99.3%，确保农村公路畅、通、美、洁、安。

【路政管理】2016年，以创建“四好农村路”和生态文明示范路为契机，以开展“路政宣传月”“路政执法月”等专项活动为抓手，开展农村公路路政管理工作。一是路政宣传。2016年，组织路政人员开展固定宣传、流动宣传、集中宣传等形式多样的“路政宣传月”活动，发放《公路法》《公路安全保护条例》《贵州省公路条例》等相关宣传资料2万余份，制作永久性宣传标语32幅，悬挂横幅25条，印制路政宣传手册2000册。二是依法治路。坚持日常巡查和重点整治相结合，切实维护路产路权。全年上路巡查274天1079人次，清除路面堆积物150.5平方米、137余处，制止非法平面交叉道口搭接2处，制止违章建筑3处；检测车辆1100辆，查处超限超载车辆30辆，卸载货物（水泥、煤、砂石）30余吨，超限运输率控制在3%以内；办理路政执法案件4件，公路赔（补）偿案件2件，行政许可案件2件，查处率达100%，办案率达100%。三是“四好农村路”和文明示范路安全防护。对“四好农村公路”和文明示范路存在安全隐患的路段，新增设安装波形护栏和标志标牌，对缺失的安保设施进行修复，对毛田坝至新田、袁场至耳当溪、梅子至平原和甘溪至长丰进行路面标线施工。四是加强路政综合整治工作。加强“四好农村路”和示范路路政巡查工作，实行分工负责制，对公路沿途的脏乱差、车辆乱停乱放、占道堆放物品、广告标牌随意摆放等行为进行全面清理整治，并联合交警、运管等单位人员开展一系列专项治超工作，使农村公路行驶质量指数及路域环境均得到大幅提升，保障公路畅通和环境的美化。

【依法行政】 2016年，强化执法监督检查，完善行政执法评议考核机制，开展执法案卷评查活动。落实《贵州省行政程序规定》，培训交通行政执法人员16名。加强交通综合治理，办理行政复议应诉案件，全年全系统没有出现行政复议被变更、撤销或败诉案件。依法加强运政、路政、航政（海事）管理，积极开展危险品运输、班线客运、客运出租、驾驶员培训、机动车维修、水运等市场专项治理和道路运输企业质量信誉考核。

【交通运输】公路运输：全年建成客运站2个，其中：二级客运站1个，三级客运站1个。拥有客运进站车辆325台7702座；新开通农村客运班线1条，截至2016年底，全县有省、市、县际及县内客运班线80条，其中：省际班线9条、市际班线8条、县际班线10条、县内班线53条。有客运企业6家。2016年，全县完成公路运输客运量462.12万人，客运周转量40786.14万人千米。有货运车辆261辆561吨，完成货运量325.8万吨、货物周转26715.6万吨千米。全县农村客运通班车率达90.2%。

城市客运：全县有城市客运企业4家，其中：公交公司1家，出租公司3家。有城市公交车54辆，城市出租车150辆，有公交线路5条。

水上运输：截至2016年底，乌江过境德江里程47千米，有港口1个，50吨以下的客船8艘，货船3艘；有渡口26道，渡船31艘（其中人力船18艘，机动船13艘）；全年投入水运运力11艘、发送水运客运5015班次、加班30班次，完成水路运输客运量14.76万人次，客运周转量120.4万人千米，完成货运量6.2万吨，货运周转量60.6万吨千米。

驾驶员培训：至2016年底，全县有驾校4家，有教学车辆136辆，实操教练员136人，理论教练员10人。全年培训学员8000余人次。

机动车维修：至2016年底，全县有机动车维修业57家，其中一类机动车维修企业1家、二类机动车维修企业2家、三类机动车维修企业54家（含摩托车维修点）。

【道路运输行业管理】 2016年，完成2016年春运运输服务工作，春运期间客运车辆发12396班次，输送旅客202089人次。开展机动车非法营运专项整治活动38次，其中赴乡镇开展集中整治21次，出动执法车辆261辆次，出动执法人员937人次，协调公安交管部门出动执法人员336人次；日常路检路查出动执法车辆954辆次，执法人员2988人次，协调公安交管部门出动执法人员285人次，排查车辆2414余辆次，查扣涉嫌非法营运车辆94辆次，查处二轮摩的70余辆次，依据国家和省《道路运输条例》查处的案件80余件，依据省《城市公共交通条例》查处案件120余件。全年处以罚款61.86万元。完成道路运输行业从业人员培训3450人，合格率100%。完成对客运企业信誉考核工作，考核客运企业（含城市客运）10家；新增德江至重庆省际班线一条，新增大客车3辆；农村客运通率90.71%，完成24辆新能源公交车经营权延续经营工作和100台出租车延续经营工作。完成城南客运总站的整体搬迁工作（该项目2013年11月开工建设，2015年底全面完工，总投资3000万元，建有售票厅、候车大厅、发车区、停车区、站务办公室、调度室、安检系统等设施，服务功能齐全，1月6日正式投入使用）。全年培训驾驶员9086名。对全县维修企业进行清理，查处无证经营2家，暂扣维修设备17件，对违章从事维修的3家企业发出限期整改通知书。加强对客货运输车辆技术管理，严格二级维护，重点加强客运车辆综合性能检测和二级维护的监督检查，确保客货车辆安全性能良好。是年，开展道路运输行业安全检查257家次；记录隐患69家次；提出建议性意见和记录隐患212项次；下达责令整改书41次，整改41次，整改率100%。

1月6日，县香树客运站、东风街老客车整体搬迁至城南大道客运总站

【交通安全】 2016年，坚持“安全第一、预防为主、综合治理”的方针，贯彻落实全国、全省、全市和全县安全生产会议精神，加大安全监管力度，强化隐患排查治理，落实安全工作措施，保持全县交通运输安全生产形势持续稳定。全年开展公路水路交通行政执法行动300余次，督查检查客运企业单位9家，检查渡口码头28道，发现问题及隐患43个，责令落实整改43个，整改率100%。投入资金对全县农村公路实施安全防护工程，确保农村公路安全畅通，全县交通运输系统未发生经营性道路交通、水上交通和公路工程施工死亡事故。

（吴文东　黎碧云）

【沿德高速公路德江段】 沿德高速公路起于沿河自治县沙子镇的纸纺坪西侧，终点在德江汤口湾，是《贵州省高速公路网规划》678网中从重庆酉阳经沿河德江至榕江高速中的一条纵线。既是贵州省“县县通高速”规划建设中最后的一段，也是包茂、杭瑞高速的连接通道。沿德高速总长104.588千米，投资概算106.72亿元。路基宽21,5米,双向4车道，设计时速80千米/小时。沿德高速全线设置桥梁102座，其中特大桥5座；隧道主线17座(双洞)、连接线2座(单洞)，设置7处互通立交，桥梁隧道比约43%。沿德高速德江段长47.91千米，于2012年12月21日动工，2015年12月30日正式开通运行。德江境内共有5座隧道、双洞贯通3座，单洞贯通1座，3个互通、1个预留互通区、1处停车区。沿途经过我县荆角、钱家、玉水、堰塘、龙泉、合兴6个乡（镇、办事处）、25个村（社区）。项目建设由中交一公局采用“BOT+EPC+政府补助”的方式实施。德江段分别由第七、八、九、十、十一等五个合同段负责施工。位于荆角乡的马蹄河特大桥，是一座净跨径达180米的挂篮悬浇拱桥，其跨径在国内同类型拱桥中排名第二，在贵州称为最大跨径大桥。沿德高速德江段红线征地和临时用地征地5934.08亩（其中临时用地1609亩），清点林木26.54万株（其中红线外69752株）；拆迁房屋342栋，“三电”（弱电部分）迁改光缆90千米，电力迁改30千米，涉及改迁资金2013万元；搬迁坟墓846座；红线内搬迁砂场2个，拆迁炸药仓库1个、加油站1座。沿德高速公路建设在县境内设有钱家、玉水、堰塘、合兴4个集中安置点，计划安置拆迁户252户，实际安置228户。

（李飞）

邮　　政

【概况】2015年5月，根据中国邮政〔2015〕100号《中国邮政集团公司关于授权各省（区、市）邮政公司所属分支机构办理变更登记的通知》，德江县邮政局更名为“中国邮政集团公司贵州省德江县分公司”。主要经营函件、包件、汇款、报刊发行、邮政储蓄、集邮，快递物流等。服务范围：全县各乡镇、村组。全县有邮政服务网点22处，其中城市3处农村19处；全县有邮路41条，里程总长1254千米，实现全县城乡通邮全覆盖。下设四部一室（市场经营部、储汇业务部、邮务部、包裹业务部、综合办公室），辖七个支局、两个班组，十五个邮政代办所。2016年，有员工66人，有党员20人，其中在职党员12人，退休党员8人。

2016年，德江邮政部门落实县委、县政府和市公司的各项战略部署，将发展作为第一要务，以“发展、提速、进位”为主线，围绕“信心、责任、落实、推广”八字方针，按照市公司紧盯“三

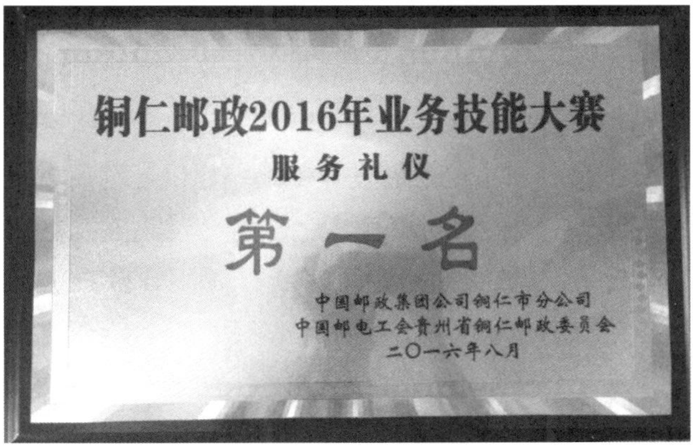

抓一强化”工作重点，用心经营、精心管理、服务推进各项工作。全年完成业务收入2354.2万元，完成年初目标任务2127万元的110.68%，超额完成10.68个百分点，同比增幅11.43%；收支差额完成972.15万元，完成计划任务138%；全员劳动生产率达到35.67万元，增幅达13.67%。在三大板块业务中：邮务类收入678.9万元，完成年度任务99.66%，同比增幅10.5%；金融类业务收入完成1460.6万元,完成年度任务103.59%，超额完成3.59个百分点，同比增幅6.07%；包裹业务收入150.6万元，完成年度任务121.48%，超额完成21.48个百分点，同比增幅44.85%。在全市“大培训、大练兵、大比武”比赛中荣获“服务礼仪”“场景模拟”第一名、组织奖“第三名”。

（刘坤山）

电　　信

【概况】2016年，县电信部门贯彻落实年初全区电信工作相关会议精神，探索和开拓企业生存发展的新路子，全体干部员工解放思想，转变方式，强化以经营发展为中心，以精确管理为目的，以服务质量为保证，以提高效益为目标，深化品牌，聚焦客户，推进企业战略转型，较好地完成分公司下达的各项生产经营任务。全年业务收入完成3600.59万元，新增宽带5100户，新增手机用户8150户，新增ITV3650户。

【网络建设】2016年，配合完成无线网由之前的代

维模式转自为模式，成本费用约在原来的基础上减少三分之二多一点，网络质量在原来的基础上有所提高。建设农村无线基站8个，完成64个存量基站移交铁塔公司及电表的过户手续。建设通宽带行政村63个，建设农村电商76个点，宽带补忙32个点，新增FTTH端口410个。新增24个L基站的建设开通工作。推行用户满意服务活动和诚信教育，增强员工队伍内在动力，从源头上防范行业不良风气；调动员工爱岗敬业、开拓创新、不断进取和争当服务标兵的积极性、主动性，把“用户至上，用心服务”理念落实在生产、经营的全过程。切实做好诚信教育活动，以务实、生动的形式对员工进行诚信操守和职业道德教育，引导员工自觉遵守行业监管的各项制度和规范，自觉抵制不诚信、违反电信职业道德的做法，以实际行动树立和维护企业的信誉。

【大数据信息产业】2016年，完成信息产业投资15800万元，光纤到户覆盖家庭数达到10.24万户，光缆线路总长度达到0.82万千米，3G／4G基站总数达到821个，城市有线电视网络双向化改造覆盖用户总数达到2.67万户；农村家庭数字电视延伸覆盖总数达到1.372万户；行政村通数字电视数达到131个；高清交互数字电视用户覆盖总数达到1.269万户。全县通宽带行政村128个，通村电话总数4G网络实现100%覆盖，按照50Mb速率实现全县所有行政村100%通宽带。

（德江电信公司）

移动通信

【概况】德江移动分公司直属中国移动通信集团贵州有限公司铜仁分公司。主要经营GSM、TD—SCDMA和LTE数字移动通信业务、数据业务、增值业务、终端销售、终端维护等，现年业务收入过亿，每年上缴税金400余万。2002年在德江县率先实现移动电话“乡乡通”，2005年实现电话“村村通”，2007年建设3G网络覆盖全县所有乡镇。2016年4G网络信号覆盖全县85%的行政村。公司有在职职工54人，其中少数民族45人，大专以上学历47人，党员9人。下设综合部、建设部、维护部、政企事业部、销售中心德江驻点5个部门。2016年公司先后获得贵州省2012-2014年度全省“文明单位”，贵州省安康杯竞赛“优胜班组”，贵州省“劳动关系和谐企业”，铜仁市“工人先锋号”“青年文明号”，贵州移动“职工小小家”、铜仁移动安康杯竞赛“三等奖”、铜仁移动2016年“优秀团队”、铜仁移动2016年商务宽带劳动竞赛“三等奖”等荣誉。

【网络建设】2016年，公司按照年初任务要求完成村通基站、集点站的建设开通，实现全县98%行政村移动网络信号覆盖；开展乡镇家庭宽带业务，实现乡镇移动家庭宽带普及办理；开通集团专线业务，部分乡镇政府部门、学校及村委会、村级小学已用移动专线实现快捷办公；在LTE4G网络建设项目上，截至2016年12月，完成三期、四期、五期建设任务并全部开通，实现85%的乡镇、行政村4G信号覆盖。

【企业帮扶】2016年，贯彻落实党的计生帮扶政策，公司与对口帮扶村——龙泉乡闹水村、黄泥溪村开展“结对帮扶送温暖、扶贫帮困暖人心”进村入户慰问贫困户活动。公司对帮扶涉及的24户贫困户采取一一入户了解，掌握其生产生活急需的物资，根据贫困户需求制定相应的帮扶措施。活动中，公司采购鸡、鸭饲料420公斤，玉米1800公

斤，大米840公斤，食用油21桶，合计金额6690元。5月30日,德江分公司团支部到龙泉乡闹水村幼儿园开展“幸福1+1”六一关爱活动，为幼儿园的十四个留守小朋友送去电子琴、玩具、书包、文具盒、笔、笔记本、衣物等爱心物品。（德江移动公司）

联通通信

【概况】2016年，联通德江县分公司贯彻集团公司聚焦战略、落实市公司2016-2018年发展战略为主线，坚持“双轮驱动，创新发展”；按照“一切为了客户、一切为了一线、一切为了市场”的工作要求，切实解决客户、一线和市场反应强烈的突出问题；积极把握经济发展和行业竞争新常态，持续深化改革、加快推进转型、全力聚焦发展，不断提升整体规模和核心竞争力，完成公司全年各项目标任务。公司有在职员工28人，其中合同制员工12人、派遣制员工16人，有女职工10人。员工中20至30岁有13人、31至40岁有12人、41至50岁有3人；有本科学历9人、大专学历15人、中专学历3人、其他1人（驾驶员和门卫）；有党员2人。年内新招聘大学生3名。2016年，德江县分公司划分三个基层单元，分别是德江城区销售中心、德江煎茶销售中心、德江建设维护中心。是年，公司冉茂江被中国联合网络通信有限公司铜仁市分公司评为“优秀员工”；邓小英被中国联合网络通信有限公司铜仁市分公司评为“优秀员工”；张胜江被中国联合网络通信集团工会铜仁市委员会评为“工会积极分子”；曾献波被中国联合网络通信集团工会铜仁市委员会评为“工会积极分子”。

2016年，公司主营业务收入完成2319.59万元，同比增长3.57%。基本实现“4G到乡到村、光改提速”目标。全年新建4G基站25个，实现乡乡通，3G基站15个、实现95%以上村通，2G基站18个。截至2016年底，有4G基站84个、3G基站267个、2G基站269个。2016年宽带建设端口数达2.2万个（接入方式全部为光纤到户，同时启动光改工作），完成20个乡镇所在地全覆盖，通村48个。

【党建帮扶】2016年，公司党建帮（铜仁市分公司）扶共和焕河村，公司派党员员工朱超任焕河村第一书记，从党建、民生、智慧乡村建设、矛盾纠纷调解等多方面为共和镇焕河村实实在在解决存在的困难和问题；协调落实对贫困户赵平强生活资助募捐1850元、米和油援助。对8名老党员及贫困党员进行慰问，援助2400元。解决价值12000元的电脑、打印机、LED显示器，帮助村以两委改善办公条件。投资6万余元把光缆拉到焕河村，解决该村办公与农村淘宝的网络需求。向贫困村民发放移动福利卡50张，金额2500元。协调县交通局解决该村整修公楼资金50000元，协调县妇幼保健院解决河堤下组整修道路费用20000元。对精准扶贫户的资料建档立卡、对村里的产业规划、贫困户思想进行引导，引导贫困户领悟政府“扶贫不扶懒、救志不救穷”的政策方针；监督帮扶现金及物资发放，使帮扶物资、资金得以落到实处。

（张静芬）

城建·环保

城乡规划建设

【城乡规划】总体规划：结合乌江经济走廊和旅游景区开发开展总体规划的编制，结合省级示范小城镇的要求，修编合兴镇省级示范小城镇总体规划，并完成规划审查。

专项规划：根据德江县总体规划，结合国家相关规范、标准，完成《停车设施专项规划》《海绵城市规划》《地下综合管廊规划》《县城排水防涝设施建设专项规划》《县城风貌和色彩规划》五个规划编制。

城市功能规划：建成德江体育馆、伟才学校新建工程，完成城北城市主干道与德江站匝道连接道路工程，完成武陵大道二期工程和伟才学校周边主次干道工程，完成大犀山山体公园景观塔装修工程，完成城南玉溪河二期景观建设项目工程。开工建设城区主干道关口至迎宾大道，启动龙泉至高速公路匝道、德江站至龙泉观音湖大道、职中环线至烂泥湾、武陵大道至钱家至火车站、井堡池至龙泉、思源学校至周家湾等道路规划；启动两中心一场（青少年活动中心、老年活动中心及民兵训练场）和城市“两馆”（规划展览馆和城建档案馆）规划编制。

规范城镇规划管理制度：完成全县城市规划管理技术规定的编写，统筹城乡规划协调管理，对部分乡镇规划委员会实体化运作进行指导，完成煎茶镇镇村联动规划。

【城乡建设】城市基础设施建设：一是继续推进2016年城市基础设施建设续建项目，完成关庄保障房桥梁、武陵大道一期三标（桥梁及道路工程）、大犀山公园三期（仿古装修）、楠木园二号路、七号路二标及关庄大道、玉溪河综合治理工程（虹桥至共荣路）、城北新区10号道路建设工程（武陵大道至钱家高速公路匝道）及高家湾景区地方台、天文台、中央台等三个景观台、地方台停车场和一座临时公厕建设；二是开工建设城北六十米大道（武陵大道）二期、楠木园七号路一标、德江县易地扶贫搬迁项目（二期）武装部至黄木丫道路工程、楠木园易地扶贫搬迁项目（二期）3号路、城北易地扶贫搬迁路网工程4号路、打磨丫遂洞至乌江大道连接段道路改造工程、偏龙阡安置点B、D地块道路及平场工程；三是完成玉溪河综合整治项目、城南新区共荣路道路工程(桥梁)等项目的前期工作，启动临时停车、洗车场施工图设计、城北公园和马鞍山公园的规划编制方案、共富路至黎家堡道路可研及施工图设计等项目的前期工作。

保障性安居工程建设：一是续建2015年公租房建设项目。2015年实施保障性安居工程公租房建设项目12个建设点4047套。完成10个建设点1535套，其余两个建设点2535套正在施工；二是玉水街道井堡池公共租赁住房1000套，主体工程封顶，正在进行墙体砌筑；三是贵州德江经开区（盛世佳园）集中保障性住房1512套，一标段主体全部封顶，二标段6＃楼正在地下建筑施工，5＃楼主体完成达8层。2016年新建开工建设公共租赁住房60套，分配入住保障性住房1772套，发放住房补贴2418户，累计发放住房补贴金额482万元。

棚户区改造实施项目：完成城南片区公安局看守所至职校棚户区道路工程、303绕城线棚户区改造安置点给排水工程、高家湾棚户区道路及配套工程；开工建设煎茶镇棚户区老街道路改造工程、煎茶大沟棚户区二三号路道路工程等项目，建设城区背街小巷硬化工程、环东路棚改道路改造工程、县职校公租房门口至公安局看守所棚户区道路改造工程等项目；完成金水路棚改道路改造、人民北路棚户区道路改造工程等项目的前期工作，启动共康路棚改道路改造工程、城南23号地块棚户区改造项目、人民北路棚户区安置房建设等项目建设的前期工作。同时，完成棚户区改造任务5000户，其中完成2580户货币化安置的协议签订，启动2420户综合整治（玉水街道650户、青龙街道500户、潮砥镇150户、枫香溪镇170户、复兴镇200户、高山镇185户、泉口镇190户、桶井同心社区165户、楠杆社区210户）的综合整治项目。争取棚户区改造中央财政补助资金1.6亿元。

房地产开发项目：有序推进德江勇创多维城市综合体建设项目、江与城、城南汽车物流园、温州商贸城二期、水岸豪庭、玉龙湖、时代上层及城南惠田三期等房地产开发项目。完成投资达14.2亿元。

民生工程项目：2016年上级下达全县农村危房改造5393户，根据县人民政府工作要求，全部开工，完工率98.2%。下发农村危房改造资金6454.5万元。2016年度农村集中建房分10个示范点。根据上级指示分两年完成，全面完成2016年任务目标任务。2016年度小康房建设任务250户。截至12月，全面竣工并入住，入住率达100%；指导煎茶省级示范小城镇建设和合兴镇市级示范小城镇建设。同时，完成合兴镇示范小城镇总体规划，并获省级评审；示范小城镇镇村联动规划煎茶镇龙盘村完成市级评审。

新场欧式风格集中建房

城市管理

【概况】2016年，县城市管理部门以县委、县政府提出的“加快建成黔东北交通枢纽和区域性中心城市”为总揽，坚持以统筹城乡发展总揽城管工作全局，牢固树立“大城管”工作理念，按照“精细化打造、长效化管理”的要求，以创建国家级卫生县城和省级园林城市工作为重点，开展“整脏治乱”工作，以实现城市管理工作，着力打造数字城管、和谐城管，城市管理水平得到提高，人居环境得到优化。

【开展专项整治】一是做好两节两会期间值班和信访维稳工作。确保元宵节期间的舞龙炸龙活动顺利开展，为“两会”顺利召开营造良好的城市环境。二是营造良好的节日气氛。做好春节、元宵节、五一节、中秋、国庆期间的美化、亮化、绿化工作，对城区街道和人民公园进行灯饰设置、路灯检修工作，维修人工湖、虹桥、惠田及大犀山公园等标志性建筑的景观设施，营造浓厚的节日氛围。三是加强市容整治力度，维护城区市容秩序。坚持日常管理和专项治理相结合、教育引导和行政处罚相结合的方式，开展好城区市容秩序的管理工作，努力改善城市面貌。四是环境卫生工作。将环卫作业外包给广东一家公司，并主动做好交接工作；安排环卫站做好督查工作，每天一查，并将督查情况通报给外包公司，要求外包公司及时整改；加强建筑工地规范的管理，针对城区建筑工地运输建筑泥土污染城市道路现象比较普遍的情况，从源头加强监管力度，对施工现场围挡设置、进出口混凝土硬覆盖、驶出车辆冲洗、沿街抛洒等进行整治，对不符合要求的施工现场进行限期整改。先后对30余家建设单位、100余台次运输建筑垃圾车辆司机进行宣传教育，引导其按规定排放。五是加强城区市政设施维护及绿地管护。开展城区绿地修剪、病虫害防治喷洒农药、绿地施肥、更换行道树960棵，修剪行道树5000余棵，补栽花灌木10000余株，县城绿化覆盖率为37.8%，人均公共绿地面积8平方米。更换城区部分人行道彩砖，清理排水沟1500米，更换沟盖板22块，地漏52个，检查井盖615套，改造排水不畅路段28处，修复松动及破损的人行道板1400余平方米。高标准新建楠木园安置小区公厕1座，改造县委公厕、人民公园公厕和工商餐馆后面公厕。六是加强车辆带泥上路和扬尘管控。七是做好垃圾卫生填埋场工作。垃圾卫生填埋采用城市生活垃圾无害化处理技术，选择准好氧型卫生填埋法，在填埋场设置防渗、排水、导气系统，实施即日覆土、中间覆土和最终覆土的填埋方法。同时，采用渗液表面灌溉法进行回灌，减量后，可实现渗滤液零排放，填埋场防渗方式施工采用HDPE土工膜防渗处理。全年无害化处理垃圾40万余吨，垃圾处理率90%。

【体制机制建设】 一是设立绩效考核办公室，负责全局干部岗位纪律和干部职工履职情况。二是推行前置式执法，实现文明执法。建立《商户档案》，及时告知市民和商户，把执法端口前移，在实施处罚前给当事人一个充分的时间学习、反省，执法更容易被当事人接受，实现文明执法、规范执法。三是实行市容秩序责任制。提高管理效果，落实长效管理措施，实行局领导挂片、中队包路、责任到人、绩效挂钩的管理机制，按照“谁管辖、谁负责”的原则，对各责任领导和责任人员实施考评，落实问责制和责任追究制。

【城市安全】 一是加强作业车辆安全监督。加强环卫作业车辆、市政工程车辆、路灯检修车辆和公务用车管理，加大检测、维修、保养力度。全年集中开展驾驶人员安全教育培训3次。二是燃气安全生产工作正常有序。对燃气经营企业实行每月一查，对各销售点进行指导；对全县30家燃气行业负责人开展职业技术培训3次，按照《城镇燃气条例》有关规定进行审查，完成“燃气经营许可证”年审换证工作。三是整治各类安全生产隐患。坚持每月一自排查，每季度一大排查。全年排查安全隐患17起，整改完毕14起，正在整改3起。对排查出的重点安全隐患，做到跟踪督办，逐项整改销号，做到事故隐患整治有计划、有措施，整改资金落实。

白果坨湿地公园建设管理

【概况】 2016年，白果坨国家湿地公园管理部门围绕“全面保护，持续发展”的原则，深入践行生态文明建设主线，发挥和利用湿地多用途功能，保护、挖掘湿地公园的自然、历史、人文景观资源，打造具有地域特色的乌江生态文化旅游，实现人与自然和谐、区域社会经济可持续发展目标，贯彻落实县委、县政府的总体思路和具体要求，各项工作取得进展，推动湿地公园建设进程。

界碑

一、完成湿地范围的标桩立界工作，强化湿地资源保护，促进湿地保护管理与科学利用。完成湿地公园范围内界桩210块、界碑8块的埋设工作，经相关部门验收合格。

二、完成湿地公园项目融资贷款和项目建设规划工作。3月，向农发行申报白果坨国家湿地公园建设项目（一期）贷款资金；9月，省农发行批复45000万元的项目贷款，其中10000万元的前期项目贷款资金和4000万元的资本金到账。白果坨国家湿地公园（一期）项目建设总投资62799万元，项目总建设期为36个月。至12月完成《白果坨国家湿地公园核心区域景观设计》《白果坨国家湿地公园库岸绿化规划方案》《白果坨国家湿地公园建设项目（一期）可行性研究报告》《地质灾害危险性评估报告》《环境影响评估报告》《水土保持方

县委副书记、县长秦智坤（左二）察看白果坨国家湿地公园《总体规划图》

案》等项目开工筹备工作。

三、开展旅游资源挖掘工作，加快实施《白果坨国家湿地公园总体规划》步伐。结合自然生态、乡村旅游、历史文化等特点，挖掘和规划出玉女峰、观音阁、蹦极平台、黔中砥柱观景平台、古纤道体验区、水质体验园、水上康乐中心、傩文化表演场等旅游资源项目，充分挖掘地方文化特色，丰富白果坨国家湿地公园旅游资源。

四、做好湿地保护和恢复重点项目贮备中长期申报工作。按照县“十三五”湿地保护和恢复重点项目的规划内容，做好项目贮备，编制好项目的可行性研究报告，及时上报国家项目库，为争取更多的项目资金做好准备工作。

五、开展园区摸底排查。对园区网箱养鱼开展全面清理，完成清理网箱面积36875平方米。开展违建执法行动，有效制止违规占用湿地行为，联合

省湿地中心主任邓白龙（左二）在白果坨国家湿地公园了解湿地保护管理建设情况

长堡镇、共和镇政府制止2起园区内违规建筑。加大园区日常巡查整治力度，全年开展湿地监测巡查区45次。

六、广泛开展宣传教育，提高全社会保护意识。利用2月2日的“世界湿地日”和“湿地宣传周”，组织开展形式多样、内容丰富的宣传纪念活动，发放宣传资料3万余份，出动宣传巡逻车50余次，宣传湿地的重要功能、多重效益和保护湿地的重大意义，提高广大人民群众对开展湿地保护的重要性认识。

（白果坨国家湿地公园管理局）

环境保护

【概况】 2016年，县环境保护部门以习近平总书记提出的“守住生态和发展两条底线”为基本要求，以生态建设为契机，强化环境专项治理，严格建设项目管理，加强生态环境保护，拓展农村环境保护，深化重点区域、重点行业污染治理，严厉打击环境违法行为，重点解决与民生相关的突出环境问题，防范环境风险，保障环境安全，促进社会和谐。各项工作均取得重大进展，环境质量得到明显改善。

【主要污染物减排】 2016年，制定下发《主要污染物总量减排计划》，明确化学需氧量、二氧化硫、氮氧化物、氨氮等污染物减排目标，完成年度目标

任务。2016年削减任务目标任务是：国控重点污染源自动监控数据传输率≥95%，数据传输有效率≥80%；企业自行监测完成率≥80%，自行监测结果公布率≥85%；监督性监测完成率≥90%，监督性监测结果公布率≥95%。

【环境宣传】2016年，本着环保信息置身于社会监督之下，尊重人民群众的知情权，消除人民群众对环保工作的怀疑，促进环保工作依法行政，建立廉洁、透明、诚信的责任机关。全年，在各级网站报刊上公开信息70余篇，公布环保空气质量52期，财务信息2期；悬挂环保宣传标语60余条，制作宣传展板40块，发放《德江县市民环保手册》《绿色行动指南》、最新修订本《中华人民共和国环境保护法》等宣传资料42000余册，环保宣传图画6000余幅，接受群众现场咨询解答5000余人次。

【污染防治】2016年，行政服务中心窗口办理排污许可证115本，换证33本，全年全县污水处理厂和水泥厂分别检查12次。辖区内主要河流实施环境保护“河长制”。开展生态文明建设示范村创建，申报泉口天池村和楠杆小寨村两个生态村。

县城医疗废物规范处理，县人民医院、中医院、煎茶卫生院等医院的医疗废物均委托沿河伟业医疗废物有限公司进行处置，由局固废中心和监察大队进行监督和管理。辖区内的危险废物由具有资质的机构按照正规的程序进行外转运。对辐射安全和防护工作按照每年2次的常规检查，要求业主（业主）每年向市环保局申请年度评估工作，对弄虚作假的单位，依法进行查处。

【建设项目管理】 2016年，全县农村环境综合整治整县推进项目实施范围为全县21个乡镇（街道办事处）344个行政村，实施方案委托第三方编制完成，并上报市环保局审核。该项目由市环保局上报省环保厅备案批复，待省环保厅批复后即可组织实施。

2016年，全县13个传统村落保护项目，其中枫香溪镇枫溪村、复兴镇棋坝山村、共和镇焕河村、沙溪乡大寨村项目资金下达县住建局，复兴镇棋坝山村传统项目启动。楠杆乡兴隆社区上坝传统村落整治项目实施方案报市环保局审批，市环保局将项目批复到县，该项目专项资金到账，招投标工作结束，进场组织施工。煎茶镇付家村、高山镇梨子水村、合兴镇朝阳村、合兴镇茶叶产业示范园区、长丰乡生态高效畜牧示范园区、高山镇草地生态高效畜牧示范园区、复兴镇稳子溪村7个项目委托第三方完成编制实施方案，实施方案报省环保厅争取项目资金，待省环保厅审批下拨资金后即可按方案建设。

【环境监测】一是空气自动监测站监测二氧化硫、二氧化氮、臭氧、一氧化碳、PM10、PM2.5这6项指标，及时监测县城区空气质量，每周在县政府网站上公布监测结果。二是对县城集中式饮用水源加强日常监测和监管，建立健全长效工作机制，确保饮用水安全。每月向市环保局监测站送水样检测，全年监测水样12次，经监测，全县城区集中饮用水源地水质均达到《地下水质量标准》（GB/T14848-93）Ⅲ类标准，达标率为100%。对乌江断面进行4次监测。

【环境监察】一是部门联动，开展“风暴”行动和打击犯罪行为。开展环保执法“风暴”行动，以打击整治“六黑”（黑废水、黑烟囱、黑废渣、黑废油、黑数据、黑名单）为重点，全年打击“六黑”2家；严厉打击建设项目违法行为、以废机油为主的涉危涉重领域环境犯罪行为、污染物超标和超总量排放行为以及自动监控数据和监测数据弄虚作假行为等四方面的环境违法犯罪行为；完善和落实环境行政执法与刑事司法衔接配合工作机制，形成环境保护与司法机构联合联动执法。二是环境监察。对全县27家桶装水生产厂家开展环保法律知识培训，将桶装水纳入监管项目；按月、按季度分别开展国控企业、在建项目环境监管工作，对重点污染源单位现场检查12次，对一般污染源单位现场检查4次；按时督促企业完成排污申报工作，全年征收排污费80万余元，排污费入库率100%；针对全县存在的环境突出问题开展环境保护大检查和执法专项行动，着力解决危害群众健康和影响可持续发展的突出环境问题，出动环境执法人员537人次，检查企业179家，处理各类环境信访事件53件，处理率达100%，办结率95%以上，立案调查11件，结案11件，处罚金8.6万元，对2家企业下发限期整改通知书。三是环境投诉。以环保热线、县长信箱为平台，畅通信息渠道，倾听群众呼声，切实维护群众的合法权益，促进社会和谐。全年受理环境投诉66件，处理66件，处理率100%，回复率100%，满意率95%以上。

【环境影响评价】2016年，坚持在不降低建设项目准入门槛的前提下，采取提前介入、超前研究、沟通协调、联合审查、跟踪服务和开辟绿色通道等措施，加快环评审批，主动为全县“调结构、转方式”服好务。全年审批项目165个，其中报告书2个，报告表38个，备案表125个。

【帮扶工作】一是精准扶贫帮扶。全年出动帮扶责任人40余次，选派驻村干部2名，解决困难群众帮扶资金0.16万元，解决帮扶乡、村基础设施建设资金6.9万元，解决帮扶乡初级中学电脑10台；二是计划生育帮扶。走访大石板村和邓家村的计生“两户”，帮助计生困难户10户，解决困难资金1万元。

（县环境保护局）

教　　育

教育工作

【概况】 2016年，全县有各级各类学校272所，其中幼儿园57所，小学102所，教学点75个，特殊教育学校1所，初级中学24所，九年一贯制学校5所，完全中学3所，高级中学2所，中等职业学校1所，高职院校1所，本科院校1所。在校生117180人，其中幼儿在校20234人，小学在校生45097人，特殊教育学校在校生111人，初中在校生29165人，高中在校生12764人，中等职业学校在校生6137人，大学生在校3632人,柬埔寨来华留学生40人。有公办学校教职工6373人，其中幼教职工484人，小学教职工2869人，特殊教育职工25人，初中教职工2108人，高中教职工699人，中等职业学校教职工188人（不含外聘32人）。完成普高招生4989人，中职招生4613人。

2016年，全县学前三年毛入园率92.15%；小学入学率99.5%、辍学率为0.02%，初中入学率97.5%、辍学率0.03%，九年义务教育巩固率94.4%，“三残”儿童少年入学率91.61%；高中阶段毛入学率91.67%。中职学生流失率5.87%，普通高中学生流失率1.51%，进城务工人员子女在公办学校就读比例73.48%。全县高考600分以上39人，比上年增加29人；一本上线425人，比上年增加159人；二本上线1107人（不含艺体），比上年增加186人；总上线率86.97%，比上年增加15.5个百分点，全市排名第三。德江一中一本上线380人，在全市13所省级示范性中学中名列第三。中考平均分（含文综）374.63分，参考率全市第一，全市前500名、1000名、2000名均居第三位。小学质量监测平均分149.67分，超市平均分14.13分，全市排名第三。全县累计发放学生各类资助金10712万余元，惠及师生180787人次。建成县第七小学、县第四幼儿园并于9月投入使用，城区大班额现象得以化解。

是年，县教育局内设副科级事业单位1个（德江县招生考试管理中心）和享受同级副职待遇的群团组织1个（德江县教育工会）有股级单位16个：办公室、计财股、业务股、人事股、党建办、纪检监察室、教育教学研究办公室、教学仪器站（远程教育办公室、维修站）、教师继续教育办公室、学生安全教育办公室、民幼教育管理办公室、学生资助管理中心、学生营养管理办公室、教育经费支付管理中心、德江县人民政府教育督导室办公室、德江县青少年校外活动中心。全局编制数93人，实有人员81人。

【师资队伍建设】 2016年，以“国培计划”和“省培计划”为契机，开展教师县级以上培训11665人次。其中，暑期全员培训和校本培训5750人次，置换脱乡研修项目培训2人次，乡村教师、校（园）长访名校63人次，幼师访名校20人次，

"国培计划（2016）"中西部——网络研修与校本研修项目（中小学）培训300人次，"国培计划（2011）"——幼儿园网络研修与校本研修项目150人次，"千校万师"未成年思想道德建设骨干教师培训50人次，特岗教师培训234人次，普通话送教下乡培训5100人次。全年补充各级各类学校教师303人。

【学前教育】 通过山村幼儿园建设和集团化办园，全县学前教育上台阶，得到各级领导的肯定，社会的认可，家长的称赞。10月中旬，中央电视台及贵州省20余家媒体齐聚德江，对全县学前教育集团化办园和山村幼儿园办园情况进行现场采访、报道，并陆续在中央电视台、贵州电视台等播出，全国多家报社也相继作宣传报道。10月底，县实验幼儿园园长余春芬代表铜仁市县级幼教工作者出席在北京召开的"第五届反贫困与儿童发展国际研讨会"。

德江县第四幼儿园

【教育改革】 一是办学体制和管理体制改革深入推进。全县严格规范招生行为和学籍管理，推进义务教育学区制办学改革试点，解决择校、城区大班额等问题，规范招生和学生流动秩序，推进县域内义务教育均衡发展，取得成效。二是推进学前教育集团化办园模式，扩大优质幼教资源覆盖面，形成"资源共享，优势互补，以强带弱，共同发展"的格局，实现集团内"办园条件同改善，规章制度同完善，园务管理同规范，保教质量同提升"。三是课程改革继续推进。全县以"校本教研（课改）示范校"创建为抓手，推进课程改革，地方课程及校本课程的开设和校本教材的开发各具特点。如县实验中学的"导学案教学法——小组建设"自主学习模式、第五小学的"导案学案"有效教学模式、楠杆中学的"香楠综艺"大课间特色教育活动、德江一中的"54321"自主学习模式及"研学考"和煎茶中学的"1234"课改模式等。四是推进人事改革。全县坚持"教师为本"理念、通过"全员学习，全员考核"两个途径，实现"教风更实、学风更浓、校风更醇"三个转变，强化支教帮扶、师资培训、环境待遇、政策倾斜，促进全县中小学管理水平、办学活力、教师综合素能的提升以及教育质量的均衡发展。对全县5606名中小学、幼儿园教师进行职称过渡，城区学校面向乡镇学校考调教师90名、选调教师23名，通过调配和交流等形式教师交流任教率11.57%。

【素质教育活动】 2016年，以学校少年宫为阵地，以"4+2"特色教育活动为平台，开展"四在学校·幸福校园"、足球进校园、标准化"留守儿童之家"创建等活动，并将创建及工作开展情况纳入年终绩效考核，以硬措施推进学校素质教育活动的开展，让学生强身健体、学得技艺、提升素质。成功承办2016年全市校园足球三级联赛小学、初中总决赛，举办全县第三届中小学生乒乓球比赛、"文明小导游"风采大赛、"明礼知耻·崇德向善"读书演讲赛等活动。全县有102名学生被评为省市县级优秀学生、优秀学生干部，5名学生被评为省级三好学生，12个班级被评为市、县级先进班集

德江县第三届中小学生乒乓球比赛现场

体。成功创建省、市“三生四爱五心五好”示范学校3所，省、市级“减负增效提质”示范校3所，市级语言文字规范化示范校3所和县级“毒品预防教育示范学校”10所、“交通安全文明示范学校”56所、“消防安全教育示范学校”32所；培养省优秀少先队辅导员2名、省优秀少先队员7名；申报省市级“四在学校·幸福校园”示范校3所。

德江县第十二届“园丁杯”篮球赛现场

【质量均衡发展】 2016年，开展学区制办学试点。实行划片招生、就近入学制，城区等优质学校帮扶乡镇薄弱学校帮扶，落实帮扶任务，着力解决择校问题，控制学生无序流动。与苏州吴中区建立相应学校帮扶机制，加强中小学管理与教学的对外交流。

开展课题研究活动。2016年，全县申报省级课题15个，结题2个；市级课题25个，立项13个，结题6个；县级课题116个，立项69个，结题14个。

开展优质课评选及教师素能展示活动。2016年，全县组织中小学19个学科优质课评选活动，中小学音乐教师素能展示活动，获市级一等奖1人、二等奖19人、三等奖17人；市级组织奖5个。开展以“有效教学”为主题的全县中小学、幼儿教师“教育教学论文”“课堂教学设计”“课堂教学案例”“录像课”等系列征评活动。全县选送作品846件，有607件作品获奖（省市合并统计）。组织高中、初中学生3366人次参加省、市学科知识竞赛，获市级以上表彰756人次。组织全县幼儿教师技能大赛活动和全县优秀教研组评选活动。

开展名师送教活动。通过“走出去、请进来、送下去”的方式，采取专题讲座、课堂教学观摩、课例评析、参与式互动研讨等形式，观察、比较、讨论、交流等方法，对参训教师进行针对性、实效性强的专业培训。2016年，全县89名教师参与“三区”人才支持计划（春季学期45人、秋季学期44人），“走出去”参训教师2155人次，“请进来”专题讲座16场，参训教师2000余人次，“送下去”152节研讨课6场专题讲座，受益教师3000余人次。

开展区域联片教研活动。为促进教师的专业化成长，打造高素质的教师队伍，全县探索建立教育科研与教师专业培训相结合的研训一体化培训模式，一改过去那种纯理论培训的“空对空”培训方式，下发《德江教育局2016年区域教研工作方案》《德江县教育局关于印发中小学兼职教研员管理办法（试行）的通知》，将全县按“就近”“同线”原则划分为9个区域，专兼职教研员分区域联系。2016年，分别在7个片区试行开展“区域联片教研活动”，通过课堂教学观摩、参与式互动研讨、现场教学设计比赛等教研形式，取得参与教师好评，效果明显，值得坚持与推广。

【教育行风建设】 党组织建设:按照3人以上党员学校成立党小组，5人以上学校成立党支部的要求，全县成立教育系统基层党支部115个，基层党组织在中小学（园）做到全覆盖，党员人数2028名。

制度建设：制定出台《德江县教育局领导干部一岗双责制度》《德江县教育局廉政建设制度》《党风廉政建设廉政文化进机关活动方案》，下发《德江县教育系统党建工作要点》《德江县教育系统党风廉政建设和反腐败工作要点的通知》等文件，局明确教育局党组书记为教育系统党建工作和党风廉政建设工作第一责任人，负主体责任；教育局党组副书记、纪检组长负监督责任；教育局党组成员为联系乡镇和分管领域党建和党风廉政建设领导责任。组织召开全县教育系统党建和党风廉政建设工作推进会，与乡镇教办主任、县直校（园）长签订党建和党风廉政建设责任书，明确责任，确保党建和党风廉政建设和反腐败各项工作正常开展。

思想作风建设：落实“三会一课”制度，采取集中学习、个人学、以会代学等机会，组织党员干部学习新《党章》《廉政准则》，学习中央、省、市、县有关文件和会议精神、中央“八项规定”、习近平总书记系列讲话，省、市、县“十项规定”、干部纪律“十严禁”、干部作风“十不准”、“一准则两条例”、《中国共产党地方委员会工作条例》《中国共产党党组工作条例》《中国共产党问责条例》以及省教育厅每年召开的党建和党风廉政建设视频会议精神等，“四讲四有”专题研讨，提高干部职工的廉洁意识和增强拒腐防变能力。开展“学党章、守纪律、讲规矩、筑防线”主题演讲比赛；手抄《党章》《党规》和习总书记系列讲话活动等。切实增强干部职工的党风廉政和法律法规意识。召开全县教育系统党风廉政建设暨警示教育大会，邀请省教育厅罗润生领导开展专题讲座等，以案说法，警钟长鸣，筑牢干部职工拒腐防变的思想防线。

案件查处：全年处理各类信访件64件，立案查处16件，移送司法机关3件，处分干部41人，其中被问责的教办主任、校长5人，高考作弊被查处25人，其他类11人。通报批评1人，诫勉谈话1人。严格按照上级的工作要求开展干部约谈工作，全年约谈干部47人次，其中示警约谈32人次，提醒谈话15人次，诫勉谈话1人。

【教育工程建设】 2016年，全县列入省教育突破工程年度考核项目三类27个项目校数，单体项目36个，总投资8820万元。其中：全面改薄建设项目15个项目校数，单体项目23个，总投资5434万元，建筑面积117494平方米。钱家乡中心完小运动场，枫香溪镇袁场初级中学综合楼、学生宿舍、浴室，煎茶镇第三小学教学楼、综合楼、学生宿舍、运动场、食堂，平原镇中心完小运动场，共和镇初级中学运动场长丰乡中心完小运动场全面完工投入使用。城镇义务教育学校建设项目1个项目校数，单体项目2个，即县第七小学教学楼、综合

图为德江县第七小学

楼，总投资3600万元，建筑面积24201平方米。9月竣工投入使用。幼儿园建设任务9个项目校数，单体项目9个，投资1596万元，建筑面积13873平方米。楠杆乡幼儿园、平原镇幼儿园、合兴镇幼儿园、堰塘乡高家湾幼儿园、煎茶镇第二幼儿园、潮砥镇幼儿园、高山镇幼儿园、德江县第五幼儿园、枫香溪镇枫溪幼儿园全部完工。普通高中建设项目2个项目校数，2个单体项目，总投资1050万元，建筑面积13091平方米。德江县第一中学学生食堂、煎茶中学学生宿舍竣工投入使用。完成92所学校宽带建设，投资93.8万元建设视频录播室2套，500万元建设班班通设备282套。

【校园安全工作】 一是夯实安防基础设施建设。实现全县中心完小以上学校重点部位、重点区域视频监控全覆盖。县教育局监控总平台在与公安110报警系统联网。投入16万余元为中心完小以上学校配齐备足（补充）“八小件”。县政府按照政策从2016年起每月按1800元/月·人工资标准拨付，提高保安待遇，稳定安保队伍。二是净化校园周边环境。全县各级各类学校收缴管制刀具280余把，规范学校警务室9个，强制管控精神病患者1名，整治非法运营的黑摩的4辆，完善公路沿线学校交通标识标牌30余所，劝导学校周边违规经营户12家，整治食杂店65家（次），规范学校食堂管理80余家，整治网吧44家224次，整治城区电子游戏厅、台球室8家19次（目前全县电子游戏厅只有2家营业），清理全县有害青少年非法出版物19家

反家暴宣传

（次）300余册，撤除违章搭建雨棚5个，顺利封闭贵州工程职业学院近200米的可视围墙，有效净化校园周边环境。三是做好涉法涉诉信访工作。有效处置来访问题4起，化解涉校纠纷7起，稳控重点人员保包责任1起1人，全年无一人（事）上访、闹事。四是抓好学校食堂食品安全。建立中小学校原材料采购索证验收、仓库卫生管理、食品加工生产管理、餐具清洗消毒、食品留样、从业人员卫生管理、卫生检查及奖惩、除虫灭害卫生和突发事件及时报告和紧急处置等制度，严格执行校园食品卫生监管“五个不允许”和“一严控”制度（不允许提供来历不明菜肴，不允许提供剩饭剩菜，不允许出售凉菜，不允许从业人员带病上岗，不允许非食堂从业人员进入加工间，严控校内无食品经营店），确保学生健康成长。

【落实教育惠民政策】 2016年，发放学前教育奖补资金135万元，资助贫困幼儿2700名。发放寄宿

德江县枫香溪镇袁场小学学生正在吃营养餐

生生活补助费3217.43225万元，受益学生55504人次；发放农村义务教育营养改善计划资金3666.1048万元，惠及175所中小学校学生91133人次。为1924名大学生办理生源地信用助学贷款，贷款金额计1235.29万元。发放贵州统一战线“泛海助学行动”大学新生资助金58万元，惠及大学新生116人；落实中央彩票专项公益金润雨计划暨“家庭经济困难大学新生入学资助项目”资助金4.4万元，资助大学新生59名。发放中央彩票专项公益基金“励耕计划”和“润雨计划”40万元，资助家庭经济困难教师40人；八是发放贵州省“雨露计划·圆梦行动”公益金162万元，受益大学生405名。向14259名贫困小学生发放中国发展基金会“爱心包裹”，价值142.59万元。

【教育帮扶】 2016年，落实教育精准扶贫资金2051.515万元。其中，普通高中691.866万元，惠及2601名精准扶贫对象户子女；中职教育1208.44万元，惠及学生11719人次；高等教育151.209万元，惠及贫困对象户子女327名。开展党建驻村帮扶活动。选派5位干部到泉口镇大湾村、先洋村、樱桃村、天池村、银甲村开展驻村工作，其中4人担任第一书记职务，为5个帮扶村各解决5000元阵地建设资金，为3个村购置4.1万元的办公设备，为泉口中小学（园）招聘教师37名、添置新课桌700套、建设微机室2间；立项修建泉口第二幼儿园、先塘小学学生食堂。开展教育帮扶活动。成立以县教育局党组书记、局长为组长的极贫乡发展教育脱贫一批工作领导小组，选派3名挂职副校（园）长、3所对口帮扶中小学校（园），编制25所中小学、幼儿园脱贫攻坚项目，对1489名精准扶贫户子女进行建档立卡，明确极贫乡脱贫攻坚工作时间表、路线图、责任人，整体规划，分步实施，确保两年打基础、三年见成效。

【教育宣传】 2016年，利用各级各类报纸、杂志、网站、永久标语、布标、宣传单等，宣传“新两基”、山村幼儿园建设，各项惠民政策，以及全县

教育的成功经验和做法、先进典型人物事迹。是年，全县教育通讯员在省内外媒体上对全县全力建设黔东北教育中心进行全方位报道，其中《贵州教育报》和《贵州民族报》分别于1月1日和3月23日以头条刊发《德江县实施“4+2”教育突破工程综述》,《西部开发报》1月7日头版刊发《德江：乡村学校少年宫让学生神采飞扬》,《铜仁日报》(武陵周刊）6月26日头版头条刊发《让更多家庭走出贫困——德江“发展教育脱贫一批”实践》。10月，省内外20余家媒体对全县山村幼儿园进行集中采访和报道。

【德江县第一中学】位于德江县城大犀山东麓（黎家堡)，是贵州省优秀地级体育传统项目学校、是贵州省二类示范性高中。学校占地320亩，建筑面积75600平方米，教学配套设施齐全。截至2016年12月底，学校有教学班79个，在校学生5037人，教职工337人。2016年，学校围绕提高教育教学质量中心，狠抓师风、学风、考风建设，逐渐形成“校风正、学风浓、考风严”的良好育人氛围，教育教学质量有大幅度提升。2016年高考，全校600分以上的有38人（其中理科26人，文科12人)，比2015年增加20人；一本上线380人，比2015年增加147人；二本上线按教育厅高考新型划线办法上线1086人。上线人数在铜仁市同类校中位列第二，超额完成县教育局下达的各项高考指标。其中毛潇峰以669分的成绩获得全县理科状元，安倩倩以634分的成绩获得全县文科状元。

5月25日，省委教育工委书记、省教育厅党组书记、厅长王凤友率省市教育部门负责人在一中视察。

2016年，全校荣获上级部门表彰及奖励的主要有：2015至2016学年度全县普通高中类教学质量一等奖，全县2015年度教育宣传工作先进单位，2016年度社会扶贫工作先进集体，德江县第十二届“园丁杯”篮球赛（男队）第一名，德江县直机关党员活动室标准化建设示范单位、德江县第三届中小学生乒乓球比赛高中组女子团体第一名；铜仁市2016年度普通高中教育教学质量（B类学校）二等奖，2016年铜仁市校园足球三级联赛高中总决赛男子组第五名，铜仁市第二届高中生交响乐展演二等奖；2016年7月，学校被贵州省教育厅、贵州省体育局评为2013－2016年度学校体育工作先进单位；学校学生男子足球获2016年铜仁市校园足球三级联赛高中总决赛男子组第五名。在德江县第十二届“园丁杯”篮球赛中，获男队第一名。11月，学校管乐团在铜仁市第二届高中生交响乐（乐器）展演中获二等奖。

德江一中76年校庆文艺团体会演

【德江县第二中学】 学校位于县城青龙办事处迎宾路，占地面积39960平方米，校舍建筑面积16800平方米。有教职工250人，专任教师242人（其中特级教师1人，高级教师75人，中级教师75人，市、县级骨干教师35人，研究生学历1人，本科学历228人)。57个教学班，学生3923人。2016年，学校贯彻党的教育方针，深化教育教学改革，全面推进依法治校，全面推进德江二中“提质搬迁和申示”工作，围绕提升教育质量和办学水平这一中心任务，坚持以校园文化为引领，实施精细化管理，

县委书记商友江(前)在二中调研

狠抓校风、教风和学风，教育呈现又好又快的发展态势。是年，全校高考再创新绩，文化本科上线294人，其中一本17人，二本277人；艺体本科上线168人，计本科上线462人。理科成绩最高分581分，文科成绩最高分552分。

一、支教帮扶和扶贫工作。开展对复兴中学的支教帮扶活动，委派曹佳飞、石贰等五位教师到复兴中学进行支教帮扶，送去先进的教育理念。按照县委政府脱贫攻坚工作部署，学校帮扶泉口镇盆水和三合村。年初制定扶贫工作实施方案，开展精准扶贫和两个遍访工作，委派张荣和彭业江两名干部分别进驻盆水和三合村，开展两个村的驻村帮扶工作，按照实施方案要求，学校遍访工作组在遍访过程中多次深入到两村的贫困户家中，解决他们存在的实际困难，为他们共谋发展出路、共想发展点子，勉励他们克服困难，根据地方实际，抓好畜牧养殖和经济作物培植，尽快实现脱贫致富。帮扶过

国庆文艺汇演

程中，学校教职工全年累计在两个帮扶村投入帮扶资金19000余元，学校为两村送去计生帮扶资金20000元，村办公建设费21000余元，全年累计在两个村投入帮扶发展资金60000余元。

二是整体搬迁工作。德江二中整体搬迁工程是全县实施的重点项目之一，学校抢抓机遇，主动作为，完成工程各项规划建设，整体搬迁工作按照计划有序加速推进，工程2016年8月开工建设，至12月完成工程标段排水大沟工程建设，工程平场工作有序推进，工程一、二、三标段进入孔桩施工。

新校区设计图

三、师资队伍建设。一是多渠道吸引人才扩充师资队伍，2016年通过引进招考选调等方式，新增教师10人。二是通过走出去请进来的方式加大教师业务能力和业务素质培训力度，2016年暑期派送78名高三年级教师到华东师大参加各科培训学习，开阔眼界，吸取先进的教育理念，同时以校本培训为抓手，加大对教师的寒暑期培训和新课程研究力度，有力促进教师业务能力和业务素质的提升。二是申报评选出31名县级骨干教师，通过老带新和骨干教师的引领辐射作用，青年教师得到快速成长。三是开展“同课异构优质课竞赛活动”，开展形式灵活多样、内容丰富多彩、实效明显持久的教研活动和课题研究活动。

（田茂健）

【德江县煎茶中学】德江县煎茶中学是一所县直完全中学，位于德江县南大门重镇——煎茶镇煎中

路，距德江县城20千米。学校占地面积80040平方米，绿化用地27753平方米，运动场8500平方米，校舍面积24135平方米，食堂面积1444平方米，宿舍面积6293平方米，图书48071册，班班通54套，仪器设备价值95万元。

2016年，学校有教学班74个，学生4479人，其中初中34个教学班，学生2012人，高中40个教学班，学生2467人。有教职工278人，专任教师275人，初中编制教师169人，高中编制教师106人，其中高级教师88人，省级骨干教师2人。学校的学生保留率逐年上升，初中近三年巩固率107.74%，九年巩固率为96.53%。

2016年，学校获全县2015-2016学年度先进集体、2016年社会扶贫先进集体、铜仁市中学生阳光体育大会五人制足球比赛男队第六、铜仁市足球三级联赛小学初中总决赛初中男子第六名、德江县第三届中小学生乒乓球比赛高中组女子团体第二名、全国青少年校园足球特色学校等荣誉。

煎茶中学外貌图

抓教学质量。学校在抓教学质量方面，全面贯彻落实教学工作“十字”方针。即：备课要“深”，上课要“实”，作业要“精”，教学要“活”，手段要“新”，活动要“勤”，考核要“严”，辅导要“细”，负担要“轻”，质量要“高”。一是抓教学常规，学校领导带头深入课堂听课、评课。二是加强课堂教学的指导和教学常规的督查，关注后进生作业、辅导、心理沟通。营造良好的学习氛围，促进学科合格率。

2016年，中考参考人数637人，600分以上2人、600-550分24人、550-500分45人、500-400分109人、400-300分154人、300-200分241人、200分以下62人。全市排名150名，总分平均分（无文综成绩）320.33分。全县排名16名，总分平均分（含体育、照顾分、不含文综成绩）317.32。语文平均分82.18、数学平均分61.75、英语平均分66.81、理科综合平均分59.21、物理平均分33.11、化学平均分26.67、文综平均分83.59、政治平均分39.93、历史平均分43.65。高考参考人数570人，二本以上上线人数156人。一本上线24人，二本上线132人，其中艺体26人（体育11人，艺术15人）。理科500分以上20人；文科500分以上8人。高三（1）班安银超以611分创煎茶中学高考纪录，语文平均分90.26、英语平均分48.24、理科数学平均分47.66、理综99.51、文科数学33.74、文综183.37。

抓特色教育。学校以“品端奋进、全面发展、终身自觉”为育人目标，着力抓好“三个支点”，即德育、教学、艺体。抓重点突破，抓全面推进，办有思想、有特色、有活力的学校。一是开展“3·12”植树、学雷锋、清明节扫墓致敬革命烈士等教育实践活动，以及“五四”文艺汇演、教职工篮球赛、师生篮球友谊赛、班级篮球赛、庆祝中国共产党成立95周年教师拔河赛、第34届田径运动会等艺体活动。二是5月6日贵州省高中语文代泽斌名师工作室到校开展的“送培送教”观课议课活动、贵州省高中英语龙永田名师工作室到校开展“送培送教”活动、煎茶片区首届“凤鸣杯”中学生作文比赛、9月23日贵州省高中体育张进华名师工作室到煎茶中学“送教下乡”活动、10月11日遵义市凤冈县花坪中学到煎茶中学开展跨市联合教研活动、10月21日煎茶中学组织物理等七个学科教师代表参加沿河民族中学与铜仁市民族中学的校际交流联合教研活动、11月8日沿河县民族中学赴煎茶中学开展帮扶交流送教活动、煎茶片区联合教研暨煎茶中学赛课活动。三是举行“4·23”全民读书活动、中国汉字书写大会、第四届物理知识竞赛、生物标本制作比赛、实验技能展示活动、五好小公民“老师您好·我的好老师”主题教育征文活动、10月27日，煎茶中学经典诵读兴趣班开班等文化活动。编印校刊《煎中教育》（2015年第2期）、煎茶片区首届“凤鸣杯”中学生作文竞赛作品集《凤鸣煎中》。

校园文化建设。一是在每班教室门外左侧悬挂班级牌，写明班主任及其联系电话、班长、团委书记姓名、班级誓词。一班一誓词，一班一特色，体现班级管理，彰显班级文化、精神风貌等，成为煎茶中学班级文化的一块独特的标签。二是落实教育惠民资金，打造放心食堂，让学生吃在学校解食忧；增加男女生宿舍设施设备，让学生住在学校感温暖；体育、音乐、美术、舞蹈业余辅导、英语角让学生学在校园成就梦想；凤鸣之声广播站、国学经典书香长廊、走廊图书角、文化大视野展板、黑板报长廊、国学经典辅读让学生快乐成长。教师一对一精准扶贫帮扶，让学生感受爱心力量。三是加大学校对外宣传力度。2016年学校信息在《贵州日报》《铜仁日报》《德江报》、贵州网、铜仁网、德江网、德江县人民政府网等媒体上刊载，还利用校园网发布学校教育教学工作信息，营造浓郁的校园文化氛围。

严明制度，建设“四正”学校。2016年，提出建设“四正”煎中，“四正”即为：正校—建设正义、正气、清正、纯正、干净的学校，坚决杜绝歪风邪气；正级—端正教师德行，做有良知、有责任、有修养、懂廉耻的教师；正风—营造健康积极、活跃奋进校园文化氛围，端正的学风，为社会进步发挥正能量；正纪—严正纪律，对教师的效能和绩效工资进行严明考核。从实际出发，对教师制定“末十整治”制度、会议制度、约谈制度，对学生划定“四条红线”。

【德江县民族中学】学校占地71461平方米，校内寄宿制宿舍，食堂，理、化、生实验室，民族文化陈列室，舞蹈室，微机室，运动场所一应俱全。教师总数182人，副高级以上教师49人，中学一级教师72人，省级名优教师1人，市级“乌江园丁”称号15人，市级骨干教师8人，县管专家2人，县级骨干教师52人。9月，德江县民族中学被中共德江县委、县人民政府评为2015-2016学年度“先进集体”。李凯涛被中共铜仁市委、市人民政府评为2016年全市教育系统“优秀教师”。冯霞、冉光松被中共德江县委、县人民政府评为2016年全县“优秀教师”。10月，被德江县扶贫开发领导小组评为2016年社会扶贫工作“先进集体”。

2016年，学校根据上级文件要求，开展“两学一做，手抄党章一百天”专题教育，组织全体教职工学习习近平“系列讲话精神”，组织学习中央、省、市、县有关反腐倡廉各项规定。组织全体教师收看《金沙水拍》《长征》等红色经典电影。5月开展“红色枫香溪”革命基地教育活动。7月，开展庆祝中国共产党95周年教师篮球赛。全年收到教师们编写的心得体会330篇。按县委、县人民政府扶贫攻坚计划安排，学校驻村帮扶潮砥镇青龙村。为青龙村争得基建项目资金8万元。学校全体教职工为该村64户贫困户捐助扶贫资金3.2万元。此外，学校为该村计划生育困难户送进帮扶资金1万元。

在教育教学工作中按照“四在学校·幸福校园”有计划、有目的地开展德育教育工作，德育资料收集齐全，留守儿童得到关爱。校园卫生保洁和学生的文明习惯有明显的改善。学校以教学质量为中心，中考成绩全校600分以上的学生3人，500分以上学生209人。语文总分120分以上人数11人，数学140分以上人数31人，英语145分以上人数9人，理综144.5分以上人数10人。全县中考成绩排名第3名，全市中考成绩排名第25名。举办七年级“傩韵操比赛”。11月CCTV5频导一采访组专程到校采访民族特色教学成果，德江县民族中学再次登上中央电视台。同月，举办“德江县民族中学首届少数民族传统体育运动会”。10月至11月，开展“减负提质、同课异构”赛课比赛，通过选拔推荐，学校徐林华参加德江县第首届中学微课大赛获全县“一等奖”。（何开俊）

6月7日，贵州省教育厅正厅级纪检员、正厅级监察专员罗润生（右二）到德江县实验中学检查指导工作

【德江县实验中学】2016年，县实验中学以办人民满意的教育为目标，不断提升办学水平，强化教师队伍建设，优化教育教学管理，促进学校文化内涵提升，学校各项工作呈现出科学、快速、持续发展的良好态势。辛勤的付出得到丰硕的回报，学校先后被评市级“平安校园”、市级“先进集体”、省“减负提质增效”示范校、县级“先进集体”。

一、明确方向，规范办学行为。一是创新理念，育人为先。学校全面贯彻党的教育方针，大力推进素质教育,坚持以“提升整体质量，创建标准学校”的办学目标，坚持“以人为本，科学规范”的管理原则，坚持“以创新为先导、以特色铸品牌”的办学策略，努力实现“个性发展的乐园、求知创新的学园、现代规范的校园”的学校愿景目标，形成“面向全体、全面发展、因材施教、培优

6月6日，德江县人民政府县长秦智坤（左二）到德江县实验中学检查指导工作

促特”的校风、“敬业、竞职、镜己、爱生”的教风和“勤学、好问、思义、善辩”的学风。二是突出特色，深入实施素质教育。学校以德育工作为抓手，以养成教育为主线，深入实施素质教育，培养全面发展的学生。按照“走内涵发展道路，创学校突出特色”的发展思路，学校力致精细化管理，开展演讲大赛、文艺汇演、兴趣体育进校园、土家摆手舞进校园、学生运动会、大课间活动等各种文体活动，借助多种平台，提高学生素能，促进学校“4+2”特色教育。2016年，获德江县第二届“三好杯”中学生田径运动会第二名，全县中小学生“我的中国梦”“童心向党”歌咏赛二等奖；铜仁市中学生阳光体育大会案例比赛第三名。

5月12日，德江县实验中学第四届田径运动会暨文艺汇演 教师文艺节目《六幺妹》

二、优化制度，强化教育管理。学校完善《教职工岗位管理办法》《任课教师业务考核办法》《班级管理考核办法》《处室管理办法》，实行每天“打脸谱四签”的考勤制度，增强教职工的团队意识和自律意识。健全教学、教研、管理三条线：一是教学业务管理制度：《教学工作管理制度》《学科教研组管理制度》《任课教师管理制度》；二是教研教改制度：《教改教研管理制度》《实验课题管理制度》《实验教师管理制度》。三是学生常规管理制度：《各处室工作考核办法》《班级教学工作考核办法》《班主任工作考核办法》，三条制度线，立体交叉，互为补充。

加强制度建设，着力全方位、多层次的科学管理系统建设。如推行首课责任制、岗位职责安全责任追究制等。实现学校管理的科学化、规范化、

网络化。形成“教务处（教科处）— 学科教研组 — 任课教师”的教学研究链条和“教育处 — 安教办—班主任”的学生常规管理链条。双轨运转，优势互补。实现处处有人管，事事有人做，管理无漏洞，工作有成效。

三、狠抓常规，提升教学质量。学校落实各学科教学管理规范，要求每位教师按规范要求做到“八个精心”。狠抓备课、上课、评课、作业等环节上的质量和效率。采取灵活多样的方式，定期(每月一次)和不定期地查阅教师的备课、听课和作业批改、课外活动等教学情况，并对情况进行汇总分析，全面了解教师的教学能力及班级教育教学情况，对检查结果进行通报，及时总结、推广优秀教师的工作方法和业务特色。做到既能充分肯定成绩，又能适时指出问题，有效提升每一位教师高质量完成教育教学工作的能力。

2016年，学校不断创新教研工作思路，在“研究特色、研究重心、研究方式、研究视野”等方面进行积极探索，发挥科研引领，促进学校教研品质提升，护航学校教学质量绿色生长。学校结省级课题1个，立项市级课题3个，县级微课题20个，省、市、县级课题结题、立项数在全县所有学校中位居其首。

在教学常规中，学校坚持“以学生发展为本”的教育理念，遵循教育教学规律，依靠教育科研和教学评价机制，全面推进教学质量的提高。在2016年中考中，朱单羽以609分获全县中考裸分成绩第一名，学校最高分615分，其中600分以上的学生9人；590分以上的学生27人；580分以上的学生46人；570分以上的学生69人；560分以上的学生88人；500分以上的学生238人，平均分为439.95分，全市排名24名。荣获铜仁市城区初中教育教学质量“二等奖”,德江县教学质量“一等奖”。

四、两学一做，助推精准扶贫。2016年，按照县委政府要求，学校重点帮扶楠杆乡龙寨村58户贫困户，学校根据帮扶对象制定帮扶措施，先后多次组织学校中层以上领导干部进村入户对贫困户进行遍访、回访、再核查工作，详细了解扶贫对象的家庭人口、贫困现状、致贫原因、劳力状况等情况，并对帮扶对象进行一定的经济帮扶及其他帮扶，给龙寨村解决会议桌、椅子、档案柜近10000元办公设施，解决村办公经费10000元。

“两学一做”专题教育。通过开展《条例》《准则》网上答题活动和“政府工作报告知多少”答题活动、“手抄党章100天”、学系列讲话、警示教育、纪念红军长征胜利80周年等系列活动，抓好抓实“两学一做”。

五、安全教育，构建平安校园。2016年，树立“安全无小事，责任重于泰山”的理念，坚持“预防为主、防治结合、加强教育、群防群治”的原则，把师生的生命安全放在第一位，完善和落实各项安全政策和措施，努力提高安全管理水平。通过安全教育，增强学生的安全意识和自我防护能力；通过齐抓共管，营造全校教职员工关心和支持学校安全工作的局面，从而切实保障师生安全和财产不受损失，维护学校正常的教育教学秩序。

学校坚持每学期举行女生青春期健康教育讲座，法制知识进校园讲座、校内外安全隐患大排查，火灾逃生演练，管制刀具收缴等活动，充分利用致家长一封信、校园广播、主题班会、班级黑板报等形式对学生进行安全知识宣传教育，有效提升学生的安全意识和防范意识，年内学校无安全事故发生。

（县实验中学）

【德江县思源实验学校】德江县思源实验学校2015年9月开学，系财政全额预算管理的正科级事业单位。学校设有校长办公室、副校长办公室、学校办公室、教育处、教务处、教科处、安教办、总务处、现代教育技术办公室、党建办、工会、团委等内部机构；学校以“实施义务教育，以教学为中心，育人为宗旨，办优质的平民学校”为主要工作职责；生源主要为品学兼优的农村贫困学生、留守儿童、贫困单亲家庭和孤儿学生，学生在校享受政府“两免一补”政策。2015年，学校有教师41

德江县思源实验学校规划图

人；2016年，因学生人数增加，教师增到69人。

学校以“自强不息、思源致远”为校训，以“传播爱心、启人智慧、播撒希望、催人奋进”为办学理念，以“严谨治学、教学相长”为教风，以“慎思明理、乐学笃行”为学风，以“仁爱、融洽、阳光、自信”为校风，以“加强常规管理，提高教育教学质量”为中心，以“五种精神”（饮水思源的感恩精神、爱生如子的园丁精神、甘为人梯的奉献精神、认真执着的敬业精神、追求卓越的拼搏精神）、“六大教育”（爱国教育、人文教育、励志教育、感恩教育、规则教育、劳动教育）来实现“学校发展，成就师生，社会满意”的办学目标。

贵州省政协副主席左定超（左二）到校调研

2016年，学校贯彻执行党的教育方针，切实加强常规管理，提升教育教学质量，以多种活动为载体，丰富充实师生的校园生活，校风、教风和学风步入健康有序发展，教育教学效果良好：各年级各科期末考试成绩均分跃居全县前列；在德江县第三届中小学生乒乓球比赛中，获中学组男子单打第一名，男子团体第二名；在“老师您好，我的好老师”演讲和征文比赛中分别获得三等奖和二等奖；在“祖国好，家乡美”暨经典诵读比赛中，获三等奖；八（1）班尚旭琴同学在全县首届“宏文杯”英语演讲比赛中荣获初中组第一名；获全县教育系统“学党规明党纪作表率”知识竞赛团体三等奖；获德江县2015年度教育宣传工作先进单位。

（牟超）

县委书记商友江（左二）到校调研

贵州工程职业学院

【概况】 贵州工程职业学院是由贵州西凯恒星教育投资有限公司举办的一所具有独立颁发国家学历文凭资格的全日制普通高等职业院校。2011年筹建，2015年5月，贵州省人民政府批准贵州工程职业学院正式建校，同年6月，在教育部备案。学院规划总占地面积700亩，总投资6亿元人民币，规划建筑面积24.5万平方米，分两期建设。投入4.2亿元完成一期工程建设，建有教学大楼3幢、实训大楼2幢、学生宿舍8幢，行政办公大楼、田径场、图书馆、食堂、学生活动中心建成，建筑面积超过17万平方米，校园网及教学信息网络管理系统建成，电子及纸质图书有30余万册。启动二期工程建设。

学院有教职工244人，其中院级领导7人，副科级以上干部49人，行政工勤人员27人，专职辅导员19人。教师214人，其中专任教师156人，校

5月25日，贵州省教育厅厅长王凤友（左四）率队莅临学校调研指导工作

内兼课34人，校外兼职兼课教师24人。学院所聘专任教师均具有大学本科以上学历，具有硕士研究生以上学历的教师35名，占16%；高级职称教师44名，占20%；“双师素质”教师48人，占22%。各专业均按要求配备副高级专业技术职务以上的专任教师3人及以上，中级专业技术职务以上的本专业“双师型”专任教师4人，教师队伍相对稳定。学院有全日制在校生6000余人。

学院开设建筑工程技术、建设工程管理、建筑室内设计、工程造价、汽车检测与维修技术、汽车营销与服务、护理、药学、会计、工商企业管理、电子商务、高速铁路客运乘务、旅游管理、大数据技术与应用、空中乘务、环境工程技术、市场营销等17个专业。

9月7日，县委书记商友江（右二）莅临学校慰问教职员工

2016年，学院按照《贵州工程职业学院2016-2020年“十三五”发展规划》《贵州工程职业学院2016年度工作计划》，坚持软硬件建设两手抓的工作思路，始终以培养高素质技术技能型人才为目标，以教学工作为中心，着力整改省教厅2015年度年检情况反馈意见，各项工作取得新成绩。

一、完善法人治理结构。学院依法完善学院章程、董事会组成成员、董事长、法定代表人与审批机关审批备案、登记机关登记核准信息保持一致。2016年校长变更，按照相关规定办理校长变更手续并在有关部门备案。学院确定董事会领导下的院长负责制，制定《贵州工程职业学院董事会会议制度和议事规则》《贵州工程职业学院院长办公会会议制度和议事规则》《中共贵州工程职业学院委员会会议制度和议事规则》等基本制度，确定学院的领导体制和运行机制，完善法人治理结构，确保学校有效运行。

二、加强党团组织建设。学院贯彻党和国家的教育方针，坚持社会主义办学方向，加强党团组织建设，按照相关规定申请上报，2016年11月获中共铜仁市直属机关工委批复设立学院党委。学院党委按照《中国共产党章程》《中国共产党普通高等学校基层组织工作条例》《中国共产党基层组织选举工作暂行条例》等规定，落实新设党组织、学院工会、团委的筹建工作，成立筹设小开展各项筹备工作。

三、完善办学条件。2016年，学院二期工程启动，投入3000余万新建3栋学生宿舍并按标准配齐所有附属设施；增设多媒体教室（4860个座位）44间、理实一体化教室16间、汽车实训室1间、建筑实训室1间、钢琴练习室1间（新配置钢琴30架）、画室2间、计算机机房1间、办公室18间、学生一站式服务中心、供水系统一套、运动场地1个；完成学术报告厅建设、两栋实训大楼的地面改造、视频监控系统安装（监控镜头179个），重点部位基本全覆盖。学院教学科研仪器设备总值超过1亿元。

四、教学管理工作。2016年，学院以“立德树人”为根本，以“服务发展”为宗旨，以“促进就业”为导向，强化师资队伍建设，加强学风建设，深化“3+1”人才培养模式，全面提升内涵建设，推动教育教学改革和专业建设，校企双方共同修订人才培养方案，探索系统培养模式。一是完善相关制度，狠抓教学常规管理，实行目标量化考核，组织听课1000余人次；二是通过以老带新、结对子等方式对新教师进行帮扶，加强师德师风建设，强化师资队伍，提高教学水平；三是实行教学反馈制度，定期召开学情调查会，收集并解决学生的意见或建议；四是努力营造学习氛围，聘请不同专业专家教授开展学术讲座15场次；五是加强专业建设，创品牌特色专业，围绕地方产业结构，2016年新申报备案5个专业：旅游管理、大数据技术与应用、空中乘务、环境工程技术、市场营销，学院2017年招生专业将有17个；六是努力创建职业技能鉴定机构，2016年2月，获人社厅批复成立贵州省第一八〇国家职业技能鉴定所，首批授权15个工种鉴定；七是组织600余人参加3+1拓展技能培训并获取合格证书。

2月25日，技能鉴定所申报评估通过

五、学生管理工作。2016年，学校坚持“育人为本，德育为先”，将“立德树人”作为根本要务，以维护安全稳定为重点，以思想教育为中心，立足学风建设，探索新方法，创新开展德育工作。一是加强德育队伍建设，提高学生思想教育水平；二是重视安全稳定工作，切实提高安全稳定意识，年内学校无重大安全事故发生；三是加强宿舍管理，构建标准化宿舍；四是开展好“两进一访”活动。“两进”即辅导员进教室，进宿舍；“访”是家校互动，辅导员定期与学生家长进行电话访谈；五

2015-2016学年国家奖学金暨“三优”表彰大会

是做好满意工程，每月召开学生座谈会，深入交流，建立学生问题处理及反馈机制，切实为学生解决问题；六是着力抓好素质教育量化考核，努力激发学生综合潜能；七是组织开展学风建设活动、学风学纪专项检查、学习标兵评比等活动，建设学习型班级和学习型宿舍；八是加强学生资助资金管理，构建贫困帮扶体系；九是加强学生干部队伍建设，充分发挥学生“自我管理、自我教育、自我服务”的功能，鼓励学生干部创造性地开展工作，开展学生干部培训，提高学生干部的综合素质的业务能力，形成学生工作顺利开展的新局面。

六、招生工作。2016年，学院严格执行国家及地方职业教育及招生政策，提炼政府订单、高质量就业、升本通道、专业好等多个宣传亮点，制定符合实际的招生宣传资料，招生规范、透明。2016年报到注册新生3098人，其中中职生909人（含五年一贯制500人），高职2189人（含政府订单生80人），完成并超过招生目标，高职报到率67.02%，

新生报到现场

在同等高职院校中排名前列。

七、师资队伍建设。2016年，学院加强师资的引进和培养工作，着力打造一支师德高尚、业务精湛、结构合理、充满活力、相对稳定的专兼职教师队伍。全院有5名高学历、高职称、业务能力突出的教师纳入事业单位编制；为保障学院工作正常运转，提高教育教学质量，学院通过多渠道招揽人才，新招聘教职员工62人；从教师的学历提升、职称提升、培训等学习考察着手加强师资队伍建设，组织53人参加重庆、铜仁两地教育主管部门组织的新教师岗前培训，在校内组织专业培训并进行考核合格后上岗；为保障教职工权益，提高福利待遇，稳定教师队伍，学院为教职员工办理“五险一金”，并为80名放弃社保人员购买商业保险；为教职工打开职称评审通道，年内上报拟评副教授2人，讲师1人，助教12人；因招生情况远超计划，导致下半年教职工入住困难，在政府的支持下，9月，大部分教职工安排入住政府公租房，基本解决教职工住宿问题。

八、信息化建设和校园文化建设。2016年，

4月27日，首届“贵工杯”护理技能竞赛

学院网络技术设施设备及网络维护和安全管理加强，保障校园网络的教学工作的正常运转。制定数字化智慧校园建设方案、校园文化建设方案，在陶冶学生情操，构建学生健康人格，全面提高学生素质，促进学生健康成长等方面起到作用。学院组织参加省市级比赛并开展校内一系列校园文化活动，演讲比赛、合唱比赛、“全民阅读·书香德江”系列活动、篮球联赛、第三届冬季运动会、首届“贵工杯”护理技能竞赛等一系列丰富多彩的主题活动；学院利用校园网、微信等公共宣传平台，积极做好对外宣传工作，各级各类媒体正面报道全校新闻20余条，为学校校园文化建设起到促进作用。

学院积极参加省市县级各类活动比赛，并取得良好成绩：全院获“2016年度社会扶贫工作”先进集体、德江县无偿献血先进单位；学生李秋娴进入“多彩校园 闪亮青春”首届贵州大学生民族旅游形象大使比赛总决赛；陈智慧等5名同学以优异的表现，包揽德江县“宏文杯”英语口语才艺大赛，大学组一二等奖；袁倩同学荣获“大美德江 环保从我做起”演讲比赛一等奖；足球队荣获“2016年贵州省校园足球四级联赛高校甲级联赛分赛区（东部赛区）”体育道德风尚奖；教师男/女子篮球队分别荣获德江县第十二届“园丁杯”篮球赛季军/亚军；教职工合唱队荣获德江县“五一”

学生李秋娴（左二）进入“多彩校园 闪亮青春”首届贵州大学生民族旅游形象大使总决赛

职工歌咏比赛三等奖。

九、实习实训、校企合作、联合办学工作。学院注重实效，重在培养，2016年，组织1600余人参加校外实训，分别前往广东东莞、惠州、深圳、重庆及德江等地参加实习，取得良好的经济效益和社会效益。

2016年，联合办学工作取得成效，分别与黄平职校、江口职校、湖南天之佑船舶管理有限公司达成协议。继续教育办学模式采取衔接自学考试、网络教育、成人教育等形式，与四川大学、贵州财

经大学、贵州理工学院、贵阳学院等签订正式联合办学协议。

为加强对外合作交流及学习，2016年，校长带队前往日本考察学习；副校长前往德国、加拿大考察学习；学院邀请日本友人上野宪夫教授莅临学院洽谈学生留学及国际劳务输出事宜，为提升学生

2016年校长刘吾康教授（左三）、校长助理刘永辉（左二）赴日本考察学习

学历奠定一定的基础。

十、安全稳定工作。学院主要领导和各部门一把手作为安全稳定工作第一责任人，2016年，建立健全安全稳定工作机制，全面做好安全教育，完善预防和应急工作体系，修订了各项安全预案，重点抓好治安安全、消防安全、饮食安全和教学安全等工作。学院还组织开展了安全月活动、建立微型消防站、开展消防安全知识讲座及消防疏散演练活动、校园周边环境整治、安全隐患排查、校卫队按时巡逻，未出现重大安全事故。

（周之兰）

乌江学院

【概况】2014年11月18日，时铜仁学院党委书记李树新、德江县委书记张珍强等见证下，铜仁学院党委副书记、校长侯长林、德江县委副书记、县长李云德作为双方法人代表正式签订铜仁学院与德江县政府共建“乌江农林经济学院”合作协议签约仪式在铜仁学院举行。协议规定：乌江农林经济学院属铜仁学院二级特色学院建制，实行“以校为主、校县共建、联合培养”的合作办学模式。办学层次为应用技术本科教育，校址设在德江县城南县职校内。铜仁学院负责招生工作、学科专业、师资队伍、教学管理、科学研究等内涵建设；德江县全额投资解决办学基础设施、教学科研设备、实习实训基地等条件建设。2015年3月30日，在县职校举行共同建设乌江农林经济学院正式筹建工作启动仪式，时铜仁学院党委委员、副院长田永国，县委副书记、县长商友江，县人大常委会主任何先美，县政协主席陈健等领导参加启动仪式。并组建工作组，成立乌江农林经济学院管委会。经双方共同努力学院2015年9月正式开学，学院迎接新生267人，2013级农村区域发展本科班到校就读，2012级近300名实习实训学生来学院见习，开始正常的教育教学活动。时学院有文理预科生（理综200人、文史100人）、铜仁学院二三年级三个专业本科生200人、大四实习生400余名，有900余名学生就读。2016年1月15日，经贵州省教育厅正式批准建立，2016年12月，乌江学院迎来首批柬埔寨留学生。后因发展需要，2017年1月更名为乌江学院。学院有专科312人、预科534人，留学生36人。

2016年，学院根据铜仁学院“上水平，出特色”的总体要求，按照“山”字形人才培养模式，学院紧紧围绕铜仁学院的中心工作，坚定不移地走“地方性、服务型、特色化、开放态”的转型发展道路，全面推进以育人质量为核心的内涵建设，深化内部管理和改革，确立“一个中心、两个突出、三个转变”的发展思路，实施铜仁学院的“质量立校、人才强校、特色兴校”发展战略，为建设特色学院、服务地方做出努力。

一、党建思想。一是抓政治理论学习，提高教职员工的政治理论水平和政治思想觉悟。拟订学院政治理论学习计划，围绕党的十八大和十八届六中全会精神，组织全院教职员工学习各个层面的党建学习教育文件。根据上级党委的统一部署，开展“学党章党规、学系列讲话，做合格党员”活动。

做好“两学一做”学习教育专题研讨、建章立制、突出问题整改台账和清单、“回头看”工作，在前期即知即改基础上，把党的思想政治建设抓在日常、严在经常、落在实处。组织全院收看建党95周年。组织收看贵州省“脱贫攻坚·党员先锋先进事迹报告会”，组织教师员工展开讨论，掀起学习英雄模范事迹的热潮，学习他们无私的奉献精神。二是抓好日常思想政治工作。开展加强师德师风建设工作，王睿智和赵娟分别荣获德江县“优秀教育工作者”“优秀班主任”荣誉称号，组织全院教职工向身边的榜样学习的活动，取得成效，推动学院师生员工的作风建设和道德建设，促进学院工作健康稳定的发展。鼓励教育师在教学中首先要了解学生思想动态，分析各个专业特点以及社会需要，采取各种教学模式把课堂教学与社会实践结合起来，大胆挖掘学生潜力，创造和谐的教学氛围。三是重视党风廉政建设和党员教育，杜绝党内违法乱纪行为发生。落实中央八项规定，厉行勤俭节约，反对铺张浪费，严格执行铜仁学院收费政策、“三公”经费使用办法与收支两条线的规定，在各类公务活动中拒收礼品礼金及有价证券，全年无因违纪受到铜仁学院通报批评和党纪政纪处分情况，未发现明显经济责任审计问题。经常对党员进行党风、政纪和法纪方面的教育，通过会议、上党课、组织党员观看党风廉政教育录像片等多种形式，对党员进行党性培养和锻炼，增强党员之间的团结，增强党员对进行反腐败斗争的必要性和重要性的认识，提高党员拒腐防变的自觉性。严格执行制度的规定，自觉接受群众的监督。四是加强基层组织和党员队伍建设。持续开展创建学习型党组织活动，定期举办党组织生活，丰富活动形式和内容，开展“三八妇女节趣味活动”“温暖冬季趣味活动”“重温入党誓词”、开展党性教育活动、组织观看优秀纪录片等丰富多彩的活动。五是推进党建网站建设和党务公开工作。及时上传、更新党务公开内容，让党务工作实时“晒在阳光下”，以落实党员的知情权、参与权和监督权。六是注重团队和人才队伍建设。坚持党管人才工作，加大人才引进和培养力度。根据德江县的实际情况以及今年制定的招聘计划，引进4位博士，他们有草学类专业、生物遗传与育种、凝聚态物理专业，发挥各自的专业特色，依托德江县地方的特色，积极调研，服务地方发展。七是着力学生党建工作,切实推进大学生思想政治教育。加强对共青团工作的领导，指导团总支、学生科广泛发动学生开展一系列有利于提高素质、富有特色的团队活动，提升学校内部活力。加强学生思想政治教育，对大学生党员的思想政治教育，引导他们全面学习党的相关理论知识，使他们全面发展成为又红又专的中国特色社会主义事业建设者和党的可靠接班人。院邀请彭吉黔教授、谢元炳教授等为学院作党性教育专题讲座；组织各班围绕“纪念红军长征胜利80周年”“我为社会主义核心价值观代言”等召开主题班会；采取多种形式贯彻十八届六中全会和习近平总书记系列重要讲话精神，用全会精神指导和全力推进各项工作；院领导深入各班关怀学生生活起居、关心学生学习状态、关注学生思想动态、宣讲国家大政方针，教导学生加强政治学习，提高思想觉悟。

二、教育教学。一是学院教学量。学院有班级17个，有少数民族预科（文）班级4个，有少数民族预科（理）班级5个，少数民族双语预科班级1个，开设专业7个，分别为法律文秘、文秘、电子商务、园林技术、心理咨询、舞蹈教育、旅游管理。学院预科班级平均开设8门课程，专科班平均9门课程。二是规范教学基本环节，保障教学基本运行。所有授课教师均按照学院要求独立完成授课、期末阅卷评分等全部教学任务，不存在“合作"、"挂名"等现象。2016年预科、专科专业基础课和专业主干课由副教授及以上职称的教师主讲的课头比例为50%以上。学院严格按照教学计划安排教学内容，教学内容符合教学大纲。教学秘书专人负责调课、停课制度的执行，尽最大努力减少调停课对正常教学秩序的影响。学院所有调停课程序规范、手续齐全，没有发生违规调停课现象，无教学责任事故发生。学院严格执行教材选用制度，及时根据国家法律修订选择最新版本的教材。选用优秀教材占培养计划课程的比例达到95%。学院教务科办公室向命题教师强调"三项控制"的要求，即控制试卷中旧题目所占的比重，控制主观型题目所占的比重，控制"死记硬背"类题目所占的比重。鼓励任课教师针对高年级专业选修课积极探索新考试方法和方式。学院期末考试均安排学院领导巡查考场，教师和行政教辅人员承担监考任务。学院办公室在考前动员、考纪警示等方面尝试很多方法，争取做到"防患于未然"。三是提升教学管理精细化。在严格执行铜仁学院和乌江农林经济学院的有关教学管理规章制度的同时，学院教学管理人员不断提高服务意识和管理水平。琢磨服务细节，以诚心换真心，不仅赢得师生的满意还在很大程度上降低教学事故、教学差错发生的机率。比如，学期开学之前教学秘书都会逐个提醒教师第一次上课的时间和地点，节假日之前都会详细地通知教师关于调停课的具体安排。学籍和成绩管理规范有序，教学基本信息的更新、成绩录入以及学籍异动情况等及时准确，教学日历和学生成绩单均能按照铜仁学院要求及时提交。2016年学院构建起以学生会学习部为载体的学风建设体系。"学习部"是由学院教学秘书和辅导员负责指导，由学生会学习部、各班学习委员以及学生代表共同参加的学风建设工作机制。四是2016版专业培养方案修订工作。完成2016版专业培养方案修订工作。铜仁学院召开修订工作动员会，专业教师集中学习有关指导性意见。围绕铜仁学院"山"字形人才培养方案和发展"四个平台"构想，专科人才培养方案参考高职院校的培养模式，对专科学生实施模块化课程改革。各专业在学生第一学年开设导论类课程，增加学生对专业的认识和了解。在课程设置、核心课程、实践环境、专业规范与特色融合等方面有进一步的明确和增强，对学生基础知识能力和综合素质提出具体要求。五是课程归属梳理工作。根据课程性质，以基层教学组织为单位，以2016版培养方案为依据，对学院所承担的基础课程和专业课程进行了重新归属确认。明确了各课程的负责人及教学团队，规范教学管理，保证教学任务落实的准确性和及时性，为课程建设的顺利开展及教学团队建设明确任务分工。六是教学质量督导工作。铜仁学院聘请退休教师组成教学督导组，对学院开展听课以及教学审查相关工作。专家分别深入课堂了解课程内容并做详细记录，对学院教师的授课情况及学生的学习情况进行全面检查。每学期的教学三期检查，主要检查各科所有的教学资料，包括教学任务书、教学进度表、教案、课件等材料。学院要求每学期各课程中期考试1套试卷，期末考试2套试卷，且试题重复率≤30%，期间由教学督导人员及各基层教学组织负责人共同对试卷进行了自查和抽查。另外，为促进教师教学质量，及时解同学们的学习情况，并能够在接下来的教学过程中，让学生与教师之间形成更好的默契度，找到双方乐于接受的教与学的方法，学院每学期都会召开"教学相长会"。七是拓宽视野，国际化办学。学院召开出国出境交流学习动员大会，会后有7名学生赴马来西亚国家高校进行交流学习。此外，40余名柬埔寨留学生12月到乌江学院就读。为活跃学院的学术气氛，学院定期推出学术讲座，邀请国外专家马来西亚驻华大使拿督伊努丁·叶海亚、成功礼待大学校长黄志强在华开设名师导航和前沿讲座，推动学院与国内外高校、研究机构等单位的学术交流与合作。并进行交流，为人才培养、学科建设奠定良好基础。

三、学术科研。一是申报科研项目。学院广泛动员，积极营造重视科研、热爱科研、鼓励科研的氛围，引导全院教师积极参与科研课题的申报与研究活动。学院4名博士参与2016年国家自然科学基金申报专家辅导会。为积极申报国家自然科学基金，积极申报贵州省科技厅项目、贵州省教育厅项目、铜仁市科技局科技计划项目、联合基金迈出坚实的一步。2016年度学院教师积极投稿SCI论文、核心期刊论文。启动完善专利的申报工作。二是实验室建设。完成天麻研究中心574万元设备的安装、调试及验收工作，为服务地方产业奠定坚实的科研基础。

四、学生工作。一是以日常管理为基础、以强化制度建设为保障，为营造优良学风夯实基础。制定大学生早晚自习管理办法，建立早晚自习点名检查制度，要求各班班主任督促检查，切实提高早晚自修学习效率。强化学生公寓管理工作，建立学生住宿档案管理制度，记录每月寝室评比相关数据如寝室卫生、违规用电、晚归等。严格规范学生常规管理，积极正确引导、教育全体学生从行为规范、考勤管理着手，抓习惯养成，维护学院正常秩序。二是以学风建设为主线、以德育工作为先导，全面推进素质教育。开展思想政治教育内容一体化。利用入学常规教育，发挥大学生思想政治理论课在大学生思想政治教育中的主渠道作用；采用课内与课外相补充，通过利用主题班会、团日活动等多种方式，在学生中深入开展革命传统教育、爱国主义教育和社会主义核心价值观教育。关注学生体质健康，加强学生体育运动，增强学生身体素质。号召全院师生坚持做到“每天锻炼一小时，健康工作五十年，幸福工作一辈子。”2016年3月，开展“走下网络，走出宿舍，走向操场。”主题群众性课外体育锻炼系列活动，每周二、四两天定时组织师生参加体育锻炼。2016年5月荣获铜仁学院第38届校运会团体总分第一名。成功举行“春晖杯”“迎新杯”篮球比赛，选拔学院篮球队，与德江职校、贵州工程职业学院商讨篮球友谊赛事宜。开展心理健康工作，既充分认识心理健康教育作用又防止片面地夸大心理及其教育的作用，确保心理健康教育工作沿正确方向发展，具体表现为：调动学生自主能动性，成立学生会心理健康部，各班选举心理委员。2016年11月顺利完成全院新生心理健康普查，以全面掌握学生心理健康状态，提高学生心理健康教育工作针对性和实效性。2016年下半年，多次邀请心理健康教育方面专家给全院师生作专题讲座。建设丰富多彩的校园主题文化活动，营造浓厚校园文化氛围。举办“3·12”植树节活动、“与书为友 阅读人生”阅读季活动、“宏文杯”英语口语才艺大赛、“青春不散场 梦想今启航”结业晚会，参加德江县“6·26”国际禁毒集中宣传活动，多次参加德江县文艺会演并计划参演铜仁市广播电视台春节联欢晚会。通过各项活动的深入开展，丰富师生的校园文化生活，拓展学生的素质。三是以学院为平台，以学生为主体，实行“三自教育”特色管理。挑选和培养团总支学生会干部，为学生提供自我教育、自我管理、自我发展的平台，学院团总支学生会招收80余名成员，学生会主席团4人。在学生科、团总支的指导下，明确部门及个人职责，学生会协同工作，同求上进，共同管理学生工作。成立社团联合会，组织管理社团特色活动，活跃学校文化氛围，文学社组织举办文学交流会，话剧社主办“我是演说家”演讲比赛，环保社主办“大美德江 环保从自己做起”演讲比赛，读书社筹办征文活动。四是以师德铸师魂，以师风促发展，打造一流师资队伍。提高教职工整体素质，增强参与管理的能力，2016年9月，铜仁学院学工部负责人对辅导员进行培训，通过座谈会、理论辅导、讨论交流等形式围绕安全与发展两条主线教导学生管理工作的重点。2016年10月，15名教师参加2016年高校教师岗前培训，通过讲座教导高校教师工作职责和工作技巧，利用考察检查培训效果。为指导和督促班主任日常工作，在每周教职工例会上检查班主任上周工作情况，落实下周工作计划。五是以国家政策为导向，以实事求是为宗旨，努力实现资助目标。畅通生源地贷款、校园地贷款办理通道，提前做好缓交学费等相关工作，在入学前解决基本需求，消除学生后顾之忧，力争让每一位学生顺利入学，安心入住。设立建档立卡生勤工助学岗位，通过双向选择方式，力争为每一位符合条件的学生提供相应的勤工助学岗位。在全院范围内摸底统计建档立卡生，核实建档立卡生基本信

柬埔寨留学生抵达乌江农林经济学院

息，严格做到数据准确、更新及时、动态管理。在铜仁学院贫困学生资助中心的指导下，增强服务意识，对贫困学生逐一落实。六是以留学生教学、管理为重任，以留学生工作为契机，提升学院国际化办学水平。2016年12月13日,学院迎来40名柬埔寨留学生。外国留学生到乌江农林经济学院就读尚属首例，在贵州省开创外国留学生在县域就读的先河，对提升学院国际化办学水平，增强德江县对外交流、对外开放的工作力度具有重要意义。为顺利迎接首批留学生，组建留学生工作专项小组，多次召开留学生工作会议，制定留学生迎新方案，提前做足留学生工作准备。11月中旬，铜仁学院国际学院院长田兴斌与学院领导就留学生管理及教师培训等工作进行商讨，国际学院党总支书记张志会率国际学院及国际合作与交流处4名教师对留学生任课老师进行岗前培训，以提升留学生汉语教学质量，规范留学生管理工作。 （周远舟）

县中等职业学校

【概况】 2016年，学校内设机构20个（学校办公室、党建办、工会、总务处、教务处、教育处、安教办、招生就业办、教科处、继教办、资助中心、实训中心、培训中心、宿管科、团委、学前教育部、电子电工部、汽车运用与维修部、社会公共服务部、农业医护部），单位编制208个，在职人数188人（含贵州工程职业学院5人），外聘技能型教师32人。学校有教学班66个，在校学生4768人。计算机850台，用于教学540台，教室160间，其中网络多媒体120间，教学实习仪器设备资产873万元。2016届（2013级）毕业学生2056人，其中就业山东烟台富士康集团，海南核电站、德江县长堡幼儿园等公司（单位）1562人，参军17人，升入贵州交通职业技术学院、贵州工程职业学院等高校464人，自主创业13人，就业率达99%。6月，被教育部认定为全国青少年校园足球特色学校，9月被贵州省教育厅认定为省级示范性中职学校。6月27日至7月2日承办2016年铜仁市校园足球三级联赛小学初中总决赛，9月8日至9日承办贵州省第19届推广普通话宣传周活动。

一、校园文化建设。一是打造校园文化建设，师生在浓厚的校园文化中收受浸润，加强校园网站建设，及时更新内容，为师生展示提供平台；

职中校园一角

二是在《西部开发报》《铜仁日报》《德江报》、人民新闻通讯社、铜仁门户网、德江网等主流新闻媒体上发表新闻信息178篇，引导社会各界对德江县中等职业学校的关注。

二、荣誉。一是集体荣誉。2016年4月，获德江县2016年“五一”职工歌咏赛二等奖；在德江县第三届中小学生乒乓球比赛中，获高中组男子团体第二名，王小艳与冯雪琴荣获女子双打第一名；在德江县中小学“童心向党”歌咏比赛中，荣获三等奖；荣获全县同步小康驻村工作先进集体；荣获2015年度教育宣传工作先进集体；在德江县第十二届“园丁杯”篮球赛（男队）中，取得第6名的好成绩。

二是老师荣誉（表彰）。在全县书法（摄影）作品比赛中，陈湘琴的软笔书法获二等奖（第2名），黎世刚的软笔书法获三等奖（第6名）,何旭燕、刘娟、张学成、李波的软笔书法获优秀奖；宋朝洲、胡应强、陈湘琴的硬笔书法获优秀奖；在全县2016年国庆节万名职工长跑活动中，54名教师参赛，王顺明、简勇军等26名教师分别获一、二、三等奖。在全县2016年美术教师教学成果中有16名师生获奖，其中田丽娜的《大美德江》、冉光群的《土家扎龙》、姚丽的《西山行》、解波的《笑面傩汉》获一等奖；刘静的《生命》、付裕的《万物生》、杨黎的《少女像》获二等奖；曾娅玲的《情系乌江》、陈香茗的《工笔人物画》获三等奖；在学生作品中评选中，姚丽指导安云琳的《傩面具》获一等奖；付裕指导杨平的《埃菲尔铁塔》、刘静指导冉海伦的《金鱼》、陈香茗指导徐贵婷的《彩色的梦》获二等奖；曾亚玲指导曾冲冲的《相间的桥》、付裕指导史晓丽的《紫色梦幻》、解波指导王文凤的《笑面傩汉》获三等奖。陈湘琴在2016年铜仁市中等职业学校学前教育专业“幼儿园教育活动设计与指导”优质课评选活动中，荣获艺术类参赛领域一等奖。在2016年贵州省职业院校服装设计与制作、财经商贸、物流报关技能大赛暨全国职业院校技能大赛选拔赛于中，徐锋、罗时强荣获汽车维修（团体项目）三等奖，田丽娜获服装设计与加工三等奖，朱娅玲获护理技能三等奖；学生何双、简海松荣获电气安装与维修（团体项目）二等奖，史晓丽获纸样设计与造型（服装）二等奖，张叶叶荣获CAD样板制作与推板（服装）二等奖，学校获优秀组织奖；在2016年青少年科技创新大赛中，尚应力指导安林芳的作品《云上数据》获理论文学系列三等奖；在2016年贵州省教育科学院贵州省教育学会组织的教育教学科研论文及教学设计评选中，田秦、陈邦寅获一等奖、王杰、曾永杰、余旭丹、潘美娜获二等奖，尚应力、宋德胜、田宏泽、游万妮、李魁其5位获三等奖。

（宋应周）

科学技术

【概况】 德江县科技服务中心是因机构改革，由原县科学技术局更名而来。属财政全额拨款的正科级事业单位。2014年11月，撤销德江县科学技术局，更名为德江县科学技术服务中心，为县农牧科技局管理的正科级事业单位。具体承担相关服务事项，不具有行政职能。事业编制23名，其中，配主任1名（正科长级）、副主任2名（副科长级），内设综合股、业务股、地震台、中药材产业办，各配股级领导职数1名，经费由财政全额预算管理。同时，设立德江县科技管理办公室（副科级行政机构，作为过渡），配主任1名（副科长级），与科学技术服务中心合署办公。

2016年,实施“科教兴县”战略，构建“院（校）县共建”、科技招商、人才管理激励机制、科技宣传培训及信息化服务四大科技工作平台。建立科技创新体系，实施科技创新行动，促进科技成果转化，实现科技创新与科技成果转化深度融合。加强项目的立项、申报工作，重点实施以天麻为主的中药材产业建设，以茶叶、蔬菜产业、种草养畜品牌提升及基地建设，成功申报“德江县茶叶科技园”。组织申报省级科技项目4个，市级项目21个，立项3个，受理2项。组织企业、个人开展专利申请，2016年度获专利授权34项，其中发明专利1项，实用新型29项，外观设计4项。在各农业园区建立科技特派员服务工作站，启动科技特派员进驻工作。积极开展天麻技术人员培训，开展天麻栽培技术培训班3期，培训技术人员240人次。

科技项目立项申报。按照省、地科技大会精神，结合全县实际，加大项目的立项、申报工作，重点实施以天麻为主的中药材产业建设；以茶叶、蔬菜产业、种草养畜品牌提升及基地建设等。组织各企业、个人申报的省级项目4个，其中科技特派员项目成功进入合同签订阶段，申报市级项目21个，立项3个、受理2项。2016年度成功申报“德江县茶叶科技园区”。

天麻产业。2016年,探索天麻产业产、加、销一体化运作新模式，构建大健康养生产业链。生产方面，全县天麻有性繁殖面积达27.5万平方米(6875亩)。规划并启动高山原生态万亩核心天麻养生科技示范园、沙溪休闲体验园、堰塘品种选育园和合兴栽培试验园，通过四大核心示范园区辐射带动全县天麻产业规模发展；在平台建设上，与中科院天然化学重点实验室开展合作，共同组建天麻研究中心，正细化各项研究工作；深化省现代中药材德江试验基地建设的相关内容，包括天麻“两菌一种”和新品种试验；稳步推进省中药材产业技术体系铜仁综合试验站德江天麻试验基地各项工作，期间邀请体系首席专家张明生教授来德实地考察德江天麻产业，并与县政府主要领导初步达成共识；课题申报方面。组织4家企业申报中药材现代化课题（《德江天麻“两菌一种”提纯复壮及推广应用》《德江县8000亩天麻繁育及加工技术研究与应用》《德江县长堡镇名优中药材良种繁育基地建设及示范推广》《药食兼用型罗汉果在德江县低海拔乡镇引种

2016年德江县绿通天麻发展有限公司天麻菌种场建成投产仪式会场

栽培的适应性研究与推广应用》），均获得批复，申报企业正按照方案有序开展。

“院（校）县共建”。2016年，继续构建“院（校）县共建”，科技招商，人才管理激励机制，科技宣传培训及信息化服务四大科技工作平台。与省内外科研院所强化开展产、学、研合作的基础上，推进省内外科研院（校）所同县域相关部门的对接。一方面打造以天麻为龙头的中药材产业技术支撑体系。一是加快现有科技成果的推广应用，二是加速天麻种子基地建设，三是开发中药材系列产品。加快同贵州省知识产权局、贵州农科院、中医学院、贵州大学的衔接。并鼓励和帮助民营科研企业引进资金、技术，联合开发中药材产业，四是加快干部队伍的培训力度。另一方面，利用县内天麻获国家地理保护标志认证和商标注册，积极向外推荐，加大绿色食品认证，产地认证，产品商标等工作开展力度，为提升我县产品科技含量，增加产品附加值奠定了基础。

开展“送科技下乡”活动。2016年,先后8次到煎茶镇、合兴镇、复兴镇、枫溪镇、稳坪镇开展送科技下乡活动；继续开展高山天麻示范场帮扶工作，并围绕科技示范村真正起到试验示范的目的去打造，逐步扩大规模，引导该场向科技示范园发展。完成地震观测预报工作，确保数据的连续性、科学性。

专利申请和管理。2016年,通过召开培训会、到企业走访和印发宣传资料等方式，强化对知识产权有关知识的宣传和指导，为企业与科研院所合作牵线搭桥，引导企业将先进技术的引进与其自主创新结合起来，推动科技成果向现实生产力转化。据铜仁市知识产权局统计数据显示，2016年，全县专利申请数和专利授权数，较去年有所提高，全年专利申请数96项，其中发明专利申请44项，实用新型30项，外观设计17项。专利授权数34项，其中发明专利授权1项，实用新型29项，外观设计授权4项，全年专利申请数和专利授权数超过市知识产权局下达的任务数，比2015年有较大增加。

科技进步贡献率。2016年,科技进步贡献率较上年提高，综合科技进步水平指数稳步提升。科技进步贡献率能够从宏观上反映科技、资金和劳动力投入与产出增长的关系，以反映科技进步对经济增长的贡献作用。在实施重大科技专项、创新平台、创新人才队伍、科技惠民工程、科研基础硬件建设等方面取得了很多新成就。德江县2016年科技进步对经济社会发展的贡献率比上一年度有所提高，综合科技进步水平指数为26.46，比2015年的22.88%提高3.58个百分点。

防震减灾。2016年,完善工作机构，明确工作职责，充实人员队伍，保障工作经费全额纳入财政预算，加强日常防震监测，在中小学和社区加大防震减灾科普宣传，增进市民自救互救意识和技能。

（谌权章）

教育系统先进单位

单位	获奖名称	授予单位	获奖时间
桶井乡黎明小学	先进集体	德江县委、县人民政府	2016年9月
德江县特殊教育学校	全市先进集体	铜仁市委、市人民政府	2016年9月
长堡镇初级中学	先进集体	德江县委、县人民政府	2016年9月
长堡镇初级中学	消防安全教育示范学校	铜仁市教育局、市公安消防支队	2016年
荆角学校	先进集体	德江县委、县人民政府	2016年9月
德江县实验幼儿园	全县先进基层党组织	中共德江县委员会	2016年7月
合兴镇中心完小	先进集体	德江县委、县人民政府	2016年9月
稳坪镇寺堡完小	先进集体	德江县人民政府	2016年9月
潮砥镇小溪中心完小	先进集体	德江县委、县人民政府	2016年9月
德江县民族中学	先进集体	德江县委、县人民政府	2016年9月
复兴镇教育办公室	全市先进基层党组织	中共铜仁市委	2016年6月
复兴镇教育办公室	全县先进基层党组织	中国共产党德江县委员会	2016年7月
复兴镇教育办公室	2016校园及周边治安综合治理工作先进单位	铜仁市教育局	2016年12月
复兴镇明溪完小	先进集体	德江县委、县人民政府	2016年9月
德江县第二中学团委	全国五四红旗团委	共青团中央	2016年4月
平原镇中心幼儿	先进集体	德江县委、县人政府	2016年9月
钱家乡幼儿园	先进集体	德江县委、县人民政府	2016年9月
德江县煎茶中学	巾帼文明示范岗	德江县委 县人民政府	2016年3月
德江县煎茶中学	铜仁市中学生阳光体育大会五人制足球比赛男队第六名	铜仁市教育局	2016年6月
德江县煎茶中学	铜仁市足球三级联赛小学初中总决赛初中男子第六名	铜仁市教育局	2016年7月
德江县煎茶中学	先进集体	德江县委 县人民政府	2016年9月
德江县实验中学	铜仁市2016年度初中教育教学质量奖	铜仁市委、市人民政府	2016年9月
德江县实验中学	德江县"五一"职工歌咏赛道德风尚	江县委、县人民政府	2016年4月
德江县实验中学	江县"五一"职工歌咏赛二等奖	江县委、县人民政府	2016年4月
德江县实验中学	平安校园	铜仁市综治办、市公安局、市教育局	2016年3月
德江县实验中学	全县"五四"红旗团支部	共青团德江县委	2016年5月
德江县实验中学	2016年铜仁市中学生阳光体育大赛"第三名"	铜仁市教育局	2016年6月
德江县实验中学	全市教育系统先进集体	铜仁市委、市人民政府	2016年9月
德江县实验中学	荣获2015-2016学年先进集体	德江县委、县人民政府	2016年9月
龙泉乡幼儿园	先进单位	德江县委、县人民政府	2016年9月

续表

单位	获奖名称	授予单位	获奖时间
德江一中	巾帼文明示范岗	德江县委、县人民政府	2016年3月
德江一中	德江县2016年“五一”职工歌咏比赛三等奖	德江县委、县人民政府	2016年4月
德江一中	2016年铜仁市校园足球三级联赛高中总决赛男子组第五名	铜仁市教育局	2016年8月
德江一中	2013－2016年度学校体育工作先进单位	贵州省教育厅、省体育局	2016年7月
德江一中	铜仁市2016年度普通高中教育教学质量（B类学校）二等奖	铜仁市委、市人民政府	2016年9月
德江一中	铜仁市第二届高中生交响乐(乐器)展演二等奖	铜仁市教育局	2016年11月
德江一中	“红色照金”杯中国中西部青少年篮球锦标赛2016年《U17》年度总决赛优胜奖	中国中西部青少年篮球锦标赛理事会	2016年11月
沙溪中心完小	铜仁市优秀少先队集体	铜仁市委、市教育局、市少工委	2016年10月
沙溪中心完小	贵州省安全文明校园	贵州省综治办、省公安厅、省教育厅	2016年3月
沙溪乡幼儿园	2015-2016年度“先进集体”	德江县委、县人民政府	2016年9月
德江县山川育才学校	铜仁市2016年度初中教育教学质量二等奖	铜仁市委、市人民政府	2016年9月
共和镇中心完小	2015至2016学年度教育工作先进集体	中共德江县委	2016年9月
德江县第一小学	第十九届全国青少年五好小公民“老师您好，我的好老师”主题教育活动“示范学校”	教育部关心下一代工作委员会，教育部关工委全国青少年“五好小公民”主题教育活动组委会	2016年6月
德江县第四小学	组织奖	第二十七届“神笔杯”中小学生作文大赛全国组委会、《作文周刊》编辑部	2016年3月
德江县第四小学	先进集体	德江县委、县人民政府	2016年9月
德江县第四小学	全国优秀网校	中国现代教育网	2016年12月
德江县第七小学	铜仁市“毒品预防教育示范学校”	铜仁市教育局	2016年12月
枫香溪镇袁场中学	先进集体	德江县委、县人民政府	2016年9月
枫香溪镇八一爱民学校	全市教育系统先进集体	铜仁市委、市人民政府	2016年9月
德江县高山镇初级中学	“祖国好·家乡美”主题系列活动三等奖	铜仁市文明委	2016年1月
德江县高山镇初级中学	五四红旗团委	共青团铜仁市委员会	2016年5月
德江县高山镇初级中学	“消防安全”示范校	铜仁市消防支队、市教育局	2016年9月
德江县高山完小	先进集体	德江县委、县人民政府	2016年9月
长丰乡和平小学	先进集体	铜仁市委、市人民政府	2016年9月
长丰乡甘溪小学	先进集体	德江县委、县人民政府	2016年9月
长丰乡教育办公室	先进集体	铜仁市教育局、市社会管理综合治理委员会、市校园及周边治理综合治理专项组	2016年3月
堰塘乡关口小学	先进集体	德江县委、县人民政府	2016年9月

教育系统先进个人

姓名	性别	出生年月	参加工作时间	工作单位	职务	获奖名称	授予单位	获奖时间
何腾	男	1974年10月	1994年8月	桶井教办	教师	优秀教育工作者	德江县委、县人民政府	2016年9月
张智	男	1979年5月	2003年9月	桶井中学	副校长	优秀教师	德江县委、县人民政府	2016年9月
刘小平	女	1988年8月	2011年8月	桶井完小	教师	优秀教师	德江县委、县人民政府	2016年9月
赵鹏飞	男	1987年11月	2012年9月	桶井乡下坪村小	教师	优秀班主任	德江县委、县人民政府	2016年9月
安丽娟	女	1987年7月	2010年9月	桶井乡中寨小学	教师	优秀乡村教师	德江县委、县人民政府	2016年9月
刘娅琴	女	1986年1月	2008年9月	桶井完小	教师	深中润希望工程教育扶贫基金山村优秀教师	中共贵州省委统战部贵州省教育厅共青团贵州省委	2016年1月
张霞	女	1969.01	1987年8月	德江县第四幼儿园	园长	县管专家	德江县人民政府	2016年9月
龙淑娟	女	1980年9月	2000年8月	德江县特殊教育学校	教师	优秀班主任	德江县委、县人民政府	2016年9月
冉婉春	女	1980年9月	2000年9月	德江县特殊教育学校	教师	优秀教师	德江县委、县人民政府	2016年9月
王娜娜	女	1988年10月	2011年9月	长堡中学	教师	优秀教师	德江县委、县人民政府	2016年9月
毛建华	男	1969年10月	1989年8月	长堡完小	副校长	优秀教师	德江县委、县人民政府	2016年9月
张学兵	男	1985年8月	2009年9月	长堡上坝小学	教师	优秀教师	德江县委、县人民政府	2016年9月
袁可军	男	1972年2月	1990年8月	长堡教办	教师	优秀教育工作者	德江县委、县人民政府	2016年9月
姚庆鑫	男	1986年10月	2012年9月	长堡中学	班主任	优秀班主任	德江县委、县人民政府	2016年9月
晏南	男	1986年11月	2011年9月	长堡水塘小学	班主任	优秀班主任	德江县委、县人民政府	2016年9月
杨锦	男	1983年2月	2003年3月	荆角学校		优秀教师	德江县委、县人民政府	2016年9月
冉光强	男	1975年1月	1994年8月	荆角学校		优秀教师	德江县委、县人民政府	2016年9月
张松	男	1985年11月	2012年9月	荆角学校		优秀班主任	德江县委、县人民政府	2016年9月
张慧	女	1990年9月	2011年9月	荆角乡杉树完小		优秀山村教师	德江县委、县人民政府	2016年9月
余春芬	女	1968年12月	1988年8月	德江县实验幼儿园	园长	全省优秀党务工作者	中共贵州委员会	2016年6月
崔道婵	女	1967年11月	1986年8月	德江县实验幼儿园	副园长	优秀教育工作者	德江县委、县人民政府	2016年9月
李义芬	女	1977年4月	1996年9月	德江县实验幼儿园	保教副主任	优秀班主任	德江县委、县人民政府	2016年9月
杨茜	女	1990年6月	2011年7月	德江县实验幼儿园	教研组长	优秀教师	德江县委、县人民政府	2016年9月
杨巧娟	女	1990年8月	2013年9月	德江县实验幼儿园	教师	优秀党员	中共德江县委员会	2016年7月
牟亚军	男	1977年9月	1997年8月	合兴镇初级中学	校长	先进教育工作者	铜仁市委、市人民政府	2016年9月
冉景明	男	1964年10月	1985年9月	合兴镇合朋完小	工会主席	优秀山村教	铜仁市委、市人民政府	2016年9月
徐洪	男	1975年9月	1995年8月	合兴镇中心完小		优秀教育工作者	德江县委、县人民政府	2016年9月

续表

陈丽琴	女	1988年3月	2011年6月	合兴镇幼儿园		优秀教师	德江县委、县人民政府	2016年9月
卢应婵	女	1982年2月	2003年9月	合兴镇中心完小		优秀教师	德江县委、县人民政府	2016年9月
黄正高	男	1983年11月	2009年9月	合兴镇初级中学	教务处主任	优秀教师	德江县委、县人民政府	2016年9月
卢意	男	1983年6月	2009年9月	合兴镇中心完小		优秀班主任	德江县委、县人民政府	2016年9月
刘世友	男	1974年7月	2003年3月	合兴镇初级中学		优秀班主任	德江县委、县人民政府	2016年9月
张月海	男	1985年1月	2011年9月	合兴镇合朋完小		优秀班主任	德江县委、县人民政府	2016年9月
朱克松	男	1970年2月	1992年8月	合兴镇旋厂小学		优秀山村教师	德江县委、县人民政府	2016年9月
牟亚军	男	1977年9月	1997年8月	合兴镇初级中学	校长	先进教育工作者	铜仁市委、市人民政府	2016年9月
张玉翔	男	1967年1月	1989年9月	稳坪镇下坝完小	教师	优秀山村教师	德江县委、县人民政府	2016年9月
沈燕	女	1991年8月	2012年9月	稳坪中学	教师	优秀班主任	德江县委、县人民政府	2016年9月
王艳萍	女	1987年7月	2010年9月	稳坪中学	教师	优秀班主任	德江县委、县人民政府	2016年9月
吴彩霞	女	1965年1月	1982年9月	稳坪镇寺堡完小	教师	优秀教师	德江县委、县人民政府	2016年9月
史江红	女	1982年4月	2009年9月	稳坪镇花园完小	教师	优秀教师	德江县委、县人民政府	2016年9月
张红	女	1986年12月	2009年9月	稳坪镇中心完小	教师	优秀教师	德江县委、县人民政府	2016年9月
肖景辉	男	1979年9月	1999年9月	稳坪镇中心完小	校长	优秀教育工作者	德江县委、县人民政府	2016年9月
张华	男	1971年7月	1991年8月	潮砥镇小溪完小	校长	优秀山村教师	德江县委、县人民政府	2016年9月
陈刚	男	1976年10月	1996年8月	潮砥镇青龙小学	负责人	优秀教师	德江县委、县人民政府	2016年9月
张国强	男	1963年6月	1988年8月	潮砥镇初级中学	党支部书记	优秀教师	德江县委、县人民政府	2016年9月
张江	男	1978年10月	1998年8月	潮砥镇牌坊完小	校长	优秀教育工作者	德江县委、县人民政府	2016年9月
张金兆	男	1966年3月	1987年8月	潮砥镇完小	副校长	优秀教师	铜仁市委、市人民政府	2016年9月
李凯涛	男	1979年11月	2002年8月	德江县民族中学	党建办主任	优秀党员	铜仁市委、市人民政府	2016年9月
冉光松	男	1976年1月	1996年8月	德江县民族中学	教师	优秀教师	德江县委、县人民政府	2016年9月
简永彪	男	1974年10月	1994年8月	德江县民族中学	信息中心主任	优秀教师	德江县委、县人民政府	2016年9月
冯霞	女	1966年10月	1990年8月	德江县民族中学	教师	优秀班主任	德江县委、县人民政府	2016年9月
李海波	男	1984年4月	2009年9月	复兴中学	教师	市级优秀教师	铜仁市委、市政府	2016年9月
梁杰	男	1975年4月	1990年9月	复兴中学	校支部书记	县级优秀党员	德江县委	2016年7月
黄松	男	1974年8月	2000年9月	复兴中学	教师	县级优秀班主任	德江县委、县人民政府	2016年9月
付廷坤	男	1971年5月	1992年9月	复兴中学	教师	县级优秀教师	德江县委、县人民政府	2016年9月

续表

毛贤贵	男	1983年8月	2009年9月	复兴中学	教师	县级优秀班主任	德江县委、县人民政府	2016年9月
刘启军	男	1966年4月	1991年8月	复兴中学	教师	优秀教育工作者	德江县委、县人民政府	2016年9月
敖勇	男	1975年10月	1995年8月	复兴中学	教办主任	优秀党务工作者	中共德江县委	2016年6月
敖勇	男	1975年10月	1995年8月	复兴中学	教办主任	2016校园及周边治安综合治理工作先进个人	铜仁市综治委	2016年12月
母文斌	男	1980年9月	2004年8月	复兴中学	安全办主任	2016校园及周边治安综合治理工作先进个人	铜仁市综治委	2016年12月
张云	男	1984年9月	2009年9月	东泉完小	校长	优秀山村教师	德江县委、县人民政府	2016年9月
陈龙	男	1973年12月	1993年9月	复兴镇明溪完小	教师	优秀教师	中共德江县委 县人民政府	2016年9月
周兰	女	1973年10月	1996年9月	复兴镇客店民族小学	教师	优秀教师	中共德江县委，县人民政府	2016年9月
黄荣	男	1978年8月	1998年9月	复兴镇中心完小	教师	优秀班主任	德江县委、县人民政府	2016年9月
杨通洪	男	1982年3月	2007年9月	复兴镇中心完小	德育主任	优秀教师	德江县委、县人民政府	2016年9月
朱海	男	1985年11月	2010年9月	德江县第二中学	教师	优秀教师	德江县委、县人民政府	2016年9月
安静忠	男	1976年4月	2002年7月	德江县第二中学	教师	优秀教师	德江县委、县人民政府	2016年9月
陆广琴	女	1986年4月	2009年9月	德江县第二中学	教师	优秀教师	德江县委、县人民政府	2016年9月
何正元	男	1981年9月	2007年9月	德江县第二中学	教务副主任	优秀班主任	德江县委、县人民政府	2016年9月
张智强	男	1988年1月	2011年9月	德江县第二中学	生物教研组长	优秀班主任	德江县委、县人民政府	2016年9月
冉立胜	男	1968年4月	1992年9月	德江县第二中学	总务主任	优秀教育工作者	德江县委、县人民政府	2016年9月
周江	男	1979年5月	1999年9月	德江县第二中学	教育副主任	优秀教育工作者	德江县委、县人民政府	2016年9月
何彭权	男	1970年10月	1990年8月	平原镇教育办公室	督导员	优秀教育工作者	德江县委、县人民政府	2016年9月
喻国胜	男	1970年9月	1990年8月	平原镇初级中学	总务主任	优秀教师	德江县委、县人民政府	2016年9月
田秀娟	女	1968年10月	1986年9月	平原镇中心完小	教师	优秀教师	德江县委、县人民政府	2016年9月
牟永方	男	1982年6月	2003年3月	平原镇初级中学	副校长	优秀班主任	德江县委、县人民政府	2016年9月
张洪桃	女	1965年12月	1983年8月	平原镇中心完小	教师	优秀班主任	德江县委、县人民政府	2016年9月
兰绍会	女	1986年10月	2009年9月	平原镇高席完小	教导主任	优秀山村教师	德江县委、县人民政府	2016年9月
刘顺尧	男	1974年1月	1994年8月	钱家乡中心完小	教师	优秀教师	德江县委、县人民政府	2016年9月
彭兰艳	女	1969年8月	1986年3月	钱家乡教育办公室	工会主任	优秀教育工作者	德江县委、县人民政府	2016年9月

续表

覃玲玲	女	1991年12月	2012年9月	钱家幼儿园	教师	优秀班主任	德江县委、县人民政府	2016年9月
王开学	男	1960年1月	1978年3月	钱家乡分水小学	教师	优秀山村教师	德江县委、县人民政府	2016年9月
李强	男	1965年10月	1985年3月	钱家乡黄土小学	教师	优秀山村教师	铜仁市委、市人民政府	2016年9月
高应仲	男	1978年10月	2003年9月	煎茶中学	教务处副主任	优秀教育工作者	德江县委、县人民政府	2016年9月
何开顺	男	1983年5月	2011年7月	煎茶中学		优秀教师	德江县委、县人民政府	2016年9月
彭业学	男	1977年9月	2003年9月	煎茶中学	教务处副主任	优秀班主任	德江县委、县人民政府	2016年9月
张月胜	男	1980年12月	2005年9月	煎茶中学		优秀教师	德江县委、县人民政府	2016年9月
彭凤玲	女	1984年9月	2007年9月	煎茶中学		优秀教师	德江县委、县人民政府	2016年9月
苏明	男	1979年12月	2004年9月	煎茶中学	党建办副主任	优秀班主任	德江县委、县人民政府	2016年9月
安全	男	1971年1月	1994年8月	德江县思源实验学校	校长	继续教育优秀培训者	贵州省教育厅	2016
彭华章	男	1980年1月	2003年9月	德江县思源实验学校	安教办主任	优秀教师	铜仁市委、市人民政府	2016年9月
张月梅	女	1984年10月	2010年9月	德江县思源实验学校	总务副主任	优秀教师	德江县委、县人民政府	2016年9月
赵清奎	男	1976年4月	2004年9月	德江县思源实验学校	教师	优秀班主任	德江县委、县人民政府	2016年9月
赵颜桔	女	1989年8月	2011年9月	德江县思源实验学校	团委书记	优秀共青团干	共青团铜仁市委	2016年5月
严丽	女	1975年1月	1999年9月	德江县思源实验学校	教师	优秀教师	铜仁市委、市人民政府	2016年9月
彭朝书	男	1968年3月	1989年8月	德江县实验中学	教务主任	县管专家	德江县委、县人民政府	2016年9月
赵明芬	女	1978年10月	1999年8月	德江县实验中学	教师	县管专家	德江县委、县人民政府	2016年9月
赵明芬	女	1978年10月	1999年8月	德江县实验中学	教师	三八红旗手	德江县委、县人民政府	2016年3月
郑波	男	1979年10月	2003年9月	德江县实验中学	教师	职工长跑二等奖	德江县委、县人民政府	2016年9月
郑波	男	1979年10月	2003年9月	德江县实验中学	教师	指导奖	铜仁市教育局	2016年7月
郑波	男	1979年10月	2003年9月	德江县实验中学	教师	指导奖二等	铜仁市教育局、市公安消防	2016年11月
谢正均	男	1987年3月	2009年9月	德江县实验中学	教务处副主任	优秀工作者	德江县委、县人民政府	2016年9月
张应祥	男	1979年9月	1999年9月	德江县实验中学	教师	职工长跑二等奖	德江县委、县人民政府	2016年9月
聂运兰	女	1985年8月	2008年8月	德江县实验中学	教师	职工长跑二等奖	德江县委、县人民政府	2016年9月
杨波	男	1972年9月	1990年8月	德江县实验中学	教师	优秀班主任	铜仁市委、市人民政府	2016年9月
吕昌霞	女	1981年3月	2003年3月	龙泉乡幼儿园	园长	优秀教师	德江县委、县人民政府	2016年9月

续表

张翊堂	男	1976年12月	1996年9月	龙泉乡初级中学	党支部书记	优秀教师	德江县委、县人民政府	2016年9月
张翊堂	男	1976年12月	1996年9月	龙泉乡初级中学	党支部书记	优秀党员	德江县委、县人民政府	2016年6月
张翊堂	男	1976年12月	1996年9月	龙泉乡初级中学	党支部书记	优秀党员	铜仁市委、市人民政府	2016年6月
伍仕珍	女	1971年10月	1991年9月	龙泉乡牧羊岭完小	教师	优秀山村教师	德江县委、县人民政府	2016年9月
陈刚	男	1979年12月	1999年9月	龙泉乡中心完小	教师	优秀班主任	德江县委、县人民政府	2016年9月
何贵江	男	1969年5月	1992年8月	德江县第一中学	现教处主任	五一劳动奖	贵州省总工会	2016年7月
安祥国	男	1965年3月	1986年8月	德江县第一中学	年级组长	优秀教育工作者	铜仁市委、市人民政府	2016年9月
邓成秀	女	1968年2月	1987年8月	德江县第一中学	教师	优秀班主任	铜仁市委、市人民政府	2016年9月
张翊乾	男	1966年1月	1987年8月	德江县第一中学	总务处主任	优秀教育工作者	德江县委、县人民政府	2016年9月
冉茂碧	女	1973年8月	1996年8月	德江县第一中学	教务处主任	优秀教育工作者	德江县委、县人民政府	2016年9月
张琴	女	1982年1月	2003年8月	德江县第一中学	教师	优秀班主任	德江县委、县人民政府	2016年9月
杨昌龙	男	1987年6月	2011年8月	德江县第一中学	教师	优秀班主任	德江县委、县人民政府	2016年9月
杨再军	男	1982年5月	2005年9月	德江县第一中学	年级副组长	优秀班主任	德江县委、县人民政府	2016年9月
覃丹	女	1987年10月	2012年9月	德江县第一中学	教师	优秀教师	德江县委、县人民政府	2016年9月
吴明初	男	1981年10月	2005年8月	德江县第一中学	教师	优秀教师	德江县委、县人民政府	2016年9月
袁勇	男	1985年10月	2010年8月	德江县第一中学	教育处副主任	优秀教师	德江县委、县人民政府	2016年9月
杨竹	女	1983年8月	2007年8月	德江县第一中学	教师	优秀教师	德江县委、县人民政府	2016年9月
刘开选	男	1958年7月	1976年3月	德江县第一中学		优秀村第一书记	德江县委、县人民政府	2016年9月
何芝应	男	1981年12月	2003年9月	泉口镇中心完小	教师	优秀教师	德江县委、县人民政府	2016年9月
何小慧	女	1984年8月	2011.07	泉口镇幼儿园	园长	优秀教师	德江县委、县人民政府	2016年9月
张玉齐	男	1980年1月	2005年9月	泉口镇中心完小	校长	优秀教师	铜仁市委、市人民政府	2016年9月
何学银	男	1980年5月	2005年9月	泉口镇中心完小	教师	优秀班主任	德江县委、县人民政府	2016年9月
何高	男	1972年11月	1996年8月	泉口镇初级中学	党支部书记	优秀教师	德江县委、县人民政府	2014年9月
罗贤明	男	1980年3月	2007年8月	泉口镇初级中学	校长	优秀教师	德江县委、县人民政府	2016年9月

续表

田茂荣	男	1970年12月	1990年8月	泉口镇初级中学	副校长	先进教育工作者	德江县委、县人民政府	2016年9月
杨昌龙	男	1987年6月	2011年8月	德江县第一中学	教师	优秀班主任	德江县委、县人民政府	2016年9月
李逢成	男	1988年4月	2012年8月	泉口镇初级中学	教师	铜仁市中小学教师实验教学技能创新竞赛活动初中物理组一等奖	铜仁市教育局	2016年6月
何慧	女	1990年9月	2011年8月	泉口镇初级中学	教师	铜仁市青少年五好小公民“老师你好·我的好老师”主题教育演讲优秀指导教师。	铜仁市教育局	2016年6月
何立	男	1980年5月	1999年9月	泉口镇隆兴完小	教师	山村优秀教师	德江县委、县人民政府	2016年9月
田历	男	1983年6月	2004年9月	泉口镇新坝小学	教师	山村优秀教师	德江县委、县人民政府	2016年9月
彭勇	男	1981年9月	2009年8月	沙溪乡黄坝完小	校长	优秀山村教师	德江县委、县人民政府	2016年9月
姚进	男	1983年7月	2009年3月	沙溪中心完小	教务主任	优秀班主任	德江县委、县人民政府	2016年9月
刘润霖	女	1992年8月	2013年9月	沙溪中心完小	少先队辅导员	优秀少先队辅导员	共青团铜仁市委、铜仁市教育局、市少工委	2016年10月
黄学亚	男	1987年12月	2013年9月	沙溪中学	教务员	优秀教师	德江县委、县人民政府	2016年9月
张志强	男	1978年10月	1999年9月	沙溪乡教育办公室	主任	优秀教育工作者	德江县委、县人民政府	2016年9月
冉敦	男	1967年7月	1988年8月	山川育才学校	教务主任	全市优秀教师	铜仁市委、市人民政府	2016年9月
皮朝富	男	1967年10月	1989年8月	山川育才学校	副校长	全县优秀教师	德江县委、县人民政府	2016年9月
吴小军	男	1985年4月	2009年9月	共和镇初级中学	团委书记	优秀班主任	德江县委、县人民政府	2016年9月
张桂霞	女	1979年7月	1997年8月	共和镇教育办公室	业务	优秀教育工作者	德江县委、县人民政府	2016年9月
张玉萍	女	1965年3月	1985年9月	共和镇中坝完小	教师	优秀教师	德江县委、县人民政府	2016年9月
覃霞	女	1970年9月	1986年9月	共和镇幼儿园	报账员	优秀教师	德江县委、县人民政府	2016年9月
吕秀霞	女	1983年1月	2008年10月	共和镇中心完小	教师	优秀班主任	德江县委、县人民政府	2016年9月
冯修强	男	1965年5月	1985年8月	玉水教办	主任	全市优秀教育工作者	铜仁市委、市人民政府	2016年9月
冯修强	男	1965年5月	1985年8月	玉水教办	主任	首届县管专家	德江县委、县人民政府	2016年9月
陈洪翠	女	1967年12月	1987年8月	德江县第一小学	教务主任	优秀教育工作者	德江县委、县人民政府	2016年9月
王 永	男	1984年11月	2008年8月	德江县第一小学	教师	优秀班主任	德江县委、县人民政府	2016年9月
吕文平	男	1981年11月	2009年9月	德江县第一小学	教师	优秀班主任	德江县委、县人民政府	2016年9月
冉 岚	女	1968年9月	1987年8月	德江县第一小学	教师	优秀教师	德江县委、县人民政府	2016年9月

续表

冉 琴	女	1970年9月	1991年8月	德江县第一小学	教师	优秀教师	德江县委、县人民政府	2016年9月
朱昭侠	女	1976年1月	1995年8月	德江县第一小学	教师	优秀运动员	铜仁市第三届体育运动会组织委员会	2016年8月
朱昭侠	女	1976年1月	1995年8月	德江县第一小学	教师	优秀运动员	铜仁市教育局	2016年10月
蒋 鲜	女	1987年12月	2009年9月	德江县第一小学	教师	优秀少先队辅导员	铜仁市教育局、共青团铜仁市委	2016年10月
冉茂河	男	1974年12月	1993年8月	德江县第四小学	工会主席	先进教育工作者	德江县委、县人民政府	2016年9月
罗 毅	女	1981年9月	2003年3月	德江县第四小学	教师	优秀班主任	德江县委、县人民政府	2016年9月
张 秀	女	1982年5月	2009年3月	德江县第四小学	教师	优秀教师	德江县委、县人民政府	2016年9月
李 涛	男	1981年10月	2004年8月	德江县第七小学	教育主任	优秀班主任	德江县委、县人民政府	2016年9月
张 云	男	1981年8月	2003年3月	德江县第七小学	教务主任	优秀教师	德江县委、县人民政府	2016年9月
刘治鹏	男	1964年5月	1982年9月	德江县安家渡小学	教师	优秀教师	德江县委、县人民政府	2016年9月
宋流泉	男	1986年9月	2012年9月	枫香溪镇八一爱民学校	教师	优秀教师	德江县委、县人民政府	2016年9月
安琴	女	1986年9月	2012年9月	枫香溪镇八一爱民学校	教师	优秀班主任	德江县委、县人民政府	2016年9月
王安松	男	1971年11月	1989年8月	枫香溪镇八一爱民学校	教师	TCL希望工程烛光奖	中国青少年发展基金会你、深圳市TCL公益基金会	2016年7月
丁应高	男	1977年8月	2000年8月	枫香溪镇枫溪中学	教育主任	优秀教师	德江县委、县人民政府	2016年9月
王安闲	男	1977年1月	1997年9月	枫香溪镇长征小学	校长	优秀教育工作者	德江县委、县人民政府	2016年9月
王军	男	1984年5月	2012年9月	枫香溪镇袁场中学	教师	优秀班主任	德江县委、县人民政府	2016年9月
李祖进	男	1976年12月	1996年8月	枫香溪镇袁场中学	党支部书记	优秀教师	德江县委、县人民政府	2016年9月
汪旭萍	女	1989年2月	2012年9月	枫香溪镇袁场中学	教师	优秀辅导教师	贵州省教育厅	2016年7月
张梁	男	1987年9月	2014年9月	枫香溪镇袁场中学	教师	优秀指导奖	全国中学生数理化展示活动组委会	2016年1月
邓向阳	男	1988年10月	2013年9月	枫香溪镇袁场中学	教师	优秀辅导教师	贵州省教育厅	2016年7月
张红斌	男	1988年6月	2012年9月	高山中学	团委书记	优秀班主任	德江县委、县人民政府	2016年9月
黎庆芳	女	1985年10月	2010年8月	高山中学	教研组长	优秀教师	德江县委、县人民政府	2016年9月
田刚	男	1966年4月	1984年3月	高山教办	工会主席	优秀教育工作者	德江县委、县人民政府	2016年9月
田斌	男	1977年10月	1998年9月	高桥小学	教师	优秀教师	德江县委、县人民政府	2016年9月
符周	男	1984年10月	2011年9月	高山完小	教师	优秀班主任	德江县委、县人民政府	2016年9月
杨亚钧	男	1987年5月	2012年9月	长丰中学	教师	优秀教师	德江县委、县人民政府	2016年9月

续表

冯玲	女	1984年5月	2009年9月	甘溪小学	教师	优秀山村教师	德江县委、县人民政府	2016年9月
黄桂玲	女	1990年2月	2012年9月	长丰小学	教师	优秀班主任	德江县委、县人民政府	2016年9月
黄廷孝	男	1967年3月	1987年8月	长丰教办	业务干部	优秀教育工作者	铜仁市委、市人民政府	2016年9月
唐治刚	男	1962年7月	1980年9月	石板小学	校长	优秀教育工作者	德江县委、县人民政府	2016年9月
袁仕江	男	1975年8月	1995年8月	第四中学	教师	优秀班主任	德江县委、县人民政府	2016年9月
杨京芳	女	1978年5月	1999年9月	第四中学	团委书记	优秀教师	德江县委、县人民政府	2016年9月
田佳龙	男	1977年4月	2000年8月	第四中学	教师	优秀班主任	铜仁市委、市人民政府	2016年9月
黄思敏	女	1982年8月	2007年9月	第五小学	教师	优秀班主任	德江县委、县人民政府	2016年9月
安琴	女	1973年4月	1994年9月	第五小学	教师	优秀教师	德江县委、县人民政府	2016年9月
杜典金	女	1969年7月	1989年9月	德江县第三小学	教师	县级优秀教师	德江县委、县人民政府	2016年9月
李淑蓉	女	1981年7月	2000年8月	德江县第三小学	教师	县级优秀班主任	德江县县委、县政府	2016年9月
刘安碧	女	1965年12月	1982年8月	德江县第六小学	副校长	优秀教师	德江县委、县人民政府	2016年9月
王连方	男	1982年1月	2003年9月	德江县第六小学	教师	优秀班主任	德江县委、县人民政府	2016年9月
何旭云	男	1975年12月	1996年8月	青龙民族幼儿园	教师	优秀班主任	德江县委、县人民政府	2016年9月
冉桂霞	女	1982年11月	2005年3月	第五中学	教师	优秀班主任	德江县委、县人民政府	2016年9月
崔国芝	女	1966年6月	1985年8月	第二小学	校长	优秀教育工作者	德江县委、县人民政府	2016年9月
梅琴	女	1980年4月	1999年8月	第二小学	教师	优秀教师	德江县委、县人民政府	2016年9月
覃捐	男	1973年7月	1994年8月	青龙教办	副主任	优秀教育工作者	德江县委、县人民政府	2016年9月
田妖	男	1980年2月	2005年8月	福华小学	教师	优秀教师	德江县委、县人民政府	2016年9月
宋应喜	男	1979年2月	1999年9月	堰塘乡朱家沟学校	教师	优秀教师	铜仁市委、市人民政府	2016年9月
刘遐军	男	1962年11月	1982年9月	堰塘乡中心完小	教师	优秀班主任	德江县委、县人民政府	2016年9月
张月权	男	1967年5月	1985年9月	堰塘乡教办	教师	优秀教育工作者	德江县委、县人民政府	2016年9月
刘梅	女	1975年10月	1996年9月	堰塘乡关口小学	校长	优秀教师	德江县委、县人民政府	2016年9月
袁仕富	男	1965年6月	1987年9月	堰塘乡清水塘完小	校长	优秀教师	德江县委、县人民政府	2016年9月
熊芳	女	1979年3月	1999年9月	堰塘乡朱家沟学校	教师	优秀班主任	德江县委、县人民政府	2016年9月
杜丽莎	女	1989年11月	2011年9月	堰塘乡民主小学	教师	优秀山村教师	德江县委、县人民政府	2016年9月
宋应喜	男	1979年2月	1999年9月	堰塘乡朱家沟学校	教师	优秀教师	铜仁市委、市人民政府	2016年9月

卫 生 · 计 生

医疗卫生

【概况】2016年末，全县有医疗卫生机构409个，其中县级公立医院3个，县级专业公共卫生机构3个，采购血机构1个，乡镇卫生院（社区卫生服务中心）21个，村卫生室（社区卫生服务站）332个，民营医院6个，诊所及门诊室44个。全县公立医疗卫生机构核定人员编制1596个，有在职在编人员1359人，自行聘用943人，从业人员2302人，其中卫生专业人员2004人，占比达91%。全县基本建立由县级医院、县级专业公共卫生机构、乡镇卫生院（社区卫生服务中心）、村卫生室（社区卫生服务站）、民营医疗机构、门诊部及个体诊所等组成覆盖全县的医疗卫生服务网络体系。全县20个乡镇卫生院实现执业医生全覆盖，3家县级医疗机构分别与19个乡级卫生院建立远程医疗体系。青龙、泉口、楠杆、长丰4个卫生院标准化建设主体完工。大病医疗保险全覆盖，2016年，参合农民重大疾病赔付2169人次，赔偿基金1619.83万元，其中单次住院医疗总费用10万元以上，赔付95人次，赔付885.1万元。全县各中小学校医全覆盖。为248（中学19、小学144、幼儿园85）所农村乡村学校配备校医251（中学20人、小学146人、幼儿园85人）人。

【医院综合改革】一是自2015年10月起县内全面推进两家县级公立医院综合改革工作，2015年10月16日起全面取消药品加成，药品减少收入列入县财政预算；同步提高两家医院职工工资比例从70%提高至90%（每年增加财政投入560余万元）；乡镇卫生院实现全额工资。二是把公立医院改革作为深化医改的重点任务和缓解“看病难、看病贵”的关键环节强力推进。出台《德江县县级公立医院综合改革的实施意见》（德党发〔2015〕20号）、《德江县分级诊疗实施意见》等一系列文件，启动县级医院托管乡镇卫生院试点（县人民医院托管高山卫生院、县中医院托管长堡卫生院）工作，成立公立医院管理委员会，县委、县政府多次召开常委（务）会议，研究公立医院综合改革工作中需要解决的重要问题，落实公立医院综合改革的领导责任、保障责任、管理责任和监督责任。三是2016年5月1日,根据市医改办〔2016〕1号文件调整170余项医疗服务价格（有升有降）并执行。四是通过综合采取降药价、调价格、增投入、减支出、强监管等措施，公立医院运行效率提升，群众就医负担逐步减轻。五是深化县民族中医院法人治理结构改革，选举出第二届理事会和监事会，落实在设备采购（30万元以下）、基建项目（100万元以下）、卫生人员自主招聘中层干部聘任等六项改革措施，医院的自主经营权扩大。六是推进和支持社会办医新机制。为优化社会办医政策环境拓展社会办医空间，满足多元化办医需求，出台《德江县加快促进社会办医的实施意见》，全县有民营医院6家(其中新建精神病专科医院1家)，开放床位278张，占全县医疗机构床位数10.6%，卫生专业技术人员198人占全县卫生专业技术人员9.8%。七是结合国家对妇幼保健机构功能的新定位，在县妇幼保健计划生育服务中心，实施“大部制”改革，将学科单元按人群划分，科学设置孕产保健部、妇女保健部、儿童保健部、计划生育服务部。稳步推进群体保健、个体保健、医疗保障，安全、优质、高效、便捷的妇幼特色医疗保健服务模式逐步形成，此项改革填补全省的空白。2016年7月，全省妇幼健康体系建设现场会在县内召开。

【医疗卫生服务】 2016年，制定《加快医疗卫生事业改革发展和实施全面提升医疗卫生服务能力三年行动计划实施意见》，实施医疗卫生服务能力提升工程。4月，启动县人民医院创“三级乙等”综合医院、县民族中医院创“三级乙等”中医院工作；9月省卫计委对县人民医院创建“三级乙等”综合医院进行初评；12月省中医药管理局对县中医院创建“三级乙等”中医院进行初评。推动乡镇卫生院标准化建设全覆盖，新建9个乡镇卫生院中医馆建设、创建4个“一级甲等”乡镇卫生院和8个“一级乙等”乡镇卫生院，4个乡镇卫生院创“群众满意的乡镇卫生院”，高山镇卫生院被国家卫生计生委评为“群众满意的乡镇卫生院”。开展“平安医院”建设。创建国家级卫生乡镇1个、省级2个、市级2个、省级卫生村寨4个。全县医疗机构床位每千人床位数达4.86张，千人执业（助理）医师1.6人，千人注册护士1.85人，每万人拥有全科医师1.07人。

【医疗救助】 2016年，县内医疗机构解决因身份不明、三无人员、无能力支付医疗费用等原因需要急救的患者救治垫付医药费用达260余万元，市级下拨疾病急救补助资金38万元，救助54人次。

【卫生人才队伍建设】 2016年，选派培养全科医生6名，儿科医生转岗培训2人，院前急救骨干医师2人，安置免费医学生20名（其中专科生16名，本科生4名）。县乡引进和招录医疗卫生人员59人（其中研究生及副高职称11人），制定出台《德江县县乡两级医疗卫生人才队伍建设实施方案》，确保省、市、县卫生人才建设政策落实。

【公共卫生服务】 2016年，人均基本公共卫生服务经费提高到45元，完善对公共卫生服务绩效考核，实行考核结果与经费拨付挂钩，继续实施妇幼健康行动等重大公共卫生服务项目，全省妇幼健康服务体系现场会在县内召开。稳步推进基本公共卫生和重大公共卫生项目工作。接受市卫计委对全县免规黄牌验收初评。截至12月传染病报告及时率达100%，未发生突发公共卫生事件。各乡镇均按照规范要求开展卫生监督协管，覆盖率100%。

全县建立居民健康档案469206份，户籍建档率87.9%。电子居民健康档案468200份，电子建档率87.7%；发放健康教育资料15.5万份，更新健康教育宣传栏2303期，开展主题宣传活动248期，举办健康教育知识讲座1165期，播放影音资料22866小时。管理高血压患者28837人，管理率42.9%，规范管理15158人，规范管理率56.4%。管理糖尿病患者3660人，管理率14.1%，规范管理2200人，规范管理率24.3%。确诊重性精神病患者1488人，管理1466人，管理率98.5%，在册率4.01‰。65岁以上老年人健康管理50640人，老年人中医药管理22944人，中医药管理率45.3%。孕产妇健康管理4869人，管理率92.3%，系统管理4506人，系统管理率85.5%。7岁以下儿童健康管理44566人，管理率86.8%。0–3岁儿童系统管理16860人，系统管理率85.1%；0–3岁儿童中医药管理11756人，中医药管理率59.3%。儿童免疫规划接种率达95%以上。传染病报告及时率100%，未发生突发公共卫生事件。各乡镇均按照规范要求开展卫生监督协管，覆盖率100%。结核病患者确诊544人，管理544人，管理率100%。

【实施基本药物制度】2016年，全面实施国家基本药物制度，基层医疗卫生机构全部配备和使用基本药物并实现“零差率”销售；开展对全县医疗机构国家基本药物专项督查，扣减违规基药资金28.64万元，逐步提高二、三级医院基本药物配备和使用比例，县人民医院、县民族中医院配备基本药物品种数达到基本药物品种总数的50%，基本药物销售金额占全部药品总销售额的比例达到30%。

【项目建设】一是31个村室，全面完成卫生村室建设31个；二是投资5亿元的县人民医院新区建设进入主体招标阶段；三是投资834余万元的县疾控中心主体工程完工和投资200万元的美沙砜门诊完工。四是3家县级医疗机构投资8796万元采购医疗设备，在县内实行检查结果、检查设备共享。

（胡思东）

计划生育工作

【概况】2016年，全县出生人口5611人，比上年增加554人，增幅10.96%。常住人口出生统计数为4921人，比上年增加519人，增幅为11.79%，常住人口出生率为9.12‰，同比上升0.66个千分点，比市下达的控制目标值低3.98个千分点。符合政策生育率91.75%，较目标值高3.75个百分点，所有出生人口性别比为106.67。完成长效避孕措施3615例。查处“两非”案件8件，典型案件2件。

【计划生育技术服务】一是出生缺陷干预。2016年，充实调整出生缺陷干预工作领导小组，修订出生缺陷干预实施方案。制作出生缺陷干预宣传单、宣传折页，发放到广大育龄群众手中；举办出生缺陷干预培训及知识讲座，为育龄妇女提供高质量的出生缺陷预防知识，设立出生缺陷干预咨询点，为育龄妇女提供出生缺陷干预知识的指导，不断提高群众预防出生缺陷的意识和能力，增强广大育龄群众的优生意识和自我保健意识。为育龄群众提供出生缺陷预防指导服务，开展预防出生缺陷的筛查工作，对待孕、怀孕妇女进行“弓形体”“巨细胞病毒”“风疹病毒”“单纯疱疹病毒”筛查检测各1271例，“乙肝病毒”检测筛查3715例，血常规检测12600例、尿常规检测5400例、大便常规检测1025例、淋球菌检查3734例、生化检测6059人次，精液检查68例，艾病、乙肝、梅毒检测3715人次，HIV检测3678人次，唐筛筛查1161人次，微量元素测定1024，通过B超检查监测胎儿发育状况，对孕妇进行产前监测和优生监测，全年监测24479人次。免费发放叶酸，实施药物干预。二是免费孕前优生健康检查。全面开展免费孕前优生健康检查项目试点工作，最大限度地减少新生儿出生缺陷的发生。全县免费孕前优生健康检查3341对，评估为高风险的人数为3057人（其中男性945人，女性2112人），早孕随访3319人，妊娠结局随访578人。全县全年出生5611人，其中早产儿68人，早产儿发生率为1.50%，低体重儿133人，发生率为2.93%，出生缺陷63人，发生率为1.39%，其他不良妊娠结局出生27人，发生率为0.60%。三是技术服务指导。2016年，做好巩固国家级计划生育优质服务先进县和免费孕前优生健康检查项目工作，及时查找出工作中存在的不足以及需要解决的重难点问题，确保2016年度技术服务工作目标任务的顺利实现，促进人口计生工作健康持续发展，加强对“国免孕优”项目实验室质控，巩固“爱婴医院”、妇幼健康优质服务示范县和“二甲”等工作进行重点督导，推动全县妇幼健康能力和工作水平的提高，逐步做到不断满足育龄群众日益增长的生殖健康需求。全年下乡督导372人次，覆盖率达100%。

【巩固国家级计划生育优质服务先进县】2013年德江县成功创建国家级计划生育优质服务先进县，为巩固创建成果，提升优质服务水平，一是加强计生服务设施建设，完善基础设施建。二是强化避孕节育为主的孕前型管理与服务工作。全县各级服务站开展“生育关怀行动”，全面构筑新婚夫妇孕前教育、预防新生儿畸型、优生检测“三道”防线，预防和控制新生儿出生缺陷，提高出生人口素质。在工作中，坚持五个到位，即：孕产对象跟踪服务到位、不孕不育对象诊治服务到位、节育对象知情选择服务到位、流动人口定期访视到位、男性健康关注到位。三是开展计划生育避孕节育优质服务、生殖道感染综合防治、出生缺陷干预“三大工程”。全县计生服务系统以巩固“国优”和“二甲”为契机，坚持以群众需求为导向，以群众满意为标准，以技术服务为重点，积极开展宣传教育、避孕节育、生殖保健为一体的综合服务。（胡思东）

疾病预防与控制

【概况】德江县疾控中心位于玉水街道、钟山中路85号，原名德江县卫生防疫站，2001年11月改制，属同级卫生行政部门主管的科级事业单位。占地面积3640平方米，建筑面积达2100平方米，有在职职工65人，拥有DR机、心电图、彩色多普勒B超、CD4检测仪、气相色谱仪、全自动生化分析仪、三大常规检查仪、免疫荧光高倍显微镜、原子吸收仪、原子荧光仪等仪器设备。集疾病预防、卫生监测检验、健康教育、公共卫生服务、科研等为一体的综合职能部门。具有规范化的结核病、霍乱、伤寒、乙肝、流脑、乙脑、麻疹等39种传染病的监测、预防及诊疗技术，其他预防性疾病得到有效控制。内设办公室、总务科、流行病科、监测检验科、结防科、慢病科、艾滋病防治科、健康教育科8个职能科室，中心有职工65人，其中本科文

12月，省疾控中心主任张玉琼（右五）到县疾控中心调研

德江县疾控中心新区建设效果图

凭17人、占26.15%，大专文凭29人、占44.62%，中专文凭12人、占18.46%，无学历7人、占10.77%。有中级职称16人、占24.62%，初级职称34人、占52.31 %。

传染病防控：2016年全县无甲类传染病报告，年内报告法定乙丙类传染病15种，1505例，发病率405.25/10万（市下达指标500/10万以下），实现省、市下达的降率退位目标。继续维持无脊灰状态，基本消除疟疾、流脑、炭疽等传染病，有效控制流感、乙脑、狂犬病、甲肝、伤寒副伤寒和手足口病等急性传染病暴发流行；未发现不明原因肺炎病例，无人感染H7N9禽流感等新发传染病的传入、发生。

规范处置突发性公共卫生事件。2016年预警疫情118起、食物中毒26起，完成个案调查975人次、流行病学调查报告780份，有效处置率达100%。

8月26日全市免疫规划工作交流会在德江召开

免疫规划成果得到巩固和加强。保持高水平免疫接种率，儿童健康得到有效保障。扩大国家免疫

规划疫苗接种率达95%以上（卡介苗99.98%、脊灰疫苗100%、百白破疫苗100%、麻风疫苗100%、A群流脑疫苗第一剂99.97%、A群流脑疫苗第二剂100%，乙脑疫苗99.98%，甲肝减毒活疫苗99.97%、乙肝首针及时接种率99.66%，全程接种率99.95%）。儿童入学入托查验接种证工作开展有序。完成273所小学新生数8368人、351所幼儿园新生10099人查验接种证工作。疫苗针对传染病得到有效控制。持续保持无脊灰、白喉、百日咳状态。安全定点接种广覆盖。创建预防接种数字化门诊4个，合理设置接种点120个，实现安全定点接种覆盖所有行政村。筹备全市免疫规划工作现场会在我县顺利召开，并顺利通过第四轮黄牌警告市级评估验收。8月26日全市免疫规划工作交流会在德江召开。

艾滋病防治。县被国家卫计委列为第三轮国家级艾滋病综合防治示范区（周期为5年），全面启动并稳步推进。检测工作成效明显。设立艾滋病快速检测点27个，基本形成覆盖全县的艾滋病检测网络，检测人群69344人次，达到常住人口18.74%（任务数15%），确诊38例。多形式开展干预工作。累计干预娱乐场所和宾馆85家，干预暗娼和吸毒人员513人次，发放针具14800具、安全套23820个、宣传资料67200余份。随访艾滋病感染者/病人141例。美沙酮门诊建设竣工。

县委副书记陈廷督在沙酮药物维持治疗中心督导

居民健康档案管理。按照《国家基本公共卫生服务工作规范》要求，居民健康档案真实性、完整性有所提高，“空壳”健康档案得到逐步控制。慢病筛查、建档、随访、干预、健康指导等流程得到进一步规范，发现率、管理率逐年提高，完成高血压14000人、糖尿病1200人、重性精神病1241人、65岁上老年人28800人体检和健康服务管理。

结核病防治。贯彻落实结核病控制策略，发现肺结核病人566例，初治涂阳155例、初治涂阴398例，完成率100%。系统应管理数651例，实管理数650，管理率99.84%。

麻风病防治。继续落实消除麻风病危害各项工作，完成全县麻风存活病人105现况调查，可疑线索调查108人，未发现新病例，实现麻风病患病率小于1/10万工作总目标。

监测、检验和职业病健康体检。监测城区自来水水样163份（集中式供水工程38个、6个市政供水和4所学校自备供水）。开展饮食服务行业及公共场所从业人员进行体检2400人，完成居民食用盐碘量检测300份。开展学生营养监测工作，对6个重点监测学校的学生进行血红蛋白的检测以及18个学校的网报工作。完成有害作业人员健康体检686人。

健康教育。各医疗卫生机构都配备专（兼）职人员、设施设备，设置办公室，宣传栏内容醒目可见，工作有记录。群众和干部对疾控相关知识知晓率、满意度得到提升。各医疗卫生单位按照《健康教育服务工作规范》要求，利用各种卫生宣传日（结核病防治日、麻风病日、计划免疫日、全国高血压日、世界艾滋病日等），多形式开展健康教育宣传11次，发放各类宣传资料10万册，咨询人数达15万人次；更新专栏2560期，举办各种类型讲座1350期。

农村妇女乳腺癌筛查。完成35至65周岁妇女乳腺癌筛查及健康教育宣传3000余人，发现脂肪瘤8人、纤维瘤4人、乳腺囊肿68人、确诊乳腺癌1人。

病媒生物监测。一是完成沙沱电站库区潮砥段、共和段鼠疫监测任务；二是在城区开展了鼠密度监测3次，蟑螂密度监测8次，蝇密度监测5次，蚊虫密度监测10次。（县疾控中心）

妇幼保健

【概况】县妇幼保健计划生育服务中心（县妇女儿童医院），隶属德江县卫生和计划生育局，位于城南新区扶阳大道，占地面积近3万平方米，建筑面积3万余平方米。全院有职工156人，规划床位250张，编制床位110张，实际开放床位110张。设有16个行政职能科室（院办公室、党办公室、总务科、医务科、财务科、护理部、保健部、健康教育科、基层指导科、信息科、设备科、医保科、院感科、人事科、质控科、消毒供应室），16个临床业务科室（妇女保健科、儿童保健科、妇儿营养科、计划生育科、门诊部、妇科、产科、内科、儿科、新生儿科、手术室、麻醉科、药剂科、产后康复科、急诊科、重症医学科）和4个医技科室（检验科、影像诊断科、功能检查科、输血科）。2016年，全县妇幼健康工作贯彻落实全国卫生与健康大会和全省医疗卫生改革发展大会精神，按照党中央国务院、省委省政府关于实行医疗卫生、计划生育目标管理责任制要求，坚持“以保健为中心，以保障生殖健康为目的，面向基层，面向群体”的妇幼卫生工作方针，切实履行公共卫生职责，开展与妇女儿童健康密切相关的基本医疗服务，推动医疗卫生事业和卫生计生工作开展。2016年1月，德江县被国家卫生和计划生育委员会评为国家级妇幼健康优质服务示范县；康复科主任伍小丽被铜仁市卫生和计生委员会评为“乌江天使”。是年，全县产妇总数5584人,活产数5624人。住院分娩活产5607人，住院分娩率99.7%；孕产妇死3人，死亡率53.34/10万；孕产妇产检4986人，产检率为88.7%；产妇系统管理4800人，产妇系统管理率85.35%；高危孕产妇筛查率100%，高危管理率100%,高危产妇住院分娩率100%；新法接生率100%。7岁以下儿童44782人，7岁以下儿童保健39393人，保健覆盖率87.97%；3岁以下儿童17883人，3岁以下儿童系统管理15840人，系统管理率88.58%。婴儿死亡52人，婴儿死亡率9.246‰；新生儿死亡28人，新生儿死亡率4.979‰。5岁以下儿童死亡68人，5岁以下儿童死亡率12.09‰。出生缺陷发生率0.1‰；母乳喂养率93.86%。

1月25日，德江县荣获全国首批妇幼健康优质服务示范县（市、区）称号。

7月7日，全省妇幼健康体系建设现场推进会在德江召开

【幼保健康管理】一是将妇幼健康工作列入全县卫生工作重要议事日程，召开专题会议，为妇幼健康工作营造良好的氛围，保证妇幼健康工作正常运行。二是人员到位，工作扎实。经常深入基层，督查与指导乡镇妇幼健康工作，深入基层372人次，全面掌握全县妇幼健康工作状况，及时为基层解决工作中存在的问题与困难。三是定期召开妇幼健康例会和各种专题培训会。全年召开妇幼健康例会4次，举办各类专题培训会5期，参会（训）630人次，接收乡（镇、办事处）卫生院、计生服务站人员免费进修9人。通过培训提高业务技能，增强工作责任感和使命感，为优质服务打下坚实的基础。四是健康教育宣传。2016年，刷写永久性墙体宣

7月7日，全省妇幼健康体系建设现场推进会在德江召开

传标语65条，专栏12期，张贴宣传标语100余条幅，集中开展健康教育宣传11次，接待义诊群众5000余人次，健康咨询4400余人次，发放宣传资料76000余份。五是妇幼健康信息化建设。按照省卫生和计生委关于加快妇幼健康信息化建设精神，建成适合全县实际情况的妇幼信息管理系统，实现全县妇幼保健服务和管理水平全面提升。全县妇幼信息管理系统以全县卫生综合管理信息平台为基础，以孕产妇和儿童保健服务规范内容为核心，包括基本信息、出生信息（出生证管理）、孕产期保健、儿童保健、三网监测、妇幼项目等为主的信息网络，可及时将各项信息进行收集、整理、传输、反馈，实现全县妇幼健康工作的信息化、网络化管理。妇幼健康工作的各项数据信息更加及时、客观、准确，为政府决策和科学管理提供可靠依据。

【技术服务】一是加强依法执业,配合卫生和计划生育局开展执业准入技术培训。为加强对母婴保健技术服务的监督管理，严格母婴保健执业准入，配合县卫生和计划生育局，举办母婴保健技术服务人员执业准入培训班，全年培训乡（镇、办事处）卫生专业技术人员84人，经考试合格，颁发合格证。同时参与市卫计委组织的母婴保健技术服务人员执业准入培训班，提高持证准入率，规范服务行为。二是规范出生医学证明发放管理。与公安部门配合，坚持持“出生医学证明”入户，完善“出生医学证明”管理办法，提高“出生医学证明”使用率。年内领取“出生医学证明”6000份、上年结余640份，实际办理4224份。（其中结构内签发4132份，机构外签发74份），废证18份，废证率0.4%，使用率63.6%。三是加强托幼机构保健指导，全年指导托幼机构21所次，城区指导覆盖率达100%，规范托幼机构卫生保健制度、营养膳食制度及安全制度。

【妇幼健康项目】一是新生儿疾病筛查和新生儿听力筛查。全年新生儿疾病筛查5270例，筛查率为93.71%，院内筛查1170例，筛查率为99.15%；新生儿听力筛查3616例，筛查率为64.24%。二是农村孕产妇住院分娩补助项目。2016年，补助住院分娩3819人，完成全年任务（年任务4076人）的93.67%，补助金额1527600元。三是农村妇女宫颈癌检查项目。根据《贵州省农村妇女“两癌”检查项目管理实施方案》文件精神，开展农村妇女宫颈癌免费检查。采用TCT和HPV检测的方法，完成检查20000人。四是妇幼健康“三网”监测及危重症孕产妇监测。做好妇幼健康“三网”监测工作，为实施干预措施提供科学依据。全年孕产妇死亡3例，死亡率53.34／10万；5岁以下儿童情况：5岁以下死亡68人，死亡率12.09‰，婴儿死亡52人，死亡率9.246‰，新生儿死亡28人，死亡率4.979‰。出生缺陷监测：年内通过对县人民医院和县妇幼保健院住院分娩4810例围产儿进行监测，发生出生缺陷49例，主要表现为心脏病、脊柱裂、马蹄内翻、小耳、脑积水、肛门闭锁、唇腭裂、唇裂等。完成孕产妇死亡、新生儿死亡和危重孕产妇评审工作。五是国家贫困地区儿童营养改善项目。2016年，充实调整项目领导小组和技术指导组，修订项目工作实施方案，明确项目实施单位职责，细化县、乡、村三级的工作任务。加大技术人员培训力度。举办由各乡（镇、办事处）卫生院负责人和公共卫生专干计66人参加的儿童营养改善项目业务培训会。全年接收营养包四计63468包，发放到19个乡镇和两个社区卫生服务中心47196包，平均每月发放4872包，发放率88%,平均每月有效服用4494包，有效服用率92.8%。规范营养包发放报表资料的收集及数据录入。六是阻断艾滋病、乙肝、梅毒母婴传播。2016年，按照市、县《预防艾滋病、乙肝、梅毒母婴传播工作实施方案》要求，充实调整协调领导小组和技术指导小组，修订项目工作实施方案，完善制度建设，建立“逢孕必检”的工作机制。加强健康教育。利用各种卫生宣传日、电视、广播及保健门诊大力宣传“预防艾滋病母婴传播”知识。发放各种宣传册、画报、宣传单等资料，通过县、乡（镇、办事处）保健服务单位发放到孕产妇手中，向孕产妇传递艾滋病母婴传播知识和信息。提供自愿咨询与检测服务，为艾滋病病毒感染孕妇的配偶提供相关的咨询和检测。全年全县HIV检测3734人，检测率93%；孕产妇梅毒检测人数5188人，检测率93%，感染25人；孕产妇乙肝检测人数5188人，检测率93%，阳性176人。七是农村妇女叶酸增补。免费发放叶酸，指导体内缺乏叶酸营养素及微量元素的育龄妇女进行科学补充，实施药物干预，预防出生缺陷的发生，全年发放叶酸5187人份(院内发放1233人份)，完成全年任务（年任务数4900人份）的106%。八是基本公共卫生均等化妇幼健康项目。2016年总产妇数5584人，活产婴儿5624人。孕产妇管理：产妇建卡4919人，建卡率88.1%；产检4986人，产检率88.7%（产检≧5次4848人，占86.2%；早检4827人，占85.83%）；产妇孕产期血红蛋白检测510人（贫血12人，占2.35%；中重度贫血1人，占0.2%）；产妇产后访视4967人，产后访视率88.32%；产妇系统管理4800人，系统管理率85.35%。接生情况：住院分娩活产5607人，住院分娩率99.7%；剖宫活产1714人，剖宫产率30.5%；新法接生率100%。孕产妇高危管理：高危产妇514人，高危占总产妇9.2%,高危产妇管理率100%，高危产妇住院分娩率100%。围产儿情况：低出生体重儿童95人，低出生体重率1.7%；巨大儿27人，巨大儿出生率0.48%；早产儿34人。早产率0.61%；死胎死产37人；围产儿死亡率0.32‰。7岁以下儿童保健服务：新生儿访视4994人，新生儿访视率88.8%。

【医疗与护理】 2016年，县妇幼保健计划生育服务中心总诊疗57169人次，门诊急诊49795人次；收治住院病人3635人(其中产科1229人，儿科1645人，新生儿科93人，妇科和节育科668人)；全年开放床位日数28105，实际占用总床日数17936，病床使用率为63.8%，产科住院分娩产妇1176人，活产1180人，妇科106人，平产及难产接生713例，平产率60.63%，剖宫产463例，剖宫产率为39.37%；乙肝初种1173人，接种率为99.41%；乙肝免疫球蛋白注射49人次，母婴阻断率100%。全年农合补偿10797人次，补偿金额总计293.13万元（其中：门诊8200人次，4.13万元；住院2597人次，259万）；职工医保门诊下账2384人次，下账金额18.5万元，孕产妇住院分娩补助1136人，补助金额45.44万元。引进先进医疗技术，添置先进医疗设备（如：DR、E8彩超、母乳分析仪、骨密度分析仪、听力筛查仪、盆骶康复仪等），增设妇科，新开展骨密度监测、无痛人流与分娩、导乐分娩、ATP无创治疗、超早期宫颈癌检查、骨密度检测、母乳分析、营养监测、儿童口腔保健、儿童眼保健、儿童生长发育监测、儿童智力筛查、0—3岁儿童早期综合发展等技术服务项目。

（县妇幼保健院）

卫生监督

【概况】2016年，全县卫生监督工作贯彻落实省、市卫生监督会议精神，围绕“五个全面提升”，即以创建省级示范卫生监督局为载体，实现卫生计生监督机构规范化建设和整体形象的全面提升；以学习培训和岗位练兵为载体，实现卫生计生监督队伍综合素质及执法能力的全面提升；以信息系统和实验室建设为载体，实现卫生计生监督执法技术手段的全面提升；以全程记录和案件评查为载体，实现卫生计生监督执法和案件质量的全面提升；以严格执法和宣传教育为载体，实现监管领域诚信建设和依法执业的全面提升。以查办卫生违法案件为突破口，加强日常监督，全面推动全县卫生监督事业的发展。全年查办卫生违法案件529件、结案529件（其中，医疗卫机构66件、传染病178件、放射卫生8件、消毒产品50件、非法行医61件、公共场所57件、学校卫生109件），人均办案数21.16件；罚没款计68.37万元，案均罚款数为0.13万元，结案率100%，案件办理程序合法、证据确凿、适用法律正确。

【专项监督检查】一是开展传染病防治和抗菌药物临床应用专项监督检查。规范辖区内各医疗卫生机构传染病防治和抗菌药物临床合理使用，严厉打击消毒产品经营使用过程中的违法行为，建立、健全长效管理机制，预防、减少、控制传染病发生及传播流行，为保障群众的身体健康提供坚实的卫生安全保障。二是开展对县直医疗机构、乡镇卫生院（社区服务中心）及村卫生室的专项监督检查。为切实有效对全县非营利性医疗机构的监督管理，营造良好的医疗环境，保护患者的就医安全，按照年初工作计划，开展对县直医疗卫生机构及乡（镇）卫生院的专项监督检查，监督检查40户次，依法立案查处66起，罚款18.21万元，责令被监督单位限期整改并将整改落实情况书面上报卫生和计生主管部门及卫生监督部门。三是开展打击非法行医专项整治行动。2016年，以打击非法行医，净化医疗市场为主要工作内容，重点是打击无证行医，药店聘用“坐堂医”擅自开展治疗活动。受理群众举报案件1起，并及时出动卫生监督员进行查处，立案结案61件，罚款11.21万元。四是开展放射卫生专项检查。2016年，全县有12家医疗卫生机构配置X线机，其中县直医疗机构3家，乡镇卫生院7家，社区卫生服务中心1家，民营医疗机构1家，部分医疗卫生机构X线机房不符合射线防护标准和要求，局针对这一情况对全县X射线装置使用单位进行专项监督检查。重点检查射线隔离防护情况及从业人员资质情况。对检查存在的问题全部下达《卫生监督意见书》，责令相关单位限期整改，立案、结案8件，罚款24.75万元。五是加强采供血、临床用血的监督检查。规范医疗机构科学合理用血，确保临床用血安全，根据有关法律法规及上级有关文件和会议精神，对县中心血库及临床用血医疗机构相关科室进行监督检查。主要从业人员的相关执业资格、采供血人员的健康档案、临床用血输血的管理，工作制度的建立健全及落实情况，执业活动中相关记录等进行专项监督检查。六是开展消毒产品专项监督检查。保护消费者的身体健康，严厉打击消毒产品宣传、销售过程中的违法行为，对县内药店开展专项检查工作。监督检查药品批发、零售店60户次，查处案件50件，罚款1.2万元。七是完成2016年医疗卫生机构校验及新申请执业注册审查、发证工作。受理校验和执业注册登记申请398户，其中公立医院26户，民营医疗机构4户，村卫生室331户，个体诊所37户。按照相关的标准和要求，经资料及现场审查并报县医疗机构评审委员会评审通过，完成年内所有评审合格单位的证件制作及发证工作。八是生活饮用水及公共场所卫生监督。县辖区内有生活饮用水供水单位21户，其中市政供水1家，乡镇集中式供水20家。市政供水和乡镇供水均持有效饮水卫生许可证，有从业人员61人，均持有效健康证明。公共场所314家，其中宾馆5家、旅店131家、舞厅（KTV）5家、理发店112家、美容店26家、游泳场（馆）1家，公共浴室（足浴）26家，候诊室2家、商场4家，影剧院1家，其经营单位均持有有效“公共场所卫生许可证”，从业人员均持有有效“健康合格证明”。全年开展生活饮用水及公共场所卫生监督检查620户次，监督覆盖率达90%；生活饮用水从业人员体检61个、公共场所从业人员体检人数1500人，从业人员的体检合格率为95%；组织各公共场所管理人员进行卫生法规和卫生知识培训各4次，培训合格率80%。对县内各行业公共场所经营单位及生活饮用水供水单位进行一次专项整治，查办公共场所卫生违法案件57件，罚款2.21万元。九是学校卫生监督。开展春秋季学期学校卫生监督检查。确保广大师生身体健康安全，根据上级相关文件精神，结合“多彩贵州美丽德江”“五城联创”工作，检查214所中小学校，其中立案、结案109件警告案件。重点对寄宿制学校的传染病防治、生活饮用水管理进行全面的监督检查。被检查的学校均签订安全责任书，建立传染病疫情报告制度、晨检制度，开设健康教育课。明确疫情报告责任人，落实晨检和因病缺勤、返校登记等措施。各学校师生均饮用桶装水并索取供应商卫生许可批件，建立饮用水卫生管理制度，饮水卫生管理基本到位。

【卫生监督服务】 一是卫生行政许可办理。2016年，按照《行政许可法》《公共场所卫生管理条例》等法律法规的要求，受理、审办卫生许可证98个，办理从业人员有效健康证明4104个。二是卫生监督稽查。贯彻落实卫生部《卫生监督稽查工作规范》，密切结合机关作风建设，以提高卫生行政执法能力和水平为出发点，开展卫生监督稽查。全年审查各类许可文书200余份，及时纠正不当许可2起。在书面审查和现场稽查过程中，对稽查情况及时报告局领导后反馈至责任科室和相关责任人。全县公共场所和医疗机构持证率达100%，未发生因许可不当而产生的矛盾纠纷。三是卫生监督协管。依据《国家基本公共卫生服务规范》，开展卫生监督协管工作，完善卫生监督协管工作机制，加强宣传培训和督查指导工作。每季度开展一次督查指导，全年培训卫生监督协管员2次142人次。四是宣传和培训。提高广大群众对卫生监督工作的知晓率，利用各类媒体进行宣传，印发各类卫生监督宣传资料。年内，印发卫生监督简报35期、印发各类宣传资料3万余册，在省级网站登载4篇、德江网登载9篇，除各种活动发放外，将宣传资料分类发到监督对象手中。对医疗机构、卫生监督协管、公共场所、餐饮具集中消毒单位以及学校负责人培训12期，对卫生监督员开展多渠道、多层次、多方位的培训，到市卫生监督局参加培训16人次，卫生监督员网络培训学习人均10小时以上，在卫生监督信息培训平台人均学习达51个学时。

【创建贵州省示范卫生监督局】 7月1日搬迁至新办公楼办公（县城城南），达到创建贵州省示范卫生监督局的硬件标准，根据省市的要求和县内的实际，向省卫生监督局申报该创建工作，按照《贵州贵州省示范卫生监督局（所）标准》，制定《德江县创建贵州省示范卫生监督局方案》（德府办发〔2016〕59号），成立以副县长为组长、相关职能部门负责人为成员的创建领导小组，创建办公室下设到县卫生监督局，由局长任办公室主任，向县卫计局抽调一名创建骨干到局工作。经过全县各级各部门和卫生监督局全体干部职工的共同努力，11月通过省创建贵州省示范卫生监督局评审小组的评审。

【扶贫工作】 2016年，按照全县精准扶贫工作的要求，选派单位两名党员到帮扶村任第一书记，另外派选一名驻村干部。全局干部职工开展贫困户建档立卡、遍访、回访工作，力求精准到户，并积极开展“干群连心、同步小康”驻村帮扶活动，为枫香溪镇丝毛坝村、洞湾村解决实际困难，为两个村的贫困户买鸡苗600只，为丝毛坝村的一户特殊贫困户买两头幼猪，为丝毛坝村解决10000余元的村办公桌椅；对洞湾村计划生育帮扶3户，每户1000元。同时，在两个村成立天麻专业合作社，采取公司+贫困户+专业合作社的模式，与德江县康奇药植有限公司签订合同，在两村发展天麻1万平方米，种植3000余平方娄，为两村的长远发展找到出路。还与联建支部进行党员互助工作，使驻村帮扶工作取得实效。（张伟和）

新型农村合作医疗

【概况】 基金筹集和分配：2016年，全县有470666人参合，筹资标准510元/人，其中：农民自筹90元/人，财政补助420元/人（中央、省、市、县财政分别补助300元/人、102元/人、7.2元/人、10.8元/人），应筹集新农合基金24003.97万元，上缴市级重特大疾病基金9%、提取省级风险金3%后，实际可支配基金21123.49万元。至12月中央财政补助资金到位13648.26万元，地方各级财政补助资金全部到位。

基本医疗补偿：2016年，补偿参合农民703034人次，补偿基金19884.81万元。其中：普通住院补偿72530人次，发生医疗总费用30057.98万元，补偿基金17243.84万元，住院实际补偿比为57.37%，政策范围内补偿比为75.18%；住院分娩定额补助4311人次，补偿基金402.13万元；普通门诊补偿616890人次，补偿基金2043.91万元；慢性病门诊补偿776人次，补偿基金152.29万元；宫颈癌筛查补偿8527人次，补偿基金42.64万元。基本医疗补偿统筹基金年度结余率为9.97%，累计基金结余率为24.32%。受益面达149.37%。

新农合大病保险补偿：2016年，全县新农合大病保险补偿2450人次，补偿基金1852.1万元，其中：单次住院费用达10万元以上大病保险补偿116人次，医疗总费用1485.09元，补偿基金1047.18万元；自负合规医疗费用达6000元以上大病补充保险补偿2334人次，总医疗费用6284.02元，补偿基金804.92万元。

一、宣传发动。县合医局统一印刷《德江县新农合政策宣传单》20万份、《德江县新型农村合作医疗基金补偿办法》700张，分发到各乡（镇、街道）散发、张贴。通过各乡（镇、街道）、各有关部门的共同努力和广泛深入发动，提高广大群众对新农合政策的知晓率和认同度，参合人数连年增加，较2015年增加3629人。参合人员基本信息逐年完善，基本做到钱、票、册和系统四吻合。启动2017年筹资工作，至12月有451834人缴纳2017年度参合费。

二、调整补偿方案。根据省、市新农合工作指导精神，结合全县新农合基金运行实际，对《德江县新型农村合作医疗基金补偿办法》调整优化。新的补偿办法提高部分补偿比例和门诊补偿封顶线，扩大补偿范围。参合人员年度补偿封线高达70万元以上。

三、加强业务审核。根据定点医疗机构级别，分级设置次均门诊和住院费用控制标准，对超次均费用标准和不符合规定的费用，一律进行核减。全年核减各类费用581.7万元，其中核减超住院次均费用控制标准532.3万元，核减其他不合理费用49.4万元。受理审核参合人员县外就医报账资料7419份，兑现补偿资金3364.54万元。

四、加强业务督导。对全县21个乡（镇、街道）合医站督查27个次，督查面达128.6%，针对缴存参合费、参合登记、系统缴费、参合人员信息修改、建档立卡贫困人员系统属性标识、外伤调查、县外大额医疗住院真实性函查等方面存在的问题下达督查意见27份。对全县定点医疗机构183个督查118个次，督查面达64.5%，针对存在的问题下达督查意见书112份，回访受益人员838人次。集中约谈8个乡镇卫生院、2个村卫生室人员计75人次。常规督查发现存在问题定点医疗机构25个，处理24个（其中终止服务协议2个），违规应追缴资金11.38万元（违规资金5.88万元，违约资金5.49万元），追回违规资金并缴存新农合基金专户4.6万元。省、市级专项督查发现存在问题定点医疗机构10个，追缴违规资金1.65万元。参合农民涉及隐瞒外伤原因致使新农合基金流失4人次计3.28万元，追回缴存新农合基金专户9845元。

五、推进医疗健康扶贫。一是对全县建档立卡农村贫困人口参合情况进行摸底排查，对未缴纳参合费的3703人补缴参合费，实现农村贫困人口参合率达100%的目标。二是在“贵州省新型农村合作医疗管理系统”中，完成对农村计生“两户”等11类人群计11.86万人系统参合核对和系统属性标识。三是对农村建档立卡贫困人口给予政策倾斜，较一般参合人员享有：在县内定点医疗机构以及经转诊在省、市级定点医疗机构住院的不设起付线，未经转诊的按相应起付线减半执行；在县内定点的医疗机构住院治疗按一般疾病补偿的，其医药费用补偿比例提高5%；普通门诊累计补偿封顶每人每年400元，较一般参合人员高100元；慢性病门诊按符合补偿范围费用的70%报销，每人每年补偿封顶2万元等优惠政策，较一般参合人员补偿比例提高5%、封顶线提高1万元等。四是开展建档立卡贫困人口因病致贫、因病返贫调查工作，7月录入国家“因病致贫、因病返贫管理系统”罹患儿童急性淋巴细胞白血病等9种大病73人；11月通过发动各乡（镇)卫生院和街道社区卫生服务中心进行核准，全县实际罹患9种大病49人。五是建立起基本医疗、大病保险和民政医疗救助实行“一站式”服务，农村贫困人口申报医疗费用补偿、救助更加方便快捷，受益水平较其他参合人员明显提高。六是推行按比例预付住院费用，参合患者在县人民医院、县民族中医院住院，可按一般疾病2:1.24种大病3:1预付住院费用，出院结算新农合补偿资金后，多退少补，切实减轻参合患者特别是贫困患者入院时预付住院费用带来的经济压力。

六、核查重复参保，完善参合人员基础信息。根据财政部驻贵州专员办反馈疑似重复参合人员信息，对全县疑似重复参保、死亡后继续参合、参合人员无身份证号码等32501人参合信息进行调查核实，将核准的参合人员基础信息录入“贵州省新型农村合作医疗管理系统”，全县人员基础信息更加完整、准确。

七、加强管理能力建设，提高服务水平。全县举办新农合业务培训班4期，即“德江县精准扶贫参合对象属性核对录入培训会”“2016年全县精准扶贫医疗保障暨新补偿方案培训会”“2017年筹资工作会”“全县核查疑似重复参保紧急会”各1期，累计培训370余人次。抓好新补偿方案的贯彻，县合医局联系“贵州省新型农村合作医疗管理系统”软件公司，即时调整系统功能，使之与新方案完全匹配。

八、探索支付方式改革，参合患者受益水平大幅提高。为稳步推进新农合支付方式改革，县内初步选定县人民医院、县民族中医院，试行老年性白内障等16个病种，实行按病种限额付费方式，较之前受益水平有大幅度提高。

九、执行转诊报备制度，做好新农合其他服务。县人民医院、县民族中医院转诊1519人次。县合医局受理县外就医电话报备3719人次，更正参合信息155人，补办“合作医疗证”365本，解答政策咨询3578人次。（周乾）

县人民医院

【概况】县人民医院，是一所融医疗、教学、科研、预防、保健、康复、急救为一体的三级乙等综合医院。医院现有职工总数881人，有市级重点专科5个，市级重点建设专科5个，有县重点学科13个。其中正高级职称9人，副高级职称44人，硕士研究生16人。编制床位800张。是贵州省助理全科医师培训基地之一，全院占地面积31.3亩，总建筑面积51178平方米。新区规划建设用地393亩，场平工程完成，主体动工。医院拥有飞利浦1.5T核磁共振、GE64排螺旋CT，乐普数字减影大C臂机，飞利浦16排螺旋CT、蔡司S88手术显微镜等国内外先进医疗设备。在市内县级医院中率先开展全髋、全膝关节置换术，前颅底鼻腔相通性肿瘤及颅底重建术，心脑血管及外周血管介入手术等多项高难度手术。2016年度，总诊疗37.34万人次,其中门诊诊疗33.55万人次（2015年为28.25万人次），同比增长18.8%，出院37864人次（2015年为34088人次），同比增长11.1%，总收入3.02亿元，其中医疗业务收入2.62亿元（2015同期为2.26亿元），同比增长15.9%，病床使用率89.8%，手术前后诊断符合率98.12%，急危重症抢救成功率96.32%，完成各种手术11728台次（2015年同期为7952台次），同比增长47.5%。药占比23.6%（2015

创三级乙等评审留影

年同期为28.1%)，同比下降4.5个百分点，平均住院天数7.0天（2015年为7.4），同比下降0.4天。

医德医风建设。2016年，贯彻落实医疗卫生行风建设九不准，廉洁行医“十不准”，年内对6名重要岗位的负责人进行约谈，对科级干部3人、一般干部15人、违反劳动纪律2人进行预防提醒谈话，开展集中约谈3次，收到感谢信756封，锦旗77面、扁牌4块，退还红包12375多元，好人好事221件，住院病人满意度97.95%，门急诊病人满意度96.86%，职工满意度97.06%，社会满意度96.28%。2016年6月，游万祥被贵州省卫计委授予“优秀医生·外科能手”、田艳（女）被贵州省卫计委授予“优秀护士”。

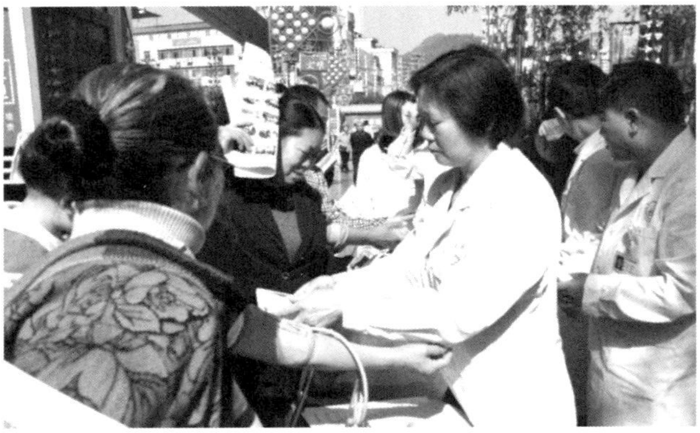

开展健康咨询活动

医疗质量和医疗安全。一是定期召开医疗质量、医疗安全、药事管理委员会，临床医技联席会等会议，总结阶段性工作，研究部署下步工作，各项工作有序推进。2016年完成质量安全检测12次，调处医患纠纷、接待医疗投诉案件33次，完成医疗事故技术鉴定3例，法律诉讼2例；组织全院会诊41次，邀请院外专家会诊及指导手术50人次，开展危重病人管理2718人次；选派业务人员外出进修29人，短期培训391余人次；每周一次院周会，每月一次医疗质量推进会，二是加强重点环节质量检查，开展质控活动12次，检查运行病历2000余份，组织开展输血质量与危急值管理、院感质量管理、护理质量管理督查活动12次，医疗安全检查督导活动12次，参加晨间交接班100余人次，开展医疗安全点评活动2次，组织开展疑难病例讨论50余次，邀请遵医附院专家对质控工作指导1次；完成归档病历框架质控率100%，专人负责病历内涵质量检查，病历抽查率20%以上，确保病历质量和病历安全。三是每月对全院各临床、医技科室进行医院感染控制质量全面检查。开展院感知识培训6期，对实习生及新进医务人员院感知识岗前培训10次。四是以较高质量通过全省医疗质量交叉检查。

医院学科发展。一是全市县级医院中首家申报创建三级乙等综合医院，2016年11月24日正式通过省卫计委专家组现场评审。二是重点科室建设，2016年获市级重点专科5个，重点建设专科5个，并申报市级重点专科4个。5个重点建设专科开展新技术新项目12项，部分填补省市技术空白。三是亚专科发展，骨科再分骨三科，五官科分成眼科、耳鼻喉、口腔科。四是完成门诊楼合理化改造，从原来10个诊室、1个候诊厅，增加到现在20个诊室、3个候诊厅，实行专科分诊、电脑叫号等便民惠民服务。五是增设产科病房。六是县人民医院获国家基层医院胸痛中心认证。

人才培养。2016年引进紧缺、高层次医务人员92人，其中硕士研究生12人，高级职称1人；派出到省内外三甲医院进修规培人员50余人，晋升高级职称16人，中级15人，有多名人员在省、市“双百优”“乌江名医评选”等评比活动中获奖，有5人被县评为县管专家。

科研教学水平。2月23日，“贵州省助理全科

图为年会留影

医师培训基地”在德江县人民医院正式“落户”，成为铜仁市县级医院中首个以临床诊治、科研教学、人才培养为一体的助理全科医师培训基地，按省卫计委要求，招生30人。开展院级专题知识讲座28次、28个专题、计84个学时，计培训3578人次；邀请院外专家来院开展讲座7次。开展全县继教培训5次，成功举办省级继续医学教育项目3项。全员申报市级科研项目9项、省级科研项目2项，获得发明专利7项。发表医学论文26篇，其中国家级学术文章5篇、省级学术文章21篇。成立外科、内科、医技、妇产等8个教研室。

【县人民医院整体迁建项目】2016年12月1日，德江县人民医院整体迁建项目开工。该项目是省、市、县的重点建设项目之一，2015年9月通过国家财政部的评审，进入国家财政部PPP模式建设库中。该项目按三级甲等综合医院标准规划建设。项目分两期实施，总用地面积为26.48万平方米（393亩）。一期医疗中心，计划总投资7.77亿元，总床位1200张,总建筑面积为14.6万平方米(原发改局批复投资6.08亿元，床位800张,建筑面积为11.09万平方米。因县人民医院住院病人保持在700－800人之间，拟定增加床位400张,建筑面积3.16万平方米，投资1.69亿元.以医养一体综合楼建设项目的名称来立项批复，两个项目合并同时实施)。初步设计的建筑密度为19.9%，容积率0.68，绿地率35%。二期医养一体及科研、教学、体检中心，计划总投资5亿元，总建筑面积约16万平方米。拟建成集医疗、科研、教学、养老、康复、安居于一体的中高档的综合养老、科研教学、体检中心。

项目资金由贵阳银行贷款4.72亿元，分A、B、C三个标段，分别由德江县第三建筑工程公司（A标段）、贵州三石建筑工程有限公司（B标段）、贵州大元合建筑工程有限责任公司（C标段）承建。

（县人民医院）

县民族中医院

【概况】2016年，全院门诊14.5万人次，出院24563人次，好转率94.8%；业务总收入1.21亿元，增长率14%，药品3031.58万元（其西药1867.73万元、中药728.96万元、中成药434.89万元）。手术4299台次（其中外一科827台次、骨伤科706台次、外三科50台次、外四科749台次，外五科395台次、妇产科569台次、肛肠科152台次、五官科851台次），其中三、四级手术1333台，占总手术台次的31%。术前术后诊断符合率98%；无菌手术感染率0.73%；入院三日确诊率97.8%；死亡率0.06%；平均住院7.91天，病床周转41次，病床使用率89.1%；传染病登记合格率98.2%。主要业务指标居全市中医院前列。

创建三级中医医院：创建“三乙”中医医院是《铜仁市全面提升医疗卫生服务能力三年行动计划（2015-2017年）》和《铜仁市“十三五”卫生计生事业发展规划》工作目标之一,县委、县政府成立由县长任组长，县四家班子分管和联系领导任副组长，相关部门主要负责人为成员的创建三级乙等中医医院工作领导小组。2016年4月份，县人大主任亲自主持召开创建三级乙等中医医院动员大会，县人民政府制定《德江县民族中医院创建三级乙等中医医院实施方案》，县委、县政府主要领导和分管领导多次组织召开会议，在政策上全力支持医院创建工作。在人才招引方面给予政策优惠，在资金方面，解决工作经费500万元，为创建工作提供有力保障。省、市级领导多次亲临指导我院创建三乙工作，县卫计局主要领导对省市专家来院指导提出的意见亲自督促整改，全院创建工作得以快速推进。12月20日通过省中管局三级中医医院评审专家组的指导评审。

护理工作：按照国家中管局《中医护理工作指南》，开展辨证施护，提高专科专病中医护理能力。一是以护理质量品质改善（qcc）活动为契机，逐步提升中医护理水平；二是持续开展5S管理工作，给医、护、患营造一个舒适、整洁的工作和就医环境；三是开展科研项目建设,提升护理技能创新。2016年获得市级科研项目立项1项，护理论文发表14篇。目前每病区开展中医护理技术5项以上，全院共开展中医特色护理操作项目17余项,定期举行中医特色护理操作竞赛。

医院感染监测：一是制度建设，重新修订《医院感染管理制度、流程、标准》《重点部门消毒隔离制度》，将《医疗废物管理规范》相关制度装订成册下发各临床科室，使科室管理制度化，有章可循；二是利用信息化管理手段。新上线院感系统，实时监测各项指标数据，能及时发现医院感染聚集性病例，有效降低安全隐患提升医院感染防控力度；三是加大医务人员院感知识培训和考核力度。逐步提高医务人员院感知识技能，全年培训1000余人次；四是加强院感爆发应急演练，提高医务人员对医院感染暴发突发事件的应急处置水平，全年开展院感爆发演练3次。医院全年各项院感指标均达到国家标准要求，无重大医院感染暴发事件发生，保障了医疗安全及患者安全。在全省院感年会上，医院荣获省卫计委、省院感质控中心评选的《2015年医院感染质量控制监测指标上报工作优秀单位》及《2015年医院感染暴发信息上报工作优秀单位》荣誉称号。

驻村帮扶：根据组织安排，选派3名党员到稳坪镇长兴、盖坪、鲊鱼村担任第一书记。全年派222名干部参加精准脱扶贫工作，承担稳坪镇长兴、盖坪、鲊鱼村、木叶四个村261户贫困户的遍访工作，开展遍访工作近1000余人次，为困难群众产业发展想点子、找出路，扶智与扶贫相结合。全年为4个乡镇16个村解决发展资金20余万元，为所在村村民减免住院治疗疾病费用10万元。

学术交流：2016年3月26日，北京中医药大学东直门医院副院长晏军率领专家团队到院开展义诊活动，成功签订战略联盟医院并挂牌，成为该院在贵州两家战略联盟医院之一；4月8日，省人民医院院长孙兆林率博士团一行23人到院开展“两学一做”走基层义诊帮扶活动，为医院聘任原省医副院长石承先教授担任医院名誉院长奠定基础；4月21日，开展国际微笑行动，国内外68名专家到院为来自德江及周边县市161例唇腭裂患者免费实施手术，惠及金额近80万元；5月13日，贵阳中医学院副院长刘文率专家一行到院就创建非直属附属医院工作进行指导，与医院签订“贵阳中医学院临床教学实习医院”协议并挂牌；8月13日，中华医学会医疗帮扶专家团德江行莅临医院，中华医学会纪委书记顾法明、北京大学第一医院党委书记刘新民、贵州省人民医院孙兆林、铜仁市政协副主席王能军等领导及专家组成的博士团，一行60余人到院开展专题讲座、教学查房、科普讲座、座谈会等系列活动，通过“大手拉小手”的医疗精准扶贫，促使优质医疗资源下沉，使得我院在内涵建设、服务能力等得到快速提升；8月28日，举办“泛武陵山区尿结石高峰论坛”会议。省政协副主席、民进贵州省委主委左定超出席开幕式并讲话，广州市第一人民医院二级教授、博士生导师钟惟德，铜仁市委副书记阳向东，市政协副主席、农工党铜仁市委主委王能军，民进贵州省委专职副主委郭子仪，贵州省人民医院党委委员、副院长陈辉，德江县委书记商友江，副县长赵贡良、朱建国出席论坛。会议邀请来自北京、广州、昆明、贵阳等国内著名泌尿外科100多名专家学者出席，会议为大家精心准备泌尿系结石相关的基础研究、临床预防和治疗、新技术开展、病例讨论、手术直播等丰富的学术大餐。与会专家针对“精准培训”“长效帮扶机制”等问题发表意见和建议。

医疗项目建设：一是信息化建设提档升级。智慧医院建设项目，系全省第三批项目观摩点之一、总投资900万元，全面投入使用，8月16日迎接市项目观摩专家组的踩点工作。该项目是利用“互联网+医院”服务模式，结合大数据、大健康产业，利用现场银行自助缴费设备、网上预约挂号、微信、支付宝挂号缴费等，切实改变人民群众看病就医“三长一短”问题等。优化院诊疗流程、规范诊疗行为，确保医疗质量科学化管理，使医院内涵建设得到稳步提升。远程医疗与乡镇区域医疗平台建设完善，实现医疗资源共享、患者数据共享、检查检验结果互认、双向无障碍转诊等服务模式，医院向上对贵阳中医一附院，向下辐射到稳坪、长堡、枫香溪三家乡镇卫生院，初步形成省、县、乡三级医疗及会诊服务体系，逐步建立分级诊疗、有序就医的新机制。二是医养一体项目。为全县2016年第三批重点建设项目，是省内第一家探索在贫困山区建立政府主管、公立医院经营的医养一体型老年养护院中院模式，它的重要性更多的是体现在示范性和带动作用。特别是在实施精准扶贫的攻坚阶段，注重医疗、注重养老以及医养结合就是建立解决我县群众特别是老年群体因病返贫、因老返贫问题的防火墙。三是公租房主体项目完工。项目占地面积900余平方米、建筑面积7000平方米。投资500余万元启动装饰装修，项目竣工后拟用于科室发展、专家住房、学生公寓等。

人才工作：一是聘请名誉院长。经县委政府、政府同意，医院8月4日，聘请享受国务院特殊津贴、贵州省核心专家、原省人民医院副院长石承先教授担任医院名誉院长。推动医院在肝胆疾病诊疗领域实现质的跨越。二是邀请上级专家长期来院现场指导及业务查房。2016年来院指导的专家有省人民医院博士生导师朱建国、教授杨秀书，重医二附院专家柯珍勇等。全年指导开展手术99例，其中经皮肾镜钬激光碎石取石术50例、输尿管软镜钬激光碎石术例10例、可视穿刺经皮肾钬激光碎石术10例，颈椎骨折切开内固定术5例、颈椎滑脱内固定术3例、人工髋关节置换术20例、双侧人工膝关节置换术1例。三是引进来、送出去。2016年在贵阳、遵义人才博览会上引进全科医学专业、中药学专业及中医基础理论专业研究生3人，招录本科学历毕业生18名，专业涵盖临床、影像、检验、针灸推拿、中西医结合、中医学、中医骨伤、护理等。同时医院还自行组织招聘护理人员30名、计算机专业技术人员3名，选派12名优秀人才到省“三甲”医院规培。四是加强培训。定期组织院内业务讲座，分专业、分岗位进行各种培训50余次、技术操作比赛5次。并通过三基考试、模拟演练等形式来检验培训成效，形成了有培训、有考核、有改进的良性循环。今年执医通过9人，通过率18%，晋升中级职称6人、副高职称8人，人才结构得到了不断优化。

对口帮扶：2016年，通过与省人民医院、贵阳中医一附院、贵阳脑科医院对接并签订帮扶协议，专家团队实行驻地手把手帮扶，医院呼吸内科、综合ICU、脑病科等科室在制度建设、教学查房、学科发展、科研水平等方面得到强化和提升。全年接诊病人500余人次，管理病人100人次，查房120次，开展手术20余例，参与危重病人抢救10次，会诊31人次。

法人治理结构工作：医院为铜仁市第二批法人治理结构试点单位，自2014年法人治理结构工作运行以来，各项工作推进有条不紊，抓好政策优势、落实政策措施，不断探索新模式、新路子。一是完成新一届理事会的改选。在7月19日，由县委常委、副县长周骥牵头，组织相关部门召开第二届理事会会议，会议重新选举产生新一届理事会和监事会成员，开创以医院院长为理事长、医院专职纪检员担任监事长，县卫计局、医院专家代表为理事的新模式。二是完成配套制度的建设。按照新理事会《章程》，新制定了人才招引制度、薪酬管理制度、医疗设备采购制度及流程、基建项目建设招标建设审批流程等。从而使法人治理结构改革工作得以有效推动运行。三是抓好法人治理结构模式运行，2016年共组织召开理事会4次，专题议定医疗设备采购、基础设施建设、人才招引等。至年，底按照相关制度完成设备采购20余次，累计金额近200万元；基础设施建设2次，累计金额150万元；人才招引工作1次。聘任名誉院长石承先教授、中医专家李元瀚老师。

医改工作：一是按照“总量控制、结构调整、有升有降”的改革要求。加强对贵重药品、高值耗材的管理，年内的药占比、耗材比呈下降趋势。药占比比上年同期下降2%、检查检验收入比上年同期增长1%、门诊次均费用比上年同期增长6%、住院费用比去年同期下降2.1%、平均住院日较去年同期下降1.12天。住院均次费用为3872元，较上一年下降2.1%。全年药品零差率让利群众350余万元。二是加大临床路径的实施。成立临床路径办公室及管理组织，上线临床路径管理系统，制定相应方案及奖惩办法措施，扩大实施病种数，全院实施临床路径的病种86个，入径率、变异率、完成率不断接近标准值。临床路径的逐步开展，降低诊疗费用，简化就医流程，促进临床合理用药，治疗进一步规范化、合理化。 三是绩效分配导向趋于合理。今年从新修订绩效分配方案并在职代会上通过。新的绩效方案更能充分反映以质量为核心，重点向临床一线、风险岗位、关键岗位倾斜，取缔了绩效与药品、检查、治疗等收入挂钩。

中医药服务能力建设：一是土家医药馆建设顺利开展，邀请中科院天然产物化学重点实验室骆衡博士对全县土家医药进行研究，完成对400多种土家医药的普查工作，其中20多种为新发现品种，进入实验室研究阶段；二是开展中医药适宜技术培训。年内完成一期中医药适宜技术培训，培训人员125人，培训时间2天。

科研教学：一是以科研能力建设为抓手，逐步提升医院核心竞争力。年初出台《科研教学经费管理办法》《论文管理规定》等制度，提升全院申报科研项目的积极性，年内医院申报省级科研项目1项、市级科研项目7项，申报材料完成送审工作。二是抓好临床教学工作，促进教学相长。通过承担高等院校实习生带教工作，开展临床带教师资培训，规范化临床带教管理，实现教医结合，促进医疗质量的提升，与贵阳中医学院、铜仁职业技术学院、贵州信息工程学院、遵义医学高等专科学校、碧江区中等职业技术学校、德江县职业技术学校签订临床教学实习基地，2016年带教实习学生本科11人，高职71人，中职95人。

（县民族中医院）

文体·广电·旅游

文化工作

【概况】2月11日至15日，县内举办“激情新春大美德江”文艺系列活动，活动内容包括：西五县足球赛、卡拉OK大赛、文物非遗图片展、有奖竞猜灯谜、《中国梦·中国年》迎新春文艺演出、“种子工程·百姓舞台”文艺演出、广场免费电影放映等。7月5日至8日，铜仁市“三区”文艺人才支持计划2016年“编、导、演”培训班在县内举行，来自全市10个区县140余名文艺骨干参训，培训内容包括舞蹈编导、舞蹈表演、戏剧编导、戏剧表演；8月25日，德江傩舞代表铜仁市参加由省文化厅、六盘水市人民政府主办的“多彩贵州·激情广场·金彩盘县”贵州省第三届广场舞大赛，以97.526分的成绩荣获“凉都奖”。9月29日,在青龙镇广场举办“话发展、助扶贫、迎国庆”文艺晚会，晚会由县委、县人民政府主办，演出脱贫攻坚相关节目10余个。10月9日，在煎茶镇敬老院举办“九九重阳节·浓浓敬老情”慰问演出。11月22至23日，参加铜仁市“金秋武陵”首届小戏小品比赛，小品《夫妻夜话》获得小品类一等奖，小戏《咱们长征村人》获得小戏类三等奖。11月11日，组建脱贫攻坚文艺宣传连，足迹踏遍全县12个乡镇40个村，演出40场次，吸引群众数万名，演出的关于脱贫攻坚小品、舞蹈、快板等节目五十余个。11月26日至27日，德江县在2016首届多彩

9月27日至9月30日，在中国·思南舞龙节暨第三届舞龙舞狮大赛中荣获“传统龙展演一等奖”

贵州文化艺术节·非遗展示篇周末聚活动登场，在贵阳全面展示“大美德江”非遗、地方特色产品展、非遗周末课堂、地方文化旅游推介、地方特色小吃展、文创产品集市等丰富的内容，推介德江文化，并荣获活动“组织奖”。12月8日，由县委、县人民政府主办，县文广局承办的“关爱特殊儿童 走向美好未来”大型慰问演出在特校举行。12月26日，“推动绿色发展、决战脱贫攻坚、决胜全面小康”元旦文艺晚会在体育馆成功上演。2016年，县图书馆免费开放，全年接待读者3.85万人次，办理电子阅览卡201张、报刊阅览卡152张、借书卡102张、数字图书阅读卡123张；利用流动图书车开展图书进校园、社区、景区等全民阅读活动12次；利用微型书架装满地方特色书籍及杂志分别送到医院、酒店、行政服务大厅、西麓阁、各景区等；给拘留所、枫香溪镇长征小学，黄岛希望

小学，潮砥镇、枫香溪镇、长堡镇、夏阡社区、公安局禁毒办康复中心等分别送去图书2000余册；年内完成农村公益电影放映3762场；放映《百团大战》《小小飞虎队》《建党伟业》等影片计320场次，同时开展《庆祝中国共产党成立95周年优秀国产影片》《纪念红军长征胜利80周年主题月》献映活动。

文物和非遗工作

【概况】 2016年，编制枫香溪会议会址和红三军医院防雷、消防工程设计方案（获批复）；枫香溪会议会址警卫排、保密局、参谋处修缮工程设计方案（待批复）报国家文物局；开展全国可移动文物普查工作，认定、筛选、登记、录入、上报可移动文物97件；开展庆祝第40个国际博物馆日文物文博展示活动，参加铜仁“5·18”博物馆日，全面系统展示县内独具特色的傩堂戏的表演、面具的雕刻及面具类型，德江土家炸龙与舞龙等国家级和省级非物质文化遗产等；组织申报第一批市级文物保护单位，由市人民政府公布，将县内有价值的46处文物点向县人民政府申报为第四批县级文物保护单位，由县人民政府公布；利用纪念红军长征胜利80周年之际，组织申报红军长征遗址遗迹为省级文物保护单位21处；完成非遗数据库的录入，对全县168条非遗线索进行细致的调查；完成高家湾傩面具展示区的布展工程，稳坪镇傩文化陈列馆的布展工作；培训非遗传承80人，发现非遗新线索20条，申报县级非遗项目58个，发展土家舞龙炸龙传承人10人，傩戏传承人20人。6月18日至21日，应邀参加“2016年环江分龙节暨第二届世界自然遗产文化旅游节（中国）环江面具大汇”，携带傩面具40余件，与全国各地傩面具专家学者进行交流，深受观众欢迎。9月9日，举办第二届旅发大会非遗展示和土家纺织比赛，来自全县各乡镇21支队伍参加比赛，挖掘整理哭嫁、土家打闹等非遗线索15条；10月27日至11月2日，组织推荐县内企业“贵州赛维罗丹文化产业有限公司”代表铜仁市参加第十一届中国（北京）国际文博会，展示德江傩面具雕刻、德江乌江奇石、德江乌木金丝楠雕刻等手工艺术品，得到时任贵州省委常委、省委宣传部部长张广智的高度评价。

文化市场管理

【概况】 2016年，文化市场综合执法大队全年出动执法人员1000余人次，切实加强文化市场管理；开展各项“扫黄打非”专项整治行动，检查出版物经营场所73家次；开展网吧专项治理行动，重点加强对网吧接纳未成年人和上网人员有效身份证件核对、登记的检查工作，对5家违规经营的网吧进行处罚，对13家网吧进行口头警告；联合相关部门对县城城区的歌舞娱乐场所进行全面检查，对无证照经营的10家娱乐场所进行停业整顿，要求其办理相关手续后方能营业，做到打击无证，规范有证的目的；着力提升业主和执法人员法律意识，开展2期法律法规及安全生产现场培训会。是年，文化市场综合执法大队长何先波，被贵州省文化厅评为2016年度全省文化市场综合执法优秀个人。

体育工作

【概况】 8月，县成功申办铜仁市第四届运动会，8月23日，县委副书记、县长秦智坤代表德江县接回2018年市体育运动会会旗，标志着市第四届体育运动会将于2018年在德江县举行。8月25日，承办德江县十二届“园丁杯”篮球赛，有30支男队、7支女队参赛；9月27日至28日，协办第十届老年人体育运动会，有35支队伍700多名运动员参加门球、台球、乒乓球、气排球、中国象棋和傩韵操六个项目角逐；9月30日，举办全县国庆节万名职工长跑比赛。9月27日至9月30日，在中国·思南舞龙节暨第三届舞龙舞狮大赛中，德江炸龙从13个省(特区)的42支龙狮代表队中脱颖而出，荣获传统舞龙展演“一等奖”；10月县体育馆建成，向市民免费开放；8月18至23日，组队参加铜仁市第

8月19日，市政府考评组一行到德江考评全市第四届体育运动会申办相关工作。

9月30日，在城北的武陵大道举行2016年国庆节万名职工长跑活动

三届体育运动会，县内283名运动员参加14个大项目的角逐，赢得13金9银13铜，团体获得体育道德风尚奖。是年，建成乡级农体工程3个，村级农体工程13个，路径工程6套，通过体彩公益金解决2个乡镇所在地体育健身器材对体育健身场地进行改造。

广播电视

【概况】 2016年，县广播电视台完成体制改革，从县文体广电新闻出版旅游局分离出来，升级为正科级事业机构，其宣传业务归口县委宣传部管理，县文体广电新闻出版旅游局实行行业管理。办公地点从县文体广电新闻出版旅游局搬迁至钟山路原粮食局办公楼办公，由原台长赵尚勇（副科级）主持工作，配备副台长1名。全台有职工35人，其中在编人员18人，下设新闻部、栏目部、总编室、办公室、广告部。在2016年贵州广播电视综合广播新闻报道中，荣获“优秀县级台”称号。

市委宣传部副部长、铜仁电视台台长张选明（左二）到台指导工作

是年，县广播电视台围绕县委、县政府中心工作，突出主题宣传报道，开办《德江新闻》《看德江》《以案说法》等栏目，先后推出《党代会报告解读》《政府工作报告看点》《新春走基层》《守底线走新路奔小康》《大美德江、美丽乡村》《学党章学系列讲话做合格党员》《决战脱贫攻坚、决胜全面小康》《五城联创曝光台》《整脏治乱》《聚焦重大项目》《决战极贫乡镇在行动》等专栏。全年制播《德江新闻》315期，稿件1694条；视频德江微信编排发送360条；在中央电视台用稿1条，中央人民广播电台用稿1条，在《贵州新闻联播》用稿11条，《贵州新闻广播》用稿64条，《今日贵州》用稿147条，《铜仁新闻联播》用稿188条，全市排名第三，《铜仁广播电台》用稿189条，《铜仁报道》用稿265条。发稿数量和质量大幅度上升，为加快建成黔东北交通枢纽和区域性中心城市营造浓厚舆论氛围，树立德江在外形象，实现传递德江正能量，唱响德江好声音的目的。

县委宣传部部长杨洪波（正中）一行到电视台指导工作

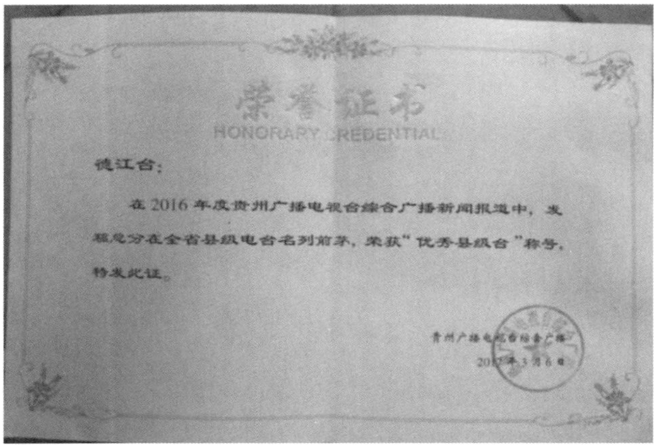

县广播电视台荣获2016年贵州广播电视综合广播新闻报道“优秀县级台”称号

县广播电视台顺利完成国家三类城市语言文字迎检工作

年内，先后投资185万元，对广播电视台进行整体搬迁；利用中央投资160万元，对老化的采编播设备进行更新换代，为电视台开展文化惠民提供坚实的保障。全年，播出抗日题材电视剧20部，古装年代剧20部，优秀国产电视动画片10部，《生活大百科》每周一集，各类标语52条，公益广告49部，制作县委、县政府及部门的各类专题片16部。（谭海杰）

网络电视

【概况】贵州省广播电视信息网络股份有限公司德江县分公司，2008年3月28日成立，与德江县有线电视站合并办公，为一个机构两个牌子，公司经理由县文体广电局局长兼任；2009年12月29日，德江县网络分公司从县文体广电局分离出来独立运营，在文广局大楼内办公。2009年4月，德江县分公司正式设立公司运行班子，下设立综合部、运维部。至2016年12月，分公司有24名职工，基中：中层干部4名，男性18名、女性5名，平均年龄35岁，本科12人，文化程度大专9人、中专2人，党员5人。德府纪要〔2016〕92号明确，同意县交通局公路管理所原办公楼与县广电网络公司办公楼进行置换，置换后将县广电网络公司办公楼移交给机关事务局集中管理。

2016年，公司完成现金流1726万元，完成率100.7%；完成权责总收入1745万元，完成率102%；完成基本收视维护费771万元，完成标清付费节目收入90.17万元，完成高清互动业务收入208.62万元。新增宽带用户2556户，全县宽带用户增至6441户；新增数字电视用户2690户，各项业务皆及时按质按量完成任务。

2016年4月，启动多彩贵州“广电云”村村通工程建设。至2016年9月，完成283个行政村的光缆线路建设任务，架设光缆总长度1021千米，其中自建杆路130千米（含直埋光缆），附挂杆路891千米，完成19个乡镇机房及23个村级机房建设工作，全面完成多彩贵州“广电云”村村通工程建设任务。（广电网络公司）

旅游产业

【概况】县旅游产业发展办公室2007年5月成立，原机构名称为德江县旅游局，为县人民政府所属正科级事业单位，2010年机构改革后，变名为德江县旅游产业发展办公室，为县文体广电新闻出版旅游局所属副科级事业单位，2015年升格为正科级事业单位，下设业务股、市场服务股、信息股3个股室。有事业编制人员13人，在岗人员14人。

2016年，按照县委、县政府和市旅发委年初下达的工作目标任务，以及“两个责任书”（市政府与县政府签订的旅游工作目标责任书、市旅发委与县旅产办签订的旅游业务目标责任书），结合全县旅游工作实际，开展各项工作。全县接待旅游总人数223.51万人次，同比增长45%，实现旅游总收入10.45亿元，同比增长50.1%。

旅游基础设施建设：一是投资6000余万元，实施高家湾3A景区建设及整改提升，新建观景台3个、旅游商品购物店1个、观光亭7个、标识2个、音乐喷泉、农耕文化体验园、傩文化展示园、6个花卉种植园、玉佛山步道2千米、傩乡文化廊桥500米、石林、荷塘月色等景点，新建扩建停车场3个、游客服务点；完善景区内导视标牌53块，温馨提示牌50块、垃圾箱85个、旅游公路2千米、生态移民街道硬化、绿化、亮化工程，逐步健全和完善旅游要素。二是在国道、省道、县道主要干线安装旅游导视标牌54座。三是完成煎茶水乡景区内栈道和亲水舞台的栏杆安装、地板铺设，沙滩乐园和游泳池完成清淤，环湖人行道硬化、人工湖堤坝建设、旅游步道和边坡加固已基本完成，景区大门以及售票中心内外装修正在完善中。四是新建改建旅游公厕4座。

旅游培训：开展旅游行业从业人员和乡村旅游培训，全年培训人员500余人次。

编制旅游规划：编制《德江县“十三五”旅游发展规划》《德江国家农业公园旅游修建性详细规划》《泉口镇天池村旅游扶贫规划》《合兴朝阳村旅游扶贫规划》《潮砥古镇旧址概念性规划》等，并通过相关部门评审。

旅游宣传活动：9月12日，举办全县第二届旅游产业发展大会暨2016年中国·德江乡村旅游峰会；与铜仁博大旅行社合作，以市场化运作方式开展高家湾3A旅游景区春游、自驾游、主题活动游、激情仲夏·大美德江广场舞大赛之篝火晚会、大美德江·博大旅行高家湾傩技表演暨音乐啤酒狂欢夜等活动；10月25日，组织县职校、旅游企业参加铜仁市委宣传部、市旅发委、市旅游协会联合举办的2016铜仁旅游服务技能大赛，并获三等奖；11月15日，组织德江县傩缘旅游文化产品开发有限公司参与全省举办的“游客最喜爱的贵州旅游商品”评选活动，德江县傩挂饰《开路将军》代表铜仁市唯一荣获得殊荣参评的项目。邀请贵州省地矿局地质调查院对洋山河景区、泉口草场石林等景区景点进行勘察，启动洋山河地质公园申报工作。

9月10日上午，全县第二届旅游产业发展大会招商引资签约仪式现场

9月10日，全县第二届旅游产业发展大会暨2016年中国·德江乡村旅游发展峰会现场

旅游资源普查。按照全省旅游资源大普查工作要求，召开全县旅游资源大普查动员暨培训会，成立旅游资源大普查办公室，实地开展旅游资源普查，完成1185个旅游单体普查工作。

旅游市场监管。结合“文明在行动·满意在德江”活动，会同相关部门定期或不定期对景区、宾馆、酒店及旅游企业进行旅游安全、环境卫生联合大检查10余次，对旅游企业存在“脏、乱、差”等问题的，责令限期整改，通过市、县督查整治，逐步规范景区、县内车站、宾馆、酒店及旅游企业的卫生和秩序。年内全县无游客投诉，无旅游安全事故发生，旅游市场秩序良好，实现“安全、秩序、质量、效率”四位一体目标。

2016年中国·德江乡村旅游发展峰会演讲专家与参会人员互动交流

2016年中国·德江乡村旅游发展峰会会场一角

【德江陶缘农旅综合体项目开工建设】 10月29日，占地3000亩、总投资4亿元的德江陶缘农旅综合体项目在煎茶镇境内（煎茶水乡与煎茶镇之间）开工建设。项目按照“现代农林观光，百花林地观赏，婚庆摄影度假，风情水陆体验”四大主题，打造“百花之约，浪漫煎茶”，形成农旅产业新爆点、新亮点、持续增长点。据悉，该项目引水入地，集风纳气，以农田、山林的原生态为主体，以五彩的花田为载体，以百花云集的山头为骨架，按照“绿色、低碳、环保”三大理念，统筹“生活、生产、生态”三大空间，用好“山水、田园、村寨”三大资源，彰显“人文、自然、艺术”三大特色，传承“历史、红色、民俗”三大文化，做好“乡村、城市、产业”三篇文章。项目建设期2年，主要建设内容包括土地整理、水土治理、景观打造、路网系统、接待中心、桃园小镇、休闲设施等，其中景观打造有千亩花田、樱花、千叶红坡、十里稻香、湖光山色、奇异果园、异域风情、院坝文化、梅园、湿地等。项目建设方苗夫集团作为中国生态景观建设、农旅产业运营的领军企业，将严格按照相关要求，进行科学规范施工，高质量、高速度、高效益建成项目。最终把陶缘项目建成贵州省，乃至全国农旅一体化项目的标杆，黔东北中心游泳目的地。

（李润）

社 会 事 业

民政工作

【概况】 2016年，县民政部门按照“守底线、走新路、奔小康”的总要求，围绕“四个全面”战略布局，以脱贫攻坚为统领，以“八争”精神为抓手，以作风优良为保障，以改革创新为动力，积极参与大扶贫、大数据两大战略行动，落实各项民生工程，全县民政事业得到创新发展，民生得到极大改善。是年，全县有乡镇、街道社会事务办（救助站）21个、农村敬老院14所、婚姻登记处5个（民政局、煎茶、长堡、高山、稳坪）。

【社会救助体系建设】 一是开展城乡低保年度核查和提标。2016年，执行“三环节、十步骤”工作程序，按照“应保尽保、应退则退、按标施保”的原则，确保3个100%（群众知晓率100%，入户核查率100%，审核抽查率100%）。年初与扶贫办、财政局联合下发《德江县2016年城乡低保年度核查方案》，召开全县因灾返贫困难群众低保核查工作会，县委书记主持会议，县长作强调，常务副县长作安排，通过入户核查、民主评议、张榜公示三个重点环节，纳入农村低保保障范围的有18836人，调整保全家庭人员3572人，因死亡、婚嫁等原因退出保障范围1089人，完成市分到县新增2万余人的任务数。至2016年末，城乡低保对象25888户68934人，发放城乡低保资金11088.42万元（其中：城市低保对象3022户6197人，月发放低保金202.6593万元，农村低保对象22876户62761人，发放低保金1518.1741万元）。城市低保标准从上年的每人每月440元提高至2016年的484元，增幅10%；农村低保标准从上年的每人每年2580元提高至2016年的3060元，增幅18.6%。同时，对8353户17680人低保季节性缺粮实施临时救助，发放救助粮140万公斤。二是推进居家养老服务。2016年，全县有特困供养对象1522人，有敬老院14所,集中供养对象689人，集中供养率47%，同比提高7%，分散供养标准和集中供养标准同比分别提高14.5%和16.2%，床位利用率达86%；完成敬老院法人登记工作，登记率100%。敬老院服务人员工资从每人每月1500元增加到1800元；推进养老服务机构消防“四个能力”提升工程，投资50余万元完善部分敬老院消防安全设施；在上年获省民政厅命名两所三星级敬老院的基础上，2016年争创龙泉、枫香溪2所星级敬老院和楠杆乡1所规范化敬老院。在年初招聘10名敬老院保安人员，工资从原来每人每月1500元增加到1800元。按时足额对3935名困难残疾人和3815名重度残疾人发放生活补贴费，发放资金221.76万元。三是开展医疗救助和临时救助。2016年，实施医疗救助3054人次，发放医疗救助资金737.6262万元，其中实施“一站式”服务1772人，涉及金额246.8万元，对115名困难家庭精神病患者实施医疗前救助；同时把实施好临时救助作为联席会议制度，发放救助资金48万余元。四是开展多形式的防灾减灾活动，4月29日对乡镇社会事务办灾害信息员进行集中培训；5月12日在步行街发放防灾减灾宣传资料；5月31日组织减灾委成员单位在高山镇何家组地质灾害隐患点开展地质灾害应急演练。修改完善《德江县自然灾害救助应急预案》，提升人民公园和新建堰塘乡高家湾村社区避难场所建设，制定《人民公园三级应急避难场所管理制度》，印发《人民公园三级应急避难场所管理方案的通知》，完善各类标识牌。制定灾后恢复重建工作方案，及时下拨救灾款物，落实筹措重建资金，2016年下拨因灾倒损房屋恢复重建资金200万元，其中：倒塌房屋56户218人，下拨资金56万元；严重损房225户821人，下拨资金67.5万元，救灾大米20万公斤，其他救灾物资折款260万元。加强对灾情统计和上报工作。2016年，全县遭受洪涝灾害的袭击4次，累计受灾人口218220人，紧急转移安置1783人，需过渡性救助人口1018人，农作物受灾面积9448公顷，累计直接经济损失达18944万元。五是开展留守儿童、留守老人救助。年初制定出台《留守儿童、留守老人关爱服务工作实施方案》，并按季度统计上报相关台账，在沙溪和煎茶分别建设留守儿童家庭亲情关爱示范点，投资2万余元，购买电脑、视频通话等设施设备。8月初对思源中学、特殊学校开展慈善募捐活动，发放图书2万册，资金3.5万元。2016年对304名孤儿发放救助资金82万元。六是流浪乞讨人员救助。2016年，受助人员35人次，救治重病1人次，精神病人6人次，在街道巡逻救助9人次，受助人员得到妥善安置，救助率100%。

【社会事务管理】 婚姻登记工作：2016年，全县办理结婚登记4224对，离婚登记531对，补发结婚登记346对，补发离婚登记9对。婚姻登记准确率和合格率100%。

开展“三留守”人员及困境儿童关爱工作：2016年，按要求建立“三留守”人员及困境儿童基础数据信息台账，实行动态管理。全县有留守儿童11789人，留守老人6533人，留守妇女2465人，困境儿童3393人；强化孤儿保障管理，按月足额发放全县304名孤儿的基本生活费，全年发放孤儿基本生活费105.4万元。

地名区划工作：2016年，围绕抓好撤县设市申报工作，开展边界平安建设和第二次全国地名普查工作。至2016年12月全县地名普查外业作业结束，完成地名目录及地名属性信息录入。

殡葬工作：2016年，火化遗体651具，火化率27%，实行骨灰生态安葬12例，其中撒散8例，树葬3例，深埋1例，发放惠民资金93.28万元。

社会组织管理：2016年，按照有关的法律法规规定，依法办理登记工作，全年登记5个，（其中新成立3个，备案登记2个），注销1个（乌江奇石），登记成立社会组织85个，其中社会团体67个，民办非企业18个。

【双拥优抚安置】 2016年，对符合享受60周岁农村籍退伍军人、带病回乡退伍军人、参战涉核人员对象的申报材料进行收集审核工作。落实各项优抚政策，确保抚恤补助经费及时、足额发放到位。全年发放抚恤补助经费738.99万元，对享受抚恤补助的重点优抚对象发放春节慰问金45.98万元。优抚对象住院补助64人次，住院医疗补助8.77万元，门诊医疗人数1144人，门诊医疗（含参合费）补助34.32万元。完成2015年至2016年度退役士兵档案的接收、地方一次性自谋职业补助金的核算、正在进行转业士兵符合安置的档案审核工作。做好退役士兵自愿参加驾驶培训，集中培训44人，分散培训27人。春节期间对驻德部队进行走访慰问，发放慰问金6万元，发放慰问品折币1万元。对部分在乡老复员军人、三属、战斗英雄代表每人发放慰问金1000元。

【基础设施建设】 2016年，利用闲置村学校、烟草站、村委会、管理区、外出务工民居房等房屋新建农村幸福院56所。经请示县人民政府同意，将占地面积800平方米的原县商务中心办公场所无偿划拨给民政局改建为城市日间照料中心。总投资1865万元的德江县黔东北养老服务中心（老年养护楼）完成三层主体工程建设。总投资300万元的德江县烈士陵园建设项目，主体工程全面完工。总投资400万元的共和镇养老院服务中心改扩建项目，完成主体工程。按照省、市民政园区建设要求，完成对民政园区进行规划选址。拟规划建设项目有城市中心敬老院、社会福利院、儿童福利院、流浪乞讨救助中心、黔东北防灾减灾应急指挥中心、救灾物资储备库、残疾人康复中心、残疾人托养中心。（安美霞）

人力资源和社会保障

【概况】 2016年，全县人力资源和社会保障工作贯彻落实省、市、县人力资源社会保障工作会议精神，坚持“民生为本、人才优先”工作主线，开展就业创业和城乡社会保障体系建设工作，推进人才队伍建设和人事制度改革，构建和谐劳动关系；开展“两学一做”学习教育，抓机关作风建设和效能建设，实现“十三五”人力资源社会保障事业发展良好开局。

2016年，县人力资源和社会保障局内设股级行政机构8个，即：办公室、录用调配科、公务员管理科（考核培训科）、职称科、工资福利科、退休干部科、社会保险科、资金基金监督科，核定行政编制17名。其中局长1名、副局长3名；内设机构股级职数8名。机关后勤服务人员事业编制3名。设党组书记1名（由单位行政领导兼任）、纪检组长（副科长级）1名、监察室主任（股级）1名。另设立行政审批综合服务科（不占内设机构个数）。下属股级事业单位2个，即：德江县人才交流中心，核定事业编制5名，其中股级领导职数1名；县人才信息网络管理中心，核定事业编制4名，其中股级职数1名。下属副科级事业单位4个，即：德江县社会保险事业局，核定事业编制34名（其中后勤服务人员事业编制1名），其中：局长1名，副局长3名（股级）；内设综合部、征缴部、城乡居民社会养老保险部、城镇职工医疗保险部、城镇居民医疗保险部、稽核部、待遇部、信息档案部、财务部、机关事业单位社会保险部10个股级机构，各配股级职数1名。德江县就业局，下设综合办公室、德江县职业介绍所（人力资源市场管理中心），德江县就业指导中心。核定事业编制7名，其中局长1名，副局长2名，内设股级领导职数3名；下设德江县就业培训中心，为德江县就业局下属股级事业单位，核定事业编制4名，其中主任1名；下设德江县就业小额贷款担保中心为德江县就业局下属股级事业单位。核定事业编制3名，其中主任1名。

德江县劳动保障监察大队，核定事业编制12名，其中大队长1名、副队长2名（股级）；内设综合办公室、劳动关系室、举报投诉室、执法监察室4个股级机构，各配股级职数1名。

德江县劳动人事争议仲裁院，核定事业编制7名，其中院长1名、副院长2名（股级）。内设综合办公室、立案调解庭、仲裁庭3个股级机构，各配股级职数1名。

【人事人才工作】 2016年，完成机关事业单位2015年年度考核工作，考核人数10023人；完成机关工作人员（含参公）正常晋升级别工资825人、晋升档次工资1709人，事业单位工作人员正常晋升薪级工资9193人，调整在职人员艰苦边远地区津贴标准12567人，完成6010人乡镇人员补贴审批工

2016年第四届中国贵州人才博览会招聘

作，完成全县机关事业单位工作人员基本工资标准调整和增加机关事业单位离休人员离休费工作。办理干部调动150人，事业单位新增460人，其中人才引进93人、政府订单生73人、退伍军人及随军家属安置8人、特岗教师转正286人。录用公务员33人，试用期满考核合格公务员名确为科员67人，明确职务职级20人，参公登记备案30人。办理干部退休100人、高龄津贴83人，调整2516名离退休人员边补。加强对事业单位人员管理。聘用晋升职务1254人，其中专业技术人员1214人、管理人员26人、工勤人员14人；推荐申报中、高级职务530人，其中正高级职务10人、副高级职务156人、中级职务364人，完成全县5606名教师职称过渡工作，启动全县事业单位续聘工作。审批企业退休和享受待遇人员225人，工伤调查74起。加强人事档案管理工作，收集档案材料17000余份，新建档案1430卷，转递干部档案437卷，专项审核档案320卷，查阅档案2000余人次。

【就业工作】2016年，完成新增就业5680人，完成任务的103.65%，其中失业人员再就业1043人，完成任务的100.29%，就业困难人员就业722人，完成任务的101.70%，城镇登记失业率控制在3.28%，有效控制在目标数4.2%以内；农业劳动力转移就业11124人，完成任务的100.22%，职业技能培训1600人，完成任务的123.08%。完成新增“雁归人员”创业就业3650人，完成任务的104.29%；完成新增“雁归人员”创办企业和个体

德江县就业工作暨就业扶贫工作推进会

工商户565户，完成任务的104.63%；完成新增“雁归人员”专业技术人才、经营管理人才和技能人才300人，完成任务的100.00 %，其中高层次人才12人，完成任务的120.00%;初步建成“雁归人员”创业园和创业孵化园各1个。

【社会保险工作】 2016年，全县养老保险参保人数完成9670人(含退休人员)，占年度参保任务数9670的100%；失业保险参保人数完成10950人，占年度参保任务数10950的100%；职工基本医疗保险参保人数完成17470人，占年度任务数17470的100%；工伤保险参保人数完成18060人，占年度参保任务数18060的100%；生育保险参保人数完成17200人，占年度参保任务数17200的100%;城镇居民医疗保险参保人数完成38480人,占年度任务数38480的100%；城乡居民社会养老保险参保人

德江县就业和社保工作会议

数完成195490人，占年度任务数195490的100%。年内征收养老保险费4500万元，占年度任务数4314的104.3%；征收失业保险费590万元，占年度任务数571的103.3%；征收医疗保险费4945万元（其中城镇居民医疗保险费170万元），占年度任务数4804的103%；征收工伤保险费450万元，占年度任务数425万元的105.9%；征收生育保险费119万元,占年度任务数119万元的100%；城乡居民社会养老保险征收1588万元，占年度任务数1580万元的100.5%。

【劳动监察和劳动人事争议仲裁】2016年，开展劳

向省督察组汇报工作

监专项行动5次,劳动监察用人单位516户次,涉及职工25974人；受理举报投诉案件106件，结案101件，5件在办理中,结案率95.3%；追讨劳动者工资2335.97万元，涉及劳动者3067人。受理劳动争议案62件，结案59件，待办3件，结案金额90.25万元，时限内结案率95%以上,鉴证事业单位聘用合同2673份。 （杨林富）

民族和宗教工作

【概况】 2016年，县民族和宗教部门紧扣市民宗委下达的各项目标要求及县委县政府的各项工作安排，在促进民族地区经济社会发展、创建民族团结进步示范县、繁荣民族民间文化、加强宗教事务管理等方面下功夫，开拓进取，扎实工作，较好的完成各项工作任务。全县辖内聚居着汉、土家、苗等18个民族，总人口55.05万人，其中以土家族为主的少数民族占全县总人口的84.19%。

【民族发展项目】 2016年，贵州省财政厅、贵州省民宗委经审定，以黔财农专款〔2015〕284号文件批复提前下达县内2016年3个项目，分别是：德江县堰塘乡高家湾村30万元，县民宗局自主统筹资金19万元、县民宗局管理费2万元；以黔财农专款〔2016〕41号文件批复县内5个项目，分别是：长堡镇大宅头村通组公路建设15万元，桶井乡凤凰村人饮工程8万元、青龙镇电子商务项目4万元、堰塘乡高家湾村电子商务项目4万元、堰塘乡高家湾村特色村寨建设10万元；以黔财农专款〔2016〕114号文件批复县内3个项目，分别是：县民宗局自主统筹资金31万元，桶井乡熟饲料生猪养殖项目25万元、德江县钱家乡绿壳蛋鸡养殖合作社蛋鸡养殖20万元;以黔财农专款〔2016〕357号文件批复县 内民族传统手工艺扶持项目1个。

10月28日，省、市民宗委领导到德江县高家湾调研少数民族经济发展情况

截至12月，4个项目竣工验收报账（长堡镇大宅头村通组公路建设15万元，德江县钱家乡绿壳蛋鸡养殖合作社蛋鸡养殖20万元，民族传统手工艺扶持项目5万元），3个项目正在实施中：石板村修建两座人畜便桥8.3万元；石板村帽子岩组新修公路2.6万元；大田村杨家组新修公路5万元，县民宗局自主统筹项目，其中石板村、大田村属局帮扶村。县级匹配共和镇乌鸦村饮水工程55万元，稳坪镇铁坑村60万元傩文化广场建设。高家湾特色村寨完工。

【民族团结进步示范创建】 一是坚持每季度向县委、县政府有关领导汇报创建工作进展情况，以及存在的困难和问题，以求得县党政主要领导的重视和支持，为创建民族团结进步示范县提供组织保障。创建经费由2014年的50万元增加到现在的55万元，民族三项经费也由2014年的90万元增加到现在的106万元。二是按市创建领导小组的总体部署，对全县的创建工作进行责任分解，将各项创建任务和指标责任细化到各相关部门和乡镇，全县的民族团结进步示范创建工作做到工作有人抓、责任

有人担，找准创建载体，以发展促创建、以创建推发展，全县的创建工作达到社会造和谐、群众得实惠的最终目标。三是多措并举，强化宣传力度，为民族团结示范创建活动营造良好氛围。发动全县各单位大范围悬挂或设置永久性创建宣传标语；在德江网、德江报、德江广播电视台等县内有影响的媒体开辟“民族团结进步创建活动”宣传专栏；及时编报和发布创建信息。四是启动城市民族试点示范工作，做好城市困难少数民族和城市少数民族流动人口服务工作，桥头社区被省命名为模范单位。通过一系列活动的开展，顺利完成市里安排的各项创建工作。2016年，主要抓民族文化进校园。解决县民族中学10万元，傩韵操表演为主；稳坪小学3万元，主要以傩舞表演；支持客店小学2万元开展钱杆舞表演赛，解决6万元支持复兴镇开展边区协作联创工作。是年，民创办王仁军被评为铜仁市创建全国民族团结进步示范市先进个人荣誉称号。

【宗教管理与服务】2016年，贯彻党的宗教政策，全面推进对宗教事务的依法管理，引导宗教与社会主义社会相适应，宗教管理与服务工作健康、有序，取得新的进展。一是开展宗教政策及相关法律法规的宣传教育工作。时刻做到宣传教育不放松，认真学习全国、全省、全市宗教工作会议精神，贯彻落实《宗教事务条例》《贵州省宗教事务条例》，在5月份开展的宣传月活动中，结合“三支队伍”建设工作的开展，集中培训活动场所人员达200余人次，做到把党的宗教政策贯彻到基层，使广大干部、群众对宗教信仰自由政策有全面了解。12月4，按照县依法治县领导小组统一安排部署，在德江县步行街举行“12・4”宪法日暨法制宣传活动，结合民族宗教工作具体实际，重点宣传党的十八以来民族重大政策和新修订并实施的《宗教事务条例》等法制法规。采取多种宣传方式，制定宣传展板、发放《宗教事务条例》《中华人民共和国区域自治法》等法制宣传资料1000余份。二是开展基督教私设聚会点治理工作。按照保护合法、制止非法、遏制极端、抵御渗透、打击犯罪的原则，开展基督教私设聚会点治理试点示范工作，举办爱国爱教培训班，参训人员150余人次，基督教信徒逐步实现正教正信，规范教务管理，从根本上消除非法宗教活动存在的基础，为促进基督教管理制度化、规范化、法制化创造条件。三是加强安全防范工作。制定突发事件应急预案和措施，协同县委统战部、县委政法委、县公安局及相关乡镇对基督教活动进行调查，彻底取缔该教的私设聚会点；认真排查宗教领域矛盾纠纷，处理好各时期宗教域的信访排查化解工作；协同公安局、政法委等单位抓好防范与处理邪教工作，以及各敏感期的防控工作，督促各场所抓好安全维稳工作，做好“6・19”和圣诞节的安全维稳工作；每季度对宗教活动场所进行常规安全检查。四是在11月7日全市宗教领域六个试点示范工作现场推进会上，县人民政府分管领导张清霜作交流发言。

【民族古籍古物保护】一是强化对少数民族古籍古物方面的指导思想、编写目的、重要意义、编写原则、收录范围、编写方法、撰稿要求等知识学习；二是做好特色民族村寨文化普查工作；三是2016上半年与县委宣传部共同编写出版国家级非物质文化遗产《德江傩堂戏》一书，由贵州省民族宗教事务委员会出版资金资助；四是与沙溪土家族乡人民政府共同出版《舞动的民间艺术》一书，由省民宗委资助2万元经费，其中县民宗局出资金3万元，计5万元；五是抓好陈列室的古籍古物的保护工作；六是着手花灯调子集成，积极参与指导舞龙炸龙工作。

10月28日，省民宗委副主任徐飞到县民宗局傩文化陈列室调研

召开德江县土家学研究会2016年常务理事会

【**精准帮扶和驻村工作**】2016年，落实中央、省、市、县精准帮扶工作会议精神，开展干部驻村工作和帮扶活动，并派出3名干部到长丰乡桐坝村、大田村、石板村开展驻村工作。4月8日组织全局党员干部到村到户进行一一回访，每一名党员干部从自己的工资中支持接对帮扶户现金300元用于解决目前群众生产需要的资金问题，开展精准帮扶对象户30户，投入结对帮扶资金9000元。一是帮助三个村理清了发展思路，帮助发展产业，走致富之路。二是帮助解决桐坝村办楼基础设施建设，改善办公环境投入资金24869元。三是在大力宣传党的民族政策、法律法规，开展“两学一做”教育，积极开展遍访和回访工作。四是开展计划育帮扶工作，对长丰乡20户计生户户均发放帮扶资金1000元，计2万元。（安美霞）

老龄工作

【**概况**】2016年，县老龄工作部门积极推进全县老龄工作，提高老年人的生活品质，健全、完善社会保障制度，加快推进、规范养老服务机构的发展，落实各项政策措施，推进各项基础性工作，提升老龄工作整体水平。

农村幸福院工作。2016年6月，完成彩票公益金支持农村互助幸福院建设项目的申报16个；按照“因村制宜、量力而行、先行启动、逐步完善”思路，利用闲置村学校、烟草站、村委会、管理区、外出务工民居房等新建农村幸福院56所。

高龄补贴发放。2016年，落实《铜仁市高龄老年人生活补贴（暂行）办法》等文件精神，做好全县高龄老年人生活补贴的发放及管理工作。4月，德江县人民政府办公室印发《关于印发德江县高龄老年人生活补贴管理办法（修订版）的通知》（德府办发〔2016〕27号）文件。县财政部门按照相关程序将资金及时足额划拨到县老龄办开设的高龄老年人补贴专项账户。县老龄办按照“一人一折”原则，根据补贴对象相应享受的金额拨付到农村信用合作社实名账户上。截至2016年12月底，全县有80岁以上老人6112人。其中80至89岁5663人；90至99岁443人；100岁以上老人6人；全年发放高龄补贴378.42万元。

老年协会。2016年，全县344个村（社区）有社区老年协会34个，村老年协会285个，全部实行（社区）老年协会登记备案批复，实现社区100%建有老年协会，90%村建老年协会目标。有其中市级老年协会2个。

组建城市日间照料中心。2015年6月，经请示县人民政府同意，将占地面积约800平方米的原县商务中心办公场所，无偿划拨给民政局改建为城市日间照料中心，按照民政部关于城市日间照料建设规范进行设计。改建工程自2016年4月开始，根据老年人日间照料的需要，设置老年人的生活服务、保健康复、娱乐及辅助用房。其中老年人生活服务用房包括休息室，分男宿舍和女宿舍各设置床位20张，供老年人日间休息所用；沐浴间及理发室免费为老年人提供洗浴及理发服务及衣物清洗工作；餐厅、厨房及储藏室，为老年人提供用餐；老年人康复用房包括医疗室、谈心室为老年人提供心理疏导及日常健康看护；老年人娱乐用房包括棋牌室、阅览室，为老年人提供娱乐学习及日常休闲；辅助用房包括办公室及公共卫生间。

老年宣传及老年维权。2016年，印制《老年人权益保障法》小手册5万余份，发放到各乡镇（街道）。会同县司法局成立法律援助老龄委工作站，调解涉老纠纷4起，做到件件有回音，事事有结果。

开展“敬老月”工作。“敬老月”期间，根据《铜仁市老龄工作委员会关于开展2016年全市“敬老月”活动的通知》（铜老龄〔2016〕2号）精神，全县以“敬老爱老，全民行动”为主题开展系列敬老活动，发动机关、企事业单位、学校、乡（镇、街道）等，结合本单位实际，开展为老年人办实事、做好事、解难事活动，组织老年人开展丰富多彩的系列庆祝活动；主办“九九重阳节.浓浓敬老情”慰问演出，县中医院抽部分业务骨干组成“九九重阳.浓浓敬老”义诊队，到各乡镇敬老院，为老人免费健康体检、扎针、发放药品等；青龙二小、平原、钱家、合兴、复兴等学校及乡镇开展老干部座谈会及困难老人慰问活动等。

《家庭赡养协议书》签订。2016年，在签订赡养协议书的同时，还督促协议书的兑现落实，落实子女的养老责任，强化家庭养老功能，弘扬尊老敬老养老的传统美德。截至12月，签订协议书397份。

老年证办理。2016年，办理老年证582本。

（县老龄办）

乡、镇、街道概况

青龙街道

【概况】 青龙街道位于德江县城南面，北纬28° 11′ ~26″,东经108° ~108° 50″之间，东接共和乡，南至堰塘乡，西与龙泉乡毗邻，北与玉水街道接壤，总面积38.35平方千米。街道驻桥头社区，集农、工、商、贸为一体，是德江县政治、经济、文化中心。全街道辖7个社区1个行政村61个村（居）民小组，66254人，其中户籍人口42867人，占总人口64.7%、流动人口23387人，占总人口35.3%、居民人口59311人，占总人口89.5%、农村人口6943，占总人口10.5%、贫困人口746人，占农村总人口10.74%。街道党工委下设31个党支部（其中4个党总支)，现有党员748人，辖区有机关事业单位35个，学校17所，医院5家，银行8家，规模企业13家，建筑公司6家，大型商场（超市）8个，小区（院落）52个，公共娱乐场所45所、私营小商铺9500余个。

2016年，全镇实现地方生产总值3500万元。固定资产投资220万元，县城居民人均可支配收入21200元，农民人均纯收入7800元。

【基础设施建设】 2016年，推进二中整体搬迁、大学城二期工程、温州商贸城二期、玉溪河景观带二期等项目建设，石打头村通组公路硬化、亮化工程。

【产业发展】 2016年，种植蔬菜1000亩，培育养殖大户15户，专业合作社1个，实施退耕还林1000亩；

【民生事业】 **科教文化事业：**2016年，全面实施“9+3”计划和义务教育均衡发展推进工作及三年免费中等职业教育计划，全街道小学生儿童入学率达99.9%，初中阶段净入学率达99.9%。学前教育及民办教育得到迅速发展，有小学在校生15219人，有在园幼儿6844人。

社会保障：加强社会保障体系建设，全面推行新型农村养老保险和城镇街道居民养老保险，建立完善以城镇街道职工养老保险、城乡居民养老保障、最低生活保障、基本医疗为重点的社会保障体系，加大对特困群众，弱势群体的社会救济、救助力度，社会保障能力逐步增强。

卫生事业：以医疗卫生体制改革为契机，完善以村级卫生室为基础的医疗卫生服务体系，提高公共卫生服务质量和医疗卫生水平，农村新型合作医疗做到应保尽保，参合率达102%。

文化事业：成功举办元宵节土家舞龙炸龙和六月六日草龙祈雨文化。

计生生育：继续落实计生全程管理服务，重点抓好人口基础信息，孕前健康检查，优生优育等工作，人口自然增长率控制在5.29‰以内。

社会管理：加大信访和矛盾纠纷排查力度，继续坚持工作重心下移，严格落实领导包案、接访、干部下访、责任追究等制度、畅通信访渠道、维护信访秩序、尽力化解信访积案，全力维护群众的合法利益。

安全生产： 严格落实安全生产责任制，确保无重特大安全生产事故发生，努力营造稳定和谐的社会环境。（青龙街道办事处）

玉水街道

【概况】 玉水街道总面积51.4平方千米，有耕地面积738公顷，林地面积3532.35亩；辖13个村（社区），98个村居民小组，总人口110361人。主要农作物有水稻、玉米、马铃薯、红薯、小麦、油菜、花生等；畜牧有生猪、黄牛、水牛、山羊等。境内属马蹄河流域，母岩以碳酸岩、砂页岩、第四纪黏土为主，岩山区占总面积的42.27%，属典型的喀斯特地貌，最高海拔1103米、最低海拔为436米，平均海拔535米，城区海拔520米。境内属亚热带季风气候区，冬无严寒，夏无酷暑，气候温和，年均气温16.1℃、年日照时数9275小时、年均降雨量1223毫米、无霜期295天。街道党工委、办事处内设机构有：党建综合部(含工会、团委、妇联、残联、人大办)、群众工作部（含维稳信访办、安全生产办)、社会事务部（含社保办、合医办、救助办、科技文化办、计划生育办）、城市服务部（含规划建设办、创建办、水务管理办、园林绿化办、生态环境办、农牧市场综合管理办）、农村服务部（扶贫开发办、农业管理办、林业管理办）。上划单位有：财政分局、国土资源所、交通管理站、派出所、司法所、教办等。

5月9日县委书记商友江（右三）在新寨、四坪两个社区走访调研

【脱贫攻坚】 2016年，抓住扶贫攻坚项目实施机遇，严格按照“双线合一”，落实扶贫到村到户政策，解决贫困人口温饱问题。按照“654321”帮扶模式实现帮扶全覆盖，组建13个同步小康驻村（社区）工作队，开展贫困人口摸底调查，帮助贫困农户找准增收发展路子，为贫困农户制定“家庭增收计划”，建立现金收支台账，实行“一帮一”帮扶机制。2016年完成精准脱贫40户161人目标，完成建档立卡帮扶264户764人。

4月14日市扶贫办到玉水街道检查精准扶贫工作

【基础设施建设】 2016年，按照“一城四区”的功能定位，完成德江县第七小学工程内的拆迁房屋8栋12户；楠木园棚户区改造道路建设工程（易地扶贫搬迁工程），征地20亩，拆迁房屋23栋28户，砂场、砖厂及其他附属物14户；德江时代上层工程（二期），拆迁房屋5栋5户；德江智能停车配件生产厂工程，开始征地，搬迁坟墓6座；德江伟才学校建设工程，征地70亩，拆迁房屋16栋15户；德务高速德江段井堡池片区建设工程，征地130余亩；德江县井堡池片区安置点，征地220亩，搬迁坟墓115座；德江县武陵大道延伸段建设工程，征地40亩；“四在农家·美丽乡村”团结村官庄组活动广场建设工程，完成征地5亩；推进大犀山森林公园工程建设，完成补植造林1000亩。完善水车坝、安家渡、建设坡、大岩角、大丫口、

四季岩等村的道路交通、饮水工程和建设坡沼气池等基础设施建设，村容村貌得到极大改善。

【农业生产】 2016年完成杂交水稻种植4600亩，杂交玉米种植3143亩，精品水果2000亩（其中大岩角村300亩、建设坡村560亩、大丫口村400亩、四季岩村450亩、团结社区250亩、新寨社区40亩）建设，在团结村实施桃园建设200亩。开展动物春秋“两防”工作，按照“一畜一标一证一针”要求，坚持做到“五不漏”，注射密度达98%，现无重大疫情发生。实施种植业基础保险工作，实现4600亩种植业保险全覆盖。加强农资市场监管工作，开展“三个严查”，对辖区内的农药、种子和化肥等经营门市部进行专项大检查，严格把关农产品安全市场的准入制，确保农业生产安全健康发展。完成农村实用人才统计工作，统计7个村实用人才167人，为农业农村发展提供技术保障；人才技能培训工作，开展培训3期3000余人。

【民生事业】 **科教文化事业**：2016年“两基”及“普实”工作得到全面巩固，义务教育均衡发展，教育“9+3”计划、“4+2”突破工程稳步推进。适龄儿童入学率100%，三残儿童入学率100%，3-6周岁幼儿入园率94.5%，小学辍学率0.09%，巩固率99.91%，初中辍学率0.58%，巩固率99.42%。

计划生育：落实全面二孩政策，开展优质服务、流动人口、人口出生性别比、计生协会工作，以依法行政、利益导向为抓手，强势推进计划生育“三按月”“双诚信·双承诺”工作，2016年出生人口808人，出生率10.16‰，性别比106，完成“四术”任务485例。

社会保障：2016年实施医疗救助196余户，补助资金122.31万元；收缴合作医疗资金437余万元，发放医疗补助1.12万人次，补助金额195.48万余元。收缴养老保险资金1.2万人119万元，完成城镇新增就业1184人，完成农村劳动力转移任务240人。

安全生产：2016年查处各类安全隐患53起；

1月18日，宣传整治违规办酒出新招

开展路查路检7850起，查处违法违章车辆1231起，查处金额9.5万元，行政拘留16人。

社会管理：围绕“发案少、秩序好、社会稳定、群众满意”总目标，以“大投入、大整治、大严防”为工作主线，全力降低辖区刑事发案，“零发案”小区建设做到全覆盖，人民群众进一步获得安全感、幸福满意度进一步提高，2016年开展治安巡逻1100余人次，清理流动人口5000余人，接警1036余起，出警1036起，立治安刑事案件346起，破案154起，社会治安明显好转。

（杨一锋）

煎茶镇

【概况】 煎茶镇位于德江县城南部，始建于隋唐，原名煎茶溪，曾为黔东北四大场镇之一，有“一打鼓二煎茶三永兴四大堡”之说，1992年撤区并为煎茶镇。煎茶素有铜仁地区西大门、德江县南大门之称，326国道、303省道和505县道穿境而过，在集镇区交汇，杭瑞高速德江出口设于煎茶，是德江、思南、印江、沿河四县的交通要塞，周边与复兴镇、合兴镇、平原镇、楠杆乡接壤，是县城进出口的重要通道，是“全国一类重点镇”、全国特色农产品生产和流通基地、国家级卫生镇、全省双百小城镇、省级示范小城镇、省级信用镇、“铜仁重镇”。全镇东西长17.30千米，南北宽19.40千米，总面积196平方千米，耕地面积10.36万亩，森林覆盖率50%。年平均气温17° C，无霜期252天，年降雨量1238.2毫米，平均海拔高度816米。

规划建设的“梦里天堂·煎茶水乡”初具规模，苗夫、华晨两大“绿色”企业入驻煎茶，食用菌基地规划用地1000亩，基地生产菌棒150万棒，产优质干菌120吨，产值1000万元，利润300万元。全镇辖17个行政村4个社区，259个村民组，总人口6.5万人，其中集镇人口3.8万人。煎茶镇党委、政府内设行政机构有：党的建设办公室、党政综合办公室（含武装、团委、妇联、人大办）、社会管理综合治理办公室、社会事务办公室、人口和计划生育办公室、经济发展办公室；事业机构有：安监站、村建站、武装部、农业服务中心（农技站、农机站、畜牧站、扶贫办、食安站）、科教信息文化中心、水务站、林业站、民政办、财政分局、社会服务中心（劳保所、合医站、社会救助站）、敬老院、计生站、计生办、计生协会。上划单位有：教育办公室、派出所、国土所、卫生院、司法所、交管站、法庭、农村信用社、工商分局、国税分局、地税分局、邮政支局、邮政储蓄、移动分公司、电信分公司、煎茶中学、供水公司、电管所、交警中队、供销社、林场、梅子坝水库管理站等。

2016年，全镇财政总收入741.96万元，固定资产投资2.31亿元，城乡居民人均可支配收入7590元，烤烟产值达1700万元，新增畜牧产业大户13家，发展电商服务15家。

【项目建设】 2016年，全面启动重点项目有5个，新场大扶贫产业园区总规划面积10000亩，苗夫公司实施的“陶缘居”项目用地3000亩，华晨集团实施的花卉苗木基地用地3200亩，全镇实施退耕还林18000亩，煎茶垃圾焚烧发电项目开工建设。

图为煎茶水乡一角

【脱贫攻坚】 2016年，按照“六个精准”要求，精准识别出贫困人口808户2382人。在新场、龙盘建设产业园，贫困户农户通过土地流转获租金，入园打工挣薪金，资产或资金入股分红利，有效解决贫困户的增收门路。5户贫困户搬迁至大龙开发区，解决住房和就业，还把结余资金用于入股分红；99户贫困户入住大沟新区，住上新房，过上市民生活，解决每户至少1人就业，方便就医就学。实施退耕还林18000亩，获得补偿金2700万元，贫困户就地打工16000人次，解决贫困户护林就业岗位34个，有效拓宽增收渠道。

【基础设施建设】 2016年实施交通扶贫项目5条18.8千米，总投资878万元；交通局实施的尖台、压老山2条公路总长13.3千米，总投资891万元；实施一事一议通组公路建设6条19.23千米，总投资156.22万元；实施连户路2.96千米。实施煎镇1回、煎镇2回线、煎茶至龙泉220千伏输电线路改造和4700户户表改造，用电安全和用电质量得到很大提高。4G无线通信网络实现全覆盖，有线互联网行政村接入率达95%，为农村电商奠定基础。集镇自来水管网覆盖率100%；2016年农村实施安全饮水项目19个，铺设管网20余千米，农村安全饮水普及率85%。实施农村危房改造480户，投入资金556.8万元；投入资金60万元在各村建设垃圾池105个，安放垃圾箱42个，投入34万元增添压缩式垃圾运输车1台和钩臂车1台，定期派车到村收集垃圾并集中处理。

欧式风格的新场集中建房

【民生事业】 **社会保障**：2016年新增就业66人，帮助23名创业人员办理创业贴息贷款184万元；全镇享受养老保险待遇916人，全年发放养老金82.44万元。新农合筹资40028人，实际完成缴费40655人，全年享受新农合住院补偿6800余人次，补偿资金830余万元，门诊补偿34470人次，补偿资金335万余元；享受大病救助87人次，发放救助金19万余元。有享受农村低保1006户2451人，享受城镇低保244户437人；及时做好春荒救济工作和各种灾情上报，全年发放救灾救济款48万余元，发放救灾救济粮6万余千克。

计划生育：2016年，新生人口518人，计划生育手术300例，开展免费孕优健康检查260对，新婚夫妇180对，社会抚养费征收10万余元。

科教文化事业：2016年，"9+3""4+2"教育计划和义务教育均衡发展，"普十五"工作启动实施，在校高中学生2400人，初中学生2054人，小学生3649人，在园幼儿1707人；镇中心卫生院与县人民医院建立医联体成功创建3甲医院。

社会管理：2016年调处民事纠纷91起，调处率100%，接待群众来访698批次，回复网上信访6件，回复率100%。

安全生产：实施安全稳定构建战略，创新社会管理模式，培育安全生产意识，落实安全生产主体责任和政府监管职责；开展安全大整治大排查，及时排除安全隐患，抓好整改落实，全镇未发生重大责任安全事故。

【镇第七届人大一次会议】 2016年11月23日，煎茶镇第七届人民代表大会第一次会议召开，大会应到代表70名，实到70名。会议议程：听取并审议镇人民政府工作报告；听取审议镇人大主席团工作报告；选举镇第七届人民代表大会主席、副主席，选举镇人民政府镇长、副镇长；选举何松为煎茶镇第七届镇人民政府镇长，庹江林、李进、樊波、张玉军、张树立、谭雪松为煎茶镇第七届镇人民政府副镇长。

（陈园园梅霜）

稳坪镇

【概况】 稳坪镇地处乌江沿岸、位于德江县城东北部，距县城19千米，北纬28° 15',东经108° 1',东临桶井乡，南接共和乡，西抵玉水街道，北与荆角接壤，稳坪地貌属于西部高原山地，辖区内地势西高东低，自中部向东、北、南三面倾斜，辖区内最高山峰盖坪村位于稳坪镇东北部，海拔1002米，最低点坨底村位于稳坪镇东部，海拔322米。稳坪气候温暖湿润，属亚热带湿润季风气候，气温变化小，冬暖夏凉，气候宜人，雨量充沛，全年平均气温16.4度，全年平均降雨量1205毫米，全年日照率为21%，平均海拔480米。境内河道属乌江大流域中的马蹄河流域，主要有稳坪河和海溪河，流域面积39.4平方千米，历年平均流量0.86立方/秒。全镇国土面积61.27平方千米，耕地面积13818亩，森林覆盖率55%。全镇辖19个村（社区），117个村民组，总人口22330人。稳坪镇党委、政府内设机构有党政综合办、党建办、人大办、政协办、纪委办、效能办、武装部、财政分局、社会工作服务中心、农业服务中心、综治办、计生办、经济发展办、扶贫站、安监站、移民站、村建站、科教信息中心、水务站、林业站、计生协会、团委、妇联、残联、创建办。上划单位有：海事所、国土所、派出所、法庭、市场监督管理分局、教办、邮政所、信用社等。2016年7月，社会工作服务中心主任张前军被市委评为优秀共产党员。

2016年完成地方生产总值1.2亿元，增长

14.29%；一般公共预算收入15.34万元,增长39.45%；固定资产投资1.02亿元，增长86.42%；金融机构存款余额1.53亿元，增长5.52%；贷款余额9033万元，增长12.21%；人均可支配收入7284.32元，增长10.2%。

【脱贫攻坚】 2016年，压紧压实“五主五包”责任链精准识别，因户施策，动态管理，编制扶贫项目1025个，投资320万元，实施项目45个；易地扶贫搬迁县城32户164人分房到户、跨县搬大龙5户26人；完成387户811人脱贫，完成贫困村国家村出列，贫困发生率下降到18.27%。

11月，市政府副市长张明（右二）在稳坪镇鲊鱼村调研脱贫攻坚工作

【产业发展】 2016年，培育农民专业合作社35个，村级集体经济联社2个，创建市级示范园区1个，农业产业化经营组织带动农户1.6万人，实现人均1亩产业目标。新增花椒1万亩、经果林800亩、绿色蔬菜500亩、水产养殖200亩。推进“互

9月，市委书记陈昌旭（左二）到稳坪镇指导花椒产业

联网+”信息化产业，发展电商服务网点3个，培育快递物流3家，文化旅游有序推进。

【基础设施建设】 2016年，建成村文化活动场2个，安装路灯297盏，完成农村危房改造120户；硬化通村公路6千米、通组路和产业路32千米，实施农村基础设施交通扶贫项目产业路8条30.7千米，启动建设金庄、长兴和国家村连户路，维修公路14千米，修建通车桥、人行桥2座，路段养护达100%。投资270万元，完成铁坑、花园、稳坪等村水窖6口、新修沟渠4.1千米、维修山塘1个。增容和更换变压器3台，完成稳坪、坪顶等11个村2000户户表改造工程。实现3G网络全覆盖，助农取款“村村通”网点全覆盖。推行集镇卫生外包服务，配备垃圾车2辆、垃圾箱25个，规范处置生活垃圾，镇村环境得到有效改善。

【民生事业】**科教文化事业：** 2016年，优先发展教育事业，顺利通过省“普十五”和“两个教育督导”验收工作，完成油庄教师公租房建设和6所山村幼儿园提质升级工作；

卫生事业： 2016年，完成中心卫生院医技综合大楼、铁坑社区卫生室、中医馆建设；装修DR室和远程医疗会诊室。

社会保障： 2016年，发放城乡低保金、救助金800万元，发放救助粮食8.7万斤；发放重度残疾人护理补贴3.8万元；新农合参合率达98%，合医补偿报销1300万元；城乡居民社会养老保险参保人数6211人，上缴参保金67.67万元，发放养老保险金817万元。

计划生育： 2016年，实现出生率、自然增长率、多孩率、性别比控制在目标范围内，三查率达100%。

安全生产： 全面贯彻新安全生产法，坚持安全生产“四不放过”原则，严格落实安全生产主体责任，安全生产形势总体稳定。

社会管理： 2016年，调处化解矛盾纠纷210起，严厉打击各类违法犯罪行为，“两严一降”工

作成效明显，人民群众安全感、满意度明显提升，社会和谐更加稳定。

【第七届人大一次会议】 2016年11月19日，稳坪镇第七届人民代表大会第一次会议在稳坪镇三楼会议室召开，大会应到代表54名，实到代表54名。会议议程：听取和审议镇人民政府工作报告；听取和审议镇人大主席团工作报告；听取和审议镇财政预决算工作报告。选举李海为镇第七届人民代表大会主席团主席，黄剑锋为副主席；选举黄朝强为稳坪镇第七届人民政府镇长，黎杰、樊波、肖高信为稳坪镇第七届人民政府副镇长。（安旭河）

11月，稳坪镇第七届人民代表大会第一次会议会议现场

潮砥镇

【概况】 潮砥镇位于德江县东南部，坐落于乌江沿岸，距县城30千米，东邻潮砥镇，西抵乌江河流与共和镇隔河相望，南与思南县鹦鹉溪镇和凉水井镇毗邻，北与长堡镇接壤。全镇总面积5466.1公顷，其中耕地面积37461.9亩，林地36970亩，草地8660亩。全镇辖16个村（社区），187个村民组，总人口22967人。镇党委、政府内设机构有：党的建设办公室、党政办公室、纪委办公室、人大办公室、社会治安综合治理办公室、安全生产监督管理站、食品药品监督管理站、经济发展办公室、村镇规划建设站、社会工作服务中心、社会事务办公室、社会保障事务所、新型农村合作医疗管理站、社会救助站、残联、敬老院、农业服务中心、农产品质量监督管理站、林业环保站、水务站、扶贫工作站、畜牧站、移民站、人口和计划生育办公室、计划生育协会、科技宣教文化信息服务中心。上划单位有：财政分局、交通管理站、司法所、国土所、海事所、卫生院、派出所、信用社等。2016年，全镇实现地方生产总值1.6亿元，完成固定资产投资1亿元，财政收入15万元，农民人均纯收入7297元。7月，潮砥镇石板社区党支部书记张金辉被中共铜仁市委评为全市优秀共产党员。

【产业发展】 2016年，成立养牛专业合作社1个，养牛70头；发展养鸡专业合作社2个，养鸡5000只；种植红心柚400亩，青龙村种植油桃130亩；实施2016年新一轮退耕还林3000亩；发展沙田柚产业875亩；发展脐橙2230亩，种植莲藕200亩。

脐橙基地一角

【基础设施建设】 2016年，完成新集镇至新华、小溪移民复建路的硬化、营盘村酸枣至桃坪至复建路通组硬化路、营盘村大田坳至桐子坡通组硬化路、青龙村汪家至小石通组公路；新建岩坝村当门坝至联盟通村公路、岩坝村张家沟至拖板坳通组公路。投资70万元完成新华社区小康寨的立面改造工程，投资115万元完成小康寨的路面改造工程；在新集镇群众休闲公园和沿江公路两旁栽观赏梨100棵、红叶桃树1900棵。并在新集镇种植天竺桂534棵，建成运动场4000平方米，配套有篮球场、羽毛球场、排球场，安装高杆灯，建成生态停车场1500平方米。

田秋广场一角

【水利电力建设】 完成腾溪村王坡、围岗两个组的人畜饮水工程，新修100立方米的水池。实施安坝、联盟等村的农网改造工程，完成户表改造，对部分老化线路进行更换。

【民生事业】 **社会保障：** 2016年，新增集镇供养五保数7人，完成4个农村互助院的申报，完成留守儿童、妇女、老人的统计工作，完成殡葬火化8例。完成城乡低保的减量投标核查工作。全年参合20824人筹资1870416万元。完成城乡居民社会养老保险5338人，征缴金额61.42万元。完成危房改造户390户。

安全生产： 严格落实安全生产“党政同责、一岗双责”和“一票否决”责任制，层层签订安全生产责任书；每月召开安全生产例会，每季度召开安全生产专题会,建立安全生产例会、巡查、专题会议、联席会议等制度。

社会管理： 推进“平安潮砥”建设，强化应急体系建设和公共安全监管，强化对刑满释放人员等各类特殊人群的服务管理，严厉打击各类违法犯罪活动。推进信访矛盾“百日攻坚”“五项行动”和“两个遍访”，改善信访工作运行机制，依法处理矛盾纠纷和信访问题，确保信访维稳“五个不发生”，全年化解信访积案19起。

【脱贫攻坚】 对全镇贫困户进行精准识别，识别贫困户1670户4025人。年内争取中央扶贫资金345.61万元，发放致富带头人培训、产业培训及贫困学生考上二本以上补助26.7万元。发放“精扶贷”资金26.7万元，惠及158户贫困户。完成“十三五”易地扶贫搬迁504户2228人的编制工作，其中搬迁大龙1255人，首批5户搬迁；完成2016年楠木园搬迁87户420人的搬迁前准备工作。完成8个移民村寨的移民后期扶持项目789盏路灯安装；拨付移民后期扶持资金125.4万元，移民长期补偿资金340.5万元。利用扶贫项目基金1.5亿元，把基金中的30%（4508.7万元）用于全镇各村产业发展，把基金中的60%(9017.4万元)用于全镇基础设施的改造，把基金中的10%（1502.9万元）作为村级集体经济滚动发展。全年实现1个贫困村出列，729人口退出，贫困发生率下降18%。

【第七次党代表大会】 2016年8月23日，中国共产党潮砥镇第七次代表大会在潮砥镇财政分局一楼会议室召开，会议应到代表48人，实到代表48人。会议议程：听取和审议中国共产党潮砥镇第六届委员会工作报告；听取和审议中国共产党潮砥镇第六届纪律检查委员会工作报；选举产生中国共产党潮砥镇委员会第七届委员；选举产生中国共产党潮砥镇纪律检查委员会委员。大会选举姚青松为中国共产党潮砥镇第七届委员会书记；黄丽洪、张晓林为中国共产党潮砥镇第七届委员会副书记。选举陈南方为中国共产党潮砥镇纪律检查委员会书记，张双为副书记。

8月23日中共潮砥镇第七次代表大会会场

【第七届人大一次会议】 2016年11月21日，潮砥镇第七届人民代表大会第一次会议在潮砥镇财政分局一楼会议室召开，大会应到代表55名，实到代

表55名。会议议程：听取和审议镇人民政府工作报告；听取和审议镇人大主席团工作报告；选举镇第七届人民代表大会主席、副主席，选举镇人民政府镇长、副镇长；其他。大会选举张金宁为潮砥镇第七届人民代表大会主席，黄建学为副主席；选举黄丽洪同为潮砥镇第七届人民政府镇长，刘志强、安懿为潮砥镇第七届人民政府副镇长。

（陈兴登）

枫香溪镇

【概况】 枫香溪镇位于北纬28° 00'～28° 38'，东经107° 36'～108° 28'。地处县境东部，东与印江县沙树乡、中坝乡相邻，南与思南县凉水井镇接壤，西与长堡镇、潮砥镇毗邻，北与沿河县谯家镇交界，东西长14.6千米、南北宽21.6千米，周长62.5千米，国土总面积104.82平方千米，耕地面积2447公顷(常用耕地1016公顷)，林地面积4071公顷，牧草地面积2332公顷。辖20个村（社区），178个村民组，总人口31398人。有红色旅游景点“枫香溪会议会址”。镇党委、政府内设机构有：党的建设办公室、党政办公室、纪委办公室、人大办公室、社会治安综合治理办公室、安全主产监督管理站、食品药品监督管理站、经济发展办公室、村镇规划建设站、社会工作服务中心、社会事务办公室、社会保障事务所、新型农村合作医疗管理站、社会救助站、残联、敬老院、农业服务中心、农产品质量监督管理站、林业环保站、水务站、扶贫工作站、畜牧站、人口和计划生育办公室、计划生育协会、科技宣教文化信息服务中心。上划单位有：司法所、交通管理站、财政分局、国土所、卫生院、派出所、信用社等。

2016年，全镇实现地方生产总值3.94亿元，增长16.6%；一般性公共预算收入1043万元；农民人均纯收入达7289元，增长10.3%；固定资产突破1亿元，增长62.1%；地方财政收入107万元。信用社存款余额1.7亿元，增长22.2%；贷款余额1.1亿元，增长28.5%。

【脱贫攻坚工作】 2016年，按照“六个精准”要求，实施教育扶贫，发放“雨露计划·圆梦行动”助学金11.2万元资助22人，国酒茅台助学3万元资助6人，贫困生补助330万元。实施生态补偿扶贫，把33名贫困群众聘为护林员，人均每月增收500元，发放生态补偿金144万元。实施易地扶贫搬迁，搬迁到楠木园的48户251人签订搬迁协议，5户23人搬迁到铜仁大龙经济开发区。发放“精扶贷”699.5万元，惠及贫困户157户，其中入股分红28.25万元。全年减贫135户475人，出列贫困村1个，贫困发生率下降到9.05%。

【基础设施建设】 2016年，启动352国道枫香溪路段的提级改造，投资510万元改建毛家坝至洞湾、枫溪至软坳公路，投资643万元开工建设枫铺上寨至大毛坡、长征村办公楼至新寨先锋等5条通组公路。投入12万元维护园区公路，3.6万元绿化公路，1.5万元安装36个道路警示牌。完成先联和双坝小康寨建设、枫铺文体广场建设、枫溪传统村落建设、园区土家民居立面改造，实施枫溪土桥街道硬化、亮化工程，改造450户危房，在新坪、兴界、庄严安装路灯230盏。

【水利建设】 2016年，实施毛家坝河道治理工程、黄家洞集中供水安全巩固提升工程、庄严饮水提级改造工程，投资65万元建成先联半坡、双坝南定坪的节水灌溉系统。

【产业发展】 2016年，投资326万元实施“以短养长”项目，投入4665万元先后完成园区服务中心、半坡观光台、贾家岭观景点及停车场、厕所等配套设施建设，成功召开全省核桃产业暨农村电商精准脱贫现场观摩会。发展茶叶300亩，有畜牧养殖小区19个，养殖场39家，养殖大户58户，中等养殖专业户338户。发展苹果桃300亩、空心李150亩、莲藕200亩、天麻6万平方米。

【民生事业】 **科教文化事业：** 实施教育“9+3”计

划和新“两基”，投入798万完成袁场中学运动场建设、开工建设袁场小学运动场和枫溪幼儿园。减免教科书费79万元，营养餐补助293万元。小学、初中入学率分别为100%和96.7%，辍学率分别为0%和0.2%，升学率分别为100%和98.6%；九年义务教育巩固率达91.6%，幼儿园入园率达90%。

社会保障： 2016年，新农合参合率100%，补偿58831人次共1150万元。新农保参保率100%，发放基础养老金3692人次311万元。发放高年补贴27.3万元，优抚金41万元，各类救助114万元。发放财政惠农补贴资金318万元，发放小额担保贷款23户146万元，发放城乡居民低保金794万元；发放“精扶贷”699.5万元。

计生卫生： 二孩政策全面落实，符合政策生育率93.02%，计划生育服务管理不断加强，人口结构不断优化，人口素质不断提高。

社会管理： 依法行政全面推进，“六五”普法圆满完成，群众安全感和满意度持续提升。安全生产形势持续稳定，信访维稳、矛盾纠纷排查化解成效突出，社会更加稳定和谐。

【镇第七次党代表大会】 2016年8月5日，中国共产党枫香溪镇第七次代表大会在枫香溪镇四楼会议室召开，会议应到代表52人，实到代表48人。会议议程：听取和审议中国共产党枫香溪镇第六届委员会工作报告；听取和审议中国共产党枫香溪镇第六届纪律检查委员会工作报；选举产生中国共产党枫香溪镇委员会第七届委员；选举产生中国共产党枫香溪镇纪律检查委员会委员。大会选举王苏州为中国共产党枫香溪镇第七届委员会书记，田华、吴仲爱为中国共产党枫香溪镇第七届委员会副书记。选举王时将为中国共产党枫香溪镇纪律检查委员会书记。

【镇第七届人大一次会议】 2016年11月21日，枫香溪镇第七届人民代表大会第一次会议在枫香溪镇四楼会议室召开，会议应到代表59名，实到58名；会议议程：听取和审议枫香溪镇人民政府工作报告；听取和审议枫香溪镇人大主席团工作报告；选举镇第七届人民代表大会主席团主席、副主席；选举镇人民政府镇长、副镇长。选举史天涛为镇第七届人民代表大会主席团主席，王双贵为副主席；选举田华为镇第七届人民政府镇长，李祖铭、王光明、夏应奎为镇第七届人民政府副镇长。

（范晓琴）

复兴镇

【概况】 复兴镇位于德江县西南部，距离县城33千米，东与煎茶镇接壤，南靠思南县宽坪乡，西连凤冈县花坪镇，北插平原镇；全镇行政区划面积为142.06平方千米。辖17个村3个社区214个村民组，总人口42528人。耕地总面积1572.97公顷，其中基本农田5867.68亩，人均占有耕地0.64亩。复兴镇党委、政府内设机构有：党的建设办公室、党政办公室、纪委办公室、人大办公室、社会治安综合治理办公室、安全生产监督管理站、食品药品监督管理站、经济发展办公室、村镇规划建设站、社会工作服务中心、社会事务办公室、社会保障事务所、新型农村合作医疗管理站、社会救助站、残联、敬老院、农业服务中心、农产品质量监督管理站、林业环保站、水务站、扶贫工作站、畜牧站、人口和计划生育办公室、计划生育协会、科技宣教文化信息服务中心。上划单位有：司法所、交通管理站、财政分局、国土所、卫生院、派出所、信用社等。

2016年，全镇实现地方生产总值5.2亿元，固定资产投资达2.5亿元，财政总收入达1678.4万元，农民人均可支配收入7491元，金融机构年末存款余额1.5238亿元、贷款余额7841万元。

【脱贫攻坚】 2016年，结对帮扶贫困户85户，减少贫困人口329人，出列贫困村1个。整合资金122.25万元，实施中山村产业路0.75千米，种植板栗300亩，发展养殖118户。完成生态移民安置200户，跨县搬迁到大龙5户22人。全年发放“精扶贷”669.5万元，红利14.5万元。

【**基础设施建设**】 2016年，完成326国道提级改造工程；启动实施山峰、稳子溪、中山等七个村公路改正项目；完成蒲村至棋坝山通村公路建设；完成河堡村下坝至覃家湾、明溪路至李家寨通组路建设；完成老街至七仙湖、南丫头至胥家山公路建设；投入资金53.1万元，完成土井村“一事一议”通组路建设；完成堰盆至山峰、东泉至蒲村、土井至雀丫18千米安保工程项目建设，完成新街集镇“白改黑”工程，启动实施老街棚户区改造工程；投入资金359.4万元，实施农村“危房改造”300户。

图为客店村小康寨建设

【**水利电力设施建设**】 2016年，完成楠木村、敖家村人畜饮水工程；实施共和村等机井人饮工程；完成中山村、山峰村、南溪村、共和村、复兴新集镇及周边村寨人畜饮水工程；实施东泉村渠道2千米、客店村水大塘渠道4千米、玫瑰产业园提水灌溉等小农水建设工程。新增青丝路10千伏线路和台区；完成徐家林400伏低压线路改造。

【**产业发展**】 2016年，投资3000万元建成贾村康泰肉牛养殖场；完成明溪、敖家2700亩土地整治项目；建成8000亩辣椒基地，组建“朝天椒”专业合作社；发展茶叶种植大户18户，种植面积19500亩；全镇烤烟种植面积7500亩，收购烟叶155.2万公斤，创税收392万元；核桃种植面积

图为黔东北畜禽交易中心

6500亩；发展养殖大户118户，年内出栏猪、牛、羊11248头(只)，各类家禽年出栏2万羽，组建养殖合作社28个。

【**民生事业**】 **科教文化事业**：全镇学前三年毛入园率达87.2%，小学入学率达99.7%，初中入学率达97.8%，“三残”儿童少年入学率达93.3%；辍学率，继续保持小学无辍学生、初中在校学生年辍学率控制在0.2%以内，九年义务教育巩固率为68.7%。“普十五”和“两项教育督导”成功通过检查验收。建成客店、河堡、联合等村文化活动场所。安装数据电视65户，播放农村公益电影252场。

社会保障：2016年，新农村合作医疗参合人数34740人，参合资金达312.66万元，参合率达100.1%，农村五保老人集中供养率达100%，农村养老保险参保人数9731人，参保资金110.3万元。发放各类生活补贴、救助资金718.1万元，发放各类救助粮7.4万公斤，确保困难群众救助不落一户，不漏一人。

卫生计生事业：开展免疫规划、疾病防控、妇幼保健等工作。以“双诚信双承诺”和“三按月”为抓手，加大全员人口信息统计，深入推进计划生育全程管理服务，完成“四术”任务240例，完成孕前优生健康检查213对。

社会管理：以“平安复兴”建设为统揽，以“五项行动”为抓手，依托青少年法制教育基地，开展法制教育80场次。严厉打击各类违法犯罪行

为，可防性案件下降20%，刑事案件下降18%，治安案件下降30%，着力化解信访积案，积极调处矛盾纠纷，切实维护社会稳定，群众安全感和满意度达97%以上，信访量下降46%。

安全生产： 加大安全生产监管力度，积极开展生产、交通、消防、产品质量和食品卫生等方面安全隐患排查治理，集中开展非煤矿山、地质灾害、食品药品、森林消防、校园周边环境整治等达40余次。（赵进）

合兴镇

【概况】 合兴镇位于县城南部，素有“德江南大门”之称。距县城32千米，东与思南县东华镇交界，南与思南县宽坪乡接壤，西与煎茶镇、复兴镇毗邻，北与堰塘乡相连，国土面积128.62平方千米，其中，耕地面积1389.87公顷，林业面积5763公顷，草坡面积2702公顷，水域面积15公顷。辖15个村（社区），178个村民组，总人口29616人，主要居住着土家族、苗族、仡佬族等少数民族。合兴镇党委、政府内设机构有：党的建设办公室、党政办公室、纪委办公室、人大办公室、社会治安综合治理办公室、安全生产监督管理站、食品药品监督管理站、经济发展办公室、村镇规划建设站、社会工作服务中心、社会事务办公室、社会保障事务所、新型农村合作医疗管理站、社会救助站、残联、敬老院、农业服务中心、农产品质量监督管理站、林业环保站、水务站、扶贫工作站、畜牧站、人口和计划生育办公室、计划生育协会、科技宣教文化信息服务中心。上划单位有：司法所、交通管理站、财政分局、国土所、卫生院、派出所、信用社等。

6月，县委书记商友江在清明村调研

2016年，全镇实现地方生产总值4.5亿元，比上年增长21%；财政总收入实现190.05万元，比上年增长14%；累计完成固定资产投资1.3亿元，比上年增长23.8%，农村居民人均可支配收入达7320元，增长11.6%。金融机构年末存、贷款余额分别为1.4亿元、0.9亿元，分别增长18.2%、11.7%。

【产业发展】 2016年，全镇实现粮食总产量6.7万吨；烤烟创税175.05万元。茶叶产业持续壮大，新建茶园4000亩，实现茶业产值2.13亿元，生产茶叶40余吨，实现销售收入1760万元，利润330万元，上缴税收35余万元。种植天麻7.6万平方米，发展生猪养殖大户10户，养牛大户25户。存栏生猪1.2万头，存栏牛0.56万头，存栏羊0.9万只，各类家禽3万多羽，实现畜牧总产值7253万元。投资2278万元，新建便民超市6家，餐饮住宿18家。完成退耕还林6000亩，建成高标准苗圃200亩，建成经果林2000亩，石漠化治理2000亩。

图为茶园一角

【基础设施建设】 2016年，硬化栗子嘴至船山沟与思南县东华乡交界通村公路。完成水利投资800余万元，建成各类窖池66口，投入233万元新修渠道15千米，投入500万元完成合朋、大兴小流域治理

17千米；完成15个村（社区）饮水安全工程和应急引提水项目，安装供水输管网137千米，实现饮水安全全覆盖，自来水普及率达82.61%。大木尧水库新建工程正稳步推进，全镇水利工程蓄水总库容达388万立方米。投入4508.6万元，新建35kV变电站1座，全面完成农网改造任务，实现电力覆盖100%。建成敬老院1个，完成移动信号基站建设8个。

【脱贫攻坚】 2016年，全镇实施易地扶贫搬迁107户475人，合朋安置点建设稳步推进。争取财政专项扶贫资金298.4万元实施扶贫项目，实现脱贫185户、652人,全镇贫困人口减少到2070人，贫困发生率下降到7.81%。

【民生事业】 **科教文化事业：** 全镇现有卫生院1所，村卫生室15个；初级中学1所，中心完小3所，幼儿园1所，教学点13个，寄宿制学校2所。完成新“两基”目标任务，不断改善学生营养餐。新建山村幼儿园13所，建成教师公租房168套，不断改善教育场所和基础设施建设，九年义务教育巩固率达92.01%。

计划生育： 开展人口计生“双诚信，双承诺”和“三按月”工作，兑现计生利益导向资金2250万元，惠及家庭4035人次，期末全镇出生人口性别比为105，常住人口出生率从10.25‰下降到7.75‰，常住人口自然增长率从9.67‰下降到7.7‰，成功实现“双降”目标。

（刘 雄）

平原镇

【概况】 平原镇地处县境西部，距县城42千米，东与复兴镇、煎茶镇接壤，南与复兴镇毗邻，西与凤冈县花坪镇交界，北插入务川县丰乐镇和楠杆乡之间，东北与楠杆乡相连。国土面积85.64平方千米，平均海拔880米，属于中亚热带季风湿润气候。有行政村13个，社区2个，居民组96个，人口1.63万。有贫困村6个村（台头、东风、上竹、南坪、龙塘、四合）708户2207人，2016年有四合、龙塘和四合3个村227户806人出列。2016年，全年地方财政收入完成232.17万元（其中：耕地占用税15万元，烟叶税217.17万元），累计完成固定资产投资1.1267亿元；农民人均可支配收入达7293元，较2015年增长10.2%；金融存款余额为1.2034亿元，较2015年底增加1500万元。完成坳田、四合村村级集体经济示范点建设，组建村级专业合作社，不断夯实村级集体经济。

【脱贫攻坚】 按照“六个精准、五个一批”要求，推进大扶贫战略行动，脱贫攻坚首战告捷，完成113户434人脱贫，实现坳田村整村出列。易地扶贫搬迁工程方面，完成首批贫困户5户24人搬迁至大龙经济开发区新家园；完善水车社区毛祖坪生态扶贫移民集中安置点附属工程，50户250人陆续搬迁入住。产业扶贫方面，完成生产烤烟任务100万公斤，农户创收1200万元，茶叶面积4000亩创收1120万元，争取到财政专项扶贫项目资金312.31万元，发展畜牧养殖、优质核桃和天麻产业及基础设施建设等。金融扶贫完成120户600万元的“特惠贷”用于发展产业，兑现首期入股分红12万元。医疗救助扶贫方面，医疗扶持23户92人，门诊及住院费用共计830.8万元，补偿报销480.7万元，其中涉及覆盖贫困户达2734人次，补偿金额达93.2万元，有5户获得“医疗救助”专项补助资金2000元，为一二级残疾人发放生活补助资金8.1万元。教育扶贫方面，先后在坳田和下竹等村创新开展肉牛养殖、蔬菜种植、优质核桃、茶叶种植等实用技术培训，开展农民实用技术培训班50期3600余人次。“雨露计划·圆梦行动”专项资金对12名贫困大学生共资助4.8万元，县帮扶部门给10名贫寒学子资助8000元爱心助学金。畅通在外就学返乡办理助学申请相关手续通道。社会保障兜底扶贫方面，完成民政低保与扶贫对象有效衔接，做到一、二类低保与扶贫系统“双线合一”，完成611户1691人的最低生活保障，做到了应保尽保。

【基础设施建设】 交通建设方面，硬化杉园社区连户路2.5千米；投资50万元修通水车至坳田6.5千米产业路，投资251万元修通上堰园区6.7千米产业路，在四合村修通产业路2.7千米；投资24万元修通上坝村“一事一议”公路1.9千米，投资13.6万元修通东风村办公楼至范石印公路0.95千米；投资18万元新修楠木树组休闲路；投资920万元，新修和改扩建下竹、龙塘、十字、南坪、上堰、火石坳至楠杆出境公路。水利建设方面，投资425万元的抗旱应急引堤水工程竣工并投入使用，覆盖杉园、上坝、水车、河石、坳田和台头等6个村（社区），惠及群众8000余人。投资78万元在南坪村、四合村完成人畜饮水工程2个，硬化水渠2千米，修复水毁沟渠4处，共惠及群众7800余人。农村基层组织阵地建设方面，投资204.1万元，建设上堰村小康村（包括村活动场所完善、房屋立面改造），安装路灯180盏进行亮化。投资225万元建设河石村小康寨（包括游泳池、公共卫生间、篮球场、长廊、绿化和石人“情侣峰”）；投资18.4万元对下竹村活动场地进行硬化、绿化、亮化。投资4.8万元修缮上竹村活动场地硬化。为下竹、龙塘等10个村（社区）新增220套办公设备，切实改善村居办公条件。其他设施方面，完成毛祖坪生态移民安置点变压器、线路和入户电表等的安装，该安置点公厕已投入使用，投资259万元完成危房改造200户使737人受益。

【产业发展】烤烟产业方面，完成县分任务烟叶100万公斤，总产值1200万元。茶叶产业方面，新增500亩茶园，现已投产4000亩春茶喜获丰收，为茶农年均创收达1120万元，4家茶叶加工厂正常运行。畜牧产业方面，发展养牛户438户，存栏牛8700头，出栏牛2700头；存栏羊1.55万只，出栏羊1.55万只。山羊养殖规模持续扩大。全镇畜牧养殖总产值达3.5亿元以上。中药材产业方面，已在十字、水车等村种植500亩金银花并全部投产，在上堰和东风等村新增天麻5000平方米，中药产业不断壮大。果蔬产业方面，已在台头、河石、南坪以及东风等村种植精品水果2000亩、核桃1459亩和空心李1360亩；在下竹村种植蔬菜180亩。第三产业方面，已在杉园、下竹等6个村（社区）成立了6家农村淘宝服务店，在集镇成立1个武陵生活馆和股金服务社，引进中通和百世汇通集为一体经营的物流快递店1家并实体运行，社会消费品零售总额达100万元以上，第三产业所占比重得到提高。

肉牛养殖产业

【生态绿色发展】一是绿色发展新理念深入人心，生态屏障得到巩固，围绕实施“生态平原”，推进“六绿”工程行动，实施2016年度新一轮退耕还林还草工程，栽植油茶5830亩、柑橘110亩、李子30亩、苹果30亩、桃子30亩、楠木110亩、林下种草2000亩，种植优质油菜1000亩。二是绿色产业释放经济效益红利，肉牛养殖、养猪、养羊等养殖产值达3.5亿余元，4000亩生态茶园创收1120多万元，十字村天然原生态优质水产值达100多万元，金银花等中药材以及林下养鸡等创收100余万

白茶园一角

元。三是切实加强生态建设和环境保护，在杉园社区、坳田等村新增修建垃圾池30个，加快推进生活垃圾无害化处理，切实改善农村人居环境。四是初步建立了绿色发展的村规民约，加强森林护林员管理，生态环境管护工作常态化开展。

【旅游发展】 一是黔北特委旧址红色文化保护和挖掘开发工作有序推进，红色文化宣传工作进校园进机关常态化开展，文化内涵得到进一步丰富。二是上竹、台头、杉园和上堰四村（社区）被列入全国乡村旅游扶贫重点项目村。三是扎实做好旅游资源普查，对竹子洞、黔北特委旧址、金丝楠木古树群、上堰白茶园和情侣峰等共18个景点建立旅游资源基础数据库。四是加强旅游资源保护，对竹子洞、霸王洞等景点进行管控并采取了有效的保护措施。五是完善景点配套设施，对白茶园区、金丝楠木古树群等景点的基础设施完善，并对周边村寨房屋进行立面改造亮化。六是挖掘并丰富地方土家农耕文化和自然景观传说文化，黔北特委旧址、天门洞、竹子洞、情侣峰等旅游景点受到广大游客慕名而来欣赏，影响力与日俱增。

【社会事业】 全镇参加城乡居民社会养老保险4432人，收缴养老保险费53.52万元，新型农村合作医疗参合人数达14883人，完成“新农合”筹资132.6万元。及时兑现合医补偿，门诊治疗24325人次，总费用139.2万元，完成城镇新增就业145人，占全年任务140人的103.57%，城镇登记失业率控制在4.08%；农村劳动力转移就业520人占全年任务500人的104%；完成了新增“雁归人员”创业就业100人；新增“雁归人员”创办企业和个体工商户6户，占全年任务的100%。全面推进社保卡建设工作，超额完成了县分任务数，真正实现“一卡多用，一卡通用”的社保服务功能。不定期对全镇18家企事业单位的劳动用工进行专项检查，严厉打击非法用工。民政工作方面，发放城乡低保、冬春救助、医疗救助和临时救助等民政资金共计633.8万元，其中农村低保406.3万元，城市低保25.5万元，医疗救助金43.5万元，临时救助金5.6万元，救助粮11.3万公斤；一、二类低保与扶贫系统“双线合一”，完成611户1691人的最低生活保障。退耕还林、良种等涉农补贴共兑现269.6万元，全面实行“一折通”兑现。教育方面，一是不断完善教学园区环境，投资127万元修建中学和完小2个活动场所（共1.55万平方米），完善10个山村幼儿园教学设施，为中学添置200套课桌椅。二是整合教育资源，大力开展“新两基”结对帮扶活动，整合帮扶资金10万元；投资18万元完善镇中心幼儿园和中学校园文化附属设施，为学生提供营养餐补助3434人次165.8万元。积极开展春晖助学，接力大学生支教志愿者深入竹子、高席和南坪等学校开展假期公益活动，整合社会爱心资金10余万元；接力社会力量在竹子、镇完小等学校修建图书室，并资助爱心图书10000多册，实现图书室全覆盖。关爱留守儿童方面，开展“六一”慰问留守儿童活动，用实际行动关心他们的生活和学习，接力社会基金会助学金20万元给予帮扶。卫生计生方面，加强村级公共卫生服务阵地建设，投资10万元完成南坪卫生所建设；建立健全居民健康档案14200份，强化公共卫生防疫及健康知识文化宣传、基层公共卫生服务人员技能培训等，投资20余万元对新修建的公共卫生综合大楼内部办公设施、村级服务场所等进行完善，开展健康知识宣传咨询活动18次。大力宣传“二孩政策”，基础信息核对核查16320人次，完善3500户档案，全年出生165人，女81人，男84人，性别比符合政策生育率92.7%，达到各级指标，长效避孕措施手术率完成率达100%，孕前妇检率达99%，依法依规征收社会抚养费10万元并上缴国库；发放利益导向资金47万元，为计生贫困户发放慰问金10余万元。社会治理方面，深入开展普法活动，干部群众法制意识得到提升；开展地质灾害隐患演练提高防范意识；扎实开展“安全生产月”和禁毒反邪教法制宣传等系列活动，织牢安全防范网，提升群众安全感。认真落实“领导接访、干部下访”制度，及时处置各类信访。严厉打击“黄、赌、毒”“两抢一盗一骗”等违法犯罪行为。严格落实“党政同责、一岗双责、齐抓共管”安全生产责任制，认真开展各行业各领域安全生产专项行动，无重特大安全生产责任事故发生，社会和谐稳定。深化平安平原“五项行动”建设，群众的安全感和满意度走在全县前列。

（平原镇党政办）

高山镇

【概况】 高山镇位于德江县城北部，距离县城37千米，全镇辖区面积108.4平方千米，辖12个村（社区），102个村名组，总人口1.9万人。主要特产有天麻、蔬菜、核桃、野生猕猴桃等。全镇全年气候宜人，森林覆盖率高，冬暖夏凉，风光秀美，镇内有洋山河AAAA级国际休闲度假景区、方家薰衣草基地、方家万亩草场、鹿溪洞佛寺红色教育基地、鹿溪斑鹿溪、梨子水陈家村、阡丰天麻种植基地等旅游开发景点。高山镇党委、政府内设机构有：科学技术文化宣教中心、计划生育协会、村镇规划建设站、食品药品监督管理站、水务站、林业环保站、安全生产监督管理站、农业服务中心、社会工作服务中心、党政综合办公室、党的建设办公室、社会事务办、计生办、扶贫办；上划单位有：财政分局、卫生院、司法所、派出所、信用社等。

4月30日，县长秦智坤到高山镇调研洋山河景区建设和易地扶贫搬迁工程建设（左三）

2016年，全镇实现地方生产总值18031.32万元，同比增长16.7%；地方财政收入241万元，增长8.4%，金融机构年末存款余额5851万元，增长8.8%，贷款余额5064万元，增长16.2%。

2016年2月，副镇长周万玲被铜仁市人民政府评为“2015年度安全生产工作先进个人”，镇安全生产监督管理站负责人贾志勇被德江县人民政府评为“2015年度安全生产工作先进个人”；7月1日，高山镇信用社被省联社评为2015—2016年度“五好”党支部、方家村党支部被中共德江县委党的建设领导小组评为“先进基层党组织”。9月，高山镇方家小学教师何晓凤被铜仁市人民政府评为“优秀教师”。

【基础设施建设】 2016年，投资18.7万元启动阡丰村梅家至龙洞湾产业路硬化工程；投资28.1万元实施中和村黄泥坪通组公路建设；启动高桥村桥上至坝坪、冷溪方林至寨上、鹿溪坨田至塘坪、河下老窝坨至柒树坪、谭家小学至方家5条通组路硬化工程，洋山河至细枣池饮水工程主体已竣工，集镇新区高压和低压线路改造完成，低压入户改造已完工。投资200万元，对梨子水、谭家、高桥、鹿溪、中和、乌溪村的办公楼进行装修，购置办公设备，水电安装。

【产业发展】 2016年，种植烤烟2600亩，收购烟叶65万公斤，种植天麻5万平方米，完成1万亩的核桃后续管护工作，种植脱毒甘薯、蔬菜等农作物，培育养牛大户2户，养羊大户1户，养猪大户1户。打造4.5千米长的鹿鼎山天然公园，种植无

12月28日，高山镇2016年第一批易地扶贫搬迁贫困户成功住进新家

筋豆、蔬菜、辣椒1500亩，兴建大型养猪场1座，有能繁母猪79头。

【脱贫攻坚】 2016年，对精准扶贫建档立卡户进行再一次精准核实，全镇完成216户849人脱贫，高桥村68户221人脱贫出列。完成易地扶贫搬迁99户409人的安置房建设，117户500人的安置房建设开工建设，设施搬迁德江县城45人。

【民生事业】 **科教文化事业：** 初中入学率达91.5%，小学入学率达100%以上；初中阶段辍学率控制在2%以内，小学阶段辍学率控制在1%以内，启动高山中学寄宿制工程项目建设。

社会保障： 2016年，全镇共发放农村低保566.49万元，城镇低保36万元，农村医疗救助金270万元，重点优抚对象金28.1万元，救灾款3万元，救灾粮食2.3万公斤，农村孤儿生活补助费6.1万元。

计划生育工作： 2016年，全镇常往人口出生率为8.83‰。自然增长率3.12‰，完成手术137例，常住人口无政策外出生，符合政策生育率为92.52%。

社会管理： 以建设“平安高山”为契机，加大突出矛盾和信访问题集中排查化解，对排查出的矛盾纠纷问题，进行认真梳理，建立工作台账，列出责任清单。全年排查出各类矛盾纠纷9件，调处9件，调处成功8件。

安全生产： 开展道路交通安全“百日整顿”行动，严格安全监管，层层落实责任，层层抓落实。全年查处各类违法车辆138辆（次），行政拘留10人。

图为会议现场

【第二次党代表大会】 2016年8月23日，中共高山镇第二次代表大会召开，会议议程：听取和审议中国共产党高山镇第一届委员会工作报告；听取和审议中国共产党高山镇纪律检查委员会工作报告；选举产生中国共产党高山镇第二届委员会、中国共产党高山镇纪律检查委员会。

大会选举选田文、郑伯银、姜明、牟永仲、罗倬飞、孙勇、周万玲、罗海、赵晓宇等9名为中国共产党高山镇第二届党委委员。大会选举选牟永仲、吴界、罗来荣、杨序元、杜朝文为中国共产党高山镇第二届纪律检查委员会委员。会议上选举田文为中国共产党高山镇第二届党委委员书记、郑伯银、姜明为副书记，并同意中国共产党高山镇纪律检查委员会第二次全会选举结果。在中国共产党高山镇纪律检查委员会第二次全会上选举牟永仲为中国共产党高山镇纪律检查委员会书记、吴界为副书记。

【第二届一次人代会议】 2016年11月21日，高山镇第二届一次人民代表大会召开，会议议程：听取和审议镇人民政府工作报告；听取和审议镇人大主席团工作报告；大会选举罗倬飞为高山镇第二届人民代表大会主席团主席，张国强为副主席；选举郑伯银为高山镇第二届人民政府镇长，周万玲、罗海、赵晓宇、张龙同为副镇长。 （田松禾）

图为会议现场

泉口镇

【概况】泉口镇位于德江县城北部，距离县城53千米，东与沿河县的中寨镇、泉坝镇接壤，南与本县高山镇相连，西与务川县的石潮乡交界，北抵务川县的洪丝乡、大坪镇，303省道穿越本镇，是“三县八乡（镇）”交界之地。全镇东西长15.4千米、南北宽15千米，周长60.2千米，全镇国土总面积127.73平方千米，其中耕地面积28246.2亩，田5069.9亩，土23176.3亩。境内有汞矿、萤石、硫铁矿、石灰石等矿产资源。全镇辖21个村（社区），195个村民组，总人口27850人。泉口镇党委、政府内设机构有：党政综合办公室、党的建设办公室、科学技术文化宣教中心、计划生育协会、村镇规划建设站、食品药品监督管理站、水务站、林业环保站、安全生产监督管理站、农业服务中心、社会工作服务中心、社会事务办、计生办、扶贫办。上划单位有：财政分局、交通管理站、司法所、派出所、信用社、卫生院等。

2016年，全镇实现地方生产总值3亿元，完成固定资产投资1亿元；完成财政税收157.55万元；农民人均纯收入达7029元；金融机构存款、贷款余额分别达15317万元、18349万元。

5月，县委书记商友江（前中）在易地扶贫搬迁安置点查看工程进度

【脱贫攻坚】2016年，对全镇21个村（社区）贫困户进行再精准识别，建档立卡贫困人口1833户6645人，发放雨露计划·圆梦行动补助资金14万元。发放“精扶贷”资金3189.74万元，惠及882户贫困户。完成搬迁人口93户475人。全年脱贫365户1739人，贫困发生率下降6.82%，加快实现全面小康的步伐。

【基础设施建设】2016年，完成352国道泉口段提级改造项目的规划申报工作；启动三合河透经马喇、先坝至大元19.2千米通村公路和山羊坝至只房沟、只房沟到寨头坡、湾里至猫上、大习场至肖家等13条通组路的硬化工程；完成猫叉至山竹丫3.8

图为朝溪水库开工仪式

千米通村千米硬化，方立园至土地坑3.8千米通村公路硬化，303省道至水塘村梅家组和黄泥堡至黑洞溪两条通组公路硬化；完成552县道集镇至洗脚溪沥青公路的铺设。总投资1.25亿元的朝溪小（一）型水库开工建设；投资175.9万元建成天池、三合、泉口三个村（社区）安全饮水工程，投资175.5万元，完成户表改造3300余户，新增变压器4台，增容变压器1台，在集镇C区修建1500平米农民文体活动场所。

【产业发展】2016年，发展烤烟2700亩，收购烤烟65万公斤；粮食产量8400吨，发展梨子300亩，发展茶叶1200亩，新栽冬桃1250亩、猕猴桃750亩；新增养殖熟饲料猪1500头，新增家禽养殖15000只，生态畜牧养殖产值达2亿元；农业产值达2.4亿元。培育龙头企业3家，培育农民专业合作社27个，村级集体经济组织26个。发展电商6个，易额达50万元。

【民生事业】科教文化事业：硬化集镇幼儿园操

9月，县委副书记、县长秦智坤（左二）调研泉口石林

场，小学入学率达99.4%，初中入学率达98.12%，均衡推进教育“9+3”，开工建设先坝小学教师公租房，新增农村幸福院2所。新增农家书屋图书500册，成功举办“迎国庆助扶贫”篮球赛暨文艺汇演；在21个村（社区）放映电影240场次。

社会保障：完成农村危房改造253户，各类参保8000余人，全年发放城市低保金（含补助金）303720元，发放医疗救助资金510474元，发放临时救助资金25000元；发放救灾大米12000公斤、菜油100桶、救灾款4万余元。新农合参合率达99.9%。新增城镇就业212人，转移农村劳动力1080人。

卫生计生事业：2016年，完成泉口卫生院门诊大楼和隆兴、彦坪两个村级卫生室建设。全面实施两孩政策，提高人口生育质量，坚决控制政策外多孩生育。

社会管理：2016年，排查各类社会矛盾纠纷32起，有效化解32起，没有出现进京访事件，人民群众安全感和满意度持续上升。

安全生产：强化安全生产监督管理，认真落实“党政同责、一岗双责”责任制，开展各类安全生产大检查82次，排查隐患46起，全部整改到位，安全生产形势稳定。

【第二次党代表大会】 2016年8月24日，中国共产党泉口镇第二次代表大会在泉口镇中学会议室召开，会议应到代表44名，实到代表44名。会议议程：听取和审议中国共产党第一届泉口镇委员会工作报告；听取和审议中国共产党泉口镇届纪律检查委员会工作报告；选举产生中国共产党泉口镇第二届委员会；选举中国共产党泉口镇第二届纪律检查委员会。大会选举熊鹤、胡茂辉、彭林、先登海、唐轩、杨嶙、田青峰等7名同志为中国共产党泉口镇第二届委员会委员；选举唐轩、孙飞、姚清芬、袁政、田武等5名为中国共产党泉口镇纪律检查委员会委员；选举熊鹤为中国共产党泉口镇第二届委员会书记，胡茂辉、先登海为副书记；选举唐轩为中国共产党泉口镇纪律检查委员会书记，孙飞为副书记。

【镇二届人大一次会议】 2016年11月19日，泉口镇第二届人民代表大会第一次会议在泉口镇中学会议室召开，大会应该到代表64名，实到代表64名。会议议程：听取和审议镇人民政府工作报告；听取和审议镇人大主席团工作报告。大会选举彭林为泉口镇第二届人民代表大会主席，文战为副主席；选举胡茂辉为泉口镇第二届人民政府镇长，田青峰、陈小丽、文丁为副镇长。

（泉口镇党政办）

长堡镇

【概况】 长堡镇位于德江县城东南部，镇政府驻地距县城23千米，东与枫香溪镇接壤，南与潮砥镇交界，西与共和乡相连，北与桶井乡、稳坪镇毗邻，东西长13.6千米，南北宽12.3千米，周长47.40千米，国土总面积92.46平方千米。全镇辖19个村（社区），174个村民组，总人口2.5万人，全镇土地总面积9246公顷，有耕地1713公顷，其中田956公顷，土757公顷；林地2669公顷。长堡镇党委、政府内设行政机构有：党的建设办公室、党政综合办公室、社会事务办、经济发展办、计生办、综治办，事业单位有：农业服务中心、社会工作中心、计划生育协会、食品药品监管站、村镇建设规划站、水务站、林业环保站、安全生产监督管理站、移民站、科教文化中心。上划单位有：财政分局、交通管理站、司法所、派出所、信用社、卫生院，教育办公室等。

2016年，全镇实现地方生产总值2.11亿元，年均增长12.8%；固定资产投资1.53亿元，年均增长12.3%；农民人均纯收入7400元；森林覆盖率55.3%；金融机构存贷款余额分别为8042万元和9328万元。

【产业发展】 2016年。种植油茶87万株，脐橙10万株，天麻1万平方米。发展养殖肉牛3370头，熟饲料生猪13140头，山羊11600只，鸡32000羽，鹅5300羽。

【脱贫攻坚】 2016年，实现脱贫人口522户2311人，完成熊坝村出列，落实精准扶贫帮扶资金1500余万元。

【基础设施建设】 2016年，实施长堡社区、三角社区、绿化村、坝上村、硐溪村5个村人畜饮水工程建设。实施农村危房改造360户，兑现农村危房改造资金162.5万元。硬化通村通组公路及联户路21.6千米；新修、改扩建通村通组及断头公路49千米。

【民生事业】 **社会保障**：2016年，兑现特惠贷分红资金145.25万元，兑现生态补偿232.5万元；发放最低生活保障、医疗救助、残疾人津贴、计生优抚、临时救助等社会保障资金3500余万元。发放问金50万元；医疗救助金85.4万元，教育资助12.8万元。

社会管理：成功调解各类纠纷65起，实现无越级访，无进京赴省访和无缠访闹访；投入50万元规划建设30个高清治安视频监控点。

（严娅）

共和镇

【概况】 共和镇位于德江县城东南面，东抵乌江岸边、与潮砥镇和长堡镇隔江相望，东南与思南县交界，西南与堰塘乡接壤，南与青龙镇相连，北邻稳坪镇，距德江县城18千米。境内资源丰富，矿产有大理石、乌江奇石、石灰石、磨刀石、重晶石、硫铁矿、铝矾土等，其中优质石灰石储量2000万立方米，含氧化钙54%至56%；土陶土储量5400万立方米。全镇总面积105.08平方千米，耕地面积11640亩（其中田7665亩、土3975亩），退耕还林还草面积21000亩，森林覆盖率39.8%。全镇下辖3个社区17个行政村，162个村民组，总人口24399人。共和镇党委、政府内设行政机构有：党的建设办公室、党政综合办公室、社会事务办、经济发展办、计生办、综治办，事业单位有：农业服务中心、社会工作中心、计划生育协会、食品药品监管站、村镇建设规划站、水务站、林业环保站、安全生产监督管理站、移民站、科教文化中心。上

7月，县委书记商友江（右二）在共和镇调研烹饪技术

划单位有：财政分局、交通管理站、司法所、派出所、信用社、卫生院，教育办公室等。

2016年，全镇立足“通道经济·物流共和”发展定位，坚守发展和生态两条底线，全面激活发展动力，全力决战脱贫攻坚，加快集镇建设，不断夯实发展基础，扶优壮大主导产业，切实保障和改善重点民生，完成年度各项目标任务，全镇完成地方生产总值1.64亿元，其中：畜牧产值7756万元。地方财政收入2093.23万元，固定资产投资1.5亿元。农民人均可支配收入7305.94元。

【精准扶贫】 2016年，全镇脱贫出列贫困人口1824

人，出列贫困村1个，贫困发生率下降到17.01%。一是街上易地扶贫搬迁安置点全面建成，93户425人搬迁农户实现“零负担”入住。二是培育一批扶贫产业。利用2016年第一批财政扶贫资金75万元，在姜家渡、胜利、盐井等11个贫困村发展板栗210亩、红心柚510亩、蜜枣320亩、花椒570亩、空心李420亩，产业覆盖贫困户1694户5265人。三是完善扶贫产业路。投入14.71万元实施打磨丫村连户路2.5千米，投入11.87万元实施茶坨村产业路1.5千米，投入18.83万元实施上坪村连户路3.2千米，投入13.54万元实施新黔村生产便道0.8千米、连户路长0.3千米，投入22.99万元实施三联村生产便道1.25千米。四是技能培训和政策帮扶一批贫困户。全年发放熟饲料猪养殖资金47.75元，发放教育扶贫补助资金12.8万元；培训致富带头人和扶贫产业项目区农户1450人。五是扶贫资金入股帮扶一批农户。完成专业合作社项目资金123.1万元，分别入股专业合作社5家，贫困户可实现5%保底分红。全镇有428户利用特惠贷入股德江县扶贫投资有限公司，每年每户可分红2500元。

【产业发展】在生态畜牧产业方面，发展肉羊养殖户57户，投放基础母羊1140只、公羊57只；发展肉牛大户2户，生猪养殖大户6户，发展禽类养殖户15户，新建标准化规模养殖场3个，发展规模蛋鸡养殖户1户，新建生猪标准化改良点1个。全年出栏肉猪1.83万头、肉牛0.16万头、1.45万只、家禽5.1万羽。在绿色产业发展方面，依托新一轮退耕还林政策，实施21000亩退耕还林还草项目。在上坪村打造1000亩退耕还林示范基地，成功举办全县新一轮退耕还林现场会，为打造“青山绿水”生态共和奠定基础。

【镇村建设】2016年，结合县城新一轮修编功能定位，开展《共和镇整体发展规划》修编工作，做好二级公路沿线、物流园区、湿地公园区和集镇区控规，突出控新拆旧，严打“两违”行为。争取资金205.94万元，实施焕河传统村落保护项目建设。实

12月，县城至共和白果港口二级公路建成通车

施二级公路拆迁安置工程，实现拆迁户全部入住。启动安置点配套基础设施建设，实现安置点与集镇建设有机融合。县城至白果港口二级公路全线贯通。投入项目资金495万元，实施交通扶贫公路5条11.3千米。实施村级公益事业建设一事一议财政奖补普惠制项目30个，完成项目资金182.29万元，硬化通组公路1.96千米、人行步道2.153千米，安装太阳能路灯805盏。投入项目资金96.19万元，实施5个村饮水工程，解决417户1647人的饮水困难。

【民生事业】2016年，专题研究教育工作3次，并顺利通过两项督导评估，学校基础设施不断完善，教育质量有效大提升。城乡居民医疗保险参保率达99%，其中建档立卡贫困户参保率达100%，城乡居民养老保险参保5865人，完成目标任务104%，农村低保实现应保尽保。公共卫生服务能力得到增强。镇卫生院全年住院664人次，门诊总诊疗16037人次，全年合医补偿82.93万元。全面实施两孩政策，计划生育服务质量不断提高,全镇常住人口出生率为9.35‰，自然增长率为1.53‰。完成农村危房改造305户。投入资金31万元，完成曾家坝村“七个一”文体工程和打磨丫村农体工程建设，组建非物质文化表演队1支，在德江县第二届旅发大会非物质文化活动表演中荣获一等奖，共和“水落音”在各级平台得到充分肯定。社会安定有序，信访形势保持稳定，开展矛盾纠纷排查化解，全年化解矛盾纠纷100余起。开展“打非治违”和

食品药品安全、校园周边环境等专项整治行动，及时排除安全隐患，实现安全生产“零事故”。

（共和镇党政办）

龙泉土家族乡

【概况】龙泉乡位于县城西郊，乡政府驻地距县城9千米，总面积87.9平方千米，最高海拔1020米，最低海拔520米，平均海拔700米，乡政府驻地海拔541米，位于北纬28° 15′ 1.3″，东经108° 02′ 2.3″，年平均温度15摄氏度，年均降雨量1150毫米。区位条件优越，资源丰富，交通便利，德（江）楠（杆）油路纵贯全乡，乡村道路网络全部形成。龙泉乡享有德江“后花园”之美称。全乡森林覆盖率55%，旅游资源有历史悠久的元朝水特姜司龙泉坪治所、明清悬棺、大石板清朝营盘遗址、沟里头古龙门等。全乡耕地面积14385亩，辖13个村（社区），77个村民组，总人口1.5万人，有汉族、土家族、苗族、侗族、仡佬族等民族聚居，少数民族人口占全乡总人口的58%。乡党委、政府内设行政机构有：党的建设办公室、党政综合办公室（含武装、团委，妇联，人大办）、社会管理综合治理办公室、社会事务办公室、人口和计划生育办公室、经济发展办公室。事业机构有：农业服务中心（含农业技术推广站、动植物疫病预防控制中心（畜牧站）、农业机械推广和安全监督管理站、农产品质量安全监督管理站、扶贫开发站）、社会工作服务中心（含社会工作服务中心、社会保障事务所、新型农村合作医疗管理站、社会救助站、政务服务中心）、科技宣教文化信息服务中心、村镇规划建设站、计划生育协会、食品药品监督管理站（市场监督管理站）、水务站、林业环保站、安全生产监督管理站。上划单位有：财政分局、交通管理站、派出所，信用社等。

2016年，全乡地方生产总值1.35亿元，增长18%。实现公共财政预算收入1546.47万元，增长56.45%。畜牧业总产值4300万元，年均增长11%。工业总产值2750万元，增长26%。基础设施建设投入2.4亿元，增长50%。农民人均纯收入6720元，增长23%。信用社年末各项存款余额5522万元，较年初增长1241万元；各项贷款余额7381万元，较年初增长1739万元；各项业务收入645万元。

【扶贫攻坚】2016年，全乡建档立卡贫困户725户2252人。开工建成敖家河易地扶贫搬迁安置点，安置贫困户100户，跨县搬迁到大龙经济开发区5户，全乡483名贫困人口住进新房子。发展生产脱贫463人，易地扶贫搬迁460人，生态补偿脱贫312人，发展教育脱贫286人，社会保障兜底139人。向上争取扶贫项目54个，争取项目资金152万元，发放“特惠贷”自主经营100户，金额351万元，“特惠贷”入股分红153户，金额76.5万元。严格专项督促检查，及时解决群众诉求，接受群众监督和举报。实现1个贫困村出列，138户463人脱贫，贫困发生率下降到13.1%。

图为仪式现场

【产业发展】2016年，完成第三次农业普查。种植业方面：在良家坝、文新、牧羊岭等村（社区）成立蔬菜专业合作社4家，建成“观音湖”省级高效农业示范园区，种植葡萄250亩、种植生态茶7500余亩，建成茶青交易市场1个。畜牧业方面：全年出栏商品猪13800余头、肉牛6100头、山羊13200只、家禽44000只以上。在桃园、闹水、岸山等村推广熟饲料养猪取得良好经济效益。国家山村的山鸡养殖、居池坝村的长毛兔养殖、黄泥溪村的香猪养殖和闹水村的火鸡养殖发展良好。全年发放各项涉农补助资金314.69万元。其中：农资综合补贴134.86万元，粮食直补4.12万元，退耕还林83.63万元。企业发展方面：开创“双创”工作，做好“雁归工程”，吸引100名返乡民工回家创业。新建村级集体经济组织13个。投资500万元以上规模企业落户建成1家。扶持微型企业5家,补助22.5万元。永刚商砼建成投产。

【水利设施建设】2016年，投资80余万元，水泥357吨，维修改造沟渠13800米，其中良家坝沟渠维修改造2400米，文新社区沟渠维修改造2000米，居池坝村沟渠维修改造650米，国家山村沟渠维修改造650米，牧羊岭村沟渠维修改造8000余米，闹水管理区沟渠维修改造5000余米。投资128元，群众投劳2250余个，完成巩固退耕还林基本口粮田建设工程18000米，有效灌溉面积1600多亩。投资56万元，对良家坝道洪管改造1800米，解决下良家坝1200余亩的稻田灌溉困难问题。对关口区末级渠道改造2.15千米，有效灌面540亩。同时，对隆兴场集镇、居池坝、岸山、大石板、麻杆坝的人畜饮水工程进行改造。

【基础设施建设】全力抓好“四在农家·美丽乡村”建设，实施“一事一议”普惠制项目4个，兑现财政奖补资金88.45万元、小康寨项目2个、安装太阳能路灯240盏，兑现财政奖补资金714.37万元。投入223.6万元，完成农村危房改造200户。

图为易地扶贫搬迁安置点点一角

启动“观音湖”景区复建工程，开工修建龙泉坪大桥和桐子坪大桥。抢修水毁路面15.3千米，抢修水毁边沟8.6千米，种植公路行道树6850株，扩面改造公路面18.6千米。特色城镇建设。城镇规划日趋完善，成立乡规划委员会，并实行专人办公。完成县城至文新道路的油化改造，良家坝、文新、居池坝、牧羊岭等村（社区）纳入县城网格化管理。全年新修通组公路4条7.2千米，开工建设交通扶贫项目5个。

【民生事业】科教文化事业：2016年，巩固完善村级农家书屋13个，推进农村公益电影放映、农村远程教育等文化惠民工程。实施广播电视村村通工程100余套。开展各项文化活动，组队参加县级各项赛事活动。

社会保障：新型农村合作医疗参合率、受益率均达100%，社会养老保险参保人数5200人，参保金额53.88万元，参保率90%以上。全乡有1626人次享受农村低保，发放低保金242万余元、城市低保金29万余元，其他民政救助（优待）金47.6万元。发放救助棉衣、棉被1650件，救灾粮食25.6万公斤。在文新、居池坝、牧羊岭等7个村（社区）建立老年互助幸福院。修缮龙泉敬老院环境。

社会管理：开展平安龙泉建设“五项行动”，依法治乡得到有力推进，“六五”普法圆满收官，人民幸福感和安全指数不断上升。全年调解各类纠纷120余起，为群众挽回经济损失150万多元。加强村(社区)综治站建设，配齐配强各村(社区)综治站长，落实“一村一名警务助理”。新安装路灯390盏，成功创建“零发案小区”2个，安装天网工程监控视频5个。开展平安建设“六进”宣传活动，开展普法宣传。加大对公安队伍建设，投入20万余元创建二级派出所，招聘协警13名。严厉打击各类违法犯罪，维护社会和谐稳定。

安全生产：明确分工，落实责任，层层签订安全责任书。规范安监站建设，充实优化安监力量，组织不定期安全执法检查。开展食品药品专项检查，全年开展食品药品专项检查12次，没收过期食品80件，罚款2000元。

【文化教育】全乡有初级中学1所，中心完小1所，片区小学3所（其中完小2所），村级教学点1所，公办幼儿园2所，山村幼儿园11所，乡村学校少年宫1所（龙泉乡中心完小）。全乡学校占地面积57420平方米，其中初中占地面积16633平方米，小学占地面积36625平方米，幼儿园占地面积5431平方米。校舍建筑面积20257平方米，其中初中校舍建筑面积7039平方米，小学校舍建筑面积11165平方米，幼儿园建筑面积2413平方米。小学图书25227册，初中图书12892册。在校（园）学生1559人（其中龙泉中学402人，小学生781人，学前教育376人）。有职教职工142人，山村幼教志愿者11名。全乡有市级骨干教师2人，县级骨干教师13人，县级名优校长1人，县级名优教师1人，中小学校（园）专任教师学历合格率100%。全乡控辍保学率达98%以上，实现学前教育全覆盖，成功通过省“两个教育督导评估”检查。

(赵东东)

【乡第七次党代表大会】2016年8月29日，中国共产党龙泉土家族乡第七次代表大会在龙泉乡二楼会议室召开，会议应到代表45名，实到44名代表。会议议程：听取和审议中国共产党龙泉土家族乡第六届委员会的工作报告；听取和审议中国共产党龙泉土家族乡纪律检查委员会的工作报告；选举产生中国共产党龙泉土家族乡第七届委员会；选举产生中国共产党龙泉土家族乡纪律检查委员会。大会选举安强、徐军、罗时灿、董剑、覃军、杨飞、谢江鸿、刘明等8名为中国共产党龙泉土家族乡委员会第七届党委委员。大会选举覃军、向先芬、沈义伦、冉光辉、黄萍为中国共产党龙泉土家族乡纪律检查委员会委员。在中国共产党龙泉土家族乡委员会第七届第一次会议上选举安强为书记、徐军、董剑为副书记，并同意中国共产党龙泉土家族乡纪律检查委员会第七届第一次全会选举结果。在中国共产党龙泉土家族乡纪律检查委员会第七届第一次全会上选举覃军为中国共产党龙泉土家族乡纪律检查委员会书记、向先芬为副书记。

【乡第七届人大一次会议】2016年11月21日，龙泉土家族乡第七届人民代表大会第一次会议在龙泉乡四楼会议室召开，大会应到代表50名，实到50名代表。会议议程：听取和审议乡人民政府工作报告；听取和审议乡人大主席团工作报告；选举乡第七届人民代表大会主席、副主席，选举乡人民政府乡长、副乡长。大会选举罗时灿为龙泉土家族乡第七届人民代表大会主席团主席，田超为副主席；选举徐军为龙泉土家族乡第七届人民政府乡长，谢江鸿、刘明、任慧为龙泉土家族乡第七届人民政府副乡长。

(赵东东)

堰塘土家族乡

【概况】堰塘土家族乡位于德江县城东南部，326国道、沿德高速公路穿境而过。乡政府驻地距县城3.5千米，地处北纬28° 11′ ,东经108° 06′ 。东临德江县共和镇，南接思南县东华乡，西南接合兴镇、煎茶镇，北抵青龙街道办事处。东西长15.75千米，南北宽15.18千米，周长61.50千米。国土面积101.75平方千米，总耕地面积3.17万亩（其中田1.64万亩，土1.53万亩），林地面积6.54万亩，果园面积8500亩（高家湾精品水果园2250亩、梅子坝至先锋桃园产业带5000亩、民主村苏庄村核桃各1000亩），森林覆盖率38.4%。辖关口、高家湾、茶窝坨、杉树坝、七里溪、牛耳塘、民主、苏庄、堰塘、先锋、新春、清水塘、露青13个行政村和水平社区，112个村民组。2016年末总户数5509户，总人口18069人。高家湾“三金”模式成为全市优秀典型案例，司法所所长刘伟获“2016年省级优秀人民调解员”荣誉。

2016年，全乡围绕“创新、协调、绿色、开发、共享”发展理念，围绕省委省政府 “守底线，走新路，奔小康”工作总纲和市委市政府“着力打造乌江生态经济走廊重要节点”发展要求，围

10月，县委副书记、县长秦智坤（中）到朱家沟调研

绕“大交通、大产业、大教育、大环境”四大支撑工程发展思路，围绕乡党委“三型经济”发展布局，以脱贫攻坚统领经济社会发展全局，聚力脱贫攻坚 聚焦全面小康，在新阶段加快建成三型经济品牌乡。全年实现地方生产总值3.34亿元，增长20.1%；固定资产投资20746万元；地方财政总收入3655.6万元，增长26%，地方财政收入456.57万元，增长28%；人均可支配收入7424.96元，增长9.64%；完成招商引资8500万元；实现非公有制经济产值4590万元；粮食播种面积3.126万亩，实现粮食总产量7908吨。

【生态农业】引导各类农业经合组织，在农业产业结构调整中发挥示范带头作用，因地制宜，以产业化、规模化、集约化经营方式发展高效生态农业。烤烟产业：稳步推进烤烟产业发展，种植面积3800亩，产量485000万斤，创税228.7万元。粮食生产：筹措资金加大农田水利建设，提高农业科学技术在农业生产上的利用率，提高单产，稳定粮食产量，年粮食产量80000吨。茶产业：有序稳妥推进生态茶产业发展，培育推动茶园示范基地建设发展，带动全乡生态茶产业。改造散户茶园，推进高标准茶园建设，通过新产品开发，延长茶叶采摘期，实现茶叶总产2.5吨。果蔬产业：以高家湾现代高效农业园区为引领，辐射带动周边果蔬产业发展，将朱家沟片区、堰塘片区发展成为县城的菜篮子和果蔬物流中心。养殖业：扶持发展养殖经济产业，形成规模养殖。结合旅游观光，发展养殖业。发展升级特色养殖场7个，特色养殖水面100亩。发展以山鸡、山羊、肉兔等为品种的特色养殖业。药材产业：培育和发展天麻等中药材产业，天麻种植面积10000平方米，其他中药材2000亩。

【基础设施建设】2016年，有序推进关口省级经济开发区落地项目建设，完成关口农民集中建房项目平场整地300亩和建房划地。完成沿德过境高速建成通车和326国道提级改造工程。在道路建设方面，完成关口至梅子坝、民主至苏庄、赶场坳至角家沟、杉树坝至方栗头至宝山等公路硬化工程，完成组组通公路目标。完成梅子坝过路场街面白改黑工程，新修苏庄村产业路2.5千米和民主村产业路2.5千米；实施一事一议工程，完成民主村上陈家和游家坡、高家湾村前进和陶家山、露青村龙门宅和新春村梨树坪、先锋村屋基坎等8条通组公路硬化；在水利建设方面，完成全乡人畜饮水普及工程，基本解决一般旱灾有保障。完成朱家沟水库堤坝加固和高家湾、井头坝排洪渠修建工程，防洪抗旱能力显著提高。

【旅游文化资源】2016年，按照园区景区化、农旅一体化的发展路径，着力打造现代高效农业园区的“升级版”，以高家湾城市农业公园、十二盘山、黄家屯、木丫寺等旅游开发为依托，通过资源整合，将乡村旅游业发展成为堰塘的支柱产业；整合开发露青龚氏苗寨、朱家沟水库、苏庄安家沟自然小溪流域休闲旅游景点项目。通过旅游牵动，推进326国道、303省道、沿德高速、露青黔北机场沿线及周边农业生态旅游业发展。争取项目，在326国道、303省道沿线、高家湾城市农业公园周边建成旅游生态示范长廊，进行林木补栽补植，发展桃、李等经果园。

【社会事业】2016年，新“两基”工作稳步推进。投入新“两基”资金300万元，解决电脑40台、桌椅100套、图书1万册。卫生事业发展加快。完善村卫生室建设14个，组织开展卫生人员进村入户检查5000人次。计生水平全面提高。2016年度全乡出生人口182人，出生率7.96‰，自然增长率2.54‰，符合政策生育率98.65%，流动人口符合政策生育率94.3%；完成手术135例，完成年任务数的104%。开展平安堰塘创建活动。注重化解历史遗留问题，打击歪风邪气。2016年，全乡发生各类矛盾纠纷136起，受理各类纠纷107起，调解成功率98.76%。安全生产工作持续稳定。2016年，查处交通违章行为864起，排查各类安全隐患103起，查处烟花爆竹违法人员74人（次），非煤矿山企业67家（次），处罚金1.5万元。

【民生保障】2016年，与群众利益相关的就业、养老、医疗、住房等问题得到妥善解决。一是落实保障措施。2016年，纳入农村低保1152人、城市低保24人，发放低保金261.17万元；参加新型农村合作医疗1.58万人，累计受益5561人，金额142万元。二是全面兑现惠民政策。落实兑现粮农直补、农资综合、退耕还林等补贴政策；投资252.7万元实施农村危房改造213户；推动“四在农家、美丽乡村”建设工程开展；完成全乡476户贫困户的精准识别工作，被列为全县精准扶贫建档立卡示范乡镇，争取道路交通扶贫资金455万元，精准扶贫资金290万元，实施精准扶贫项目，完成农村建档立卡贫困户出列88户378人；异地扶贫搬迁5户23人。

【项目建设】水利建设：编制实施小型农田水利建设项目。争取农业发展项目实施，争取列入中小河流治理乡镇。争取实施旅游景区沿线水土保持项目。组织实施“八小水利”项目，改造塘、堰、渠，保证农业灌溉，保障人民生命财产安全。争取实施覆盖全乡的人畜饮水自来水项目，实现全乡农民饮水安全。交通建设：完成梅子坝至露青寺坝公路（303省道）提级改造工程；完成村村通油路，组组通硬化路工程，实施村际交通联网工程；实施新春至共和、七里溪至龙泉、牛耳塘至合兴乡级公路修建联网项目。其他基础设施建设：完善教育教学配套设施建设任务。全面完成村级活动场所、为民服务大厅、村级卫生室和村文化活动室、农民书屋建设。通过扩大有线电视传输系统建设和“直播卫星接收设备”发放，实现全乡电视收视、宽带接入的全覆盖。

【办理十件实事】一是推进高家湾园区升级改造工程；二是完成高家湾生态移民安置集中建房项目和关口农民集中建房项目；三是完成民主、先锋、堰塘、关口4个村人畜饮水工程建设；四是完成梅子坝过路场街面白改黑工程，新修苏庄村产业路2.5千米和民主产业路2.5千米；五是开展精准扶贫工程，年内完成减贫人口378人；六是完成清水塘村、新春村小康寨项目建设；七是完成高家湾玉佛山环山休闲步道建设；八是完成高家湾183户扶贫生态移民房入住；九是实施梅子坝经先锋至露青接思南边界303省道提级改造工程；十是完成乡职工体育活动场、职工食堂改造。

（堰塘乡党政办）

钱家土家族乡

【概况】2016年，钱家土家族乡以脱贫攻坚为统领，紧盯全县建设黔东北交通枢纽和区域性中心城市以及乡党委政府建设“枢纽钱家”目标，立足县城扩容、对接三项建设（高速公路匝道口、铁路火车站、城北70米大道建设）、抓好三大工程（城市

5月3日县委书记商友江（左二）在钱家乡调研

扩展、生态屏障、休闲旅游工程），全力以赴提升综合实力、突破发展瓶颈、激活发展活力、促进社会稳定、办好民生实事、提升工作效能。年内地方生产总值完成12546万元，增长15%；财政总收入1677.96万元，增长18%；财政税收完成32.4万元；全社会固定资产投资6770万元，增长20%；实现农作物总播面积2.2万亩，粮食总产量8115吨；农民人均纯收入7295元；人口出生率和自然增长率分别控制在10.09‰和4.29‰以内。

【基础设施建设】 协助推进德务高速公路建设；建成沙坝－观音滩－钱家岩－九岭－大坪－青龙－树坝－田坝－曹家－梅家－黄土—沙坝的环乡经济发展快车道，实现村村通硬化路。加快推进分水丫至树坝村大屋基公路硬化产业路5.2千米、田坝村生基坪至小溪沟至角口公路加宽硬化2.4千米、曹家村坐阡至树坝村车家坪组加宽硬化产业路2.5千米、黄土村江边桥至黄土小学硬化产业路4.5千米、沙坝社区铜盆水至朗溪村产业路5.5千米共计20.1千米公路建设，全乡道路交通里程达267千米。投资86余万元建成覆盖梅家、曹家、田坝3个村1000余人的人畜饮水工程；投资16万元建设小康水，解决钱家岩村350余人人畜饮水问题；在园区投入350余万元、新建水池6口，实现1100亩农业园区有效灌溉；集镇320万元的饮水设施得到有效使用和维护。

【民生事业】 全乡农村低保年审529户1798人，城市低保户16户22人，实现应保尽保、应退则退。发放救灾救助粮47250公斤，发放救灾救助款29.92万元，发放棉被210床、留守儿童衣服338件、留守老人衣服100件，发放26人优抚资金120876元；完成新农合13769人，参合率98.04%，缴费165.23万元；医疗救助农村贫困对象1362人次，发放救助金额868.63万元，落实养老保险缴费5200人，缴纳57万元，占任务数101.8%。新增就业175人；办理就业登记175人。落实2016年度200户危房改造任务，贫困群众获得补助261万元。投入资金80余万元购买“五城联创”常用设施设备，开展环境卫生治理，全乡环境卫生明显改善。整治违规办酒，乡风民风更加淳朴。实施扶贫项目23个，建成观音滩易地扶贫搬迁106户491人安置房，132户547人成功脱贫，梅家村顺利出列。

【产业发展】 抓好1100亩的生态农业示范园区（其中种植猕猴桃450亩、青李子300亩、车厘子350亩）苗木管护，建成猕猴桃基地大棚115个，硬化园区道路达5千米，苗木管护良好，部分猕猴桃和青李子挂果；在黄土村后头沟新建精品水果示范基地350亩；在树坝村建设蔬菜大棚18个，带动蔬菜种植2200亩；推进4000余亩新一轮退耕还林还草工作，将退耕还林与经果林建设有机结合。开办旅游休闲农家乐2家，开通农村电子商务网点8个，实现网货下乡、农货进城目标。在生态畜牧业上，新增养羊大户30户，养牛大户7户，成立青龙肉牛养殖合作社和绿壳蛋鸡养殖专业合作社，合作社带动群众发展养殖业效果明显。

图为钱家乡猕猴桃产业发展示范基地一角

【十件实事办理】 一是紧密配合抓好高速公路建设，全力抓好矛盾纠纷调解，建成沿德高速公路匝道口及收费站，完成德务高速集中安置点建设。二是完成2016年脱贫攻坚任务，132户547人成功脱贫，实现梅家村成功出列。完成106户491人的易地扶贫搬迁建房任务。三是洋塘桥建设即将完工。

四是完成大坪村庙坝组、大坪组公路硬化和梅子庄组连户路建设。五是完成月树坝和罗家沟硬化，完成银碗溪、钱家岩等一事一议公路硬化。六是完成黄土村后头沟观光果园建设项目和道路建设项目。七是完成观音滩村土地开发（耕作层剥离再利用）项目。八是完成生态农业园区供水工程和园区道路体系建设工程。九是完成沙坝社区新农村示范点（含房屋立面改造、寨建设、河堤加固等工程）和朗溪新村新农村建设。十是全面完成县分危房改造和新农合、新农保工作任务。

【党风廉政建设】2016年，落实“两个责任”和党风廉政建设“一岗双责”，将党风责任层层分解到单位，落实到人头。组织干部职工学习《巡视工作条例》《廉洁自律准则》《纪律处分条例》《关于新形势下党内政治生活的若干准则》《中国共产党党内监督条例》等25场次，参学干部2167人次。除会议学习外，制作廉政楼道文化警示牌22块、反腐倡廉宣传漫画18幅，带领乡村干部到县法院警示教育基地开展警示教育，人人撰写心得体会。在纪检监督上，开展民生项目专项检查6次，开展季度检查3次，开展工作检查和岗位督查54次，接待信访12件次，发现问题与不足33个，其中限期整改17个，开展约谈10人，立案9起，党纪政纪处分10人次，印发工作和岗位督查通报24期，通报单位13个次、通报干部67人次。

图为上党课现场

【精神文明建设】2016年，围绕做好“两学一做”学习教育，依托党委中心组学习会、值班干部夜间学习会、道德讲堂、党课、红色课堂等，开展理论和政策、红色电影进机关、进农村活动，集中组织学习96场次，参学干部群众8610人次，播放红色电影37场次，提高干部理论水平、群众政策知晓率和党性修养、爱国情操。利用现代网络通信技术条件，申请开通“潮涌钱家”微信公众号，建立“和谐钱家”微信群，及时传达中央、省委市委县委和乡党政府的重要会议精神和工作部署。全年撰写宣传稿件500余篇，在中央省、市县新闻报刊和网站发表新闻稿件386篇，转载3867篇(次)，县电视台报道13次，先后制作大型宣传牌、宣传海报、标语、漫画150余条（面）。建成沙坝、观音滩、梅家、田坝等农民文体休闲广场5个，成功打造、推动黄土村“土家嫁女”节目到省参加比赛，切实推广土家文化，提高群众参与健身娱乐、文艺创作的积极性，达到精神文明建设成果由群众共享的目的。

【社会治安综合治理】2016年，结合“普法日”“宪法日”等活动，开展法制宣讲，发放各类法制宣传资料2000份。建立《钱家乡社会治安综合治理制度》，发挥群防组织和民兵应急分队的作用，坚持365天实行24小时值班责任制，加强应急处突工作。建立派出所、司法所、综治办、禁毒办、教办和村社区联合工作制度，加强流动人员、重点人员摸排和管理，做到底数清情况明。抓好矛盾纠纷排查化解工作，全年调处各类纠纷70起，化解70起，化解率达100%；切实抓好信访工作，来信来访接待群众35件，上级转办件6件，接访群众157人次，化解40件，办结率97.5%，乡主要领导或分管领导陪访率100%。开展平安创建工作，全年安装120盏路灯；安装5个监控探头，新增卡口2个。组建15支巡逻队，创建5个零案发小区，刷写永久性标语各5幅，接回刑释必接人员2人，做好重要时段的值班和信息上报工作，实现无到省进京访目标。

【计划生育】2016年，贯彻实施全面两孩政策、促进人口长期均衡发展，以"两双"工作和"三按月"为抓手，全面推行诚信计生，实现"双降"目标。2016年度新出生165人，其中男84人、女81人，全乡出生性别比103.7，符合政策生育率97.76%。出生人口政策符合率、政策外多孩率控制在年度人口和计划生育工作目标计划之内。"两双"工作，完成免费孕前优生健康检查130对，更新信息数据581条，长效避孕措施落实118例，落实补救11例。征收社会抚养费8.9万元。做好流动人口公共服务工作，为60名流入儿童建立健康档案，为流入人口开展免疫规划，为0—6岁儿童开展健康检查，开展产前检查和产后访视。全乡兑现"两户"利益导向资金1146人次，总金额275910元，落实帮扶部门计生帮扶资金10万元。

【安全生产】2016年，全乡坚持"以人为本，安全第一，综合治理"的方针，落实安全生产"一岗双责，党政同责"。年初与各村、乡属部门和企业签订《安全生产目标管理责任书》，每月召开1次安全生产专题例会和培训会，研判安全生产领域存在问题，组织学习《安全生产法》等法律法规。制作永久性标语5幅。安全生产简报49期，安全生产政务信息49期。结合"六打六治""安全生产月"活动和普法教育，开展安全生产法律法规宣传5场次，发放资料4439份，各村（社区）、各单位部门建立完善内部生产安全事故应急处置预案。全年对各单位部门、各学校、企业、烟花爆竹零售户、危险化学品、非煤矿山、建筑施工领域开展安全生产检查139次，排查安全隐患307个，落实整改307个，整改率达100%，全年未发生重大安全事故。全年开展道路交通安全365次，查处各种违规违法车317台次，处罚金额23000元，无证驾驶拘留14人次，全年未发生重大交通安全事故。

【精准扶贫】在交通扶贫上：投资29.67万元，新建大坪村连户路项目5千米。投资9.91万元，新建下层村产业路3千米。在产业脱贫上：2016年第一批财政专项扶贫资金203.95万元，分解到贫困村、贫困户，在九岭村发展10万元板栗项目、钱家岩村发展15.55万元大五星枇杷项目、田坝村发展20万元肉牛养殖专业合作社项目、大坪村新建8个大棚蔬菜项目，覆盖贫困户190户671人。金融扶贫上：特惠贷入股德江县扶投公司99户，每年每户可分红2500元，自主贷款发展产业18户。2016年实现132户531人脱贫目标，梅家组成功出列。

【改革工作】一是村级集体经济与农村电子商务试点改革。2016年成功申报沙坝社区和黄土村为县级村级集体经济试点村，分别获得县100万集体经济资金投入，每个试点村年均可获得收益在12万元以上；成功开业运营的8个农村电子商务服务网点，累计为群众代购产品2372次，代销土鸡蛋、精品水果、牛肉等587次，上下行资金达60余万元，农村淘宝经营者月收入达3000元。二是"两权"抵押贷款和"三变"试点改革。依托2015年成立的钱家乡"三权"抵押交易服务中心等平台，群众利用住房财产权抵押贷款119笔，贷款用于发展资金500余万元；建立村级合作社14个，引导农民参与三变改革，以土地承包经营权和林权入股、集体以集体资产入股经营、扶贫项目转化为贫困群众入股，各类专业合作社累计吸纳群众入股1100余户。三是乡镇规委会实体运行和公租房联网改革。在2015年乡规划管理委员会实现实体化规范化运行改革成果的基础上，严格控制"两违"建设，围绕规划打造美丽乡村，集中建房等建成观音滩、庙坝、后头沟、沙坝社区等4个"四在农家·美丽乡村"示范点和整村推进示范点，1700余群众通过美丽乡村建设和整村推进获得干净、整洁、规范、高效的宜居环境。严格按照公租房申请、审核、缴纳租金、入住管理等程序，将全乡146套公租房租住给符合政策对象，确保政策性住房落实真正需要的对象上，切实提高公租房利用效率。四是"两委+乡贤"和"党建派遣单"改革。沙坝、黄土等村58名乡贤参事议事5次，先后开展慰问贫困群众9户、慰问计生户11户，开展文艺表演5场次，帮助孤寡空巢老人、留守儿童解决实际问题6个，解决矛盾纠纷11起，对口帮扶高考录取的贫困大学生3人次；乡党委向14个村党支部、4个机关党支部、3个教育党支部、1个非公经济党支部派遣任务91条（次），解决精准扶贫工作中信息不对称等问题28个（次）、整顿软弱涣散党组织1个、回应群众反映问题7个、督促各村化解矛盾纠纷12起、帮助群众解决实际困难9个，“党建派遣单”考核问责机制全面形成，党委中心地位更加突出，全乡党建工作水平明显提高。

（吕程）

长丰土家族乡

【概况】长丰土家族乡位于德江县境北部，东插入荆角乡、高山镇结合部，东南紧靠荆角乡，南与沙溪、钱家两乡接壤，西南与沙溪乡相邻，西与务川县石朝乡交接，北插入务川县石朝乡与高山镇之间，东北与高山相连。位于北纬28° 20′ ～28° 31′ ,东经108° 01′ ～108° 09′ 。东西长13.6千米、南北宽19千米，周长63千米，面积94.79平方千米。乡政府驻地黄家堡，距县城32千米。境内沟壑纵横，山体起伏延绵，有长丰、甘溪等坝地。出露地层主要有志留系的砂页岩、页岩及二迭系的石灰岩、碳酸盐岩等地层组成。岩溶面积占土地总面积的49.75%，地面平均坡度14. 80。属侵蚀型低中山山原地貌。境内海拔473. 8～1493米，土地总面积9479公顷。2016年末，耕地总资源3813公

图为分红现场

顷，其中常用耕地面积1001公顷（田578公顷、土423公顷）；水域面积118公顷。土壤类型主要有黄壤、黄壤性土、水稻土等。主要农作物有水稻、玉米、大豆、马铃薯、红苕、杂豆；牲畜产品有生猪、黄牛、水牛、山羊等。优势产业有烤烟、粮食和畜牧业。全乡辖长丰社区和先进、鱼泉、胜坝、堕坪、农晨、桐坝、新光、中庄、场湾、小坪、洞庭、石板、出水、大田15个村（社区）、119个村民小组、5441户20470人。

2016年，全乡完成固定资产投资1亿元,地方生产总值1.42亿元、增长10.2%;完成财政税收132.6万元；农民人均可支配收入达7213元，增长13.22%；金融机构年末存款余额8991万元，较上年增长1548万元，贷款余额1.39亿元，增长3557万元，其中“特惠贷”1711.89万元，入股分红525万元。

图为长丰乡2016年雨露计划圆梦行动发放仪式现场

【产业发展】2016年，全乡出栏羊4560只，牛2452头，猪6632头，鸡6870羽，旱鸭1.2万羽，生态畜牧业总产值15580万元。发展烤烟2000亩，产烟50万公斤，产值613万元。粮食种植3.55万亩，产粮8500吨,种植绿色蔬菜1万亩，辣椒0.1万亩，实现收入2492万元。发展天麻7000平方米、中药材2000亩，实现收入700万元。发展“稻香鱼”400亩，实现收入8万元。发展青脆李、红心肉柚、香柚6050亩，茶叶2000亩。扶持微企6家，发展农村电商网点4家。

【扶贫工作】2016年，全乡争取财政扶贫资金349.85万元，实施扶贫项目104个，覆盖贫困户236户864人。借鉴惠水县“五个三”经验，完成长丰集镇新区安置点易地扶贫搬迁96户432人，跨区易地扶贫搬迁至大龙5户25人。落实生态补偿资金91.69万元，618名建档立卡贫困户学生获教育资助357.6万元，落实469名兜底户社会补助金169万元。全年减少贫困人口178户781人，贫困发生率下降到17.4%，小坪村出列。

【基础设施建设】2016年，开工建设长丰至堕坪世行交通项目，建成集镇至长丰水库项目部公路、中庄至高山中和出境公路，堕坪场上、鱼泉伍家坡、石板六井坝、河透“一事一议”通组路（连户路），实施新光至务川小坝出境公路，鱼泉至出水、鱼泉至石朝，堕坪场上至风水丫、场上至张

图为长丰集镇建设铺油现场

家，石板六井坝至尧家、申丫子至大坪等7条通村公路，通车里程61.82千米，硬化49.62公路。实施小坪、鱼泉、石板、农晨等饮水安全工程6处，解决1538人饮水安全问题。建成长丰水库渠系工程104.5千米，“小农水”项目修建末级渠系32.2千米，维修水损渠道300千米，全年新增有效灌溉面积300亩。长丰水库首次达到682米正常蓄水位，保障6个乡镇供水水源。

【乡村建设】2016年，完成集镇老街“白改黑”工程，集镇新区易地扶贫搬迁安置点街道沥青铺油，消防通道硬化、道牙及水电安装。完成小坪村“四在农家·美丽乡村”小康寨建设。实施小坪、堕坪场上、石板、鱼泉亮化工程，安装路灯340盏。完成桐坝村桐坝组、李家湾组房屋立面改造94栋，通组路连户路硬化1.21千米，实施李家湾组边坡治理工程。投入资金450余万元，完成农村危房改造380户。实施还林还草工程8000亩，盘活撂荒土地1000亩，森林覆盖率提高9.8%。

【社会事业】2016年，中考均分368.9分，获全县乡镇中学第一名，小学终端评估均分159分，获全县第二。完成中心卫生院标准化建设主体工程；落实计划生育帮扶资金16.43万元，帮扶计生贫困户、独生子女户、二女结扎户101户。新型农村合作医疗实现全覆盖，兑现医疗补偿金875.12万元。新型农村养老保险参保5247人，参保率达96%以上，收缴养老保险金59.25万元，领取养老保险金1128人。城乡低保718.49万元，粮食救助6万公斤，惠及农户1320户。落实农资综合补贴和粮食直补187.52万元。新增就业人员155人。

图为会议现场

【乡第七次党员代表大会】2016年8月25日，中国共产党长丰土家族乡第七次代表大会在乡政府礼堂召开，出席大会代表43人，特邀人员2名，列席人员49名。会议听取和审议通过尚红代表中共长丰土家族乡第六届委员作的工作报告和徐霜代表中共长丰土家族乡第六届纪律检查委员会作的工作报告。选举产生中国共产党长丰土家族乡第七届委员会委员和纪律检查委员会委员，选举尚红为七届乡党委书记，付波、邹雨为乡七届乡党委副书记；选

举付波为七届乡乡纪委书记。

【乡第七届人大一次会议】2016年11月19日，长丰土家族乡第七届人民代表大会第一次会议在乡政府会议室召开，会议应到代表53人，因病因事请假2人，列席32人。大会议程：一是听取和审议乡人民政府工作报告；二是听取和审议乡人大主席团工作报告；三是审议乡财政工作报告；四是选举乡第七届人民代表大会主席、副主席，选举乡人民政府乡长、副乡长；五是其他。会议审议通过郎彪代表乡人民政府所作的《厚植生态屏障，奋力同步小康，为建设“山水画廊·绿色长丰”而努力奋斗》工作报告和杨绪超代表人大主席团作的工作报告。会议选举杨绪超为长丰土家族乡第七届人民代表大会主席团主席、选举郎彪为长丰土家族乡第七届人民政府乡长，选举袁杨为主席团副主席，选举张月其、王淑仙为乡人政府副乡长。

（饶杨胡译文）

楠杆土家族乡

【概况】楠杆土家族乡位于德江县城西部，乡政府驻地距县城46千米，地处北纬28° 11′-28° 23′，东经107° 51′-107° 57′。东临沙溪乡、龙泉乡，南靠煎茶镇、平原乡，西北面自南向北与务川县丰乐镇呈一线相连。东西宽9.25千米，南北长23.30千米，总面积124.31平方千米;最高海拔1293米，最低海拔615米，乡政府驻地海拔高765米。有耕地面积1343公顷，其中田625公顷，土718公顷;园地22公顷，林地5770公顷，水域面积169公顷，森林覆盖率为54%。辖区内山峦起伏、绵延，层峦叠嶂。野猫河自南向北纵贯全乡，形成以此为中心的谷地，东西部较高，中部、北部较低。最高海拔1293米，最低海拔615米，属典型喀斯特地形。属中亚热带季风性湿润气候区。气候温和热量丰富，雨量充沛，年日照时数为931.5小时，年均气温在14.92℃至10℃之间，有效积温4580℃，无霜期294天，年降水量1248毫米左右。由于境内属山岖沟谷地势，阴雨较多，太阳辐射弱，日照较少，春温多变，秋凉剧降，伏旱频繁，常有倒春寒、冰雹、秋风、暴雨等灾害性天气发生。

楠杆乡特产熬熬茶

乡政府设科学技术文化宣教中心、计划生育协会、村镇规划建设站、食品药品监督管理站、水务站、林业环保站、安全生产监督管理站、农业服务中心、财政分局、社会救助站、合作医疗管理站、人社中心党政综合办公室、党的建设办公室、社会事务办、计生办、扶贫办等机构。全乡有行政编制岗位26个，现有在编人员26人，事业编制岗位87个，在编人员50人。

截至2016年末，全镇地方生产总值达1.56亿元，年均增长14%；地方财政收入达251.76万元；农民人均可支配收入达7250元，年均增长13.5%；期末金融机构存、贷款额分别达1.06亿元和7300万元；完成固定资产投资达1亿元。

【基础设施建设】交通建设：完成德务高速楠杆段征地1500余亩，涉及6个村（社区）群众815户；拆迁81户，97栋，迁坟278余座。楠平公路项目工程有序推进。完成楼房村公路桥项目，并通过验收。启动实施7条基础设施交通扶贫项目32.5千米。利用“一事一议”财政奖补政策，硬化通组公路6870米，硬化连户路4550米。利用交通局项目硬化蒋家坪至木家坨公路，利用移民局项目修通贵竹坝至五龙移民公路。全年维护公路106.9千米。水利建设：投资35万元完成长远村机电井项目工程，投资49.99万元完成大龙塘景观水项目工程，

完成五谷溪水库工程项目勘察工作，投资51万元实施小寨村灌溉渠道提升工程3000米，投资20万元布设园区建设水池3口，输水管道0.6千米。投资69.55万元，解决1300人农村居民的饮水安全问题。电网建设：新建3条10KV线路45千米，10KV及以下线路整改16.75千米。乡村建设：启动上坝花花桥维修保护工程项目，投资123万元启动实施上坝排污工程项目。投资307.9万元启动实施中坝村小康寨示范村普惠制项目。普惠制路灯项目768盏,完成投资168.68万元。投资120余万元新建楠杆卫生院办公楼。投资20.8万元对政府公厕进行拆除重建。启动实施棚户区综合改造项目。

【产业发展】传统支柱产业：全年粮食总播面积4.3万亩，产量1.03万吨，人均持粮稳定在400公斤。全乡烟叶种植面积5000亩，收购级内黄烟115万公斤，实现产值1800余万元特色产业：发展养牛大户15户，养猪大户30户，年末存栏牛6408头，出栏牛1600头。生猪存栏14803头，生猪出栏14300头。羊存栏16500只，出栏15500只。家禽存栏4.2万只，肉类产量1870吨，产值7320万元。通过各种模式种植精品水果1.36万亩，移栽生漆3000亩。管护茶园5500亩，新增补栽240亩，茶叶产量1.5万公斤，产值50万元。滚动发展天麻1.2万平方米，天麻产量3万公斤，产值45万元，发展前胡800亩，产量80万公斤，产值200万元。园区建设：2016年，在六一村山野台打造楠杆精品水果休闲体验园，种植桃树1200亩，并成功申报为市级园区，高标准规划六一村白茶基地，园区管护工作正常开展。发展专业合作社3个，微企2个。电子商务：2016年，发展农村淘宝点2个，贵农网点4个。2个农村淘宝点全年下行交易总额达130余万元，其中兴隆社区淘宝点在下半年中连续6个月位居全县前三。旅游产业：省级非物质文化遗产“熬熬茶”逐步走向市场。完成楠杆省级自然保护区综合科考工作。多层次全方位宣传推介旅游资源，多方调研考察，凝聚共识，奠定基础。

【脱贫攻坚】2016年，全乡精准识别贫困人口804户2820人。推进产业扶贫，先后实施精品水果种植、熟饲料猪养殖、肉牛和能繁母牛养殖、种草养羊和中药材（前胡）种植等项目，累计实施三批项目，扶贫资金达275万元，根据项目与村情，项目覆盖精准扶贫户1450余人次，2016年计划脱贫的贫困人口户均享受1500元至8500元的扶贫政策产业帮扶，2016年脱贫户的产业帮扶实现户户全覆盖。对出列贫困村的贫困户进行重点帮扶，先后实施两批财政扶贫项目，累计帮扶资金达36万元，户均产业帮扶资金达1万元以上，贫困发生率降至2.39%。全乡“十三五”期间计划搬迁1478人，其中搬迁到大龙开发区1060人，德江428人。2017年春季前搬迁5户到大龙开发区。

【社会事业】卫生与计生工作：对政策内符合生育并准备怀孕的114对夫妇进行孕优健康检查，检查率100%。常住人口妇检落实率100%。落实上环手术98例，取环5例。医疗总收入79.28万元，门诊收入47.15万元，住院收入32.12万元。文体广电事业：投资12万元维修文广站办公楼及设备设施维护。完成13个村“村村通”网络工程。放映公益电影168场次，宣传普及率达98%。国土资源管理工作：完成土地确权颁证工作。开展土地动态巡查90次，清理违法占用土地7宗，正常申报建房82户，申报面积7904.91平方米。林业环保方面：兑现2015年退耕还林补贴1211户、78.16万元，全年植树造林5500亩。民生保障：全年纳入低保654户，保障人口2209人；全乡养老保险参保人数达

图为会议现场

5040人，完成筹资572400元；新农合筹资任务数15921人，完成97.36%。启动实施农村危房改造320户。平安建设：全年调处矛盾纠纷54件，破获刑事案件1起，查处治安案件15件；接待各类信访事项17件，来访60人（次）。安全生产：无证驾驶行政罚款90人次；消防安全监管检查150余次，有效整改100余次；校园周边环境整治100余次，整改30余条。每月至少对库区船只检查10次以上，加强库区船只的清理整治。

（李倩倩）

【乡第七次党代表会】 2016年8月27日,中国共产党楠杆土家族乡第七次代表会在乡四楼大会议室召开。会议应到代表48名，实到48名。会议议程：

图为会议现场

听取和审议中共楠杆土家族乡第六届委员作的工作报告和中共楠杆土家族乡第六届纪律检查委员会作的工作报告。选举产生中国共产党长丰土家族乡第七届委员会委员和纪律检查委员会委员。大会选举张太波为党委书记；周小棚、李禄庆为党委副书记；简牟华为纪委书记，慕洪俊为纪委副书记；选举张太波、周小棚、王玉忠、李禄庆、简牟华、黄春、张著成为党委委员；选举简牟华、吴开勇、杨黄鸿、杨进军为纪委委员。

【乡七届人大一次会议】 2016年11月19日，楠杆土家族乡第七届人民代表大会第一次会议在乡人民政府四楼会议室召开。参会代表52人。会议议程：一是听取和审议乡人民政府工作报告；二是听取和审议乡人大主席团工作报告；三是审议乡财政工作报告；四是选举乡第七届人民代表大会主席、副主席，选举乡人民政府乡长、副乡长；会议选举王玉忠为人大主席，叶长江为人大副主席；周小棚为乡长，黄春、曾庆红和周民为副乡长。

（李倩倩）

沙溪土家族乡

【概况】 沙溪土家族乡位于德江县西北部，南北长13.5千米，东西宽9千米，国土总面积119.47平方千米。位于北纬28° 16′ ～28° 22′ ,东经107° 55′ ～108° 02′ 之间。地势东高西低，以山地为主，平均海拔1087米，最高海拔1534米；东邻钱家乡，东北与长丰乡连，南接龙泉乡，西靠楠杆乡，北插入务川县石朝乡，距德江县城21千米。有耕地面积47383亩，林地面积83867亩，牧草面积8600亩，森林覆盖率达60%；属中亚热带季风湿润气候，四季分明，雨量充沛，平均气温在13.7℃—15.5℃之间，年降雨量1240毫米左右，无霜期少于280天。2016年末，全乡辖万坝社区和大寨村、空山村、舒家村、四堡村、石龙村、八仙村、大泉村、桥岩村、后坝村、庞家村、黄坝村、申家村、龙坝村、覃坝村，99个村民小组。

【产业发展】 **烤烟产业：** 全乡种植烤烟6300亩，收购合同内面积155万公斤，产值2200万元。

沙溪天麻获丰收

生态畜牧业：全年养殖生猪2168头，养殖肉牛2373头，养殖羊4120只，养鸡6120羽。其中发展养猪大户5户60头，养牛大户5户200头，养羊大户1户50只。

天麻产业：着力打造以天麻为代表的特色中药材产业，以省级天麻园区为载体，建设高规格核心示范基地1个，建立“公司+基地+农户”发展模式，种植天麻达5万多平方米。完成双河口茶青交易市场建设，建成茶叶加工厂2个，有茶园8000余亩，其中管护茶园3700亩，可采摘茶园1600余亩。

蔬菜产业：通过组建蔬菜专业合作社，采取“合作社+基地+农户”的发展方式，发展蔬菜产业，在舒家、四堡、石龙等村发展优质蔬菜1000亩。核桃产业：加强对1.9万亩核桃的管护，实现群众增收多元化。

【基础设施建设】水利建设：实施安全饮水提升工程，完成桥岩、申家、黄坝新建蓄水池4口，维修4口，架设供水管道21.5千米，完成总投资113万元。道路建设：启动实施大寨村小金丫至长安组通组公路6.5千米，庞家村代街坪至马罗坝通组公路3千米，桥岩村敖家至青龙岭通组路1.5千米，桥岩村桥岩组至王家组杨家组通组路4千米，覃坝村村委会至岩门组通组公路2千米，完成后坝村上坝组下坝组通组公路3千米。新修黄坝至旧乡通组公路1.2千米，上下冉克通组路4千米，管护已建公路10余条73千米。异地搬迁：投资1800余万元建成万坝社区易地扶贫搬迁安置点，实现60户281人搬迁入住；实现跨区域搬迁到大龙进行安置5户25人。

【社会事业】精准扶贫：2016年，围绕“生态立乡、产业富乡、旅游活乡”发展战略，大力实施精准扶贫，强力推进精准扶贫工作，全年减少贫困人口596人，1个贫困村顺利出列，开展“六个到村到户”“六项小康行动”建设，对贫困农户进行精准化帮扶。一是开展“干群连心·同步小康”驻村工作，组建15个同步小康驻村工作队，开展帮扶工作，实现贫困户结对帮扶全覆盖。二是产业扶持到村到户。把扶贫开发与产业发展相结合起来，形成一批特色优势产业村、种养户，把扶贫资金落实到村到户，促进贫困群众增收。三是教育培训到村到户，实现新型农民培养工程，开展“1户1人·雨露计划”实用技术培训，提高农业管理水平，促进增产增收，实施助学行动；四是农村危房改造到村到户。以群众最急需为基本原则，把农村危房改造指标落实到贫困户手中，合理安排改造资金和投入。社会保障事业：一是落实农村低保政策。按照“三个环节十个步骤”要求审批低保户，完成低保提标核查工作，2016年发放低保金412.57万元，做到应保尽保，全年发放救灾救济款37.23万元，发放困难群众生活救济大米8.6万公斤；组织群众积极参合参保，参合参保人数分别达到12893人、4334人；全年医疗救助20124人次，发放医疗救助金61.5万元，发放养老金150多万元；加强新增城镇人口就业和五保集中供养工作，新增就业140人，集中供养23人。二是全面推进教育“9+3”计划和“4+2”特色教育，狠抓教育教学质量，顺利通过“两项教育督导”和“普十五”省级验收，3所山村幼儿园提质升级工作通过市级验收，中考成绩在全县乡镇同类学校中位居前列，成功创建沙溪中心完小“省级安全文明校园”和“省级语言文字示范学校”。三是全面“农村文化信息工程”配齐文化信息联络员，开展文化“六进村”活动，“道德讲堂”进村(社区)活动，开展送电影进农村200余场次，“道德讲堂”进村宣讲180余场次。

【中共沙溪土家族乡第七次代表大会】2016年8月26日，中共沙溪土家族乡第七次代表大会在乡阶梯会议室召开，会议应参会代表44名，因病因事请假1人，实到代表43名。会议先后听取和审议王雄远同志代表中共沙溪土家族乡第六届委员会所作的《立足生态优势 抢抓发展机遇奋力谱写全面建成小康社会新篇章》的工作报告；田伟同志代表沙溪乡纪律检查委员会所作的《坚持不忘初心 深化从严治党 以落实党规党纪的新成效为守底线走新路奔小康提供坚强的纪律保证》的工作报告。大会选举产生中国共产党沙溪土家族乡第七届党委委员7名、纪委委员5名。大会选举王雄远为中共沙溪土家族乡第七届委员会书记，安宗强、蔡华为副书记，选举田伟为纪委书记。

【乡第七届人大代表第一次会议】2016年11月20日，沙溪土家族乡第七届人大代表第一次会议在乡阶梯会议室召开。大会应到代表49人，因病因事请假1人，实到代表48人，列席代表47人。大会先后听取审议乡党委副书记安忠强代表乡人民政府所作的《政府工作报告》；任军明代表乡第六届人大主席团所作的《乡人大主席团工作报告》；乡财政分局局长黄晓勇所作的《乡财政预算草案的报告》；举手表决通过《关于〈政府工作报告〉的决议》《关于〈人大主席团工作报告〉的决议》和《关于〈财政预算报告〉的决议》。采用无记名投票选举方式，选举任军明为乡第七届人大主席团主席，选举安宗强为乡人民政府乡长；选举何开万为乡第七届人大主席团副主席，姜洪、郑伯道为乡人民政府副乡长。（沙溪乡党政办）

荆角土家族乡

【概况】荆角土家族乡位于北纬28° 19′ ~28° 27′，东经108° 04′ ~108° 13′，地处德江县城北部，东插入稳坪镇与沿河土地坳镇之间，东南与稳坪镇相接壤，南接青龙镇，西南与钱家乡毗邻，西插入钱家乡与长丰乡之间，西北紧靠长丰乡，北连接高山镇，东北与沿河县土地坳镇相连。东西长15.15千米、南北宽15.1千米，周长55.3千米，国土总面积92.91平方千米，耕地面积30.72平方千米。境内受马蹄河、杉树河、角口河切割，将全乡自然划分为杉树、角口、荆角三个片区，并滋生三个集市的发展。辖区有行政村15个社区1个，村（居）民组121个，2016年末，常住人口12334人，户籍人口16737人；2016年完成地方生产总值0.67亿元，其中第一产业0.57亿元，第二产业0.04亿元，第三产业0.06亿元，地方财政收入193万元，农民人均收入7668元；全乡设9个站（股）室，在编人员有86人。

境内马蹄河、角口河、杉树河流量较大，河流中有黄颡鱼、鲶鱼等60余种鱼类，其中马蹄河被国家农业部办公厅列为“马蹄河鲶鱼黄颡鱼国家级水产种质资源保护区”；全乡属中亚热带季风湿润气候区，适宜农业发展，其中有特色产业官林贡茶、角口柑子、角口栽秧李、岩砥空心李、油桃、铁皮石斛、金线莲、大闸蟹、白果黑山羊等农产品远近驰名。

【第七次党代会】2016年8月28日，中共荆角土家族乡委员会第七次代表大会会议在乡政府会议室召开，大会应到代表45名，实到45名。乡班子成员、各站股室负责人、部分离退休老领导、老干部列席会议，大会听取审议并通过王江洪所作的题为《不忘初心 继往开来，在脱贫攻坚与全面小康的征程上——驱“三驾马车”，谱写黔东北马蹄河谷生态旅游之乡新篇章》的党委工作报告和安云辉所作的题为《坚持全面从严治党 强化监督执纪问责——为全乡决战脱贫攻坚顺利实现全面小康目标提供强有力的纪律保证》的纪委工作报告，会议选举王江洪、杨昌波、李奎、周宁、安云辉、刘威、方娟、崔松为中国共产党荆角土家族乡第七届委员会委员，选举王江洪为中共荆角土家族乡委员会书记，杨昌波、周宁为副书记；选举安云辉、张义军、刘政、张林、曾录军为中国共产党荆角土家族乡纪律检查委员会委员，选举安云辉同志为第七届纪律检查委员会书记、张义军为副书记。

【人口与计划生育】宣传并落实计生二孩政策，控制政策外生育，落实长效避孕措施139例，完成免费孕前优生健康检查140例，在家妇检率达100%，人口出生率控制在8.19‰以内，深入开展计生依法行政，成立荆角社区计生协会家政服务中心，开展计生诚信户、困难户慰问等服务10次，慰问计生诚信、困难户50户，发放慰问金5万元及大米等物资，发放1120人的“四项制度”资金31万元。

【产业发展】一是农业。全年完成粮食总产量8500吨，烤烟总产量35万公斤、产值360万元；新增柚子2170亩，紫皮樱桃1000亩，猕猴桃220亩，板栗140亩，葡萄20亩，茶叶300亩，蔬菜800亩，脱毒甘薯95亩；新增铁皮石斛60万株、金线莲80万株，养殖稻蟹、稻虾共生400平方米，新增规模以上养牛羊大户42户，成立农业专业合作社16

角口李子获丰收

家、合作联社1家；成功申办微型企业3家，探索建设角口、青球等村“三变”改革示范点，规范化打造角口农业园区，并完善园区功能。二是工业。招商引资引进岩砥全红烟花爆竹、茶山重晶石矿等企业，加大对麦秆头采石场和角口、杉树等砖厂的支持和监管力度，发展壮大岩砥村级集体经济制衣厂。三是服务业。推进大数据战略行动，加大电子商务知识宣传普及，加强电商合伙人招募，开设邮乐购、贵农网、武陵生活馆等电商网店6家，打造

德江北站建成通车

一批角口李子、岩砥空心李等地方特色“荆货”出山，配合全县电子商务示范县创建工作；依托326国道、352国道、沿德高速德江北站互通便道及乡域发达的交通条件和三个集镇市场，在沿线扶持发展一批以餐饮服务、副食品销售、汽车保养美容等为主的服务业，新增餐饮服务单位10家，副食品销售12户，汽车保养美容3家，实现“第三产业”创值300余万元。

【基础设施建设】交通建设。完成沿德高速德江北站互通便道建设，完成326国道提级改造。完成社区生态移民区和平路、青茶路、发展路硬化，完成牛角、社区、角口村等通组公路建设，完成角口东门坡至官林、茶山张家湾至田家、白家山至王家湾等公路建设,启动关店至小丰阡、白果坝至酸枣、茶山张家湾至田家、王家山至安家公路、柏杨村庄子至杨氏坟等公路建设。水利建设。完成长丰水库干渠征地补偿，启动牛角自来水引水工程，新增岩砥洋井沟等堰渠，改造角口园区上、中、下堰渠，新增有效灌溉面积1800亩，解决1515人和1652头大牲畜的饮水难问题；加大对新坑电站、角口电站蓄水量的监测，加强对各山塘水库水位的有效监管，加大对马蹄河鲶鱼黄颡鱼国家级水产种质资源保护区、角口河风景区和杉树河饮用水源点的整治和监管，全年开展集中整治违法捕鱼活动40余次，放归鱼类捕获物500多斤，收缴并销毁地笼网、密眼网等大小网具160多铺、电击捕鱼机12台、渔船5艘，抓获6名违法捕鱼犯罪嫌疑人并移

送司法机关。其他设施建设。完成岩砥、茶山村级活动场所建设，完成荆角社区生态移民区立面改造、人行步道和亮化路灯建设，完成角口东门坡及街上立面改造，新建角口东门坡活动广场，完成岩砥村办公楼装修，完善各村互联网、数字电视等农村通信网络建设，完成全乡数字电视工程建设；新增辖区视频监控探头14个、垃圾池37个，公厕3所，安装水溪、牛角等村亮化路灯300余盏，安装荆角至角口等公路安全防护设施。

【文化事业】完善办学条件，推进素质教育，提升教育教学质量；全面做好教育“新两基”，顺利通过省市“两个教育督导”及普十五教育迎检工作；加大对乡中心幼儿园的扶持力度，完善山村幼儿园阵地建设，完成岩砥、青球、茶寨三所山村幼儿园提质升级，并完善教学设施，获得中央电视台、贵州日报等中央、省、市、县重要媒体对山村幼儿园建设进行采访报道；开展校园食品安全检查和校园周边环境卫生督查、整治20余次；完成校园食品配送公司招投标，选出菜品齐全、合格的蔬菜配送公司为校园配送优质蔬菜。加大乡“中心文化站”和村“农家书屋”的开放，开展乡村公益电影放映，全年进村入户放映电影近300场次；开展送戏下乡至杉树，参加全市旅发大会系列活动“德江高家湾”非遗节目展示、纺织大赛，参加德江北站通车仪式表演等演出10余场并纷纷获奖，积极发扬壮大乡域民族特色文化，大力宣传并积极开展杉树孃孃场、春节龙灯等活动。乡科技宣教文化信息服务中心副主任刘琳铭，获铜仁市文化广电新闻出版局评为2016年全市优秀放映员。

【民生事业】农村信用工程：成功创建成为信用乡，完成创建信用村14个，完成13个村（社区）服务网点建设，清收不良贷款400余万元，吸纳存款近1200万元，发放贷款1000万元，信用社业务收入485万元，信用乡创建农户评级建档率100%。开展“三权抵押”贷款，盘活固定资产资金，在角口村探索创建“三变”改革示范基地，流转土地2160亩，发展红心柚、紫皮樱桃等精品水果，在青球村按照“三变”改革工作机制，发展柚子50亩和荆角乡绿色点蛋鸡养殖场；借助农村电商进农村契机，引进贵阳银行在角口、杉树开设2家服务店，全力推进农村金融代办点建设，实现农户取存款、贷款不出村。“两违”治理：加大规范群众操办酒席整治力度，严格把关群众操办酒席审批流程，召开专题工作会议8次，整治违规办酒20余起。完善农村村民建房审批手续，严格乡村规划建设，整治违规建筑8起。民生事业：积极构建社会保险、社会救助、社会福利、慈善事业相结合的社会保障体系，开展防汛抗洪、抢险救灾工作，推进新增就业，鼓励引导群众自主创业、自谋职业；全面实施殡葬改革及管理，完成各村（社区）公墓建设；完成危房改造100户，发放改造资金120余万元，发放低保金400余万元，新农合年均参合率96%，新农保年均参保5200余人，参保金额62万元，农业保险实现全覆盖，慰问受灾群众1000余户。

【脱贫攻坚】2016年，落实“六个精准、五个一批”，通过发展产业、完善基础设施等方式，整合扶贫资金，实施扶贫项目10个总投资274万元，编制1.5亿元的扶贫项目，实现全年393名贫困人口顺利脱贫。启动白果坝至酸枣、关店至小丰阡等总长9.5千米的5条交通扶贫公路建设，启动官林至下店、姚家台至甘溪等9条总长31.1千米的交通扶贫公路建设项目，规划23条交通扶贫公路建设项目，完成训山、水溪两个贫困村的饮水蓄水池工程，全面推进各村交通、水利等基础设施建设，创新“公司+合作社+农户”及贫困户自建的发展模式，投入财政专项资金，发展一批精品水果、短平快种养殖等脱贫产业；完成22户贫困户签订搬至大龙经开区协议，265户贫困户签订搬迁至县城楠木园协议，制定全乡852人的搬迁计划；全面落实“雨露计划·圆梦行动”，发放符合政策条件的15名贫困户子女人均4000元的助学补助资金，开展农业技能培训4期，培训贫困人口600余人；落实特惠贷政策，完成142户贫困户的政策贷款，贷出710万元资金入股供销社，贫困户年户均获分红2500元；核实精准扶贫、农村低保“双线合一”，全年发放贫困户811户贫困人口1752人的政策内低保金。

【办理十件实事】 一是完成沿德高速荆角匝道及326国道提级改造项目荆角段建设并投入使用；启动352国道提级改造项目建设；二是完成角口、社区、杉树三个村级农村电商网点建设；三是完成荆角生态移民安置点和平路、发展路、青茶路硬化建设；四是深入推进精准脱贫，实现全年减少贫困人口698人；五是改造角口园区上、中、下堰渠项目；六是新增柚子2170亩、紫皮樱桃1000亩、猕猴桃220亩、葡萄20亩；七是实施棚户区改造70户；八是完成数字电视村村通项目建设，完成岩砥村级农体广场建设；九是完成全乡“平安建设”视频监控摄像头安装18个；十是实施角口村标准卫生室项目建设，启动3个山村幼儿园提级改造为村级幼儿园工程。（冉操）

桶井土家族乡

【概况】 桶井土家族乡位于德江县东北部，乡政府驻地为桶井乡十字路，距德江县城29千米，东面与沿河夹石镇相守滔滔乌江水，北面与沿河土地坳对视马蹄河，西面与稳坪镇接壤，南面与长堡乡、

9月，省委常委、宣传部长张广智在桶井调研脱贫攻坚工作

稳坪镇相连。乡政府驻地于同心集贸市场东侧，海拔506.2米，辖25个村1个社区，172个村民组。2016年年末总户数6864户，总人口30652人，是全省100个重点扶贫开发乡镇之一。全乡财政总收入2901万元，金融机构存贷款余额分别为7629万元、9126万元，农村居民可支配收入7038.2元，人口自然增长率为0.65‰，城镇登记失业率控制在4.2%以内。

脱贫攻坚： 2016年，全按照“三刀四识别”和“三段式”的核查方式对所有信息详细核查，确保“四有”人员一个不能进，保障识别对象精准，贫困信息精准，达到干部调查、群众反映、标识牌信息、扶贫系统“四统一”。通过精准核查，剔除不符合标准的贫困户90户419人，新增加贫困户

市委书记陈昌旭在桶井慰问贫困户

100户369人。牢牢把握“选准打实”的工作方针和“定点包干”的责任要求，制定作战图、划分作战区，成立领导小组，组建指挥部，实行“县级领导包乡、乡级领导包组、一般干部包户”的帮扶机制，对全乡22个贫困村3111户12120贫困人口进行结对帮扶。全年安排财政扶贫资金1696万元，实施项目163个；发放“特惠贷”3614万元、信合再贷款5512万元，分别扶持333户贫困户和1175户农户发展产业。2016年减少贫困人口534户2432人，实现1个贫困村出列（玉竹村），贫困发生率下降到31.86%。

易地搬迁： 2016年，全乡抢抓市委、市政府“西县东移”的搬迁政策机遇，围绕“12345”易地搬迁模式，实施“三亲”工作法，算好“四笔账”

积极对接相关部门使搬迁群众享受“挪一个好的居住位子、送一套好房子、找一条致富的好路子、奖励2000元搬迁票子、全家一起教育好孩子”的优惠政策，搬迁120户574人入住大龙。

产业发展： 2016年，全乡围绕“绿色桶井、悠然乡村”发展定位和“一线一区两园三中心”总体规划布局，推进“三变”改革，促农民“三金”收入的发展模式，以村集体经济组织为引领，采取“村集体经济+龙头企业+贫困户”的发展模式，按2：6:2比例进行分配，实现户户有增收渠道、人人有致富门路。全乡建成以柚子、花椒、李子、红枣为主的长效产业1.2万亩，落实农作物总播面积3.47万亩，其中，粮食作物2.84万亩，经济作物6300亩。在经济作物中，落实精品水果4600亩。组建专业合作社30个，建成畜牧养殖示范小区3个，带动养殖大户达15户，养殖业正向着集约化、标准化稳步发展。

基础设施建设： 2016年，全乡围绕“一年打基础、二年见成效、三年脱贫困、四年奔小康”的总体目标，推进基础设施建设。交通方面：投资9.13亿元，谋划桶井至县城、桶井至板场、白果至坝子坝等五条外联主干道；投资1.9亿元，谋划长江至下坪、茶子山至毛岭等6条内联主干道；投资0.53亿元优化产业路37条90.7千米；投资1.66亿元，完善通组路66条227.3千米。水利方面：投资289.4万元，实施长江、场坝、芭蕉、金潮、竹园5个村饮水安全巩固提升工程。电讯方面：农村电力设施全面增强，基本实现户户通全覆盖。在“四在农家·美丽乡村”建设方面：充分整合生态移民、农危房改造、土家民居等建设项目，实施玉竹、芭蕉两个村计297户房屋立面改造和385户农村危房改造工程，村庄人居环境明显改善。集镇提升改造方面：投入资金900万元，对1180米老街进行全面改造，美化、绿化、亮化进入扫尾阶段。

社会事业： 一是教育事业。2016年，投资10万元实施提质升级山村幼儿园规划建设9所，全乡20个山村幼儿园全部开班，在园幼儿495人。二是文体事业。全乡广电云“村村通”实现全覆盖，放映农村公益电影240场，全面完成文化产业普查，组织乡文艺队参加全县第二届旅发大会非物质文化竞赛，获得“三等奖”和“优秀奖”的荣誉称号。三是卫计事业。全年收治病人15989人次，住院病人352人次，门诊病人12557人次，治愈率90%以上；新农合补偿36.87万元。全年出生182人，其中政策内生育164人，符合政策生育率为90.1%，自然增长率1.4‰。四是保障体系。全年发放粮食直补、农资综合补贴、退耕还林补助等各类惠农资金达309.64万元；发放养老保险金265万元；合作医疗补偿金203.8万元；发放救灾救助金13.5万元；发放农村低保资金1287.2万元，发放救济粮食13.72万公斤，发放临时救助资金12.5万元，核定农村低保2614户7444人、五保户68户88人。扶持微型企业7户，带动就业35人；2016年实现城镇新增就业199人，劳动力转移就业新增人员100人，就业困难人员再就业20人。

（桶井乡党政办）

附 录

国民经济社会统计表

2016年主要经济社会指标(综合)

表1

指 标 名 称	计量单位	2016年	
		绝对值	比上年增减±%
一、年末总人口及土地面积			
总户数	户	170705	2.61
年底总人口	人	550586	0.88
其中:1.男	人	287636	0.76
2.少数民族人口	人		
常住半年人口	人	372645	0.40
其中:1.乡村人口	人	204508	-2.13
2.城镇人口	人	168137	3.68
出生人口	人	8403	9.09
死亡人口	人	2080	-25.66
人口自然增长率	‰	6.06	-
人口密度	人/平方公里	180	-
土地面积	平方公里	2071.9	-
耕地面积	公顷	23519	0.47
二、国民经济核算	万元		
总产出(现行价)	万元	1762793	13.11
其中:第一产业	万元	374774	5.90
第二产业	万元	621005	13.70

续表

指 标 名 称	计量单位	2016年	
		绝对值	比上年增减±%
第三产业	万元	767014	16.60
人均总产出	元		
国内生产总值	万元	931284	13.10
其中:第一产业	万元	234910	5.80
第二产业	万元	190381	13.60
第三产业	万元	505993	16.50
人均国内生产总值	万元	25045	12.78
工农业总产值(现价比)	万元	1019984	12.33
城镇居民人均消费水平(当年)	元	15298	7.60
农村居民人均消费水平(当年)	元	6764	5.70
三、生活与社会保障			
农村新型合作医疗人数	人	470666	0.78
城镇基本医疗保险人数	人	55950	1.19
城镇职工医疗保险人数	人	17470	3.43
农村居民最低生活保障人数	人	62584	-18.12
城镇居民最低生活保障人数	人	6212	-7.49
城乡居民养老保险人数	人	195490	2.80
城镇职工养老保险人数	人	9670	19.98
城镇居民人均可支配收入	元	23972	9.90
农民人均纯收入	元	7283	10.40
城镇新增就业	人	5466	5.70
下岗职工再就业	人	1043	0.20
四、农业			
农林牧渔业总产值(现行价)	万元	398979	5.90
其中:农业产值	万元	230854	4.60
林业产值	万元	19240	9.50
牧业产值	万元	109076	6.90
渔业产值	万元	15604	14.70
农林牧渔服务业	万元	24205	5.60
农林牧渔业增加值	万元	246530	5.80
乡村从业人员	人	212899	10.04

续表

指 标 名 称	计量单位	2016年	
		绝对值	比上年增减±%
年末耕地总资源	公顷	62272	−0.71
年末常用耕地面积	公顷	23519	0.47
农作物播种面积	公顷	85195	0.28
粮食播种面积	公顷	49209	0.70
粮食总产量	吨	177705	1.52
其中:稻谷	吨	54534	−0.3
玉米	吨	42495	5.66
豆类	吨	9208	0.83
小麦	吨	8539	−1.82
薯类	吨	61399	1.18
油菜	吨	15644	3.63
烤烟产量	吨	5235	−18.99
肉类总产量	吨	27591	−3.45
其中:猪肉	吨	20105	−6.36
牛肉	吨	2799	10.68
羊肉	吨	3599	2.28
农民人均粮食产量	公斤	477	0
人均肉产量	公斤	74	−4.0
水产品产量	吨	4922	−2.15
化肥施用折纯量	吨	17063	3.67
农村用电户数	户	118699	13.48
五、工业生产			
全部工业总产值	万元	621005	17.20
其中:规模类企业	万元	586341	18.95
全部工业销售产值	万元	589955	17.19
其中:规模类企业	万元	581737	20.45
规模企业个数	个	70	4.48
全部工业增加值	万元	116415	13.60
主要工业品产量:自来水	万吨	1153	9.81
精制茶	吨	247	34.24
钢化玻璃	万平方米	496307	16.28
水泥	万吨	74.1	1.51

续表

六、商业			
全社会商品销售总额	万元	920590	16.30
其中:批发业	万元	530754	14.30
零售业	万元	360367	19.00
住宿业	万元	5479	17.80
餐饮业	万元	23991	20.70
社会消费品零售总额	万元	178019	13.00
分行业:批发贸易业	万元	18366	12.70
零售业	万元	145155	13.10
住宿业	万元	2737	11.90
餐饮业	万元	11762	12.50
七、财政、金融、保险			
财政总收入	万元	100023	8.44
一般预算收入	万元	52110	3.88
税收收入	万元	38655	-3.72
增值税	万元	6332	158.12
烟叶税	万元	2606	-62.22
营业税	万元	6860	-31.22
国税收入	万元	33701	62.70
地税收入		51536	-14.30
一般预算支出	万元	364300	2.53
年末各项存款余额	万元	977136	45.29
居民储蓄年末余额	万元	513230	15.30
年末各项贷款余额	万元	691789	14.90
人均储蓄	万元	13774	14.83
保险业务总收入	万元	7949	23.37
保险业务总支出	万元	2841	-23.63
八、交通运输、邮电通讯			
全县公路里程	公里	3245	-
全年客运量	万人次	10167	34.00
全年货运量	万吨	3812	26.00
旅客周转量	万人公里	186433	33.00
货物周转量	万吨公里	179799	35.50
公路客运量	万人次	9912	34.00

续表

公路货运量	万吨公里	3753	26.02
邮政业务总量	万元	2354	11.94
电信业务总量	万元	3149	30.50
移动业务总量	万元	12853	6.22
年末固定电话户数	户	16595	-40.07
年末移动电话户数	户	333430	2.41
宽带用户	户	32145	26.19
九、固定资产投资			
固定资产投资	万元	1262232	31.50
其中:国家预算内资金	万元	79065	20.90
自筹资金	万元	655115	72.30
十、教育、文化、广播电视、卫生			
年末学校数	所	193	7.82
其中:普通中学	所	32	3.23
职业学校	所	1	0.00
小学	所	102	-3.77
特殊教育	所	1	0.00
幼儿园	所	57	46.15
年末在校学生数	人	113655	2.94
其中:普通中学	人	41929	3.62
职业学校	人	6137	14.16
小学	人	45097	-2.35
特殊教育	人	258	11.21
幼儿园	人	20234	11.43
各类学校教师数	人	7140	20.63
其中:普通中学	人	2914	19.87
职业学校	人	179	0.00
小学	人	2972	30.47
特殊教育	人	24	26.32
幼儿园	人	1051	3.85
适龄儿童入学率	%	99.7	-
电视覆盖率	%	98.2	-
广播覆盖率	%	72	-
卫生机构数	个	33	3.13

续表

其中：综合性医院	个	8	14.29
卫生机构床位数	张	2640	1.93
其中：医院床位数	张	2520	50.90
卫生技术员	人	1906	1.28
其中：医师	人	510	-23.99
十一、劳动工资			
年末单位从业人数	人	22428	-2.03
其中：机关	人	7858	8.90
事业	人	10641	-7.37
企业	人	3247	-8.41
其他	人	682	5.90
年末单位从业人员劳动报酬	万元	122990	-7.95
其中：机关	万元	42983	3.01
事业	万元	63854	-11.28
企业	万元	13238	-21.65
其他	万元	2916	-3.51
全部从业人员	万人	27.33	0.18
其中：第一产业从业人员	万人	8.9	0.56
第二产业从业人员	万人	6.1	0.00
第三产业从业人员	万人	12.33	0.00

乡镇组织情况表（2016）

表 2

单位：个 、人

乡镇 \ 指标	社区个数（个）	村民委员会（个）	村民小组（个）	乡村户数（户）	乡村人口（人）
全县合计	54	290	2394	117414	425046
青龙办事处	7	1	8	2513	10052
玉水办事处	7	6	47	2600	11002
煎茶镇	4	17	188	9808	39233
潮砥镇	3	13	154	7232	22298
枫香溪镇	3	17	146	8012	25379
稳坪镇	2	17	85	4886	19402
复兴镇	3	17	170	9692	32808

续表

乡镇＼指标	社区个数（个）	村民委员会(个)	村民小组（个）	乡村户数（户）	乡村人口（人）
合兴镇	2	13	154	6626	23567
高山镇	3	10	84	3884	15002
泉口镇	2	19	165	6499	25847
长堡镇	2	17	150	6952	27292
共和镇	3	17	137	6805	20278
平原镇	2	13	76	3701	13558
荆角乡	1	15	116	5362	16737
堰塘乡	3	11	107	4805	18069
龙泉乡	1	12	71	3634	13628
钱家乡	2	12	76	4556	14797
沙溪乡	1	14	85	3352	13095
楠杆乡	1	13	116	4302	18146
长丰乡	1	14	105	5441	20470
桶井乡	1	22	154	6752	24386

乡镇组织情况表（2016）

表3　　单位：人

乡镇名称	总户数	总人口	其中：男	户籍人口中		全年出生人口(人)	全年死亡人口(人)	迁入人口	迁出人口
				城镇户籍人口	乡村户籍人口				
合 计	170705	550586	287636	183456	367130	8403	2080	3112	4538
青龙街道	19443	61737	30910	61737	0	976	73		
玉水街道	21058	65564	33271	65564	0	760	177		
煎茶镇	12740	45847	23915	12726	33121	816	281		
潮砥镇	7261	20848	11045	1936	18912	139	41		
枫香溪镇	9674	29133	15389	7250	21883	426	148		
稳坪镇	6245	20422	10533	4740	15682	366	109		
复兴镇	11285	37752	19841	7285	30467	273	105		
合兴镇	7964	25552	13456	3414	22138	463	187		
高山镇	5244	17799	9335	4008	13791	456	43		
泉口镇	8311	27850	14877	3359	24491	826	66		
长堡镇	8331	29347	15399	4916	24431	608	123		

续表

乡镇名称	总户数	总人口	其中:男	户籍人口中		全年出生人口(人)	全年死亡人口(人)	迁入人口	迁出人口
				城镇户籍人口	乡村户籍人口				
共和镇	7549	22490	11967	3253	19237	143	33		
平原镇	4948	15310	8184	3268	12042	250	92		
荆角乡	5409	16737	8861	0	16737	243	90		
堰塘乡	5556	16406	8725	0	16406	94	44		
龙泉乡	4255	13439	7090	0	13439	132	23		
钱家乡	4387	13856	7317	0	13856	288	70		
沙溪乡	4260	13095	7037	0	13095	180	98		
楠杆乡	4909	15906	8500	0	15906	89	25		
长丰乡	5407	18366	9768	0	18366	387	81		
桶井乡	6469	23130	12216	0	23130	488	171		

注:本表中人口数为公安年报报表数

乡镇组织情况表(2016)

表4　　　　单位:万元

乡镇名称	农林牧渔业总产值		其中				
	绝对数(万元)	2016年为上年(%)	农业	林业	牧业	渔业	农林牧渔服务业
合　计	398979	105.54	230854	19240	109076	15604	24205
青龙街道	7647	141.37	2309	210	449	114	515
玉水街道	11112	129.76	5897	345	3791	295	784
煎茶镇	44357	130.91	30709	1753	8606	1192	2097
潮砥镇	15253	98.92	7578	863	3907	1697	1208
枫香溪镇	21169	91.43	12939	1005	5701	108	1416
稳坪镇	13876	80.00	6963	758	4459	561	1135
复兴镇	33328	126.94	21898	1418	6990	1141	1881
合兴镇	37554	176.69	28451	1055	5986	761	1301
高山镇	13519	85.72	7023	794	4697	70	935
泉口镇	15682	74.46	7140	1212	5355	567	1408
长堡镇	16526	90.72	7054	1249	5070	1572	1581
共和镇	16767	96.04	7205	978	6054	1271	1259
平原镇	18659	120.86	11995	660	4538	609	857
荆角乡	16622	100.40	9521	890	4211	1078	922

续表

乡镇名称	农林牧渔业总产值		其中				
	绝对数（万元）	2016年为上年（%）	农业	林业	牧业	渔业	农林牧渔服务业
堰塘乡	21008	90.21	13218	739	5282	780	989
龙泉乡	15338	96.21	7660	739	5445	628	866
钱家乡	16975	101.22	10103	804	4704	507	857
沙溪乡	17255	106.13	10478	859	5010	111	797
楠杆乡	16666	106.64	9470	990	4507	821	878
长丰乡	14877	76.88	6722	950	5622	672	911
桶井乡	14789	98.86	6521	969	4642	1049	1608

乡镇组织情况表（2016）

表5　　单位：个、人

乡镇名称	乡镇卫生院个数	卫生技术人员	村卫生室	乡村医生数	保健人员数
合 计	21	397	341	379	329
青龙街道	1	21	12	23	10
玉水街道	1	25	10	22	10
煎茶镇	1	48	20	20	17
潮砥镇	1	17	16	16	16
枫香溪镇	1	23	25	25	20
稳坪镇	1	17	19	19	19
复兴镇	1	26	20	27	20
合兴镇	1	13	14	14	16
高山镇	1	25	12	19	13
泉口镇	1	16	20	21	19
长堡镇	1	20	18	18	15
共和镇	1	22	19	19	19
平原镇	1	19	15	15	15
荆角乡	1	14	15	15	16
堰塘乡	1	7	14	14	13
龙泉乡	1	20	13	13	12
钱家乡	1	17	14	14	14
沙溪乡	1	11	16	16	15

续表

乡镇名称	乡镇卫生院个数	卫生技术人员	村卫生室	乡村医生数	保健人员数
楠杆乡	1	12	14	14	13
长丰乡	1	12	15	15	16
桶井乡	1	12	20	20	21

分乡镇财政收支情况(2016)

表6 单位:万元

乡镇名	收入合计	比上年同期增减±%	支出合计	比上年同期增减±%
合 计	52110	3.9	364300	13.6
青龙镇街道	3.2	−75	1994	17.9
玉水街道	7.6	−41.5	1839	25.0
煎茶镇	268.7	−41.8	2889	−8.3
潮砥镇	15	66.7	1807	104.9
枫香溪镇	106.5	−21.7	2225	83.3
稳坪镇	15.3	−79.3	1921	47.7
复兴镇	250.4	−39.1	2928	56.7
合兴镇	190.1	−30.1	2093	−10.1
高山镇	148.7	−34.2	1494	28.0
泉口镇	157.6	−41.4	1781	44.7
长堡镇	15	0.00	1999	37.8
共和镇	8.1	−55.0	1852	53.3
平原镇	232.2	−20.8	1605	30.6
荆角乡	88	−8.3	2565	166.6
堰塘乡	228.4	−33.0	2365	−24.9
龙泉乡	52.1	−47.9	2638	167.0
钱家乡	10	25.0	2901	175.5
沙溪乡	400.1	−20.3	1900	46.2
楠杆乡	251.8	−35.3	1882	49.1
长丰乡	132.6	−19.6	2299	109.8
桶井乡	15	0.00	2640	218.5

全县金融机构存贷情况表

表7 单位：万元

项目名称	全年合计	项目名称	全年合计
一、各项存款合计	977136	一、各项贷款	691789
（一）境内存款	977004	（一）境内贷款	691788
1、住户存款	513230	1.住户贷款	407579
(1)活期存款	323297	(1)短期贷款	80492
(2)定期及其他存款	189934	消费贷款	7105
2、非金融企业存款	164679	经营贷款	73386
(1)活期存款	155358	(2)中长期贷款	327087
(2)定期及其他存款	9321	消费贷款	142815
3、广义政府存款	299094	经营贷款	184273
(1)财政性存款	9640	2.非金融企业及机关团体贷款	284209
(2)机关团体存款	289454	(1)短期贷款	30588
（二）境外存款	–	(2)中长期贷款	253621
二、金融债券	–	(3)票据融资	–
三、中长期借款	–	（二）境外贷款	–
四、应付及暂收款	11970	二、有价证券及投资	–
其中：应付利息	–	三、股权及其他投资	30
五、向中央银行借款	–	四、应收及预付款	2221
六、同业往来	–	五、存放中央准备金存款	–
七、各项准备	18678	六、缴存中央银行财政性存款	–
其中：贷款损失准备	–	七、联行往来	280454
八、所有者权益	32358	八、系统内资金往来	–
其中：实收资本	7945	九、固定资产	12809
九、其他	-54590	十、库存现金	–
资金来源总计	987302	资金运用总计	987302

德江县农村经济发展情况(2016年)

表8

乡镇名称	农村经济总收入(万元)	其中:农民家庭经营收入	总费用	净收入	农民外出劳务收入	农民人均收入所得(元)
合 计	374499	336313	110852	263646	128872	7283
青龙街道	32962	27659	8215	24746	12308	7878
玉水街道						7855
煎茶镇	30208	28000	9520	20688	12299	7578
潮砥镇	17070	16862	5126	11944	5452	7297
枫香溪镇	16635	15855	0	16635	7581	7289
稳坪镇	18417	17897	5941	12476	3118	7284
复兴镇	24909	21700	6321	18588	12289	7491
合兴镇	32253	30076	12294	19960	11827	7457
高山镇	19736	19620	601	19135	1854	7288
泉口镇	19132	17860	6246	12887	8410	7305
长堡镇	11597	6675	3800	7797	13292	7051
共和镇	16669	16104	3855	12814	7342	7306
平原镇	19995	19887	9887	10108	2621	7293
荆角乡	13946	8847	3721	10224	2253	7295
堰塘乡	17376	15320	5650	11726	2111	7425
龙泉乡	11056	9645	3685	7371	3714	7359
钱家乡	13564	12300	3822	9742	1822	7308
沙溪乡	9652	8765	3346	6306	7546	7302
楠杆乡	14080	10500	6943	7135	5000	7299
长丰乡	13582	11262	5335	8247	5221	7290
桶井乡	21660	21480	6542	15118	2812	7038

德江县农村经济发展情况(2016年)

表9　　单位:吨

乡镇名称	粮食作物播种面积(公顷)	粮食总产量(吨)	其中				
			稻谷	小麦	玉米	豆类	薯类
合 计	49209	177705	54534	8539	42495	9208	61399
青龙街道	203	688	126	33	305	59	165
玉水街道	438	1477	270	85	542	144	427

续表

乡镇名称	粮食作物播种面积（公顷）	粮食总产量（吨）	其中				
			稻谷	小麦	玉米	豆类	薯类
煎茶镇	5029	18886	6851	742	4445	727	5941
潮砥镇	2882	10437	4120	486	1958	541	3269
枫香溪镇	2574	8883	2060	632	2536	482	3147
稳坪镇	2369	8351	2456	478	1878	485	3034
复兴镇	3475	12422	4535	665	1837	631	4620
合兴镇	2976	10740	3636	546	2267	592	3667
高山镇	2264	8103	1426	410	2989	351	2845
泉口镇	2380	8367	2553	377	2375	587	2455
长堡镇	2267	8206	2756	366	1661	515	2807
共和镇	2336	8312	2263	332	2323	430	2768
平原镇	2294	8416	2703	443	2170	320	2753
荆角乡	2245	8541	3229	321	1878	302	2652
堰塘乡	2084	7908	2350	303	1753	312	3104
龙泉乡	2123	8026	2703	358	1644	317	2990
钱家乡	2120	7562	1944	251	1412	512	3288
沙溪乡	2373	8407	1484	449	2965	409	3037
楠杆乡	2408	8390	2490	436	1962	569	2906
长丰乡	2232	8222	2514	244	2010	430	2984
桶井乡	2137	7361	2055	580	1585	496	2539

德江县农村经济发展情况（2016年）

表10　　单位：吨

乡镇名称	油菜籽	花生	烤烟	茶叶	蔬菜	水果	瓜类产量	药材播种面积（公顷）
合 计	15644	3094	5335	2822	179288	12899	6634	2066
青龙街道	166	20	–	23	3220	289	306	15
玉水街道	427	43	–	–	9244	476	460	11
煎茶镇	1330	255	625	476	16112	869	545	185
潮砥镇	1136	213	–	–	5292	1219	66	35
枫香溪镇	1327	160	190	242	12536	93	66	51
稳坪镇	907	26	–	–	6059	636	199	225

续表

复兴镇	1146	196	600	487	14120	480	172	80
合兴镇	952	175	385	746	13986	269	197	230
高山镇	305	166	325	–	5245	332	106	196
泉口镇	490	120	325	35	5967	185	80	23
长堡镇	708	303	–	6	6497	771	133	84
共和镇	1021	170	–	–	6302	554	212	54
平原镇	900	149	500	143	6436	302	198	97
荆角乡	764	92	175	46	6045	1063	352	46
堰塘乡	755	37	475	282	12997	988	1022	200
龙泉乡	910	102	85	86	8382	622	967	40
钱家乡	846	175	–	–	14279	1253	864	21
沙溪乡	224	265	775	92	7239	103	133	189
楠杆乡	250	184	625	158	7431	295	66	220
长丰乡	622	119	250	–	4945	836	172	28
桶井乡	458	124	–	–	6954	1264	318	36

德江县农村经济发展情况(2016年)

表9　　　　单位:吨、头、只

乡镇名称	肉类总产量(吨)	大牲畜(头)		猪(头)		羊(只)		家禽		水产品产量
		存栏	出栏	存栏	出栏	存栏	出栏	禽蛋	存栏	
合　计	27578	70468	23408	188165	228471	190294	187192	2365	435563	4922
青龙街道	1137	732	527	7493	10116	7600	7501	53	13612	36
玉水街道	959	1000	475	4329	8920	4170	4429	48	12436	93
煎茶镇	2176	4103	1485	18650	18725	13305	12147	280	51503	376
潮砥镇	988	2400	775	7747	8740	4239	4836	89	13275	535
枫香溪镇	1441	4655	1416	8943	11352	11948	11094	110	24222	34
稳坪镇	1127	3225	1029	9467	9405	5193	6846	106	17595	177
复兴镇	1767	5047	1722	11942	15014	10440	9289	92	26248	360
合兴镇	1514	3341	1123	10518	13540	8350	7156	116	19921	240
高山镇	1188	2899	1426	7386	8697	10811	10785	88	15251	22
泉口镇	1354	5387	1920	9738	8965	15630	14557	119	21979	179
长堡镇	1282	3047	938	9116	11397	5256	5356	137	25347	496
共和镇	1531	4140	1286	10534	12270	11975	11793	144	29914	401

续表

乡镇名称	肉类总产量（吨）	大牲畜(头)		猪(头)		羊(只)		家禽		水产品产量
		存栏	出栏	存栏	出栏	存栏	出栏	禽蛋	存栏	
平原镇	1147	4418	1126	9002	9365	7481	7989	85	13398	192
荆角乡	1065	2762	967	4884	8494	8258	8230	124	15194	340
堰塘乡	1335	2895	1026	9012	11285	8700	8567	160	22068	246
龙泉乡	1377	2683	836	9691	12320	7423	7897	73	17748	198
钱家乡	1189	3035	761	7037	10625	6753	6957	85	12512	160
沙溪乡	1267	3385	1102	8051	10050	10969	9883	167	25589	35
楠杆乡	1140	2816	935	8331	8910	9819	9765	131	24779	259
长丰乡	1421	5426	1737	8354	10427	12778	12991	85	18841	212
桶井乡	1174	3072	796	7940	9854	9196	9124	73	14131	331

2016年受县委、县人民政府表彰的先进单位和个人

一、2015年度五好文明家庭、三八红旗手、创业致富女能手、最美巾帼志愿者、巾帼文明示范岗：2016年3月4日，县委、县人民政府决定命名田静等35个“五好文明家庭”、张连凤等35名“三八红旗手”、陈旭琴等9名“创业致富女能手”、张著芬等5名“最美巾帼志愿者”和团县委等13个“巾帼文明示范岗”。

1.五好文明家庭（35户）

田　静　泉口镇泉口社区中街居民
汪世强　青龙街道钟环小区居民
周田霞　玉水街道钟山路居民
高应萍　玉水街道光明街居民
徐朝银　青龙街道玉溪路居民
王安尧　玉水街道中环小区居民
张爱萍　玉水街道场口社区居民
陈明英　玉水街道中华社区居民
吴高明　玉水街道红旗路居民
安祥艳　稳坪镇铁坑村堆堡组村民
唐学英　高山镇方家村德胜组村民
安晓红　桶井乡高井村村民
杨晓丽　合兴镇人民政府宿舍居民
王家凤　堰塘乡露青村村民
吴　斌　楠杆乡申溪村村民
杨　会　复兴镇堰盆村村民
袁　敏　钱家乡人民政府宿舍居民
王　艳　沙溪乡人民政府宿舍居民
汪小芳　玉水街道红旗路居民
龚丽蓉　青龙街道香树路居民
樊　波　煎茶镇人民政府宿舍居民
安　刚　堰塘乡先锋村村民
晏成仪　平原镇人民政府宿舍居民
覃壮军　共和镇和平村村民
王　燕　玉水街道人民街居民
刘安明　青龙街道桥头社区居民
张小媛　青龙街道惠田小区居民
唐光燕　县法院宿舍居民
李韶君　县公安局宿舍居民
张春荣　玉水街道玉溪路居民
胡　宇　县财政局宿舍居民
李义武　县财政局宿舍居民
陈　畅　青龙街道世纪明珠小区居民
安　敏　玉水街道中环小区居民

张金霞 枫香溪镇双坝村村民

2.三八红旗手(35名)

张连凤 县司法局干部
王安翠 县政务服务中心干部
宋　泉 县人社局干部
付　娟 县住建局干部
安永霞 县公路管理段干部
赵明芬 县实验中学教师
王迪竹 县人民医院急诊科护士长
顾昌英 县文体广电新闻出版旅游局图书管理员
杨玲兰 县妇幼保健院护理部主任
杨江霞 县编委办登记科科长
何露娟 县老年大学副校长
唐　华 高山镇卫生院干部
胡婷婷 桶井乡残联理事长
王　艳 合兴镇关工委秘书
黄　萍 县财政局龙泉分局局长
张美英 枫香溪镇妇联主席
张　娜 玉水街道党建综合部干部
黎丽蓉 长丰乡计生办负责人
何翠红 沙溪乡人民政府干部
牟　红 钱家乡沙坝社区居民
陈　芬 煎茶镇妇联主席
冉旭艳 堰塘乡妇联主席
杨　娟 县水库和生态移民局干部
文美玲 共和镇纪委副书记
刘鸿雁 青龙办事处救助部干部
梅金琴 泉口镇林业站站长
李倩倩 楠杆乡综治办干部
李晓红 复兴镇妇联主席
张翊珍 荆角乡岩砾村村委会副主任
冉茂芬 平原镇人民政府干部
王　凤 县土地矿权储备局副局长
吴　杰 县检察院检察科副科长
田　凤 县财政局干部
龙　慧 长堡镇计生协会干部
刘　萍 县人行干部

3.创业致富女能手（9名）

陈旭琴 腾龙混凝土有限公司董事长
张红霞 稳坪镇红霞蔬菜合作社总经理
张　霞 强大茶业有限公司董事长
张玉芬 玉水街道四季岩村养鸡场负责人
邓春玲 青龙街道黎家堡社区幼儿园园长
杜贵芬 桶井乡竹园村养殖场负责人
郎兴英 煎茶镇蚯蚓养殖场负责人
张　慧 宝来屋家政服务公司总经理
牟真红 温州商贸城万家灯火灯饰城负责人

4.最美巾帼志愿者（5个）

张著芬 金银花开发有限公司董事长
张虹萍 红平制衣厂董事长
安诗涛 韫韬科技公司董事长
吴桂英 桥头民族中心幼儿园董事长
安玉珍 育才学校校长

5.巾帼文明示范岗（13个）

团县委
县市场监管局行政审批服务科
县信联社利民分社
县公安局出入境管理窗口
县国税局办税服务厅
县公安局交通警察大队
县林业局派驻政务中心窗口
德江县乡镇供水总公司
煎茶中学
德江一中
县民族中医院儿科
县人民医院神经内分泌科
德江供电局客户服务中心

二、先进基层党组织、全县优秀党务工作者和全县优秀共产党员：2016年7月1日，县委决定对钱家土家族乡党委等30个先进基层党组织、余春芬等50名优秀党务工作者、陈永波等100名优秀共产党员予以表彰，分别授予“全县先进基层党组织”、“全县优秀党务工作者”和“全县优秀共产党员”荣誉称号。

1.全县先进基层党组织（30个）

县人民医院机关党委
县纪委机关第二党支部
县实验幼儿园党支部
县人社局第一党支部
县教育局第一党支部
县公安局第八党支部
县委党校党支部
县公共资源交易中心党支部
青龙街道五星社区党总支部
玉水街道大岩角村党支部
煎茶镇重华村党支部
复兴镇教育党总支部
共和镇曾家坝村党支部
长堡镇马家溪村党支部
泉口镇猪场村党支部
高山镇方家村党支部
枫香溪镇兴界村党支部
稳坪镇金庄村党支部
潮砥镇青龙村党支部
合兴镇乌坪村党支部
平原镇政法党支部
钱家土家族乡党委
堰塘乡高家湾村党支部
荆角乡角口村党支部
长丰乡先进村党支部
楠杆乡小寨村党支部
沙溪土家族乡党委
沙溪乡石龙村党支部
龙泉乡中学党支部
桶井乡场坝村党支部

2.全县优秀党务工作者（50人）

余春芬（女） 县实验幼儿园园长、党支部书记
胡志星 贵州德江经开区党总支部组织委员
彭学能 县公安局政工室副主任、第二党支部书记、组织委员
王雄远 县政府办党组成员、副主任、机关第一党支部书记
冯仁智 县中等职业技术学校党建办主任
刘　君 县实验中学校长、党支部书记
王松江 县司法局党组成员、副局长、局机关党支部书记
周　婧 县第二中学机关党委书记、副校长
杨娅玲（女） 县公安局第五党支部宣传委员
杜国峰 青龙街道党建综合部部长、党建综合部党支部书记
廿元发 玉水街道党建综合部办公室负责人
冯喜林 玉水街道中华社区党支部书记
冉茂邦 煎茶镇党委书记
胡茂波 煎茶镇党委委员、政法委书记
吴　飞 合兴镇党委书记
赵　进 复兴镇党政党支部组织委员
吴春岚 复兴镇党建办主任
敖　勇 复兴镇教育办公室主任
张金霞（女） 枫香溪镇双坝村党支部书记、村委会主任
龚世朝 稳坪镇党委书记
张健慧（女） 稳坪镇党委委员、组织委员、宣传委员、统战委员
田　超 泉口镇党委委员、组织委员、宣传委员、统战委员
田　静 泉口镇计生办主任、先联村党支部书记
曾　明 高山镇纪委副书记、监察室主任
张金堂 高山镇方家村党支部书记、村委会主任
牟长贵 平原镇台头村党支部书记
吴　刚 平原镇河石村党支部书记、村委会主任

赵良鸿 共和镇党建办干部
文永江 共和镇茶坨村党支部书记
袁绍华 长堡镇长堡社区党支部书记
杨　嶙 潮砥镇党委委员、组织委员、宣传委员、统战委员
龚志龙 潮砥镇党委副书记、纪委书记
张晓林 荆角乡党委副书记、纪委书记
申修权 荆角乡牛角村党支部书记
涂婷婷（女） 龙泉乡党建办干部
高海玲（女） 龙泉乡教办党总支书记

张艳想（女） 堰塘乡党委委员、组织委员、宣传委员、统战委员
蔡　华 堰塘乡党委副书记、纪委书记
覃　旭 沙溪乡纪委副书记、科宣中心主任
周贤仲 沙溪乡舒家村党支部书记
全庚发 楠杆乡党委委员、组织委员、宣传委员、统战委员
覃信余 楠杆乡大龙村党支部书记
熊　飞 桶井乡党政办主任
安晓红（女） 桶井乡党建办副主任
邹　雨 长丰乡纪委副书记
李黔东 长丰乡党建办主任
徐　军 钱家乡党委副书记、纪委书记
吕　程 钱家乡党建办主任
张　勤（女） 钱家乡党建办工作人员
张玉江

3.全县优秀共产党员（100名）

安　敏 县委办信息科干部
邓雪玲（女） 县人大常委会办公室干部
许　放 县政府办人事科负责人
黄　海 县政协办机关党委书记
张　波 县公安局特巡警大队科员
曾庆超 县卫计局医政医管科科长
黄诗强 县国土资源局工会主席、机关党委副书记
文　松 县民族中医院外三科主任
严天金 县人民检察院刑事执行检察局局长
杨巧娟 县实验幼儿园教师
先海燕（女） 县第一小学教师
龚梦云 县实验中学教师
伍仕科 县第五中学教师
喻　江 县农牧科技局屠宰办主任、党总支部组织委员
李　进 县纪委第二党支部书记、第四纪工委综合室主任
段　鹏 县人社局录用调配科负责人
李绍森 县机关事务管理局党组成员、副局长
明臣强 县人民法院煎茶法庭庭长
曾庆明 县安监局信息办主任
杜典凡 县交通运输局公路管理所办公室主任
付　义 县供销社联合社业务科科长
龚　红 县民宗局经济建设股负责人
冉旭峰 县投资促进局干部
邓天江 县基层党建信息分析中心主任
王　聪（女） 县人民医院神经外科护士长
吴江红（女） 县委党校工会副主席
韩力波 煎茶中学教师
梅　勇 青龙街道城市服务部创建办主任
张　超 青龙街道五星社区党总支书记、居委会主任
梁祖斌 玉水街道党工委委员、政法委书记
杨　彪 玉水街道扶贫站负责人
安　顺 玉水街道办事处新寨社区党支部书记
刘智慧 玉水街道大岩角村副主任
冯胜强 煎茶镇党政综合办公室主任
冉启权 煎茶镇新场村党支部书记
肖　勇 煎茶镇人民政府干部
张前军 稳坪镇社会工作服务中心主任、党建办负责人
黄剑峰 稳坪镇计生协会专职副会长

罗全松 稳坪镇农业服务中心主任
张贵权 稳坪镇纪委副书记
张 平 稳坪镇科宣中心主任
冉华东 枫香溪镇扶贫开发站站长
安祖盛 枫香溪镇保安村党支部书记
毛正鹏 枫香溪镇先联村党支部书记
陈兴登 潮砥镇党建办负责人
张羽书 潮砥镇腾溪村党支部书记、村委会主任
张金辉 潮砥镇石板村党支部书记、村委会主任
王安初 长堡镇移民站负责人
文先进 长堡镇灯塔村村委会主任
夏应飞 长堡镇上堡村村委会副主任
赵强武 共和镇党建办负责人
张 钊 共和镇团委书记
文美玲 共和镇纪委副书记
吕昌亮 共和镇水利水电工程移民站站长
陈永波 合兴镇扶贫工作站站长
杨 旭 合兴镇党建办负责人
朱俊卿 合兴镇武装部干事
陈旭芳（女） 合兴镇农业服务中心主任
唐 尧 复兴镇联合村党支部书记
黄 波 复兴镇堰盆村党支部书记
冉 洪 复兴镇七星社区党支部书记
梁 杰 复兴中学党支部书记
杨昌华 平原镇红旗村党支部书记、村委会主任
杨 梅（女） 平原镇社会救助站站长、残联理事长
朱俊超 平原镇经济发展办负责人
张 军 平原镇中心完小校长
钱 刚 平原镇龙塘村党支部书记
田茂润 高山镇冷溪村党支部书记、村委会主任
田宏鲜 高山镇方家小学教师
彭朝俊 高山镇铁汞坝社区党支部书记
何 嵩 泉口镇经济发展办主任
冯修文 泉口镇猪场村党支部书记
文 战 泉口镇党政综合办主任
杨燕琼（女） 龙泉乡中心完小党支部书记
张翊堂 龙泉中学党支部书记
赵东东 龙泉乡党建办主任
杨剑锋 龙泉乡电商办负责人
安 选 沙溪乡综治办干部
张详保 沙溪乡石龙村支部委员、工会主席
邓小芬（女） 沙溪乡庞家村村民
安祥杰 桶井乡经济发展办主任
曹光华 桶井乡沿江村党支部书记、村委会主任
余廷州 荆角乡畜牧站干部
赵世军 荆角乡角口村党支部书记
吴高鹏 荆角乡农业服务中心主任、党政综合办主任
刘 政 荆角乡市场监管站站长
陈素玢（女） 长丰乡水务站站长
肖高明 长丰乡长丰社区党支部书记
简崇友 长丰乡鱼泉村党支部书记
陈 强 堰塘乡党建办负责人
张月权 堰塘乡教育党总支部副书记
袁伟艳（女） 堰塘乡合医站负责人
安云辉 钱家乡党政综合办负责人、纪委副书记
马仕波 钱家乡团委书记
田茂铭 钱家乡综治办专职副主任
王 江 钱家乡社保所所长
简牟华 楠杆乡党委委员、乡人民政府副乡长
张著成 楠杆乡党政综合办负责人、人社中心主任
杨进军 楠杆乡司法所所长
杨秀华 楠杆乡六一村党支部书记

三、全县2015至2016学年度教育工作先进集体和优秀个人：2016年9月3日，县委、县人民政

府决定授予德江县民族中学等24个单位“先进集体”称号，授予中共德江县委党校杨建民等76名教师为“优秀教师”称号，授予铜仁学院乌江农林经济学院王睿智等37名教师为“优秀教育工作者”称号，授予德江县第一中学张琴等59名教师为“优秀班主任”称号，授予稳坪镇下坝完小张玉翔等15名教师为“优秀山村教师”称号。

1.先进集体（24个）

德江县民族中学
泉口镇隆兴完小
高山镇中心完小
合兴镇中心完小
德江县实验中学
平原镇中心幼儿园
复兴镇明溪完小
钱家乡幼儿园
沙溪乡中心幼儿园
潮砥镇小溪完小
共和镇中心完小
楠杆乡中心幼儿园
桶井乡黎明小学
德江县第四小学
枫香溪镇袁场中学
长堡镇初级中学
长丰乡甘溪小学
煎茶镇第二幼儿园
龙泉乡幼儿园
稳坪镇寺堡完小
堰塘乡关口小学
煎茶中学
荆角学校
贵州工程职业学院教务处

2.优秀教师（77名）

中共德江县委党校：杨建民
德江县中等职业学校：张羽强
德江县思源实验学校：张月梅
山川育才学校：宁　炎
德江县民族中学：冉光松
德江县民族中学：简永彪
泉口镇幼儿园：何小慧
泉口镇中心完小：何芝应
高山镇初级中学：黎庆芳
高山镇高桥小学：田　斌
合兴镇幼儿园：陈丽琴
合兴镇初级中学：黄正高
合兴镇中心完小：卢应婵
德江县实验中学：陶桂琴
平原镇中心完小：田秀娟
平原镇初级中学：喻国胜
沙溪乡初级中学：黄学亚
德江县特殊教育学校：冉婉春
荆角乡教育办公室：杨　锦
荆角学校：冉光强
钱家乡中心完小：刘顺尧
楠杆乡初级中学：柴　燕
楠杆乡洋乐完小：付廷刚
潮砥镇青龙小学：陈　刚
共和镇中坝完小：张玉萍
共和镇幼儿园：覃　霞
德江县第一中学：覃　丹
德江县第一中学：吴明初
德江县第一中学：杨　竹
德江县第一中学：袁　勇
桶井乡中心完小：刘小平
桶井乡初级中学：张　智
德江县第一小学：冉　琴
德江县第一小学：冉　岚
德江县第四小学：张　秀
德江县第七小学：张　云
玉水街道安家渡小学：刘治鹏
煎茶中学：张月胜
煎茶中学：何开顺
煎茶中学：彭凤玲
长堡镇初级中学：王娜娜
长堡镇中心完小：毛建华
长堡镇上坝小学：张学兵

煎茶镇偏岩完小：陶廷德
煎茶镇川岩完小：陈万芬
煎茶镇中心完小：彭　静
煎茶镇第二幼儿园：田文兴
长丰乡初级中学：杨亚钧
长丰乡幼儿园：丁应花
龙泉乡初级中学：张翊堂
龙泉乡幼儿园：吕昌霞
德江县玉龙中学：陈相锋
德江县第二中学：朱　海
德江县第二中学：陆广琴
德江县第二中学：安静忠
稳坪镇中心完小：张　红
稳坪镇花园完小：史江红
稳坪镇寺堡完小：吴彩霞
堰塘乡关口小学：刘　梅
堰塘乡清水塘完小：袁仕富
德江县第四中学：杨京芳
德江县第二小学：梅　琴
德江县福华小学：田　跃
德江县第六小学：刘安碧
德江县第三小学：杜典金
德江县第五小学：黄思敏
贵州工程职业学院：李　虎
枫香溪镇袁场小：费旭媛
枫香溪镇八一爱民学校：宋流泉
枫香溪镇枫溪中学：丁应高
枫香溪镇袁场中学：李祖进
复兴镇中心完小：杨通洪
复兴镇明溪完小：陈　龙
复兴镇客店完小：周　兰
复兴镇初级中学：付廷坤
德江县实验幼儿园：杨　茜
铜仁学院乌江农林经济学院：赵　娟

3.优秀教育工作者（37名）

贵州工程职业学院：刘永辉
德江县实验幼儿园：崔道婵
德江县中等职业学校：何念军
德江县山川育才学校：皮朝富
中共德江县委党校：田　江
复兴镇教育办公室：刘启军
泉口镇初级中学：罗贤明
高山镇教育办公室：田　刚
合兴镇中心完小：徐　洪
德江县实验中学：谢正均
平原镇教育办公室：何彭权
沙溪乡教育办公室：张志强
荆角学校：杨枝柳
钱家乡教育办公室：彭兰艳
堰塘乡中心完小：张月权
潮砥镇牌坊完小：张　江
共和镇教育办公室：张桂霞
德江县第一中学：张翊乾
德江县第一中学：冉茂碧
桶井乡教育办公室：何　腾
德江县第一小学：陈洪翠
德江县第四中学：冉茂河
煎茶中学：高应仲
长堡镇教育办公室：袁可军
煎茶镇教育办公室：杨华海
煎茶镇幼儿园：朱红星
长丰乡石板小学：唐治刚
德江县第二中学：周　江
德江县第二中学：冉立胜
稳坪镇中心完小：肖景辉
铜仁学院乌江农林经济学院：王睿智
德江县第二小学：崔国芝
青龙街道教育办公室：覃　捐
枫香溪镇袁场小学：王　荣
枫香溪镇长征小学：王安闲
县教育局：熊　琳
县教育局：简光天

4.优秀班主任（59名）

德江县第一中学：张　琴
德江县第一中学：杨昌龙
德江县第一中学：杨再军

德江县实验幼儿园：李义芬
德江县中等职业学校：龙勇周
德江县思源实验学校：赵清奎
德江县山川育才学校：孙书霞
德江县民族中学：冯　霞
泉口镇中心完小：何学银
泉口镇新塘小学：刘高慧
高山镇中心完小：符　周
高山镇初级中学：张红斌
合兴镇初级中学：刘世友
合兴镇中心完小：卢　意
合兴镇合朋小学：张月海
德江县实验中学：甘润科
平原镇初级中学：牟永方
平原镇中心完小：张洪桃
沙溪乡中心完小：姚　进
德江县特殊教育学校：龙淑娟
荆角学校：张　松
钱家乡幼儿园：覃玲玲
楠杆乡初级中学：周　刚
楠杆乡中心完小：叶　涛
潮砥镇初级中学：张国强
共和镇初级中学：吴小军
共和镇中心完小：吕秀霞
桶井乡下坪村小：赵鹏飞
德江县第一小学：王　永
德江县第一小学：吕文平
德江县第四小学：罗　毅
德江县第七小学：李　涛
煎茶中学：彭业学
煎茶中学：苏　明
长堡镇初级中学：姚庆鑫
长堡镇水塘小学：晏　南
煎茶镇龙盘完小：马斗秀
煎茶镇黄岛希望小学：兰雨晴
煎茶镇中心完小：徐仕琴
长丰乡中心完小：黄桂玲
龙泉乡中心完小：陈　刚
德江县第二中学：张智强
德江县第二中学：何正元
稳坪镇初级中学：王艳萍
稳坪镇教育办公室：沈　燕
堰塘乡朱家沟学校：熊　芳
堰塘乡中心完小：刘遐军
德江县玉龙中学：罗双双
德江县第五中学：冉桂霞
德江县第五小学：安　琴
德江县第三小学：李淑蓉
德江县第六小学：王连芳
德江县第四中学：袁仕江
德江县民族幼儿园：何雪云
枫香溪镇袁场中学：王　军
枫香溪镇八一爱民学校：安　琴
复兴镇中心完小：黄　荣
复兴镇初级中学：黄　松
复兴镇初级中学：毛贤贵

5.优秀山村教师（15名）

稳坪镇下坝完小：张玉翔
泉口镇隆兴完小：何　立
泉口镇新坝小学：田　历
复兴镇东泉完小：张　云
合兴镇旋厂小学：朱克松
平原镇高席完小：兰绍会
沙溪乡黄坝完小：彭　勇
荆角乡杉树完小：张　慧
钱家乡分水小学：王开学
堰塘乡民主学校：杜莉莎
潮砥镇小溪完小：张　华
桶井乡中寨小学：安丽娟
煎茶镇龙盘完小：苏光兵
长丰乡甘溪小学：冯　玲
龙泉乡牧羊岭完小：伍仕珍

四、全县首届“县管专家”：2016年9月6日，县委、县政府决定对首届“县管专家”予以命名。

1.水利工程类（3人）：

唐　金　全　伟苏　彤

2.农林牧渔类（8人）：

李天远　徐成勇　曹永直

冯嘉盛　何永兵　袁天才

何学林　安　强

3.文化类（10人）：

张月福　吴廷军　徐　发

梅成贤　吴国安　曹永阳

张连怀　王安刚　文美鲜

张运典

4.卫生类（10名）：

曾庆超　肖景玫　游万祥

苏　俊　黄　琼　马金霞

陆治强　杨殿忠　龙　欣

何昌禄

5.教育类（14名）：

冉茂碧　何贵江　彭朝书

赵明芬　张　霞　李旭光

张　黔　杨社进　董延周

冯修强　冉龙修　姜洪秀

张玉慧　蔡　兵

6.企业类（3人）：

樊睿智　冉　勇　曾宪强

7.乡土类（5人）：

文典毫　彭茂春　倪绍余

杨秀考　曾宪王

8.其他类（10人）：

陈良文　张玉贤　刘时元

王安文　谭正文　杨华松

李先赋　张　磊　宋　波

田学勇

"孝老爱亲"——付安芬

付安芬：2016年11月入选贵州省文明办主办的11月"贵州好人榜""孝老爱亲"典型。付安芬，40岁，是德江县青龙街道办五星社区罗家寨组一名村民，2006年公公与丈夫相继因病去世，年迈的婆婆因此重大变故受到很大打击，身体欠佳，孩子尚且年幼，一家的重担就这样落在了她的肩上。在这么大的困难面前，也许不少人会考虑退缩，甚至逃避这把人压得喘不过气来的重担，因为，毕竟她还年轻，人生路还长。但是，付安芬没有向命运屈服，毅然挑起了伺候婆婆和抚养孩子的重担，十年来，每天风里来雨里去，不仅要打临工、当保姆挣钱，遇赶场还得串乡卖点小商品补贴家用，虽然生活拮据，但逢年过节总不忘给老人买点礼物，用坚韧和勤劳撑起了家庭的希望。付安芬"孝老爱亲"的感人事迹就像《铿锵玫瑰》歌词里所写的"再苦再累无惧无畏，身上的痛让我难以入睡，脚下的路还有更多的累……无怨无悔从容面对，风雨彩虹铿锵玫瑰，再多忧伤再多痛苦自己去背，风雨彩虹铿锵玫瑰，纵横四海笑傲天涯永不后退……做人要敢作敢为，人生苦短哪能半途而废……不弃不馁无惧无畏……风雨彩虹铿锵玫瑰，纵横四海笑傲天涯风情壮美，风雨彩虹铿锵玫瑰，再多忧伤再多痛苦自己去背，风雨彩虹铿锵玫瑰，纵横四海笑傲天涯永不后退……"面对一切困境，绝不退缩，永不后退！她，做到了。

全省优秀党务工作者——余春芬

余春芬：女，1968年12月出生，1988年8月参加工作，德江县实验幼儿园党支部书记、园长。在她的带领下，德江县实验幼儿园2015年被贵州省工程职业学院、铜仁学院授牌为"实习实训基地"，2016年4月和5月分别被铜仁幼专和德江县中等职业技术学校授牌为"教研实践基地"和"教学实训基地"；2014年12月被省委、省人民政府命名为"文明单位"，2015年3月至9月先后被德江县委、县政府评为"巾帼标兵岗""先进基层党组织""五好基层党组织""先进集体"，同年7月被铜仁市委评为"五好基层党组织"，在全县每年年终校（园）长目标考核中均获"一等奖"。她个人也先后获得"铜仁市名优园长"、省人民政府督学、市（县）兼职督学、兼职教研员、省工程职业学院客座教授等荣誉称号，2016年6月被贵州省委评为"全省优秀党务工作者"。

高级(含副高)职称人员名录

教育系统高级职称人员名单

单位	姓名	职称	学科	任职时间
桶井教办	安永明	中高	体育	2012年12月
桶井中学	杨先林	中高	政治	2013年12月
桶井中学	安强	中高	体育	2015年12月
桶井中学	安中飞	中高	语文	2013年12月
德江县特殊教育学校	张金奎	中高	数学	2008年12月
长堡中学	侯再平	中高	语文	2012年12月
长堡中学	袁万才	中高	语文	2003年12月
长堡中学	刘高华	中高	数学	2013年12月
长堡中学	杨光明	中高	化学	2014年12月
长堡中学	杜勇	中高	数学	2013年12月
长堡中学	杨光霞	中高	数学	2012年12月
长堡中学	杨华	中高	语文	2013年12月
长堡中学	张金刚	中高	语文	2010年12月
长堡中学	李茂胜	中高	数学	2013年12月
长堡中学	周代宣	中高	语文	2006年12月
长堡中学	袁慧	中高	语文	2009年12月
长堡中学	周芝煌	中高	语文	2012年12月
长堡中学	尚月雄	中高	政治	2013年12月
长堡中学	周刚	中高	政治	2011年12月
长堡中学	袁万强	中高	语文	2014年12月
长堡中学	张玉宝	中高	数学	2015年12月
长堡完小	张春	中高	信息技术	2014年12月
德江县荆角学校	李应江	中高	政治	2008年12月
德江县荆角学校	梅再武	中高	语文	2015年12月
德江县荆角学校	张月富	中高	化学	2012年12月
德江县荆角学校	全太红	中高	数学	2008年12月
德江县荆角学校	冉景权	中高	语文	2013年12月
合兴中学	李志轩	中高	语文	2013年12月

单位	姓名	职称	学科	任职时间
合兴中学	樊世旋	中高	政治	2005年12月
合兴中学	卢建勇	中高	体育	2006年12月
合兴中学	冉茂文	中高	数学	2015年12月
合兴中学	彭勇	中高	历史	2012年12月
合兴中学	杨胜堂	中高	物理	2006年12月
合兴中学	苏胜江	中高	数学	2014年12月
合兴中学	陆治文	中高	政治	2013年12月
合兴中学	刘豪	中高	音乐	2013年12月
合兴中学	郑玉洲	中高	语文	2012年12月
合兴中学	彭和章	中高	英语	2004年12月
合兴中学	谢天乾	中高	语文	2015年12月
稳坪中学	田仁爱	中高	语文	2008年12月
稳坪中学	张月槐	中高	数学	2003年12月
稳坪中学	刘祖民	中高	语文	2002年12月
稳坪中学	张进平	中高	语文	2001年12月
稳坪中学	魏云邦	中高	物理	2006年12月
稳坪中学	张月泉	中高	地理	2006年12月
稳坪中学	黎加刚	中高	语文	2006年12月
稳坪中学	安永全	中高	数学	2006年12月
稳坪中学	张玉海	中高	语文	2009年12月
稳坪中学	张连文	中高	数学	2008年1月
稳坪中学	安永华	中高	数学	2013年12月
稳坪中学	安永碧	中高	体育	2013年12月
稳坪中学	张学武	中高	语文	2013年12月
稳坪中学	张红强	中高	物理	2013年12月
稳坪中学	何旭	中高	美术	2013年12月
稳坪中学	张会学	中高	物理	2013年12月
稳坪中学	徐芬	中高	语文	2013年12月
稳坪中学	何昌爱	中高	数学	2014年12月
稳坪中学	赵兵	中高	语文	2014年12月
稳坪中学	肖明学	中高	语文	2014年12月
稳坪中学	杨军芬	中高	英语	2014年12月
稳坪中学	梅正碧	中高	数学	2015年12月

单位	姓名	职称	学科	任职时间
潮砥镇初级中学	史其万	中高	物理	2005年12月
潮砥镇初级中学	张 军	中高	政治	2014年12月
潮砥镇初级中学	杨黔江	中高	政治	2013年12月
潮砥镇初级中学	毛茂勇	中高	物理	2014年12月
潮砥镇初级中学	张国强	中高	语文	2011年12月
潮砥镇初级中学	张羽松	中高	语文	2013年12月
潮砥镇初级中学	张玉华	中高	历史	2013年12月
潮砥镇初级中学	张金叶	中高	语文	2014年12月
德江县民族中学	张 黔	中高	数学	2004年12月
德江县民族中学	张连武	中高	数学	2002年12月
德江县民族中学	吴 刚	中高	语文	2003年12月
德江县民族中学	李 波	中高	语文	2003年12月
德江县民族中学	吴 斌	中高	化学	2001年12月
德江县民族中学	钱家喜	中高	政治	2004年12月
德江县民族中学	谌洪芳	中高	英语	2006年12月
德江县民族中学	刘武学	中高	政治	2006年12月
德江县民族中学	赵健萍	中高	英语	2007年12月
德江县民族中学	郑治文	中高	语文	2004年12月
德江县民族中学	梅再忠	中高	生物	2004年12月
德江县民族中学	何春林	中高	生物	2007年12月
德江县民族中学	肖景花	中高	语文	2007年12月
德江县民族中学	谢 斌	中高	数学	2006年12月
德江县民族中学	简永彪	中高	物理	2009年12月
德江县民族中学	冯修文	中高	语文	2009年12月
德江县民族中学	杨晓斌	中高	语文	2006年12月
德江县民族中学	高 杳	中高	数学	2008年12月
德江县民族中学	冯 霞	中高	英语	2007年12月
德江县民族中学	黎 勇	中高	英语	2009年12月
德江县民族中学	冯德森	中高	物理	2002年12月
德江县民族中学	何江琪	中高	物理	2012年12月
德江县民族中学	李 进	中高	政治	2011年12月
德江县民族中学	李腾	中高	语文	2013年12月
德江县民族中学	谭军	中高	政治	2015年12月

单位	姓名	职称	学科	任职时间
德江县民族中学	全凤仙	中高	数学	2007年12月
德江县民族中学	张春荣	中高	英语	2008年12月
德江县民族中学	陈永佩	中高	生物	2009年12月
德江县民族中学	张观航	中高	历史	2009年12月
德江县民族中学	安小玉	中高	英语	2010年12月
德江县民族中学	王 黔	中高	数学	2011年12月
德江县民族中学	张羽龙	中高	物理	2011年12月
德江县民族中学	张 荣	中高	生物	2011年12月
德江县民族中学	吴仕霞	中高	政治	2011年12月
德江县民族中学	杨光海	中高	数学	2012年12月
德江县民族中学	覃信江	中高	英语	2012年12月
德江县民族中学	文 中	中高	语文	2012年12月
德江县民族中学	文玉贵	中高	数学	2012年12月
德江县民族中学	张 莉	中高	美术	2012年12月
德江县民族中学	张旭臻	中高	语文	2013年12月
德江县民族中学	张 兵	中高	物理	2013年12月
德江县民族中学	王忠贵	中高	物理	2013年12月
德江县民族中学	李 红	中高	政治	2013年12月
德江县民族中学	牟 鑫	中高	数学	2013年12月
德江县民族中学	冉光松	中高	化学	2013年12月
复兴中学	赵国平	中高	语文	2002年12月
复兴中学	陈暾	中高	语文	2009年12月
复兴中学	唐进	中高	语文	2009年12月
复兴中学	黄朝国	中高	物理	2012年4月
复兴中学	冉强	中高	语文	2012年4月
复兴中学	熊成品	中高	语文	2013年12月
复兴中学	刘文明	中高	体育	2013年12月
复兴中学	胥渊	中高	英语	2013年12月
复兴中学	吴应和	中高	语文	2013年12月
复兴中学	石宇和	中高	化学	2013年12月
复兴中学	周顺斌	中高	语文	2013年12月
复兴中学	冉龙修	中高	语文	2013年12月
复兴中学	付廷坤	中高	数学	2013年12月

单位	姓名	职称	学科	任职时间
复兴中学	张琪	中高	语文	2013年12月
复兴中学	张羽林	中高	语文	2015年12月
复兴中学	刘安宜	中高	语文	2015年12月
复兴中学	冉崇进	中高	语文	2006年12月
复兴中学	刘启军	中高	历史	2006年12月
复兴中学	敖勇	中高	语文	2013年12月
德江县第二中学	杨战娇	中高	语文	2006年9月
德江县第二中学	张赤金	中高	数学	2007年12月
德江县第二中学	周婧	中高	语文	2012年12月
德江县第二中学	史晓峰	中高	语文	2009年12月
德江县第二中学	樊强	中高	语文	2002年12月
德江县第二中学	何情熙	中高	语文	2009年12月
德江县第二中学	刘强	中高	地理	2007年12月
德江县第二中学	曾豪	中高	语文	2013年12月
德江县第二中学	杨剑昆	中高	语文	2013年12月
德江县第二中学	冉立胜	中高	化学	2008年12月
德江县第二中学	邹浩	中高	数学	2011年12月
德江县第二中学	党信	中高	数学	2006年12月
德江县第二中学	孙思强	中高	地理	2004年12月
德江县第二中学	马尚军	中高	微机	2015年12月
德江县第二中学	安进	中高	数学	2012年12月
德江县第二中学	周应刚	中高	语文	2000年12月
德江县第二中学	周炎红	中高	语文	2005年12月
德江县第二中学	冉茂初	中高	语文	2006年12月
德江县第二中学	郑义	中高	语文	2006年12月
德江县第二中学	吴顺锋	中高	语文	2007年12月
德江县第二中学	曾贵	中高	语文	2009年12月
德江县第二中学	邓红艳	中高	语文	2009年12月
德江县第二中学	余正刚	中高	语文	2010年12月
德江县第二中学	张荣	中高	语文	2012年12月
德江县第二中学	张何洪	中高	语文	2012年12月
德江县第二中学	马尚维	中高	语文	2013年12月
德江县第二中学	张太芬	中高	语文	2013年12月

单位	姓名	职称	学科	任职时间
德江县第二中学	李丽玲	中高	语文	2014年12月
德江县第二中学	江霓	中高	语文	2014年12月
德江县第二中学	安仁先	中高	数学	2003年12月
德江县第二中学	郜万芹	中高	数学	2004年12月
德江县第二中学	张羽萍	中高	数学	2008年11月
德江县第二中学	周克贞	中高	数学	2012年12月
德江县第二中学	文自灵	中高	数学	2013年12月
德江县第二中学	冉鸿	中高	数学	2013年12月
德江县第二中学	王昆	中高	英语	2002年12月
德江县第二中学	吴昌廉	中高	英语	2002年9月
德江县第二中学	龙慧琴	中高	英语	2004年12月
德江县第二中学	梅小红	中高	英语	2007年12月
德江县第二中学	冉茂琳	中高	英语	2007年12月
德江县第二中学	田杰	中高	英语	2011年12月
德江县第二中学	冉光森	中高	英语	2011年12月
德江县第二中学	熊成林	中高	英语	2012年12月
德江县第二中学	曾庆双	中高	英语	2012年12月
德江县第二中学	杨志	中高	英语	2012年12月
德江县第二中学	杨先	中高	英语	2008年12月
德江县第二中学	刘莉	中高	英语	2013年12月
德江县第二中学	罗来珍	中高	英语	2013年12月
德江县第二中学	曾凡芬	中高	英语	2013年12月
德江县第二中学	陈筑光	中高	物理	1996年9月
德江县第二中学	冯胜尧	中高	物理	2006年12月
德江县第二中学	刘凤珍	中高	物理	2012年12月
德江县第二中学	李守武	中高	物理	2008年12月
德江县第二中学	黎克稳	中高	物理	2011年12月
德江县第二中学	张倩	中高	化学	2009年12月
德江县第二中学	徐朝松	中高	化学	2012年12月
德江县第二中学	陈明辉	中高	生物	2001年12月
德江县第二中学	吴相华	中高	生物	2002年12月
德江县第二中学	全伟兴	中高	生物	2013年12月
德江县第二中学	安明华	中高	政治	2002年12月

单位	姓名	职称	学科	任职时间
德江县第二中学	钟鸣	中高	政治	2001年12月
德江县第二中学	刘文凤	中高	政治	2012年12月
德江县第二中学	冉茂娟	中高	政治	2014年12月
德江县第二中学	刘慧萍	中高	政治	2014年12月
德江县第二中学	吴黔华	中高	历史	2006年12月
德江县第二中学	黄春霞	中高	历史	2014年12月
德江县第二中学	唐正祥	中高	地理	2008年12月
德江县第二中学	汪少华	中高	音乐	2002年12月
德江县第二中学	肖永超	中高	音乐	2014年12月
德江县第二中学	牟长虹	中高	体育	2009年12月
德江县第二中学	赵贡珍	中高	体育	2009年12月
德江县第二中学	彭业江	中高	体育	2014年12月
德江县第二中学	梁中华	中高	语文	2015年12月
德江县第二中学	张俊杰	中高	语文	2015年12月
平原镇初级中学	李学明	中高	政治	2008年12月
平原镇初级中学	勾文昌	中高	物理	2004年12月
平原镇初级中学	勾文鹏	中高	数学	2003年12月
平原镇初级中学	牟永鹈	中高	物理	2005年12月
平原镇初级中学	曾庆安	中高	数学	2006年12月
平原镇初级中学	刘汉军	中高	政治	2005年12月
平原镇初级中学	李永禄	中高	政治	2006年12月
平原镇初级中学	牟翔	中高	语文	2009年12月
平原镇初级中学	杨光强	中高	语文	2013年12月
平原镇初级中学	郭廷强	中高	化学	2013年12月
平原镇初级中学	张金强	中高	数学	2013年12月
平原镇初级中学	喻国胜	中高	物理	2013年12月
平原镇初级中学	杨再波	中高	语文	2014年12月
平原镇初级中学	李永福	中高	政治	2014年12月
平原镇初级中学	张业	中高	美术	2015年12月
钱家中学	王安档	副高级	语文	2008年12月
钱家中学	王昭权	副高级	语文	2009年12月
钱家中学	郑守宪	副高级	数学	2009年12月
钱家中学	冉雍	副高级	数学	2009年12月

单位	姓名	职称	学科	任职时间
钱家中学	张金伦	副高级	语文	2009年12月
钱家中学	张玉富	副高级	物理	2004年12月
钱家中学	田维荣	副高级	语文	2011年6月
钱家中学	田维平	副高级	语文	2014年12月
钱家中学	冯永胜	副高级	物理	2013年12月
钱家中学	黄朝强	副高级	语文	2012年12月
钱家中学	冯波	副高级	英语	2015年12月
钱家中学	王太尤	副高级	语文	2013年12月
钱家中学	冯玉芳	副高级	体育	2015年12月
钱家中学	冯晓红	副高级	数学	2014年12月
钱家中学	梅金成	副高级	音乐	2010年12月
钱家中学	刘金军	副高级	英语	2015年12月
钱家中学	谢强	副高级	语文	2013年12月
钱家中学	冯德红	副高级	数学	2013年12月
钱家中学	彭占华	副高级	语文	2012年12月
钱家中学	罗武	副高级	体育	2015年12月
煎茶中学	陈以学	中高	语文	2005年12月
煎茶中学	杨胜强	中高	物理	2005年12月
煎茶中学	黄刚	中高	历史	2006年12月
煎茶中学	王永塘	中高	语文	2006年12月
煎茶中学	张金发	中高	语文	2006年12月
煎茶中学	陈天强	中高	物理	2007年12月
煎茶中学	张羽飞	中高	数学	2006年12月
煎茶中学	熊寿山	中高	语文	2007年12月
煎茶中学	黄坤学	中高	数学	2008年12月
煎茶中学	陶朝林	中高	数学	2008年12月
煎茶中学	吴登奎	中高	英语	2008年12月
煎茶中学	杨胜刚	中高	化学	2009年12月
煎茶中学	杨胜州	中高	历史	2009年12月
煎茶中学	孙书霞	中高	英语	2015年12月
煎茶中学	付海	中高	体育	2011年12月
煎茶中学	龚尚信	中高	语文	2011年12月
煎茶中学	刘永祥	中高	英语	2011年12月

单位	姓名	职称	学科	任职时间
煎茶中学	刘周	中高	体育	2011年12月
煎茶中学	王鸿杰	中高	数学	2011年12月
煎茶中学	杨通光	中高	生物	2011年12月
煎茶中学	杨宇	中高	数学	2011年12月
煎茶中学	阴德强	中高	政治	2011年12月
煎茶中学	张玉标	中高	生物	2011年12月
煎茶中学	安明先	中高	数学	2008年12月
煎茶中学	覃信发	中高	思想	2012年12月
煎茶中学	覃信忠	中高	数学	2012年12月
煎茶中学	杨通辉	中高	数学	2012年12月
煎茶中学	敖德顺	中高	物理	2013年12月
煎茶中学	陈兴锋	中高	政治	2013年12月
煎茶中学	符志坚	中高	语文	2013年12月
煎茶中学	何春杰	中高	政治	2013年12月
煎茶中学	何春琦	中高	物理	2013年12月
煎茶中学	李朝刚	中高	体育	2013年12月
煎茶中学	李旭光	中高	物理	2013年12月
煎茶中学	刘军	中高	美术	2013年12月
煎茶中学	刘正纪	中高	政治	2013年12月
煎茶中学	马敬岳	中高	英语	2013年12月
煎茶中学	陶翠	中高	英语	2013年12月
煎茶中学	陶军	中高	体育	2013年12月
煎茶中学	田茂贵	中高	体育	2013年12月
煎茶中学	田茂江	中高	语文	2013年12月
煎茶中学	王德坤	中高	化学	2013年12月
煎茶中学	王玄	中高	历史	2013年12月
煎茶中学	文江	中高	英语	2013年12月
煎茶中学	文玉江	中高	数学	2013年12月
煎茶中学	徐洪涛	中高	数学	2013年12月
煎茶中学	许朝武	中高	历史	2013年12月
煎茶中学	许再强	中高	语文	2013年12月
煎茶中学	杨凤	中高	英语	2013年12月
煎茶中学	杨再强	中高	语文	2013年12月

单位	姓名	职称	学科	任职时间
煎茶中学	姚庆	中高	体育	2013年12月
煎茶中学	姚祖前	中高	语文	2013年12月
煎茶中学	阴德华	中高	政治	2013年12月
煎茶中学	余朝鲜	中高	政治	2013年12月
煎茶中学	余天志	中高	数学	2013年12月
煎茶中学	张强	中高	语文	2013年12月
煎茶中学	张暾	中高	语文	2013年12月
煎茶中学	张鑫	中高	语文	2013年12月
煎茶中学	张羽江	中高	政治	2013年12月
煎茶中学	张月忠	中高	体育	2013年12月
煎茶中学	冉中元	中高	物理	2013年12月
煎茶中学	邹湉	中高	政治	2014年12月
煎茶中学	付晓东	中高	美术	2014年12月
煎茶中学	罗来富	中高	语文	2014年12月
煎茶中学	牟真贵	中高	语文	2014年12月
煎茶中学	宋松	中高	化学	2014年12月
煎茶中学	杨通贵	中高	语文	2014年12月
煎茶中学	邹书江	中高	音乐	2014年12月
煎茶中学	窦儒强	中高	计算机	2014年12月
煎茶中学	曹登第	中高	化学	2015年12月
煎茶中学	曹登福	中高	物理	2015年12月
煎茶中学	李廷强	中高	物理	2015年12月
煎茶中学	刘海	中高	化学	2015年12月
煎茶中学	田月珑	中高	化学	2015年12月
煎茶中学	杨继彭	中高	英语	2015年12月
煎茶中学	何伯权	中高	物理	2010年12月
煎茶中学	高应瑜	中高	体育	2004年12月
煎茶中学	吴相怀	中高	政治	2004年12月
煎茶中学	郑治鹏	中高	物理	2004年12月
煎茶中学	谌洪荣	中高	物理	2002年12月
煎茶中学	樊永军	中高	化学	2002年12月
煎茶中学	王明强	中高	物理	2002年12月
煎茶中学	陈云修	中高	语文	2003年12月

单位	姓名	职称	学科	任职时间
煎茶中学	王孝琦	中高	语文	2003年12月
煎茶中学	郑朝光	中高	音乐	2003年12月
煎茶中学	张长军	中高	数学	2008年12月
煎茶中学	冉啟安	中高	语文	2014年12月
煎茶中学	任强	中高	物理	2004年12月
德江县思源实验学校	安全	中高	历史	2012年12月
德江县思源实验学校	贾虹	中高	数学	2015年12月
德江县思源实验学校	严丽	中高	政治	2015年12月
德江县思源实验学校	曾东	中高	语文	2014年12月
德江县实验中学	旷波	中高	体育	2004年12月
德江县实验中学	张金桥	中高	数学	2005年12月
德江县实验中学	蒋德奎	中高	语文	2006年12月
德江县实验中学	魏东	中高	英语	2006年12月
德江县实验中学	杨波	中高	数学	2006年12月
德江县实验中学	赵清华	中高	物理	2008年12月
德江县实验中学	李林	中高	化学	2009年12月
德江县实验中学	朱承红	中高	体育	2009年12月
德江县实验中学	潘庆雄	中高	语文	2010年12月
德江县实验中学	王明禹	中高	物理	2006年12月
德江县实验中学	张秋霞	中高	英语	2009年12月
德江县实验中学	张玉胜	中高	化学	2008年12月
德江县实验中学	覃庆华	中高	数学	2006年12月
德江县实验中学	黎启贵	中高	语文	2006年12月
德江县实验中学	冯秋梅	中高	英语	2008年12月
德江县实验中学	张江	中高	政治	2011年12月
德江县实验中学	苏明	中高	语文	2012年12月
德江县实验中学	张江	中高	英语	2012年12月
德江县实验中学	王礼先	中高	语文	2012年12月
德江县实验中学	郑福清	中高	数学	2012年12月
德江县实验中学	赵明芬	中高	英语	2013年12月
德江县实验中学	谭嗣平	中高	语文	2013年12月
德江县实验中学	王朝海	中高	语文	2013年12月
德江县实验中学	牟强	中高	数学	2013年12月

单位	姓名	职称	学科	任职时间
德江县实验中学	党安祥	中高	信息技术	2013年12月
德江县实验中学	龚文华	中高	美术	2013年12月
德江县实验中学	冯修亚	中高	政治	2013年12月
德江县实验中学	李友军	中高	数学	2013年12月
德江县实验中学	陈强	中高	语文	2013年12月
德江县实验中学	彭朝书	中高	数学	2013年12月
德江县实验中学	龙湘霆	中高	政治	2013年12月
德江县实验中学	龚红	中高	语文	2013年12月
德江县实验中学	李章权	中高	地理	2014年12月
德江县实验中学	张中	中高	历史	2014年12月
德江县实验中学	罗建勋	中高	物理	2014年12月
德江县实验中学	张月辉	中高	体育	2014年12月
德江县实验中学	邓和康	中高	数学	2014年12月
德江县实验中学	刘君	中高	英语	2015年12月
德江县实验中学	苏克强	中高	化学	2015年12月
德江县实验中学	张羽来	中高	化学	2015年12月
德江县实验中学	张泽亮	中高	语文	2015年12月
德江县实验中学	赵贡乾	中高	数学	2015年12月
德江县实验中学	杨飞	中高	语文	2015年12月
德江县实验中学	李义光	中高	语文	2015年12月
德江县实验中学	文宁	中高	语文	2015年12月
龙泉乡初级中学	熊加勇	中高	语文	2010年12月
龙泉乡初级中学	李守乾	中高	语文	2013年12月
龙泉乡初级中学	杨胜高	中高	政治	2004年12月
龙泉乡初级中学	高海玲	中高	数学	2014年12月
龙泉乡初级中学	冯万明	中高	语文	2009年12月
龙泉乡初级中学	朱克明	中高	数学	2013年12月
龙泉乡初级中学	朱昭奎	中高	数学	2008年12月
龙泉乡初级中学	蔡万祥	中高	物理	2011年12月
龙泉乡初级中学	冯胜宁	中高	体育	2011年12月
龙泉乡初级中学	伍伦仲	中高	物理	2012年12月
龙泉乡初级中学	李小兰	中高	语文	2013年12月
龙泉乡初级中学	杨舟	中高	语文	2013年12月

单位	姓名	职称	学科	任职时间
龙泉乡初级中学	吴敏	中高	语文	2015年12月
龙泉乡初级中学	龙瑜芳	中高	语文	2013年12月
龙泉乡初级中学	乐志明	中高	语文	2013年12月
龙泉乡初级中学	邓应和	中高	数学	2013年12月
龙泉乡初级中学	田茂霞	中高	英语	2014年12月
德江一中	陈小波	高级教师	音乐	2000年12月
德江一中	张观安	高级教师	数学	2002年12月
德江一中	何露全	高级教师	语文	2000年12月
德江一中	张连祥	高级教师	政治	2002年12月
德江一中	叶筑平	高级教师	数学	2002年12月
德江一中	杨跃飞	高级教师	历史	2003年12月
德江一中	张太洪	高级教师	地理	2003年12月
德江一中	廖廷波	高级教师	物理	2003年12月
德江一中	张翊乾	高级教师	数学	2003年12月
德江一中	陈洪	高级教师	数学	2003年12月
德江一中	张锡林	高级教师	物理	2004年12月
德江一中	陈勇	高级教师	政治	2004年12月
德江一中	冯胜安	高级教师	物理	2004年12月
德江一中	汪小华	高级教师	历史	2004年12月
德江一中	农洪江	高级教师	物理	2004年12月
德江一中	周英富	高级教师	英语	2004年12月
德江一中	马敬祥	高级教师	地理	2005年12月
德江一中	龚祖英	高级教师	英语	2005年12月
德江一中	冉茂碧	高级教师	英语	2006年12月
德江一中	安祥国	高级教师	物理	2006年12月
德江一中	徐守超	高级教师	语文	2006年12月
德江一中	陈强	高级教师	体育	2006年12月
德江一中	覃礼银	高级教师	数学	2006年12月
德江一中	于国华	高级教师	数学	2006年12月
德江一中	何俊	高级教师	数学	2006年12月
德江一中	邓成秀	高级教师	语文	2007年12月
德江一中	张连娟	高级教师	语文	2007年12月
德江一中	刘凯	高级教师	美术	2007年12月

单位	姓名	职称	学科	任职时间
德江一中	冉勇平	高级教师	政治	2007年12月
德江一中	张维	高级教师	历史	2007年12月
德江一中	谭兴高	高级教师	体育	2007年12月
德江一中	高冬强	高级教师	数学	2007年12月
德江一中	杨壮先	高级教师	物理	2007年12月
德江一中	徐祖安	高级教师	语文	2007年12月
德江一中	刘世卫	高级教师	化学	2008年12月
德江一中	何贵江	高级教师	生物	2008年12月
德江一中	党兴江	高级教师	化学	2008年12月
德江一中	罗君飞	高级教师	生物	2009年12月
德江一中	王静秋	高级教师	语文	2009年12月
德江一中	赵良红	高级教师	英语	2009年12月
德江一中	张红月	高级教师	语文	2009年12月
德江一中	杨秀洪	高级教师	语文	2009年12月
德江一中	高应贵	高级教师	数学	2009年12月
德江一中	何芝坚	高级教师	英语	2010年12月
德江一中	杨红江	高级教师	体育	2011年12月
德江一中	代泽坤	高级教师	英语	2011年12月
德江一中	解仕文	高级教师	语文	2011年12月
德江一中	杨刚	高级教师	政治	2011年12月
德江一中	蒋莉	高级教师	语文	2012年12月
德江一中	杨润先	高级教师	数学	2012年12月
德江一中	梅正芬	高级教师	英语	2012年12月
德江一中	钟亚	高级教师	数学	2012年12月
德江一中	鲁荣光	高级教师	数学	2012年12月
德江一中	李能刚	高级教师	物理	2012年12月
德江一中	李超	高级教师	物理	2012年12月
德江一中	张翊东	高级教师	政治	2012年12月
德江一中	田永胜	高级教师	政治	2013年12月
德江一中	高宝初	高级教师	化学	2013年12月
德江一中	张连高	高级教师	语文	2013年12月
德江一中	李正林	高级教师	体育	2013年12月
德江一中	冯耘	高级教师	英语	2013年12月

单位	姓名	职称	学科	任职时间
德江一中	孙彦	高级教师	英语	2013年12月
德江一中	李舰	高级教师	语文	2013年12月
德江一中	田梦梦	高级教师	体育	2013年12月
德江一中	何超	高级教师	数学	2013年12月
德江一中	苏湘黔	高级教师	化学	2013年12月
德江一中	安中天	高级教师	化学	2013年12月
德江一中	张洪	高级教师	政治	2013年12月
德江一中	彭红	高级教师	英语	2013年12月
德江一中	陈晓明	高级教师	物理	2013年12月
德江一中	王兰	高级教师	英语	2013年12月
德江一中	刘开强	高级教师	地理	2013年12月
德江一中	张高富	高级教师	语文	2014年12月
德江一中	彭应凤	高级教师	语文	2014年12月
德江一中	刘民江	高级教师	地理	2014年12月
德江一中	王强	高级教师	数学	2014年12月
德江一中	李正元	高级教师	生物	2014年12月
德江一中	龚文武	高级教师	英语	2015年12月
德江一中	叶子贵	高级教师	英语	2015年12月
德江一中	熊超	高级教师	数学	2015年12月
德江一中	戴芳	高级教师	语文	2015年12月
德江一中	张月波	高级教师	数学	2015年12月
德江一中	杨正前	高级教师	物理	2002年12月
德江一中	张成	高级教师	英语	2002年12月
德江一中	张进怀	高级教师	化学	2008年12月
德江一中	胡玉琳	高级教师	数学	2007年12月
德江一中	陈明军	高级教师	化学	2010年12月
德江一中	沈太强	高级教师	数学	2009年12月
德江一中	牟　芳	高级教师	地理	2009年12月
德江一中	舒大荣	高级教师	信息技术	2011年12月
德江一中	高飞	高级教师	物理	2006年12月
德江一中	余海	高级教师	语文	2013年12月
德江一中	冉华燕	高级教师	英语	2013年12月
德江一中	杨承恩	高级教师	化学	2013年12月

单位	姓名	职称	学科	任职时间
德江一中	吴波	高级教师	英语	2012年12月
德江一中	邓文煦	高级教师	信息技术	2012年12月
泉口镇初级中学	罗来周	中高	数学	2014年12月
泉口镇初级中学	田茂荣	中高	语文	2010年12月
泉口镇初级中学	冉茂胜	中高	物理	2012年12月
泉口镇初级中学	陈朝刚	中高	语文	2013年12月
泉口镇初级中学	罗来军	中高	语文	2013年12月
泉口镇初级中学	何翔	中高	数学	2013年12月
泉口镇初级中学	何高	中高	语文	2014年12月
泉口镇初级中学	何守斌	中高	语文	2002年12月
泉口镇初级中学	吴强	中高	思想政治教育	2012年12月
泉口镇初级中学	田海权	中高	语文	2012年12月
沙溪中学	田维奇	中高	数学	2002年12月
沙溪中学	夏正明	中高	语文	2012年12月
沙溪中学	郑 飞	中高	语文	2012年12月
沙溪中学	黄小兵	中高	数学	2015年12月
沙溪中学	郑伯进	中高	英语	2014年12月
共和中学	钱韬	中高	语文	2012年12月
共和中学	文明权	中高	数学	2002年12月
共和中学	谢胜冰	中高	语文	2009年9月
共和中学	宋伦江	中高	政治	2009年12月
共和中学	肖富斌	中高	数学	2010年12月
共和中学	陈启高	中高	语文	2006年10月
共和中学	袁可道	中高	物理	2006年10月
共和中学	何龙	中高	物理	2008年12月
共和中学	尹直华	中高	英语	2013年12月
共和中学	蔡永能	中高	化学	2013年12月
共和中学	毛鹏飞	中高	政治	2013年12月
共和中学	毛茂怀	中高	语文	2013年12月
共和中学	冯莲	中高	政治	2013年12月
共和中学	邓守钢	中高	物理	2015年12月
共和中学	伍再强	中高	政治	2015年12月
共和中学	文春	中高	音乐	2015年12月

单位	姓名	职称	学科	任职时间
共和中学	罗鹏	中高	历史	2015年12月
共和中学	冯胜芬	中高	数学	2015年12月
共和中学	李方文	中高	体育	2012年12月
德江县乐泉学校	王治胜	中高	物理	2011年12月
德江县乐泉学校	侯朝荣	中高	生物	2008年12月
德江县乐泉学校	安仁君	中高	语文	2008年12月
德江县乐泉学校	龚祖洪	中高	语文	2009年12月
德江县乐泉学校	侯碧华	中高	数学	2013年12月
德江县乐泉学校	冯　飞	中高	语文	2015年12月
袁场中学	李益军	中高	语文	2013年12月
枫溪中学	王安政	中高	语文	2009年12月
枫溪中学	徐顺贵	中高	物理	2003年12月
枫溪中学	唐永初	中高	语文	2009年12月
枫溪中学	代飞	中高	数学	2015年12月
枫溪中学	王昭明	中高	数学	2010年12月
枫溪中学	唐治进	中高	数学	2009年12月
枫溪中学	宋流长	中高	语文	2012年12月
枫溪中学	肖富泽	中高	政治	2012年12月
枫溪中学	王安乾	中高	语文	2013年12月
枫溪中学	刘江	中高	英语	2015年12月
枫溪中学	王焕朗	中高	政治	2001年12月
枫溪中学	张观华	中高	语文	2008年12月
枫溪中学	黄仁松	中高	化学	2010年12月
枫溪中学	孙玉乾	中高	政治	2012年12月
枫溪中学	王光明	中高	数学	2013年12月
枫溪中学	张治贤	中高	语文	2012年12月
枫溪中学	李黔	中高	数学	2013年12月
枫溪中学	宋伦翱	中高	语文	2013年12月
袁场中学	陈强	中高	政治	2009年12月
袁场中学	冉启芳	中高	生物	2006年12月
袁场中学	田应刚	中高	生物	2008.6
袁场中学	杨通畅	中高	语文	2014年12月
袁场中学	李　强	中高	语文	2015年12月

单位	姓名	职称	学科	任职时间
袁场中学	潘佳寿	中高	语文	2013年12月
袁场中学	冉光年	中高	语文	2011年12月
袁场中学	王直	中高	数学	2011年12月
袁场中学	李晓林	中高	语文	2012年12月
袁场中学	刘开举	中高	政治	2012年12月
袁场中学	邓仁高	中高	语文	2013年12月
袁场中学	余忠义	中高	数学	2010年12月
袁场中学	张金泉	中高	数学	2004年12月
袁场中学	安德宏	中高	数学	2013年12月
高山镇教育办公室	谭平	中高	数学	2004年12月
高山镇教育办公室	王太玉	中高	政治	2014年12月
高山中学	王美琳	中高	化学	2009年12月
高山中学	王加能	中高	政治	2013年12月
高山镇教育办公室	唐成	中高	语文	2015年12月
高山中学	田学鲜	中高	政治	2011年12月
高山中学	张金岁	中高	语文	2012年12月
高山中学	冉启太	中高	语文	2012年12月
高山中学	田 宾	中高	语文	2013年12月
高山中学	何芝亮	中高	语文	2013年12月
高山中学	田智旭	中高	语文	2015年12月
高山中学	丁应常	中高	数学	2015年12月
高山中学	肖勇	中高	英语	2015年12月
长丰中学	黄廷孝	中高	政治	2009年12月
长丰中学	张扬	中高	语文	2006年12月
长丰中学	倪辉	中高	物理	2009年12月
长丰中学	李明	中高	语文	2013年12月
长丰中学	李伟	中高	语文	2013年12月
长丰中学	李文印	中高	物理	2013年12月
长丰中学	申茂翔	中高	语文	2013年12月
堰塘乡朱家沟初级中学	李江	中高	政治	2003年12月
堰塘乡朱家沟初级中学	冉方	中高	语文	2008年12月
堰塘乡朱家沟初级中学	李禄科	中高	语文	2009年12月
堰塘乡朱家沟初级中学	郑启祥	中高	语文	2013年12月

单位	姓名	职称	学科	任职时间
堰塘乡朱家沟初级中学	张月会	中高	语文	2013年12月
堰塘乡朱家沟初级中学	李朝军	中高	物理	2010年12月
堰塘乡朱家沟初级中学	张月权	中高	政治	2012年12月
堰塘乡朱家沟初级中学	曾庆伟	中高	政治	2004年12月
堰塘乡朱家沟初级中学	李正贵	中高	语文	2006年12月
堰塘乡朱家沟初级中学	吴高强	中高	体育	2013年12月

贵州工程职业学院高级职称人员

序号	姓名	部门	职务	性别	民族	政治面貌	学历	职称	最高职称	年龄
1	刘吾康	学校办公室	校长	男	汉族	党员	本科	教授	高级	65
2	黄耀五	学校办公室	副校长	男	汉族	党员	研究生	教授、研究员	高级	62
3	李雷	学校办公室	副校长	男	汉族	党员	本科	教授	高级	62
4	黄贻培	学校办公室	副校长	男	汉	党员	硕士学位	副教授 实验师	副高	49
5	刘鸿飞	学校办公室	副校长	男	汉	党员	博士	副教授	副高	43
6	万兵	学校办公室	副校长	男	汉	/	硕士学位	副教授 工程师	副高	47
7	戴伟	学校办公室	顾问	男	汉	党员	本科	教授	高级	67
8	刘庆	教务处	处长	男	汉	党员	本科	副教授	副高	44
9	王高峰	学生处	副处长	男	汉		本科	副教授	副高	38
10	韦宁	图书馆	馆长	男	汉	九三	本科	副研究馆员	副高	60
11	徐伟	经管工程系	主任	男	汉	党员	硕士	副教授	副高	44
12	田荣梅	学前教育工程系	副主任	女	汉		本科	副教授	副高	42
13	陈适宜	基础教学部	教师	男	汉	党员	本科	教授	高级	67
14	杨锡蓉	经管工程系	教师	男	汉	党员	本科	高级经济师	副高	59
15	陈千诰	经管工程系	教师	男	土家	党员	硕士	副教授	副高	44
16	周义红	经管工程系	教师	女	汉		硕士	副教授	副高	44
17	徐继义	经管工程系	教师	男	汉	党员	硕士	副教授	副高	40
18	王山宝	经管工程系	教师	男	汉		硕士	副教授	副高	43
19	邱龙广	经管工程系	教师	男	汉	党员	硕士	教授	高级	50
20	王朝容	基础教学部	副部长	女	汉		本科	副教授	副高	53
21	刘廷忠	基础教学部	教师	男	汉	党员	本科	教授	高级	65
22	王永灿	基础教学部	教师	男	汉	党员	硕士	副教授	副高	36
23	周瑞勤	基础教学部	教师	男	汉		本科	副教授	副高	64

24	曾令可	基础教学部	教师	男	汉		高中	二级演奏员	副高	61
25	陈浩	建筑工程系	主任	男	汉	党员	本科	教授	高级	46
26	杨圣飞	建筑工程系	副主任	男	汉		硕士	高级工程师	副高	46
27	黄显彬	建筑工程系	教师	男	汉		本科	副教授	副高	52
28	邹祖银	建筑工程系	教师	男	汉	党员	博士	副教授	副高	43
29	徐永秋	建筑工程系	教师	男			本科	高级工程师	副高	47
30	张德金	建筑工程系	教师	男	汉		专科	工程师	副高	54
31	冯刚	交通工程系	主任	男	汉	党员	博士	副教授	副高	42
32	许艳英	交通工程系	副主任	女	汉	党员	本科	副教授	副高	44
33	杨代强	交通工程系	副主任	男	汉		硕士学位	副教授	副高	42
34	王立华	交通工程系	主任	女	汉		本科	副教授	副高	59
35	王忠	交通工程系	教师	男	汉	党员	硕士	副教授	副高	54
36	李宣富	交通工程系	教师	女	汉	党员	本科	教授	高级	72
37	韩亚军	交通工程系	教师	男	汉	预备党员	硕士学位	副教授	副高	37
38	曾德军	交通工程系	教师	男	汉	党员	硕士	副教授	副高	51
39	王新	交通工程系	教师	女	汉	党员	本科	副教授	副高	50
40	刘宏	交通工程系	教师	男	汉		本科	高级工程师	副高	68
41	赵计平	交通工程系	教师	女	汉	党员			副高	55
42	宋文强	交通工程系	教师	男	汉	党员		副教授	副高	65
43	王晓勤	交通工程系	教师	男	汉		本科	副教授	副高	37
44	王金宙	交通工程系	教师	男	汉	党员	本科	副教授	副高	48
45	张崇川	经管工程系	主任	男	汉		硕士	教授	高级	63
46	张红	康养工程系	主任	女	汉		本科	副主任医师	副高	59
47	何代丽	康养工程系	副主任	女	汉		本科	副主任护师	副高	61
48	邓小明	康养工程系	教师	女	土家		本科	副主任护师	副高	43
49	陈永林	康养工程系	教师	男	汉		本科	副主任药师	副高	48
50	覃礼忠	康养工程系	教师	男	土家		本科	副主任医师	副高	51
51	杨惠林	康养工程系	教师	男	土家		本科	副主任技师	副高	47
52	高旭慧	康养工程系	教师	女	土家族		大专	副主任护师	副高	44
53	赵光翠	康养工程系	教师	女	土家族		大专	副主任护师	副高	47
54	熊成霞	康养工程系	教师	女	土家		本科	副主任护师	副高	45
55	张兴芬	康养工程系	教师	女	土家族		中专	副主任护师	副高	46

56	何昌禄	康养工程系	教师	男	土家族	党员	本科	副主任中医师	副高	44
57	冯德荣	康养工程系	教师	男	土家族	党员	中专	副主任中医师	副高	44
58	田茂常	康养工程系	教师	男	土家族		本科	副主任医师	副高	41
59	晏朝操	康养工程系	教师	男	汉族	党员	中专	副主任药师	副高	45
60	李燕	交通工程系	副主任	女	汉		本科	副教授	副高	47
61	徐洋	交通工程系	教师	男	汉	党员	博士	副教授	副高	34
62	李学国	交通工程系	教师	男	汉		本科	副教授	副高	42
63	兰伟	交通工程系	教师	男	汉		本科	副教授	副高	43

县人民医院高级职称人员

序号	职工姓名	性别	职称	职称级别
1	高晓燕	女	副主任医师	副高
2	杨爱娟	女	副主任医师	副高
3	肖景玫	女	副主任医师	副高
4	梅文霞	女	副主任医师	副高
5	高旭慧	女	副主任护师	副高
6	陈玲	女	副主任医师	副高
7	张永红(妇)	女	副主任医师	副高
8	赵光翠	女	副主任护师	副高
9	黄维学	男	副主任医师	副高
10	陈明	男	副主任医师	副高
11	龙欣	男	主任医师	正高
12	张旭(呼)	女	副主任医师	副高
13	沈应杰	男	副主任医师	副高
14	杨润东	男	副主任医师	副高
15	石锋	男	副主任医师	副高
16	姜守贵	男	副主任医师	副高
17	袁霞	女	副主任医师	副高
18	游万祥	男	副主任医师	副高
19	钱琦	男	副主任医师	副高
20	姜其富	男	副主任医师	副高
21	田井轩	男	副主任医师	副高
22	周涛	男	副主任医师	副高

23	文瀚	男	副主任医师	副高
24	陆治强	男	主任医师	正高
25	张群	男	副主任医师	副高
26	王聪	女	副主任护师	副高
27	张怀昳	男	副主任医师	副高
28	刘菲菲	女	副主任医师	副高
29	张霞	女	副主任医师	副高
30	肖惠	女	主任医师	正高
31	卓慧	女	副主任医师	副高
32	代江	男	放射主任医师	正高
33	杨惠林	男	检验副主任技师	副高
34	张月兰	女	副主任护师	副高
35	余龙江	男	检验副主任技师	副高
36	苏群	男	副主任医师	副高
37	张辉	男	副主任医师	副高
38	熊成霞	女	副主任护师	副高
39	张命平	女	副主任护师	副高
40	邓小明	女	副主任护师	副高
41	杨波	男	副主任药师	副高
42	覃礼忠	男	主任医师	正高
43	赵国兵	男	检验主任技师	正高
44	苏俊	男	主任医师	正高
45	张永红	男	主任中药师	正高
46	向中亳	男	副主任医师	副高
47	张鹏	男	副主任医师	副高
48	牟怀	男	副主任医师	副高
49	陈永林	男	副主任药师	副高
50	余晓艳	女	副主任护师	副高
51	谭尧	男	副主任医师	副高
52	郑德忠	男	副主任中药师	副高
53	林家凤	女	主任护师	正高

县民族中医院高级职称人员

序号	科(股)室	姓 名	性别	学历	专业	行政职务	专业技术职务
1	院长办	田永松	男	本科	临床	院长	副主任医师
2	副院长办	张惠鹏	男			副院长	副主任中医师
3	副院长办	杨殿忠	男			副院长	副主任中医师
4	纪检室	张观刚	男			纪检员	副主任中医师
5	质控科	李瑛	女				副主任中医师
6	医德医风办	吴平辉	男	专科	中医	医德医风办主任	副主任中医师
7	针灸科	冯胜军	男	大专	中医	针康科主任	副主任中医师
8	针灸科	陈太宏	男			康复一主任	副主任中医师
9	推拿科	何昌禄	男	研究生	针灸推拿	针康科副主任	副主任中医师
10	ICU	冯德荣	男	本科	临床医学	ICU 主任	副主任中医师
11	内三科	郑继昌	男			大内科主任	副主任中医师
12	门诊部	陈大余	男	本科	临床		副主任中医师
13	门诊部	徐志伟	男				副主任中医师
14	妇产科	田茂常	男				副主任医师
15	妇产科	练慧	女	大专	临床		副主任医师
16	内一科	冉启事	男			内一科主任	副主任医师
17	外一科	张金刚	男	研究生	临床医学	大外科主任	副主任医师
18	外二科	于兵	男			外二科负责人	副主任医师
19	外三科	文松	男			外三科主任	副主任医师
20	外四科	蒋仁锋	男	本科	临床	大外科副主任	副主任医师
21	中药房	晏朝操	男	大专	中医	药剂科主任	副主任中药师
22	检验科	贺天辉	男			检验科主任	副主任检验技师
23	外一科	姚娅玲	女	本科	护理	外一科护士长	副主任护师
24	护理部	冯德翠	女	本科	护理	护理部主任	副主任中医护师
25	院感办	张兴芬	女	大专	护理	院感办主任	副主任护师

农牧科技部门高级职称人员

姓名	性别	职称类别	获任职资格时间	工作单位	备 注
杨晓光	男	高级农艺师	2002.12	县植保站	
胡思彬	田	高级农艺师	2009.12	县农广校	
文玉能	男	高级农艺师	2010.12	县土肥站	

安　强	男	高级农艺师	2012.12	县农技站	
王　坤	男	高级农艺师	2013.12	县土肥站	
何守生	男	高级农艺师	2015.12	县农业环境监测站	
陈旭东	男	高级农艺师	2014.12	县农业产业发展办	
张羽洪	男	高级经济师	2014.12	县农经站	
杨承诗	男	高级农艺师	2015.12	县农产品检测站	
潘大桥	男	高级农艺师	2015.12	县植保站	
黎启才	男	高级农艺师		潮砥镇农技服务中心	
陈洪强	男	高级兽医师	2007.12	县动物疫控中心	
徐成勇	男	高级水产工程师	2012.12	县渔业技术推广站	
李天远	男	高级畜牧师	2013.12	县畜牧发展中心	
姜　俞	男	高级兽医师	2014.12	县动物卫生监督所	
文玉兴	男	高级畜牧师	2014.12	县草地站	
张前卫	男	高级畜牧师	2012.12	县畜牧技术推广站	
喻　兵	男	高级畜牧师	2013.12	县动物疫控中心	
徐　波	男	高级畜牧师	2015.12	县动物疫控中心	
曹永直	男	高级农艺师	2016.10	县科技服务中心	
石华玉	男	高级水产工程师	2016.10	县渔业技术推广站	
吴　娟	女	高级兽医师	2016.10	动物卫生监督所	
李明举	男	高级兽医师	2016.10	县畜牧发展中心	
何贤海	男	高级兽医师	2016.10	县动物疫控中心	
樊世方	男	高级兽医师	2016.10	县草地发展中心	
徐泽高	男	高级兽医师	2016.12	县动物疫控中心	

索　　引

D

F

G

H

J

K

L

M

N

P

Q

R

S

SH

T

W

X

Y

Z

ZH